国家科学技术学术著作出版基金资助出版

THEORY OF WORKED
EXAMPLE LEARNING FOR RULE

规则样例学习理论

张　奇◎著

科学出版社
北　京

内 容 简 介

规则样例学习主要是通过样例（动-静态样例、范例和例题等）学习，归纳和运用新规则的过程。笔者将样例学习划分为问题解决样例学习与规则样例学习两种，并开展规则样例学习研究近 20 年。在数学、物理、化学、生物学、解题、写作和语法规则等样例学习实验研究的基础上，归纳出 8 种规则样例学习模式，建立了规则样例学习理论。在促进迁移问题解决系列实验研究的基础上，建立了规则样例学习迁移理论，并将其扩展为样例学习迁移理论和规则学习推理迁移理论。

期待各类教师、学生、学生家长、心理学和教育工作者阅读并从中受益。

图书在版编目（CIP）数据

规则样例学习理论 / 张奇著. —北京：科学出版社，2023.6
ISBN 978-7-03-075699-2

Ⅰ.①规… Ⅱ.①张… Ⅲ.①学习方法-研究 Ⅳ.①G442

中国国家版本馆 CIP 数据核字（2023）第 102366 号

责任编辑：孙文影 高丽丽 / 责任校对：王萌萌
责任印制：李 彤 / 封面设计：润一文化

科 学 出 版 社 出版
北京东黄城根北街 16 号
邮政编码：100717
http://www.sciencep.com

北京建宏印刷有限公司 印刷
科学出版社发行 各地新华书店经销
*

2023 年 6 月第 一 版 开本：720×1000 1/16
2023 年 6 月第一次印刷 印张：27
字数：520 000

定价：198.00 元

（如有印装质量问题，我社负责调换）

　　从基本粒子到星系太空，从无机物质到有机生命，宇宙中的万事万物无不按照其各自的规律形成、运动或变化。从石器制作到工业革命，从自然哲学到天体黑洞，人类一直不断地探究和发现各种自然规律并将其表达为可以利用的科学规则，或根据它们制定出各种指导人类活动的规则。从学生到先生，从婴儿到妪翁，无人不生活在规则之中，也无人不经历学习、遵守和利用规则的一生。

　　在样例学习研究的启发下，笔者区分了两种性质不同的样例学习（即规则样例学习与问题解决样例学习）并持续开展了定义明确的规则样例学习研究。根据研究结论，笔者建构出规则样例学习原理与教学原则并在此基础上进一步构建出规则学习的若干一般原理与一般教学原则，其中包括"多重联系""能量转换""用中学"等原理和"高级神经意识活动"假说，以及 PPT 教学原则、范例教学原则和样例教学原则等。我们还开展了规则样例学习促进远迁移问题解决的系列实验研究，并开发出促进远迁移问题解决的"规则变型推理"学习方法。经过分别与样例学习迁移理论和经典学习迁移理论的对比分析，最后建立了"规则推理"迁移理论。在建构规则学习原理之前，笔者在第四章第一节专门讨论了规律之间的相互作用和物质与精神的相互转换，明确定义了狭义科学规则、广义科学规则与一般规则等概念，分别阐释了规则与概念、原理、策略和技能之间的区别与联系等，为建构规则学习理论奠定了理论基础。在建立规则推理迁移理论的过程中还明确定义了问题"结构特征"的概念并阐述了解题规则与问题结构特征的"对应匹配"原理等。笔者预期规则样例学习模式的类型还会增加；采用规则变型推理的学习方法开展促进混合应用题和综合应用题等远迁移问题解决的实验研究将取得预期成果并扩大规则推理迁移理论的运用范围。

初始之物其形必丑，诸如有些实验研究还有待进一步改进、完善或扩展，笔者对其他不太熟悉的学科知识的表述可能不够准确，对有些问题的讨论或论述还不够详尽等。各位读者一旦在阅读中发现了疏漏或不足，请及时与笔者联系（zq55822@163.com），并请提出善意的批评和建议。笔者相信广大读者一定会在阅读中获益，并将规则学习的一般原理与教学原则等运用于自己的规则学习或教学实践中。读者朋友们如果掌握了规则推理迁移理论或规则变型推理的学习方法会有助于解决各种变型问题或远迁移问题，从而摆脱"题海战术"所带来的各种困扰，并节省大量时间和精力。

张 奇

2023 年元旦于大连

Contents 目 录

第一章　样例学习研究的悠久学术背景

样例学习研究有一个久远的过去和不长的历史。说其久远，是因为早在公元前5世纪中国古代春秋战国时期就有了样例学习与教学的思想和方法。说其历史不长，是因为样例学习的科学研究从20世纪80年代开始，至今不到40年。所以，本章首先从中国古代的样例学习与教学思想谈起，然后简要介绍19世纪末至20世纪的学习理论研究以及学习迁移的理论研究，并阐述它们与规则样例学习研究或规则学习研究的联系。

第一节　中国古代样例学习与教学思想

春秋战国时期是中国古代的一个特殊历史时期。其间，思想家各抒己见，阐述了各自的世界观、人生观和治国理念等，涌现出"诸子百家"，形成了"百家争鸣"的局面。其中，在《老子》《论语》《墨经》《学记》等经典著作中不乏求知、做人、教学和育人的思想和方法。虽然墨学形成于儒学之后，但《墨经》中包含了样例学习的基本思想。所以，本节先介绍《墨经》中的有关样例学习思想和方法，然后讨论《论语》和《学记》中有关样例学习与教学的思想和方法。

一、《墨经》中的样例学习思想

《墨子全书·经上》谈到"知"，即"知，材也"，"知，接也"。还有一句谈到"知"，即"知，明也"。"材"可以理解为各种感官、感受器与其适宜的刺激、信息或能量。"接"可以理解为适宜刺激对感受器的作用或感受器与适宜刺激的相互作用在意识中形成的感觉。"明"就是经过思维加工将"感觉"与人已有的有关知识、经验建立对应的联系，并理解"感觉"或"刺激"的心理意义的知觉过程或认知过程。所以，"知"有感受器与适宜刺激的相互作用、感觉、知觉三层含义。

《墨子全书·经上》中还有两句话，即"知，闻、说、亲。名、实、合、为"。第一句中的"知"指的是建立在各种感觉基础之上的各种知觉、认知或认识;"闻"是指从他人或别人说过的、讲过的或描述过的事情、经过或信息中学到的知识;"说"指的是分别在"知"或"闻"的基础上,或者在知与闻同时作用的基础上,通过对他人所说或所讲的内容进行自我思考、推理或判断得来的知识;"亲"是指在自己的生活、学习和各项实践活动中,通过亲自探究、亲手操作或自身活动,并经过反省思维或反思、推理、判断获得的直接经验知识。所以知,闻、说、亲是人们获得知识或习得知识的 4 种途径或方法。"知"和"亲"为通过对自身直接经验的思考与反思、推理或判断获得直接经验知识;"闻"和"说"为通过聆听他人讲述或说教,并经过自我思考、推理或判断获得间接经验知识。因此,无论通过哪种途径或方法获得或习得知识,都需要经过自己的思考、推理或判断等思维加工,才能形成自己理解的或相信的知识。所以,知,闻、说、亲是人们学习知识和技能的 4 种途径或能够引起人们思维活动的 4 种信息来源。第二句中的"名"指的是人们给具体事物或某类事物所起的名称和定义的概念;"实"指的是人们用其名称、代号或概念指代、表达、表征的真实事物、事件、具体事例等;"合"指的是"名"与"实",即概念和名称与其具体事物、事例或某一类事物、事例在意识中或心理上经过思维加工所建立的一一对应的联系,也可以泛指对各种途径获得的信息的思维加工与整合,即对来自不同途径的信息进行对比或比较、分析与综合、建立联系与区分、推理与判断、抽象与概括等思维加工。"为"指的是人们按照习得的知识和技能所从事或做出的各种动作、操作、运动、行为、行动、实际活动或实践活动等,也可以泛指人们对习得知识和技能的亲自运用。"名、实、合、为"4 个字简要并概括地表达出了知识或规则学习的过程、阶段和目的。学习过程包括各种感知或认知过程,尤其是思维加工过程、概念学习过程、规则或原理的学习过程、规则的运用过程以及技能形成过程。学习阶段包括概念学习、事例学习、规则或原理的学习以及规则或技能的实际运用 4 个阶段。学习目的就是把习得的概念、规则、原理或技能亲自运用到自己的行动中。尤其重要的是,"名、实、合、为"4 个字还表达出学习过程就是通过思维加工在概念、事例、规则或原理及其具体运用方法四者之间建立一一对应的多重联系过程。

更为重要的是,不仅在《墨子全书·经上》中有"法,所若而然也"和"圆,一中同长也"两句话,而且在《墨子全书·经说上》中也有两句话,即"法,意规员三也俱,可以为法"和"圆,规写支也"。这四句话是中国古代典籍中对规则样例学习思想和方法的最直接、最具体和最明确的表达,而且与规则样例学习研究和规则学习直接相关,笔者分别解释如下。第一句中的"法"可以解释为"方法"或"法则"。所以,可以将第一句话理解为:法则是人为了达到想要达到的目的或完成想要完成的任务所必须这样做或那样做的方法。根据平面几何关于"圆"的定义,第二句话很容易被理解为"圆是圆周上任意一点到圆心的距离都相等的几何图形"。第三句中的"法"也是"方法""法则""规则"的意思。这句话的意思是:运用画圆的法则或规则有三种具体方法:一是根据圆的概念或定义画圆;二是用圆规画圆;三是照着圆的图形画圆。其中的第三种方法就是规则样例学习,即临摹画出圆的图形。这句话说明,一个原理或规则可以有两种或多种应用或运用的方法,例如,临摹画圆可以采用描画、刻画和拓印三种方法。第四句"圆,规写支也"的意思是:圆形是用圆规中的一支从起点画到终点并使终点与起点相重合的图形。这句话的意思在于,一个概念或规则可以根据其具体运用方法的不同做出或提出不同的操作定义。

总之,在《墨子全书·经上》和《墨子全书·经说上》中,中国古代学者以画圆为例阐释了规则与其运用方法之间、规则与操作定义之间以及规则与学习规则的方法之间所存在的内在联系或逻辑关系,这些逻辑关系或内在联系正是规则样例学习或规则学习可以利用的一般规律。

二、《论语》中的样例学习与教学思想

《论语·述而》中的第七句话"不愤不启,不悱不发。举一隅不以三隅反,则不复也"表达出孔子启发式教学和样例教学的思想和方法。

朱熹将"愤"注释为"心求通而未得之意";将"启"注释为"启,谓开其意";将"悱"注释为"悱者,口欲言而未能之貌";将"发"注释为"发,谓达其辞"(朱熹,1987)。第一句话的意思是:当学生没有达到或处于渴望求知、明理的状态时,教师不要给他讲解知识或道理;当学生没有达到或处于欲言不能的状态时,教师不要把话说出来或者把道理讲出来。反言之,只有学生渴望求知或明理时,教师才能向他传授知识或讲解道理;只有当学生欲言不能时,教师才能把道理讲出来。为什么要这样教学呢?朱熹用程子(程颐和程颢)的思想或理念回答了这个问题,即"愤"和"悱"是学生真诚求知时的表情和渴求达理时的言语状态。学生没有达到这种状态教师就教给他,学生的印象不深刻,学得也不牢固。因此,只有当学生处于真诚且渴求的状态时教师才能教给他,这样的教学才能使学生印象深刻、学得牢固并心存感激。

如果学生既"不愤"也"不悱",教师该如何进行课堂教学呢?对此,教师往往表现出三种教学态度或采用三种教学方法。积极的态度或方法是教师采用激发学生的求知欲望、认知兴趣、学习动机或学习积极性的各种方法或策略将学生调整到"愤"或"悱"的状态,然后再进行教学,这种教学方法称为"启发式"教学法;消极的教学态度或方法是,无论或不顾学生的学习状态如何,教师只管

按照既定的教学计划、采用既定的方法进行课堂教学，因此往往会导致"填鸭式"教学；第三种教学态度或方法介于上述两者之间，即虽然采用了一定的方法或策略激发学生的求知欲望、认知兴趣或学习动机等，但是在还没有使学生达到"愤"或"悱"的状态时就急于进行教学了。这种教学表面上看来似乎也是启发式教学，但是与真正的启发式教学相差较远，也达不到启发式教学的效果。

例如，一些教师在课堂教学中虽然也向学生提问或发问，面对教师提出的问题，有的学生可能答对了，也有答错的，甚至可能还有学生连问题都没有听清楚。可是不管怎样，只要学生中有人答对，教师就急于往下讲了。这样的课堂教学只能使一些学生学懂，而使另一些学生似懂非懂、根本不懂或"跟不上"。因此，在这种教学的课堂上往往会出现三种学习心态：第一种是一些学得懂的学生的"享受"学习心态；第二种是学得似懂非懂学生的"难受"学习心态；第三种是根本学不懂、跟不上学生的"忍受"学习心态。有些课堂教学甚至如同《学记》中所描述的那样："今之教者，呻其占毕，多其讯言，及于数进，而不顾其安。使人不由其诚，教人不尽其材，其施之也悖，其求之也佛。夫然，故隐其学而疾其师，苦其难而不知其益也，虽终其业，其去之必速。教之不刑，其此之由乎"（朱熹，1987）！"呻"就是"吟诵"，"占"就是"看着"，"毕"是指古代写有文字的竹简或木简，所以"呻其占毕"可以被理解为"照本宣科"式教学，或者教师看着教案、讲稿进行教学。"多其讯言"意指"满堂灌"教学或"填鸭式"教学。"及于"即是"急于"；"数进"指教师讲得"烦琐""快速"或"赶进度"。"刑"意指"成就"或"成效"。这段话描写的师生状态在现实课堂教学中也不少见。即有些教师要么是照本宣科地教学，要么是满堂灌式教学，要么是讲得快、赶进度，要么是讲得令学生心烦或者令学生不明白。一些教师为了赶进度，既不顾学生是否理解或能否记牢，也不激发学生的学习动机或积极性，更不能发挥学生的聪明才智；既违背教学原则，又不从学生的实际出发。这样做的结果只能使学生厌恶学业、埋怨教师、苦不堪言且不知学习究竟好在哪里，所学的知识也会很快就忘掉。这样的教学没有成效的原因就在于此！

孔子在教学中十分重视学生对例子、例证或样例的理解能力。他对那些"举一隅不以三隅反"的学生采取"则不复也"（《论语·述而》）的教学态度。就是说，即使教师举出了学生熟悉的例子，学生也不能做到举一反三地联想或理解，教师就不能再给他讲下去了。

从表面看来，这似乎与孔子"诲人不倦"的教学态度不符，其实不然。因为孔子总的教学原则是"因材施教"，简言之，就是针对学生的个体差异采用不同的教学方法。

从孔子与其弟子的一些对话中可以看出，孔子认为学生的性格、志向和能力之间均存在个体差异。心理学的研究表明，人的智力不仅有年龄差异、水平差异，还有类型差异和性别差异。世界上没有完全相同的两片树叶，个体差异普遍存在，不能消灭，只能缩小。孔子甚晓其理，所以才提出"因材施教"的普适教学原则。

至于为什么孔子认为"举一隅不以三隅反"，这样的学生不能再教下去了，原因可能有两个：一是学生的理解能力、联想能力或类比推理能力还有限，还没有达到举一反三的水平；二是采用实例或例证的范例教学已经是最有效的教学方法了，用此方法尚不能被启迪的学生，恐怕难寻他法了。所以，只能等学生的理解、联想或类比推理能力发展到了一定的水平以后再教。

三、《学记》中的样例学习与教学思想

《礼记·学记》中有"良冶之子，必学为裘；良弓之子，必学为箕。始驾（马）者反之，车在马前。君子察于此三者，可以有志于学矣"（高时良，2016）。这段话列举了技术规则学习的三种实际情况：其一，优秀冶炼师的儿子必然学会修补鼓风机裘皮漏洞的技术。因为古代冶炼金属所用的鼓风气囊是用兽皮缝制的。冶炼时溅出的星火会烧坏裘皮，裘皮出了漏洞需要缝补。对于古代的技师而言，儿子就是他的徒弟。父亲冶炼金属时，儿子当徒弟给冶炼炉鼓风是例行工作。鼓风机的皮囊被烧漏了，父亲必教儿子缝补，所以冶炼师的儿子一般要学会修补裘皮漏洞的技术。这就如同厨师的儿子要学会磨刀、瓦匠的儿子要学会和泥一样。其二，优秀的制弓师傅，其子一般都能学会编制筐篓和簸箕等技术。因为父亲在制弓时削下来的竹枇还另有所用，烧掉可惜。所以，父亲在闲暇时会教他的孩子利用这些竹枇废料编筐织篓。在这种条件下，制弓师傅的儿子就能学会编织筐篓和簸箕等手艺。其三，小马驹长大后也要像其"父母"那样驾车。小马驹学驾车可不是一两天就能学会的，必须从小就跟在"父母"所驾马车的后边学习驾车时的步伐。笔者下乡插队学习赶马车时，曾经向车把式请教过这个问题。"大把"（相当于赶马车的"大碗儿"）告诉笔者：把马驹拴在车后，为的是从小就让它跟着大马学习驾车所走的步伐。

上述三句话讲述的显然是技术规则学习和技能训练的三种条件或途径：第一种是学习与冶炼技术相关技术规则的条件或途径；第二种是学习与制弓技术无关技术规则的条件或途径；第三种是从小训练技能的条件或途径。这三种学习虽然都是"做中学"，但都是范例学习。儿子都要通过观察、聆听和练习父亲的操作示范和讲解学习缝补皮囊漏洞技术或编筐织篓技术；马驹要像"父母"那样学习驾车时的步伐。因此，技术规则学习都离不开父母或师父的操作示范和讲解，而

子女或徒弟的学习都属于范例教学条件下的规则范例学习。

《礼记·学记》中还有"故君子之教，喻也：道而弗牵，强而弗抑，开而弗达。道而弗牵则和，强而弗抑则易，开而弗达则思。和、易、以思，可谓善喻矣"（高时良，2016）。"喻"有"教"和"善教之法"两个含义。这里取第二个含义，即善于启发和诱导学生的教学方法。"道"与"导"同义，即引导和诱导学生学习。"牵"就是"牵扯"或"拖拽"的意思。"强"是指对学生的教学要坚持"高标准、严要求"的意思。"抑"有"推""按""止"或"压"等含义，按照高时良先生的译注，可以取"压"或"压力"的意思。"开"有"开头""初露端倪"或"崭露头角"的意思，这里可以取"开头"的意思。"和"是"缓和"的意思；"易"是"不畏惧"或"不害怕"的意思；"思"是促进学生自主或独立"思考"的意思。所以这段话的意思是：有道德修养、有理想信念、有教学经验且讲究教学方法的教师，总是采用启发诱导的方法进行教学，即他们总是循循善诱地引导学生的学习与思考，而不是强拉着他们或强推着他们进行学习与思考；他们对学生学习和品行要求很严格且标准较高，但绝不会违背学生身心发展和个体差异等一般规律而强迫压制学生、故意提拔学生或者给学生施加各种压力；他们在教学时往往以提问的方式开头，并启发学生独立思考，而不是将教学内容一股脑地讲给学生或和盘托出地教给学生。引导学生学习而不强拉着他们学习，就能缓和教与学的矛盾并促进师生关系和谐；高标准地严格要求学生但不压制学生，就会使学生不畏惧学习；遇到问题只给学生开个头或引个路，然后鼓励学生敞开思路独自思考，这样能促进学生自主思维能力的发展及思维水平的提高。这样做既能缓和教学矛盾，又能使学生不惧怕学习或喜欢学习，还能促进学生独立思考、发展思维，这样的教学方法才是启发诱导学生学习的好方法。

《学记》还对教师的教学语言和样例教学提出了具体要求："其言也，约而达，微而臧，罕譬而喻，可谓继志矣"（高时良，2016）。"约"就是简练或简洁，"达"就是使学生理解得透彻，"约而达"，即教师讲解知识的语言要简洁明了，并使学生获得透彻的理解。"微"即"微妙"，"臧"即"精善"，"微而臧"，即教师要把知识或道理讲得微妙一些，使学生获得其精华和益处。"罕"就是"少"，"譬"就是例子，"喻"就是讲解，"罕譬而喻"就是教师应该用尽可能少的例子给学生讲明白深刻的道理。

我们在实验研究中发现，在规则样例学习中究竟让学生学习多少个样例，要视所学规则的复杂程度和规则运用类型的多少而定。学习比较复杂且应用类型较多的规则时，所学样例的数量也要随之增多。当然，在学生能够正确归纳所学规则的前提下，学习样例的数量越少越好。也就是说，在保证学生样例学习效果的前提下，要尽可能地减少教学内容中的例子或例题的数量，以提高学习和教学效率。样例教学也是如此，教学中所用例题、范例或案例的数量要视学生对有关规则的理解、掌握和运用程度而定。如果学生通过较少的样例学习即可正确归纳规则和运用规则，教师就不必讲解更多的例题或样例了。

第二节　学习理论研究

样例学习研究只是学习心理研究中的一个分支领域，样例学习理论只是诸多学习理论中的一部分。因此，学习理论研究是样例学习研究的重要学术背景。

学习的实验和理论研究从 19 世纪末桑代克（Thorndike）的动物学习实验研究开始，贯穿了整个 20 世纪。按照班杜拉（Bandura）对学习类型的划分，人类的学习可以分为两大类：一类是根据自己的行为结果进行的学习；另一类是根据他人的行为结果进行的学习（阿伯特·班杜拉，1988）。按照我国心理学家的观点，前者为直接经验的学习，后者为间接经验的学习（潘菽，1980）。根据这两种学习类型的划分，20 世纪的学习心理学研究可以划分为两个阶段：20 世纪 50 年代以前为动物直接经验学习的实验和理论研究阶段；20 世纪 50 年代以后为学生间接经验学习的理论和教学研究阶段。因此，学习理论可以分为直接经验的学习理论和间接经验的学习理论。

一、动物直接经验学习的实验和理论研究

在生活和实践活动中，个体因解决各种实际问题而获得个体经验的过程就是直接经验的学习过程。个体用行动解决实际问题无非得到两种结果：一是失败的教训；二是成功的经验。个体根据自己实际解决问题的两种行为结果，会将成功的经验、方法或行为反应保留下来，用于解决以后遇到的同类问题或相似的问题；也会将失败的教训、错误的方法或行为反应保留下来，避免以后用同样的方法解决同类或相似的问题。这就是所谓直接经验的学习或根据自己的行为结果进行的学习。所以，对于人类个体而言，技术发明、科学研究、科技开发和解决各种社会实践问题的过程都属于直接经验的学习，即人类的一切真知灼见和实用技能都直接源于实践。

动物的学习能力与人的学习能力有本质的区别。动物不具备人类的言语能力，所以一般来说，动物的学习多是直接经验的学习，少有人类那样的间接经验学习。

（一）桑代克的开创性研究：动物学习实验研究和学习联结说的创立

桑代克开创了动物直接经验学习的实验研究。他给动物设置一定的问题情境，例如，给猫设计的"迷笼"式问题情境：把饥饿的猫关进一面可看见外面食物的木箱或迷笼内，然后观察并记录它学会打开迷笼门闩的动作反应、反应过程和结果。桑代克把猫每次打开笼门所用的时间（潜伏期）与实验次数描绘成"学习曲线"。根据学习曲线的变化，桑代克将动物的学习过程描述为盲目的"尝试-错误"的过程，即猫最初不知如何打开迷笼门，当猫偶然打开笼门，桑代克把它再关进笼内。随着被关进笼内次数的增多，它打开笼门所用的时间或潜伏期越来越短，直至最后每当它被关进笼内就能做出打开笼门的动作。

根据该实验结果，桑代克将学习定义为某情境与某反应形成联结的过程。所谓联结，就是某种情境仅能唤起某种反应的倾向。他还提出了促进和增强联结形成的 3 个学习定律。①准备律：面对某情境，个体准备联结且允许其联结，就会有满意之感，不允许其联结，就会有不满意之感；反之，当个体不准备联结时，强迫其联结就会有不满意之感；不强迫其联结就会有满意之感。②练习律：对于刚刚形成的联结，经常做有反馈的练习，就能增强其联结。③效果律：某情境与某反应形成联结时，给予奖励，联结就会增强。他还先后提出 10 条学习副律，诸如变式反应或多式反应对联结形成的促进作用；情境的显著特征决定了动物的首个反应；情境的持续微小变化可以导致反应的转移等。桑代克还创立了"联结"的神经机制假说或神经活动假说：联结除了使神经元发生真实的生理传导之外，它们还或多或少地有着传导的准备，以确定在哪些给定的情景下，什么反应会使人满意或恼怒（爱德华·桑代克，2015）。因此，桑代克的学习联结说是包括神经机制假说在内的第一个动物学习理论。

（二）巴甫洛夫的条件反射实验和理论研究

俄国生理学家、1904 年诺贝尔生理学或医学奖获得者巴甫洛夫在唾液分泌的生理反射实验中发现了条件反射现象：条件刺激（铃声或灯光）与无条件刺激（食物）相继多次呈现后，单独呈现条件刺激就能引起狗分泌唾液的反应。他在查阅文献时发现了谢切诺夫（Sechenov）关于"心理"与"反射"的概念和桑代克的研究，并认为桑代克是开展该领域研究的第一人。他将该种反射称为"条件反射"，将生理反射称为"无条件反射"。自此之后，他对条件反射进行了一系列深入、细致的实验和理论研究。在实验研究方面，他详细考察了呈现条件刺激与无条件刺激的时间间隔对条件反射形成的影响、条件反射形成后的逐渐消退与自然恢复、条件刺激的泛化与分化、阳性条件反射与阴性条件反射、条件抑制与无条件抑制、初级条件作用与高级条件作用，以及条件反射的中枢机制等。在理论研究方面，他指出条件反射的中枢机制是条件刺激引起的感知兴奋中枢或"兴奋灶"与生理反应中枢或兴奋灶之间形成"暂时神经联系"的过程；提出了"兴奋"和"抑制"两种高级神经活动过程并研究了其活动规律；创立了两种信号系统的学说、四种高级神经活动类型的学说，以及四种高级神经活动类型与四种气质类型之间的关系学说。因此，巴甫洛夫的经典条件反射学说是继桑代克之后第二个提出神经机制的动物学习理论。

（三）行为主义的学习理论

受巴甫洛夫的条件反射研究的影响，华生（Watson）于 1913 年发表了标志行为主义心理学诞生的论文或"宣言书"。行为主义心理学诞生后，行为主义心理学家积极从事关于学习的实验和理论研究，创立了许多行为主义的学习理论。诸如早期行为主义心理学家格思里（Guthrie）的接近作用理论、赫尔（Hull）的系统行为理论、斯彭斯（Spence）的刺激强度理论和艾斯蒂斯（Estes）的刺激抽样理论等。行为主义的学习理论还包括斯金纳（Skinner）的操作性条件反射说和托尔曼（Tolman）的认知-期待说等新行为主义学习理论（G. H. 鲍尔，E. R. 希尔加德，1987）。

（四）苛勒的学习顿悟说

1912 年，在德国柏林大学诞生了注重知觉整体性和心理现象整体性研究的格式塔心理学。其创始人之一苛勒（Kolher）1913—1917 年在西班牙加纳群岛的特纳利夫岛上进行了长达五年关于大猩猩学习的实验研究。他给大猩猩设置了许多诸如"接竿问题""叠箱问题"等问题情境，观察并记录大猩猩解决这些问题的过程、方法和结果。下面以大猩猩"苏珊"解决接竿问题的表现为例说明大猩猩解决接竿问题的过程。它先用短竹竿够香蕉，没够到；接着就用短竹竿把长竹竿够过去。然后，它手握两根竹竿仔细观察，一边观察一边查看自己与香蕉的距离。突然，它把两根竹竿接起来，并用接起来的长竹竿把香蕉够了过去。苛勒把大猩猩解决"接竿问题"的过程描述为"顿悟"的过程，即大猩猩首先对两根竹竿的长度和自己到香蕉的距离做出了"良好的"观察；然后，突然领悟了两者之间的关系；当它领悟了两根竹竿的长度与自己到香蕉之间距离的关系，就用两根接起来的竹竿解决了问题。因此，苛勒认为大猩猩解决接竿问题的过程不是桑代克描述的尝试-错误过程，而是"顿悟"过程。所谓顿悟，就是大猩猩对目的物与获得目的物的手段或途径之间关系的突然明了。所以，他的理论被称为学习顿悟说。

苛勒认为，在桑代克的实验中，给猫设计的迷笼门开关过于复杂，超出了猫的顿悟水平，否则猫也能表现出顿悟。桑代克却认为，在苛勒的实验中，大猩猩在解决问题之初也表现出了尝试-错误的反应，例如，用短竹竿够香蕉，没有够到，然后才有顿悟，并做出顿悟后的反应。行为主义心理学家认为，大猩猩不仅在顿悟之前表现出尝试-错误的行为，而且顿悟本身就是一种"啊哈！"行为。一时间，学习究竟是尝试-错误还是顿悟的问题引起了心理学界的讨论。后来，人们认识到，解决问题的过程（即直接经验的学习过程）既有尝试-错误也有顿悟。当解决问题的方法或线索没有被察觉或顿悟时，解决问题的唯一方法只能是尝试-错误；一旦解决问题的方法或线索被察觉，就会表现出顿悟。一个复杂问题的解决过程可能包括多次不同类型的尝试-错误和顿悟。

（五）斯金纳的操作性条件反射研究

斯金纳（Skinner）的实验装置被称为"斯金纳箱"。在用老鼠做实验的斯金纳箱中，箱壁上有一个杠杆和食盒。被放到斯金纳箱中的老鼠无意中做出了用前爪按压杠杆的动作，杠杆下面的食盒中就会出现一粒食物（杠杆是给食装置的开关）。老鼠吃了食物后按压杠杆的次数骤然增加。斯金纳将这种现象称为"操作性条件反射"。老鼠按压杠杆的动作是自发的，斯金纳将其称为"自发反应"，将食物称为"强化物"。"强化"是使有机体的某种自发行为反应概率增加的外部条件。斯金纳认为，操作性条件反射不同于巴甫洛夫的经典条件反射，前者以动物的自发反应为基础，后者以刺激引发的应答反应为基础。因此，斯金纳划分了两种反应，即自发反应和应答反应，由此提出两种习得性行为，即自发行为和应答行为，进而提出两种学习，即操作性条件反射式学习和经典性条件反射式学习。操作性条件反射式学习用于塑造自发行为，经典性条件反射式学习用于习得应答行为。在后天的习得性行为中，操作性条件反射式学习比经典性条件反射式学习更多、更普遍。例如，当幼儿自动拾起掉在桌上的饭粒并受到父母或其他成人的夸奖，这种行为习惯就会保持下来。再如，游泳运动员一旦做出某个正确的泳姿，被教练看到并得到肯定后，其做出该泳姿的概率就会增加。斯金纳认为，强化是学习的必要条件，没有强化就不能塑造行为。为了用少量的强化物塑造和巩固某种自发反应，他开展了强化程序的实验研究。研究结果表明：可变间隔的强化（两次强化的时间间隔不确定）效果优于固定间隔的强化效果；可变比率的强化（两次强化之间的反应次数不确定）效果优于固定比率的强化效果。他还用不同的强化程序塑造了老鼠按压杠杆的不同自发反应，诸如敲击杠杆或压住杠杆持续一段时间等。他还明确定义了"负强化"（逃避讨厌刺激的反应概率增加的条件作用过程）和"惩罚"（无法逃避讨厌刺激的条件作用过程）的概念。他用鸽子在斯金纳箱中成功地进行了"无错误辨别学习"的实验，笔者认为该实验为环境育人的观点提供了实验依据。他还编制了线性学习程序，提倡教师进行程序教学和学生利用"学习机"自主学习（G. H. 鲍尔，E. R. 希尔加德，1987）。

（六）托尔曼的认知-期待说

托尔曼原本是一位行为主义心理学者。后来他去德国跟苛勒学习两年，回到美国后，他修正了行为主义的观点，并着力开展动物学习的实验和理论研究。他认为，行为主义心理学将行为分解为"刺激-反应"（stimulate-response，S-R）的单元，研究的是"分子性"行为，忽略了行为的整体性。他指出，心理学应该研究整体性行为，即"克分子"行为。整体行为具有认知性和目的性。行为不是由刺激直接引起的，而是通过"中介变量"的调节后做出的。他将行为主义的"S-R"公式改写为"S-O-R"。其中，"O"（organism）代表中介变量，包括训练、经验、认知和期待等。他指出，学习并不是学会简单的动作反应，而是对目的物形成认知或期待的过程。所谓认知，就是对行为目标或目的物所处的位置和到达目的物路径的认识。所谓期待，就是对目标物的位置和获取目标物的手段或路径的预先认知，即"认知地图"或"符号格式塔"。他与合作者（Tolman et al.，1946；1947）用"十字迷津"实验验证了上述假设。他提出 4 种认知-期待：感知性期待、记忆性期待、推理性期待和假设性期待。他用廷克尔波（Tinklepaugh）和埃利奥特（Elliott）的实验证明动物（猴子、白鼠）分别具有感知性期待或对奖励的期待；用"八臂迷津实验"证明动物（老鼠）具有记忆性期待。他和杭齐克（Honzik）用自己设计的"迂回路径"实验证明，老鼠具有推理性期待。他认为前三种认知-期待为人类和动物所共有，而假设性期待则为人类所特有。因此，他的学习理论被称为"认知-期待说"。为了证明强化不是学习的必要条件，他做了"潜伏学习"实验。实验结果表明，在没有强化的条件下，动物也在学习（即潜伏学习），一旦给予强化，潜伏学习的效果就会明显表现出来（G. H. 鲍尔，E. R. 希尔加德，1987）。

二、学生间接经验学习的理论和教学研究

1956 年夏天，人工智能的科学概念在美国诞生，同年还诞生了信息加工心理学或认知心理学。1957 年 10 月，苏联第一颗人造地球卫星发射成功，促使美国上下开展了"美国科技为什么落后了"的大讨论。布鲁纳（Bruner）指出美国科技落后的原因是教育落后，尤其是教学方法落后。接着，全美课程与教学改革运动兴起。从此，学习理论的研究转移到学生知识学习的研究上来，并与教学改革

紧密结合在一起。

学生的学习以接受前人获得的知识经验为主要内容。用班杜拉的话来说，就是根据他人的行为结果进行的学习。用我们的话来说，就是间接经验的学习。与直接经验的学习相比，间接经验的学习有3个显著的优点：一是安全、可靠、无危险，例如，第一个吃螃蟹的人要冒着可能会中毒的危险，而看过别人大吃螃蟹的人，自己吃螃蟹时就不会担心中毒；二是易学、易行；三是省时、省力、省心。人类可以通过口头讲解、文字描写、图形示意和动作示范把自己的直接经验迅速地传授给他人和后人。学生可以通过阅读教材、聆听教师讲解和模仿他人的行为或操作，方便而快捷地习得他人花费大量时间、耗费大量体力和精力甚至冒着生命危险才获得的直接经验。所以，直接经验的学习是人类获得知识和技能的来源，间接经验的学习是人类学习他人的知识和技能的捷径。如果教师再进一步探究和采用使学生易懂、易记和易运用的教学方法，学生对间接经验的学习就会更快捷、更容易、更有效。正因为如此，人类社会才高度重视对教师的培养和教学方法的研究。间接经验知识和技能的传授有著书和编写教材、讲授教学或与学生交流、行为示范与指导三种途径和方法。与之对应，学生对间接知识和技能学习的途径和方法也有三种：阅读教材、图书或参考资料；聆听教师的讲授或与教师交流；对榜样（包括教师、家长和同伴等）行为进行观察或模仿学习。

（一）布鲁纳的"认知-发现说"与教学改革

布鲁纳是认知心理学的先驱人物之一，早年从事儿童的认知发展研究，在皮亚杰（Piaget）儿童认知发展阶段论的基础上提出了儿童思维发展的"再现表象"理论。20世纪50年代，他与合作者进行了"人工概念"形成的实验研究，提出了概念形成的"假设-考验"说。他注重发现学习，倡导培养学生的发现学习能力和科学发现能力，并领导了美国20世纪50—60年代的课程与教学改革运动，成为美国继杜威之后比较有影响力的教育心理学家和教学改革家。

布鲁纳认为，学习的实质就是把人所认识的同类事物联系起来，不断地将其概念化和类型化，并把它们组织成赋予一定意义的认知结构。知识的学习就是在学生的头脑中形成各学科知识的结构。这些知识结构由学科知识的基本概念和原理构成。认知结构就是所有知识结构经过纵横联系、融会贯通形成的一个"金字塔"式的结构。知识学习是获得新知识、改造旧知识和进行知识评价的编码过程。他明确指出，发现不只限于寻求人类尚未知晓的事物和行为，确切地说，它包括用自己的头脑亲自获得知识的一切形式。尽管学生从书本上获得的新知识都是前人已知晓的，如果这些知识是通过学生自己的发现学习获得的，这对于学生来说也是一个"发现"的过程。他提倡的发现学习，包括学生独立阅读教材、书籍、参考资料和做实验或调查等通过自己独立思考而获得新知识的过程。他认为教学不应该使学生处于被动接受知识的状态，而应当让学生自己把事物整理就绪，使自己成为发现者。他还认为，发现学习具有激发学生的智慧潜能、获得发现的方法、有利于对知识的概括、保持和迁移等优点。他的这些观点被称为学习的"认知-发现"说，成为当时美国课程与教学改革的理论基础或指导思想（格莱德勒，2007）。

布鲁纳指导教学改革的目的是为美国培养出更多的科学家和工程技术人才，从而进一步提升美国的科技实力。为了使学校的课程和教学更好地适应培养科技人才的需要，他提出了"最佳知识结构"、"最佳教学顺序"、"螺旋式课程结构"、培养学生的认知需要、激发学生的内在学习动机、慎重使用外部强化和"结构式教学"等一系列关于课程内容和教学方法改革的思想，指导了长达 8 年之久的美国课程与教学改革运动。但是，学生的发现学习费时、费力、效率低且个体差异大，导致学生对知识的掌握不全面且学习成绩下降，再加上学习方式和培养目标过于单一，不能满足所有学生对其他知识和技能学习的需要，所以到了20 世纪 60 年代后期，他领导的课程与教学改革运动就不了了之了，因此受到了美国人本主义心理学的批评，也为奥苏伯尔（Ausubel）提倡的有意义接受学习和讲授式教学提供了发挥作用的时机。

（二）奥苏伯尔的有意义言语学习理论与讲授教学

奥苏伯尔认识到，知识经验多以语言文字为媒介进行交流和传递。学生的知识学习一般是通过对语言文字的理解而获得意义的过程。所以，他的学习理论被称为"有意义言语学习理论"。该理论以"认知结构同化论"为基础。其中"认知结构"的概念与布鲁纳的认知结构概念基本一致。用奥苏伯尔的话来说，认知结构是学科知识的实质性内容在学生头脑中的组织。新知识的学习必须以学生认知结构中有关的"旧知识"为基础。"同化"就是新旧知识相互作用或建立意义联系，使新知识获得心理意义，并导致认知结构变化的过程。他分别阐释了类属性同化、并列结合性同化、上位概念同化和下位概念同化等具体认知过程，严格定义了有意义学习的概念，即新旧知识建立实质性、非任意联系的过程，明确指出了有意义学习的条件，即新知识具有逻辑意义、学生要具备有关的旧知识和有意义学习的"心向"。因此，他明确指出，有意义的接受学习不是被动的学习过程，而是在有意义学习心向的驱使下，在新旧知识之间建立实质性和非任意的意义联系的过程。按照知识学习的性质，他将学生的知识学习分为有意义的学习和机械的学习；按照有意义学习的形式，将其分为有意义的发现学习和有意义的接受学习。他不反对发现学习，但认为有意义的接受学习是学生学习知识的主要途径。

为了使学生更好地进行有意义的接受学习，他力推课堂讲授教学。他明确指出，能够使学生进行有意义接受学习的讲授教学不是"填鸭式"教学。为了防止课堂讲授教学陷入"填鸭式"教学的窠臼，他提出了先行组织者、比较性组织者和总结性组织者等讲授教学模式，并在教学实验中验证了这些教学模式的作用（Ausubel，1978）。

（三）加涅的习得性能分类-学习条件说与教学设计原理

加涅（Gagné）是一位将学生学习结果的类型说、学习条件说与教学论和教学设计原理融为一体的美国著名教育心理学家。他最初提出八种学习类型层级说。后来，他吸收信息加工心理学的思想和研究成果，提出 5 种学习结果或习得性能，并在分析其学习条件的基础上提出了教学论（加涅，1999；Gagné，1965）和教学设计原理（加涅等，2018）。

加涅提出的 5 种习得性能分别是智慧技能、认知策略、言语信息、动作技能和态度。智慧技能是使用符号的性能，由低到高包括 4 种亚类，即辨别、概念（具体概念和定义概念）、规则和高级规则。认知策略用以调控自己的注意、学习、记忆和思维等内部过程。言语信息意指可用言语表达的信息，也被称为陈述性知识。动作技能通常由一套序列动作构成。个体获得动作技能时，不仅仅指完成某种规定动作，而且指这些动作组织起来构成流畅、合规则和准确的整体行为。态度是影响个体行为的内部状态，包含认知、情感和行为 3 个成分。

加涅认为，5 种习得性能各有其亚类型，因此有多种类型的学习，诸如辨别学习、概念学习、规则学习、问题解决学习、认知策略学习、符号学习、事实学习、动作技能的学习与练习、态度的转变与学习等。学习的类型不同，学习的条件也不同。每种学习都有各自所需要的内部条件和外部条件。加涅主张在分析学习条件的基础上确定教学事件或步骤。然后，根据教学事件或教学步骤进行教学设计（加涅等，2018）。

加涅提出的学习层级说认为，智慧技能的心理组织通常主要由大量规则构成的学习层级来描述。两个或两个以上的概念是单一规则学习的先决条件，同样两个或两个以上的规则是其上位规则学习的先决条件。以此类推，由此组织起来的一整套规则就形成了一个学习层级。加涅在学习层级说的基础上进一步阐述了累积学习说，即个体的学习历程在性质上是累积的，辨别学习是概念学习的基础。概念对规则的学习起着正迁移作用，后者对更加复杂的规则学习及问题解决起支持作用。学习对完成任何智慧任务所必需的性能的形成有其特定的作用，也具有累积效果。

加涅的学习层级说和累积学习说揭示了由简到繁、由低级到高级的一般学习规律，符合学生知识学习和技能形成的一般规律和教学规律，是学习理论研究与教学研究中独具特色的一项重要理论成果，对知识学习与教学、技能习得与训练具有普遍的指导意义。

加涅最重要的贡献在于提出了定义概念、规则和高级规则的学习，阐释了定义概念、规则和高级规则学习之间内在的、必然的联系，分析了规则学习的先决条件、环境条件和规则讲授教学的一般程序，开创了规则学习理论研究和规则教学研究的先河，弥补了学习理论研究和教育心理学研究中缺少规则学习研究和规则教学研究的不足。

加涅能够在学习联结说、经典条件反射理论、操作性条件反射、连锁学习和言语联想学习的基础上将学习的基本形式确定为联想和连锁，足以显示出他深邃的思维能力和非凡的理论研究功底。

加涅清楚地认识到，研究学习事件有两个要点：第一个是有关学习所习得的究竟是什么的问题；第二个要点涉及学习过程。虽然加涅用信息加工理论的学习与记忆模型描述了学习的一般信息加工过程，但他的研究重点和主要研究成果不是学习过程，而是习得性能的类型、学习条件、教学论与教学设计原理。因此，将加涅的学习与教学理论称为"认知学习理论"（张奇，1998）或"学习的信息加工理论"都是不确切的。所以，这里将加涅的学习与教学研究成果统称为"习得性能分类-学习条件说与教学设计原理"。

加涅虽然将习得性能划分为 5 种类型，但是有些习得性能类型的区分或界定显得十分困难或勉强，例如，"智慧技能"与"动作技能"的区分就十分困难。加涅给智慧技能、定义概念、规则、认知策略和态度都下了明确的定义，但是在他的书中却很难找到"言语信息"和"动作技能"的准确、科学的定义。

虽然加涅认为规则可以被视为程序性知识，命题通常被视为陈述性知识，但是他几乎没有将概念、规则、认知策略和言语信息等称为知识，而是将其称为习得性能或技能，这或许是因为他高度关注或强调习得性能的技能性。不过，这样却容易混淆知识与技能的区别，忽视知识的存在、知识的学习和知识的作用。对此，笔者将在本书第四章第一节的"规则与策略"和"规则与技能"部分做出具体论述。

加涅虽然将规则定义为"两个或两个以上事物的关系"（加涅，1999），但是他没有说明规则从何而来，以及规则是如何制订的。他虽然指出整个规则的范围包括定义性概念，与语言有关的规则，具有科学原理性质的规则，甚至非常复杂的规则，也包括能应用于学习者自身行为的一种很重要的规则（加涅，1999），但是在他界定的"整个规则的范围"内没有包括数学规则、写作规则和技术规则等重要的规则类型，更没有详细阐述不同种类规则之间的区别与联系。他虽然分析了规则学习的条件并明确指出了规则的教学步骤，但他分析的规则学习条件和指出的规则教学步骤只是规则讲授教学下的规则学习条件和规则教学步骤，没有分析其他教学条件下（诸如实验展示教学、公式推导教学、规则运用的示范教学等）和学生自主学习条件下规则学习的条件和步骤。他虽然指出在规则教学中要学习者演示规则的一个或一个以上具体例证和为规则的回忆和演示提供新的例证（加涅，1999），但是没有开展规则的样例学习研究和规则的样例教学研究。他虽然指出具体规则的获得确立了向更加复杂的"高级"规则进行学习迁移的可能性（加涅，1999），但是没有开展实验研究证实规则学习迁移的可能性。他虽然从低级到高级地列出了智慧技能累积学习的学习层级（加涅，1999），但只是为了说明较高级规则的学习与较低级规则学习之间的层级关系和累积学习关系，既不是某个和某类规则学习的一般模式，也不是规则学习的完整基本原理。

正如我国著名教育心理学家皮连生先生在《学习的条件和教学论》中译本序中所说的，我们研究加涅著作更重要的目的，是超越加涅。尽管加涅做出了具有历史意义的重大贡献，但是他的理论体系同任何其他学习论和教学论体系一样，不可能没有缺点和局限性（加涅，1999）。笔者在学习和研究《学习的条件和教学论》（加涅，1999）中译本的基础上，充分地肯定了加涅在学习论和教学论研究方面做出的重大理论贡献，同时也指出了其中的缺点和局限。笔者的目的是在本书建立的规则样例学习原理、规则学习一般原理和规则推理迁移理论中尽可能地弥补这些缺点和局限，尤其是弥补实验研究的缺欠，使规则样例学习原理、规则学习原理和推理迁移理论建立在科学实验研究的基础之上。

（四）班杜拉的社会–认知学习理论与示范教学

20世纪60年代，美国学习理论家班杜拉注意到，以往学习理论家研究的都是通过反应结果进行的学习，诸如尝试–错误、经典性条件反射、顿悟、操作性条件反射和认知–期待等。但是，儿童的大多数社会行为是通过观察和模仿榜样或示范者的行为习得的。他把这种学习称为"通过示范进行的学习"或"根据他人行为结果进行的学习"（阿伯特·班杜拉，1988）。班杜拉认为，这是两种性质不同的学习。在他的早期研究中，首先让儿童分别观看有"攻击性行为"和"道德行为"情节的短片电影，然后在自然条件下（主试隔着单向玻璃）观察看过两种不同内容电影的儿童到一起后的行为反应。他观察到，看了攻击行为电影后的儿童在自然情境中表现出的攻击性行为明显多于另一组儿童；而看了道德行为电影后的儿童的道德性行为显著多于另一组。他由此认为儿童青少年的多数社会性行为是通过观察或模仿成人、榜样或示范者的行为习得的。

班杜拉对后一类学习，即观察和模仿学习进行了深入的研究，提出了观察学习过程的四阶段模型——在榜样或示范者行为示范的条件下，学生的观察学习经过了紧密相连的 4 个阶段，即注意过程、保持过程、再现或再生过程、动机过程。他还详细讨论了观察学习过程中影响注意的各种因素、动作表象的复习和巩固方法、再现行为过程的具体环节和再现行为发生的条件，即动机过程中的外部强化、替代性强化和自我强化一致与否对再现行为发生的影响。他扩展了强化的类型，提出了"自我强化"和"替代性强化"，并重视强化在观察学习中的重要作用。他还注意到了遗传机制、个体经验、功效预期（自我效能感）、认知调节和环境等诸多内外因素对观察学习的影响。他考证了儿童早期观察学习能力的发生和发展，即儿童早期表现出来的"即时模仿"和"延迟模仿"，还将模仿学习的类型扩展到概括性模仿和创造性模仿等方面（阿伯特·班杜拉，1988）。有关它与范例学习研究的联系，本书第二章第一节将进行具体介绍。

（五）人本主义和建构主义学习观对教学改革的影响

20 世纪 60 年代，在美国当时的社会、教育和心理学背景下，出现了人本主义心理学思潮。该思潮既反对行为主义心理学将人类行为与动物行为进行类比，也反对信息加工心理学将人类的认知加工过程与计算机信息加工过程进行类比，更反对当时的教学改革目标要求把学生都培养成未来的科学家和工程技术人才。马斯洛（Maslow）的"需要层级说"指出，人类个体有多种不同的价值取向和自我实现的理想。学校教育应该满足学生各种需要和理想的实现，允许他们将来成为音乐家、文学家甚至普通人。因此，他强调心理学研究应该回归人的本性和尊严，并满足其各种不同的发展性需要。

另一位人本主义心理学家罗杰斯（Rogers）从事临床心理学工作多年，创立了"求助者中心疗法"。面对当时的教学改革，他提出了人本主义学习观和教学观。其主要观点是：①学习是学生学习潜能的自主发挥过程。学生都有学习的需要，不需要培养或激发其学习动机。②学习的内容是学生自我选择的、自认为有意义的内容。学生自己喜欢什么就应该学习什么。学生应该有对学习内容或课程内容的自我选择权和决定权。③学习的目的是学会学习、学会自由。④学生要把自己培养成自我选择、自主发展、自我负责并有创建性的人。⑤教师不是权威，只是学生学习的辅助者。因此，罗杰斯期望的课堂教学是既无教师也无指定的教学内容，更没有固定教学模式的所谓"无结构化"的自由讨论

（张奇，1998）。

另一个对学习和教学产生较大影响的哲学思潮是 20 世纪 80 年代后期在欧美国家兴起的建构主义知识论和认识论思潮。受该思潮的影响，出现了建构主义的学习观和教学观，并对许多国家的课堂教学改革产生了影响（格莱德勒，2007）。

20 世纪后半叶，心理学家还开展了学习策略、学习动机理论、自主学习理论和合作学习（cooperative learning）理论等研究。这些研究既促进了课堂教学改革，又深入扩展了上述有关学习理论的研究。它们都对学生学习、课堂教学效率的提高产生了积极的促进作用。

三、学习的多学科研究概述

除学习的心理研究和行为研究之外，学习的神经生理学和神经化学研究一直致力于学习与记忆的神经生化机制的探索，在学习与记忆的中枢机制和神经传导机制等方面取得了许多有价值的研究成果。脑创伤患者的认知神经心理学临床实验研究一直受到学习研究界的高度重视，"裂脑人"的实验研究和儿童大脑开发研究尤其受到社会的普遍关注。人工智能科学技术诞生之后，学习的人工智能研究得到了持续不断的开展，并在模式识别、博弈、语音输入、文字翻译、问题解决、学习的神经模型和网络模型等方面取得了一定的进展。

20 世纪 90 年代，随着无创性脑成像技术认知研究功能的扩展，以及脑科学和人工智能科学技术对认知活动中枢神经机制深入探究的需要，认知神经科学研究迅速兴起。30 多年来，认知神经科学的研究几乎覆盖了心理学研究的所有领域，发展神经科学、教育神经科学、社会神经科学、经济神经科学等如雨后春笋般涌现。其中，学习与脑的认知神经科学研究成为研究的重点之一。尤其是在文字识别、符号表征、阅读、阅读障碍、空间知觉、运动知觉、图形表征、数学运算、数学障碍、问题解决、推理、决策、工作记忆、二语学习、情绪的认知调节、社会认知等研究方面取得了丰富的成果。脑与认知神经科学的研究已经成为 21 世纪有生机和活力的重点科学研究领域之一。

学习活动不仅是心理和行为变化的过程，也是大脑神经系统变化的过程，其中包括神经元的突触变化、神经递质变化、生物电变化、脑磁场变化、血流量变化和血氧量变化等。所以，人类的学习系统不仅是一个开放系统、信息加工系统、控制系统、协同变化系统或平衡与不平衡的循环变化系统，更是一个自适应或自调节系统、自转变系统和自生成系统。因此，对人类学习的科学研究必然是多学科、多知识领域、多系统、多方法、多技术、多角度和多层面的深入分析，也必然是跨文化、跨学科和跨知识领域的跨界综合研究以及多学科、多知识领域、多种方法和技术交叉运用的整合研究。

人类学习的科学研究已经是比较心理学、行为科学、认知科学、医学、生理学、人工智能科学技术、脑与认知神经科学技术、基因科学技术等诸多学科研究的主攻方向之一，更是现在和未来诸多学科的主要研究课题之一。在各学科深入研究的基础上，必然会出现多学科研究成果的相互交流和验证；研究方法和技术的相互学习、运用和互补；研究思路的相互启发与借鉴；多学科的协作与合作研究。学习研究的各学科和各知识领域之间有分有合，但没有严格的界限。

四、学习理论研究与样例学习研究和规则学习研究的联系

在 20 世纪下半叶的学习理论研究中，至少有三位心理学家的学习实验研究和学习理论研究与样例学习研究有关，分别是布鲁纳的人工概念形成实验研究、班杜拉的社会-认知学习理论研究和加涅的习得性能类型与学习条件说。

（一）概念形成和习得研究与样例学习研究的联系

20 世纪中叶，布鲁纳等开展了人工概念形成的实验研究（Bruner et al.，1956），随后许多心理学家开展了概念形成的实验研究（Bower & Trabasso，1964；Levine，1966，1975；Tennyson & Cocchiarella，1986）。为了解释或说明概念形成的认知过程，布鲁纳提出了概念形成的"假设-考验"说。后来，该学说又被称为概念习得的"规则模型"（Smith & Medin，1981），后来学者将其归结为概念形成或概念习得的"相似性理论"和"解释性理论"。这两个概念习得理论对样例学习的实验研究和理论研究都产生了促进作用，成为样例学习研究的起源之一（详见本书第二章第一节的第一部分）。

（二）社会-认知学习理论与范例学习研究的联系

班杜拉的社会-认知学习理论研究与后来的样例学习研究有一定的联系。因为随着样例学习研究的深入和扩展，样例的类型不断增多，特别是动画、录像和视频等教学媒体在课堂教学中的运用，使各种类型的范例教学应运而生。教学视频呈现的是教师、专家或榜样的真实动态影像，观察这些动态影像就如同观察这些人的真实行为一样，因此在样例学习研究中出现了范例学习和范例教学研究。班杜拉的认知-社会学习理论被认为是范例学习和范例教学的基础理论之一（详见第二章第一节的第五部分）。

（三）加涅的《学习的条件和教学论》与规则学习研究的联系

加涅（1999）在《学习的条件和教学论》一书中提到：①在规则的教学过程中，需要学生演示规则的一个或一个以上具体例证，教师要为学生规则的回忆和演示提供新的例证。②在动作技能学习的外部条件中，在学习者观察一个熟练的操作者的动作时，他们能够获得"运动计划"或构成执行程序的运动顺序的步骤。非常有趣的是，学习者在观察运动动作的示范后，通过心理练习，可能会完成大量的动作技能的学习。③在态度习得的外部条件中，加涅特别强调了榜样示范、榜样的选择和模仿榜样的重要作用。诸如运用模仿的方法是普遍适用于态度学习的，而且也可能是最有效的方法；建立态度的最可靠的方法之一，是利用一系列包含人的模仿的学习条件。简单地说，这种方法必须包括由受人尊敬或受人钦佩的人来示范和交流对个人行为（态度）的合乎需要的选择；榜样人物的信息可由他本人或通过像电视或印刷品等媒体提供，榜样人物并非一定要"真实"，它可以是小说的主人公等。加涅提出的这些观点和方法都与本书下面要谈到的规则样例学习、范例学习和范例教学密切相关。尤其是在前文中指出的缺点和局限，都将在本书第四章加以详细讨论、补充和修正。

第三节　学习迁移研究

学习迁移（learning transfer）研究关注的是一种学习对另一种学习的积极影响，尤其关注的是先前的学习对后续学习的促进作用。如果当前的学习对后续学习产生促进作用，就会提高后续学习的效率和效果，起到事半功倍的作用。所以，学习迁移研究备受重视，而且与样例学习研究也有密切联系。

一、传统的学习迁移观

（一）中国古代的学习迁移观

中国古代学者早就认识到，读书要"循序渐进"，教学要"不凌不遍"。所谓循序渐进，用朱熹在《读书之要》中的话来说，就是"未得乎前，则不敢求其后；未通乎此，则不敢志乎彼。如是循序而渐进焉，则意定理明而无疏易凌遍之患矣"（张奇，1998）。这是说当前的内容没学完，就不要急着学习后面的内容；当前的道理没弄懂，就不要急着想学后面的道理。如此这般，按照知识的先后顺序逐步扎实地学下去，才能准确领会概念和原理，而不会有因为疏忽、浅识、越过和拖沓所带来的不良后果。"凌"是"跳过去"的意思；"躐"是滞留在已经理解了的知识上止步不前的意思。"不凌不躐"的意思是，教学要按照知识内容的前后顺序和内在逻辑联系进行，既不能前面的内容还没讲，就跳过去讲后面的内容，更不能总停留在一个知识内容上讲过来讲过去，而不讲解后面的新内容。读书学习的经验表明，循序渐进是读书学习的有效迁移方法之一，不凌不躐是促进学生学习迁移的基本教学原则之一。

（二）官能心理学的心理训练说

在 18—19 世纪欧洲和北美国家的学校里，普遍流行着官能心理学的心理训练说。该学说认为，人的感知、记忆、推理、判断和言语等心理官能也如同人的骨骼和肌肉一样，经过训练或锻炼就可以增强其能量，使人们以后使用这些官能时变得更容易。古典人本主义的心理训练说认为，心理训练与训练的内容有关，诸如学习历史知识有助于增强学生的记忆力；学习数学知识有利于培养学生的推理能力；学习拉丁语有助于培养学生的言语能力；等等。另一种心理训练说却认为，心理训练跟内容无关，只与训练形式有关，这种训练被称为"形式训练说"。两种训练说在我国的学校教学中也有不同程度的表现（潘菽，1980）。

二、学习迁移的经典实验和理论研究

（一）桑代克的共同要素论

19 世纪末，心理训练说受到一些心理学家的质疑。1890 年，詹姆士（James）首先用记忆实验检验了该学说，得出的结论是，记忆力不受训练的影响，而在于记忆方法的改善。1901 年，桑代克和吴伟士对此进行了知觉训练迁移实验研究。他们先训练被试判断 10—100 平方厘米的长方形的面积。待被试在训练中取得很大进步后，再让其判断 150—300 平方厘米的长方形的面积或面积相同而形式不同的各种长方形的面积。实验结果表明，被试在判断上的进步仅达到原有进步的 1/3 左右。如果判断面积不变而形状改变的图形面积，其结果同样不好。如果先训练被试估计 1—1.5 英寸（1 英寸≈2.54 厘米）的直线长度，然后要求其估计 6—12 英寸的直线长度，被试的直线长度估计能力并没有因为先前的训练而有所增进。因此，桑代克和吴伟士根据实验结果否定了心理训练说。后来桑代克在对迁移研究进行理论阐述时提出了学习迁移的"共同要素论"。该学说认为，迁移是具体而有条件的，只有当两种学习有相同的要素时才能产生迁移。这里所说的共同要素或共同成分指的是两项学习内容或作业中具有共同的显而易见的知觉特征，如颜色和形状等。而且，两种学习情境中相同的元素或成分越多，迁移量就越大（转引自潘菽，1980）。

（二）贾德的原理概括说

继桑代克提出共同要素说之后，贾德（Judd）做了"投掷标枪击水下靶子"实验。他把高年级小学生分成两组：原理学习组的学生在练习前学习光的折射原理，然后进行投掷练习；练习组的学生则只进行投掷标枪击水下靶子的练习，没有学习光的折射原理。当两组达到接近的训练成绩，改变水的深度，再让两组被试继续投掷标枪击水下的靶子。实验结果表明，原理学习组的投掷成绩明显优于练习组。贾德认为，理论把有关的全部经验组成了一个思想体系。学生在理论知识的基础上理解了实际情况后，就能够利用概括化的经验迅速解决需要按实际情况做出具体分析和调整的新问题。因此，贾德的学习迁移理论被称为"概括化理论"（转引自潘菽，1980）。

（三）苛勒的关系转换说

1929 年，格式塔心理学家苛勒用小鸡和一名 3 岁儿童为被试进行了学习迁移的实验研究。他先是训练被试在两张灰、白不同的垫纸上寻找食物，通过多次训练，被试学会了从灰色纸上取得食物。然后，变换实验情境，保留原来的灰色纸，用深灰色纸替换原来的白色纸，但把食物放在深灰色纸上。实验结果表明，经过训练的小鸡一般不会到原来的灰色纸上获取食物，而是倾向到深灰色纸上获取食物。然而，儿童被试始终对深灰色纸做出反应，不对浅灰色纸做出反应。苛勒认为上述实验结果证明，产生学习迁移的原因是被试在两种情境的学习中"顿悟"了相同的关系。因此，在学习中顿悟事物之间的关系才是获得学习迁移的真正手段（转引自潘菽，1980）。

（四）哈罗的学习定势说

哈罗（Harlow，1949）在学习迁移实验中给猴子呈现圆柱体和圆锥体两个刺激物。圆柱体下面放食物，圆锥体下面不放任何东西。实验开始后，猴子偶然拿起其中一个物体进行观察，遇到食物立即获取，相当于得到了奖励。每次实验中，两个物体的摆放位置是随机的，但食物始终放在圆柱体下面。如此训练 6 次后，再给猴子呈现另外两个物体，仍然在一个物体下面放食物，另一个物体下面不放食物。如此训练 6 次后，再换上另外两个物体重复上述实验。如此进行下去，虽然不断地变换物体，但是猴子选择下面放有食物物体的正确反应率却逐渐上升，选择的速度也越来越快。实验结果说明，猴子已经逐渐学会了如何解决这类问题。因此，哈罗认为学习迁移的原因是在前面的学习中形成了一种学习定势，并将这种定势运用到后续学习中。因此，哈罗的迁移理论也被称为"学习定势说"。

如同学习理论的研究一样，20 世纪后半叶的学习迁移研究也转移到学生知识学习迁移的研究上来，出现了一些新的学习迁移理论。

三、学习迁移的教学研究

（一）布鲁纳和加涅对学习迁移类型的划分

布鲁纳认为，发现学习有助于对知识的概括、保持和迁移。他还将学习迁移的类型划分为"特殊迁移""一般迁移"。特殊迁移是指具体知识内容的迁移，例如，学习整数算术加法后，就会促进对小数加法的学习。再如，学习了"规则"的概念后，在学习中再遇到"规则"的概念时，就会对其学习产生促进作用。一般迁移是指在一种学习中形成的学习态度或掌握的学习方法对其他学习任务或学习情境产生的迁移作用。例如，在历史课上学会用"口诀法"记忆历史事件和人名后，在地理课上就能用口诀法记忆国家名称和地名等。再如，在心理健康教育课上学会了"遇事冷静、沉着应对"的处事态度后，就可能用这种态度处理实际生活中突发的事件等。可见，一般迁移比特殊迁移的迁移范围广、作用大。因此，布鲁纳强调在学习中要发挥一般迁移的作用。

加涅注意到，学习迁移既可能发生在学习难度水平相同的学习之间，也可能发生在学习难度水平不同的学习之间。发生在学习难度水平相同学习之间的迁移被称为"水平迁移"，例如，学习了加法运算概念后，会促进学生对减法概念的学习。发生在学习难度水平不同的学习之间的迁移被称为"垂直迁移"，例如，学习了不进位加法运算规则后，会促进学生对进位加法运算规则的学习。

（二）奥苏伯尔的认知结构迁移说

奥苏伯尔用认知结构同化论的观点解释了知识学习的迁移原因。他认为，任何有意义知识的学习都是在原有知识经验的基础上，通过新旧知识之间的同化而获得意义的。学生认知结构中有关知识的清晰性或概括性、稳定性和可辨别性或可利用性是制约新知识学习，也是制约学习迁移的 3 个重要变量。认知结构中与新知识有关的旧知识（包括概念、命题或者具体例子等）的抽象概括水平越高，越能促进新知识的同化；概括水平越高、范围越广，迁移的可能性就越大，迁移效果也越好。反之，则迁移的范围小、效果差。有关知识的稳定性是指同化新知识的旧知识的巩固程度。有关知识越稳定、越清晰，就越有助于促进新知识的学习，学习迁移的效果就越好。有关知识的可辨别性是指学生对新、旧知识之间异同点掌握的清晰程度。新、旧知识之间的可分辨程度越高，对新、旧知识的掌握越牢固，学习迁移的可能性就越大。总之，新知识的学习和迁移效果取决于学生是否形成了良好的认知结构（邵瑞珍等，1983）。

（三）安德森的"产生式"迁移理论

安德森（Anderson，1981）根据他提出的人类学习自适应控制理论，提出了"产生式"的概念和迁移理论。所谓产生式，就是一个条件与一种操作或反应相结合的操作规则，简称为"C-A"规则。"C"代表导致某种行为操作或动作反应的具体条件；"A"代表符合某种具体条件的行为操作或动作反应。一个产生式规则可以表述为：如果符合某条件"C"，就可以做出某反应或某种操作"A"。其迁移理论的核心思想是，先、后学习的两项解决问题的技能的产生式重叠越多，迁移量就越大。安德森认为，与共同要素说相比，产生式理论是一种更灵活的知识表征方式。也就是说，先、后两种技能学习产生的迁移，不用刺激-反应的数量来解释，而是用产生式的数量来解释。两者的区别在于，前者仅注意到了前、后两种学习材料表面特征的相似性，而后者，即产生式的形成必须经过学生对知识的编辑，并将规则纳入学生原有的命题知识网络，经由一系列练习才能转化形成。

（四）"元认知"迁移说

弗莱维尔（Flavell，1979）提出了"元认知"概念，是指个体对认知活动的认知。它不仅是对认知过程的认识和体验，而且对自己的认知过程具有自主监控、调节和协调的功能，即元认知监控能力。学生的元认知水平或元认知监控能力越高，对自己的学习活动的规划就越好，对学习过程的监控和调节就越有效，学习效果就越好，迁移效果也就越好。因此，元认知策略作为一种有效的学习策略，不仅有助于学习效率的提高，同样也能起到促进学习迁移的作用。

（五）问题解决的类比迁移理论

在不同的事物之间进行类比是人类思维的基本活动形式之一。类比迁移理论认为，迁移最有可能发生在"源问题"与"靶问题"具有许多共同特征的情况下。问题之间的相似性越高，迁移的可能性越大。所谓源问题，即学生学习过的例题或解题样例；靶问题是学习了源问题之后要解决的新问题。心理学家把问题的特征分成两个方面，即"表面特征"和"结构特征"。前者指问题涉及的具体事件、情节、表述方式等与问题解决无关方面的特征，该特征的改变不影响问题的解决。后者指解决问题所用的规则、原理或公式、算法、解题程序等对问题解决极其重要的特征，该特征的改变会影响问题的解决。因此，源问题与靶问题的相似性就有以下 4 种情况：第一，表面特征和结构特征都相似；第二，结构特征相似而表面特征不相似；第三，表面特征相似而结构特征不相似；第四，表面特征和结构特征都不相似。显然，在第一种情况下，两个问题的共有特征最多，所以在学习源问题的解决方法后对靶问题解决的迁移作用最大。在第四种情况下，两个问题共有的特征最少，迁移量也最小。第二种和第三种情况怎样呢？围绕此问题涌现出大量研究，但至今未得出一致结论。

一些研究认为，源问题与靶问题的结构相似性会影响问题解决的迁移。金特纳（Gentner，1983）提出了类比问题解决的结构映射理论。该理论认为，解决类比问题，实际上是通过把靶问题中的事物与源问题中的事物一一对应，从而保持源问题的关系结构来实现的。

源问题与靶问题之间具有的表面特征相似性能够促进迁移的发生，并得到了实验的证实。研究者认为，人们利用先前经验解决问题的能力十分有限，特别是新手容易受到问题表面特征的影响。他们倾向提取问题之间相同的表面特征进行类比，离开问题的表面特征和具体事物，就失去了理解问题情境的基础，更谈不上促进问题解决的迁移了。研究者（Ross & Kennedy，1990）以概率应用题为实验材料进行了大量实验研究，结果证明了样例与测验问题之间的表面特征对问题解决迁移的影响。他们认为学生并不总是被不恰当的表面相似特征所迷惑，相反，学生会正确地利用表面相似特征。背景和事物等表面的相似性使得学生更容易复制解题思路，并将其运用于新问题的解决中。同时，学生将逐渐变得自信和有能力，他们对问题表面相似特征的依赖将逐渐减弱，直至对问题的结构特征进行类比。总之，要想成功地实现类比迁移，首先应该识别出当前问题与已知问题的相似性；其次要对当前问题与已知问题的结构关系进行成功的匹配。

在样例学习研究的学术背景中，之所以介绍学习迁移的研究，主要原因是样例学习的效果一般是通过样例学习后的迁移测验成绩体现出来的。正是由于样例学习实验研究与迁移测验密不可分，所以有人把样例学习过程看成学习迁移过程。前面介绍的问题解决图式理论、类比推理迁移理论和产生式迁移理论等都是在解释样例学习的迁移原因时经常被提到的理论。有人甚至将学习迁移理论与样例学习理论相混淆，认为某些迁移理论就是样例学习理论。出现这种情况的原因，主要是没有对问题解决的样例学习与规则样例学习做出明确的划分。

第二章 样例学习研究概述

兴起于 20 世纪 80 年代的样例学习研究有多重研究起源和多条研究路线，经过近 40 年的深入研究和不断拓展，取得了丰硕的研究成果。本章对此做简要的概述。

第一节 样例学习研究的起源

有研究者认为样例学习研究起源于 20 世纪 50 年代关于概念形成的研究；起源于 20 世纪 70 年代班杜拉的社会-认知学习理论的研究；起源于 20 世纪 80 年代类比推理的研究和斯威勒（Sweller）的认知负荷理论研究（Renkl，2011）。

笔者查阅并梳理了有关研究文献后发现，样例学习研究的起源确实可以上溯到 20 世纪 50 年代中期的概念形成研究。这不仅仅是因为在概念形成的实验研究中采用了具体的实物例证和抽象的图形例证，更是因为在概念形成实验研究的基础上提出的相似性理论和解释理论对样例学习研究产生了积极的促进作用，尤其是解释性理论导致了自我解释的样例学习研究的出现。因此，概念形成的研究确实是样例学习研究兴起的原因之一。

样例学习研究兴起的另一个直接原因是 20 世纪 70 年代有关专家和新手解决问题能力的对比研究。这些研究表明，专家和新手在诸如棋局复盘、问题解决策略和问题分类等作业上存在明显的差异。分析其原因，许多学者倾向用图式理论做出解释：与新手相比，专家更容易利用已有的有关图式来解决当前的问题。此时的图式理论已经从知识的一般表征系统中派生出一个问题解决图式理论的研究分支。因此，问题解决图式理论的研究也是样例学习研究兴起的重要原因之一。

20 世纪 80 年代兴起的围绕着问题解决策略开展的类比推理研究，一方面促进了问题解决图式理论研究的发展，另一方面也对同时期兴起的样例学习研究产生了积极的影响。因此，它也是样例学习研究兴起的原因之一。

班杜拉的社会-认知学习理论也与范例学习研究有一定的联系，可以将其视为范例学习研究的思想起源之一。

至于认知负荷理论，却是在斯威勒与合作者开展了样例学习实验研究之后提出的（Sweller & Cooper，1985；Cooper & Sweller，1987；Sweller，1988）。认知负荷理论的提出和完善确实是促进样例学习研究深入的主要动因之一，而且在该理论指导下的样例学习研究也是样例学习研究的主流之一。可是，它毕竟是在样例学习实验研究开始以后提出的。该理论研究不能算作样例学习研究的起源，只能视为推动和指导样例学习研究深入开展的重要理论之一，同时也是样例学习研究的重要理论成果之一。

因此，在介绍样例学习研究的起源时，应该按照有关研究和理论发生的先后顺序，由远及近地阐述它们对样例学习研究兴起和发展的间接促进作用或直接促进作用。

一、概念形成实验与概念学习理论研究对样例学习研究的促进作用

20世纪50年代，一些认知心理学先驱开展了"概念形成"的研究。这些研究的目的是考察人们是如何通过具体的实物例证和抽象例证形成概念的，以及概念形成的认知过程（Bruner et al.，1956；Bower & Trabasso，1964；Levine，1966，1975；Tennyson & Cocchiarella，1986）。

概念形成的研究大致可以分为实验研究和理论研究两个紧密相连的阶段。

1）实验研究阶段。该阶段研究者开展了人工概念形成实验研究。在一些人工概念形成的实验研究中（Bruner et al.，1956；Bourne & Restle，1959；Bower & Trabasso，1964；Levine，1966），研究者采用的是一系列人工编制的实验材料。这些实验材料由若干个"例证"组成，每个例证中既有某个待形成概念的有关特征，也有无关特征。例如，在布鲁纳等设计的实验材料中，每张卡片有图形的形状、颜色、数量和边框数量4个维度或维量。每个维量又各有3个属性，例如，图形的形状有圆形、正方形和十字形三种；图形的颜色又分为黑、红、绿三种；图形数量分为1、2、3三种；图形的边框数量也分为1、2、3三种。假如一个有待形成的概念是"所有红色的图形"，那么红色图形就是概念的有关特征，而红色图形的形状、数量和边框数量就是概念的无关特征。红色图形是概念的肯定例证，而其他非红色的图形就是概念的否定例证。在这种人工概念形成的实验中，主试首先确定一个有待被试形成的概念、概念的有关特征和肯定例证（但不告知被试），并给被试呈现属于这个概念肯定例证中的一张卡片。接下来，被试可以从剩余的其他卡片中挑选出一张卡片，让主试判定这张卡片图形是否属于概念的

肯定例证。被试根据主试对卡片图形"肯定"或"否定"的判断，继续挑选其他卡片图形。主试对被试每次挑选出的卡片图形都给予肯定或否定的判断。如此这般，直至被试形成正确的概念为止（王甦，汪安圣，1987）。

人工概念形成实验的目的是考察概念形成的认知过程。实验结果表明，人工概念的形成是一个"假设–考验"的过程，即被试根据主试呈现的第一张卡片（也就是概念的肯定例证）形成一个假设（分为总体假设或部分假设两种），并在后续的实验中采用一定的策略，不断地选择卡片，并根据主试肯定与否定的反馈验证假设，直至形成正确的概念。这种概念的形成过程被称为"规则模型"（Smith & Medin，1981）。该模型虽然很好地揭示了概念形成的认知过程，但由于现实生活中有许多事物的定义特征无法确定，有些概念不能用一个确切的定义来表述，也不能通过一些可观察的例证来获得，所以有人又提出另外两种概念习得模型："概率模型"（probabilistic model）（又称原型说）和"例证模型"（exemplar model）。

2）理论研究阶段。该阶段出现了关于概念形成的理论模型。概率模型或"原型说"的基本假设是：一个概念所表征的是一类事物具有的典型特征，如一类事物的原型，而不是对这类事物定义性特征的概述（Posner & Keele，1968；Reed，1972；Rosch et al.，1976）。在现实生活中，人们经常用一类自然事物中的一个典型成员来表征这个概念。这个典型的成员被称为该类事物的原型。罗斯（Rosch，1975）认为，原型或最佳实例与范畴成员的代表性程度是构成概念的两个要素。罗斯（Rosch，1975）在研究中列举出家具、水果、机动车等概念，同时列出一些属于这些概念的具体事物，让被试评定这些事物作为概念的代表性成员（原型）的等级。结果表明，沙发和椅子是家具的典型代表；橙子和苹果是水果的典型代表；汽车是机动车的典型代表。罗斯（Rosch，1975）认为，原型之所以能更好地表征概念，是因为它比其他概念成员有更多的共同特征。按照罗斯和梅尔维斯（Rosch & Mervis，1975）的观点，就像一个家族成员的相貌特征具有一定的相似性那样，一个自然概念的成员之间也具有一定的相似性。其中，原型是概念成员中的一员，与其他成员相比，原型具有的概念特征最多。其他成员因其所具有的概念特征的多少，而与原型有不同程度的相似性。

概率模型与规则模型是两个根本不同的概念习得模型。规则模型认为，一个概念的所有成员都具有相同的有关特征，而与概念无关的特征，有的成员多，有的成员少。但不管无关特征的多少，只要具备概念的有关特征就隶属于这个概念。概率模型却认为，原型是概念成员中有关特征最多的一个，而其他成员的有关特征有多有少。但不管多少，只要具有一些概念的有关特征，就是概念中的一员。符合规则模型的概念具有共同的有关特征，所以将这些共同的有关特征概括起来，就可以给概念下一个准确的定义。可是，符合概率模型的自然概念成员具有的有关特征有多有少、各不相同，所以无法将其概括起来下一个准确的定义。因此，规则模型适用于那些人工概念和定义严谨的科学概念和数学概念，而概率模型适用于那些定义特征不明确的或尚未明确的自然物体概念和生活概念。

例证模型的基本假设是，概念是以它们对众多例证的独特记忆形式表征的（Brooks，1978；Medin & Schaffer，1978）。该领域的大量理论研究工作专注于证明原型效应是如何用例证模型来解释的。

上述概念形成的模型又被概括为概念学习的"相似性"理论（similarity-based learning，SBL）。无论是规则模型、概率模型还是例证模型，都是概念成员具有一定的相似性特征。所以，概念是通过对概念成员相似性特征的概括形成或习得的。

墨菲和梅丁（Murphy & Medin，1985）指出了相似性理论存在的问题：①在实验中用于验证相似性学习模型的刺激类型相对来说比较简单，不可能用于探究不同学科领域中复杂概念的学习机制；②相似性模型不能说明学习者的专业知识在概念形成中的作用；③该模型还不能区分"解释性"知识与"非解释性"知识的区别；④由于概括过程得不到背景知识的支持，这些模型的学习机制有可能将实例中的"假相关"例证概括为限制条件。

根据一些例证做出广泛概括的能力是任何学习系统的基本能力。根据一些具体例证形成一般概念是人工智能研究一直关注并力图变为现实的研究课题。受相似性概念形成理论的影响，一些人工智能研究者借鉴从大量具体例证中概括一般概念的实验方法，开展了概念的机器学习研究（Mitchell，1982；Michalski，1983；Dietterich et al.，1982）。另有许多人工智能研究者开发出了利用系统的已有知识，并用单个例证就可以形成有效概括的新方法（Borgida et al.，1985；de Jong，1983；Kedar-Cabelli，1985；Keller，1983；Lebowitz，1985；Mahadevan，1985；Minton，1984；Mitchell，1983；Mitchell et al.，1985；Salzberg & Atkinson，1984；Schank，1982；Silver，1983；Winstonet et al.，1983）。这些方法的共同点是，能从单个例证中概括并解释为什么例证是目标概念的成员（Mitchell，Keller & Kedar-Cabelli，1986）。这些根据已有知识对例证做山解释并概括出目标概念的研究表明：如果一个机器具备充足的专业知识，即使只有一个详细的例证，也足以获得一个新概念（DeJong & Mooney，1986；Mitchell et al.，1986）。而且，这些理论模型已经在机器学习研究领域取得了一些成功。

米切尔等（Mitchell et al.，1986）将这些方法概括为概念形成的一种统一的"解释性概括"方法（explanation-based generalization，EBG）。他们论述了使用该方法的条件：①智能化系统要形成的目标概念就是要学习的概念；②例证是目标概念的一个实例；③系统中已有的知识是能够解释例证为何成为目标概念成员的规则和事实方面的专业理论知识；④系统的操作性标准是输出概念定义的表达形式；⑤系统的学习任务是在满足操作性标准的条件下，从例证中概括出目标概念的定义。在满足上述条件下，EBG方法分为两个具体步骤：第一步是"解释"，也就是根据专业理论知识建构说明例证是如何满足目标概念定义的解释的；第二步是"概括"，也就是确定解释结构具备的充分条件，并以满足操作标准的方式陈述概念，通过解释结构并回归目标概念来完成概括。由此产生的回归表达式连接构成了所需要的目标概念。接着，他们举例说明了EBG方法的具体运用，并明确指出了运用该方法可能遇到的一个难题。这个难题就是学生或智能化学习系统的专业理论知识不够完善。因为运用该方法的前提假设是学习系统或学习者必须具备充足的理论知识，并足以建构说明该例证是属于目标概念的一个例证的解释。可是，对于大多数真实的学习任务来说，假设学生在学习新概念之前有很充分的先备知识是不切合实际的。即使在人工智能学习系统中，建构和利用这样的理论知识也是相当复杂和困难的。所以，要想开发出基于解释的智能化概念学习系统，就必须开发出利用不完善的专业理论来指导概括的方法，或者开发出在学习进程中改进不完善理论的方法。因此，米切尔等建议应该把基于对概念进行解释的方法和基于概念成员特征相似的方法结合起来。

至此，在概念形成的研究领域就出现了两种迥然不同的学习途径：一种是以相似性为基础的概念学习（SBL）；另一种是以解释为基础的概念学习（explanation-based learning，EBL）。相似性理论的基本假设是，概念是通过提取各种例证的相似性特征形成的。解释性理论则强调了学习者已有的与目标概念有关的理论知识在学习新概念中的解释作用。该模型虽然在机器学习研究领域取得了一些成功，但是目前还没有人类个体使用解释性学习方法根据一个样例就能形成一个新概念的心理学证据。这项研究结果支持解释性学习方法，并表明在知识丰富的领域，人类学习者能够根据一个样例获得一个图式，但在知识贫乏领域却不能。研究者建议人类个体在学习复杂的知识时，应使用相似性学习和解释性学习两种学习机制。

刘易斯（Lewis，1988）提出了样例学习的"解释性理论"。他认为样例学习是学习者根据一个或少数几个样例建构出或做出"解释"的过程。该理论的基本假设是，人们对世界的认识具体表现在他们的概念知识上，而且在一定程度上，人们对世界的认识也能体现在概念的组织上。因此，他认为概念是由人们对于世界的理论组织起来的、用"理论"代表的一系列心理上的"解释"。譬如，因果知识可能体现在某个现象的"理论"中。概念分类的依据不是它们之间的相似性，而是人们对概念的理解或解释。所以，区分概念的关键不是类比成员之间的相似性，而是人们对关于世界的理论提出的假设或进行的解释。

概念形成的相似性理论是本章第三节谈到的问题解决图式理论中"问题解决图式"的习得机制。也就是说，问题解决图式理论的基本假设是用相似性学习来解释图式的习得过程。问题解决图式理论又是解释样例学习过程的基本理论之一。因此，概念形成的相似性理论对样例学习理论的形成和发展有一定的影响。概念形成的解释性理论对本章第二节谈到的"自我解释"的样例学习研究的兴起有一定的影响。笔者认为概念形成的相似性理论和解释性理论只能算作样例学习研究的起源，但不能被视为样例学习理论。其理由如下：①概念形成实验研究中所用的实验材料是具体事物的例证或抽象图形的例证，而样例学习研究中使用的学习材料主要是解题样例，两者不能混为一谈；②概念形成的相似性理论和解释性理论都是针对概念习得过程提出的，而不是针对样例学习提出的。样例学习过程远比概念学习过程复杂，因此它们都不能充分解释样例学习过程。

二、专家与新手问题解决的差异研究对样例学习研究的直接促进作用

20 世纪 70 年代中期，一些学者还在致力于探究促进概念学习的有效途径，而且已经有大量具有认知研究倾向的教育研究者超出了仅考察概念习得的研究目标，把研究方向确定为更复杂知识的学习。其中，最有意义的典型研究是考察专家和新手如何解决诸如下棋和物理学等专业知识领域的问题。专家与新手问题解决能力的差异研究为问题解决研究提供了新的动力，也正是因为这种差异研究才直接导致了 20 世纪 80 年代样例学习研究的兴起。

德格罗特（de Groot，1965）在专家与新手棋局复盘能力的对比研究中发现，专业棋手和业余棋手在棋局搜索的广度和深度上没有显著的差异，但在棋子位置的记忆测验成绩上的差异显著，即专业棋手在 5 秒钟内可以恢复一个真实的棋局，他们对真实棋局的复盘能力远远超过新手。这种差异的原因只能归因于专业棋手的棋局知识强于业余棋手，而不能归因于两者短时记忆能力的差异。因为两组棋手在棋子随机排列的"棋局"复盘上的成绩同样差。真实棋局的复盘能力应该归因于棋手下棋经验的丰富程度。专业棋手可能既有对以前遇到过的棋局的再认能力，又有在这种棋局下思考下一步棋应该怎样走的决策能力。蔡斯和西蒙（Chase & Simon，1973）认为，两组棋手在棋局复盘成绩上的差异可能是由两者记忆组块的大小差异造成的，因为专业棋手的记忆组块比业余棋手的大。

与专业棋手和业余棋手棋局复盘能力差异研究紧密相连的是专家和新手在解决物理学问题上的差异研究。拉金等（Larkin et al.，1980a，1980b）、西蒙等（Simon D P & Simon H A，1978）都考察了专家与新手在物理学问题解决策略上的差异。他们发现新手在解决物理学问题时主要采用一般搜索策略，即如果问题中包含了解题目标和必要的子目标术语，这些术语就是他们选择的对象。与之相反，专家在解决物理学问题时利用以前获得的图式，按照问题解决的模式对问题进行分类，然后选择与问题类型对应的解题方程式。另一些学者考察了专家和新手在物理学问题分类能力上的差异。他们给物理学的专家和新手呈现一系列物理学问题，并让他们给这些问题分类，结果发现专家能根据问题解决的模式对问题进行分类。例如，适用于能量守恒原理解决的问题被他们归为一类。与之相反，新手专注于问题的表面特征，例如，他们将与斜面有关的问题归为一类，可是解决这些问题应用的原理却各不相同（Chi et al.，1981，1982）。卡罗尔等（Carroll at el.，1982）在考察专家和新手对问题的维度和类别进行划分的口头报告中也发现，新手经常专注于问题的表面特征，而拥有相关专业知识图式的专家却更关注问题的结构特征。

专家与新手表现在解决问题方面的差异的原因究竟是什么？当时的许多研究者都倾向于用问题解决的图式理论（Silver & Marshall，1990）来解释（van Lehn，1990；Chi et al.，1981，1982；Hinsley et al.，1977；Silver，1979；Sweller & Cooper，1985）。因此，接下来必须介绍图式理论的研究。

三、图式理论研究对样例学习研究的影响

在心理学的研究中，图式理论的研究大致可以分为 3 个阶段：①图式理论的提出以及对日常记忆现象的解释阶段；②图式理论研究的复兴、一般图式理论的形成和广泛运用阶段；③问题解决图式理论的形成阶段。

（一）图式理论的提出

首先引进图式概念并创立图式理论的是英国心理学家巴特利特（Bartlett，1932）。他引入图式概念和创立图式理论的目的是回答人们日常生活中常见的记忆问题，诸如，为什么人们对过去往事的记忆会变得越来越模糊，而对个别事件或事件的个别细节的记忆却保持得那么清楚？为什么人们对一个故事或一次谈话往往只能回忆出大致的梗概，却忘记了很多具体的细节？为什么人们亲身经历过的一些事情在回忆时有些细节被歪曲甚至篡改？究竟是什么支配着我们记住一些事情而又遗忘一些事情呢？为了回答这些问题，巴特利特（Bartlett，1932）

从希腊文中引用了"schema"和"schemata"（schema 的复数形式；严格地说，schema 的复数形式是 schemata。schemas 是对希腊词汇的一种英语化翻译）一词，即心理学中的"图式"概念。按照巴特利特的观点，故事是被"同化"到以先前知识经验为基础的预存图式中去的。用旧经验解释新经验是人类心理活动的基本特征。根据这个基本特征，图式理论认为人们记忆中储存的知识被组织成一套图式或心理表征。每个图式合并了人们从旧经验中获得的已知事件和物体类别的所有知识。图式按照自上而下的加工方式帮助我们解释从外界自下而上输入的信息。新经验并不仅仅是被动地"拷贝"或编码到记忆中，一个记忆的表征是在受图式强烈影响的加工处理下而主动建构的。图式理论的基本假设是：人们记住的这些知识或信息受他们已有知识经验的影响。

尽管在此期间著名儿童心理学家皮亚杰在儿童认知发展理论中也用了图式的概念，并产生了广泛的影响，但他的理论与图式理论研究的关系不大。

巴特利特提出的图式理论因为太模糊而被拒绝了几十年。可是，随着 20 世纪 50 年代认知心理学的诞生和 70 年代日常记忆研究的复兴，图式理论的研究也得到了复兴，并在知识表征、日常记忆和问题解决等研究领域中扮演着基础性和普适性理论的重要角色。

（二）图式理论研究的复兴

在图式理论研究复兴的初期，鲁梅尔哈特（Rumelhart）及其合作者做出了重要贡献。鲁梅尔哈特在"Notes on a schema for stories"（《关于故事图式的笔记》）一文中，像分析句子结构那样分析了各种故事的内在结构，并提出了若干个与构成句子的语法相类似的构成故事的"语法"。在此基础上，鲁梅尔哈特认为故事的结构或语法就是一个故事的图式。一个图式就是对一个故事的注释或说明，进而用它来说明人们记忆中的一个图式就是一个故事的表征（Rumelhart，1975）。

20 世纪 70 年代，对图式理论的研究做出重要贡献的还有一些从事"事件记忆"和"场景记忆"研究的心理学家，诸如布鲁尔和特耶斯（Brewer & Treyens，1981）、洛夫特斯等（Loftus，1975；Loftus et al.，1978）。他们用图式理论对诸如办公室的场景记忆、节假日的事件记忆、目击事件的记忆，以及印象深刻并终生难忘的"闪光灯式"记忆等日常记忆现象做出了很好的解释。

到了 20 世纪 80 年代，图式理论已经发展成为在长时记忆中表征任何知识，并广泛应用于心理学各个研究领域的一般的基础性理论。心理学家描述的图式理论吸收了巴特利特的观点，尤其是哪些信息被编码并储存在记忆中是由表征先前获得知识的预存图式决定的观点。这些图式指导着一个新输入信息的哪些方面可能被选择和储存，并修改一个新经验的记忆表征，从而把它带入先前经验的行列，并使它与过去的经验保持一致。新经验依次被储存为新的图式或储存到修改后的旧图式中，从而增加我们对综合知识的储存。然后，图式成为储存在记忆中的信息包，并用来表征有关物体、情境、事件或行动的综合性知识。鲁梅尔哈特和诺曼（Rumelhart & Norman，1978）列出了图式的五大特征：①图式可以表征从简单的字母"A"的形状到复杂的野餐活动或意识形态等所有类型的知识或信息。②图式之间可以相互连接到有关联的系统，即一个整体图式由一系列子图式组成。一个野餐的图式可能是包括餐饮、短途旅行和晚会等一个较大图式系统的一部分。一个话题的知识包连接着另一个相关话题的知识包。③一个图式有许多可以填充确定值（确定信息）的"插槽"，用以填充规定的观念值、变量或可选择的观念值。例如，一个野餐图式的插槽由地点、食品、人员和活动等插槽组成。地点插槽插入的观念值是"户外"，可选择的观念值插槽可以插入"森林""河流""海滨"等。"食品""人员"等插槽的观念值也是可以选择的，应按照具体情况填充确定的观念值。插槽还可以有默认的观念值，也就是说，如果有些具体的信息缺失，图式能告诉我们应该填入什么可能的观念值。比如，在食品信息缺失的情况下，图式给食品槽提供的默认值是"三明治"。④图式合并或吸收我们已经积累的所有种类的知识，包括从我们的个人经验和教师教给我们的从事实中推断出来的概括化的知识。⑤当需要再认和解释新输入的信息时，各种图式在不同的水平上被激活。经过自下而上和自上而下的反复循环加工，对新输入信息的最后解释将取决于最符合新信息而构成的图式。例如，当我们在远处看到一些人坐在草坪上时，我们的野餐图式可能被首先激活。可是当我们走近人群并逐渐看清人群中横幅标语的信息而不是食品的信息时，我们就有可能激活"示威"的图式，从而取代原来的野餐图式。在这种情况下，"示威"图式转而成为最合适的、最具优势地位或最活跃的图式。

当图式理论被应用到我们的现实生活中时，它会以下列 4 种不同的方式影响我们的记忆。①选择。图式支配我们选择哪些信息进行编码并储存到记忆中，与当前最活跃的图式无关的信息往往被忽略掉。例如，当你正在参加考试时，你可能记不得穿的是什么衣服，因为着装是与紧张的考试图式无关的信息。②概括。记忆中的信息倾向经历着从具体到一般的转变。所以，如果你想尝试回忆自己经常去过的某间办公室的一次具体场景时，你总是倾向回忆出多次去这间办公室时共有的一般场景，而不是某一次去该办公室的具体场景，只有场景的一般图式保存在记忆中，而具体场景的一些细节往往被遗忘了。与之类似的是，我们对谈话和故事的记忆，也倾向记住一些谈话的要点和故事的梗概，而不是具体的词句。③整合与解释。按照图式理论，一个整合了的记忆表征形成的图式包括来自当前经验中的新信息、与新信息有关的先前知识、由适当的图式提供的默认值和对新信息做出的所有解释。例如，一家餐馆中具体事件情节的记忆图式可能是由最初观察到的具体事件情节，再加上观察者对该情节的自我解释构成的。观察到的原始具体情节是：一位顾客在用餐后离开餐馆时，没有把自己刚用过的餐盘捎带给服务生，而是一名服务生走过来把它拿走的。观察者对该情节的自我解释是：这位顾客可能是在抱怨这份食品的什么地方出了问题。对该情节的解释是以解释者自己以前在餐馆见到的类似行为，以及这种行为产生的原因和结果等先前知识为基础的。在这种情况下，我们可以利用以图式为基础的已有知识推断那些实际上没有看到的现象。我们给图式的插槽填充缺失的信息，并尝试对那些不容易理解的现象做出合理的解释，就能够推断出目击事件的原因和结果。④规范化（正常化或标准化）。由于先前的经验要与图式保持一致，有些事件记忆还倾向歪曲。因为图式中的信息一般要向着最有可能发生或最典型的那种事件转变，所以人们经常错误地报告他们曾经目睹的事件。这是因为人们记住的事情是他们期待见到的事情，而不是实际看到的事情。

当图式对输入的信息进行选择、概括和规范化加工时，就已经回答了记忆中的信息为什么会丢失或减少。当图式对新信息进行整合和解释时，就是在丰富和细化记忆的信息。正因为如此，图式理论适当地解释或回答了日常记忆中普遍出现的现象和问题。

尽管如此，图式理论还存在一些解释不清和没有回答的具体问题：①图式理论没有明确说明它对信息所进行的选择、概括、整合和规范化等认知加工究竟是发生在记忆信息被编码的时候，还是发生在储存信息的时候，或者是发生在提取信息的时候。②图式既驱动信息的编码又驱动图式的重构，这两种不同的加工有可能产生非常相似的结果，而且难以区分。③有一个异议是图式的整体观念太模糊以至于不能应用。也就是说，图式是一个一般化到了足以表征各种不同知识的结构，很难说清楚它究竟是什么，或者它究竟像什么。④图式理论的批评家反对它过分地强调记忆的不准确性，但忽视有些时候人们对复杂的事件反而记忆得非常清楚、非常准确和详细的事实。前文谈到的图式驱动加工可以很好地填补记忆的缺失信息，却很难填补那些记忆得很精确或很详细的记忆表征，或者保持了不寻常的或意想不到的信息元素。⑤图式理论存在的一个经常被学生提出的问题，即最初的图式是怎么获得的？当儿童还没有先前知识，而且在没有图式指导的解释和形成记忆表征的情况下，他是如何解释一种完整而新奇的经历并记住它的呢？⑥最后一个问题是人们如何选择最适当的图式？究竟由什么来保证用一个正确的图式来识别和解释新输入的信息呢？该理论的暗示是，图式的最佳匹配是莫名其妙地被选择的，不过这种解释掩盖了一些危机和由此将导致的困境。

（三）问题解决图式理论的形成过程

问题解决图式理论的研究是图式理论的一个重要分支研究领域，用于解释或说明问题解决的过程、问题解决技能的形成过程以及迁移过程。问题解决图式理论也有一个形成和发展的过程。

1. 问题解决图式的雏形

鲁梅尔哈特在 1975 年发表的长篇论文 "Notes on a schema for stories" 中，不仅提出了若干个与构成句子的语法相类似的构成故事的 "语法"，并进一步说明了人们记忆中的一个图式就是一个故事的表征，还指出了一种用于 "回答为什么的" 的结构或图式："这种结构是由用来回答为什么的问题的语法而生成的"（Rumelhart，1975）。这种用于回答为什么的结构就是问题解决图式的早期雏形，尽管此时其还没有提出问题解决图式的概念。1977 年，鲁梅尔哈特和奥尔托尼（Rumelhart & Ortony，1977）发表了标题为 The representation of knowledge in memory（《知识在记忆中的表征》）的理论文章。在该篇长文中，他们明确提出了 "问题解决图式"（problem solving schema）的概念和基本结构："我们很可能有一个相当抽象的 '问题解决' 图式，连同一个不太抽象的数字图式一起对输入的信息做出解释。"

可以设想，我们的问题解决图式大致有一个如下的结构。

问题解决图式（人 P，事件 E，目标 G）

①事件（E）引起人（P）想要达到或实现的目标（G）。

②人尝试接近目标，直到人达到目标或放弃目标。

也就是说，问题解决图式是整个事件中的一段情节。这段情节是某件事情（E）的发生激发了某人（P）对某种事物（G）的渴望。然后，这个人不断地企图获得该目标，直至最终达到目标或放弃目标。由此，可以进一步地设想出一个尝试接近目标的图式，它的内部结构如下。

尝试（人 P，目标 G）

①某人（P）决定做出一个行动（A），使该行动通向目标（G）。

②虽然行动（A）没有充足的条件（A'），可是人（P）试图获得满足行动（A）的条件（A'）。

③人（P）做出了行动（A）。

因此，尝试图式由三部分组成：选定一个合适的行动计划；满足实施行动计划的先决条件；最后执行行动计划（Rumelhart & Ortony，1977）。

上述这段话表明，鲁梅尔哈特和奥尔托尼为我们建构出了一个解决日常生活问题的一般图式结构，尤其是尝试图式包括了问题解决图式应具备的 3 个基本要素：问题的最终目标状态、解决问题的行动方案和应该具备的条件。这与目前普遍认同的问题解决图式的要素大致相同，或者说已经很接近了。因此，可以说鲁梅尔哈特等首先提出了问题解决图式的雏形。

2. 问题解决图式的概念

鲁梅尔哈特和奥尔托尼（Rumelhart & Ortony，1977）提出的问题图式只是对日常生活问题结构的一般性描述。尽管他们还提出了尝试问题解决的图式，但人们凭借这样的问题图式是不能解决任何问题的。可是心理学界的学者却普遍地接受了鲁梅尔哈特和奥尔托尼的观点："描述问题解决知识的共同方式是源自一般图式的问题图式。"（Rumelhart & Ortony，1977）

问题解决图式的功能主要是帮助人们借助于它来解决具体问题的，尤其是解决数学和物理学等学科知识领域的具体问题。因此，致力于问题解决图式理论研究的学者给问题解决图式下了一个概括性的定义，即"问题解决图式是用于鉴别问题类型并与该类问题的解题程序相关联的知识结构"（Blessing & Ross，1996），同时还赋予它一般图式具有的功能，诸如前文谈到的图式功能。可是，只有这些一般图式具有的功能是不够的，因为这些一般图式的功能还不足以解释或说明问题解决的图式是如何习得的、如何储存的以及如何被用来解决问题的。因此，问题解决的一个重要研究课题是问题图式是如何获得的、如何表征的、如何提取的和如何被应用的（Reimann & Chi，1989）。

罗斯根据问题解决的类比推理研究和样例学习研究成果，提出了问题解决学习中两种可能的情况：一种被称为"原理-提示观"（principle-cueing view）；另一种被称为样例-类比观（example-analogy view）（Ross，1984，1987，1989b）。罗伯逊（2001）在 *Problem Solving*（《问题解决》）一书中具体阐释了两种观点下的问题解决图式理论（Robertson，2001）。

3. 原理-提示观的问题解决内隐图式理论

按照原理-提示观，学生根据当前问题的一些特征或特征组合，可能会回忆起以前学习过的一个例题或解题样例。这种回忆能够"触发"或"暗示"出以前问题解决涉及的并与当前问题对应的抽象知识或原理。根据吉克和霍利约克（Gick & Holyoak，1980）的观点，解题原理汇聚成问题解决图式，问题解决图式又按照原理的类型被划分。例如，在代数问题中，它有可能是一个"距离=速度×时间"的等式。解题原理的回忆或提取能够识别一个同构问题的问题情境或解决一个新问题。问题表面特征的作用就是提示或提取一个可能相关的源问题。

霍兰德等（Holland et al.，1986）所指的"类似物"就是在问题解决过程中建构起来的"内隐"图式。按照霍兰德等的观点，内隐的图式就是解题原理。如果解题方案是以前习得的，那么图式就是重新建构的；如果解题方案是当前习得的，那么图式就是新建构出来的。

当遇到靶问题时，解题者通过回忆"寻找"到源问题。当源问题被激活时，源问题的解题方案包括图式在内也被激活，并将"派生的图式"应用到靶问题方面，生成靶问题的解题方案并解决靶问题。

按照原理–提示观，当人们回忆起一个类比物时，这个类比物用于对当前问题的分类。当呈现的是两只小船在一条河中以不同速度行进的问题时，人们也许会想起以前的一个或几个同类问题。因此，就会将当前的问题划分到"河流行船"一类的问题中，或者是速度乘时间的一类问题中，或是其他类型的问题中。吉克和霍利约克的研究表明，为了使解题者抽取出问题的图式，一类问题只需要一种描述。无论源问题是简单的还是复杂的，一旦学生能够从解决源问题的样例中抽取他们已经理解了的原理，解决一个靶问题就不再需要源问题的表面细节了。尽管如此，在学生理解源问题的解题原理和如何使用原理之初，源问题的表面细节特征仍然是十分重要的（Gick & Holyoak，1980）。

罗伯逊（Robertson，2001）明确指出内隐图式理论不适用以下 4 种情况：①不适用于复杂问题的解决。如果靶问题是一个复杂的问题，则大概需要几个解题样例才能唤起一个图式来解决该问题。②不适用于不同知识领域中的原理类比学习和问题的创造性解决。因为原理–提示观还意味着根据一个知识领域的问题解决原理映射到另一个知识领域的问题解决。他把这种映射称为"抽象的映射"（abstraction mapping）。③不适用于新手的问题解决过程。因为大量关于专家与新手问题解决能力差异的研究表明，新手通常不能识别问题图式或者按照问题图式对问题进行分类。也就是说，新手记忆系统中没有与新问题对应的图式，自然也不能激活与之对应的源问题及图式或者根据已知图式对问题做出正确的分类。④不适用于不熟悉知识领域的问题解决。如果问题解决者想要在一个不熟悉的知识领域中应用一个复杂的解题样例作类比，并认为这个解题者也有一个图式或者应用一个图式来解决问题，这也是不可理解的。解题者可能在问题解决中应用了图式，但还不能保证这个图式是他心理表征的那个图式。对这种情况的可能解释是，要么是图式的原理提示作用局限在相对简单的问题中，而且这个问题的解决可能是大量先前知识导致的结果；要么是问题解决者已经有或至少有了问题解决的部分图式。

4. 样例–类比观的问题解决图式理论

罗斯（Ross，1987）不同意上述原理–提示观的内隐图式理论，尤其不同意源问题与靶问题的表面细节特征与图式的建构和激活无关的观点。为此，他做了一系列实验研究，其中一项研究表明：即使在给被试呈现解题公式的条件下，被试运用公式的能力仍然依赖于问题表面的相似特征。学习的样例题与测验题，这两个问题中物体之间的相似性与相同的问题情节共同起到了运用解题公式的示范作用。因此，在样例题与测验题中的物体相同的条件下（比如，样例题和测验题中的交通工具都是小汽车），相同组被试的测验成绩显著优于无关组（无关组被试所学样例题中的物体与测验题无关）。如果物体在两个问题中所起的作用是相反的，即样例题与测验题中的物体相同，但所起的作用却相反，那么该组被试的测验成绩显著低于无关组。实验结果还表明，不论怎样告诉被试公式的运用有哪些地方不同，两个问题的表面相似特征与它们相同的结构特征共同使测验取得了最好的成绩（Ross，1987）。根据上述实验结果，罗斯（Ross，1987）明确指出："解题原理只能按照最初所学的解题样例来理解。这是因为原理和样例捆绑在一起。因此，即使学生已经知道了解题所用的原理或公式，他们也会按照最初解题样例的详细步骤运用原理计算出当前问题的答案。"

按照罗斯的上述实验结果和观点，问题图式中不仅仅包括解题原理，还包括样例问题或源问题的有关表面特征。但是在原理-提示观中，问题解决图式仅仅包括解题原理，不包括源问题的表面特征。尤其是学生一旦能够从源问题的解题样例中抽取他们已经理解了的解题原理，在解决靶问题时就不再需要源问题的表面细节了。当然，在学生理解源问题的解题原理和如何使用原理之初，源问题的表面细节也是十分重要的。

问题解决的图式最初究竟是怎样形成的？或者说问题解决图式究竟是怎样被习得的？对这个问题的回答，学者有比较一致的观点。例如，尚克和埃布尔森声称，伴随着一系列经验，重复的事件成为脚本的一部分；相反，那些没有重复的事件就成了可变的事物（Schank & Abelson，1977）。鲁梅尔哈特和诺曼也明确指出，人们或者是通过类似于类比的模式生成并获得一个新图式，或者是经过图式归纳，将一同发生的信息结构归纳进一个新图式（Rumelhart & Norman，1978）。范戴克和吉斯（Van Dijk & Kintsch，1983）指出，如果频繁使用一个情境模型（例如，当读者理解了一篇课文时所建构的一个具体表征形式），它将形成一个情境的独立脚本。许多相似问题解决的研究表明，新手往往只能根据当前问题的内容而不是深层结构回忆出以前的源问题（Holyoak & Koh，1987；Ross，1984）。新手能够回忆出以前问题的表面内容，就意味着他们能够根据一个已知问题比较同类问题，并能根据问题类型形成概括（Ross & Kennedy，1990）。就同类问题分享相似的内容来说，这些内容信息可能从来就没有从专家的图式中分离出来（Blessing & Ross，1996）。

　　根据上述观点和实验研究结果,图式是个体根据重复的相似经验,并经过归纳而形成的观点被多数学者所采纳。问题解决图式的形成就是归纳相似问题解决成功经验的结果或产物。罗伯逊(2001)在《问题解决》一书的第八章首先阐释了归纳在人类生存中的重要作用:"归纳允许我们对周围世界的经验做出概括。我们没有必要去认识世界上的每一块煤来学习煤的燃烧知识,几个例子可以证明这一点,甚至有时一个例子就可以证明。推理能力对于我们的生存是特别重要的。它可以使我们从一个具体的例子推理出一个恰当的结论,这个结论也可以反过来使我们做出预测。"他还认为"归纳没有必要对推理的形式非常熟悉。大部分生物天生就能把事件 A 和事件 B 联系起来。一只鼠能够学会按压杠杆就意味着食物将会出现……与其他动物一样,我们也倾向从单个的例子中做出判断"(Robertson,2001).

　　接着,他区分了归纳的两种基本类型:自由的归纳(liberal induction)和保守的归纳(conservative induction)。吃了一个有毒的蘑菇之后,我们就不会吃同样的所有蘑菇,这就是所谓的自由的归纳。自由归纳得出的结论太轻率,因为实际上我们可能根据上述自由的归纳得出的结论而拒绝吃所有的蘑菇。

　　保守归纳的意思是,当人们在归纳一般结论时,必须谨慎地考虑它的适用范围应该是多大才是安全的。在问题解决方面,保守归纳意味着当按照解题样例的方法去解决另一个同类问题时,我们必须慎重地依靠问题的具体内容和表面细节。所以,我们通常归纳出的一般结论包含了大量表面信息,而且有些信息可能是多余的。另外,根据巴索科的研究,不同的个体可能会根据不同的问题内容归纳出不同的问题结构(Bassok,1997)。斯宾塞和威斯伯格(Spencer & Weisberg,1986)、卡特兰博内和霍利约克(Catrambone & Holyoak,1989)都发现,被试归纳的图式中都含有来自他们所学样例中的多余的或不相干的表面信息。陈等(Chen at el.,1995)认为,当抽象的原理与表面的具体内容捆绑在一起时,儿童才很容易发现并使用原理。伯纳多(Bernardo,1994)、铂金斯和萨蒙(Perkins & Salomon,1989)也发现,对问题的概括包括问题的表面信息。里弗斯和威斯伯格(Reeves & Weisberg,1993)认为,问题的细节对于解题原理从一个问题迁移到另一个问题是必需的。

　　根据上述实验证据和观点,问题解决图式的归纳应该是保守的归纳,而不是自由的归纳或根据抽象原理所做出的概括。根据原理-提示观,问题解决者对问题解决图式的归纳是根据一个样例做出的归纳,而且是根据原理的提示做出的归纳。如果一个解题原理或者问题解决图式只需要从一个或者两个例子中归纳出来,这个观点当然是成立的。可是在一个不熟悉的知识领域中,是不容易从一两个解题样例中归纳或概括出一个问题解决图式的。因此,问题解决图式的归纳应该是保守的归纳。按照样例-类比观，一个问题解决图式的生成过程或习得过程是一个图式逐步完善的保守性归纳过程。罗伯逊（Robertson，2001）比较详细地描述了这个过程：在问题解决学习的最初阶段，学生可能用还没有充分理解的解题样例的方法去解决没有得到充分理解的问题。而且，尝试用源问题的解题程序去解决当前问题的过程本质上还涉及对源问题解题程序的模仿。所以，在这个过程中，由于成功或失败的结果反馈，可能形成了一个不完整的图式。当解题者再次面对一个同类问题时，他或许能够回忆出以前的解题样例，并通过解题样例的学习生成一个不完整的解题图式。随着解题经验的丰富，这个图式逐渐脱离原来的具体问题情境。最后，当解题者再次遇到同类问题时，或者直接进入图式，或者直接进入已经模式化了的、能够举例说明图式运用的解题样例。

显然，保守型图式归纳的一个好处是，如果图式中包含问题的一些具体内容信息，它就更容易具体化。抽象水平不高的图式可以在源问题和靶问题之间进行快速的映射。也就是说，它会使两个相似问题中起着相同作用的某物体变得更清晰（Bassok，1990；Bassok & Holyoak，1989）。因此，一般来说，当我们在一个新的知识领域学习问题解决时，离开具体解题样例的学习是不明智的，提供问题的具体细节有助于促进样例学习。

介绍了两种不同观点的问题解决图式理论后，我们可以将两者比较如下：①从问题解决图式的形成过程来看，样例-类比观认为图式的形成是一个渐进的过程，需要在多次解决同类问题之后才能逐渐完善；原理-提示观认为图式是在源问题的解决过程中或在源问题的解题样例学习过程中形成的。②从样例的内容来看，原理-提示观认为问题解决图式就是解题原理，而且图式中除了解题原理之外，不包括具体问题情境，也不包括具体解题方案或解题步骤；样例-类比观却坚持认为问题解决图式中一定包括问题的具体内容甚至是问题的具体细节，而且即使解决了多个同类问题之后，即"图式变得越来越脱离了原来的具体问题情境"之后，图式中仍然保留着少量具体问题情境或细节。③如果说两者还有不同的话，那就是样例-类比观认为图式的形成是一个保守的归纳推理过程，而不是自由的归纳推理过程。这一点似乎与第一点相同，即图式的形成是一个渐进的过程。原理-提示观却认为，通过源问题的解决过程或者通过源问题的解题样例学习就可以归纳出解题原理。除上述三点不同之外，似乎没有其他不同了。

罗伯逊（Robertson，2001）针对原理-提示观的问题解决图式理论指出了4种不适用情况或局限性：①不适用于复杂问题的解决；②不适用于不同知识领域中的原理类比学习和问题的创造性解决；③不适用于新手的问题解决过程；④不适用于不熟悉知识领域中的问题解决。在笔者看来，样例-类比观问题解决图式理论也同样不适用这4种情况，因为尽管样例-类比观的问题解决图式需要经过多次解题过程才能形成，可是解决的问题都是同类问题，图式只是变得越来越脱离了具体问题情境，但问题解决图式仍然只适用于同类问题的解决，仍然不适用于复杂问题、不同知识领域中的问题、需要创造性解决的问题和不熟悉知识领域问题的解决。至于两种观点的图式理论是否适用于新手的问题解决过程，则要看源问题解题样例的学习程度、学习效果和新手的掌握程度。如果源问题解题样例学习的理解程度高、图式被归纳得很完善或学习效果好，而且新手能够充分掌握，就同样能够解决同类问题。

5. 问题解决图式的内容

按照样例-类比观的问题解决图式理论，问题图式中不仅包括解题原理，还包括样例问题或源问题的表面特征，它们被捆绑在一起帮助学生理解解题原理并演示解题原理的运用。根据这个观点，马歇尔（Marshall，1995）列出了问题解决图式中的一些具体知识类型：①识别性知识。该类知识由几个问题的外部共有结构特征构成，它是用于问题图式模式识别方面的知识。例如，在河流的问题上，这些问题是欣斯利等（Hinsley et al.，1977）的研究中的主题，可能包括通过专业术语提到的那些方面，例如，船和水的速度、航行的方向等。②细节性知识。这是一个关于问题主要特征的陈述性知识。它不但包括具体实例，而且包括更多的主要抽象概念。它们都能够在给定的环境中创造出心理模型（问题模型）。例如，可能有一个具体变化的河流交叉实例，使人们能够进入有关的结论图式。③规划性知识。这是用于生成问题解决的规划、目标和子目标方面的知识。有的人也许能够辨别出问题类型（运用识别性知识和与问题有关的全部知识），但是他们没有规划性知识能够解决它，例如，"这是一个重复性问题，不是吗？但我仍不知道怎么解决"。④执行性知识。这是解决问题的程序性知识，它能使人执行通过计划知识引导出的步骤。例如，这需要解决者紧跟着一个相关的计算程序，或者发展关于这个问题类型的程序技能，例如，它要求实施一个计划来改进打油井或者增加接受的砝码等。

上述观点至少可以表明以下三点：①面对当前问题的解决，解题者只能回忆出之前解决过的同类源问题或学习过的同类源问题的解题样例；②解题者能够通过问题的类比生成或习得一个问题图式，其中相似的内容或重复的内容成为问题图式的一部分，而不相似或没有重复的内容被称为图式中的可变内容；③人们能够归纳已有的图式，将一同发生的信息结构归纳成一个新图式。这三点与一般图式具有相同的功能。尚克和埃布尔森还描述了计划性和目标性知识如何使一个人建立起对具体事件的解释（Schank & Abelson，1977）。可是，他们没有开展研究去探讨如何把一些具体经验归纳为一个通用图式等具体学习过程。鲁梅尔哈特和诺曼（Rumelhart & Norman，1978）指出，人们要么是通过类似于类比的模式生成并获得一个新图式，要么通过图式归纳，即将一同发生的信息结构归纳进一个新图式。因此，尽管图式理论专注于已有知识的作用，而且允许有更复杂的表征形式并应用于复杂的材料，但是核心的学习机制仍然保留了相似性学习的方法。

图式理论与样例学习研究存在关联，不仅是因为前文谈过的心理学家都倾向于用图式理论解释新手与专家在解决问题上的差异，还因为从事样例学习的心理学家也都在图式理论的基础上解释样例学习的过程，或者在图式理论的基础上建构样例学习的理论。斯威勒等（Sweller et al.，1988）提出的认知负荷理论如此，安德森等（Anderson et al.，1997）建构的问题解决技能形成的四阶段模型也是如此。因此，图式理论的研究就是样例学习研究的起源之一，也是样例学习研究的重要基础理论之一。同时，样例学习研究又推动了图式理论研究的深入和发展，并在原有图式理论的基础上建构出解释样例学习的问题解决图式理论和问题解决技能习得的阶段模型。这两个理论属于样例学习研究取得的理论性成果，所以把它们放在样例学习理论中进行详细的介绍和讨论。

四、问题解决类比推理研究对样例学习研究的促进作用

类比推理的研究在 20 世纪 80 年代成为热点研究领域（Gick & Holyoak，1983；Ross，1987），而且与问题解决的研究紧密联系在一起。类比推理的核心是通过"映射"过程将知识从一种情境转化到另一种情境。也就是说，在两种信息（一般是两个问题）的主要方面找到一一对应的关系，但通常很难完全做到一一对应（Gick & Holyoak，1983）。类比推理是对具体样例或案例的推理。在这个过程中，根据一个样例的有关知识推断出另一个样例的有关知识（Gentner，2003；Holyoak & Morrison，2005）。所以，类比推理与问题解决的样例学习紧密联系在一起。类比推理也被认为是学习"似是而非"问题解决方案的过程（Bereiter，1985）。可是，如果学生不明白什么是类比推理，他就不能学习问题的解题方案，甚至不知道从何开始或怎样开始进行类比推理。不同领域知识的类比可以提供模式作为初始模板，以促进对映射的理解（Chi & Ohlsson，2005）。类比推理的研究为"样例学习为什么是有效的"这个问题提供了解释。当学生将样例与抽象的解题原理联系起来之时，就实现了原理的迁移（Fong & Nisbett，1991；Ross & Kilbane，1997）。换句话说，迁移需要编码抽象的和具体的知识，并将两者联系起来（Reeves & Weisberg，1994）。因此，以实例为基础的样例学习是有效的，因为它为抽象原理与具体问题解决的相互联系提供了纽带或桥梁。

虽然类比推理的问题解决研究没有为完整问题解决技能的习得过程提供阶段

模型，但是却为问题解决技能习得过程中的不同阶段提供了非常细致的描述。正如在样例学习和观察学习研究中描述的那样（Anderson et al.，1997；van Lehn，1996），它通常假设问题解决技能的习得过程有 4 个核心阶段（Holyoak & Morrison，2005；Gentner，2003）。第一阶段，问题解决的样例被理解为学习或迁移的本源，也就是说，在样例学习过程中，问题解决图式可能已经被建构出来了。第二阶段，当遇到一个要解决的迁移问题时，潜在的相关类似物（一个或几个类似的问题解决图式）被激活或被选择。第三阶段，需要把要解决的问题映射到类似物（即与之类似的问题解决图式）上。也就是说，学生需要确定已知问题与当前要解决问题之间的相似程度与差异。第四阶段，从映射过程中感应生成一个抽象的解决当前问题的图式，或者是对第一阶段已建构图式的修改。例如，学生可能会注意到当前问题的一些表面特征（诸如数学应用题中的具体数字和物体名称）与解题方法无关。因此，当前问题的有关结构特征被编码成该图式的形式，使当前问题得到解决。

五、社会–认知学习理论对范例学习研究的启示和借鉴作用

班杜拉的社会-认知学习理论之所以对范例学习研究有一定的影响，一是因为儿童、青少年社会性行为的观察或模仿学习与范例教学下学生的范例学习很相似或很接近；二是因为班杜拉在 20 世纪 80 年代对其 70 年代建立的观察学习理论做了进一步补充和说明，并提出了多重样例学习、抽象模仿和抽象建模等概念和观点。这些补充、说明、概念和观点对从事范例学习研究者有一定的借鉴或启示作用，他们借鉴、采纳并扩展了其中有关的概念和观点，因此对范例学习研究起到了一定的促进作用。

1. 观察学习理论与范例学习研究的联系

班杜拉（Bandura，1986）认为，儿童可以通过观察生活中重要人物或榜样的行为而习得社会性行为。他提出的观察学习就是指儿童通过观察他人或榜样的行为习得某种行为的过程。他建构的四阶段模型描述和概括了观察学习的过程及影响因素。

1）注意阶段是学生注意或观察榜样行为（行为范例或行为示范）的过程。在此阶段，复杂且富含感知内容的榜样及榜样行为会引起学生的持续关注，但书面和口头语言表述的内容却起不到这样的作用（Bandura，1986）。班杜拉还指出，在注意阶段，观察的重点应该是榜样演示的问题解决方式。学生只有从榜样的反应中抽象出规则，才可以促进问题解决的迁移（Decker，1982）。可是，学生在一般情况下很难从复杂的榜样行为中归纳出规则（van Gog & Rummel，

2010）。在笔者看来，即时的观察模仿学习只能学习榜样的外显行为特征，却很难同时习得其行为背后的原理或规则。所以，范戈和拉梅尔（van Gog & Rummel，2010）提出的观点是正确的，即要想从榜样的行为中抽象出原理或规则，只有两种方法：一种是重复观察榜样的行为，或者榜样重复做出行为示范，使学生有足够的时间思考或揣摩榜样行为的原理或规则；另一种是榜样在行为示范时，给学生解释做出该行为的原理或规则。

2）保持阶段是学生把榜样的行为动作保存在记忆系统中的过程。可是要想将短暂的模仿经验转换成持久的记忆痕迹，甚至完整地保持复杂的榜样行为，是不可能的。因此，必须用简洁的符号表征榜样行为的核心特征。所以，在该阶段，需要将观察到的行为转换和重组变成符号表征（Bandura，1986），并用抽象的概念和规则表征外显的活动。因此，在此阶段，学生需要对榜样行为进行言语编码和认知预演（即内心复述或动作表象的复演）。认知预演可以增强记忆痕迹并保持和调整榜样行为。

3）再现阶段是学生将榜样行为的符号表征转换成恰当行动的过程。充分的练习可以改善行为的再现过程，可是如果学生习得的仅仅是榜样行为的零散框架，则会妨碍行为的完整再现。另外，如果在再现行为中含有学生没有学会或没有掌握的某个动作或行为技能，也会妨碍行为的再现，即合格的再现行为中可能还包括学生没有掌握的某种行为技能。可是，在最初的注意或观察阶段，模仿这种行为技能可能很困难（Bandura，1986）。

4）激励或动机贯穿于从行为习得到行为再现或展示的全过程（Bandura，1986）。学生必须具备再现习得行为的积极性，才能通过自己的动作再现或展示榜样的行为。例如，他们需要有独立展示榜样行为的自我效能感。如果学生在观察学习时能够理解榜样的行为，并能够经常自我独自练习或重复模仿，那么他就会获得更高的自我效能感（Schunk & Hanson，1985）。

班杜拉还具体描述了语言习得、临床诊断和运动技能学习等多个领域中的观察学习效应（Renkl，2014）。

受观察学习理论的启发，研究者开始研究通过观察榜样完成某一任务的范例学习过程（Bandura，1997；Schunk，1987）。社会-认知理论认为，观察榜样范例（modeling example）不仅能提高学生的学习效果，而且能提高学生的自我效能感。一些榜样行为的范例学习会使学生相信自己也有能力完成这些行为并取得一定的成就（Bandura，1997），由此兴起了一系列关于榜样范例学习的研究。这些研究从不同的角度考察了榜样与学习者的相似性（Hoogerheide et al.，2017；Hoogerheide et al.，2016a，2016b）和榜样范例的设计（Fiorella et al.，2017；Mason et al.，2015；van Gog et al.，2014；Wang & Antonenko，2017）等因素对范例学习效果的影响。

2. 多重样例学习、抽象模仿和抽象建模对范例学习研究的促进作用

班杜拉主张学习多个榜样或榜样的"多重样例"（multiple example）学习（Bandura，1986），强调观察者能根据不同榜样的行为提取一般规则。除此之外，多个榜样能给观察者提供更多的学习机会，至少能让观察者确认其中的一个榜样并进行有效的学习（Schunk et al.，1987）。

班杜拉还着重提出了"抽象模仿"的概念。他所说的抽象模仿并不是模仿榜样本人或"复制"榜样的外显行为动作，而是指通过学习榜样运用潜在的（或抽象的）原理或规则解决问题的示范或范例，从而习得其认知技能。这种认知技能以范例中根本的（抽象的）规则或原理为基础，与之相对应的行为动作只不过是认知技能的外在行为表现而已。所以，观察学习的重点是抽象模仿认知技能的学习过程，而不是亦步亦趋地模仿或复制行为动作的过程。

由此说来，观察和模仿学习可以分为两种：一种是对榜样外显行为动作的观察模仿，通过这种模仿可以学会流畅的动作或建构动作模型；另一种是对榜样运用抽象规则或原理认知技能的抽象模仿，通过这种模仿可以建构运用规则或原理的认知技能抽象模型。抽象模型是建立在抽象的规则和原理运用之上的认知技能习得物。

正是借鉴了班杜拉的这些概念和观点，才引出了一些采用阅读和写作等学术技能范例进行的范例教学研究。大多数观察学习研究对不同的模仿类型和相关内容进行了比较研究。一些实验研究结果表明，抽象模仿能够促进学生习得认知技能。例如，对于数学学习困难的儿童来说，在学习除法时，认知模仿式学习比讲授法下的学习更有效（Schunk，1981）；大学生学习写作时，模仿范文比单纯进行写作练习更有效（Zimmerman & Kitsantas，2002）。学生之间有效合作的视频范例学习比"照本宣科"似的教学更能促进学生合作能力的发展（Rummel et al.，2009）。概言之，许多研究发现了观察学习对学生认知技能学习的促进作用。

3. 观察学习与自我解释学习的结合

一些研究把观察学习与自我解释联系起来（Chi et al.，2008；Craig et al.，2009；Gholson & Craig，2006）。在这些研究中，一些学生观看其他学生的学习过程，同时与老师或智能引导系统进行互动（Chi et al.，2008）。从某种角度上看，这种模仿就是复制榜样行为。在此过程中，虽然没有流畅且熟练的行为演示，但这些研究确实证明了使用这种学习方式能够习得某些技能。为了理解观察到的内容，学生确实需要获得一些外部支持或提示，从而促进对这些内容的主动加工，例如，在学习过程中插入的自我解释提示（Gholson & Craig，2006）、深层问题的

提问（Gholson et al.，2009）、合作观察、讨论和问题解决等（Chi et al.，2008）。这些研究文献虽然没有明确指出这些活动过程与班杜拉（Bandura，1986）提出的观察学习 4 个阶段的哪个阶段有关，但是这些活动确实与之有关，特别是与注意阶段和保持阶段有关。

第二节 样例学习研究的兴起

在上述研究的影响下，特别是在 20 世纪 70 年代专家与新手问题解决能力对比研究的直接推动下，20 世纪 80 年代，一些研究者发表了一些样例学习研究的实验报告和理论文章，标志着样例学习研究的诞生或兴起。

一、斯威勒等的样例学习研究

在 20 世纪 80 年代的样例学习研究中，斯威勒与库伯（Sweller & Cooper，1985）进行的研究更有针对性、理论性和系统性。首先，斯威勒和库伯针对专家与新手在代数运算上的差异，开展了促进新手代数运算能力提高的代数运算样例学习研究。其中的实验 1 以数学专业的大学生、11 年级的高中生和 9 年级的初中生为被试，分别代表三种不同代数运算水平的三组被试。实验 1 的结果表明，与低水平的初中生相比，高水平的数学专业的学生在回忆代数公式和区别相近的代数公式方面有明显的认知表征优势。接下来的 4 个实验以 9 年级或 8 年级学生为低水平被试。实验的一般范式是将被试分为样例学习组和问题解决组。样例学习组被试学习代数运算样例与同类型代数运算题配对组成的学习材料，被试可以在参照代数运算样例的条件下解决同类型的代数运算题；对照组被试的学习材料没有运算样例，只有与样例学习组相同的代数运算题。学习结束后，对两组被试进行后测。后测题是学习过的同构代数运算题。实验结果表明，与问题解决组被试相比，样例学习组被试在解决代数运算题时花费的时间明显减少，错误率也明显降低，解决迁移测题的时间更短，迁移速度更快。研究证明，对于初学者来说，代数运算规则的图式有限。代数运算的样例学习能够帮助他们获得更多的代数运算图式，并从图式中抽象出更多的代数运算规则，从而促进代数运算题的解决。

库伯和斯威勒（Cooper & Sweller，1987）又在实验中考察了图式的获得及规则自动化对数学问题解决的促进作用。实验结果表明，只有重视样例学习、图式习得和规则自动化，被试才能更好地解决相似问题和迁移问题。在解决数学问题时，图式及规则自动化可以促进不同种类数学问题的解决；图式获得之后才能实现规则自动化；样例学习促进了图式的获得和规则自动化。

1988 年，斯威勒发表了题为 "Cognitive load during problem solving：Effects on learning"（《问题解决过程中的认知负荷：对学习的影响》）的理论文章。该文章在列举和分析大量实验证据后明确指出，在获得问题解决技巧时，是否具有专业领域的图式知识，是区别专家和新手的首要因素。研究结果还证明，传统的问题解决方法对图式的习得无效。无效的主要原因是解题过程中缺少习得图式需要的认知资源和认知过程。传统的问题解决方式，即 "方法-结果" 的分析方式，占用了学生的大量认知资源，产生了高认知负荷，使学生没有多余的认知资源从事问题解决图式的学习，从而不能获得解题图式。计算模型和实验研究的结果都支持了该观点。在这篇文章中，斯威勒首次提出了 "认知负荷" 的概念，以及认知负荷对问题解决的影响。但是，该篇论文的发表并不标志着认知负荷理论的诞生。比较完整的认知负荷理论诞生于 1998 年。

1988 年，塔尔米齐和斯威勒（Tarmizi & Sweller，1988）发表了在样例中增加指导性信息以促进几何知识学习的实验报告。该报告指出，已有的研究证明，在许多学习条件下，样例学习促进了学生的问题解决。与初学者在问题解决中采用的 "目的-手段" 策略相比，样例学习降低了认知负荷，促进了图式的习得。假如这种学习机制有效，样例或其他指导性信息，例如，在样例中设置学习的 "子目标"，就会减少学习时需要的认知资源。在几何知识的学习中，传统的方法（例如，在数学教材中，几何图形与证明几何定理所用的文字是分开呈现的）会导致学生对图形和文本信息的注意力分散，结果增加了认知负荷。如果在样例中增加子目标，并对图文信息进行有效的整合，就可能降低学生学习时的认知负荷，从而提高对几何知识的学习效果。他们用 5 个实验证明了上述假设。结果发现，子目标样例学习组和普通样例学习组的学习成绩与传统的问题解决组无显著差异，但是图文信息整合的样例学习组的成绩显著优于传统的问题解决组。该研究表明，在几何证明的样例中，几何图形与证明文字的图文信息整合可以降低学生的认知负荷，从而提高几何知识的学习效果。

1989 年，斯威勒再次发表综述论文，详细地介绍了如何改变传统的教学过程，尤其是数学和科学领域知识教学过程的思想与方法。他明确指出，已有的研究发现，传统的问题解决过程中存在消极的方面，比如，传统的问题解决练习可能会妨碍知识的获得。所以，可以用其他学习方法逐渐取代这种问题解决学习的方法，比如，样例学习。可是，如果样例设计不恰当，也会妨碍学习。总之，如果根据学习过程设计样例学习的材料，而不是简单地追求问题解决的目标，问题解决技巧就会大幅度优化（Sweller，1989）。

沃德和斯威勒（Ward & Sweller，1990）发表了旨在证明有效的样例设计可以促进学生对透镜和面镜几何光学问题以及运动学问题解决的思想和方法的实验报告。他们指出，认知负荷理论假设：促进学习的关键因素是样例能否恰当地引导学生的注意，并降低认知负荷。样例学习需要学生在心理上整合多种信息，可是如果样例设计起不到引导注意和降低认知负荷的作用，样例设计就是无效的。他们用 5 个实验的结果证明了上述假设：与学习传统的问题解决和学习分散注意力的样例相比，被试学习信息整合的样例（例如，文本与公式的整合或文本与图表的整合）的测验成绩更高。研究表明，传统的样例结构在某些方面对学习没有起到促进作用，因此需要对样例进行有效的重新构建。

二、自我解释的样例学习研究

以奇（Chi）为首的学者在 20 世纪 80 年代末开创了自我解释的样例学习研究。在奇与合作者（Chi et al.，1989）发表的一篇研究报告中，他们首先分析了成绩好和不好的学生在学习数学问题的解题样例时做出的自我解释（从出声思考中获得的记录内容），以及他们在随后的问题解决过程中对样例的依赖。他们发现，成绩好的学生能够很好地理解样例，诸如他们产生了许多自我解释，通过这些自我解释提炼出并扩展了各个解题步骤需要的条件，并把解题步骤与文本中的解题原则结合起来；他们还能通过精确监控自己正确的和错误的理解指导自我解释。这样的学习过程能帮助学生习得独立于样例之外的知识，从而使其更好地理解文本中呈现的解题原理。成绩较差的学生不能做出足够的自我解释，不能精确地监控自己的学习过程，而是更多地依赖例题。

同年，奇和巴索克（Chi & Bassok，1989）发表了《自我解释的样例学习》（Learning from examples via self-explanations）一文。该文首先讨论了学生如何学会解决简单的力学问题、学生从样例中学到的内容是什么、学生如何应用样例中学到的知识来解决问题等基本问题，接着说明了选择力学问题作为样例学习内容的依据、采用样例学习方法的理由和哪些自我解释可以促进对样例的理解。他们提出的假设是：学生解决问题的能力存在差异，是由于学生对学习材料中有关知识的编码不同，使用这些知识所做出的分析不同，所以对样例的理解水平不同。他们选择高知识水平的学生和初学者作为两组不同水平的被试，以解决力学问题的样例为学习材料，分析了两组被试在样例学习和问题解决过程中出声思考报告的内容。结果发现，高知识水平的学生和初学者在背景知识学习和样例学习之后，都能够成功地解决主试给他们设计的全部测题，并会做出大量解释。可是，高知识水平的学生解释的质量更高，包含了隐性知识及与学习材料中的原理和概念有关的例子，而且对样例的理解更准确。理解的准确性非常重要，因为理解偏差会导致错误的自我解释。高知识水平的学生与初学者使用样例的方式不同，前者借助样例来查找信息，后者却根据样例进行推理，寻找解决当前问题的方法。

三、规则样例学习的实验与教学研究

我国心理学家朱新明与美国心理学家西蒙合作（Zhu & Simon，1987），首次成功地开展了中学生求解一元二次方程的样例学习与问题解决学习的比较实验研究，并在我国的一所中学做了代数、几何的课堂教学实验研究。实验 1 比较了样例学习与无直接指导的问题解决学习的效果。实验结果证明了数学技巧样例教学的可行性和有效性。他们收集了 20 名学生出声思考过程的录音，分析了学生获得知识的种类和理解程度。分析结果表明，学生的样例学习过程不是简单的记忆过程，而是识别和运用样例中可用解题步骤的过程。大多数学生能够运用因式分解的概念来促进样例学习过程并检查解题结果。实验 2 对国内一所中学 3 个年级的学生实施了代数和几何课程的教学实验，成功地证明了样例学习方法的有效性。该篇文献报告的是样例学习的首次课堂教学实验研究，被后来从事样例学习研究的学者多次引用。

同年，布朗和克莱门特（Brown & Clement，1987）也发表了一篇比较两种样例教学策略的论文。该文用已有的研究证明，类比和样例在概念学习过程中起到了重要作用。但是，使用样例来修正误解的研究极少。为此，他们考察了两种样例教学对纠正学生错误物理概念的作用：一种是类比的样例教学（从学生能够理解的例子开始，经过一系列类比，最后类比到目标任务）；另一种是标准的样例教学（直接给学生呈现与目标任务同构的例子）。欲纠正的错误概念是个别学生对一些物理现象的误解，比如，静止不动的物体不受力。被试是 21 名未学过物理学的高中生（其中的 14 名学生认为，将一本书放在桌子上，桌子不会对书产生向上的力）。研究者将这些学生随机分为两组，要求他们在学习时做出声思考。实验结果显示，实验组被试的作业和迁移测验成绩均显著高于控制组。同时，实验组的被试认为自己能够理解文本样例学习材料，所以这项由被试自我评价的结果也显著高于控制组。研究者认为，这些实验结果和对出声思考过程的分析结果对教学有三个重要的启示：第一，教师应该认识到，某些例子不足以启发学生；第二，有些例子虽然对学生有启发作用，但可能与目标任务无关；第三，教师要树立一个教学目标，旨在帮助学生形成物理现象的定性及可视化模型。

朱新明和西蒙的研究证明，中学生可以通过代数运算和几何证明的样例学习来学习数学知识。布朗和凯恩则以幼儿为被试做了考察样例学习能否产生近迁移效果的 7 项实验研究（Brown & Kane，1988）。在前 3 项实验中，他们鼓励 3 岁儿童找出事物的相似点，对 4 岁儿童却没有提示，但他们却显示出了样例学习能力。两个年龄组的儿童都能快速地形成一种思维方式去寻找类似的解决方案。后 4 个实验考察的都是 4 岁儿童的样例学习。当让儿童自己解释如何用样例解决同构问题时，他们表现出很快的迁移速度。无论儿童的解释或论述是自发的还是回应提示的，与主试给出的解释相比，都能更有效地促进学习迁移。这项研究的意义不仅在于考察了幼儿样例学习能力的发生和发展，更重要的是，他们的研究结果证明幼儿从 3 岁起就可以对实际操作解决问题的样例和带有插图解决问题的故事样例进行有效的学习，并具有解决同构问题的迁移能力。而且，4 岁幼儿还具有通过样例学习进行推理、概括规则和自我解释解题规则的能力。

四、计算机编程的样例学习研究

1983 年，西尔弗（Silver，1983）发表了一篇文章，描述了一个被称为 "LP" 的智能化程序。该程序可以通过检查和分析样例而生成方程。与该领域的其他研究不同的是，以往研究所用的方程都非常简单，而该程序使用的是复杂的三角函数方程。LP 可以从一个例子中获得概念。为了成功使用新技术，LP 收录了不同类型的信息。为了学习重写规则，LP 比较了几个样例中所用规则的区别。该程序还编制了每一步骤的策略目标，并将样例作为解决方程问题的一种策略。LP 提取了必要的信息并储存了解决问题的方案，能够以一种灵活的方式执行方案并解决问题。

1985 年，皮罗利和安德森（Pirolli & Anderson，1985）发表了论文 "The role of learning from examples in the acquisition of recursive programming skills"（《样例学习在获得递归编程技巧过程中的作用》），证明并解释了样例学习在获得递归编程技巧过程中的作用。

1986 年，利伯曼（Lieberman，1986）发表了题为 "An example based environment for beginning programmers"（《为初学编程者创造良好学习环境的一个例子》）的文章。他认为给初学编程者建立一个良好的编程环境，可以促进机器学习与人类学习之间的紧密联系。如果知道改善编程环境的方法，就可以开发出一个系统，让初学者能够更好地获得编程技巧。样例设计重视学习环境的设计，而且样例学习是一种有效的学习和教学方式，所以优秀的教师通过样例教给学生怎样解决问题，学生就能从样例中概括出学习规律和技巧。利伯曼展示了一个名为 "思考者" 的编程环境。在这个环境中，初学者将一个样例呈现给人工智能计算机，计算机就可以辨别样例的主要和次要内容。程序员演示如何解决具体问题，计算机就能生成公式来解决此类一般问题。人类的具体思维优于抽象思维，而且样例学习的操作又给计算机提供了及时的反馈，所以与传统的编程环境相比，在这种情境下，"思考者"与初学者的学习节奏更加一致。

五、设置"子目标"的样例学习研究

1989 年，卡特兰博内和霍利约克（Catrambone & Holyoak，1989）发表了论文 "Overcoming contextual limitations on problem-solving transfer"（《克服问题解决迁移中的语境限制》），报告了大学生被试学习两个问题解决的故事后，比较与不比较两个故事的异同以及比较程度对解决相似目标问题迁移效果的影响。实验 1 考察了被试学习问题解决故事后，比较与不比较两个故事的异同对解决相似与不相似问题的迁移效果。实验 2 考察了实验 1 的延迟迁移测验成绩（延迟时间分别为半小时和一周）。实验 3 考察了迁移测验题的措辞对迁移成绩（"迁移成绩"同"迁移测验成绩"）的影响。实验 3 的实验设计与实验 2 相同，只是增加了迁移测题中句子的数量，但意思不变。实验 4 考察了比较程度（简单比较与复杂比较）对解决句子多少不同（句子多与句子少）测题的迁移成绩的影响。简单比较是指学生学习故事后，比较问题的目标、障碍和解题方法的相似性；复杂比较是指在简单比较的基础上，进一步比较问题陈述及解题方法的特点。实验结果表明：①当被试仔细地比较（即复杂比较了）两解题样例的相似性，在解决迁移测验中的目标问题时，即使没有提示它们与样例问题有关，也会发生迁移。②当样例问题与迁移测验中的目标问题上下文背景不同时（即表述问题的句子多少不同时），即使马上进行迁移测验，迁移效果也会降低或消失。③但是，当以下情况出现时，即使样例问题与迁移测验中的目标问题的上下文背景不同，迁移效果也会提高：一是强调迁移测验中的目标问题与解题样例中的相似问题具有相似的结构特征时；二是提示学生注意并仔细比较解题样例中与两个问题的解决方法有关的内容时。④学习解题样例后，在迁移测验中解决非同类问题的迁移很难发生，但是通过样例学习训练，对问题图式进行抽象概括，迁移也可能发生。该项系列实验显然属于样例学习实验研究，可是研究的重点仍然在于考察样例问题与测验问题之间的相似性，以及样例学习的认知深入程度对问题解决迁移效果的影响。

卡特兰博内和霍利约克（Catrambone & Holyoak，1990）发表了第一篇探究"子目标"样例学习效果的文章，其中有关于大学生学习设有"子目标"的概率问题解题样例，这对解决迁移测题起到了促进作用。实验 1 的程序如下：首先，被试集体学习松柏分布（离散型概率问题）的基础知识；其次，将被试随机分为两个组，一组学习 4 个底特律老虎队比赛问题的解题样例，二组学习 4 个饼干问题的解题样例；最后，让两组被试解决相同的 4 个同结构问题——底特律老虎队比赛问题、饼干问题、生日问题和足球比赛问题。这些问题的结构特征与样例题均相同。实验 2 的两组被试学习的解题样例内容相同，都是两个比赛问题和两个饼干问题的解题样例。不同的是，在一组的解题样例中给解题步骤加上了标注，即"子目标编码"，二组被试学习的解题样例中没有子目标编码。其他实验程序与实验 1 相同。实验 2 的假设是：学生学习量化学科（代数和概率问题）的典型解题样例时，可以学习子目标和解题方法。尽管子目标会随不同解题样例的特点发生"质"的变化，但被试仍然可能识别子目标，并应用子目标修改解题方法、解决新问题。实验结果证明，被试学习子目标或方法的表征方式能够预测其迁移成绩。我国学者也就样例的子目标编码对新问题解决中原理运用的作用进行了实验研究，结果表明样例的子目标编码既有助于新问题的解决，也能促进解题原理的运用（邢强，莫雷，2003）。

卡特兰博内和霍利约克所做的在解题样例中设置问题解决步骤"子目标"的样例学习研究绝不是偶然的。第一个原因是，卡特兰博内及合作者在 20 世纪 90 年代做了一系列证明在解题样例中设置"子目标"能提高样例学习效果的实验研究（Catrambone，1994b，1995a，1995b，1996，1998）。这些研究被视为改善样例结构、促进样例学习或提高样例学习成绩的研究。这些研究有时被列入认知负荷理论下的样例学习研究之列（Sweller，2000），有时又被列入自我解释的样例学习研究之列（Renkl，2011）。第二个原因可能是，斯威勒在 20 世纪 80 年代初就用大量证据证明，采用"目标-手段"分析策略会使学生在问题解决过程中消耗过多的认知资源，产生较大的认知负荷，从而妨碍了问题解决图式的习得。学习问题解决样例的优势恰恰就在于降低了学习过程中的认知负荷，使学生把认知资源用在习得问题解决的图式上。卡特兰博内及合作者之所以持续进行设有子目标的样例学习研究，目的在于证明只要在样例中设置问题解决的子目标，采用"目标-手段"分析策略解决问题是同样有效的。因此它既不能被列入自我解释的样例学习研究之列，更不能被列入认知负荷理论指导下的样例学习研究之列，而应该单独被列为样例学习研究的一种倾向。

第三节　样例学习研究的进展

样例学习研究兴起后，斯威勒等的研究团队在认知负荷理论的推动和指引下，围绕着如何减少或降低样例学习的外在认知负荷开展了样例信息整合（图-

文信息整合、视-听信息整合）、样例间变异性等系列实验研究，获得了自由目标效应（goal-free effect）、样例效应（worked example effect）、不完整样例学习效应（problem completion effect）、专长逆转效应、通道效应（modality effect）、冗余效应（redundancy effect）、分散注意效应（split-attention effect）和变异性效应（variability effect）等一系列新发现。在实验研究的基础上，其修正了认知负荷理论，解释了更多的认知负荷效应，成为样例学习研究的主流或第一条主线。最初由奇（Chi）等开创的自我解释的样例学习研究，后来被伦克尔（Renkl）等继承和发展。他们不断探究促进自我解释的方法，先后提出了提示性自我解释、指导性自我解释和教学性自我解释等促进样例学习的解释方法，成为样例学习研究的第二条主线。随着动画和视频样例的运用，范例学习成为样例学习研究中的热点之一。范例可以直接呈现榜样或示范者解决问题或操作技能的动作，由此出现了示范"代理人"、分段呈现视频等提高范例学习效果的研究，成为样例学习研究中的第三条主线。

一、认知负荷理论下的样例学习研究进展

斯威勒与库伯（Sweller & Cooper，1985；Cooper & Sweller，1987）在样例学习实验研究的基础上，针对新手在代数运算样例学习的效果明显优于问题解决练习效果的实验结果，首先提出了认知负荷的概念和认知负荷理论，用于解释样例学习效应产生的原因。在总结以往实验研究的基础上，塔米兹和斯威勒（Tarmizi & Sweller，1988）指出："某些知识领域图式知识的多少是区别专家和新手的首要标准。研究结果不断证明，传统的问题解决练习的方法对图式的获得无明显效果。其主要原因是问题解决过程中所需要的认知资源不足，传统的问题解决采用的是'目标-手段'分析策略，需要大量的认知资源，从而不能获得问题解决的图式。"所谓认知负荷就是学生在学习知识或加工信息时需要的心理资源或认知资源。传统的问题解决活动把大量认知资源消耗在与获得问题解决图式无关的问题解决方式上，既浪费了认知资源，又没有获得问题解决的图式。样例学习的效果优于传统的问题解决的原因是，样例学习降低了认知负荷，从而促进了问题解决图式的获得。

为了减少样例学习中的认知负荷，斯威勒及合作者在样例设计上力求样例信息的有效整合，从而避免样例学习中的注意分散效应。他们在几何样例学习的实验研究中发现，在提供问题解决的子目标指导或传统的样例呈现方式条件下，样例学习组的成绩与传统问题解决组无显著差异。在学习不易分散注意力的样例时，样例学习组的学习效果显著优于传统问题解决组（Tarmizi & Sweller，

1988）。在接下来的研究中，他们以降低学习中的认知负荷为原则，在样例设计上整合样例内的各种信息，例如，样例中文本信息（即文字内容）与计算公式的整合、文本信息与图表的整合（Ward & Sweller，1990）。

穆萨维等（Mousavi et al.，1995）在实验中首先比较了三种不同样例的学习效果：一是几何题证明样例中几何图形与文字内容（问题和证明过程）的整合，即在样例中同时呈现几何图形和相关的文字证明，简称为"视-视"组合；二是"视-听"组合，即首先在视觉上呈现几何图形，然后在听觉上做出证明过程的口头语言陈述；三是"视-听同步"组合，即在视觉上呈现几何图形的同时，在听觉上呈现证明过程的口头语言表述。实验结果表明，"视-听"组合与"视-听同步"组合样例学习的效果都显著优于传统的"视-视"组合的样例学习效果，即学生解决测试问题所用的时间更短。然后，他们又比较了视-视组合和视-听组合的同时呈现和相继呈现的学习效果，再次发现在学习时间相同的条件下，视-听组合样例学习的成绩显著优于视-视组合样例学习的成绩，即出现了所谓的"通道效应"。梅耶尔及合作者（Mayer，1997；Mayer et al.，1999）将视-听组合模式纳入多媒体教学材料中，其研究结果进一步支持了视-听组合模式能够促进学习的结论。

研究者（Jeung et al.，1997）在后来的一项研究中发现，在某些"高度可视化"条件下，呈现视-听组合的样例不一定比呈现视-视组合的样例有效，因为在视觉上呈现复杂的几何图形样例，同时用言语描述其证明过程，需要学生花费很大一部分工作记忆的认知资源来定位相关几何图形的具体位置。他们在实验中创造了第三种实验条件，即将听-视组合样例与视觉指示器结合起来。使用视觉指示器（即"光标"）可以将学生的注意力集中在与听觉信息相对应的几何图形、问题陈述与证明过程的具体位置，这种实验条件即为"听-视-光标"组合。在这三种条件下，研究者要求学生学习一组数学教材的内容（例如，两组"样例-练习"问题对），将一半学生分配在高搜索材料组，将另一半学生分配在低搜索材料组。搜索的复杂程度依据样例中几何图形的标记方式而定，对于同一种信息，高搜索材料使用的标记数量是低搜索材料的两倍。同研究者预测的一样，提供低搜索材料时，听-视组合实验组的学生解决4项后测题的速度比视-视组合实验组的学生快；当提供高搜索材料时，这两种呈现形式几乎或完全没有效果。但是，当光标将语音信息与相关的复杂几何图形联系起来时，情况就会改变。也就是说，给学生呈现"听-视-光标"组合的样例，学生的学习成绩显著优于其他两种情况。根据上述实验研究，在视-听组合的样例中添加光标使学生集中认知资源理解样例，而非搜索和识别，即使在高搜索条件下，也能够促进学习效果。这些研究在多媒体教学领域引发了有关通道效应的广泛研究。

　　随着认知负荷理论在样例学习研究中的积极影响的扩大，一些学者接受了该理论，并在该理论的指导下开展了样例学习的实验研究。较早在该理论指导下开展研究的是帕斯及其合作者（Paas，1992；Paas & van Merriënboer，1994）。他们在实验中考察了不同的计算机学习训练策略对学习成绩、迁移成绩和认知负荷的影响。后来，帕斯还与斯威勒一起阐述了认知负荷理论的基本原理，并将该理论应用于课堂教学设计。他们在工作记忆模型的基础上，进一步界定了工作记忆资源的有限性，并认为工作记忆系统中相互独立的两个子成分——"语音环"和"视-空模板"分别接收、加工听觉语音信息和视觉空间信息，并将其整合到容量无限的长时记忆中。根据他们的实验结果，视觉和听觉呈现的知识或信息可以经过有效的整合，从而降低加工这些信息的认知负荷，使长时记忆中的图式更容易被激活和利用。因此，该理论可以为如何给学生提供或呈现知识信息提供教学设计原则，从而激励学生的学习活动，并提高其学习成绩（Sweller et al.，1998）。

　　图奥维宁和斯威勒（Tuovinen & Sweller，1999）在考查学生学习使用数据库程序效果的研究中，对探究式练习与依据样例学习的练习两种方式的认知负荷进行了比较。探究式练习是根据发现学习的原理设计的，而样例学习的练习是根据认知负荷理论设计的，所以他们假设探究式练习会带来较高的认知负荷，而根据样例学习的练习会降低外在认知负荷，进而促进更加有效的加工过程。实验结果表明，与探究式练习相比，对于先前不熟悉数据库领域知识的学生来说，依据样例学习的练习效果更好。可是，对于以前熟悉数据库领域知识的学生来说，两种练习方式之间并不存在显著差异，因为学生在探究式练习中能利用已有的、组织良好的图式来指导他们的探究式练习。根据认知负荷理论，格文等（van Gerven et al.，2002）认为，通过样例来学习复杂的认知技能可能更适合年长者或老年人，因为老年人的认知功能老化，工作记忆能力下降。如果根据样例来学习复杂的认知技能，其效果可能比问题解决的练习效果更好。因此，他们在实验中以解决"水桶量水问题"为学习内容，比较了年轻人与老年人的问题解决练习与样例学习两种学习方式的学习效果。他们的预期假设得到了实验结果的验证：年长者学习样例的效果明显好于传统的问题解决学习方式，即样例学习组的老年人用较少的训练时间并消耗较低的认知负荷就取得了同样的学习效果。

　　21 世纪初，一些从事样例学习研究的专家和学者根据认知负荷理论分析了实验结果，并做出了进一步的推论和预测，提出了一些新的样例设计方法和研究思路，促进了样例学习研究的深入开展。例如，范戈等（van Gog et al.，2003）在进一步分析专家与新手样例学习效果的基础上认识到，既然对于新手来说，学习问题解决的样例比传统的问题解决练习更有效，那么在样例中添加一些有助于学生学习和运用的过程导向性信息，是否可以进一步提高样例学习的迁移成绩呢？特别是对于学习和掌握那些带有多种解题方法的复杂解题技能是否会更有利呢？因此，他们提出了"过程导向样例"（process-oriented worked example）的设计思想和方法。他们指出，过程导向信息是专家在解决问题时运用的有关原理和策略性知识。一般原理可以帮助初学者理解为什么要运用该原理来解决该问题；策略性知识可以帮助新手领会和运用各种解题规则。与过程导向样例相对应的是没有添加过程导向信息的样例，即传统的样例，称为"结果导向样例"（product-oriented worked example）。他们从认知负荷的角度做出分析，并进一步认识到，这些在样例中添加的一般原理和运用原理的策略性知识虽然额外增加了样例学习的认知负荷，可是这些附加的认知负荷不但没有增加知识学习的内在认知负荷，反而会使样例学习变得更加容易理解和掌握。因此，他们认为这种外在的或附加的认知负荷应该是促进知识学习的相关的认知负荷。他们认为，学习这种过程导向的样例可以培养初学者或新手理解解题样例背后的有关原理，以及专家如何选择解题策略的知识。在此基础上，他们进一步讨论了过程导向样例的设计方法、应用效果的评估与未来可研究的问题。

范戈等（van Gog et al.，2008）以排查电路故障问题的过程导向样例和结果导向样例为学习材料，并对两种导向样例做出了 4 种组合：结果-结果、过程-结果、结果-过程、过程-过程。其中，结果导向样例仅呈现了问题解决步骤，而过程导向样例附加了解题步骤背后的原理。实验结果表明，理解原理有助于迁移，因此过程导向样例学习更有助于提高被试的迁移成绩。实验还出现了以往在电路故障排查问题学习中存在的"专长逆转效应"（expertise reversal effect）。他们进一步验证了专长逆转效应产生原因的实验假设，即在最初阶段的学习中，过程导向样例中的指导性信息可能增加了有效认知负荷，所以学习效果较好。不过随着训练的进行和学生专长水平的提高，这些信息会变成冗余信息，增加了无效的认知负荷，从而降低了学习效率，因此从实践和理论的角度探讨了如何安排复杂认知任务的训练顺序。

道劳比等（Darabi et al.，2007）通过计算机模拟化学加工设备，考察了三种不同指导策略在学习如何排查设备故障中的效果。三组被试分别学习计算机模拟下的三种排查策略，即问题解决的策略、学习过程导向样例的策略和学习结果导向样例的策略，并考察了他们的迁移成绩和心理努力程度。实验结果表明，问题解决练习组被试与样例学习组被试之间存在显著差异。通过交互式模拟程序练习，问题解决组被试的学习效果好于学习计算机模拟样例学习组的被试。进一步考察学生的背景知识差异发现，对于更有经验的学生来说，策略间的差异不显著。对于经验较少的学生来说，问题解决练习的效果反而明显好于样例学习的效果。对于所有学生来说，在解决迁移问题时，问题解决组投入了较低程度的心理努力。根据该研究结果，研究者建议应在学习复杂技能时采用传统的问题解决形式。因此，关于过程导向和结果导向的样例应该怎样运用，还有待进一步研究。

再如，伦克尔和阿特金森（Renkl & Atkinson，2003）也是根据新手在最初的学习阶段学习问题解决的样例更有效，而后进行问题解决的练习效果更好的事实，经过对样例学习过程的分析，推论出两个基本假设：①随着样例学习的增多和与问题解决联系的增强，学生在问题解决过程中的内在认知负荷会逐渐降低，这时如果逐渐增加问题解决的数量或减少解题所用的时间，也不会导致认知负荷的增加；②与样例学习的早期阶段相比，在问题解决学习的后期阶段，那些已经被学生理解和掌握了的并被他们认为是无关紧要的解题步骤就会变成多余的负担。也就是说，随着对解题步骤的理解和掌握水平的提高，那些已经被理解和掌握了的解题步骤就会从最初学习时的相关认知负荷变成无关认知负荷。如果在样例学习过程中设计出一系列解题步骤逐渐减少的样例，就可以使学生在学习过程中学习到无关认知负荷逐渐减少的样例，从而使学习效率更高、效果更好。因此，他们提出了一种解题步骤"渐减程序"的样例设计方法，也就是在一系列样例中，最初学习的样例解题步骤保持完整而详细，随着学习的深入与学生对解题步骤的理解和掌握，后边学习的样例中解题步骤逐渐减少，直至最后只呈现问题本身而没有任何解题步骤。

阿特金森等（Atkinson et al.，2003a，2003b）报告了采用渐减程序样例设计的实验结果。他们以解决概率问题的逆向渐减样例为学习材料，以大学生为被试做了两个实验研究。第一个实验是 2×2 的被试间实验设计，两种样例学习材料分别是逆向渐减样例与问题解决练习题的配对材料和完整样例与问题解决练习题的配对材料；附加的自变量是有、无自我解释的提示。实验结果表明，虽然渐减样例的学习促进了近迁移成绩的提高，可是远迁移成绩并不稳定。为了提高远迁移成绩，实验 2 以高中生为被试，采用单因素被试间实验设计，一组被试学习逆向渐减样例与问题解决练习题的配对材料，另一组被试学习同样的学习材料并加上提示指导。提示指导用来鼓励学生识别每个样例解题步骤中涉及的基本原理。实验结果表明，这种渐减样例学习与提示指导的结合提高了远、近迁移成绩且没有延长学习时间。

伦克尔等（Renkl et al.，2004）报告了另一项渐减程序样例学习的实验结果。该实验仍以概率问题解决的系列渐减样例为学习材料，以大学生为被试。实验中用计算机呈现渐减样例步骤，考察该学习过程和学习机制。第一个实验的结果表明，渐减步骤的位置不会影响学习成绩，但是学生对省略步骤所含原理的学习效果更好。这说明渐减步骤的样例学习引起了学生的自我解释。第二个实验收集并分析了学生学习过程中的出声思考，却没有发现包含自我解释在内的有效学习活动。这可能表明渐减步骤的样例学习能够减少无效的学习活动，所以提升了学习成绩。

莫雷奥尼等（Moreno et al.，2009）在实验中比较了正向与逆向渐减样例的学习效果，除此之外，还比较了整体反馈与部分反馈的效果。实验得出了值得关注的 3 个结果：①与逆向渐减样例学习相比，正向渐减样例学习问题解决组的近迁移成绩较高；②与整体反馈相比，在每个步骤问题解决练习之后立即收到正确步骤反馈学生的近迁移测验成绩更高；③当反馈包含相似问题的解决步骤时，进行逆向渐减样例学习的学生远、近迁移成绩更好。

20 世纪 80 年代到 21 世纪初，认知负荷理论主要被运用在数学和物理学等结构良好学科领域的样例学习研究中。随着样例学习研究向其他学科领域的扩展，许多复杂学科领域的样例学习研究采用了各种启发式策略的样例设计。伦克尔等（Renkl et al.，2009）对此进行了分析研究。他们认为，认知负荷理论下样例设计的基本原则同样适用于启发式学科领域。其基本设计原则仍然是：通过使用样例的方式降低外在认知负荷；通过促进自我解释的方式使相关认知负荷最大化；通过提前训练困难学习材料或把注意力集中到最相关内容的学习上等方式避免认知超负荷。除了究竟给学生呈现多少知识信息这个认知负荷理论的基本假设尚未得到实验研究的证实，其他样例设计的理论原则都适用于复杂的学科领域，这项理论研究拓展了认知负荷理论在复杂学科领域样例学习研究中的应用。

2009 年，在荷兰海尔伦（Heerlen）召开了第三届认知负荷理论国际研讨会。范戈等根据这次会议上交流的问题，撰文提出了认知负荷理论下一步要研究的 3 个主要问题：一是有指导信息的样例如何整合信息，降低认知负荷；二是如何解决动态样例呈现时间短暂对认知负荷的影响；三是如何对认知负荷进行有效的测量。2010 年以来开展的这 3 个方面的样例学习研究体现了这篇文章的影响力（van Gog et al.，2010）。

在有指导信息的样例学习研究方面，莱皮克等（Leppink et al.，2014）考察了 4 种指导方法对初学者和经验丰富的学生在认知负荷、命题性知识和统计概念理解方面的影响。4 种指导方法如下：仅阅读（控制组）；回答开放性问题；回答开放性问题并形成论据；学习样例。结果证明，经验丰富的学生比初学者学到了更多的命题性知识。对于概念理解，存在专长逆转效应：初学者从样例中学到更多知识，而经验丰富的学生从形成论据的条件中学到更多知识。所以，初学者应该从样例开始学习。一旦学生掌握了更多的知识，他们就应该通过自己形成的论据来解决问题。

研究者考察了使用动画教学技术时的瞬时效应（Wong et al.，2012）。他们在认知负荷理论的框架下，比较了动画教学（实验1）和视听条件下的口语教学（实验2）的瞬时效应。他们提出的实验假设是：在较短暂的时间内呈现瞬时信息，动画的教学效果优于静态图像；而在较长的时间内呈现瞬时信息，与静态图像相比，动画就失去了优势，因为瞬间呈现的动态信息量过大，容易使工作记忆负荷超载。同样，在较短的时间内呈现视-听信息优于单纯呈现视觉信息，但在长时间呈现视-听信息的情况下，通道效应消失或出现逆转。这可能是工作记忆资源影响到了长时记忆和瞬时记忆以及听觉信息加工，实验结果支持了上述假设。因此，他们提出在使用动画教学技术并使长时记忆信息转换为瞬时记忆信息时要格外慎重。

在认知负荷的测量研究方面，莱皮克（Leppink et al.，2013）认为，指导性信息会给学生增加3种认知负荷，即内在认知负荷、外在认知负荷和相关认知负荷。如果能够准确测量这3种认知负荷，将有助于理解不同的指导方式和学生的哪些学习特点可以引起学习效果的变化。他们在研究中提出了一种测量3种认知负荷的工具（包含10道测题），搜集了56名心理学专业博士研究生的测量数据，并进行了主成分因子分析。分析结果得出3种主成分，并分别与3种认知负荷类型对应。他们还收集了3组心理学专业的大学生和社会与健康科学专业的大学生的数据（样本量分别为171人、136人和148人），并进行了验证性因素分析，进一步证实了博士生的测量分析结果。对社会与健康专业新入学大学生进行的随机实验也进一步支持了上述结论。与此同时，艾尔斯和帕斯（Ayres & Paas，2012）也注意到了认知负荷理论在认知负荷测量的时间和频率、教学动画的设计和使用眼动仪追踪学生认知过程等方面正面临的挑战。他们指出的研究方向是：根据学生对简单和复杂学习任务的不同反应，通过指导新手运用管理认知负荷知识来促进学习。莱皮克等（Leppink et al.，2014）开发了一种可以分别测量内在、外在和相关认知负荷的问卷，并通过实验进行了验证，结果证明了问卷的有效性。随后，该问卷在样例学习研究中得到了广泛的应用，为研究者从认知负荷理论角度解释某种样例设计方式的有效性提供了依据（Tang et al.，2019）。马可让斯卡亚等（Makransky et al.，2019a，2019b）还开发出了采用眼动和脑电波等客观指标测量学生在样例学习过程中内在和外在认知负荷水平的新方法，并通过图文分散和图文整合材料学习的对比，验证了上述客观指标的有效性。

二、自我解释样例学习的研究进展

继奇等开创自我解释的样例学习研究之后，不断推动该研究深入开展的是以伦克尔为代表的一些学者。他们在概括了奇等（Chi et al.，1989）的研究发现后明确指出，学生在样例学习中的获益程度取决于他们如何自我解释解题方法的基本原理，并将这种样例学习效果称为"自我解释效应"（self-explanations effect）。自我解释效应具体表现为与不成功者相比，成功者具有以下 4 个特征：①能投入更多的时间学习样例；②更流畅地指向自我解释问题的条件和目标；③能够把解题规则与该知识领域的基本原理更频繁地联系在一起；④阐释了更多的理解性问题。奇等对这一发现的解释是：成功的学生遇到理解性问题时能够进行上述活动，而不成功的学生则常表现出"理解的假象"。

伦克尔等（Renkl et al.，1998）注意到，在奇等（Chi et al.，1989）的研究中存在一个很明显的问题，即成功与不成功的学生在自我解释的"质"和"量"两个方面都存在差异。质的差异是自我解释质量上的差异，而量的差异是学习样例所用时间的差异。因此，伦克尔等（Renkl et al.，1998）指出，奇等（Chi et al.，1989）的研究尚没有弄清楚这两种自我解释的个体差异对学习效果的个体差异究竟会有多大程度的影响。

伦克尔（Renkl，1997b）在实验中控制了样例学习的时间。这样就可以单独考察和分析自我解释中质的差异。样例中的解题步骤在计算机屏幕上逐步呈现，大学一年级被试可以掌控自己的时间，逐步学习概率计算的样例，样例学习的时间控制在 25 分钟之内。他采用埃里克森和西蒙（Ericsson & Simon，1993）提出的"出声思考"分析方法评估自我解释的质量。学习效果通过被试完成与样例有不同迁移距离的测验成绩来测量。结果发现，在学习时间相同的条件下，自我解释的质量与迁移测验成绩呈显著正相关。成功的学生一般用解决概率问题的基本原理解释运算步骤依据的运算规则；一般用确认运算实现的目标或子目标来确定运算的具体含义；倾向尝试预测解题的下一个步骤，而非直接查阅样例中的下一个步骤。在不成功的学生中，更多人报告的是自己学习过程中遇到的难点，即元认知监控的内容，例如，"现在我还是不明白……"。对不成功学生的这一发现与奇等（Chi et al.，1989）的研究结果不一致。与奇等（Chi et al.，1989）的研究相比，非正式的观察表明，伦克尔（Renkl，1997b）的研究中的不成功学习者往往无法解决他们在理解上的困境，而是需要额外的支持，这有助于解释自我诊断的理解性问题与学习结果之间的负相关。

此外，伦克尔（Renkl，1997b）还发现，成功的学习者常常不能提供与学习结果有明确关系的所属类型的自我解释。聚类分析表明，有两类成功的解释者：一类是基于原理和规则的解释者；另一类是预期推理的解释者。基于原理和规则的解释者集中精力关注自我解释，用以明确解题操作的含义。他们既有基于原理和规则的解释，也有对目标-操作组合的解释。他们往往不预期解题的下一个步骤。然而，预期推理的解释者普遍预期解题的下一个步骤，但减少了许多基于原理和规则的解释和对目标-操作组合的解释。总之，对于成功的学习者而言，有两种解释方法可以使用。

当然，也有两种不成功的学习者：被动的解释者、肤浅的解释者（Renkl，1997b）。被动的解释者的学习成绩较差可能是由于其自我解释活动的水平非常低。肤浅的解释者虽然能够比较成功地解释少数理解性问题，但是他们给每个样例的学习分配了相当少的学习时间。肤浅的解释者与奇等（Chi et al.，1989）描述的不成功的学习者相类似。

不成功的学习者的行为暴露出他们在样例学习中与其元认知水平密切相关的两个缺点：①至少有一些学习者在样例学习时感受过理解样例时的体验，可是，在随后问题解决中的失败表现说明，这些感受多数是假象。样例学习很有可能导致"理解的假象"，因为学习样例时不需要学习者做其他事情，而且既无内在反馈也无外在反馈。②许多学生似乎没有关于"如何进行样例学习"的元知识，或者至少没有运用过这些知识（Renkl et al.，1996）。他们只是浏览无解释的样例，甚至认为这就是样例学习。他们既不知道需要学习什么，也不理解下一个问题，更不知道对于有效的自主学习来说什么是必要的（Bereiter & Scardamalia，1989）。

弄清楚不成功者自我解释失败的原因之后，接下来的研究任务就是探究如何培养这些学生的自我解释能力，进而探讨提高其样例学习成绩的有效指导性干预措施。虽然有些研究者已经做了一些"成功培养自我解释"的实验研究，可是这些研究没有更多地关注样例学习（Bielaczyc et al.，1995；Chi et al.，1994；Neuman & Schwarz，1998）。

下面的样例学习自我解释研究围绕着如何培养学生的自我解释能力展开。伦克尔提出的干预措施最初有两类：一类是间接干预；另一类是直接干预。间接干预措施不是直接训练或诱发学生的自我解释，而是采用各种激励措施，使学生放弃被动或肤浅的样例学习方式。具体而言，就是采用"教中学"的方法激励学生的自我解释活动。直接干预的任务则是直接训练或诱发学生做出自我解释。

在间接干预研究方面，伦克尔（Renkl，1995，1996，1997a，1997c，1997d，1998）在一系列实验研究中采用"教中学"的激励措施，考察让学生扮演"教师"或"解释者"的角色能够在多大程度上促进他们的样例学习。这些研究的基本假设是：如果学生不能自发地对样例进行自我解释，就让他们在同学中扮演解释者的角色。这无疑会激励他们增加对样例的自我解释活动。许多研究结果表明，给予自己合作学习的同学做出自己的解释能够促进知识的获得（Webb，1991）。从某种意义上来说，这种对他人做出的解释其实也是对自己的解释，即自我解释。

"教中学"的干预策略有 3 个核心成分：教学预期、生成解释、对同学提问的反应。

伦克尔等（Renkl et al.，1995，1997d）考察了在学生的样例学习过程中，创建"教学预期"能够在多大程度上促进学生的自我解释活动并提高其学习效果。他们要求实验组被试预期他们随后必须向另一个合作学习者解释相似样例的解题原理；要求对照组的被试预期他们随后必须解决相似的问题。实验结果表明，教学预期没有显著促进学生的自我解释，原因可能是该做法增加了学生的心理压力并降低了内在学习动机。因此，它不但没有起到促进作用，反而可能是有害的。所以，仅仅创设教学预期不足以有效地促进自我解释和样例学习。

伦克尔等（Renkl et al.，1996，1997a，1997d）又考察了生成解释的效果（the effect of generating explanations）。这种间接干预措施要求被试必须向合作学习的同伴解释样例中的解题原理，看被试能否在这种"教中学"的过程中受益。为此，两名被试为一组，其中一名被试（实验组被试）提前做好自我解释的准备性个体学习，然后给同组的另一名同学（控制组被试）解释样例中的解题原理。实验结果表明，与自发的自我解释数量相比，实验组被试虽然增加了解释活动，但没有促进学习效果，反而是作为听众的控制组被试的学习成绩优于解释者（实验组被试）的学习成绩。

伦克尔等（Renkl et al.，1997c，1997d，1998）还考察了回答同伴提问的效果。他们预期当被试回答同伴提出的问题时必须做出自我解释，这会使被试在这种"教中学"中受益。实验程序是：被试首先向一个假定的合作学习伙伴解释样例中的解题原理。接着，伙伴提出一个半标准化的问题，被试要回答同伴提出的问题。实验发现，这种"教中学"仅仅促进了一种类型的解释（例如，情景解释），而其他类型的解释却减少了。

总之，这种"教中学"的间接干预措施在系列实验中接连失败。其主要原因有两个：第一，学生不熟悉"解释者"的角色；第二，学习材料相当难。这两个原因导致学生对教和学的双重任务不堪重负。

试图促进自我解释的间接干预措施无效，伦克尔等（Renkl et al.，1998）又重新分析了过去研究（Renkl，1997）中的发现，提出了两种直接干预的方法：一种是根据解题原理的解释和对"目标-操作组合"的解释来确定干预措施的操作定义；另一种是预期解题步骤。接下来的实验研究就是考察这两种干预措施是否有效。

伦克尔等（Renkl et al.，1998）重新分析了他们过去研究（Renkl，1997b）中那些成功学生的自我解释。结果发现，学习成功的学生经常既能够根据解题原理做出解释，也能根据解题目标与操作组合的解释来确定具体的操作定义。因此，他们决定采用根据解题原理的解释和根据"目标-操作组合"的解释，即两种直接干预策略，用实验验证其能否促进学生的自我解释并使学生从中获益。具体干预措施或实验程序如下：①主试告知实验组被试自我解释的重要性。换句话说，就是给实验组被试提供关于自我解释的元认知知识。②给实验组被试示范如何进行自我解释。③主试训练实验组被试自我解释一个样例。④实验组和对照组的被试各自独立进行样例学习。对照组被试只接受出声思考训练，但没有接受实验组被试的那些自我解释训练。⑤用近迁移和远迁移测验成绩评定两组被试的学习效果。实验结果显示：这种直接干预策略或诱发程序对实验组被试的自我解释活动有很大的促进作用（促进作用的大小是增加了约 2 个标准差），也提高了样例学习效果（远、近迁移成绩提高约 1.5 个标准差）。而且，在近迁移测验成绩上，诱发程序的积极效果主要是那些先前知识水平较低的学生所致，只有这些人在这种指导性支持中大量获益（Renkl et al.，1998）。

尽管上述实验结果令人备受鼓舞，但是诱发程序的促进作用并不是令人十分满意。分析被试的口头报告发现了三点不足：①虽然这种诱发程序成功地增加了被试自我解释内容的数量，可在许多情况下，自我解释的质量和正确性远未达到理想水平。②虽然提供了诱发程序的支持，但有些被试仍是很被动地做出自我解释，并肤浅地学习样例。因此，在有些情况下，这种指导干预策略并不是很成功。③不管是否受到诱发程序的支持，一些被试仍存在许多理解性问题。这些问题表明，为了优化样例学习，必须进一步探究更有效的指导性干预方法。

斯塔克（Stark，1999）的实验验证了伦克尔（Renkl et al.，1997b）等提出的第二种直接干预策略，即预期解题步骤方法的有效性。他在样例设计上采用了插入"空白"的方法，即在样例中删除了一些解题步骤，要求被试在样例学习过程中预期删除的解题步骤。在某种意义上，这就是迫使被试填补或预期空白处的解题步骤。他假设采用这种方法可以迫使学生做出自我解释，并把自我解释的内容整合到样例学习中（Renkl，1997b；Stark，1999）。他还认为这样做能够使学生获得元认知知识。也就是说，这种方法可以使被试了解到自己能在多大程度上解决问题。这种做法还会减少理解假象的出现（Chi et al.，1989；Pirolli & Recker，1994）。另外，这种样例学习需要被试生成问题解决的步骤，这是样例学习期望被试最终所做的事情。斯塔克（Stark，1999）在实验中将被试分为两组：对照组被试学习完整的样例；实验组被试学习不完整的样例。不完整样例中删除的解题步骤用"提问标记"代替，被试学习至此需要说出此处"遗漏了什么"。这样设计样例的目的显然是要求被试根据已有的解题步骤尝试预期或补充缺失的解题步骤，并做出自我解释。该样例设计也便于对被试预期步骤的正确性做出反馈。

斯塔克的实验得到了预期的结果：学习不完整样例的实验组被试显著提高了近迁移测验（测题的表面特征与样例题不同，但结构特征相同）成绩和中迁移测验（测题的表面特征与样例题类似，但改变了结构特征）成绩；也改善了远迁移测验（改变测题的表面特征和结构特征）成绩，但没有达到显著水平。同时，在结果中没有出现被试的知识水平与学习方法的显著交互作用。这意味着不完整样例学习的效果独立于学生的先前知识水平。两组被试的自我解释质量的分析结果表明，学习不完整样例的被试明显改善了自我解释的质量，但远非最佳，同样出现了以往研究中出现过的不能解决的"理解困境"和错误的自我解释现象。这些局限性可能是该种样例设计所固有的，因为在这种直接干预之下，样例学习的效果只能依赖学生的自我解释，而没有得到教师的指导或帮助。为了进一步促进样例学习，寻找更有成效的方法，将学生的自我解释与他人（如教师或导师）的解释（以下简称为指导性解释）结合起来应该是合理且更有效的。

可是，已有实验结果表明，指导性解释经常是无效的，有的还劣于自我解释（Brown & Kane，1988）。分析其原因，指导性解释至少有 3 个缺点：①指导性解释与学生已有知识的不适应性。指导性解释往往与个别学生的已有知识不适应，以至于他们不能理解指导性解释。自我解释是基于学生自己的已有知识建构的，所以自我解释一定是自适应的。②提供指导性解释的时机。一些研究发现，仅仅当学生把指导性解释和正在进行的思维活动（诸如问题解决或关于事情的推理）整合在一起时，学生才能从指导性解释中获益（Neber，1995；Webb，1992）。可是，自我解释是持续的学习活动，因此确定提供指导性解释的恰当时机是不容易的。③自我生成效应。许多人类记忆的研究结果表明，对自我生成的信息比他人呈现的信息记忆得更好。因此，对自我解释应该比指导性解释记忆得更好（Lovett，1992）。

与指导性解释相比，自我解释也有 3 个局限：①解释正确与否。自我解释可能是正确的，也可能是错误的。错误的自我解释可能会建构错误的知识，在最坏的情况下，还可能严重地阻碍进一步的学习。相比之下，指导性解释在大多数情况下是正确的。②理解的困境。学生常常有他们不能自己解决的理解困境。为了解决自己不能理解的问题，适时为他们提供指导性解释是必要的。③对学生理解监控的需要。在样例学习中，学生常会出现"元认知问题"，即经常出现"理解假象"。出现理解假象后，学生往往自以为是，而放弃了对样例知识的进一步深入理解。指导性解释（或教学型解释）却可以指明至少在哪些方面学生还没有足够的理解，至少是在哪些情况下，虽然给学生呈现了指导性解释，可是他们仍没有充分理解。针对自我解释的三点不足，指导性解释是非常有用的。指导性解释可以有效地支持学生知识建构的活动。所以，在下一步的解释性样例学习研究中，找到把自我解释和指导性解释结合到一起的有效方法，是一个具有挑战性的研究课题。

根据上述实验结果和对自我解释与指导性解释的优劣分析，两种解释相结合的样例学习方法应该遵循以下 3 个基本原则：首先，提示学生尽可能多地做出自我解释，并尽可能提供有效的指导性解释。样例学习是一种自主学习方式，学生应该尽可能地依赖自我解释。只有当学生遇到自己不理解的学习内容时，才能提供指导性解释。其次，要根据学生对样例知识理解的具体情况及时提供反馈。在学生理解样例知识的过程中，及时做出自我反馈和提供外部反馈都非常重要。因为及时反馈可以大大减少学生经常发生的理解错误和理解假象。所以，上述研究中采用的不完整样例学习是提高学生理解问题的元认知意识的可用方式之一。当然，提供指导性解释是实现反馈功能的另一种有效手段。最后，在给学生提供指导性解释时，要掌握并运用以下 3 个要领：①适时提供指导性解释。应该根据学生样例学习时的真实需要及时提供有针对性的指导性解释，保证指导性解释真正用在学生持续进行的知识建构活动中。②要与学生的基础知识水平和学习能力相适应。提供的指导性解释要尽可能真正做到简洁（没有多余信息）、不超出学生的认知负荷，并使学生能理解、可接受。③指导性解释的内容。关于指导性解释的具体内容，学者有各自不同的观点。有人认为应该提供学生在学习过程中所需要的（学生没有掌握的或不会运用的）具体解题规则，以帮助他们及时解决当前要解决的具体操作。另一些人却认为，给学生提供解题原理的解释是非常重要的。一些研究结论（Chi et al.，1989；Renkl，1997b）支持了这一说法。此外，在一般情况下，启发或引导学生自己获得知识更有助于灵活地迁移，而且对一般原理的自我理解对数学学习尤为重要（Hiebert，1986；Renkl & Helmke，1992；Steiner & Stoecklin，1997）。

笔者认为，发展到 20 世纪末的"自我解释"样例学习研究应该更名为"解释性"样例学习研究。因为 20 世纪从事自我解释样例学习研究的专家已经充分认识到，在样例学习的设计上，应该尽可能地发挥学生自我解释与教师指导性解释相结合的优势，而且这种思想观点已经被 20 世纪 90 年代后期出现的数学样例学习研究乃至普遍意义上的样例学习研究结果证实（Renkl et al.，1998）。更充分的理由是，专家已经把这种激励学生充分自主发挥，同时提供及时有效的指导性或教学性支持的样例学习称为"有支持的自主学习"（upported self-regulated learning），并且把它作为一般教学设计原则之一。

进入 21 世纪的解释性样例学习研究在自我解释与指导性解释的有效结合上进行了各种积极的探索和尝试。

斯塔克（Stark，1999）在研究中发现，学习不完整样例（即删除了一些解题步骤的解题样例）可以明显提高自我解释的质量。亚历山大（Alexander，1997）指出，学生从新手发展到专家，对解题原理的理解水平是逐步提高的。因此，提供的原理解释要适应学生原理理解的发展水平。根据上述实验结果和亚历山大的观点，伦克尔等（Renkl et al.，2000）开发出了解题步骤逐渐减少的一系列不完整样例学习程序。他们认为，以往的样例学习研究没有考虑到学生对解题原理的理解水平和解题能力是随着学习的深入而逐步提高的动态发展特点。为了适应这种特点，他们开发出的"系列渐减"不完整样例学习的程序是：让新手从学习完整样例开始，随着学习的开展和学生理解水平和解题能力的提高，接着学习解题步骤逐渐减少的一系列不完整样例，最后让学生直接解决问题。该程序可以被概括地描述为：最初学习完整的解题样例；然后学习一系列解题步骤逐渐减少的不完整样例；最后直接解决问题。他们采用该程序进行了一个现场实验和一个比较严格的实验室实验。结果发现，这种系列渐减步骤的不完整样例学习程序有助于学生的学习，至少对于提高近迁移成绩是显著有效的。另外，与学习完整样例后直接进行问题解决的学习程序相比，学习系列渐减步骤样例的学生出现的错误更少（Renkl et al.，2000）。

这种系列渐减步骤的不完整样例设计，首先是删除第一步运算或解题步骤的不完整样例；其次是删除第一和第二步的不完整样例，以此类推，直到最后给被试呈现没有解题步骤的问题。伦克尔等又开发出另一种"逆向"系列渐减步骤的不完整样例，即第一个不完整样例删除了完整样例的最后一个解题步骤；第二个不完整样例删除了最后两个解题步骤，以此类推，直到最后给被试呈现没有解题步骤的问题。他们在现场实验和两个严格控制的实验室实验中发现：①至少在近迁移成绩上，系列渐减的样例学习程序可以促进学习；②学习期间所犯解题错误的数量对学习效果起到了调节作用；③与正向系列渐减不完整样例的学习效果相比，逆向渐减系列不完整样例的学习更有优势（Renkl et al.，2002）。

在上两项系列渐减步骤不完整样例学习的实验结果中，近迁移成绩均得到了明显提高，但是远迁移成绩却不稳定。为了提高远迁移成绩，阿特金森等（Atkinson et al.，2003a，2003b）将系列渐减不完整样例学习与提示指导结合起来，鼓励学生识别样例中每个解题步骤涉及的基本原理。在两个实验中，这种结合提高了远、近迁移成绩，而且没有消耗过多的学习时间。这是一种很好的教学程序，因为它实施起来比较简单，不会延长学习时间，还能提高远、近迁移成绩。

接着，伦克尔等又用计算机呈现系列渐减样例的步骤，考察了系列渐减步骤样例学习的过程和机制。第一个实验结果表明，渐减步骤的位置不影响样例学习成绩，可是学生对省略步骤涉及原理的学习效果最好。这说明渐减步骤引起了学生的自我解释。第二个实验收集并分析了学生学习过程中的出声思考。结果表明，系列渐减步骤能够减少无效学习活动，所以提高了样例学习成绩（Renkl et al.，2004）。

上述这些系列渐减步骤的不完整样例学习研究，只是通过不完整样例的设计和渐进式样例学习程序诱发学生做出更好的自我解释。但是，这些研究还不是真正意义上的自我解释与指导性解释相结合的研究。下面的研究才是两种解释相结合的尝试。

2002 年，伦克尔以实习教师为被试，在一项概率学习的实验中考察了有、无指导性解释的学习效果。实验组有指导性解释，而对照组没有。实验结果表明，指导性解释至少在某些情况下对学习有促进作用。他还分析了指导性解释的缺点，并提出了一些可能提高指导性解释有效性的方法（Renkl，2002）。

朔尔姆和伦克尔在一项 2（有、无自我解释提示）×2（有、无指导性解释）的实验中考察了自我解释与指导性解释相结合的样例学习效果。实验结果表明，带有自我解释提示的样例提高了学习效果；指导性解释减少了学生的自我解释活动，影响了学习效果。尽管客观上讲仅进行自我解释时学生的学习效果最优，但学生认为此时接受指导性解释学习效果最好。结论是不管学习哪种样例，带有自我解释的提示与指导性解释具有可比性（Schworm & Renkl，2006）。

为了指导学生更好地解决问题，凯丁格尔等开发出了具有学习指导作用的智能化认知导师系统（system of cognitive tutor）（Koedinger et al.，1997）。认知导师系统是一种具体的智能化学习辅导系统，它能给学生的学习过程提供及时的反馈。同时，还能给学生提供上下文相关信息的提示和指导，引导学生正确地进行学习。该系统不断得到完善和补充，使版本不断更新并发展出一些新的版本。施万克等（Schwonke et al.，2009）指出，有人认为源于认知负荷理论的样例优势效应可能仅出现在与没有指导的问题解决相比较的研究中，而与有支持的或者是有实例指导的问题解决（如认知导师系统）相比，这种优势可能就不存在了。为此，他们通过两个实验对标准的认知导师系统与嵌入了系列渐减样例的认知导师系统的学习效果做了比较。实验 1 比较了传统的指导性问题解决认知导师系统与系列渐减样例的认知导师系统的学习效果。结果表明，两个系统下学生获得了同样的程序性知识和概念理解，学习成绩无显著差异，但是后者（嵌入了系列渐减样例的认知导师系统）所用的学习时间较少。实验 2 在实验 1 的基础上只增加了出声思考，而且重复验证了实验 1 的结果。结果显示，学生在系列渐减样例条件下获得了更深刻的概念理解。研究表明，即使与具有良好支持作用的问题解决学习（即在传统的指导性问题解决认知导师系统下的问题解决）相比，样例学习的优势效应依然存在。

同年的另一篇文章报告了与前一项研究密切相连、考察适应性系列渐减样例对问题解决是否具有促进作用的研究。萨尔登等（Salden et al.，2010）在系列渐减样例的认知导师系统的基础上开发出一种适合学生个体需要的适应性系列渐减样例认知导师系统，并在一个实验室实验和一个课堂实验中比较了标准的认知导师系统、固定系列渐减样例的认知导师系统和适应性系列渐减样例认知导师系统的学习效果。结果表明，与其他两种系统的指导方法相比，适应性系列渐减样例认知导师系统在延迟测验上的迁移成绩更好。

里德等（Reed et al.，2013）采用单因素被试间实验设计，比较了静态表格样例、静态图形样例、交互式图形样例（即动画和静态表格交替呈现的样例）和认知导师系统 4 种方法在解决算术和代数应用题上的学习效果。实验结果表明：①在认知导师系统下的问题解决过程中，该组被试需要的提示较少，而且犯错误次数也较少；3 种样例学习的时间较长。②在后测和延迟测验（包含练习题和迁移题）成绩上，4 个组之间没有显著性差异；但是，学习表格样例的学生能更好地辨识等式各个部分的意义。③学习内容与测题内容重叠时的学习效果好。虽然认知导师系统组被试减少了使用提示的次数和犯错误的次数，但是样例学习组被试在延迟测验中也同样有效。

凯丁格尔和阿力文（Koedinger & Aleven，2007）指出，学习研究的中心目标是考察究竟提供多少指导性帮助最有助于提高学习效果。里奇和诺克斯（Richey & Nokes-Malach，2013）以此为根据，考察了分步骤的指导性解释能否促进学生的样例学习和物理问题解决。他们假设在没有分步骤指导性解释时，学生能习得更多的概念性知识。因为他们更有可能进行积极的认知活动来理解问题解决步骤，而在有分步骤指导性解释时，学生可能没有进行这些活动。另外，他们还考察了已有经验和动机对学习成绩的影响。在 3 个实验中，无指导性解释组的学生比有指导性解释组的学生进行了更多的概念学习，而且他们的成就目标动机水平对学习效果更有预测作用。

博克斯梅迪等（Bokosmaty et al.，2015）指出，已有研究表明，与强调问题解决的指导相比，对于缺乏经验的学生来说，基于样例学习的指导更有效。然而，学习一些样例指导可能会降低有经验的学生的学习成绩。他们以几何证明样例为材料，考察了两种指导的作用。实验设置了三种指导条件：①原理和步骤指导条件，给学生提供解题步骤和解释这些步骤的相应原理；②步骤指导条件，只给学生提供解题步骤而不提供相应的原理解释；③问题解决条件，要求学生独自解决问题而没有任何指导。他们假设：对于已经学过相应原理的学生，其主要任务是学习问题状态和解决这一问题的步骤，故与问题解决条件、原理和步骤指导条件相比，步骤指导条件下的学习效果应该更好；对于尚没有完全掌握原理的被试，原理和步骤指导条件下的学习效果会更好。他们用两个几何教学实验证明了假设，即只有当学生尚没有学习或自动化相关的理论图式时，才需要有关原理的指导。

麦克拉伦等（Mclaren et al.，2016）认为，给学生的学习提供多少和何种指导性帮助，一直是学习与教育研究中广泛关注的问题。他们的研究比较了三种指导方法[正确样例、有指导的问题解决和错误样例（erroneous worked example）]与无指导（无指导的问题解决）的学习效率和学习效果。在实验1中，当学生做错了的时候，给予的反馈内容包含详细的答案，而实验2中给予的仅仅是"正确"或"错误"反馈。两个实验均证明，样例学习的效率较高，投入的时间和心理努力较少。样例学习在实验1中比其他组节省了46%—68%的时间，在实验2中节省了48%—69%的时间。

阿尔哈桑（Alhassan，2017）结合实际教学中计算机编程课程的需要进行了一项现场实验研究，考察了采用自我解释对支持大学一年级学生习得编程技能的效果。其中，实验组采用呈现自我解释样例的方法学习编程，控制组采用传统的方法学习编程。结果表明，实验组的学习效果显著好于控制组。该研究结果启示我们，在实际的计算机编程课程学习中，可以加入自我解释策略，以提高学习效果。

比拉斯等（Bisra et al.，2018）对自我解释的有效性进行了元分析。他们纳入并分析了64项实验研究，结果发现，总体上自我解释提示有助于提高学生的学习效果（$g=0.55$），而且自我解释对学习的促进作用可能受到学习任务的类型、被试的受教育程度、学习的时间等因素的影响。

至此，可这样概述解释性样例学习研究的进展：①奇等于20世纪80年代末开创了自我解释的样例学习研究。②20世纪90年代，伦克尔等分析了不能做出自我解释的原因和自我解释的局限，同时提出诱发自我解释的间接干预和直接干预措施。③21世纪初的研究表明，间接干预措施无效，直接干预措施虽有一定效果但仍有局限。同时，提出了将自我解释与指导性解释相结合的原则、方法和要领。④2010年以后开展了两种解释（即自我解释和指导性解释）相结合的解释性样例学习研究。

三、动态样例学习和范例学习研究的进展

上述研究中采用的样例都是问题解决的文本样例（例如数学运算样例、物理学问题解决样例等）和文本与图形相结合的问题解决样例（例如几何证明题证明样例、物体受力分析样例等）。随着样例学习研究的不断扩展以及受班杜拉社会–

认知学习理论的积极影响，20 世纪 90 年代开始出现了动画、视频等动态样例的学习研究和范例学习的研究。

（一）动态样例学习的研究进展

兰兹津（Ranzijn，1991）采用视频呈现排列组合问题的解题样例，考察了视频呈现例题的数量和离散性（作为教学设计变量）对陈述性知识和程序性知识学习的影响。结果发现，视频呈现低离散性的例题促进了对陈述性知识的学习，而高离散性例题促进了对程序性知识的学习。视频呈现的例题数量对后测成绩没有显著影响。

同年，梅耶尔和安德森（Mayer & Anderson，1991）为了用实验验证视觉信息与言语信息的双编码假说，用动画呈现打气筒的操作，考察了言语说明和图片同时呈现与言语说明先于图片呈现两种条件下的学习效果。结果表明，言语说明和图片同时呈现组的学习成绩明显优于言语说明先于图片呈现组的学习成绩。在随后的问题解决测试成绩上，言语说明和图片同时呈现组学生的成绩均显著优于只看到动画但没有言语表述组、只听言语表述而没有动画组和既没有言语表述也没有动画的控制组被试的学习成绩。实验结果支持了双编码假说提出的两种关系：言语刺激与语言表征和视觉刺激与视觉表征之间的关系，以及视觉表征与语言表征之间的关系。

莫雷尼奥等（Moreno et al.，2001）进一步比较了"动画、教师讲解和师生互动"和"动画与文字解释"两种多媒体教学条件下的学习效果。实验 1 以大学生为被试，实验 2 以 7 年级中学生为被试。两个实验都是实验组被试学习动画、老师讲解加实际操作示范，对照组被试学习动画和文字解释。学习后的测验结果表明：实验组被试的迁移测验成绩和学习兴趣自评等级均显著优于对照组，但记忆测验成绩无显著差异。实验 3 的实验组被试学习动画和老师讲解，对照组被试学习动画、老师讲解加实际操作示范。结果发现，实验组被试做出的实际操作越多，解决新问题的能力越强。

21 世纪以来，大量关于动态样例学习的研究不断涌现。这些研究大致可以分为以下 4 个方面。

1）动、静态样例学习效果比较研究，不过研究结果颇不一致。有的研究认为，动态样例的学习效果好于静态样例（Lin & Atkinson，2011；Ryoo & Linn，2012；Yarden H & Yarden A，2010；Wong et al.，2018）；有的研究认为静态样例的学习效果好于动态样例（Chanlin，2001；Scheiter et al.，2006）；还有研究者认为两者之间不存在显著差异（Höeffler & Schwartz，2011；Kühl et al.，2011）。

2）设计动态样例学习材料来提高学生的学习效果。例如，有研究者发现添加标记或线索是提高动态样例学习效果的重要方式（de Koning et al.，2010）。对动态样例中的关键信息添加标记或线索，能吸引学生对这些内容的注意，促进学生对材料的选择、组织和整合，并降低了学生在学习过程中的外在认知负荷，改善了学习效果（Arslan-Ari，2018；de Koning et al.，2007，2011）。整合动态样例中的视、听觉信息也能降低学生的外在认知负荷，提高学习效果（Adesope & Nesbit，2012；de Koning et al.，2017）。有人还开发出添加提示、反馈（Lin & Dwyer，2010；Skuballa et al.，2018）或要求学生对学习材料进行分段或控制（Boucheix & Forestier，2017；Hasler et al.，2007；Wang et al.，2011）呈现的动态样例。这些动态样例设计方法增强了动态样例学习过程中与学生的交互性，将学生的注意力集中在与学习相关的内容上，提高了学生的学习效果。

3）分段呈现动态样例的学习内容。有人提出在动态样例材料学习之前学生先学习有关基本内容（Mayer et al.，2002）；有的研究把复杂的动画内容分割成有意义的片段，分段呈现（Mayer & Chandler，2001），或者添加言语解释（de Koning et al.，2010）等。这些分段学习或分段呈现的方法降低了学习材料的复杂程度，提高了学习效果。

4）研究者还建构了一些动态样例学习理论和认知加工过程模型（Ploetzner & Fillisch，2017）。

（二）范例学习的研究进展

范例（modeling example）是指由一名榜样（专家、老师或同学）向学生展示或同时阐释自己是怎样完成某一项任务或解决某一个问题的。它既可以在现实教学情境中由教师向学生面对面地示范和讲授，也可以通过教学视频和录像等方式来展示（van Merriënboer，1997）。

最初的范例学习研究表现在写作技能（Braaksma et al.，2004）、沟通技能（Baldwin，1992）、合作技能（Rummel et al.，2009）、元认知自我调节技能（Kitsantas et al.，2000）和运动技能（Wright et al.，1997）等结构化程度较低的技能学习中。随着研究的开展，逐渐扩展到其他学习领域。该研究也可以分为如下两个方面。

一方面，研究者考察了榜样特征对学习效果的影响。霍格黑德等（Hoogerheide et al.，2016a）首先考察了榜样的性别和学生的性别对学习效果的影响。结果发现，榜样和学生的性别均没有影响学习迁移的效果。但是，当榜样为男性时，学生的自我效能感和学习兴趣更高。也就是说，榜样的性别可能并不影响学习成绩，但影响了学生学习过程中的情感因素。其次，他们又考察了榜样的年龄和知识水平对学生学习效果的影响。其中，按榜样的年龄将榜样分为"同伴"榜样和"成年"榜样；将榜样的知识水平分为高、低两种。实验结果表明，榜样的知识水平没有影响学生的学习效果，但成人榜样比同伴榜样的教学更有效，而且效率更高（Hoogerheide et al.，2016b）。后来，霍格黑德等（Hoogerheide et al.，2018）又进一步考察了榜样与学生的性别特征对范例学习的成绩、自我效能感和获得感的影响。李文静等（2016）的研究发现，在多媒体中加入教学代理不会减少学生对学习内容的注意，而且能提高学习效果；加入学生偏好的代理形象会促进学习。总之，这类研究主要关注范例中的榜样特征对学生学习效果的影响，考察了榜样与学生的相似性等因素对学习效果的影响。

另一方面，考察范例的设计对学习效果的影响。龚少英等（2017）发现，积极的情绪设计可以增强学生的学习动机，降低学习难度并促进学习迁移。范戈等（van Gog et al.，2014）的研究考察了是否呈现榜样的面孔对学生范例学习效果的影响。结果发现，呈现榜样的面孔并没有分散学生的注意力，榜样的眼神等线索促进了学生更加关注范例中的关键内容，并提高了学习效果。类似地，有研究者通过两个为期8周和10周的现场观察实验考察了范例中是否呈现榜样的面孔对学习的影响（Kizilcec et al.，2015）。奥维汉德等（Ouwehand et al.，2015）考察了添加榜样的手势和眼神线索对学习效果的影响，结果发现，手势线索和眼神线索均能有效地帮助学生把注意力分配到两种线索和学习任务上。匡子翌等（2022）发现，教师的眼神注视对学生的学习效果具有较小的促进效应。菲奥雷拉等（Fiorella et al.，2017）比较了榜样以第一人称呈现与以第三人称呈现时的学习效果，结果发现，榜样以第一人称呈现时学生的学习效果更好。康德等（Kant et al.，2017）考察了视频榜样范例和探究任务的结合方式对科学推理技术学习的影响。该研究比较了在范例学习-范例学习、范例学习-探究任务、探究任务-范例学习和探究任务-探究任务4种条件下学生的学习效果，结果发现，与先解决问题相比，先看视频榜样范例时学生付出的心理努力程度更低，学习效果更好，而且对学习成绩的自我判断水平更高。

此外，有研究者还开发出了"眼动范例"（eye movement modeling example，EMME）。所谓眼动范例是指通过眼动仪记录专家在观看该材料时的眼动模式，并将专家的眼动模式通过回放或高亮等方式添加到学习材料中。眼动范例能有效地引导初学者在恰当的时间注意相关内容。大量研究验证了在不同学习内容上眼动范例学习的有效性（Gegenfurtner et al.，2017；Jarodzka et al.，2012；Mason et al.，2015；Litchfield et al.，2010）。马安然等（2021）用眼动技术探究了教学微视频播放速度对学习效果和学习满意度的影响，结果发现，随着播放速度的加快，学生的学习效果和学习满意度会降低。

第四节　样例学习研究的成就

样例学习研究取得的卓越成就主要表现在 4 个方面：一是开发出许多样例设计方法，使样例的类型和学习功能更加多样化；二是促进和深化了样例学习的理论研究，使样例学习理论不断完善；三是发现了许多样例学习效应；四是为课堂教学提供了样例设计原则和样例教学指导原则，同时也扩大了样例学习研究的学科领域及学术影响。

一、样例类型及设计方法

前文已涉及了一些样例设计方法和样例类型，所以以下只需简要概括这些样例类型的定义和设计方法。

1. 完整与不完整样例

完整样例（complete example）是有具体问题和具体解题步骤及答案的内容齐全的样例（Sweller & Cooper，1985；Zhu & Simon，1987；Chi et al.，1989）。不完整样例（incomplete example）是在完整样例的基础上删除了部分解题步骤或部分内容的样例（Stark，1999）。设计完整样例的目的是，使学生学习完整的解题方案，获得问题解决的完整图式。设计不完整样例的目的是，使学生在样例学习过程中对删除或缺失的解题步骤或内容做出自我解释，填补缺失的步骤和内容，促进其对解题步骤之间或上下文内容之间逻辑关系及一般原理或规则的思考、理解和解释。

2. 有"子目标"或"子目标编码"的样例

带有"子目标"的样例是给解题步骤加注"标记"或解题步骤编码（即子目标编码）的样例（Catrambone & Holyoak，1990；Catrambone，1994a，1994b，1995a，1995b，1996，1998）。给解题步骤设置"子目标"或做出"子目标编码"的目的在于，使学生掌握解题操作的顺序，并促进其对解题步骤与解题目标之间的关系的理解。

3. 图-文信息整合的样例

在诸如几何证明题的解题样例中，几何图形（图形信息）与证明几何定理的文字、符号（文本信息）是分开呈现的（例如，数学教材中的几何证明例题）。学生阅读材料时，注视点要在图形和文字、符号之间进行转移，既耗费时间，又分散注意力，降低了学习效率。如果将图、文信息有效地整合在一起（例如，把证明的文字或符号写在对应的几何图形上），就会避免学生注意力的分散，进而提高阅读学习的效率。这种将图形信息和文本信息合理、有效地整合在一起的样例，就是图-文信息整合的样例（Ward & Sweller，1990）。

4. 视-听信息整合的样例

在课堂教学中，尤其是在使用多媒体的教学中，学生既要观看荧屏上呈现的视觉图文信息，又要聆听教师口头讲解的听觉信息。如果视、听信息不能同步进行（即教师在黑板上边讲边写），也会分散学生的注意力，降低学习效率。如果将视、听信息有效地整合在一起，就会减少学生注意力的分散，提高学习效率。这种将视、听信息有机整合在一起的样例，就是视-听信息整合样例（Mousavi et al.，1995）。

5. 正向系列渐减的样例组合与逆向系列渐减的样例组合

正向系列渐减样例是在完整和不完整样例的基础上发展而来的一系列完整与不完整样例的组合学习材料。在这一系列解题样例中，第一个样例是解题步骤齐全的完整样例；第二个样例删除了第一个解题步骤；第三个样例删除了前两个解题步骤；后面的样例以此类推；最后一个"样例"只有问题而没有任何解题步骤（Renkl et al.，2000；Renkl & Atkinson，2003）。正如前文所说，之所以这样的设计样例学习材料，就是因为以往的样例学习研究没有考虑到学生对解题原理的理解水平和解题能力是随着学习的深入而逐步提高的发展特点。为了适应这种发展特点，伦克尔等开发出这种系列渐减的不完整样例学习程序。逆向系列渐减样例也是一系列完整与不完整样例的组合学习材料。与正向渐减样例不同的是，第一个样例删除最后一个解题步骤；第二个样例删除最后两个解题步骤；以此类推，最后呈现的是没有任何解题步骤的问题（Renkl et al.，2002）。

6. 自我解释的样例与指导性解释的样例

在样例学习过程中，提示被试对解题步骤或解题原理做出自我解释的样例学习称为"自我解释"的样例学习。教师对解题步骤或解题原理做出解释，或者在样例中附加了对解题步骤或原理解释的样例学习统称为"指导性解释"或"教学性解释"的样例学习（Renkl，2002；Schworm & Renkl，2006）。两种解释性样例学习效果的实验研究，详见上一节中的有关内容。

7. 模块样例与模块化样例

"模块"是一个不可分割的整体知识。模块样例是一个不可分割的整体解题样例。在模块样例学习中，学生学习用一种完整的方法解决某类具体问题。该种学习需要同时加工许多存在交互作用的元素。模块化就是把复杂的或综合的知识分解成几个模块，然后一块一块地学习。模块化样例就是把一个完整的问题解决样例依据元素的交互性划分为几个模块，从而使学习它们的内在认知负荷实质性地减少的样例（Gerjets et al.，2004，2006）。实验结果表明，模块化学习程序比模块学习程序学到的更多，而且在后测中成绩更好，即产生了模块化效应（详见本节下一部分的有关内容）。

8. 单内容样例、双内容样例和多内容样例

一般来说，只有一种学习内容的样例（如所要学习的概念、原理和规则等）称为"单内容"样例（single-content example），而包含两种内容的样例称为"双内容"样例（double-content example）。双内容样例包含"学习域"（learning domain）和"示例域"（exemplifying domain）两方面的知识。学习域知识是指样例中包含的概念、原理和规则等知识；示例域知识是指样例中涉及的具体背景知识内容（如问题的背景知识）（Schworm & Renkl，2007）。多内容样例（multiple-content example）包括的知识内容在三种或三种以上，诸如范文、商品、画作、戏曲和舞蹈等。

9. 正、误样例及正误样例组合

在解题样例中，解题原理、解题步骤和答案均正确的样例称为正确样例，而解题原理运用错误、解题步骤错误或答案错误的样例称为错误样例。依据错误样例的不同学习功能，可将错误样例分为"有反馈"的错误样例和用于"发现和改正错误"的样例。"正误样例组合"是将正确的和错误的解题样例组合在一起构成的一组样例学习材料（Große & Renkl，2007）。依据正误样例组合的形式，可将其分为随机组合、分块组合与配对组合（张奇，张华，2014）

10. 过程导向与结果导向的样例

所谓过程导向的样例（process-oriented worked example）就是除了在样例中呈现解题步骤，还附加了解题步骤背后的解题原理和策略性知识。以往使用的只有解题步骤，没有附加解题原理和策略性知识的样例是结果导向的样例（product-oriented worked example）（van Gog et al.，2008）。

11. 静态样例与动态样例

以文字及符号等文本信息、静态图形、表格信息呈现的样例称为静态样例（static worked example），而以动画和视频等动态影像呈现的样例称为动态样例（dynamic worked example）。

12. 有、无教师代理人的范例

在专门为学生设计和制作的模拟教学范例中，往往在动画或视频中呈现一个等同于教师教学作用的动态人物（卡通人物）音像，称为有教师代理人的范例。在有些专门设计和制作的模拟教学范例中，只呈现教师代理人教学的语音，不呈现其形象，这是无教师代理人的范例。

13. 范例

范例是指教师（专家或学生）在课堂上给学生做发音、书写、运算、推理、解题、劳动、表演、运动、实验操作或技术运用等示范动作，并讲解相应的概念、原理、规则、要领、步骤、程序、练习方法和学习策略等知识内容的真实教学过程；真实教学过程的实况转播、录像或视频等；专门为学生设计和制作的动画、视频等模拟教师教学过程的范例。

二、样例学习理论

样例学习的实验研究促进了样例学习理论的研究。按照理论形成的先后顺序，应该先介绍认知负荷理论，然后介绍问题解决技能习得的阶段模型和样例学习效应等。

（一）认知负荷理论

认知负荷理论由斯威勒等在样例学习实验研究的基础上首创于 1998 年。最初的认知负荷理论只注重在样例和教学设计中降低外在认知负荷，从而显著地提高了样例学习效果，并很好地解释了分散注意效应、图-文信息整合效应和冗余效应等认知负荷效应。可是，随着样例学习实验研究的深入，该理论暴露出了相关认知负荷的定义不明确并难以解释有关实验结果等问题。针对这些问题，斯威勒于 2010 年对最初的认知负荷理论做了修改，进而解释了在样例学习实验研究中出现的元素交互性效应（element interactivity effect）、想象效应（imagination effect）、解释性效应和变异性效应等认知负荷效应（Sweller，2010）。

1. 早期的认知负荷理论

斯威勒等在 1998 年（Sweller et al.，1998）发表的文章中明确地指出："人类的认知系统可以概括为一个用于处理所有有意识的认知活动且容量有限的工作记忆系统和一个用于存储不同自动化程度的图式且容量无限的长时记忆系统。"这句话概括了认知负荷理论的前提假设和理论基础。前提假设就是工作记忆认知资源的有限性，理论基础就是工作记忆与长时记忆的信息加工、提取与储存模型。

斯威勒等根据构成学习材料或知识内容中"元素"之间的互动关系，将学习材料划分为"高元互动材料"（high element interactivity material）和"低元互动材料"（low element interactivity material）。两者的区别是：①低元互动材料的元素数量较少，高元互动材料的元素数量较多；②低元互动材料元素之间的交互作用弱，高元互动材料元素之间的交互作用强；③低元互动材料可以一个一个单独地学习，高元互动材料必须把几个相关元素构成一个整体来学习；④低元互动材料可以一个一个相继地学习，而高元互动材料必须把相关元素构成一个整体同时学习；⑤最后一个区别十分重要，正如斯威勒等所强调的，学习高元互动材料需要"理解"（Marcus et al.，1996），而学习低元互动材料直接就能理解，甚至不需要"理解"（Sweller et al.，1998）。因为高元互动材料由许多存在交互作用的元素组成，而且这些元素不能轻易地保持在工作记忆系统中，所以学习这样的材料需要理解。如果学习材料能轻易地保持在工作记忆系统中，它就容易被理解。低元互动材料容易理解，而且如果元素的互动性足够弱，学生直接就能理解，甚至不需要用'理解'这个术语。除了斯威勒等所说的高元互动材料不容易保持在工作记忆系统中，因而需要理解之外，笔者认为更重要的是理解高元互动材料中元素之间的关系结构。在各种高元互动材料的元素之间存在各种各样的关系结构，理解这些不同类型的关系结构也需要较多的认知资源。

学习知识要占用工作记忆系统有限的认知资源或容量。在工作记忆系统有限的认知资源中，用于学习或加工信息的认知资源就是学习或认知加工的认知负荷。如果学习知识或加工信息需要的认知资源总量超出了工作记忆系统有限认知资源的总量，就会出现认知超负荷。一旦在学习中出现认知超负荷，学习活动或认知加工就会停滞、难以进行甚至中断。

斯威勒等提出了"内在认知负荷""外在认知负荷""相关认知负荷"3个概念，并论述了3种认知负荷产生的原因和条件。内在认知负荷是学习知识内容本身占用的工作记忆资源。它的大小与知识内容的元素互动水平和学生的知识水平密切相关。一项具体的学习材料或知识内容对于一个具有一定相关知识水平的学生来说，内在认知负荷的大小是相对稳定的；对于具有较高相关知识水平的学生来说，内在认知负荷却较低；对于具有低相关知识水平的学生来说，内在认知负荷却较高。外在认知负荷是加工与知识内容无关的信息占用的工作记忆资源。在教学中，教师给学生提供的无关信息越多，学生的外在认知负荷就越高。工作记忆资源有限，外在认知负荷越高，用于加工知识内容的认知资源就越少。如果用于加工知识内容的认知资源不足，就会出现超负荷。因此，教师在教学中给学生设计或提供的学习材料，要尽可能地减少与知识内容无关的信息，即降低学生学习的外在认知负荷，使有限的工作记忆资源尽可能多地用在学习知识内容上，这样才能提高学习的效率和效果。在这种理论思想的指导下，20 世纪 90 年代的样例学习研究采用图-文信息整合、视-听信息整合、排除无关信息、设置子目标编码等一系列样例设计方法，尽量降低样例学习的外在认知负荷，从而提高了样例学习的效果。斯威勒等用该理论很好地解释了自由目标效应、样例效应、不完整样例的学习效应、分散注意效应、通道效应、冗余效应和变式效应。可以说，这时的认知负荷理论对内在认知负荷与外在认知负荷的定义以及两者之间关系的论述是清楚的。可是，斯威勒等对相关认知负荷的定义却比较模糊。他们对相关认知负荷的定义是：用于加工与学习内容有关信息产生的认知负荷。而且，除了外在认知负荷与内在认知负荷之间关系的论述比较清楚，对内在认知负荷与相关认知负荷、相关认知负荷与外在认知负荷，以及三种认知负荷之间的关系都没有论述清楚。这使得后来出现的一些增加了与知识内容相关信息的样例学习实验研究结果无法用该理论做出合理的解释，例如，前文谈到的范戈等（van Gog et al.，2003）的实验研究（详见本章第三节的有关内容）。

2. 斯威勒对认知负荷理论的修改

面对这种理论困境，斯威勒于 2010 年独自发表了文章 "Element interactivity and intrinsic，extraneous，and germane cognitive load"（《元素交互性与内在、外在和相关认知负荷》），补充并修改了 1998 年提出的理论观点（Sweller，2010）。斯威勒在文章的开头开宗明义地指出："分配到内在认知负荷的工作记忆资源与知识固有的复杂性有关；分配到外在认知负荷的认知资源与教学设计有关；分配到相关认知负荷的认知资源与知识的获取有关。这些作为认知负荷理论的重要观点已经用了一段时间了。元素互动性作为内在认知负荷基本机制的详细说明也有很长时间了。可是，外在认知负荷与相关认知负荷虽然也对每个应用它们的作业成绩做出了不同方式的详细说明，却没有在统一的理论术语下做出详细的说明。这个疏忽已经开始在理解认知负荷之间的关系上造成了严重的误解和矛盾的结果。针对这个问题，本文（斯威勒指自己发表 2010 年发表的文章）的目的就是有意为认知负荷类型的划分提供一个统一的理论基础。"

斯威勒于 2010 年发表的文章对 1998 年提出的上述观点给予保留。正如斯威勒在文章中所说的那样："工作记忆负荷不仅受学习材料内在复杂性的影响，同时也受教学程序不佳的影响。不佳的教学程序附加了外在认知负荷。认知负荷理论首先关注的是减少外在认知负荷的样例设计。研究者已经开发出许多这样的技术并且正在开发这样的技术。"（Sweller，2003，2004）接着，斯威勒明确地指出了学习材料的元素交互性与外在认知负荷的关系，并根据学习材料元素交互性水平对内在认知负荷与外在认知负荷的关系做出了明确的阐述。斯威勒认为，学习材料的元素交互性是以内、外认知负荷为基础的工作记忆负荷的主要来源。如果不改变学习内容就能降低元素交互性的水平，那么这种负荷就是外在认知负荷。如果元素交互性水平仅能通过改变学习的内容来降低，这种负荷就是内在认知负荷。当然，究竟是什么构成了内在认知负荷或外在认知负荷，取决于学习的目的是什么。比如，如果学习的目的是理解教材中的一些概念，那么在教学中使用专业术语就可能构成外在认知负荷；相反，如果学习目的是学习一个领域中的专业语言，专业术语就是学习任务的内在认知负荷。因此，学习同样的知识内容，其内在认知负荷与外在认知负荷的区别取决于学习的目的是什么（Sweller，2010）。这就是斯威勒对外在认知负荷概念的重要修改和对外在认知负荷产生原因的重要补充，也是对内在认知负荷与外在认知负荷的主要区别的阐述。

斯威勒等1998年发表的文章中几乎没有给相关认知负荷下一个明确的定义。所以斯威勒在2010年发表的文章中不仅给相关认知负荷下了明确的定义，而且详细地论述了三种认知负荷之间的关系。斯威勒认为，相关认知负荷是学生专门用于处理与知识内容相关联的内在认知负荷的工作记忆资源。其含义是，相关认知负荷是内在认知负荷的一部分，是专门用于加工与知识相关联的那部分内容的内在认知负荷。它与学习材料之间的关系，只因为它是相互作用元素的内在认知负荷，除此之外，相关认知负荷与呈现的知识无关。这句话的意思是，相关认知负荷只与有元素互动关系的知识有关，与没有元素互动关系的知识无关。斯威勒等提出，重要的是，相关认知负荷不是工作记忆负荷提供的独立资源。如果动机水平保持恒定不变，学生就无法控制相关认知负荷。如果内在认知负荷高而外在认知负荷低，那么，相关认知负荷一定也高，因为学生必须投入高比例的工作记忆资源来加工学习材料的本质特征。如果外在认知负荷增加，相关认知负荷就会减少，学习活动也会减少，因为学生要用工作记忆资源处理由教学过程强加的外在元素，而不是知识的本质特征。因此，相关认知负荷纯粹是一个专门用于加工相互作用元素的内在认知负荷的工作记忆资源的函数。这段话进一步明确了相关认知负荷与内在认知负荷和外在认知负荷的关系：①工作记忆资源只用在内在和外在两种认知负荷上。相关认知负荷只是内在认知负荷的一部分，所以工作记忆不给相关认知负荷提供独立的认知资源。②相关认知负荷的高低取决于学生学习动机水平的高低。学生的学习动机水平越高，相关认知负荷就越高；动机水平越低，相关认知负荷越低；动机水平保持恒定不变，相关认知负荷的大小也保持不变。③在工作记忆资源有限的前提下，外在认知负荷越高，内在认知负荷就越低，相关认知负荷也越低，有效的学习活动也会减少。相反，外在认知负荷越低，内在认知负荷就越高，相关认知负荷也越高，有效学习活动会增加。④相关认知负荷纯粹是一个专门用于加工相互作用元素的内在认知负荷的工作记忆资源的函数。因此，相关认知负荷与动机水平、学习材料元素交互性水平的高低和内在认知负荷的大小成正比，与外在认知负荷的大小成反比。

在此基础上，斯威勒论述了三种认知负荷之间的关系："一项学习任务的认知负荷是由教材或学习材料造成的，并可以归结为与内在认知负荷和外在认知负荷相关联的元素交互性。工作记忆资源必须尽可能地用于处理或加工这些存在交互作用的元素。用于内在认知负荷的工作记忆资源与手头的作业密切相关，所以被称为相关认知负荷。用于外在认知负荷的工作记忆资源与手头作业无关，如果教学过程需要这些资源，又是必须付出的。所以，一项学习任务总的认知负荷是由内在和外在认知负荷的增加决定的，因此总认知负荷=内在认知负荷+外在认知负荷。总认知负荷随着内在认知负荷和外在认知负荷的变化而变化。如果其中一个变了，即使另一个不变，总认知负荷也会变化。当内在认知负荷保持恒定时，外在认知负荷增加了，总认知负荷也会增加；外在认知负荷减少，总认知负荷也会减少。一项学习任务的总认知负荷可能会超出学生有限的工作记忆资源，所以不能保证是否有充足的资源既用于内在认知负荷，又用于外在认知负荷。"

同时，用于内在认知负荷的工作记忆资源被定义为相关认知负荷，它随着外在认知负荷的增加而减少。因此，总的工作记忆资源=用于外在认知负荷的资源+用于相关认知负荷的资源。当总认知负荷变化的时候，相关认知负荷与外在认知负荷可以相互转换（Sweller，2010）。也就是说，在工作记忆资源不变的情况下，如果用于外在认知负荷的资源增加，用于相关认知负荷的资源就减少；如果用于外在认知负荷的资源减少，则用于相关认知负荷的资源就增加，即两者之和保持不变。

3. 认知负荷的测量

认知负荷理论遇到的首要问题是学习的认知负荷能否进行有效的测量。认知负荷是心理量而不是物理量，物理量可以直接测量，心理量却不能直接测量。迄今为止，心理量的测量无外乎三种：①心理指标的测量，诸如被试的"出声思考"内省或反省报告和对评定量表的自我评定等；②行为指标的测量，诸如反应时、正确率和作业成绩等；③生理指标的测量，诸如心率、皮肤电、大脑皮层电位、脑磁图、大脑血流量和血氧含量等。

最简便易行的心理量测量方法就是心理指标的测量。所以，对于认知负荷的测量，心理学家首先想到的也是心理指标的测量方法。学生或被试是不知道什么是认知负荷的，所以只能根据学生自己对学习过程中"心理努力"程度的等级评定来间接地测量。卡柳加等（Kalyuga et al.，2001a）就是根据被试对学习难度等级的自我评定，测量了总认知负荷而没有测量其中的三种认知负荷。莱皮克等（Leppink et al.，2013）编制出 10 道测题的测验材料并收集到 56 名心理学专业博士研究生的测量数据，并进行了主成分因子分析，提取出分别代表三种认知负荷的三个主要因子。他们还收集了社会与健康科学专业大学生的数据，并进行了验证性因素分析，用分析结果验证主成分因子分析的结果，结果发现，在语言学习和统计学知识的学习中也存在 3 个与之相似的主要因子（Lepping et al.，2014）。认知负荷还可用学生的作业成绩（正确率或错误数量）和所用时间来间接地测量，但只能根据学生作业的外在表现来估计认知负荷的大小，不能直接准确地说明认知负荷的大小。

除采用问卷或量表等方法之外，有人还采用生理指标间接测量了总认知负荷，诸如维特曼、帕斯等分别通过心率或瞳孔直径等生理指标测量了认知负荷（Veltman，2002；Pass & Merrienboer，1994a，1994b）；安东连科等（Antonenko et al.，2010）还提出采用脑电技术测量认知负荷等。但是，无论采用何种测量指标和测量技术都不能测量出外在认知负荷、内在认知负荷和相关认知负荷的具体数值，即认知负荷的测量方法仍在探索中。

（二）问题解决技能习得的阶段模型

心理活动是不可以直接测量的内在活动，只能根据个体的内省报告、行为反应、情绪变化或各种生理变化的测量结果做出有局限的间接推测。因此，要想描述、说明或解释内在心理活动过程或心理机制，就需要建立心理模型。

心理学家往往根据已有的专业知识、经验、实验结果或借鉴已有的模型并在假设的基础上建构心理模型。例如，弗洛伊德的"本我-自我-超我"人格结构模型就是在他已有的临床经验和专业知识的基础上建构的描述人格动力特征的心理模型。它假设"性本能"或"生与死"的本能是人格动力特征的基本动力源。记忆的"三级储存模型"则是在已有理论（詹姆斯的初级记忆与次级记忆理论）、实验结果（短时记忆和感觉记忆的有关实验结果）并借鉴计算机信息加工系统（内存与硬盘的划分）建构的描述记忆过程的心理模型。它以信息的串行加工为基本假设。工作记忆模型是在记忆三级加工模型的基础上建构的心理模型，它以工作记忆容量或认知资源的有限性为基本假设。

心理模型都是描述或解释某种具体心理活动过程或心理机制的人为假设或虚构的知识形态，所以它们都不是真实的心理活动过程，更不是某个个体的具体心理活动过程，只是对某种心理活动过程、心理作用机制的某些共性特征或主要活动机制做出相似的、近似的或概括的描述与解释。因此，一个心理模型描述的心理过程或解释的心理机制与真实的心理过程或心理机制越相似、越接近，其模型的合理性和生命力就越强。也正因为如此，一个心理模型建立后迫切需要得到更多相关的个体经验、群体经验和可靠实验研究结果的验证或支持。得到实验验证和支持的证据越多，模型的生命力越强。如果心理模型遇到了不能解释的有关心理现象或实验结果，它的合理性和生命力就遇到了挑战。如果一个心理模型的基本假设是正确的，只是模型中缺少某种实际上应该具有的功能或作用，而且经过补充或修改后可以增加其功能，该模型的生命力就会得到恢复或增强，在原来工作记忆系统的基础上增加了一个"情景缓冲器"的工作记忆模型就是如此。

心理模型可以是一个理论模型、图示模型、计算模型或者三者兼有的模型。心理模型有大有小，较大的心理模型涉及较广泛的心理活动领域，例如，图式理论就是一个解释范围较大的认知加工模型，因为它涉及阅读、记忆、知识表征、推理、判断、学习和问题解决等诸多认知活动过程。较小的心理模型往往是针对具体的心理过程或心理活动特征提出的理论模型，例如，描述注意选择性特征的过滤器-衰减模型。心理模型都是专业性的或者是领域性的具体模型。目前，还没有囊括所有心理活动和心理活动特征的一般心理模型。这可能是因为人的心理活动过于复杂，也可能是由于人们对自己心理活动的认知还过于肤浅。

样例学习研究的初衷是迅速提高新手的问题解决能力，所以对样例学习研究有影响的是问题解决模型和经过问题解决的样例学习使其从新手发展成专家的问题解决技能习得模型。由此而产生的问题解决技能习得的阶段模型有多种，其中包括安德森等（Anderson et al.，1997）在"思想自适应性控制-理性"（adaptive control of thought-rational，ACT-R）框架下提出的四阶段模型，范莱恩（van Lehn，1996）提出的三阶段模型，申克和齐默尔曼（Schunk & Zimmerman，2007）提出的四阶段模型，以及伦克尔（Renkl，2010，2014）概括出来的问题解决技能习得的四阶段模型等。其中，安德森等提出的四阶段模型有较大的影响，伦克尔概括出来的四阶段模型综合了上述阶段模型的共性特征，也比较具有代表性，所以这里仅介绍这两个阶段模型。

1. ACT-R 及问题解决技能习得的四阶段模型

罗伯逊（Robertson，2001）在《问题解决》一书中对安德森的 ACT-R 模型做了比较具体的介绍。在其基础上，笔者做进一步的介绍和推断。

（1）ACT-R 的含义

安德森建立的是一个试图尽可能最接近于人类一般认知过程的理论模型。他提出的"思想自适应控制"（adaptive control of thought，ACT）模型在 20 世纪 70—90 年代逐步形成，并经过了大量的实际验证。该模型所强调的是，人的思想形成过程是渐进的，认知系统的逐步形成使我们能够更好地适应紧迫的外界环境，在此过程中发现自我，并有序实现自己的目标。在这个过程中，既有"收益"也有"付出"。收益既可能是根据外界信息形成的假设或判断，也可能是指向目标的有序行为反应。付出既可能是时间和精力的付出，也可能是对身体的伤害乃至生命的付出。以回忆过去学过的知识为例，回忆过程付出的是时间和精力，收益是获得了当前需要的已有知识。也就是说，认知活动需要在检索付出与检索收益之间获得平衡。

20 世纪 90 年代初，安德森在 ACT 中添加了"理性一般原则"，将其发展成 ACT-R 模型。其中的"R"是"rational"的缩写。最初，它有两个含义：一个是"合乎逻辑的正确推理"；另一个是有机体试图按照自己的最大利益行动的事实。安德森对理性一般原则的表述是：认知系统的运行一直致力于优化有机体的适应性行为（Anderson，1990），认知的一些特性好像是为了优化系统的信息加工而设计的。最优化意味着实现目标的可能性最大，而这样做付出的代价最小；或者认知加工越精确，预期的效用越能最大化。在这里，"最优化"被定义为预期的收益减去预期的付出（Anderson，1993）。

正是这种理性观使 ACT-R 中的认知机制建立在贝叶斯定理之上。也就是说，世界上的物体特征倾向共变。共变事件发生的概率遵循贝叶斯定理。当人的认知随着外部事物的特征发生变化时，如果由此而形成的认知假设或判断带来的收益远大于付出，就会迅速地做出这种假设或判断。例如，当人们见到一个有翅膀和羽毛的动物时，就可能认为这个动物会飞。建构认知系统的一个用处就是比较容易形成某种假设，而且即使假设错了，也是小概率事件。人的认知系统对所见事物的这种迅速的归纳推理过程使认知系统获得的收益远大于极小错误概率情况下的付出。可是，当认知形成的假设或判断带来的收益远小于付出时，也就是说，当因为认知判断错误使付出的代价远大于收益时，人们在做出假设或判断时就会十分小心谨慎。假如你是一名有经验的司机，正驾驶汽车停在交叉路口等车，此时一辆小汽车从你的左前方驶来，想要在你所在的马路上向右拐，这辆车很可能或真的是向右拐，这是一个大概率事件。可是，在这种情况下，如果你一旦判断错误，付出的代价却是相当大的。所以，你一定要等到小汽车表现出向右拐的其他特征时（比如，小汽车开始减速行驶时），才能做出肯定判断——它肯定是向右拐。

总之，ACT-R 描述的是人类理性的认知活动过程，这种理性的认知活动通过权衡认知加工的收益与付出，从而优化信息加工过程和适应性行为。

（2）ACT-R 的一般结构

在 ACT-R 中有两种长时记忆：陈述性记忆（declarative memory）和程序性记忆（production/procedural memory）。陈述性记忆中储存的是可用言语表达和文字描写的有关事实和情节的陈述性知识。程序性记忆中储存的是可以被观察到的并可用人的作业成绩表示出来的程序性知识。陈述性知识是程序性知识的基础。

安德森一直强调所有的知识都以陈述性知识的形式进入 ACT-R 系统。当在具体环境中应用陈述性知识时，它能生成程序性知识并在程序性记忆中表征为一系列由陈述性知识生成的产生式。有些证据表明，某些概念性知识可能也产生于程序性知识，诸如通过练习而成为精通"汉诺塔"问题解决的人，他可能会注意到最小的圆盘在每两次圆盘的移动中都要被移动一次；或者经常使用文字处理器的人能够学会"字符串"这个概念（Payne et al.，1990）。

1）ACT-R 中的陈述性记忆。陈述性记忆中的基本知识单元是组块。一个组块是由几个工作记忆要素组成的一个整体结构。只有有限的几个要素可以构成一个组块，一般是 3 个要素构成一个组块，诸如单词的组块 USA、BSE 和 AIDS 等。组块具有结构性，以至于相同要素的不同结构也具有不同的意义或作用。例如，"1066"是一个组块，因为它是一个有意义的知识单元（假如你了解第二次世界大战中"征服诺曼底"历史的话）。可是，如果把这几个数字随机排列成 6016，它就不再是一个组块了。组块可依其激活水平的高低按等级排列。在陈述性记忆中，组块也可用来表征问题图式。组块的第一部分是问题的名称，例如，问题 1、问题 2 等。接下来是一系列"槽"，第一个槽是问题的类型，第二个槽是问题的具体内容等。组块的大小由槽的数量决定（Anderson，1993）。

2）ACT-R 中的工作记忆。安德森（Anderson，1993）认为，工作记忆是一个很适用的虚构，但它是对当前活跃着的和可获得的陈述性记忆中部分知识的简单描述。信息经过在陈述性记忆中的传播和激活，使其从环境进入工作记忆系统，或者在程序性记忆中激活产生式。例如，你正在做三位数的加法运算，如果最右边一列数字还没有相加，你就要从最右边的这一列数字加起；如果你已经加完了最右边的一列数字，你就要将中间的一列数字相加；如果你已经把中间和右边两列数字都加完了，就要把最左边的一列数字相加等。加法运算连同进位都在工作记忆中进行。

3）ACT-R 中的产生式记忆。在程序性记忆中，产生式是知识的基本单元。陈述性知识是程序性知识的基础。在学习一种新技能的最初阶段，ACT-R 中的陈述性知识结构会积极支持程序性知识的学习。在 ACT-R 中，产生式是模块化的。也就是说，删除一个产生式规则虽然不至于使整个系统瘫痪，但它会对系统的行为产生影响。假如你已经有了一个完整的两位数减法模型，如果从中删除一个减法的产生式规则，你就会在做减法运算时出现错误。ACT-R 中的程序性记忆能够根据系统的目标，对完全相同的刺激条件做出完全不同的反应。

（3）ACT-R 的学习机制

认知技能的形成和发展涉及如何将陈述性知识（比如汽车驾驶说明）转变为程序性知识（比如汽车驾驶技能）。这个过程的结果是陈述性知识被"编辑"了。这个过程可以与计算机编程和程序运行做类比。在计算程序运行前，用高级语言编辑的程序必须被计算机中的编码系统理解。也就是说，只有被计算机理解了的程序才能在计算机内运行。把编写出来的程序转换成计算机编码的结果，意味着计算机不允许任何指令信息以它的初始形式直接进入计算机的运行。这一观点是安德森用了几年的时间才逐渐得出的。

当我们初次遇到一个新问题时，往往会陷入僵局，也就是说，我们不能立即知道该如何解决它。因此，我们会努力地回忆以前遇到过的相似问题，并努力应用解决相似问题的方法来解决当前的问题。按照安德森（Anderson，1993）的观点，这个过程涉及对问题解决方案的解释。这意味着解题方案应该建立在对问题做出陈述性解释的基础之上。例如，当学生遇到一道应用题时，自言自语说出的这道题可能就是教材中的例题或老师在黑板上解决过的问题。安德森认为，即使我们手头没有一个具体的例子可用，而仅有关于这个问题的陈述性说明，我们也会用想象出来的例子来解释这些说明，并且试图用对这个例子的解释来解决当前问题，这也是陈述性信息被编辑的结果。"在 ACT-R 中，只有一种方法能生成一个新的产生式规则，那就是编辑类比。接下来，我们来说明怎样生成一个例子，并用这个例子与遇到的问题做类比，从而学习一个解题程序。"（Anderson，1993）。

类比问题解决的过程或程序依次是：第一步，根据靶问题回忆或想象出与之相似的源问题；第二步，把源问题的结构映射到靶问题；第三步，回忆或想象出源问题的解题方案；第四步，根据第二步的映射，将解决源问题的解题方案应用于靶问题或当前问题的解决。这就是所谓的问题解决技能习得的"四阶段模型"。

2. 伦克尔提出的问题解决技能习得四阶段模型

在多个技能习得理论中，样例学习起着非常重要的作用（Schunk & Zimmerman，2007；van Lehn，1996），而且每个理论模型中都做出了其他模型没有的明智假设。伦克尔（Renkl，2010）在总结样例学习的研究成果并在借鉴其他问题解决技能习得模型的基础上阐述了一个"四阶段一体化"模型。

第一个阶段是原理编码阶段。在这个阶段，学生获得有关专业领域的陈述性知识，尤其是将来要用于指导问题解决的专业原理（van Lehn，1996），例如，学习库恩的科学论证理论（Schworm & Renkl，2007）。在这个阶段，学生还不知道怎样运用这个原理。

第二个阶段是依托相似物阶段。在该阶段，学生的注意力转向问题解决（van Lehn，1996）。他们可能首先看到教材上的例题或解题样例。一般情况下，这些解题样例是在介绍一个一般原理之后出现的。在课堂教学条件下，例题一般由教师或者学生呈现。接下来，是对解题过程的论证，学生可以通过观察教师或学生的解题示范来学习和评论解题过程，并将其作为科学论证的一个范例。接着，学生对解题样例做出自我编码。编码的质量有赖于学生自我解释的质量（Chi et al.，1989）。如果问题或问题的一部分被解决了，这属于类比推理（Ross，1987，1989；van Lehn，1998）。因此，问题的解决不仅仅以一般原理的应用为基础，往往以具体的"类似物"（以前学习过的例题）为参照。如果类似物能够作为一般专业知识原理的参照而被编码，类似物就能被学生潜在的一般专业原理提醒。至少在多个样例的初始编码还不能形成图式的情况下，成功解决问题参照的类似物会导致一般化图式的形成（Ross，1987，1989）。初始的样例编码和后来的问题解决检索一起为图式的形成做出了贡献。

当学生在某个知识领域内开发出了行动的陈述性规则时，就进入了第三个阶段（Anderson et al.，1997），即形成陈述性规则阶段。他们获得了解决或部分解决问题的言语表述性规则。例如，当一个学生观察到一个辩论的问题时，他就可能会说出："考虑了反对我方观点的论据，我愿意反驳他们。"理想的话，嵌入了这种规则的图式就能够不考虑问题的表面特征而对问题进行分类（例如，"争论的主题是什么"）。在第二和第三阶段，当在问题解决中遇到困难时，学生的典型做法就是纠正一直有部分错误的陈述性知识（van Lehn，1996，1999）。

第四个阶段（也就是最后阶段）是自动化和弹性化的微调阶段。在这个阶段，学生已经学会了解决相同结构的问题，因为他们已经获得了问题解决的图式。图式可以让他们正确鉴别某种问题的类型并应用相应的解题程序。然而，在该阶段的问题解决过程中，还存在两种优化解题技能的方式：首先，一个个解题步骤能够被组成一个完整的过程。技能中的解题步骤能够变得自动化（例如，程序化规则的形成），结果导致问题解决的操作更快，对工作记忆资源的需求更小。如果某个问题是重复出现的，就可以从记忆中直接提取解题方法（Anderson et al.，1997）。其次，按照申克和齐默尔曼（Schunk & Zimmerman，2007）的观点，学生的解题技能可以适应语境条件（contextual conditions）的变化，甚至是问题结构特征的变化，即学生拥有了一定的问题解决技能的弹性。这两个方面（自动化和弹性）的改进并不是孤立的。如果工作记忆的资源用于自动化，那么使解题技能更具弹性化的推理过程所需要的资源就会减少。

以前，这种阶段模型是由安德森（Anderson，1997）、范莱恩（van Lehn，1996）、申克和齐默尔曼（Schunk & Zimmerman，2007）提出的，而且阶段之间没有严格的界限，尤其是在学习一种复杂技能时，一些次级技能可能在早期阶段就已经习得了，而另一些次级技能可能早已自动化了。

2014年，伦克尔进一步概括表述了问题解决技能习得的四阶段模型，认为通过样例习得认知技能的过程主要包括以下4个阶段：①原理编码阶段。在该阶段，学生获得基本的陈述性知识，尤其是可以直接用于指导随后问题解决的有关原理。在该阶段，学生还不知道怎样运用这个原理。②做出类比阶段。在该阶段，学生学习相关的解题样例，并对样例进行编码。如果遇到需要解决的问题，他们会首先与学过的样例进行类比来解决这些问题。这并不意味着学生在这一过程中忽略了此前学习过的原理或规则，而是学生首先进行类比，类比的过程提示了潜在的原理或规则，进而促进了图式的构建。③形成陈述性规则阶段。学生获得了关于如何解决某一问题的可以用自己语言表述出来的规则，并知道了规则的使用条件。他们能够关注问题的结构特征并形成更广泛的图式。④自动化和灵活化阶段。在这一阶段，学生对所学内容进行组块，以便在随后的问题解决过程中可以自动化地检索出这些知识，而且他们能灵活地解决不同情景和具有不同结构特征的相关问题。

（三）动态样例学习理论

除上述静态样例学习理论之外，与动态样例学习有关的还有多媒体学习认知理论（cognitive theory of multimedia learning，CTML）和动画加工模型（animation processing model，APM）。

1. 多媒体学习认知理论

梅耶尔的多媒体学习认知理论（Mayer，2001，2006，2009）建立在三个假设之上：①双重编码假说。人类的认知系统分为两个独立的加工通道，一个用于处理视觉和图像信息，另一个用于处理听觉和口头信息（Paivio，1986）。②容量有限性假说。这两个通道在处理信息时的容量都是有限的（Baddeley，1986；Miller，1956；Sweller，1999）。③三种认知加工假说。学生通过选择、组织和整合这三种基本认知加工积极地参与多媒体内容的学习过程。在选择过程中，学生注意呈现的相关视觉和听觉信息。在组织过程中，学习者在选择注意的词汇信息之间建立关系，构建言语心理表征；在选择注意的图像信息之间建立关系，构建视觉心理表征。在整合过程中，学生建立言语心理表征和视觉心理表征之间的联系，建立工作记忆中加工的信息和长时记忆中存储的相关知识结构之间的联系。

整合是认知需求最大的过程，要求学生发现并建立起当前信息和已有知识表征之间的联系（Johnson et al.，2015）。为了充分利用学生有限的工作记忆资源并使学生能够实现这一较为困难的整合，多媒体的学习环境的设计应该能减少学生学习过程中所消耗的无效认知负荷。

根据上述理论，梅耶尔提出了一些关于多媒体设计的原则，诸如空间邻近原则、时间邻近原则、避免冗余原则和线索提示原则等（Mayer，2009，2014）。

多媒体学习认知理论为设计多媒体教学材料提供了理论框架和指导原则，但它仅局限于多媒体学习材料的设计与呈现，并不包括单一媒体学习材料的设计与呈现。

2. 动画加工模型

动画加工模型主要用于描述和解释当学生通过"动画"来学习复杂的知识或不熟悉的知识内容时，认知加工是如何进行的（Lowe & Boucheix，2008，2011）。它描述了在没有口头或书面语言解释的情况下，动画材料的学习是如何"渐进累加式"进行的。在这种渐进累加式学习过程中，自下而上和自上而下的加工过程相互作用，从而逐渐构建出一个越来越完整的心理模型（Ploetzner & Fillisch，2017）。该理论将动画内容的认知加工过程分为 5 个阶段。

第一阶段，学生解析动画呈现的连续信息流，并"分离"和"内化"出现在不同时空位置上的局部"事件单元"（event units）。所谓事件单元，指的是学习材料中呈现的具体事物及相关活动（Boucheix et al.，2015）。对于初学者来说，分离事件单元的过程主要是一个"自下而上"的加工过程。该过程主要基于动画学习材料的视觉感知属性，如颜色和大小等。从该阶段分离出来的事件单元构成了下一阶段认知加工的基本构成要素。

第二阶段，逐步将事件单元组合成较大的"事件结构"。事件结构仍然是局部性的，洛和鲍彻科思（Lowe & Boucheix，2008，2011）将其称为"动态微组块"（dynamic micro-chunk）。若干个事件单元的组合往往是根据视觉-空间关系和时间-空间关系进行的。所以，仍然受动画学习材料感知觉特性的影响。例如，根据格式塔心理学的接近原则（Koehler，1947/1992），在空间或时间上接近的事件单元更有可能是相关联的，故将它们组合成更高一级的事件结构，即动态微组块。

第三阶段，学生将一系列动态微组块联系起来并结合自己的背景知识，形成更具普遍意义的"关系结构"，即"一般因果链"（domain-general causal chain）。该阶段学生需要运用有关的专业背景知识，诸如物理学、化学或生物学的一般原理，建立更大的"视-空""时-空"结构，从而对所学内容进行整体表征。该阶段通常是"自上而下"的加工过程。

第四阶段，学生借助其背景知识，赋予前一阶段形成的关系结构具体的功能，所以该阶段构建出了更加抽象的"事件功能集"（functional episode）。

第五阶段，学生进一步阐述建立的事件功能集并生成一个完整、连贯且一致的"心理模型"（flexible high quality mental model），该模型可以被灵活地应用于具有类似结构的新系统中。学生在某个专业领域具有的背景知识在最后两个阶段的认知加工过程中起着关键的作用。

5 个连续阶段的划分并不意味着学生的学习过程会严格按照上述阶段的线性顺序依次进行。初学者在充分理解学习内容之前，将往复不断地进行上述前 3 个阶段的感知性认知加工。如果学生不具备足够的专业背景知识，往往很难进行第四和第五阶段的认知加工。学生对动画呈现内容的感知性认知加工过程主要集中在前 3 个阶段。一些实验研究表明，当动画呈现的内容在视觉和时空上都很复杂时，由于感知性认知加工的认知负荷过高，学生甚至无法顺利进行前 3 个阶段的认知加工。此时，学生只能有选择地加工动画中的一部分信息，而忽略其他信息，以至于不能对所有学习内容进行完整的表征。

该模型虽然描述了学生学习动画内容的一般认知过程，但没有提出应该如何设计动画的内容、如何克服动画内容学习过程中出现的认知加工困难，以及如何帮助学生，尤其是初学者更全面、充分地掌握动画呈现的完整内容。

三、样例学习效应

随着样例学习研究的逐步深入，研究者在实验中发现了一系列后来被称为样例效应、注意分散效应和冗余效应的实验现象或实验结果。斯威勒等用当时提出的认知负荷理论解释了自由目标效应、样例效应、不完整样例学习效应、注意分散效应、通道效应、冗余效应和变式效应（Sweller et al.，1998）。2010 年，斯威勒（Sweller，2010）用修改后的认知负荷理论，除重新解释了上述 7 个认知负荷效应之外，还增加了对专长逆转效应、指导渐减效应（guidance fading effect）和分离元素交互性效应等 7 个效应，共 14 个认知负荷效应的解释。

2011 年，伦克尔对样例学习研究取得的实验研究结果做出了归纳和总结，提出了自我解释指导、帮助性指导、样例集指导、易化映射指导、意义组块指导、"错中学"指导、相似性指导、插入渐减的指导和想象指导共 9 条教学设计指导方针（Renkl，2011）。其中，有些指导方针是根据相应的认知负荷效应（Sweller，2010）提出的。尽管伦克尔（Renkl，2011）与斯威勒（Sweller，2010）对它们做出的解释不尽一致，诸如自我解释指导是根据自我解释效应提出的；易化映射指导是根据分散注意效应和通道效应提出的；插入渐减的指导是根据系列渐减效应提出的；想象指导是根据想象效应提出的。但是，有些指导方针却是根据认知负荷效应以外的实验结果提出的，诸如帮助性指导是根据指导性解释的样例学习效应提出的；"错中学"指导是根据错误样例的学习效应、正误样例对比学习效应提出的；相似性指导是根据范例学习研究发现的示范者与学习者的相似性学习效应提出的。而且，伦克尔提出的样例集指导与认知负荷效应中的变式效应既有重叠也有不同。样例集指导既包括表面特征变异的样例集，也包括结构特征的样例集，而变式效应只涉及结构特征变异的样例集。如果把"样例集"看成广义的概念，那么系列渐减样例也是样例集，也应该被列入样例集指导中。伦克尔提出的建构意义模块指导也与模块与模块化效应（molar-modular effect）相重叠。但伦克尔提出的建构意义模块指导的出发点与认知负荷效应中的模块与模块化效应不同。伦克尔指出，建构意义模块指导的出发点是：当学生熟练地掌握了某类问题的解题方案时，再遇到新的不同类型的问题，如何指导学生打开已知解题方案与固定问题类型之间的联结之锁，从而修改原解题方案，解决新的不同类型的问题？模块与模块化效应只考虑了如何将复杂的解题方法分解为几个模块分别进行学习，从而解决同时学习复杂解题方法时超出学生有限工作记忆容量的问题。

伦克尔（Renkl，2011）提出的 9 条教学设计指导方针中，既有根据认知负荷效应提出的，也有与认知负荷效应交叉而又不同的，还有根据认知负荷效应以外的样例学习实验结果提出的。因此，笔者将斯威勒（Sweller，2010）用修改后的认知负荷理论解释的 14 个认知负荷效应与伦克尔（Renkl，2011）在教学指导方针中依据的另外 3 个样例学习效应（即指导性解释的样例学习效应、错误样例及正误样例对比的样例学习效应和相似性样例学习效应）统称为"样例学习效应"，进而概括出 17 个样例学习效应（张奇等，2018）。理由是它们都是在样例学习实验研究中被发现的学习效应。其中，认知负荷效应也是样例学习效应，只不过它们已经被斯威勒（Sweller，2010）用修改后的认知负荷理论解释过罢了。

样例学习效应不仅是样例学习实验研究和理论研究的重要成果，也是样例教学设计乃至一般课堂教学设计原则的实验依据和理论依据。准确地理解样例学习效应的科学实验依据和理论解释，对于指导样例教学设计和有关的课堂教学设计，具有十分重要的应用价值和参考价值。因此，笔者在下文对样例学习效应产生的实验条件和理论解释做概要的介绍。其中，前 14 个样例学习效应是斯威勒（Sweller，2010）解释过的认知负荷效应；后 3 个样例学习效应是伦克尔（Renkl，2011）提出的 9 条教学指导方针涉及的。

1. 自由目标效应

斯威勒等（Sweller et al., 1983）早在 1983 年就开发出了所谓的"自由目标问题"（goal-free problem），并用实验证明它与解决固定目标的问题（例如，求出图 2-1 中线段 *CB* 的长）相比，学生解决自由目标问题（例如，尽可能更多地求出图 2-1 中的未知量）可以学到更多的知识，这就是"自由目标效应"。

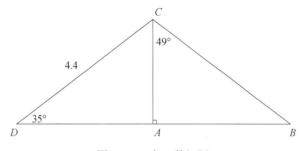

图 2-1　三角函数问题

如果固定的解题目标是求出图 2-1 中 *CB* 的长，则答案如下：∵ *CA*=sin35/4.4；*CB*=*CA*/cos 49。∴ *CB*=sin 35/4.4 cos 49（Sweller，1988）。如果是自由目标问题，即要求学生尽可能多地求出图中的未知量，那么，除了可以得出上述答案之外，还可以求出 *AB*=*CB*sin49；*DA*=4.4cos35；*DB*=*DA*+*AB*=4.4 cos35+*CB*sin 49；sin∠*DCA*=*DA*/4.4；sin∠*CBA*=*CA*/*CB* 等。由此可见，学生解决自由目标问题比解决固定目标问题求出的答案更多，问题解决的思维活动更发散，对三角函数关系的理解、运用和巩固更充分。

其实，斯威勒所说的自由目标问题就是笔者所说的"开放问题"。所谓开放问题的解决，可以以图 2-1 表述的问题为例加以说明：学生可以根据上述问题中给出的已知条件，并运用已知的三角函数知识，尽可能多地求出图 2-1 中问题的未知量。斯威勒用元素交互作用的观点对自由目标效应产生的原因做出了解释："出现该效应是因为在解决传统的固定目标问题时，学生用的是'目标-手段'分析策略。""这种解题思考过程需要学生同时考虑问题的当前状态、目标状态以及两种状态之间的差异、可能被用来减小这些差异的算子和已经建立起来的若干个子目标。在考虑这些元素中的每个元素时，都要频繁地涉及其他几个元素，这可能会使相互作用元素的数量多得不得了。与之相比，解决自由目标问题时，学生只需要考虑问题的当前状态和用来改变状态的若干个算子，这样会使思考相互作用元素的数量大大减少。正因为采用目标-手段策略解决固定目标问题涉及的元素交互性比解决自由目标问题涉及的元素交互性高很多，可以用元素交互性的差异来解释该效应。"（Sweller，2010）

2. 样例效应

样例效应是指当学习过一般解题原理或解题样例的学生最初运用原理解决具体问题时，学习解题样例的学生比没有学习解题样例而直接解决问题学生的学习效果更好。正如库伯和斯威勒所说："当学生从解决问题的过程中所学到的比从解题样例中所学到的更少时，便发生了样例效应。"（Cooper & Sweller，1987）在样例学习的实验研究中，实验组（样例组）被试学习解题样例之后，练习解决同构问题；对照组（问题解决组）被试没有学习解题样例，而是直接做问题解决的练习。结果在后测成绩上，实验组被试的成绩明显优于对照组被试，这就是样例效应产生的实验条件。

库伯和斯威勒（Cooper & Sweller，1987）对样例效应产生的原因做出了如下解释："问题解决组被试采用手段-目标分析策略尝试解决问题，必须同时考虑大量交互作用的元素。样例组被试学习了问题解决的样例，所以只需要考虑每个问题的状态是如何变成下一个状态的。对问题状态的变化和对变化的搜索减少了相互作用元素的数量，即通过减少元素交互性来降低外在认知负荷。在学习解题样例时，与每个问题状态和状态变化相关联的相互作用元素仍然存在。但是，它们构成了内在认知负荷，从而没有使其成为外在元素添加到样例中，并导致注意分散效应和冗余效应的产生（这两个效应见下文）。如果工作记忆资源只用于考虑每个问题状态和与状态相关联的变化，而且不是大范围的变化，那么与问题解决组的被试把认知资源用于搜索可能却不相关的许多相互作用的元素相比，样例组被试的相关认知负荷增加。"

3. 不完整样例学习效应

不完整样例就是删除了部分解题步骤的样例。学习这种样例时，学生必须根据自己对解题原理的理解补全缺失的解题步骤，如此就会提高样例学习效果。该种样例学习效应被称为"不完整样例学习效应"。这种效应与样例效应密切相关（Paas & van Merriënboer，1994）。斯威勒对该效应的解释是：给学生呈现部分解题步骤的样例等于在一定程度上给学生提供了解题方案。学生不必使用手段-目标策略尝试解决问题，从而降低了因使用该策略产生的较高认知负荷。正是这种恰当的认知负荷促进了不完整样例的学习，其学习效果很容易得到实验的证明。与学习完整的解题样例相比，学习不完整样例使得学生在一定程度上加深了对解题步骤的理解。因此，在学生能够补全缺失步骤并做出正确解释的情况下，学习不完整样例的效果比学习完整样例的效果好（Renkl，1997）。

4. 分散注意效应

我们在阅读教材时经常会遇到下列情况：图形印在纸的一面上，解释图形的文字却印在纸的另一面上。学生阅读到此，必须翻页对照两个页面上的图形和文字，这无疑分散了学生的注意力，增加了来回翻页查找对应内容的时间，因而降低了学习效率。再如，教材上证明几何定理的例题往往将几何图形和证明的文字、符号分开呈现。学生阅读和理解这样的证明例题时，必须在几何图形与证明的文字或符号之间交替转移目光，既分散注意力，又耗费时间，降低了学习效率。凡此种种，出现的这些分散学生注意力的消极效应就是"分散注意效应"。

塔尔米齐和斯威勒认为，如果教材以分散学生注意力的形式呈现图形和文字，就等于增加了学生的外在认知负荷。如果将图形和文字有效地整合在一起，例如，将文字或符号写在或印在几何图形对应的位置上，就会避免分散注意效应。这种做法在样例学习研究中被称为"图-文信息整合"。实验证明，有效的图-文信息整合可以降低外在认知负荷，消除分散注意效应（Tarmizi & Sweller，1988）。

5. 冗余效应

课堂教学设计不当就会出现冗余效应。例如，在多媒体教学中，如果学生通过阅读屏幕上呈现的图文信息就可以理解其中的知识内容，那么再听教师的讲解就是多余的。相反，如果只聆听教师的讲解就能学会知识内容，那么再让学生阅读图文信息就是多余的。所以，当教学中给学生呈现了不必要的或多余的附加信息时，便产生了冗余效应。

斯威勒用修改后的认知负荷理论揭示了产生冗余效应的原因：教师给学生呈现了图解文本和口头讲解两种信息。如果学生只通过阅读图解文本就可以理解知识，他们就不需要两种信息的相互作用了。可是，如果教师给学生提供了两种形式的信息，学生就不得不对视、听两种信息进行比较和融合了。在呈现两种信息的情况下，学生就要搜索图文信息与口头讲解语句之间的对应关系，而确定这些关系需要学生从图解信息和教师讲授的口头信息中提取相关的知识元素。协调多个相互作用元素的认知活动无疑增加了额外的认知负荷，这就使得工作记忆的认知资源不能用于学习知识内容本身，从而导致学习知识的相关认知负荷下降。所以，提供多余的口头讲解信息不但没有促进学习，反而妨碍了学习。教学中很容易消除冗余效应的消极影响：如果学生自己能够读懂图文信息，教师就不用讲解了；如果学生只听教师讲解就能听懂所要学的知识，就不用给学生提供图文信息了（Sweller，2010）。

6. 专长逆转效应

专长逆转效应的描述如下："对于新手来说，随着其专长水平的提高，一种比另一种教学程序（乙）更有效的教学程序（甲）的有效性降低；而且随着学生专长水平的进一步提高，原来的教学程序（乙）变得比教学程序（甲）更有效，这便出现了专长逆转效应。专长逆转效应的表现有多种，所有这些专长逆转效应归根结底都是冗余效应的结果。"（Sweller，2010）例如，在卡柳加等（Kalyuga et al.，2001b）的研究中，与练习解决同样问题的对照组被试相比，新手在问题解决的样例学习中获得了样例效应。可是，随着新手解决问题能力的提高，首先这种样例效应消失，接着出现样例学习效应的逆转，对于专长水平更高的学生来说，问题解决的学习反而比样例学习的效果更好，这就出现了专长逆转效应。为什么会出现这种专长逆转效应呢？斯威勒的解释是：在学习之初，学习解题样例对新手来说很有效。可是随着学生解题能力和水平的提高（即专长水平的提高），学习过的解题样例已经变成学生长时记忆中已有的解题图式了，再学习这些解题样例，对于这些只需通过问题解决的练习就能进一步提高问题解决能力的学生来说，已经是多余的了（Sweller，2010）。但是，在严格界定和划分专长逆转效应的两个评定标准，并严格划分学生的三级专长水平和学习材料的三种元素交互性水平的条件下，得出的实验结果表明，样例学习的专长逆转效应既受学生专长水平的影响，也受学习材料元素交互性水平、样例设计的过程导向和结果导向、样例学习与问题解决练习的组合方式以及学习系列渐减样例等因素的影响，尤其受学生专长水平分别与上述 4 种因素交互作用的影响（何毅，2019）。

7. 指导渐减效应

专长逆转效应说明，随着学生解决问题能力或专长水平的提高，样例效应消失，甚至出现逆转。为了避免专长逆转效应的发生，随着学生专长水平的逐步提高，应该像系列渐减样例学习程序那样，逐步减少样例中的解题步骤，也就是减少给学生提供的指导，这样才能适应学生解题能水平的发展。所以，指导渐减效应既是为了避免专长逆转效应而提出的，也是被系列渐减样例学习效果证明的（Renkl & Atkinson，2003；Renkl et al.，2004）。

在样例学习中，实现指导渐减比较容易，正如下文将要谈到的，可以让初学问题解决的新手学习完整的解题样例，随着其解题专长水平的逐步提高，让他们学习解题步骤系列渐减的不完整样例，当他们成长为解题专家时，就让他们直接解决问题。

8. 分离交互性元素效应

分离交互性元素效应（isolated-interacting elements effect）是由波洛克等（Pollock et al.，2002）在实验研究中得出的。有时由于学习的内容过于庞杂或学习材料中存在多种复杂的元素交互作用，以至于学习这些材料所需要的认知资源超出了工作记忆的有限资源。在这种情况下，要学习这种知识内容或材料，只能将学习内容分解为几个部分分别进行学习，从而减少每部分内容的交互作用元素，进而降低学习每部分知识的内在认知负荷，最后达到学习全部知识的目的。所以，分离交互性元素效应就是将高交互作用元素的学习材料分解成几个低交互作用元素的材料而分别进行学习，最后掌握总体知识。该效应依赖于内在认知负荷而不是外在认知负荷的变化。正如斯威勒（Sweller，2010）所说："在有些情况下，一些学习材料的元素交互性过高，由于学习它们时超出了工作记忆容量，因而不能被有限的工作记忆资源同时加工。因此，只有对这些材料进行分离处理，即将其分割成互不联系且没有相互作用的分离元素才能被学习。因为只有学习了分离的元素后，才有可能在不超过工作记忆负荷的情况下学习这些元素的交互作用。如果这些交互作用的元素最初被分割成孤立的元素进行学习，然后再对其进行整体学习，其学习的促进作用就会比在相同的时间总量内同时学习所有交互作用元素的作用更大。"

9. 模块与模块化效应

模块与模块化效应源自吉尔杰特斯等（Gerjets et al.，2006）的实验研究。该效应的基本原理与分离交互性元素效应极为相似。在模块样例学习中，学生学习用一种完整的方法解决某类具体问题。学习时需要同时加工模块内的交互作用元素。模块化方法却是把一个完整的问题解决方案依据元素的交互性划分为几个模块，使学习它们的内在认知负荷实质性地降低。实验结果表明，模块化学习程序比模块学习程序的学习效果更好。

斯威勒指出了该效应与分离元素交互性效应的两点不同：第一，在证明该效应的几个实验中，模块组的学习材料与模块化组的学习材料大相径庭。例如，在吉尔杰特斯等（Gerjets et al.，2008）的实验中，模块组被试学习如何运用一个等式解决概率问题，模块化组被试学习如何运用模块化步骤的逻辑系列来解决概率问题。这与分离元素交互性效应的学习条件有许多不同。在分离元素交互性学习条件下，改变的只是元素的交互性，但包含所有的分离信息，还有与元素相关的附加信息。第二，在模块化学习条件下证明模块与模块化效应时，没有涉及模块学习条件。与之相比，在证明分离交互性元素效应时，在分离元素交互性条件下，是先学习分离的元素，接着学习交互作用的元素；而在交互性元素学习条件下，学习的是与分离条件下同样多的元素，只是由交互作用的元素构成。可是在证明模块与模块化效应时，不具备学习模块后接着学习模块化的条件。除了这些方法的不同之外，两个效应的基本原理是一致的，即两个效应都假设减少元素交互性，从而降低内在认知负荷，能够有效地促进元素交互性非常高的学习材料的学习，否则这些材料是很难被加工的（Sweller，2010）。

10. 变异性效应

变异性效应是指学习一组问题结构特征有较大变异的解题样例比学习一组问题结构特征变异较小的解题样例的迁移效果好。早在 20 世纪 80 年代末，就有研究证明，学习结构特征变异的解题样例能促进问题解决的迁移（Cormier & Hagman，1987；Jelsma & van Merrienboer，1990；Singley，1989）。小学生算术应用题二重变异样例学习迁移效果（张奇，赵弘，2008）的实验结果也证明：2 年级小学生学习了一个根据已知交通工具行驶的时间和路程求其行驶速度的解题样例后，就可以解决与之结构特征相同、表面特征不同的任何问题。可是，学习了一个具有某种结构特征的解题样例后，不能在解决结构特征不同的问题上产生迁移效果。要想促进对不同结构特征问题的解决，必须学习 2 个、3 个或多个结构特征不同的解题样例（详见第五章第一节）。

早期的认知负荷理论似乎与变异性效应相矛盾（Sweller et al.，1998），因为解决与解题样例有高变异的问题无疑是增加了认知负荷，为什么还会提高解决迁移问题的成绩呢？如果增加的认知负荷与学习直接相关，那么增加的应该是相关认知负荷，而不是外在认知负荷。上述实验结果表明，关注解题样例的结构特征分明是促进了高变异问题的解决，也就是有助于学生扩展习得图式的适用范围。这似乎需要学生思维活动的积极参与，因而增加的应该是相关认知负荷。

后来，帕斯和范梅里安博尔采用学习表面特征相似的样例与学习结构特征有较大变异的样例做对比的实验程序验证过该效应（Paas & van Merriënboer，1994）。结果表明，学习结构特征有较大变异的样例提高了迁移成绩。增加样例学习的变异性，也与认知负荷的增大有关。在奎利奇和梅耶尔的实验研究中，变异性效应是通过分别关注解题样例结构特征的变异和表面特征的变异实现的。在学习高变异的解题样例时，要求学生关注结构特征的变异；在学习低变异的解题样例时，要求学生关注表面特征的变异。实验结果表明，关注结构特征变异的学生解决迁移问题的成绩明显优于关注表面特征变异学生的成绩（Quilici & Mayer，1996）。

斯威勒认为，虽然以前只根据相关认知负荷的变化解释过该效应，但是根据当前的理论构想，该效应也是由改变元素之间的交互性、从而改变内在认知负荷引起的。学生不仅要学习如何解决某种类型的问题，也要思考使用相似的解题方案还能解决哪些类型的问题。在低变异学习条件下，学生简单地学习怎样解决某一种类型的问题；而在高变异条件下，学生不仅要学习如何解决某一种类型的问题，还要学习运用合适的解题方案去解决一些不同类型的问题。因此，他们必须比较和学习造成不同类型问题之间差异的元素。高变异条件下的元素交互性可能比低变异条件下的元素交互性有大幅度的增高。因为在低变异条件下，学生学习了一系列表面相似的元素后，解决同构问题需要加工的元素数量就减少了（Sweller，2010）。

11. 元素交互性效应

按照斯威勒的认知负荷理论，教学设计的总原则是降低学习材料的元素交互性水平（Sweller，2010）。可是，在学习材料的元素交互性水平较低，而且学习这些材料产生的内在认知负荷也较低的情况下，例如，当学生不依赖其他内容就可以单独学习 5 个英文单词时，由于每个单词的元素交互性水平都较低，所以学习每个单词产生的认知负荷也都较低。可是，如果分别学习 5 个英文单词，不仅学习的次数多，也不能在 5 个单词之间建立意义联系，即形成意义组块，从而使其记忆效果不如将其构成一个意义组块的记忆效果好。所以，在学习由 5 个单词构成的意义组块产生的认知负荷不超出工作记忆资源的前提条件下，就可以将 5 个单词构成一个意义组块来学习。这样不仅节省了学习时间，减少了学习次数，而且增强了单词之间的意义联系，并能提高整体记忆效果。学生学习和记忆上述 5 个英文单词组成的句子（即意义组块）的效果优于单独学习和记忆 5 个单词的效果，这就是元素交互性效应。

产生元素交互性效应的前提条件是：学习增加了元素交互作用水平的材料或内容后产生的认知负荷不能超出工作记忆资源的总量。所以，元素交互性效应是在没有超出工作记忆资源总量的前提下，增加或提高学习材料的元素交互性水平。

另一种情况是，如果产生外在认知负荷信息的元素交互性水平较高，就容易产生分散注意效应和冗余效应，从而减少学习知识内容需要的认知资源。在这种情况下，如果还要提高学习内容元素的交互性水平，就要减少产生外在认知负荷的信息，或者通过降低产生外在认知负荷信息的元素交互性水平来降低外在认知负荷，从而满足学习知识内容的认知资源。因此，如果产生内在认知负荷的元素交互性水平提高，那么降低产生外在认知负荷的元素交互性水平就十分重要了。如果内在认知负荷本身就比较低，那么降低外在认知负荷的作用就很小。所以，只要内、外认知负荷总量低于工作记忆容量，就可能产生元素交互性效应。

12. 通道效应

通道效应源自图文信息"视-听"整合的实验研究。在这些实验中，给控制组被试呈现可视的图形信息和解释图形的书面文本信息，给实验组被试呈现可视的图形信息和可听的口头讲解图形的言语信息。实验结果表明，视-听组合图文信息（边看图形，边听讲解）的教学效果明显优于视-视组合图文信息（学生既看图形又看文本）的教学效果。按照上述实验惯例，该效应只能在使用具有上述特征的任何两种或多种感觉信息来源的典型范例中获得。当来自视觉通道的图形信息不能被单独理解时，必须同时呈现口头言语信息而不是书面文本信息时才能产生该效应（Tindall-Ford et al.，1997）。

斯威勒认为，通道效应不同于前文讨论过的其他所有认知负荷效应，它不能归咎于学习材料元素交互性的改变。与其说该效应不能归因于元素交互性水平之间的差异，不如说是由人类认知系统的基本特性引起的。工作记忆系统可以在同时使用听觉和视觉两个信息处理器的条件下开展工作。该效应是同时利用双通道信息，使工作记忆容量得到扩充带来的收益，而不是通过降低元素交互性带来的收益。

13. 想象效应

如果要求学生想象出一个解题步骤或概念，而不是学习关于该解题步骤或概念的已有材料，在某些情况下，这种想象可能会提高学习效果（Leahy & Sweller，2005）。这种由学生自己独立想象出解题步骤或概念，而不是学习现成的材料而获得的收益，就是想象效应。斯威勒等已经对样例学习中的想象作用进行了大量实验研究。想象过程的第一步是阅读样例中的解题方案；第二步是离开显示样例内容的屏幕；第三步是想象出问题的具体解法。沙伊特等（Scheiter et al.，2006）的实验结果表明，想象可以促进学习。其他知觉和运动技能方面的范例学习研究也表明，与实际的动作和操作练习相比，心理想象可以发挥积极作用（Corriss & Kose，1998）。

斯威勒认为，该效应是用想象解题步骤或者概念的假设进行自我解释的。学生的工作记忆资源直接用于加工与内在认知负荷相联系的交互性元素，而不是加工与学习无关的其他元素（Sweller，2010）。换言之，专门用于内在认知负荷的工作记忆资源被最大化，因此相关认知负荷增大。与此同时，用于加工其他的、与任务不相关方面的工作记忆资源减少了。

14. 自我解释效应

伦克尔在样例学习研究的初期就发现了自我解释效应（Renkl，1997）。在自我解释效应的最初研究中，奇等（Chi et al.，1989）发现了学生对物理样例解题步骤进行自我解释存在的个体差异，成功的学生学习样例的时间较长，并能够灵活地解释这些样例。也就是说，他们尝试着理解解题步骤背后的基本原理。伦克尔等进一步发现，即使在样例学习时间相同的条件下，自我解释也与学习效果相关。斯威勒（Sweller，2010）认为，对于自我解释效应与想象效应，可以用同样的方法进行解释，它们应该是密切相关的。自我解释活动需要认知资源（相关认知负荷）处理有关的交互作用元素（内在认知负荷），而从事与交互作用元素无关的其他活动构成了妨碍学习的外在认知负荷。

15. 帮助性解释效应或指导性解释效应

在样例学习过程中，仅仅依赖学生的自我解释是远远不够的，因为当学生不能对解决步骤做出自我解释或者做出错误的自我解释时，都可能会阻碍学习（Berthold & Renkl，2009）。所以，提供指导性解释来帮助学生进行自我解释是十分必要的。帮助性解释就是给学生提供指导性解释来补充其自我解释的不足。

有许多其他研究也发现了在样例学习中提供指导性解释的积极效应。可是，在较多的实验研究中，这种帮助是强制提供的；而在另一些研究中，这种帮助是被试自己请求或选择的（Atkinson，2002；Myers et al.，1983；Ross & Kilbane，1997；Schworm & Renkl，2006）。

帮助性解释或帮助性指导的提供也有一些边界条件，除那些发现了帮助性指导积极效应的研究之外，也有很多研究没有发现帮助性指导的积极效应，甚至发现了许多消极效应（Brown & Kane，1988；Hoogveld et al.，2005；van Gog et al.，2004）。在样例学习过程中，学生随时可能遇到各种不同的问题或不能做出自我解释的各种问题，所以何时为其提供帮助性指导和提供什么样的帮助性指导，都是直接影响能否产生帮助性解释效应或指导性解释效应的重要因素。

16. 错误样例和正误样例对比的学习效应

样例学习的实验研究表明，将正确样例与错误样例组合在一起学习的效果明显优于单独学习正确样例的效果（许德志，张奇，2011；张奇，张华，2014）。而且，如果学生在学习错误样例时能够对错误进行识别、分析和纠正，对正确规则的学习和应用效果会更好，即出现了错误样例学习的深加工效应（蔡晨等，2016）。有研究者早就指出，在样例教学中列举一些错误样例，对学生的学习是有帮助的（van Lehn，1999）。西格勒（Siegler，2002）也发现，对正确和错误解法的自我解释要比仅对正确解法进行自我解释更有利，西格勒认为，让学生解释错误的解题方法（即"纠正性自我解释"），有助于避免他们之后犯类似的错误。格罗比和伦克尔（Große & Renkl，2007）的研究表明，运用该指导原则也存在边界条件。在他们的两个实验研究中，相比正确样例的学习效果，正误样例学习只有助于先前知识水平（或有关基础知识）较高的学生，但不利于先前知识水平较低的学生。

17. 范例学习中的相似性效应

在范例学习研究中，一个经典的调节变量是示范者与观察者的相似性。如果示范者或榜样的水平过高，观察者可能会降低学习的自我效能感，从而降低学习效果。例如，有研究者（Ryalls et al.，2000）发现，14—18 个月大的幼儿跟同龄示范者学习"三步序列"比跟成人示范者学习的效果更好。布拉克斯马等（Braaksma et al.，2002）为学生观察学习议论文写作提供了两个榜样：一个是有足够写作能力的榜样（competent model）；另一个是没有足够写作能力的榜样（non-competent model）。在一种观察学习条件下，要求学生特别关注有足够写作能力的榜样；而在另一种观察学习条件下，要求学生特别关注没有足够写作能力的榜样。实验结果表明，较差的学生从对没有足够写作能力榜样的观察学习中获益更多；写作能力较高的学生从有足够写作能力的榜样中获益更多。这种实验结果被解读为观察学习中的"相似性效应"（similarity effect）。此外，在范例学习研究中，有另一种实验结果也应该被视为相似性效应。例如，申克和汉森（Schunk & Hanson，1985）发现，与向成年教师学习相比，小学生向同年龄和同性别同伴学习减法技能时获益更多。而且，相似性效应的作用超过了"错中学"效应。

伦克尔（Renkl，2011）认为，相似性效应的边界条件究竟是什么还很难确定。上述实验研究只能确定在范例学习中学习者与示范者的相似性是一个重要变量。实验结果还表明，如果示范者的能力水平远高于学习者，就可以预测学习者所能学到的较少。除此之外，到目前为止，还不清楚哪种相似性类型和相似性特征（诸如年龄、性别、口音、种族等）与学习效果是否有关以及关系的大小。此外，不同的相似性特征可能是通过不同的心理机制影响学习的。例如，种族相似性可能主要提高了学生的学习动机，而能力相似性可能提高了学生学习示范行为的可能性。总之，实验证据均表明，示范者与观察者的相似性特征是影响范例学习效果的一个关键因素。但是，必须用进一步的研究确定哪些具体方面的相似性才是关键的。

四、教学设计原则

斯威勒等在 1998 年（Sweller et al.，1998）曾经用当时提出的认知负荷理论解释过 7 个认知负荷效应，并对应地提出了 7 个样例设计原则。2010 年，斯威勒用修改后的认知负荷理论又解释了后 7 个认知负荷效应，所以共解释了 14 个认知负荷效应（Sweller，2010）。可是，他对后 7 个认知负荷效应却没有明确地提出对应的教学设计原则。笔者认为，完全可以根据后 7 个认知负荷效应明确地提出相应的样例设计指导原则。因为伦克尔在 2011 年提出的 9 个教学指导方针中，有的就是根据其中的认知负荷效应（如前文所述的自我解释效应、系列渐减效应和想象效应）提出的。所以，根据后 7 个认知负荷效应提出相应的教学设计原则是合理且可行的。伦克尔在 2011 年提出的 9 个教学指导方针是教学设计的指导方针，而且是根据上述有关样例学习效应提出的。所以，有必要将其整合到教学设计原则中。因此，笔者根据自己概括出的 17 个样例学习效应，对应地提出 17 个教学设计原则（张奇等，2018）。其中，有些是样例设计或样例教学的设计原则，有些则是课堂教学设计的一般原则。

1. 适当增加开放问题的教学设计原则

根据自由目标效应，给学生设计开放问题（即自由目标问题）并让学生解决开放问题比让学生解决固定目标问题学到的知识、技能更多，而且学习效果更好。该效应启示广大教师，在给学生设计和布置练习题、思考题等作业时，不仅要设计一些有固定解题目标的问题，还要设计一些开放性问题。学生在解决开放问题的过程中，发散思维将得到激活或激发，学过的知识也会得到充分的整合。所以，合理运用该原则既有助于训练学生的发散思维，又有助于学生建构完善的知识结构。因此，斯威勒（Sweller，2010）明确指出了运用该原则应该注意的设计要领：应该选择那些知识点之间存在相互联系、具备运用知识点的已知条件、可以求出的未知量数量有限的具体知识内容设计开放问题。能够求出大量的或无限未知变量的问题不能使用该设计方法，否则学生会在解决这种问题时陷入无休止的思考或认知加工。该设计原则几乎适用于所有知识的练习题和思考题设计，所以它是一个一般教学设计原则。

2. 鼓励学生自主进行样例学习的教学设计原则

解题样例或例题是架设在规则学习与规则应用之间的桥梁，所以几乎所有的教材在实验证明、逻辑论证和概括表述一般原理或规则之后，都要列举出应用一般原理或规则解决具体问题的解题样例（即例题的解题步骤和答案），目的就是使学生通过自主的样例学习，加深对一般原理或规则的理解并学会其具体运用。在课堂教学中，每当给学生讲解一个一般原理或规则，教师还会给学生讲解例题，使学生学会应用一般原理或规则解决具体问题，并加深对一般原理或规则的理解，这就是规则教学的一般规律。所以，在数学和物理学等原理或规则教学中，教师高度重视例题教学或解题样例教学，甚至给学生上专门的"习题课"，通过专门讲解各种类型例题的解法，来帮助学生学习和运用解题规则。

可是，正是由于教师高度重视例题教学或解题样例教学，往往忽视了给学生提供自主样例学习的机会和对学生的自主样例学习应该提供的学习指导。也就是说，教师在例题教学或解题样例教学之后，给学生布置的作业往往都是关于问题解决的练习题，而很少给学生提供解题样例。所以，学生的课后作业往往都是关于解题练习的，而很少或几乎不涉及自主样例学习。根据样例效应，与解题练习相比，解题样例的学习效果更好。因为学生通过解题样例学习，不仅能够更有效地提高分析问题和解决问题的能力，还能培养和提高其自主学习能力和独立思考能力。所以，在学生的课后作业中应该适当增加一些解题样例，使学生通过学习解题样例习得更多的解题规则或学会一般解题规则的具体运用，甚至通过解题样例来学习新规则。这就是根据样例效应提出的鼓励和增加学生自主样例学习的教学设计原则或学生样例学习的指导原则。

根据四川省绵阳市一些高中的教学经验，优秀的学生在自主样例学习中获益良多。可是，对于学习能力较差的学生来说，自主样例学习较难，花费的学习时间较多，从而导致其学习效率较低。如何解决这个问题呢？有效的解决办法就是针对不同学习能力的学生设计不同学习难度的解题样例。样例学习研究已经开发出许多样例设计方法，利用这些方法或者教师自己开发出来的一些新的样例设计方法，就可以为不同学习能力的学生设计出不同学习难度的解题样例，从而降低其自主样例学习的难度，进而提高学习的效率和效果。这就是对"样例学习指导原则"的具体运用，也可以将该原则称为学生自主样例学习的因材施教原则。

3. 完形问题设计原则

根据不完整样例的学习效应，让学生学习不完整的解题样例可以促进学生对解题原理和具体解题步骤做出自我解释，并促进学生对解题原理和解题步骤之间的逻辑关系的整体理解和运用。根据该效应，笔者借用格式塔心理学的完形概念，将这种教学设计原则称为"完形问题"设计原则。该原则也可以推广到一般教学内容设计和测题设计中去。填空题就是运用该原则设计的测题类型之一。其实，该原则的运用并不应局限于测题的设计，更应该被运用在学习材料、练习材料或作业材料的设计上。实验结果已经证明，让初学记叙文写作的 3 年级小学生阅读并补写文章开头、结尾或中间内容的不完整范文，比阅读完整范文更有利于学生掌握记叙文写作的结构性规则（王瑶，张奇，2012）。所以，可以将该原则推广到其他学科知识学习材料和作业材料的设计上，诸如给学生设计和呈现删除某个解题步骤的解题样例、删除某个关键词的句子和删除某段内容的范文等，让学生在学习或阅读的过程中补写缺失的项目和内容，这样也会收到类似的学习效果。

4. 教学内容的图-文信息整合原则

为了避免和减少分散注意效应，防止与教学内容无关的不当内容分散学生学习时的注意力，在样例设计上，心理学家已经开发出一些图-文信息整合的有效方法。笔者认为有必要将这些有效的图-文整合设计方法推广到教材页面、PPT和板书设计上。对于在教材和屏幕上呈现的各种结构示意图、原理解释图、因果关系图（实验曲线）等，应该将解释和说明这些图形的文字内容（即文本信息）

尽可能有效地整合到图形中。对于不能整合到一起的文字内容，至少应该将其与图形印在同一个页面上或同一张 PPT 上。这样的设计会避免学生翻页阅读图形和文字内容，减少阅读的翻页时间，提高阅读效率。教师在板书设计上应该以图形为中心，在图形的对应位置上标注文字、符号和文字内容。在 PPT 设计上，教师尽量将图形和解释图形的文字设计在同一张 PPT 上，而不要设计在前后两张上，这样有助于教师对图形的讲解和学生对图文信息的理解。

避免分散注意效应的另一个重要的教学设计方法是，在给学生呈现的学习材料上（诸如教材页面和 PPT 幻灯片等）排除无关刺激（诸如与知识内容无关的装饰图案、照片和人物图像等）对学生的诱惑或干扰，使学生的注意力集中在知识内容的学习上。

5. 减少冗余信息的教学原则

为了避免冗余效应的发生，在教学内容和学习方式的设计上，教师要根据学生的实际学习能力和学习内容的难易程度，恰当地选择学习材料的视、听呈现方式。对于预计学生凭借自己的阅读或观察就可以学懂的知识内容，就可以只给学生呈现阅读材料或视觉文本和图形，引导学生自己通过阅读和观察来学习知识内容；对于预计学生自己读不懂或看不懂的阅读材料、文本或图形，教师则要进行口头讲解，并通过口头讲解使学生听懂所讲的知识内容。在设计课堂教学 PPT 时，预计学生自己能够看懂的图形，教师就不必讲解了；预计学生听不懂的内容，尤其是抽象的、不易想象的知识内容，最好附加图形进行讲解，用图形辅助学生理解教师讲解的内容。PPT 上呈现的内容一般是知识要点和纲要，不是大量的具体文字内容，否则就如同把教材内容搬到了屏幕上。

6. 系列渐减样例设计原则和渐减学习指导原则

许多实验表明，学习解题步骤渐减的系列解题样例比学习一对"样例-问题"的效果更佳。也就是说，渐减的学习指导方案比学习样例-问题对的学习效果更好（Atkinson et al.，2003a，2003b；Kissane et al.，2008；Renkl et al.，2004）。这就是在前文提到的"指导渐减效应"。在样例学习研究中，解题步骤渐减的系列样例设计有两种。一种是正向渐减系列：首先让被试学习完整的解题样例；再学习删除了第一个解题步骤的解题样例；待被试在学习中尝试补充了这个删除的步骤后，会得到这个步骤的正确反馈。接着，在随后学习的样例中，删除解题步骤的数量依次逐渐增加，直至只给学生呈现问题为止。另一种是逆向渐减系列：第一个不完整样例删除了完整样例的最后一个解题步骤；第二个不完整样例删除了最后两个解题步骤，以此类推，直至给学生呈现没有任何解题步骤的问题。实验发现，无论是学习正向渐减还是逆向渐减的系列样例，至少可以促进学生对近迁移问题的解决。与正向渐减系列样例学习的效果相比，逆向渐减系列样例学习更有优势（Renkl & Atkinson，2003）。

伦克尔等（Renkl et al.，2003）更关注的是如何优化渐减的学习指导。因为根据系列渐减样例的设计原则和方法，在系列渐减样例的每个样例中删除的解题步骤是固定的。这种删除固定解题步骤的样例设计是否与学生解题能力的发展同步，是一个值得考虑和重视的问题。设计系列渐减样例的目的是消除专长逆转效应。同样重要的是，如何使学生从完整样例的学习阶段顺利而有效地过渡到独立的问题解决阶段。更重要的是，系列渐减的样例可能会与学生在学习过程中的实际需要不同步。例如，如果学生在完整样例的学习中恰恰是没有学懂第一步运算，而在接下来的渐减样例学习中恰恰又是缺少了第一步运算的不完整样例，这种样例设计的固化模式与学生在学习过程中实际遇到的问题之间的矛盾不解决，系列渐减样例的学习效果就不能得到有效发挥。因此，教师必须考虑在什么时机给予学生什么样的渐减指导，即如何优化渐减指导并充分发挥渐减指导的实际作用。

为了优化渐减指导，教师需要根据学生学习的实际需要给予有针对性的渐减指导，只有这样才能真正发挥其指导作用。所以，有效的或优化的渐减指导应该是有调节的可变指导，而不是一个固定的渐减指导过程。萨尔登等（Salden et al.，2010）认为，当学生还没有理解解题的规则及如何应用时，不应该给他们提出自我解释解题步骤的原理及其应用等问题和要求。只有学生表现出了对解题步骤的理解，或者尝试在问题解决中运用自己理解的知识，才能提出这样的问题和要求。凯宁格等（Koedinger et al.，2006）利用"认知导师智能系统"的教学指导技术，对学生学习几何题证明样例实施了自适应的渐减性指导。简言之，该种渐减指导的具体方法是，如果学生能够对某种类型的解题步骤做出正确的自我解释，那么在下一个要学习的解题样例中就减少这个解题步骤。两个实验（实验室和自然）结果均表明，接受自适应渐减指导的学生在延迟的后测中表现最好。

7. 分离元素交互性学习内容的教学设计原则

根据分离元素交互性效应，可以指导学生将交互性水平较高的、同时学习超出工作记忆资源总量的知识内容分解成几部分来学习，然后再将分解的部分内容组合在一起学习。这种教学设计原则就是分离元素交互性学习内容的教学原则。著名记忆心理学家艾宾浩斯在记忆无意义音节实验中采用的部分识记与整体识记相结合的学习方法就是该原则的早期范例。该原则与前面的模块化原则有些类似，但又有根本的不同。类似的是，都是将学习材料分解开来分别进行学习。不同的是，按照模块化原则，在分解学习材料时，必须按照知识模块进行分解。可是，按照分离元素交互性原则，学习材料可以不必按照知识模块分解，而是可以按照知识元素来分解。以一篇文章的分解来说，按照模块化原则，应该按照文章意义段落的划分将整篇文章分解为几个模块，可是按照分离元素交互性原则，可以将整篇文章分解为一个个更小的段落，甚至一个个句子。

8. 模块与模块化的教学内容设计原则

根据模块与模块化效应，有些知识内容必须作为一个整体（即模块）来学习，可有些结构复杂的知识内容（例如，多因素方差分析的计算公式等），由于元素的交互性水平过高，同时学习会超出许多初学者的有限工作记忆容量，因此不能作为一个整体知识来学习。这时在教学设计上就应该根据知识内容的模块化结构，将其分解为几个模块分别进行讲解，然后再将这些模块整合在一起讲解。这样才能实现学生对复杂性整体知识的有效学习。也可以将该教学设计原则推广到许多学科中复杂知识内容的教学设计上，诸如复杂的电路分析、复杂的分子结构式分析、长篇文章和文学巨著的解读和复杂画作的分析（如《清明上河图》）等。

与模块化设计原则有关联且又不同的是，伦克尔（Renkl，2011）根据样例学习的有关实验研究结果所提出的"建构意义模块"指导原则。伦克尔认为，当学生遇到用已知的解题方案不能解决的新问题时，就不得不修改解题方案。可是，有时候学生把解题方案与固定的问题类型牢固地"锁在"了一起，使原来的解题方案难以得到修改。

卡特兰博内（Catrambone，1998）所做的系列实验研究结果显示，重组新的解题步骤的能力可以通过设定子目标来培养，诸如"画圈"或"标记"等视觉隔离的方法。卡特兰博内还发现，突出"子目标"可引出对解题步骤的自我解释，学习效果得以增强。设置问题解决顺序的子目标可能是一种循序渐进的继时表征方法。阿特金森和德里（Atkinson & Derry，2000）发现，解题步骤的继时表征比同时表征更有效。

在某些情况下，初学者很难识别复杂解题方法的整体意义，因为解题样例中使用了数不清的公式。因此，指导初学者根据复杂解题规则的意义结构将其分解为几个模块来分别学习，然后再学习复杂解题规则的整体意义效果更好。实验结果已经表明，把复杂解题规则分解成几个模块化单元，会在解决同构问题和新问题时有更好的表现。因此，模块化学习指导更适合初学者。当然，把复杂规则作为一个整体的大模块来学习，对于高能力的学生来说更方便。这种样例设计方法和教学指导方法在数学领域的学习效果是明显的，但在其他学科领域的学习效果还缺少直接的证据，尤其是修改原有解题方案和解决异构问题的"开锁"钥匙还没有真正找到。

9. 多重变异性样例设计原则

教给学生运用一个一般规则解决具体问题，必须给学生讲解例题或解题样例中的具体解题步骤。样例学习的实验研究结果证明，学生学习了一个应用一般规则解决具体问题的样例后，可以解决表面特征变异但结构特征不变的任何具体问题，即产生了广泛的近迁移效果。可是，学生学习了一种结构特征的解题样例后，却很难或不能解决结构特征变异的其他类型问题（Atkinson et al.，2003a，2003b）。针对如何帮助学生解决结构特征变异的问题，要根据学生的学习能力、一般解题规则的变式类型，为学生设计一系列结构特征变异的解题样例，这样才能促进学生对一般规则及各种变式的理解和应用，并促进其解决远迁移问题能力的提高。

10. 增加元素交互性的教学设计原则

根据元素交互性效应，当学生学习元素交互性水平较低的分离性学习材料或内容时，在工作记忆容量允许的前提下，可以指导学生采用将几个元素交互性水平较低的分离性学习内容或离散性学习内容有机整合起来的学习和记忆方法进行有效的学习，这就是增加学习内容元素交互性的教学设计原则。将分离或离散的学习内容有机地组织在一起的学习方法有很多，以往记忆术中采用的一些记忆方法，诸如口诀法、谐音法、表格法和概念图法等都属于应用该原则的方法。

与之类似的是，在讲授元素交互性水平较低的知识内容或离散性知识时，教师可将其有机地整合在一起进行教学，诸如把几个单词整合成一个句子，把几个地名编成口诀，把几个相关的概念组织成概念图等。这些做法都是对增加元素交互性的教学内容设计原则的具体运用。

11. 视-听信息整合的教学原则

通道效应的实验结果已经证明，视-听信息组合材料的学习效果明显优于视-视组合材料的学习效果。根据通道效应，教师在教学中应该给学生呈现视-听整合的教学材料或学习内容。诸如在几何题证明的样例教学中，教师给学生呈现几何图形，然后针对几何图形口头讲解几何题的证明过程；在代数公式推导的示范-讲授教学中，教师一边口头讲解推导原理，一边在黑板上写出具体推导步骤；在解题样例教学中，教师一边口头讲解解题或运算规则，一边写出解题步骤；等等。这种教学设计原则就是视-听信息整合的教学原则。还可以将该教学设计原则推广到示范和演示教学中。诸如在书法、绘画、乐器演奏、体育运动和表演等操作和动作示范教学中，教师最好一边示范操作动作，一边口头讲解动作要领。在实验展示和模拟演示等教学中，教师要一边展示实验操作或模拟过程，一边口头讲解实验操作原理和操作要领。视-听信息整合教学设计原则的具体运用或其教学方法有两种：一是视-听信息的同步整合，即教师讲到哪里就写（画）到哪里，例如教师在黑板上推导公式或证明定理即讲到哪里就写（画）到哪里；二是视-听信息的异步整合。所谓视-听信息的异步整合是指先给学生呈现图表等视觉信息，然后指引学生观察图表，教师指引到哪里就讲解到哪里。

需要指出的是，在伦克尔（Renkl，2011）提出的样例学习指导原则中，上述两种信息整合方法被合称为"易化映射指导"（easy-mapping guideline）。其含义是，采用两种信息整合方法（即图-文信息整合与视-听信息整合）设计问题解决样例，可以帮助学生匹配不同来源的信息，使不同来源信息之间相关的相互映射（或匹配）更加容易，从而提高学习效率。

12."样例集"设计原则

为了让学生直接注意解题样例中某一方面的特征（比如，问题的结构特征），一种可行的方法是用某种特定的方式集合一系列解题样例。奎利奇和梅耶尔（Quilici & Mayer，1996）在1996年的研究中就使用了强调问题结构特征的"样例集"，这种样例集的设计如下：①每种类型的问题都被一系列不同的表面故事样例集证明；②在不同类型的问题中，使用相同的表面故事样例集（Cooper et al.，2001）。这种设计会使学生清楚地看到问题的表面特征和结构特征并不都是同时变化的，而且依赖问题表面特征寻找正确解题方案是不可靠的。两个实验结果都表明，与控制组被试（只对所有给定类型的解题样例做非常简单的表面故事比较）相比，根据解题样例的结构特征给问题分类的实验组被试在解决迁移问题的过程中表现出积极效应。奎利奇和梅耶尔（Quilici & Mayer，2002）重复验证了这种样例集学习的积极效应。

帕斯和范梅里安博尔（Paas & van Merriënboer，1994）给被试提供了6个几何题证明样例，这些样例有3种问题类型。在问题类型的"低变化"顺序中，逐对呈现同类问题的解题样例，每一对样例问题只是具体数值不同；而在问题类型的"高变化"顺序中，每个样例问题之间的类型都不同。他们假设：高变化顺序有利于被试比较不同类型问题的一系列相关和不相关特征。结果正如预期的那样，高变化顺序组被试的迁移测验成绩更高。

许多实验证据表明，样例集效应也有边界条件。如果样例比较的自我解释无效，其效应就是不稳定的。沙伊特等（Scheiter et al.，2006）的研究发现，强调样例比较的积极效应只在要求被试比较样例之间的相似点和不同点时出现。在相似性推理研究中也有大量证据表明，仅仅呈现一系列多个样例，并不足以产生迁移效果。相反，只有提示被试必须比较样例的结构特征才会产生迁移效果（许德志，张奇，2011；张奇，张华，2014）。

总之，样例集设计，即通过典型的一系列样例设计来凸显问题的结构特征，对学习迁移效果有促进作用。因此，为了保证样例集的积极学习效应，提示和训练都可以用来帮助学生进行样例的比较加工。

13. 鼓励学生想象的教学设计原则

笔者认为，斯威勒（Sweller，2010）等在实验中运用的想象和伦克尔（Renkl，2021）提出的想象指导中的"想象"有两种含义：如果是对学习过的解题样例的具体内容（包括问题、解题步骤和答案等）进行想象，其实就是对样例内容的回忆或再现；如果是对当前所面临的新问题（尤其是近迁移问题）的解题方案或解题步骤进行想象，其实也是回忆或再现出样例中的解题方案或解题步骤，并将其运用到新问题的解决上。所以，与其说是"想象效应"，不如说是"回忆效应"或"再现效应"。按照上述分析，以往记忆研究中提出的"尝试回忆"或"尝试再现"等复习策略都是对该原则的具体运用。因此，该指导原则可以推广到一般教学中。

斯威勒等的研究显示，想象效应也有边界条件（Cooper et al.，2001；Leahy & Sweller，2004；Tindall-Ford & Sweller，2006）。当学生不熟悉学习内容时，不会产生想象效应。先前知识的缺乏会阻碍学生执行想象指令，即当学生不看样例时，他们根本无法想象出问题的解法。因此，在问题解决技能习得的初期教学中，教师不应该过早地提出想象的要求，比较适宜的教学指导方案应该是首先让学生学习解题样例，然后再提出想象的要求（Ginns et al.，2003）。

14. 自我解释的样例设计原则

根据自我解释效应，在样例中可以设计自我解释的提示。提示分为两类：第一类是提示被试阐释样例，即促进学生对解题步骤和解题规则的理解；第二类是提示被试比较样例，帮助学生形成和区分抽象的问题类别。

学生可以根据第一类提示进行两种自我解释：对原理的解释和对目标算符的阐释。对原理的解释指向解题步骤背后的抽象原理，例如，数学定理和物理学定律等。这种解释促进了学生对解题步骤中基本原理的理解，其中还包括自主建构有意义的模块原理。阿特金森等（Atkinson et al.，2003a，2003b）在实验中发现了对原理的自我解释效应。他们在实验中比较了要求学生根据潜在的概率学原理证明解题步骤合理性的各种情况。实验得出了自我解释会提高学生近迁移问题解决（近迁移问题的结构特征与样例问题相同，只是表面特征不一致，诸如数字或物体等）成绩的结论。目标算符的阐释是学生通过辨识样例中解题步骤达到的子目标，赋予算子意义的一种解释方式。这种解释显示出学生对解题目标和达到目标所做运算的自我理解。这种自我解释也能够帮助学生有效地解决迁移问题（Renkl，1997）。

促使学生做出原理自我解释和目标算符自我解释的主要指导方式有"训练"和"提示"两种。例如，伦克尔等（Renkl et al.，1998）开发出了一种在样例学习中训练被试进行自我解释的方法。其中包括告知被试自我解释的重要性、要求被试通过样例学习自我建构解题模型和与其他样例进行比较的自我训练方法。实验结果显示，对目标算符做出自我解释的短暂训练（10—15分钟）即可显现出训练的效果。这种训练对学生的自我解释活动、迁移问题和相似问题的解决都有很大的促进作用。

大多数样例学习研究采用自我解释的提示方法。该方法可以在实验中测量自我解释活动效应的大小。在许多采用电脑进行样例学习的实验中，有时需要被试在电脑屏幕呈现的"填写框"内输入自我解释的内容，有时需要被试在列有解题目标或解题原理的选项中选择其中的一个作为自我解释的选项（Renkl et al.，1998）。另一种自我解释提示是提示被试做样例比较。关于类比推理的问题解决研究强调了样例比较的可能性（Holyoak & Morrison，2005）。解题样例之间的相互比较，可以使学生生成包含一般解题原理在内的抽象问题解决图式，并用该图式解决样例学习之后的迁移问题。需要指出的是，"阐释样例"和"样例比较"两种自我解释的功能是相同的。对原理的自我解释是将解题样例或解决步骤与抽象的解题原理联系起来，比较两个或更多个解题样例或解题步骤，并告诉学生它们是应用同一个解题原理的不同解题实例，也会产生相同的学习效果。

样例比较是典型的问题类型比较，比如，学生通过比较某种类型概率问题的解题样例后，就会发现题目中使用的数字和物体名称与选择合适的解决步骤无关，而与同类型问题之间的结构特征有关。在理想的学习状态下，学生的注意力会直接转向问题中恒定不变的结构特征。因此，学生在进行样例比较时，可以理解同类问题中恒定的结构特征，进而选择适当的解决步骤。当然，在比较和辨别的过程中也存在大量的表面特征（诸如表面的故事等），但它们与学生选择的解决步骤无关。

除了同构样例的比较之外，还有一些被称为"关键特征"的样例比较，即几个样例中某些具体特征之间的差异更明显，而且关注这些特征更为重要。这种样例比较模型是由布兰斯福德和施瓦茨（Bransford & Schwartz，1999）建立的。比如，不同却非常容易混淆在一起的概率问题的解题样例，一种是"与命令相关"的，另一种是"与命令无关"的。在学生可以注意到当解决概率问题时，检查命令是否相关是非常重要的，"与命令的相关性"是关键特征。

有时类别内比较和类别外比较是可以结合在一起的。所以，学生能够发现看起来相似的问题（比如，相同的故事表面结构）也需要不同的解决步骤；而看起来不相似的问题（比如，不同的故事表面结构）也可能会有相同的解决步骤（Quilici & Mayer，1996）。研究者（Scheiter & Gerjets，2005）发现，指导学生比较这些相似和不相似的样例是很重要的，因为没有这种指导，他们就不能发现这种关注结构特征变化的样例集带来的积极效果。

15. 指导性解释的样例设计原则

如果学生不能对样例做出自我解释，就需要在样例中呈现"帮助性解释"或"指导性解释"。在伦克尔提供帮助性解释的实验研究中，被试学习概率问题的解题样例。在样例学习过程中，实验组被试有机会通过点击"解释"按钮获得相应的指导性解释，其中包含解题原理在内的有关解题步骤的解释。当被试认为这种指导能够使自己继续进行自我解释的时候，他们可以按"返回"按钮回到原样例的学习中来。如果被试需要更多的帮助性解释或指导性解释，可以按"更多帮助"按钮，这样会帮助被试对样例中的要素与解题公式中的要素进行比较，并指导他们如何确定事物的概率。在实验过程中，控制组被试没有机会"请求"并"得到"这种指导性解释。实验结果显示，有机会请求帮助的被试比没机会请求帮助的被试在随后进行的迁移测验中表现得更好（Renkl，2002）。

伦克尔还发现，在以下三种情况下，可以发挥指导性解释的积极作用：①当以概念的理解作为学习结果的测量指标时，指导性解释起积极作用；相反，如果指导性解释提供的是概念性解释，则在问题解决上没有产生积极的作用。②当被试在样例学习过程中不能做出自我解释时，帮助性解释或指导性解释才有助于学习；而在被试能够做出自我解释时，帮助性解释或指导性解释都是多余的。③帮助性解释在数学内容的样例学习中是有效的。

16. 正误样例对比的教学原则

根据教学中教师采用正确与错误样例的对比分析，帮助学生理解什么是正确的和什么是错误的，从而使学生理解并掌握正确的规则及其运用的教学原则就是正误样例对比的教学原则。该原则可用于两种具体情况：第一种情况是在学生出现了错误和教师纠正学生错误的情况下运用，即给学生呈现错误的解题样例，并与正确的解题样例做对比分析，帮助学生认识到错在哪里、为什么是错误的、怎样纠正或改进等，从而使学生形成正确的认识，避免再犯类似的错误；第二种情况是教师在教学前或教学过程中预计到学生可能会出现的错误，并在教学中有意做出正确与错误样例的对比分析，使学生事先区分正确与错误的做法、现象和原因，并在以后的作业中避免出现错误。

根据格罗比和伦克尔（Große & Renkl，2007）的研究结果，教师在教学过程中不宜过早地给学生呈现错误样例。因为过早呈现错误样例可能会对基础知识较差的学生不利。因此，在样例教学中，教师应该首先给学生呈现和讲解正确的样例，避免学生出现错误时才做正误样例的对比分析，在纠正学生的错误时提供正误样例的对比分析。该原则在伦克尔（Renkl，2011）的文章中被称为"错中学指导"（learning by errors guideline）。

17. 范例中教师与学生的相似性设计原则

鉴于范例学习的相似性效应多是在幼儿和小学生的范例学习中发现的，可以在供幼儿和小学生学习的动画及视频的范例设计中采用同龄人（同伴或同学）作为教师代理人。另外，学生从能力相似或接近者的范例学习中获益较多，因此教师在动画和视频的范例设计中采用同龄而且能力相似或接近者作为教师代理人可能会取得更好的学习效果。至于动画和视频中教师代理人性别、种族和口音等特征的设计，可以在教学实践与实验研究中不断探索，以求获得更好的教学效果。

上述教学设计原则是根据问题解决样例学习实验研究的结果和认知负荷理论对实验结果的解释提出的，它们适用于问题解决样例学习的实验设计和教学设计。当把它们推广到一般教学设计中时要谨慎。

第三章　两种样例学习的划分与规则样例学习的实验研究

从第二章可以看出，样例学习研究似乎是一个没有学科边界的、宽泛的研究领域。它不仅涉及数学、物理学、计算机编程、医疗诊断、工程技术、法律、学习与教学策略等诸多学科领域，而且隐含着两种性质不同的样例学习研究。因此，本章首先揭开两种样例学习研究的神秘面纱，并指出两种样例学习的区别和联系；然后再分别概述其他学者所做的定义不明确的规则样例学习实验研究和我们自己所做的定义明确的规则样例学习实验研究。

第一节　两种性质不同的样例学习实验研究

本节是两种样例学习研究的分水岭。首先，区分两种性质不同的样例学习研究；其次，论述两种不同样例学习之间的区别和联系；最后，提出开展规则样例学习研究的原因和理由。

一、两种样例学习研究的区分

样例学习一般是指学生在已有知识和经验的基础上，通过阅读和思考样例，领悟相应的概念、原理、规则或操作等新知识，并掌握其应用的过程（Bourne et al.，1964）。这种宽泛的定义隐含两种性质不同的样例学习研究。

第一种研究可分为两类具体前提条件。第一类条件是在样例学习之前先给被试讲解或介绍某个知识领域的一般原理或解题规则，然后才进行相应的样例学习（Hu et al.，2015；Ngu et al.，2009；Tindall-Ford et al.，2015）。该类研究的目的是考察样例学习对问题解决的促进作用。被试在样例学习中习得的是运用一般原理或解题规则解决具体问题的方法、步骤或技能。第二类条件是实验研究选取的被试在样例学习之前已经学习过或掌握了样例中蕴含的解题规则或一般原理，诸如第二章介绍的大量样例学习实验研究，其中既包括以认知负荷理论为指导的样例学习研究，也包括自我解释的样例学习实验研究（Atkinson，2002；Lusk & Atkinson，2007；Atkinson et al.，2003a，2003b；Mihalca et al.，2015）。这类研究无须在样例学习之前给被试讲解或介绍某知识领域的一般原理或解题规则，因为被试已经学习过或已经掌握了有关的一般原理或解题规则。这类样例学习研究的目的也是考察样例学习对问题解决的促进作用。被试通过样例学习习得的也是根据已知的一般原理或规则解决具体问题的方法、步骤或技能。上述两类实验研究属于同一种研究，都是在被试已经学习过、掌握了或了解了一般原理或解题规则之后的样例学习研究。其研究的目的都是考察样例学习对具体问题解决的促进作用。被试经过样例学习习得的都是根据已知一般原理或规则解决具体问题的方法、步骤或技能。

　　第二种研究是被试在样例学习之前没有学习过样例中蕴含的一般原理或解题规则，在样例学习之前没有向被试讲解或介绍样例中运用的一般原理或解题规则的教学阶段（Adams et al.，2014；Baars et al.，2013；Clarke et al.，2005；Kyun & Lee，2009）。在这种实验研究中，被试只能在样例学习过程中自主领悟其中的一般解题原理或规则，并学习其在问题解决中的具体运用。

　　下面用两个不同样例学习研究的实例来说明两者之间的区别。

　　雷斯莱因等（Reisslein et al.，2006）以串、并联电路中电阻的计算问题为学习内容，考察了两类被试（高水平被试和初学者被试）分别进行三种学习（样例学习+问题解决、问题解决+样例学习和渐减样例学习）的迁移效果。首先，通过前测将被试分为学习过电路基本知识的高水平被试和没有学习过电路基本知识的被试。实验分为 3 个阶段：第一阶段，给被试呈现电路基本知识的学习材料，让他们复习或学习电路基本知识中的有关概念、欧姆定律，以及串、并联电路中电流、电压和电阻的计算规则；第二阶段，让两类被试分别进行三种学习（样例学习+问题解决、问题解决+样例学习和渐减样例学习）；第三阶段，对两类被试进行同样的远、近迁移测验，以考察其学习效果。实验结果表明，初学者被试"样例学习+问题解决"的学习效果更好，而高水平被试则是"问题解决+样例学习"的学习效果更好。

　　米尔德等（Mulder et al.，2014）在研究中同样以串、并联电路中求电阻的应用题为学习内容，但选取的被试都是尚未学习过电路基本知识的学生。实验将被试随机分配到启发式样例（heuristic worked example）学习组和非启发式样例学习组进行探究式学习。启发式样例不强调学生学习样例中解题步骤的具体顺序，而是强调解题步骤背后的启发式推理过程。实验结果表明，启发式样例学习能够激发被试的探究行为，并明显提高了学习效果。

　　上述两项实验研究有一点重要的不同，即被试的知识水平不同。在雷斯莱因等的研究中虽然有两类不同知识水平的被试，但他们都在样例学习之前复习或学习了电路基础知识；而在米尔德等的研究中，采用的是没有学习过电路基本知识或一般原理的被试。所以，雷斯莱因等的研究属于第一种样例学习研究，米尔德等的研究属于第二种样例学习研究。

下面再以生物学知识中两种不同样例学习研究的实例说明两者的本质区别。

在米哈尔卡等（Mihalca et al., 2015）的研究中，其选取的被试是对孟德尔遗传定律有一定基础知识的大学生，而且他们在样例学习前都阅读了一份学习材料，其中包含样例中涉及的主要概念和规则。所以，在样例学习阶段，学习的是如何应用这些规则来解决具体的基因遗传问题。该研究考察的是问题解决、学习完整样例和不完整样例三种学习过程对后测成绩、判断的准确性和认知负荷水平的影响。实验结果表明，低背景知识的被试在完整样例学习中的效果较好；高背景知识的被试在问题解决中的学习效果较好；而学习不完整样例的被试由于形成了"已经学会了"的错觉，从而出现对自己后测成绩的高估。

在巴尔斯等（Baars et al., 2013）的实验研究中，其选取的被试是尚未学习过生物课程的中学生，而且在样例学习之前被试都没有学习任何有关的学习材料。在样例学习阶段，被试需要自己领悟规则，同时掌握规则的应用。其他实验材料和实验程序与米哈尔卡等的研究相同。该研究比较了删除两个解题步骤的不完整样例学习与完整样例学习对后测成绩、判断的准确性及认知负荷水平的影响。实验结果表明，与完整样例学习组的被试相比，不完整样例学习组的被试往往会低估自己的学习成绩，但两组被试的学习效果无显著差异。

与前两项研究的不同之处一样，米哈尔卡等的研究中的被试有一定的知识基础，而且在样例学习之前还学习了样例中涉及的主要概念和解题规则。在巴尔斯等的研究中，被试既没有任何知识基础，也没有在样例学习之前学习任何与样例内容有关的概念和规则。可以设想，在两项研究中，尽管被试学习的是同类型、同内容的样例，但是由于样例学习的前提条件不同，被试的样例学习过程肯定是不同的。前者是在已知概念和规则的基础上，通过样例学习掌握如何运用已知的规则去解决具体的遗传问题，而后者则需要通过样例学习领悟和概括样例中的解题规则及其在具体问题解决中的运用。这完全是两种性质的不同的样例学习过程。

正是由于在这两种样例学习研究中被试的前提条件不同，被试在两种样例学习中的学习过程不同。所以，笔者将前一种样例学习研究中的样例学习称为"问题解决的样例学习"或"问题解决样例学习"，而将后一种样例学习研究中的样例学习称为"规则的样例学习"或"规则样例学习"（张奇等，2012；张奇，张笑笑，2015；张奇，蔡晨，2015；张奇，杜雪娇，2016；张奇，2016；张奇

2018）。也就是说，在两种不同的前提条件下（一种是被试已知解题样例中的一般规则，另一种是被试不知解题样例中的一般规则）的样例学习研究，实际上是两种性质不同的样例学习研究。前者考察的是样例学习对运用已知一般规则解决具体问题的促进作用或学习效果；后者考察的是样例学习能否使学生领悟和概括新规则，并学会运用新规则解决具体问题。因此，上述两种前提条件就是划分两种样例学习研究和两种性质不同样例学习的依据或标准。

二、两种样例学习的区别与联系

从表面上看来，两种样例学习只是前提条件不同：在问题解决的样例学习研究中，被试在样例学习之前已经学习或掌握了有关的一般解题原理或规则；而在规则样例学习研究中，被试在样例学习之前没有学习过或不了解有关的一般解题原理或规则。正是这两种样例学习的前提条件不同，导致两种样例学习性质和过程的根本不同。关于两种样例学习的本质区别或根本不同，笔者在以前发表的文章中曾有过不同的论述（张奇等，2012；张奇，张笑笑，2015；张奇，蔡晨，2015；张奇，杜雪娇，2016；张奇，2016，2018），兹重新做出概述。

两种样例学习的本质区别是由被试样例学习的两种前提条件的不同导致的。具体不同如下：第一，两种样例学习的学习任务不同。问题解决样例学习的主要任务是学会如何运用一般规则或原理解决具体问题；而规则样例学习却是通过样例学习学会解题规则并领悟其一般原理的过程，其学习的主要任务是既要领悟或概括出样例中的解题规则或一般原理，又要学会解题规则的具体运用。两者相比，规则样例学习具有双重的学习任务。因此，规则样例学习的学习任务较问题解决的样例学习要难。第二，两种样例学习的认知过程不同。问题解决样例学习的主要任务是学习运用一般规则解决具体问题，所以其认知过程是根据具体问题情境分析如何将一般解题规则转变为具体解题规则的过程，或者说是对一般规则做出具体演绎推理的过程，规则样例学习却首先需要根据样例中的具体解题步骤概括出解题规则并领悟其一般解题原理。也就是说，规则样例学习包括对解题规则或一般原理做出归纳推理的过程。第三，两种样例学习的属性不同。问题解决的样例学习是提高学生问题解决能力的有效途径或方法之一，在教育心理学和认知心理学的知识体系中属于问题解决学习和问题解决能力培养的研究范畴。规则样例学习属于自主发现式学习，在教育心理学和学习心理学的知识体系中属于规则学习研究的范畴。第四，两种样例学习的功能不同。问题解决的样例学习培养学生的问题解决能力和演绎推理能力，规则样例学习培养学生的自主规则样例学习能力、归纳推理能力及问题解决能力。第五，两种样例学习的位置或先后顺序不同。按照皮连生（2004）教授的说法，从例子到规则的学习是上位学习，即发现学习，而从规则到例子的学习是下位学习，即接受学习。规则样例学习就是上位学习或规则发现学习，而问题解决样例学习则是下位学习或规则接受学习。

根据两种样例学习的本质区别和具体的不同，我们将问题解决样例学习明确定义为：学生在已知解题原理或一般解题规则的基础上，学习其具体运用并促进问题解决的样例学习。我们将规则样例学习明确定义为：学生学习样例中隐含的一般规则及其具体运用的样例学习。其中的"学生"泛指所有的样例学习者。

虽然两种样例的学习的性质不同，但是在两种样例学习的实验研究中却存在一些相同点和需要注意的细微区别。其一，样例学习材料基本相同。一般来说，两种样例学习的样例学习材料都是运用某规则解决具体问题的解题样例，即样例学习材料基本相同或没有本质区别。换言之，只存在两种性质不同的样例学习，但不存在两种性质根本不同的解题样例。所以，一般来说，没有"问题解决样例"和"规则学习样例"之分。其二，有些样例设计方法可以共享。在两种样例学习的实验研究中，有些样例设计方法是可以相互借鉴和共享的，例如，图文信息整合、视听信息整合等减少外在认知负荷的样例设计方法在两种样例学习中都普遍适用。但是，有些样例设计方法是专门为了帮助或促进初学者学习样例中的新规则而开发出来的，诸如解释法、标记法、解释-标记法，以及"过程导向"样例和"启发式"样例的设计方法等。相同的样例设计方法在两种不同样例学习中的作用和效果既可能相近，也可能有显著的不同。所以，研究者需要在两种样例学习的实验研究中，尤其是在实验结果的分析和讨论中特别注意区分两者的差别。其三，样例学习效果的测量方法相同。在实验研究中，两种样例学习效果的测量和评定方法基本相同，即一般都是根据样例学习后的学习测验或迁移测验成绩评定其学习效果。但也有一些实验研究要求被试评定样例学习的难度或心理努力程度。就同样的解题样例、同样的样例设计方法和同样的学习程序来说，规则样例学习的难度或心理努力程度一般都要大于问题解决的样例学习，但也可能有例外。因此，研究者需要在两种样例学习的实验研究中加以具体甄别。

三、规则样例学习研究的提出

在明确划分了两种性质不同的样例学习研究和明确定义两种性质不同的样例学习的基础上，笔者明确提出并开展了性质明确或定义明确的规则样例学习研究，其原因或理由如下。

　　首先，从 20 世纪的学习实验研究中不难发现，在诸多学习实验研究中，唯独没有规则学习的实验研究。加涅虽然明确提出了规则学习的概念并开展了规则学习与教学的理论研究，诸如他分析了规则学习的先决条件和外部条件，并明确指出规则的讲授教学需要学生演示规则的一个或一个以上具体例证，教师要为学生规则的回忆和演示提供新的例证等（加涅，1999），但是他既没有开展规则例证或样例学习的实验研究，也没有开展规则例证或样例教学的实验研究。他虽然指出具体规则的获得确立了向更加复杂的"高级"规则进行学习迁移的可能性（加涅，1999），但是他没有开展规则学习的迁移实验研究。他虽然从低级到高级地列出了智慧技能累积学习的学习层级，但是规则学习的层级主要在于说明了较高级规则的学习要以有关的较低级规则的学习为先决条件或基础，以及高级规则与低级规则之间内在的、必然的或逻辑上的层级关系和累积学习的必然性。所以，规则的"学习层级"和"累积学习"只是一系列规则学习的顺序性特征，或者说是规则学习的基本原理之一，它既不是某个和某类规则学习的一般模式，也不是规则学习的完整原理。皮连生教授也曾明确指出"从例子到规则"和"从规则到例子"是两种规则学习方法和两种教学方法，即"例-规法"和"规-例法"（皮连生，2004）。而且在他的指导和影响之下，我国一些中小学教师的数学教案中已经采用了这两种规则教学方法，遗憾的是缺乏具体的实验研究。笔者认为，规则学习的科学原理与教学原理必须建立在规则学习实验研究的基础之上，并要得到科学实验研究结果的验证或支持。没有科学实验研究结果支撑的规则学习理论或教学理论只能称为假说。没有规则学习的实验研究，也就没有建立在实验研究基础上的规则学习理论。所以，教育心理学的教材中有比较丰富的概念学习理论，例如，前文介绍过的相似性理论和解释性理论（详见本书第二章第一节中的第一部分）和奥苏伯尔关于上位概念学习、下位概念学习和并列结合学习的认知结构同化论等内容，但没有规则学习的实验研究和比加涅论述得更多的理论研究内容。按照加涅的规则学习层级，本应该在开展概念学习实验研究和理论研究之后，开展规则学习的实验研究和建立在实验研究基础上的规则学习理论研究。可是，为什么规则学习的实验研究和建立在实验研究基础上的规则学习理论研究却极为少见呢？这是笔者从 20 世纪 80 年代初开始系统地学习心理学知识、从事心理学教学和研究工作以来一直思考的问题。笔者系统地学习过物理学知识，深知学习物理学定律、法则和原理等科学规则和原理的重要意义、价值和功能，也深刻地体会到学习物理学规则、原理和有关的数学规则一般难于学习其他学科中的规则和原理。尤其是在从事教育心理学和学习心理学等课程的教学中，笔者深深地感受到其内容的贫乏和研究的不足，因为学生（包括笔者）学习了这些知识内容后，对自己科学规则或数学规则学习与教学的帮助或促进作用几乎为零。笔者一直认为科学规则（包括社会科学规则）、技术规则、数学规则、语法规则、写作规则和操作规则等是各门科学技术和文化知识的主体内容或核心内容，也是学生学习各门课程和教师从事各门课程教学的主体内容或核心内容。概念学习只是规则学习的基本内容之一，学生的规则学习本应该是教育心理学和学习心理学实验和理论研究的重点，但是其研究现实却令笔者十分不解。

其次，21世纪初进入样例学习研究领域，我们最初看到的研究文献大多是问题解决样例学习的实验研究文献，因此，笔者提出一个研究设想：既然通过解题样例的学习可以促进问题解决，那么，通过解题样例的学习能否使学生领悟、概括并学会运用其中的新规则呢？从本世纪初开始，笔者按照这个设想，积极鼓励和指导研究生开展运算规则的样例学习研究。在做了小学生四则混合运算规则样例学习和小学生"去括号"运算规则样例学习两项实验研究（张奇，林洪新，2005；张奇，郭菲菲，2008）并取得可喜进展之后，笔者清楚地认识到，规则样例学习实验研究是开展规则学习实验研究的可行途径和方法。随着研究的不断深入，笔者针对小学生代数运算规则样例学习实验研究中遇到的实际问题，即六年级小学生被试经过代数运算样例学习很难学会代数运算规则的实际问题（林洪新，张奇，2007）做了较长时间的深入思考和逻辑分析。在分析了算术运算规则与代数运算规则之间的区别和联系之后，笔者开发出了含有"新算符""新规则"运算样例的设计方法，即利用学生已知的算符和运算规则对代数运算样例中的新算符和新规则做出算式解释的"解释法""标记法""解释-标记法"，并在后续的系列实验研究中验证了这些样例设计方法对含有新算符和新规则运算样例学习效果的有效促进作用（张华，2013；张奇等，2014；杜雪娇，张奇，2016）。同时，笔者提出了数学运算规则样例学习普遍可行的所谓"可行性理论"。随着研究的不断扩展，我们将规则样例学习的实验研究扩展到碳氢共价键规则、物体受力分析规则、记叙文写作规则、英语语法规则、细胞分裂过程的阶段性规则和内燃机活塞运动的周期性规则等多个学科领域的规则样例学习研究中（许德志，张奇，2011；张奇，张华，2014；王瑶，张奇，2012；杜雪娇，张奇，2016），并归纳出规则样例学习的基本模式（张奇，2018）。因此，笔者提出了规则样例学习普遍可行的"普适理论"，并坚定和增强了持续开展规则样例学习实验研究和理论研究的信心和勇气。

最后，我们在梳理样例学习研究文献的过程中发现，虽然多数的样例学习研究属于问题解决样例学习研究，但也有一些研究属于笔者所定义的规则样例学习研究（详见下一节）。可是，为什么没有人明确地提出这些研究属于规则样例学习研究呢？有些学者甚至提出过涵盖规则样例学习的定义，例如，"样例学习是指学生在他们已有知识经验的基础上，通过阅读和思考样例，领悟相应的概念、原理、规则或操作等新知识，并掌握其应用的过程"（Bourne et al.，1964）。伦克尔（Renkl，2014）也认为样例学习包括问题解决样例学习、观察学习和类比推理，可是规则样例学习毕竟与问题解决样例学习有根本的不同。难道说学者都没有注意到两种样例学习之间的本质区别和具体不同吗？对此，笔者至今仍百思不得其解。但无论如何，规则样例学习与问题解决样例学习不能混为一谈。规则是问题解决的原理和工具。规则学习是至少是介于概念学习与问题解决学习之间既不可或缺也不可逾越的重要学习过程。概念学习的研究和问题解决的研究都替代不了规则学习研究。笔者作为一名心理学专业教师和研究工作者，尤其还是一名热衷于学习心理学和教育心理学研究的大学教师，必须主动地承担起这项研究重任。

正是上述原因或理由不断地提升笔者从事规则样例学习实验研究和理论研究的内在动机、责任感和使命感，所以笔者才明确提出开展规则样例学习实验研究和理论研究的倡议，并坚持不懈地开展规则样例学习的实验研究和在其基础之上的规则学习理论研究。其间，难免经历一些失败或挫折，需要不断地排除一些干扰并克服一些困难。然而，笔者开展的规则样例学习实验研究和理论研究得到了许多国内前辈和同辈心理学家、教育家，少数国外心理学家，广大中小学师生和研究生的鼓励、大力支持和积极投入，从而使笔者能够获批、实施和完成规则样例学习研究的省级重点科研项目、国家自然科学基金项目和普通高等院校博士点学科（博导类）研究项目，并使得一些实验研究报告能够及时地在国内有国际学术影响力的心理学学术期刊上发表；撰写的理论文章也能及时在一些大学学报和心理学学术期刊上发表；而且能够在国际心理学学术大会和国内的各级心理学学术会议上及时交流。正是在这种良好的科学学术研究环境下，我们才不断地取得了一项项研究进展，并坚定和增强了笔者将规则样例学习实验和理论研究进行到底的信心和勇气。

第二节　定义不明确的规则样例学习实验研究

在没有明确区分两种性质不同样例学习研究的情况下，有些学者开展了一些在笔者看来属于规则样例学习的实验研究。他们没有声称其研究为规则样例学习研究，所以本书将其称为"定义不明确的"规则样例学习实验研究。本节简要概述这些研究。

一、早期的规则样例学习实验研究

第二章第二节的"样例学习研究的兴起"部分概要地介绍了 20 世纪 80 年代的 18 篇样例学习研究文献，其中有 3 篇属于规则样例学习的研究文献。

第一篇是我国心理学家朱新明和美国学者西蒙（Zhu & Simon，1987）合作研究发表的论文 "Learning mathematics from examples and by doing"（《从样例和做中学习数学》）。该研究包括一项实验研究和一项课堂教学实验研究。在实验研究中，他们两次通过前测从初中学生中筛选学习过代数整式运算和因式分解概念，但没有学习过一元二次方程的学生为被试，将其分为样例学习组和问题解决组。样例学习组（即实验组）的被试学习简单因式分解、一元二次方程表达式、一元二次方程的根与方程系数之间的关系和几何证明题的样例；问题解决组（即对照组）被试在没有指导的情况下独立尝试解决上述问题（英文论文题目中的"by doing"指的就是这种独立的问题解决学习，论文的中文题目将其翻译为"做中学"）。实验结果证明了数学和几何规则样例学习的可行性和有效性。教学实验在国内 1 所中学的 3 个年级进行，教学实验的方法和程序与前一项实验研究基本相同。实验收集了 20 名学生出声思考的录音，分析了他们习得知识的种类和理解程度。教学实验成功地证明了规则样例学习方法和教学方法的有效性。因此，数学规则和科学规则样例学习的实验研究和教学实验研究都是由中国心理学家朱新明先生开创的。笔者从网上查到，朱新明先生仍在指导一支庞大的研究团队从事"示例演练教学法"的推广普及工作，其创新思维和不懈追求的工作精神将永放光辉。

第二篇文献是布朗和克莱门特（Brown & Clement，1987）的文章。该项研究比较了两种样例教学策略在消除学生力学知识误解方面的效果。被试是没有学习过物理学的中学生，其中有 14 名学生认为将一本书放在桌子上，桌子对书不会产生向上的力。他们将被试分成两组，分别进行两种样例学习：一种是从学生能够理解的例子开始，通过一系列类比，最后类比到有误解的力学知识上（实验组被试进行这种学习）；另一种是直接给被试呈现与有误解的力学知识同构的例子（对照组被试进行该种学习）。两组被试学习的内容都是牛顿第三定律。实验结果表明，实验组的学习效果明显优于对照组。值得注意的是，该研究中所用的"example"是物体受力的实例，而不是严格意义上的解题样例。

第三篇是塔尔米齐和斯威勒（Tarmizi & Sweller，1988）的实验报告。他们共做了 5 个实验，所有被试都是没有学过圆的定理的中学生，学习的知识内容都是圆的两个几何定理。每个实验都是单因素实验设计，实验 1 将被试分为 3 组，即传统的问题解决组、自由目标问题解决组（要求被试解决所有能解决的角度问题）和问题解决指导组；实验 2 将被试分为两组，即自由目标问题解决组和问题解决指导组；实验 3 将被试分为两组，即样例学习组和传统的问题解决组；实验 4 将被试分为 3 组，即传统的问题解决组、样例学习组和改进的样例学习组（解题指导呈现在几何图形中，目的是考察图文信息整合样例的学习效果）。实验 5 的设计与实验 4 相同，只是不要求被试对其学习过程进行口头报告。前 4 个实验都要求被试做口头报告。实验结果表明：有子目标指导的问题解决指导组和样例学习组被试的成绩与传统的问题解决组无显著差异。改进的样例组（即图文信息整合组）被试的学习效果显著优于传统的问题解决组。该项研究的最终目的是证明图文信息整合的样例学习减少了学生注意力的分散，降低了认知负荷，因此学习效果更好，而解决问题的子目标指导策略却没有明显的学习促进作用。

上述 3 篇研究文献足以表明，早在 20 世纪 80 年代样例学习研究兴起时就有了属于规则样例学习的研究。由此可见，在样例学习研究的初期，两种不同性质的样例学习研究就混在一起，但没有哪位学者明确地指出在其中隐含着两种性质不同的样例学习研究。

二、不同学科的规则样例学习实验研究

随着样例学习研究的持续开展，样例学习研究涉足的学科领域不断扩大，由最初的数学、物理学和计算机科学技术等少数几个学科逐渐扩大到医学、化学、生命科学、法律、经济、教育、写作等诸多学科领域。规则样例学习研究的数量虽然没有问题解决样例学习研究的数量多，但也涉足了许多学科领域。

在数学学科的样例学习研究中，邱和李（Kyun & Lee，2009）的研究以没有学习过代数运算等式转化规则的学生为被试进行实验研究。结果发现，在样例中添加对规则和解题过程的解释性信息，能促进学生领悟规则并提高其迁移测验成绩。克拉克等（Clarke et al.，2005）的研究考察了借助电子数据表来学习二元一次函数的图像及其相互转化规则的效果。其中，被试均学过二元一次函数的基本概念，但尚未学习过用图像表示其函数曲线的九年级学生。结果表明，对于电子数据表知识水平较低的学生来说，相继学习电子数据表知识和函数图像知识的效果较好；对于电子数据表知识水平较高的学生来说，相继学习和同时学习组的成绩差异不显著。在该项研究中，被试尚未学习过二元一次函数的图像及其相互转化规则，这些规则是被试在样例学习过程中领悟或理解的，故属于规则样例学习研究。

在教学设计领域的样例学习研究中，曹和李（Cho & Lee，2013）考察了通过"自我解释"和"合作解释"从样例中学习幻灯片设计一般原则的效果。被试为

学习某门教育技术课程的师范生。实验开始之前，研究者对被试具备的幻灯片设计知识和经验进行了前测。前测结果显示，学生的背景知识水平较低。然后，将被试分为 4 个样例学习组（共同解释并共同完成设计任务组、共同解释并单独完成设计任务组、自我解释和自己完成设计任务组和无解释提示并自己完成设计任务的控制组），分别学习幻灯片样例，并完成相应的幻灯片设计制作任务。后测结果显示，共同解释并共同完成设计任务的样例学习方式更有助于学生建构和分享幻灯片设计原则。

在物理学领域的样例学习研究中，雷斯莱因等（Reisslein et al.，2006）的研究以串、并联电路中电阻的计算问题为学习内容。首先，经过前测将被试分为有一定电路基础知识的高水平被试和没有基础知识的初学被试。其次，要求被试阅读指导材料，学习或复习相关概念和规则，并给被试呈现样例-问题、问题-样例和系列渐减样例三种不同形式的样例学习材料。最后，经过远、近迁移测验考察被试的学习效果。结果表明，初学被试在样例-问题条件下的学习效果更好，高水平被试在问题-样例条件下的学习效果更好。被试在样例学习阶段学习的主要任务是组合运用已知的欧姆定律和串、并联电路电流、电压关系规则，故属于问题解决样例学习。同样是学习串、并联电路知识，米德尔等（Mulder et al.，2014）的研究却选取尚未掌握电路基础知识的学生为实验的被试，将其随机分为启发式样例学习组和无启发式样例学习组进行探究式学习。启发式样例不强调学生学习样例中解题步骤的具体顺序，而是强调步骤背后的启发推理过程。实验结果表明，启发式样例能启发被试的探究行为，提高学习效果。该研究的被试是尚未掌握新规则的学生，学习的主要目的是经过有、无启发式样例的探究式学习，发现并领悟电路规则，故属于规则样例学习。

在生命科学知识领域的样例学习研究中，米哈尔卡等（Mihalca et al.，2015）以孟德尔遗传定律为样例学习内容。该研究中的规则（即孟德尔遗传定律）是学生以前学习过的，并且在样例学习之前给被试详细地介绍了该规则。研究关注的是如何应用该规则解决诸如某种遗传性特征在子代中的遗传情况等问题，因此，该项研究中的样例学习属于问题解决的样例学习。巴尔斯等（Baars et al.，2013）的研究同样也是学习应用孟德尔遗传定律解决基因遗传的问题，但与米哈尔卡等（Mihalca et al.，2015）的研究不同的是，他们选取的被试是尚未学习过生物课程的中学生，而且在前测之后直接进行样例学习。被试在样例学习阶段需要领悟规则并掌握其应用，因此该项研究中的样例学习就属于规则样例学习。该研究比较了两个解题步骤的不完整样例与完整样例的学习对后测成绩、学习判断的准确性以及学习过程中认知负荷水平的影响。实验结果表明，与完整样例学习组的被试相比，不完整样例组被试往往会低估自己的后测成绩，但两组被试的学习效果无显著差异。

上述研究不仅表明规则样例学习出现在多学科领域的样例学习研究中，而且表明两种性质不同的样例学习确实混淆在相同知识内容的样例学习研究中。

三、规则样例学习研究的样例设计方法

（一）附加"解释"的样例设计方法

在样例学习过程中，应该在何时让学生做出独立思考，又应该在何时给学生提供解释，一直是研究者较为关注的问题（Wittwer & Renkl，2010）。有人认为样例学习过程中应该给学生提供较多的解释，以帮助学生理解样例。有人却认为应该减少提供的解释，以激发学生的独立思考和深层次的认知加工，由此形成了在样例学习过程中设置援助困境（assistance dilemma）的系列研究（Mclaren et al.，2015a，2015b）。在样例或样例学习过程中附加的解释主要包括指导性解释（instructional explanation）和过程导向（process-oriented）信息等。其中，指导性解释指的是为了促进学生对解题步骤的理解而提供的有关解题原理方面的解释性信息（Wittwer & Renkl，2010）。过程导向信息指的是在样例中附加的"为什么要进行该步骤运算"以及"如何选择合适的解题步骤"等原理性或策略性信息（van Gog et al.，2008）。在规则样例学习过程中，学生需要领悟和概括出问题解决的一般规则。因此，样例设计往往更加关注如何在样例中给学生提供指导性和解释性信息，以帮助学生领悟、概括和运用新规则。所以，在样例中添加指导性和解释性信息的方法就成为规则样例学习研究的主要样例设计方法之一。

邱和李（Kyun & Lee，2009）的研究选取了没有学习过等式变换规则（比如，如果 $a=b$，那么 $a \pm c = b \pm c$）的学生作为被试，并将其随机分为三组，分别学习如下三种样例：①在解题规则和解题过程中添加了解释性信息的样例；②仅添加了对规则的解释性信息或只添加了关于解题过程的解释性信息的样例；③没有添加两种解释性信息的样例。样例学习之后，要求全体被试对完成样例学习任务的难度和样例学习过程中心理努力的程度做出主观评定，并进行回忆测验和迁移测验。评定和测验结果显示，在样例中添加对解题规则和解题过程的两种解释性信息，能促进学生领悟新规则，并提高迁移测验成绩。这说明在样例中附加规则和解题步骤的解释性信息，比不添加这两种信息及只添加其中的一种解释信息更有利于初学者领悟和运用新规则，因此它是促进规则样例学习的一种有效样例设计方法。

范戈等（van Gog et al.，2009）的一项研究考察了在样例中添加过程导向信息和注意指导信息对样例学习效果的影响。该研究以解决"青蛙过河"问题的解

题规则为学习内容，被试为尚未掌握该规则的初学者。各组被试在填写了个人信息后直接进入分组样例学习阶段，分别学习添加不同类型信息的样例，最后根据后测成绩来考察其学习效果。实验结果显示，注意指导信息可能是冗余的，而且学生难以同时加工过程导向信息和注意指导信息，所以在样例中同时添加注意指导信息和过程导向信息会降低其学习效果，不利于学生理解和掌握新规则。

在罗尔等（Roelle et al.，2017）的研究中，被试要学习的是 3 个新原理或新规则，即玻尔模型、离子的形成规则和离子反应规则。该研究考察了有、无组织提示的样例学习以及有、无自我解释提示的样例学习对 3 个新规则学习效果的影响。首先，通过前测来评估被试对背景知识的掌握水平。然后，将被试随机分为 4 组：第一组为既有组织提示又有自我解释提示组，第二组为只有组织提示组，第三组为只有自我解释提示组，第四组为无提示组。实验分为 3 个阶段：第一阶段是阅读指导性解释材料阶段。该阶段要求第一组和第二组被试用自己的语言写出指导性解释材料中要求的内容；第三组和第四组被试只需写出自己此时所想到的内容。第二阶段是样例学习阶段。该阶段要求第一组和第三组被试学习并按要求写出对每个样例的指导性解释；第二组和第四组被试在进行样例学习时只需写出自己想到的内容。第三阶段是后测。实验结果表明，在样例学习中不仅应提示被试积极地做出自我解释，还应提示被试按要求用自己的语言写出指导性解释的内容，这有助于新规则的习得和内化。

此外，还有许多研究考察了在规则样例学习过程中添加解释性信息的作用，均取得了较好的学习效果（Cho & Lee，2013；Große & Renkl，2006；Hohn & Moraes，1998；Richey & Nokes-Malach，2013）。与在问题解决样例学习中添加解释（van Gog et al.，2006，2008）的学习效果相比，在规则样例学习中添加解释对学习效果的促进作用更为明显。我们认为，对于初学者来说，在规则样例学习过程中，提供较多的指导和解释，更有助于学生领悟和概括样例中的新规则。对于已经掌握了规则的被试而言，在问题解决的样例学习过程中撤销指导和解释或减少部分解题步骤，让位于学生独立思考，可能更有助于提高学习效果。

在问题解决的样例学习中，不完整样例的学习效果有时比完整样例的学习效果好（Atkinson et al.，2003a，2003b；Renkl et al.，2002），而在规则样例学习中，不完整样例的学习效果却明显不如完整样例的学习效果好（Hilbert et al.，2008）。同理，在规则样例学习中，添加了过程导向信息的样例学习效果较好，而问题解决样例学习的效果并不理想（van Gog et al.，2006）。

可是，面对上述这些不同的实验结果或两种不同的样例学习效果，研究者却没有从两种样例学习性质不同的角度去分析和讨论，而是讨论或分析了其他一些次要原因。这足以表明这些学者对区分两种性质不同样例学习的轻视或忽视。在以往的样例学习研究中，研究者没有明确区分这两种性质不同的样例学习，所以对在不同援助困境下样例学习效果的解释存在矛盾和冲突。由此看来，划分两种性质不同的样例学习既是十分必要的，也是十分重要的。因为不划分两种性质不同的样例学习，就不能正确地解释同一种样例学习条件下两种样例学习的不同学习效果，更不能正确地解释，为什么同一种样例设计方法或同一种类型的样例却导致了两种不同的样例学习效果。

（二）启发式样例设计方法

启发式样例指的是采用具有启发作用的样例启发学生理解和掌握学习材料背后的推理过程或有关规则的样例（Hilbert & Renkl，2009）。规则样例学习正是通过对具体样例的学习，启发学生领悟并归纳出有关规则的过程。所以，启发式样例是规则样例学习研究中的一种常用样例类型，也是规则样例学习的有效方法之一。

最初研究者发现学生在学习数学定理或规则的证明过程时，启发式样例的学习效果好于传统的讲授教学（Reiss et al.，2008；Hilbert et al.，2008）。

米尔德等（Mulder et al.，2014）比较了有、无启发式样例可学两种条件下的探究式学习效果。首先，通过前测确保被试是尚未掌握电路知识的初学者。其次将被试随机分为两组：有启发式样例学习组和无启发式样例学习组。两组被试分别在有、无启发式样例的条件下完成相同的探究任务。探究任务是给学生提供了一个计算机电路模拟和建模工具，要求学生探究电路中的基本规律，领悟电路中各个元素之间的关系，比如，电流=电压/电阻的规则等。有启发式样例学习组的被试在探究性任务中可以通过查阅一个启发式样例来获得他们应该执行什么活动和如何执行这些活动的信息。无启发式样例学习组的被试在执行探究任务的过程中却没有可供学习的启发式样例。最后，通过后测来考查学生的学习效果。实验结果表明，启发式样例学习能增加学生在学习过程中的探究行为并提高学习效果。

科拉尔等（Kollar et al.，2014）以数学定理的证明过程为学习内容，以尚未学习过该数学定理的师范生为被试，验证了启发式样例在帮助学生习得该数学定理时的有效性。

李和陈（Lee & Chen，2015）的研究表明，学生通过实际操纵或虚拟操纵等交互操纵方式探究样例学习材料，能够提高分数化简运算规则的样例学习效果。该研究选取的被试都是尚未掌握分数化简运算规则的学生。该运算规则是学生在样例学习过程中领悟和归纳总结出来的，所以该研究中的样例学习属于规则样例学习。

（三）正误样例对比的设计方法

错误样例是错误规则或错误运用规则的样例。在正确样例的学习中添加错误样例可以帮助学生对比正、误样例的异同，提高其认知加工深度（Adams et al.，2014）。以往大量研究考察了添加错误样例对学习效果的影响：一方面，添加错误样例能提高问题解决样例的学习效果（Große & Renkl，2007）；另一方面，添加错误样例能帮助学生发现并改正错误观念，逐渐领悟并形成正确的规则。正误样例对比也是规则样例学习研究中常用的方法之一。

亚当斯等（Adams et al.，2014）发现，经过辨别和改正错误等样例学习，学生能更加深入地理解小数的概念并领悟判断小数大小的规则。该研究中的被试均为没有掌握这一规则的新手，而且新规则是学生在样例学习过程中逐渐领悟出来的，因此该研究属于规则样例学习的研究。

在布思等（Booth et al.，2013）的研究中，被试学习的是解代数方程的运算规则，被试是尚未学习过这部分知识的高中生，学习过程是通过在电脑屏幕上呈现的学习程序进行的。该研究比较了问题解决的控制组、正确样例学习组（该组被试只学习正确的样例）、错误样例学习组（只学习错误样例）和正误样例对比学习组的学习效果。实验结果显示，与正确样例学习组的被试相比，错误样例学习组和正误样例对比学习组的被试明显提高了对解代数方程运算规则的理解。也就是说，错误样例学习和正误样例对比学习比正确样例学习更能促进被试对解代数方程规则的理解

已经有一些研究以不同学科的知识为学习内容，考察了在规则样例学习过程中添加错误样例对学习的影响，均取得了较好的学习效果（Cattaneo & Boldrini，2017；Stark et al.，2011；Mclaren et al.，2016）。由此看来，正误样例对比的规则样例学习应该是普遍适用的规则样例学习模式之一。

（四）动态样例设计方法

随着媒体技术的发展，出现了动画、视频等多种动态样例的呈现方式。诸如，按照一定的时间顺序依次呈现各个解题步骤的样例（Lusk & Atkinson，2007）、有动画教学代理人（animated pedagogical agent）的样例（Woutentrs et al.，2010）和榜样范例（Kant et al.，2017）等。其中，动画教学代理人是在动画中设计一个拟人化的指导老师的形象，用以引导学生注意动画中的关键知识内容，并指导学生的学习。动态样例学习的研究中包含了一些举例说明某个一般原理或规则的样例学习研究。

卡柳加（Kalyuga，2008）选取的学习内容是函数图像在直角坐标系中的平

移或翻转的转换规则。被试为学习过线性函数和二次函数但尚未学习过上述转换规则的学生。该研究首先通过前测确定被试的基础知识水平，按照被试的基础知识水平将其分为高知识水平和低知识水平两种。接着，被试分别学习关于函数图像在直角坐标系中转换规则的动态和静态样例。然后，通过后测考查学生的学习效果。实验结果显示，低水平被试学习静态样例的效果更好，而高水平被试的动、静态样例学习效果没有显著差异。对于低水平被试来说，观看函数图像连续变化的动态样例过多地消耗了他们的认知资源，从而使他们没有足够的认知资源来加工要学习的转换规则。所以，对于他们而言，静态样例学习的效果更好。在该研究中，被试学习的重点内容是函数图像在直角坐标系中的平移或翻转的转换规则，例如，$y=a(x-h)^2$ 的图像可由抛物线 $y=ax^2$ 向右平移 h 个单位获得。在该项研究中，低水平被试需要在样例学习过程中领悟或理解转换规则，所以他们的样例学习属于规则样例学习。

莫雷尼奥等（Moreno et al.，2001）选取植物的根、茎、叶特征与适宜其生长的环境之间关系的规则为学习内容，用以考察有、无动画教学代理人对样例学习效果的影响。实验结果表明，与没有动画教学代理人的样例学习效果相比，有动画教学代理人的样例提高了学生的学习效果。其原因是有动画教学代理人的样例提高了学生的学习兴趣，将学生的注意力吸引到所学的规则上。随后，该研究还探究了动画教学代理人的性质（诸如与学生的交互性及其虚拟性等）对学习效果的影响。该研究符合规则样例学习的条件，即被试都是尚未学习过该规则的初学者，而且在样例学习过程中他们需要通过观察和思考领悟、理解或概括新规则，因此，该项研究属于规则样例学习的研究。

除上述研究之外，梅森等（Mason et al.，2015）以生物的水循环原理为学习内容，菲奥雷拉和梅耶尔（Fiorella & Mayer，2016）以开普勒原理为学习内容，比较了不同类型榜样范例的学习效果，这些都属于规则样例学习研究。

综上所述，从样例学习研究的兴起至今，样例学习研究中就包含着笔者指出的问题解决样例学习研究和规则样例学习研究，而且规则样例学习的研究如同问题解决样例学习的研究一样涉足了各个学科，并且研究者还探索出了一些有效的样例设计方法和学习模式。这两种样例学习研究明明有着本质的区别，可是为什么无人明确指出其区别呢？难道他们有意回避规则样例学习的研究，还是有其他笔者想不到的原因呢？无论如何，笔者始终认为问题解决的样例学习与规则样例学习是两种性质不同的样例学习。在样例学习研究中明确地划分这两种样例学习和两种样例学习研究是十分必要的、正确的。开展规则样例学习研究有着重要的学术研究价值和教学应用价值。

第三节　定义明确的规则样例学习实验研究

与上一节定义不明确的规则样例学习实验研究不同，从 21 世纪初开始，笔者就旗帜鲜明地指导研究生从事规则样例学习的实验研究。也就是说，我们从事的样例学习实验研究从一开始就是定义明确、主题鲜明的规则样例学习研究。研究目的就是考查学生通过运算样例、运用科学规则的正误样例、范文和例句等样例学习，能否领悟、概括并学会运用样例中的新规则。为此，我们先后进行了数学规则、科学规则、写作和语法规则等样例学习的实验研究。正是在这些实验研究的基础上，笔者才先后提出了规则样例学习的可行性理论、普适理论，并建立了规则样例学习原理和规则学习一般原理。

一、数学规则样例学习的实验研究

为了考察学生能否通过运算样例学习归纳出其中的运算规则并学会新规则的运用，我们从四则混合运算规则的样例学习实验研究开始，先后做了四则混合运算规则、代数运算规则、解方程运算规则和解析几何图形形状判定规则等规则样例学习的实验研究。

（一）四则混合运算规则样例学习的实验研究

在我们最初接触到的有关样例学习研究的文献中，报告的都是问题解决的样例学习研究。笔者一直思考的问题是如何进行规则学习的实验研究，所以笔者和林洪新博士联想到的研究课题是能否用算术运算样例的学习使学生学会新的运算规则。数学和科学知识的学习经验告诉笔者，学习新规则要以有关的已知规则或旧规则为基础，所以选择什么样的规则和被试是规则样例学习实验研究的关键。林洪新了解到小学二年级的学生在学习了整数的加、减、乘、除运算之后即将学习四则混合运算，因此，我们决定在他们学习四则混合运算之前进行四则混合运算规则的样例学习实验研究。四则混合运算规则是运算顺序规则，在算式中除大、中、小括号之外，其他运算符号都是二年级小学生熟悉的。掌握了加、减、乘、除整数运算规则的二年级小学生具备了学习四则混合运算规则的有关已知规则。因此，我们假设他们很有可能通过四则混合运算的样例学习，归纳出并学会运用四则混合运算规则。该规则可以分为 3 个子规则，即在四则混合算式的运算过程中：①先算括号内的算式，后算括号外的算式；②在有多重括号的算式中，先算小括号内的算式，再算中括号的算式，后算大括号的算式，最后算括号外的算式；③在无括号的算式中先做乘、除法运算，后做加、减法运算。所以，我们设计了"无括号""小括号""中括号"三种四则混合运算的样例进行规则样例学习实验研究。

1. 实验目的

第一个实验目的是考察已经熟练地掌握了加、减、乘、除整数运算，但没有学习四则混合运算的二年级小学生分别经过 1—4 个三种四则混合运算规则的样例学习，能否领悟并学会运用四则混合运算的某个子规则。第二个实验目的是考察在四则混合运算的样例中加上运算标记，是否可以促进规则样例学习并提高其学习效率和效果。第三个实验目的是考察样例学习的数量与学习效果之间的关系。

2. 实验方法

1）被试的选取。为了避免个别二年级小学生自学了四则混合运算规则或者在家长的指导下学习了四则混合运算规则并影响研究结果，我们首先根据学生的前测成绩筛选被试。所谓前测，就是在实验之前对准备参加实验的二年级小学生进行算术测验。测验由加、减、乘、除整数运算题各一道，无括号、小括号和中括号四则混合运算题各一道，共 7 道运算题组成。根据学生的前测成绩选择被试的标准是：只有在前测中答对所有加、减、乘、除四道整数运算题，且没有答对任何一道四则混合运算题的二年级小学生才能被选为被试，进而参加下面的规则样例学习实验。如此严格筛选被试的目的就是保证所有被试在实验过程中都是进行规则样例学习，而不是进行问题解决的样例学习。

2）样例学习材料。为了考察"运算标记"在规则样例学习中是否具有促进作用，我们编制了"三种两类"四则混合运算样例。所谓"三种"，就是按照四则混合运算的三个子规则编制三种运算样例（每个子规则各有 4 个运算样例）：①无括号运算样例，例如，5+4×3=5+12=17；②小括号运算样例，例如，（8+1）×2=9×2=18；③中括号运算样例，例如，20+[10÷（3+2）]=20+[10÷5]=20+2=22。设计这三种运算样例的目的是想考察哪一种四则混合运算子规则的样例学习比较容易，哪一种子规则的样例学习比较困难。所谓"两类"，就是将实验所用的运算样例设计为两大类：一类有"运算标记"，即"有标记"的运算样例；另一类没有"运算标记"，即"无标记"的运算样例。运算标记的运用是受"子目标编码"的启发而设计的。

3）实验程序。经过前测筛选出的 48 名被试被随机分配到有标记组、无标记组分别进行实验，每组被试各 24 名，男女各半。有标记组的被试在实验时学习有运算标记的样例，无标记组的被试学习无运算标记的样例。每个被试都是单独进行实验。实验时每名被试都要先后学习三种运算样例。三种运算样例的学习顺序是：首先学习"无括号"运算样例；其次学习"小括号"运算样例；最后学习"中括号"运算样例。

每种运算样例学习的实验步骤如下：①主试向被试呈现第一个运算样例，指导语是："请你认真观察和思考这个例题，尽量看懂并记住它的运算步骤。如果你看懂并记住了它的运算步骤，请向我举手示意。"被试学习每个运算样例的时间最多为 2 分钟。待被试举手示意或时间满 2 分钟后，主试收回样例，并给被试呈现一个与样例运算题一致的练习题，指导语为"请你准确计算这道题，不限时间，计算准确为好"。如果被试做对了这道练习题，就给被试呈现 4 道"后测"题，指导语为"请你计算这 4 道题，不限时间，计算准确为好"。如果被试准确地计算出 4 道后测题，且步骤正确，则认为该被试学会了该运算规则。休息 2 分钟后，进行下一个运算规则的样例学习实验。②如果被试举手示意看不懂第一个样例，或者虽然示意看懂了样例，但做错了第一道一致的练习题，或者既示意看懂了样例，又做对了第一道一致的练习题，但没有完全答对 4 道后测题，则认为被试没有学会该运算规则。③主试给被试呈现第二个样例，重复与第一个样例学习类似的实验过程。④如果被试经过两个样例的学习还没有学会该运算规则，主试就给被试呈现第 3 个样例，重复与第二个样例学习类似的实验过程。⑤如果被试经过 3 个样例的学习还没有学会该运算规则，就给被试呈现最后一个样例（即第四个样例），重复与第三个样例学习类似的实验过程。⑥如果被试经过某数量的样例学习学会了该运算规则，就记录被试学会该运算规则所用的样例数量。如果被试经过 4 个样例还没有学会该运算规则，就终止这名被试在该种运算规则的样例学习实验，认定被试没有学会该运算规则。休息 2 分钟后进行下一个运算规则的样例学习实验。

3. 结果分析

1）有标记组被试学会无括号运算规则的通过率是 62.5%，无标记组被试的通过率是 20.8%；有标记组学会中括号运算规则的通过率是 91.7%，无标记组的通过率是 75.0%；有标记组学会小括号运算规则的通过率是 91.7%，无标记组的通过率是 95.8%。

比较学习三种运算规则的平均通过率（有标记组与无标记组通过率的平均值）可知，学习无括号四则混合运算规则的平均通过率最低（41.7%），说明该运算规则较复杂，学习难度最大；学习中括号运算规则的平均通过率较高（83.3%），说明该运算规则比较简单，学习难度较小；学习小括号运算规则的平均通过率最高（93.8%），说明与上述两种运算规则相比，该运算规则最简单，学习难度也最小。

对三种运算规则学习的平均通过率进行 χ^2 检验，检验结果显示，学习无括号运算规则的通过率不显著[$\chi^2_{(1)}$ =2.56，p =0.05]；学习小括号运算规则的通过率达到显著水平[$\chi^2_{(1)}$ =77.44，$p<0.001$]；学习中括号运算规则的通过率达到显著水平[$\chi^2_{(1)}$ =46.24，$p<0.001$]。检验结果表明，大多数被试可以通过样例学会小括号和中括号四则混合运算规则，但多数被试难以学会无括号四则混合运算规则。

2）有标记组被试用 1 个、2 个或 3 个样例学会无括号运算规则的通过率分别显著高于无标记组，但无标记组被试用 4 个样例学会无括号运算规则的通过率显著高于有标记组。有标记组被试用 1 个样例学会中括号运算规则的通过率显著高于无标记组，而用 2 个或 3 个样例学会中括号运算规则的通过率与无标记组均无显著差异。有标记组被试用 1 个或 2 个样例学会小括号运算规则的通过率与无括号组的通过率无显著差异。

3）非参数检验结果表明：在有标记组，多数学会小括号和中括号运算规则的被试只需学习 1 个样例，而学会无括号运算规则的被试多数需要学习 3 个样例。在无标记组，多数学会小括号运算规则的被试只需学习 1 个样例，学会中括号运算规则的被试需要学习 1—2 个样例，学会无括号规则的被试需要学习 3—4 个样例。

4. 研究结论

研究结论如下：①二年级小学生，多数可以通过样例学习学会小括号和中括号四则混合运算规则，但多数学生难以学会无括号运算规则。②运算标记对二年级小学生学习无括号运算规则和在 1 个样例下学习中括号运算规则有明显促进作用，但对学习小括号运算规则和在 2 个及以上样例下学习中括号运算规则无明显促进作用。③学习条件不同（即有、无运算标记）、规则学习的难易程度不同，所需学习的样例数量也不同。小括号运算规则最容易被学会，一般学生只需学习 1 个样例；无括号运算规则最难被学会，学生需要学习 3—4 个样例；中括号运算规则的学习难度适中，学生需要学习 1—2 个样例。

（二）小学生"去括号"运算规则样例学习的实验研究

在四则混合运算规则样例学习实验研究取得了预期的实验结果后，个别研究生也自愿地加入规则样例学习研究的行列中。所以，笔者指导郭菲菲（现用名：郭瑄宜）做了小学生"去括号"规则样例学习的实验研究。去括号运算规则是有理数加、减法运算规则。它有 4 个子规则：①"正正题"的运算规则是，加上一个正数等于加上这个数；②正负题的运算规则是，加上一个负数等于减去这个数；③"负负题"的运算规则是，减去一个负数等于加上一个正数；④"负正题"的运算规则是，减去一个正数等于加上一个负数。这些运算规则是初中一年级学生所学的有理数加减运算规则。为什么选择三、四、五年级的小学生作为被试呢？因为我们在小学做实验的过程中发现，许多三年级及以上的小学生已经形成了负数的概念。

1. 实验目的

我们以三至五年级的小学生为被试，考察他们经过去括号运算样例的学习，能否学会运用去括号运算规则。同时考察三至五年级小学生去括号运算规则样例学习能力的发展情况，以及他们对去括号运算样例的分类成绩是否与规则样例学习成绩有显著的相关。

2. 实验方法

1）被试的选取：通过前测，从一所城市普通小学的三、四、五年级学生中各选取 90 名被试，男女生各半，共 270 名被试。根据被试最近一次数学期末考试成绩将他们分为高、中、低 3 组，分别对各组被试进行编号，将他们随机分配到完整样例组、不完整样例组和不完整样例-分类组。

2）实验材料：前测材料、样例学习材料、练习材料和后测材料。①前测材料为 4 种去括号规则的运算填空题各 2 道，共 8 道测题。根据前测成绩选择被试的标准如下：在前测中均不能正确填写去括号后算式中运算符号的小学生作为正式实验的被试。②样例学习材料为 4 种运算规则的运算样例各 2 个，共 8 个运算样例。样例又分为完整样例和不完整样例两种。完整样例在去括号后的算式中按照对应的运算规则改变了符号，不完整样例在去括号后的算式中删除了符号。③练习材料为 8 道练习题，只是与前测题的数值不同，其余完全相同。④后测材料为 10 道测题，前 8 个测题与前测题完全相同，后 2 个测题为代数运算题。

3）实验程序：①完整样例组的实验步骤：给每个被试呈现 8 个完整样例。被试按照指导语的要求学习 8 个运算样例。待被试举手向主试表示自己看懂后，主试收回样例，让被试做 8 道练习题。待被试做完练习题后，再让被试做 10 道后测题。后测成绩的计分标准是：被试每准确填写出一个运算式中的运算符号，记 1 分；填写错误或没填写记 0 分。每种子规则算术题和代数题的最高成绩均为 2 分，后测成绩满分为 10 分。②不完整样例组的实验步骤与完整样例组相同。③不完整样例-分类组的实验步骤。首先，给被试呈现 8 个不完整样例，指导语是："下面是 8 个去括号算术题的例题，请你认真观察和思考，并尽量看懂它们。然后把它们分成 4 类，将同一类的两个例题用线连起来。画好线后，请向老师举手示意。"待被试举手示意后，主试收回样例，然后给被试呈现 8 道练习题，其余实验步骤与完整样例组和不完整样例组的实验步骤相同。样例分类作业的计分标准是被试每连对一条线记 1 分,分类作业的最高成绩为 4 分。

3. 结果分析

被试 4 种算术题后测成绩的年级差异均显著,$F(2,267)=36.07$,$p<0.001$;$F(2,267)=56.28$,$p<0.001$;$F(2,267)=23.15$,$p<0.001$;$F(2,267)=17.73$,$p<0.001$。事后分析结果显示各年级之间的差异均显著($ps<0.05$)。

被试分类作业成绩与后测成绩呈显著的正相关($r=0.535$,$p<0.01$)。回归分析结果显示,各个年级被试的后测平均成绩都与样例分类作业的平均成绩建立了线性回归方程。3 个年级的回归方程分别是:三年级被试的后测成绩=2.088×分类作业成绩($R^2=0.667$);四年级的后测成绩=2.766×分类作业成绩($R^2=0.664$);五年级的后测成绩=2.682×分类作业成绩($R^2=0.686$);全体被试的后测成绩=2.538×分类作业成绩($R^2=0.662$)。

4 种子规则的后测成绩差异显著,"负负"题的后测成绩最低,学习难度较大;其次为"负正"题和"正负"题,学习难度较小;"正正"题的后测成绩最高,学习难度最小。

4. 研究结论

研究结论如下:①无论学习完整还是不完整的去括号运算样例,三至五年级小学生均可以通过去括号运算样例的学习,不同程度地学会去括号运算规则,学习成绩随年级的升高而显著提高。②运算样例分类作业成绩与样例学习后测成绩存在显著的正相关,可以根据分类作业成绩在较大程度上预测其后测成绩。③4 种去括号规则的样例学习难度不同。

(三)小学生代数运算规则样例学习的实验研究

1. 实验目的

前两项研究都是算术运算规则样例学习的实验研究。我们联想到,小学生既然可以通过算术运算样例的学习,学会算术运算规则,那么他们是否也可以通过代数运算样例的学习学会代数运算规则呢?代数运算种类很多,有整式运算、分式运算、解方程(方程组)运算和各种函数运算等。但整式运算是代数运算的基础,初学代数运算都从整式运算学起。选择哪种代数运算规则作为整式代数运算样例学习的材料呢?笔者在初学代数运算时,印象最深的就是完全平方和与平方差运算。它们不仅包含了代数加减运算的合并同类项运算规则,而且涉及代数乘法运算交换律和分配律的运用以及乘方运算。不仅如此,它们还是两个重要的因式分解公式。数学学习的经历告诉我们,初中数学学习有两个重点和难点,即因式分解题和平面几何题的证明过程。所以，我们选择完全平方和与平方差运算规则作为代数运算规则样例学习的内容。

2. 实验方法

1）被试的选取：由于小学生毕业进入中学后，学完有理数运算后就学习代数运算。所以，我们决定以六年级小学生为被试。为了防止个别六年级小学生自学了或在家长的帮助下学习了代数运算，所以仍然需要经过前测筛选被试。前测材料只有 3 道测题：第一题是一位数字的乘方运算题，即 $6^2=$？另两道分别是"完全平方和"和"平方差"代数运算题，即 $(a+b)^2=$？和 $a^2-b^2=$？选择被试的标准是：只有答对第一题，而不能答对后两题的六年级小学生才能成为实验的被试。按此标准选择被试意味着被试虽然了解或掌握了"平方"的算术运算，但还没有掌握其代数运算。

2）实验材料：①样例学习材料。怎样设计代数运算样例呢？此时，我们已经掌握了"完整"样例、"不完整"样例和"渐减步骤"的不完整样例，以及在不完整样例的学习中增加反馈步骤等样例设计方法，同时还了解到，在样例学习研究中完整与不完整样例的学习效果存在争议。所以，将代数运算样例设计为两种：一种是"完全平方和"与"平方差"的完整运算样例；另一种是不完整样例。不完整样例又分为 4 种：删除首步（即第一步）运算的样例、删除中间运算步骤的样例、删除首步和中间步骤运算的样例、删除尾步（即最后一步）运算的样例。不完整样例学习又分为两类：一类是在学习不完整样例时，需要被试尝试补写出删除的运算步骤。如果补写不出来或补写错误，主试给予正确运算步骤的反馈，称为"有反馈"的不完整样例学习组；另一类被试学习同样的不完整样例，也同样需要他们尝试补写出删除的运算步骤。但无论能否补写出来和补写正确与否，一律没有反馈，称为"无反馈"的不完整样例学习组。再加上完整样例学习组，共 9 组，每组 20 名被试，所以通过前测共筛选 180 名被试参加实验。②迁移测验材料。共 4 道测题，前两道测题是近迁移测题（算式与样例题相同，只有字母不同），例如，$(x+y)^2$ 和 n^2-m^2；后两道是远迁移测题（算式和字母与样例题均不同），例如，$(x-y)^2$ 和 $(n+m)^2-z^2$。

3）实验程序：①通过前测从六年级小学生中筛选被试；②将筛选出的被试随机分为 9 组；③各组被试在规定的时间内分别学习各自的样例材料；④全体被试参加后测。

3. 结果分析

从后测的通过率来看，完整样例组学习"完全平方和"的近迁移测验通过率是 50%，远迁移测验的通过率仅有 5%；学习"平方差"的近迁移测验通过率只有 35%，远迁移测验通过率为 0。无反馈的 4 个不完整样例学习组的近迁移测验通过率最高的也只有 30%，其他都在 25%以下，而且学习平方差的远迁移测验通过率几乎都是 0。有反馈的 4 个不完整样例学习组中，只有删除中间步骤组的平均通过率较高，即学习完全平方和的近迁移测验通过率是 80%，远迁移测验的通过率仅有 10%；学习平方差的近迁移测验通过率是 50%，远迁移测验通过率仅有 10%。

4. 研究结论

研究结论如下：①代数运算样例学习可以使部分六年级小学生学会完全平方和代数运算规则，但他们很难学会平方差代数运算规则。②正确步骤反馈可以提高不完整样例的代数运算规则学习效果。③不完整样例的学习效果受运算规则学习难易程度的制约。④在无反馈条件下，完整样例的学习效果一般都好于不完整样例的学习效果。值得注意的是，与前两项实验结果相比，代数运算规则样例学习的效果明显不如算术运算规则样例学习的效果好。

（四）代数运算规则样例学习效果原因分析与样例设计方法的提出

1. 代数运算规则样例学习成绩低下的原因分析

为什么小学生代数运算规则样例学习的成绩明显不如算术运算规则样例学习的成绩好呢？首先，从两个代数运算规则样例学习实验结果的分析来看，学生学习"完全平方和"完整样例的远、近迁移测验成绩都明显高于学习"平方差"的迁移成绩，而且所有学习"完全平方和"不完整样例组（不论有无反馈）的远、近迁移测验成绩都明显高于学习"平方差"的远、近迁移成绩。这说明学习"平方差"运算规则比学习"完全平方和"更难一些。难在哪里呢？难就难在从"a^2-b^2"到得出"$(a+b)(a-b)$"的运算过程中，需要在算式中加上一个"ab"，同时再减去一个"ab"，如此最后才能得出"$(a+b)(a-b)$"的结果。用完整的运算步骤表达就是：

$$a^2-b^2$$
$$=a^2+ab-ab-b^2$$
$$=a(a+b)-b(a+b)$$
$$=(a+b)(a-b)$$

在完全平方和的运算中没有这种凭空加、减同一项的运算。在代数等式运算中，在等式的一端加、减同一项，其等式不变。小学生没有学习过这个代数等式运算定理。所以，他们学习平方差的代数运算规则要比学习完全平方和的运算难一些。

再从具体实验结果的分析来看，在学习有反馈的不完整样例的迁移测验成绩上，学习删除中间步骤不完整样例的迁移成绩高于删除其他步骤的不完整样例的迁移成绩。这表明在不完整样例的学习中，确定删除哪个运算步骤对样例学习效果的影响至关重要。如果在样例学习过程中被试能够根据运算样例中的前后步骤将删除的某个运算步骤正确补写出来，则删除的步骤对学习效果没有太大的影响。可是，如果被试不能将删除的步骤正确地补写出来，样例学习就遇到了障碍，并可能会导致学习的中断或失败。分析实验结果后发现，在无反馈的平方差不完整样例学习中，如果删除首步运算"$a^2+ab-ab-b^2$"，绝大多数被试很难学会该运算规则（20 名被试中只有 2 名被试学会了，通过率为 10%）；如果删除第二步运算或中间步骤运算"$a(a+b)-b(a+b)$"，则只有 1 名被试学会了该运算规则（通过率仅为 5%）。由此，笔者提出了"关键步骤"的概念。所谓关键步骤，就是在不完整样例的学习中，如果删除了该步骤，被试无法正确推断和补写出来。根据这个定义，又提出了一种判断数学运算样例中是否存在关键步骤的方法——补写法。所谓补写法，就是让被试在学习不完整运算样例时对缺失的步骤尝试进行推断和补写。如果被试能够正确补写出来，则该步骤对于该被试来说就是非关键步骤；如果被试不能正确补写出来，则该步骤对于该被试来说就是关键步骤。

林洪新（2009）提出了关键步骤的三种样例设计方法：解释法（又分为整体解释和关键步骤解释）、分解法（又分为简单分解法和详细分解法）和整合法（即合并运算样例中的两个运算步骤为一个步骤），并首先采用补写法判定运算样例中的关键步骤，再采用解释法设计绝对值不等式运算的完整样例，并与没有解释的普通样例的学习效果做了对比实验研究；其次采用分解法设计开方运算的完整样例，并与没有分解的普通样例的学习效果做了对比实验研究；最后，采用整合法设计解一元二次方程运算样例中的关键步骤，并与没有整合步骤的普通样例的学习效果做了对比实验研究。

实验结果表明：①运用关键步骤的解释法设计绝对值不等式运算完整样例中的关键步骤，其学习的迁移效果明显优于运用整体解释法设计的完整样例学习和普通样例学习的迁移效果；运用整体解释法设计的完整样例与普通样例学习的迁移效果之间的差异不显著。由此可以说明，运用关键步骤解释法设计的样例能够明显促进样例中关键步骤的学习及样例学习的效果，而运用整体解释法设计的完整样例对学习效果没有明显的促进作用。②分别运用简单分解法和详细分解法设计开方运算完整样例中的关键步骤，其学习迁移的效果均显著好于普通样例的学习效果，而运用分解法设计的两种完整样例学习的迁移效果之间没有显著差异。这说明运用分解法设计样例中的关键步骤能够促进样例学习。③运用整合法设计一元二次方程运算完整样例中的关键步骤，其近迁移效果显著好于普通样例学习，而整合样例与普通样例学习之间的远迁移效果没有显著差异。由此可见，运用整合法设计关键步骤对样例学习效果具有一定的促进作用。

2. 代数运算规则样例学习效果的再分析与解释法的提出

在上述关键步骤规则样例学习实验研究采用的运算样例中，尽管有解一元二次方程的代数公式和未知量的字母"x"，以及在绝对值不等式运算中有未知量"x"的代数符号，但是样例中的运算都是数字运算，即算术运算，而非代数运算。这些实验研究很好地解决了算术运算样例中关键步骤的学习问题。但是，小学生被试通过代数运算样例学习，学会代数运算规则成绩低下的问题仍然没有得到解决。为此，笔者对代数运算与算术运算的不同做了对比分析。

对比分析得出两种运算的主要区别：①代数运算既有字母运算也有数值运算，而算术运算都是数值或数字运算；②代数运算得出的结果仍旧是代数式，而算术运算的结果都是具体的数值或数字。③代数运算与算术运算的运算符号（即算符）不尽相同，例如，代数乘法运算没有任何运算符号，a 乘 b，写作"ab"；而算术乘法运算要用乘号"×"，2 乘以 3，写作"2×3"。④代数乘法运算要严格遵循交换律和分配律，而算术运算则不必如此。举例说明如下：

代数运算：$(a+b)(a-b)$

$\qquad =a^2-ab+ba-b^2$（此步运算运用代数乘法运算的分配律）

$\qquad =a^2-ab+ab-b^2$（此步运算运用代数乘法运算的交换律）

$\qquad =a^2-b^2$

算术运算：$(3+2)\times(3-2)$

$\qquad =5\times1$

$\qquad =5$

正是代数运算与算术运算的这些区别，使没有学习过代数运算的小学生一开始接触代数运算样例就受到未知代数运算符号的困扰。他们一开始很难理解"ab"就是"a 乘以 b"和"$ab=ba$"。他们虽然在算术运算中可以理解"$2^2=4$；$3^2=9$……"可是，在代数运算样例的学习中，还是不甚理解"a^2"就是"$a\times a$"，即"aa"。也就是说，小学生在初学代数运算样例时，遇到了他们没有学习过的"新算符"。代数运算中的算符既代表一种运算，也是一种运算规则。诸如："a^2"代表的是任何一个数值的平方运算；"a^n"代表任何一个数值的 n 次幂；"$a^n a^m=a^{n+m}$"代表"同底数幂相乘，指数相加"的运算规则；"$a^n/a^m=a^{n-m}$"表达的是"同底数幂相除，指数相减"的运算规则。诸如此类的代数运算符号很多，如 log、ln、sin、cos、Δ、$\sum$、$\int$ 和 $\mathrm{I\!I\!I}$ 等。

六年级小学生还没有学习代数运算，不熟悉代数运算符号及其所代表的新运算规则，势必给数学运算规则的样例学习造成障碍，这就是小学生代数运算规则样例学习成绩低下的根本原因。

数学运算规则样例学习的目的就是让学生经过运算样例的学习，领悟、概括并学会运用新运算规则。学习新运算规则不可避免地会遇到新算符。如果不解决新算符给初学者规则样例学习带来的困扰，就会给新运算规则样例学习造成一定的障碍。

对于新算符和新代数运算规则的样例学习问题，已经有了一些可用的解决方法。例如，可以像过程导向样例的设计那样，在每步运算旁边都加上文字说明以及数学概念和原理的解释、说明等。可是，这样的样例设计无异于让学生自学数学教材和参考书。因为这种样例设计是用学生的母语解释数学运算符号和运算规则。数学知识的学习不仅要学会运用母语理解、解释或讲解数学运算符号和运算规则，更重要的是让学生学会运用数学语言理解、解释或讲解数学运算符号和运算规则。这一点对于阅读数学研究文献和从事数学研究尤为重要。也正是因为在以往的数学教学中运用母语太多，而运用数学语言太少，一些学生在后来的数学和物理学等有关知识的学习过程中，面对较长的数学公式推导步骤或比较复杂的数学公式一筹莫展，出现数学学习的焦虑状态，甚至中断或放弃数学学习。

数学符号既是数学的专业术语和科学技术的专业术语，也是运算规则。运用数学符号的过程是抽象逻辑思维过程。数学语言是科学技术的通用语言。因此，在数学学习和教学中，培养学生理解和运用数学语言的能力是非常重要的。所以，笔者决定用数学语言（即学生已知运算符号的算式）解释数学运算样例中的新算符和新规则。

如何运用数学语言解释新算符和新运算规则呢？笔者发现数学运算符号与运算规则以及不同运算规则之间均有内在逻辑关系。数学运算样例中的新算符和新运算规则可以用学生已知的算符和运算规则做出数学语言的解释。只要学生掌握了与学习新算符和新规则有关的"已知算符"和"已知规则"，就可以在运算样例中利用它们来解释新算符和新规则。例如，如果学生掌握了算术乘法运算符号和运算规则，就可以用"$a \times a = a^2$"的算式解释代数乘方运算符号"a^2"的含义和运算规则。同理，可以用"$a \times b = ab$"和"$ab = ba$"的算式帮助学生在规则样例学习中理解代数乘法运算符号和乘法运算的交换律；还可以用"$a \times a \times a = a^3$"，帮助学生理解"幂函数"的数学含义和运算规则。更可以用"$3! = 1 \times 2 \times 3 = 6$"和"$5! = 1 \times 2 \times 3 \times 4 \times 5 = 120$"等算式帮助学生理解阶乘运算符号"!"的运算含义和运算规则。

除此之外，不同的运算规则之间还存在逆运算关系、相互转换关系等，诸如减法与加法、除法与乘法、开方与乘方、反三角函数与三角函数、积分与微分都存在逆运算关系；指数与对数之间存在转换关系；三角函数之间存在同角三角函数、倍角三角函数和半角三角函数的转换和替代关系；函数式与函数曲线、解析几何图形与方程之间存在对应关系等。有了这些规则之间的逻辑关系，就可以在样例设计上利用学生已知的算符和规则解释新算符和新规则。

因此，只要在数学运算样例中出现了学生没有学习过的新算符和新规则，就可以利用学生的已知算符和运算规则解释新算符和新规则。这样的样例设计方法既简洁明快，又充分利用了数学语言。在含有新算符和新运算规则的样例的学习过程中，学生可以利用已知算符和已知规则理解新算符的运算含义和运算规则。这样就扫除了数学运算规则样例学习中由新算符和新规则造成的困扰和障碍，使学生经过新旧算符和新旧规则之间的逻辑推理，理解、概括、掌握和运用新算符和新规则。笔者把这种新算符和新规则的样例设计方法称为"算式解释法"或"数学解释法"，并仍然简称为"解释法"。这是一种不同于在运算样例中对运算符号和运算规则附加文字注解或说明的"文字解释法"。它省去了母语或其他语言文字，直接运用了数学语言，有利于培养学生的抽象逻辑思维或数学思维。

（五）解释法和解释-标记法促进数学规则样例学习的实验验证

为了考察解释法和解释-标记法样例设计能否促进含有新算符和新规则的样例学习效果，即解释样例和解释-标记样例的学习效果是否明显优于无解释样例和无解释-标记样例的学习效果，笔者指导研究生重新进行了小学生代数运算规则样例学习的实验研究。其中的解释-标记法是解释法与运算标记法的结合。

1. 解释法、解释-标记法样例设计和分步呈现对代数运算规则样例学习的促进作用

实验 1 还是通过前测从没有学习代数运算的六年级小学生中筛选被试。样例学习的内容仍然是完全平方和与平方差代数运算规则，不同的是改变了样例设计方法：一种是运用解释法设计的运算样例；另一种是没有解释的普通样例。

将被试随机分为 4 组，每组 30 人，分别学习上述 4 种样例 15 分钟。收回样例学习材料后进行迁移测验。两种运算规则的迁移测验各有 6 道测题，前 3 道是近迁移测题，例如，$(x+y)^2$ 和 x^2-y^2 等；后 3 道是远迁移测题，例如，$(n+3m)^2$ 和 $n^2-(3m)^2$ 等。被试正确完成一道测题计 1 分，远、近迁移测验满分均为 3 分。实验结果见图 3-1。

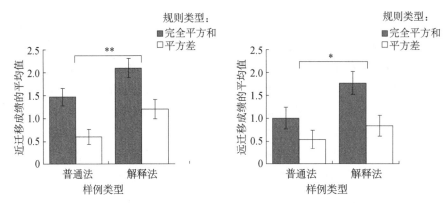

图 3-1　各组被试远、近迁移测验中的成绩及方差分析结果

注：*表示 $p<0.05$，**表示 $p<0.01$，***表示 $p<0.001$，下同

上述实验结果表明，与普通样例的学习迁移成绩相比，解释法样例设计明显提高了六年级小学生学习完全平方和与平方差代数运算规则的迁移成绩，即证明了解释法样例设计对学习两种运算规则有显著的促进作用。

鉴于在四则混合运算规则样例学习的研究中给运算步骤添加运算标记起到显著的促进作用，所以实验 2 设计了 4 种运算样例：第一种和第二种是采用解释法设计的完全平方和、平方差运算样例，它们与实验 1 中的"解释法"运算样例完全相同。第三种和第四种是在解释法的基础上添加了红色运算标记（请参见第四章第二节）。我们将这种解释+标记的样例设计方法称为解释-标记法。

实验 2 采用实验 1 中的前测筛选出 120 名被试，将其随机分为 4 组，每组 30人。4 组被试分别学习各自的样例 15 分钟。然后进行与实验 1 同样的迁移测验。迁移测验成绩的方差分析结果见图 3-2。

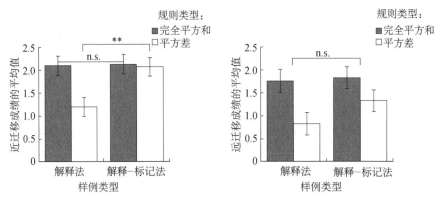

图 3-2　各组被试远、近迁移成绩及差异检验结果

注：n.s.表示 $p>0.05$；误差线显示的是标准误，下同

实验 2 的结果表明，在学习解释-标记样例的迁移测验成绩中，学习平方差

运算规则的近迁移成绩明显优于学习解释法样例的近迁移成绩。这说明解释-标记法比解释法的样例设计更有促进作用。可是其他迁移成绩在两种样例之间的差异均不显著。

为什么其他迁移成绩在两种样例之间的差异均不显著呢？我们看到，在实验2的解释-标记样例中，由于标记较多，整体呈现运算样例容易使被试产生眼花缭乱的感觉，从而不利于对运算规则的理解和概括。因此，实验3虽然仍采用实验2的解释-标记运算样例，但改变了运算样例呈现的方式：一种是整体呈现，同实验2的呈现方式一样；另一种是分步呈现，分步呈现方式用计算机编程实现。被试在学习时，可以用鼠标点击电脑屏幕上的"下一步"或"上一步"按钮来呈现运算步骤。

采用实验1的前测筛选出120名被试，将其随机分为4组，每组30人。两组被试分别学习整体呈现的两种运算规则解释-标记样例；另两组被试分别学习分步呈现的两种运算规则解释-标记样例。15分钟后，被试做与实验1同样的迁移测验。迁移测验成绩的方差分析结果见图3-3。

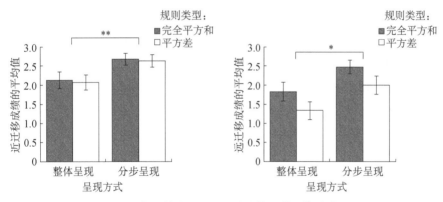

图3-3　各组被试远、近迁移成绩及差异检验结果

方差分析结果表明，分步呈现解释-标记样例的远、近迁移效果均明显优于整体呈现的效果。该研究不仅证明了解释法样例设计对代数运算规则样例学习迁移效果具有显著的促进作用，也证明了解释-标记法样例设计和分步呈现方式对学习解释-标记样例具有显著的促进作用。为了进一步验证解释法和解释-标记法样例设计对数学运算规则样例学习效果的促进作用是否具有普遍性，我们又做了以下4项实验研究。

2. 指数与对数转换规则和对数运算规则样例学习的实验研究

在指数与对数转换规则样例学习的实验研究中，我们将运算标记法发展成"转换标记法"。所谓转换标记法，就是在指数与对数转换的样例中，将指数与对数转换前后各项的对应关系用带箭头的折线标记出来（详见第四章第二节）。其目的是使被试清楚地了解指数与对数转换前后的对应关系。为了检验这种转换标记在指数与对数转换规则的样例学习中是否可以起到促进作用，实验1通过前测选择能够正确完成指数运算，但不会做或做错对数运算的120名初三学生为被试，将其随机分为4个组，每组30人。第一组学习有转换标记的指数与对数转换样例3个；第二组学习有转换标记的样例6个；第三组学习无转换标记的样例3个；第四组学习无转换标记的样例6个。进行15分钟的样例学习后，全体被试进行迁移测验。近迁移测验是3道指数转换成对数的运算题；远迁移测验是3道对数转换成指数的运算题。迁移测验成绩见表3-1。

表 3-1 4 组被试迁移测验成绩的平均分与标准差

组别	样例类型	样例数量/个	近迁移		远迁移	
			M	SD	M	SD
1	有标记	3	2.63	0.96	2.90	0.55
2	有标记	6	2.63	0.93	2.80	0.61
3	无标记	3	2.00	1.34	2.17	1.26
4	无标记	6	1.93	1.23	2.10	1.30

两因素方差分析结果显示：有标记组的远、近迁移测验成绩均显著优于无标记组，$F_{(1, 116)} = 400.00$，$p < 0.05$；$F_{(1, 116)} = 1.85$，$p < 0.01$。样例数量间的差异均不显著，$F_{(1, 116)} = 1.00$，$p > 0.05$；$F_{(1, 116)} = 0.25$，$p > 0.05$。样例类型、样例数量与迁移测验成绩的交互作用不显著，$F_{(1, 116)} = 0.03$，$p > 0.05$；$F_{(1, 116)} = 0.01$，$p > 0.05$。实验1的结果表明，与无转换标记的样例学习效果相比，有转换标记的样例学习显著地提高了指数与对数转换规则的样例学习迁移效果。

实验2进一步考察了解释法样例设计在对数运算规则样例学习方面的促进作用。我们设计了两种对数运算样例：一种是采用解释法设计的样例；另一种是无解释的普通样例。从实验1的被试中选取60名后测成绩得满分的学生，将其随机分为第一组和第二组，从未参加过实验1的初三学生中通过前测选取60名学生，将其随机分为第三组和第四组，每组30人。在样例学习阶段，第一组和第三组的被试学习解释法样例；第二组和第四组的被试学习普通样例，学习时间为20分钟。样例学习结束后，全体被试进行30分钟的迁移测验。迁移测验有6道对数运算题，测验题与样例题目相似但不同。被试做对一题计1分，做错记0分，迁移测验成绩满分为6分。4组被试的迁移测验成绩见表3-2。

表 3-2　4 组被试迁移成绩的平均分与标准差

组别	样例类型	被试类型	迁移成绩	
			M	SD
1	解释	学过转换规则	5.87	0.73
2	解释	未学转换规则	2.13	2.56
3	普通	学过转换规则	4.00	2.57
4	普通	未学转换规则	2.30	2.00

方差分析及简单效应分析结果显示,对于学过转换规则的被试来说,解释法样例的迁移成绩显著优于普通样例,$F(1,117)=8.32$,$p<0.01$;而对于未学习转换规则的被试来说,学习两种样例的迁移测验成绩无显著差异,$F(1,117)=0.07$,$p>0.05$。在学习两种样例的迁移测验成绩上,两种被试迁移测验成绩之间存在显著差异,$F(1,117)=45.73$,$p<0.001$;$F(1,117)=9.48$,$p<0.01$。也就是说,学习过指数与对数转换规则的被试无论学习哪种样例,其迁移测验成绩均显著优于未学习过转换规则的被试。实验 2 的结果表明,解释法样例设计有助于促进对数运算规则的样例学习,被试掌握了指数与对数的转换规则有助于促进对数运算规则的样例学习。

3. 分数运算和比例运算规则样例学习的实验研究

为了进一步验证解释法和解释-标记法样例设计对数学运算规则样例学习具有普遍的促进作用,我们分别进行了分数加减运算、乘除运算和比例运算规则的样例学习实验研究。

实验 1 将分数加减运算样例设计为解释法样例和无解释的普通样例两种。两种样例各是 8 道相同的分数加、减运算题。我们通过前测(有 4 道整数加、减计算题和 4 道分数加、减计算题)从大连市的一所普通小学四年级学生中选取正确完成 4 道整数计算题,但不能正确计算 4 道分数题的 60 名学生为被试,将其随机分配到解释样例学习组和普通样例学习组,每组 30 人。两组被试分别学习各自的样例 16 分钟后,两组被试同时进行 16 分钟的迁移测验,远、近迁移测题各 4 道。近迁移测题与样例题的数字不同,运算结构相同;远迁移测题与样例题的数字和运算结构均不同。被试每答对一道测题计 1 分,答错记 0 分,远、近迁移测验成绩满分均为 4 分。迁移测验成绩见表 3-3。

表 3-3　两组被试远、近迁移测验成绩的平均分和标准差

样例类型	n	近迁移		远迁移	
		M	SD	M	SD
解释样例	30	3.03	0.57	1.23	0.63
普通样例	30	2.20	0.49	1.07	0.25

单因素方差分析结果显示，解释法样例学习组的近迁移测验成绩显著优于普通样例学习组，$F(1, 59)=38.319$，$p<0.001$，但两组被试的远迁移测验成绩差异不显著，$F(1, 59)=1.826$，$p>0.05$。实验结果表明，与普通样例学习相比，解释法样例学习显著地提高了分数加减运算规则样例学习的近迁移成绩。

实验 2 将分数乘、除法运算样例设计成普通样例、解释样例和解释-标记样例 3 种。3 种样例都包括相同的 8 道分数乘、除法运算样例，只是样例设计方法不同。我们通过前测（整数和分数乘、除法计算题各 4 道）从大连市一所普通小学四年级学生中选择正确完成 4 道整数题计算，但不能正确计算 4 道分数题的 90 名学生为被试（男女各半），随机分配到普通样例、解释样例和解释-标记样例 3 个组，每组 30 人。3 组被试分别学习各自的 8 个样例 16 分钟，然后进行 16 分钟的迁移测验。近迁移测验题是与样例题的数字不同但运算结构相同的 4 道测题；远迁移测验是与样例题的数字、运算结构均不同的 4 道测题。被试每答对一道测题计 1 分，答错计 0 分，远、近迁移测验成绩满分均为 4 分。迁移测验成绩见表 3-4。

表 3-4　3 组被试远、近迁移测验成绩的平均分和标准差

样例类型	*n*	近迁移		远迁移	
		M	*SD*	*M*	*SD*
解释-标记样例	30	3.60	0.50	2.63	1.21
解释样例	30	3.53	0.57	1.77	0.82
普通样例	30	3.27	0.58	1.20	0.41

单因素方差分析结果显示，3 组的近迁移成绩差异不显著，$F(2, 89)=3.565$，$p>0.05$，但远迁移成绩差异显著，$F(2, 89)=20.260$，$p<0.001$。事后分析结果显示，解释-标记组的远迁移测验成绩分别显著优于解释组（$p<0.01$）和普通组（$p<0.001$）；解释组的远迁移测验成绩显著优于普通组（$p<0.05$）。实验结果表明，解释-标记法样例设计对分数乘、除法运算规则样例学习远迁移运算的促进作用大于解释法，解释法样例的促进作用显著优于普通样例。

实验 3 将比例运算样例设计为普通样例和解释样例两种，每种样例各 4 道比例运算题。两种样例除了设计方法不同之外，其他均相同。我们将被试分为三种：第一种是没有学习过分数运算的被试；第二种是在前面的分数加减法运算样例学习实验中成绩优秀的被试；第三种是在分数乘除法运算样例学习实验中成绩优秀的被试。采用三种被试的目的是想考察学习过不同的分数运算（即加减运算和乘除运算）和没有学过分数运算的被试对学习比例运算的影响。将三种被试分别随机分为解释样例学习组和普通样例学习组（每组 30 人），如此分成 6 个组，第一、二、三组分别是 3 种被试的解释样例学习组，第四、五、六组分别是 3 种被试的普通样例学习组。6 组被试分别在各自的教室里同时学习不同的样例 16 分钟。随后，全体被试进行 16 分钟的迁移测验。近、远迁移测验题各 2 道。被试每答对一道题计 2 分，答错记 0 分，远、近迁移测验成绩满分各为 4 分。迁移测验结果见表 3-5。

表3-5　6组被试远、近迁移测验成绩的平均分和标准差

样例类型	被试类型	n	近迁移		远迁移	
			M	SD	M	SD
解释样例	第一组	30	1.60	0.72	1.10	0.31
	第二组	30	2.47	0.78	1.53	0.51
	第三组	30	3.03	0.45	1.97	0.18
普通样例	第四组	30	0.24	0.50	0.10	0.31
	第五组	30	0.43	0.90	0.17	0.38
	第六组	30	0.67	1.12	0.40	0.67

两因素方差分析及简单效应分析结果显示，三种被试解释样例学习组（前 3 个组）的近迁移成绩差异显著，$F_{(2, 179)}=10.01$，$p<0.001$；三种被试普通样例学习组（后 3 个组）的近迁移成绩差异不显著，$F_{(2, 179)}=0.90$，$p>0.05$。前 3 组的远迁移成绩差异显著，$F_{(2, 179)}=9.08$，$p<0.001$；后 3 组的远迁移成绩差异不显著，$F_{(2, 179)}=1.20$，$p>0.05$。

实验结果表明：三种被试的普通样例学习均无明显的远近迁移效果。与之相比，三种被试的解释样例学习分别明显地提高了比例运算规则样例学习的远近迁移成绩，而且受被试是否掌握分数运算规则影响，其中掌握分数乘除法运算规则的被试的远近迁移成绩最好（郑伟，2013；张奇等，2014）。

4. 乘方、开方和解一元二次方程运算规则样例学习的实验研究

为了进一步验证解释法和解释-标记法样例设计对数学规则样例学习的促进作用是否具有普遍性，我们还进行了小学生乘方、开方和解一元二次方程运算规则的样例学习实验研究。其研究路线和实验设计与前一项实验研究相同。实验结果证明，解释法和解释-标记法样例设计对小学生乘方、开方和解一元二次方程运算规则的样例学习有明显的促进作用（付华，2016）。

5. 椭圆图形判定规则样例学习的实验研究

前面的 4 项实验研究均证明了解释法和解释-标记法样例设计对算术和代数运算规则的样例学习有显著的促进作用。可是，除了数学运算规则以外，还有几何规则需要加以证明。对此，我们开展了椭圆图形形状代数判定规则样例学习的

实验研究。

椭圆图形可以用代数公式表示，例如，如果椭圆的中心是直角坐标系的原点，而且椭圆与横轴的交点坐标分别是"a"和"$-a$"，与纵轴的交点分别是"b"和"$-b$"，则椭圆的代数方程可以写为图下的公式（图 4-2）。

学习过解析几何的人都知道，在椭圆方程中，如果$|a|>|b|$，则该椭圆图形就是一个"水平的"椭圆图形；如果$|b|>|a|$，则该椭圆图形就是一个"垂直的"椭圆图形。因此，$|a|>|b|$和$|b|>|a|$这两个代数式就是判定椭圆图形是水平还是垂直的代数判定规则。掌握了这个规则，就可以根据椭圆方程中"a"和"b"这两个系数的大小，判定该椭圆图形是水平的还是垂直的。同理，如果$|b|$越大，则椭圆图形就越胖；$|b|$越小，则椭圆图形就越瘦。这是椭圆图形胖瘦的判定规则。

我们的研究目的就是将椭圆图形及对应的方程设计成解释-标记、解释和普通三种样例，考察解释-标记法和解释法样例设计能否提高上述两个判定规则的样例学习效果。

实验 1 将根据椭圆方程的系数，判定对应的椭圆图形是水平还是垂直的，样例设计为 3 种：第一种是普通样例；第二种是采用解释法设计的样例；第三种是采用解释-标记法设计的样例。经过前测（前 3 道测题分别是在直角坐标系中画出的圆、水平椭圆和垂直椭圆 3 个图形，要求被试标注出 3 个图形的名称；后 3 道测题分别是圆、水平椭圆和垂直椭圆的方程，要求被试根据方程标出每个方程代表的图形），只有正确完成前 3 道题，而不能正确完成后 3 道题的中学二年级学生才能成为实验的被试。将筛选出来的 150 名被试随机分为 3 组，即普通样例学习组、解释样例学习组和解释-标记样例学习组，每组 50 人。在样例学习阶段，3 组被试学习各自的样例材料 15 分钟（每种样例学习材料都是 6 对胖和瘦的椭圆图形及对应的方程）。3 种样例学习材料只是设计方法不同，其他均相同。然后进行 18 分钟的迁移测验（3 道近迁移测题是 3 个椭圆方程；3 道远迁移测题是 3 个变型的椭圆方程）。测验时要求被试根据方程写出每个方程对应的是水平椭圆还是垂直椭圆及其原因。被试每正确回答一题计 1 分，回答错误计 0 分。远、近迁移测验满分都是 3 分。

迁移测验成绩及方差分析结果见图 3-4，表明解释样例和解释-标记样例学习的远、近迁移成绩分别显著优于普通样例学习的远、近迁移成绩。

实验 2 将根据椭圆方程的系数也将判定椭圆图形胖瘦的样例设计为普通样例、解释样例和解释-标记样例 3 种。经过前测（前 3 道测题分别是在直角坐标系中画出的圆、水平胖椭圆和水平瘦椭圆，要求被试标注出 3 个图形的名称；后 3 道测题分别是圆、胖椭圆和瘦椭圆的方程，要求被试根据方程标出每个方程代

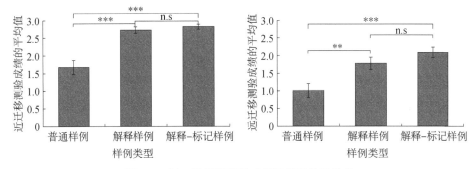

图 3-4　远、近迁移测验成绩及差异检验结果

表的图形），只有正确完成前 3 道题，而不能正确完成后 3 道题的中学二年级学生才能成为实验的被试。将筛选出来的 150 名被试随机分为 3 组，即普通样例学习组、解释样例学习组和解释-标记样例学习组，每组 50 人。在样例学习阶段，3 组被试学习各自的样例材料 15 分钟（每种样例学习材料都是 6 对水平和垂直的椭圆图形及对应的方程）。3 种样例学习材料只是设计方法不同，其他均相同。然后，进行 18 分钟的迁移测验（3 道近迁移测题分别是 3 个椭圆方程；3 道远迁移测题是 3 个变型的椭圆方程。测验时要求被试根据方程写出每个方程对应的是胖椭圆还是瘦椭圆及其原因）。被试每正确回答一题计 1 分，回答错误计 0 分。远、近迁移测验的满分都是 3 分。

迁移测验成绩及方差分析结果见图 3-5，表明解释样例和解释-标记样例学习的远、近迁移成绩分别显著优于普通样例学习的远、近迁移成绩；解释-标记样例学习的远迁移成绩显著优于解释样例学习的远迁移成绩。

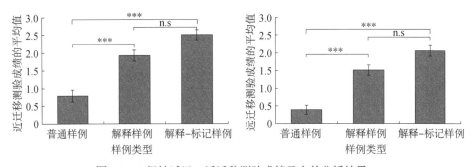

图 3-5　3 组被试远、近迁移测验成绩及方差分析结果

实验 3 将根据椭圆方程的系数判定椭圆图形是水平的还是垂直的，同时判定椭圆图形是胖还是瘦的综合判定规则的样例设计为普通样例、解释样例和解释-标记样例 3 种。为了考察分别掌握了前两个判定规则与没有学习前两个判定规则的被试对综合判定规则样例学习效果的影响，将被试分为 3 类：第一类是参加了实验 2 的实验且迁移成绩优秀的 90 名被试，被随机分为 3 组（每组 30 人）；第

二类是参加了实验 1 的实验且迁移成绩优秀的 90 名被试，被随机分为 3 组（每组 30 人）；第三类是既没有参加实验 1 也没参加实验 2 的初中二年级学习生，且经过前测（前 3 道测题分别是在直角坐标系中画出的圆、水平胖椭圆和水平瘦椭圆 3 个图形，要求被试标注出 3 个图形的名称；后 3 道测题分别是圆、垂直胖椭圆和水平瘦椭圆的方程，要求被试根据方程标出每个方程代表的图形。只有在前测中正确完成前 3 道题，而不能正确完成后 3 道题的中学二年级学生才能成为实验的被试），将筛选出来的 90 名随机分为 3 组，每组 30 人。在样例学习阶段，3 类被试中的 3 组被试学习各自的样例材料 15 分钟（每种样例学习材料都是 6 对水平与垂直兼具胖瘦特征的椭圆图形及对应的方程。3 种样例学习材料只是设计方法不同，其他均相同）。然后，进行 18 分钟的迁移测验（3 道近迁移测题是 3 个椭圆方程；3 道远迁移测题是 3 个变型的椭圆方程。测验时要求被试根据方程写出每个方程对应的是水平还是垂直的椭圆图形、是胖椭圆还是瘦椭圆及其原因）。被试每正确回答一题计 1 分，回答错误计 0 分，远、近迁移测验满分各 3 分。

迁移测验结果见图 3-6，表明椭圆图形形状综合判定规则（同时判定椭圆图形的水平与垂直和胖与瘦）样例学习的迁移效果既受被试是否已知有关判定规则（椭圆图形胖瘦判定规则或水平与垂直判定规则）的影响，也受样例类型或设计方法的影响。

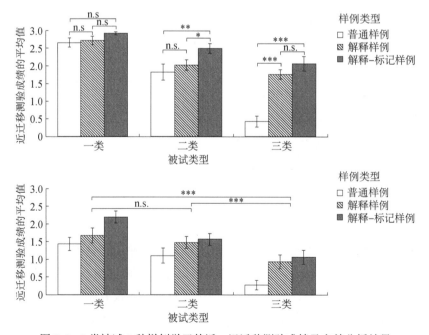

图 3-6　3 类被试 3 种样例学习的近、远迁移测验成绩及方差分析结果

　　根据上述 5 项实验结果，我们可以得出如下结论：采用解释法和解释-标记法设计的样例，其学习迁移成绩均不同程度地明显优于学习普通样例的迁移成绩。这说明解释法和解释-标记法两种样例设计方法不仅在算术和代数运算规则样例学习中普遍适用，有明显促进作用，而且在解析几何规则的样例学习中也普遍适用，而且有明显的促进作用。两种样例设计方法的有效运用使数学规则样例学习普遍可行（尤瑞，2016）。

二、科学规则样例学习的实验研究

　　科学规则是科学家根据科学实验研究发现的具体规律概括出的规则，诸如物理学定律、化学反应方程式和生命规则等。其中，有些规则是量化规则，可以用公式、函数式或方程式来表示，诸如牛顿第二定律、电磁感应定律、化学反应方程式等。也有一些规则是定性规则，用于对一些自然和实验现象做出定性的判断，诸如左手定则和右手定则等。当然，有些规则既是定性的也是定量的，只不过数量关系相对比较简单，诸如牛顿第一和第三定律、物体受力分析规则、光的反射和折射定理、分子结构式等。还有一些规则是运动、变化规则，用于描述物质运动变化过程的规律，诸如细胞有丝分裂过程、内燃机气缸内活塞的运动过程、交流电电流强度的变化过程等。

　　科学规则的性质和类型不同，学习的过程模式也不同。量化的科学规则可以用函数式和方程式表示。这些规则如同数学规则一样，符合数量关系的转换和变化规则，而且新旧规则之间存在紧密的数理逻辑关系。在含有新规则和新变量的解题样例中，亦可采用解释法和解释-标记法等设计样例中的新规则，使学生利用已知的规则，通过新旧规则之间的逻辑推理，推断出新规则并学会运用。所以，能够有效促进数学规则样例学习的样例设计方法也可以用于量化科学规则的样例学习。在定性的科学规则中，有些判定规则需要通过观察和模仿来学习和掌握。这种学习也是样例学习，严格地说是操作规则的范例学习，例如，学习左手定则和右手定则都需要观察和模仿教师的操作示范来学习。可是，有些含有简单定量关系的定性规则，如物体受力分析规则和碳氢共价键规则等却不能采用上述规则样例学习的方法来学习。有些物体内部的不能用肉眼直接观察到的运动变化规则也不能采用解题样例学习的方法和范例学习的方法来学习。对于这些规则的样例学习，需要探索或采用更加行之有效的规则样例学习方法。

（一）碳氢化合物分子结构式共价键规则的样例学习实验研究

　　格罗比和伦克尔（Groβe & Renkl，2007）以概率计算应用题的正、误解题样例组合为样例学习材料，以大学生为被试进行了实验研究。该研究提示我们：可否利用共价键分子结构式的正误样例组合学习材料，使没有学习过有机化学知识的高中一年级学生经过正误样例组合的学习，从中领悟并学会运用碳氢共价键规则呢？

为此，我们以高中化学教材有机化合物知识中烃类物质的共价键结构式的正误样例为样例学习材料。理由有二：其一，烃类物质的分子结构都是碳氢共价键，结构式中只有两种元素，便于对样例内和样例间特征的控制；其二，碳氢共价键结构式直观地呈现了分子内部原子之间的共价键，普通高中生有可能通过对不同结构式正误样例之间化学键的比较，领悟并学会运用碳氢共价键的正确规则。实验以普通高中一年级学生为被试。之所以选择高中一年级的学生为被试，是因为他们在初中化学课上已经学习过化学键及共价键的概念，但还没有学习有机化学的知识。这样选择被试便于控制被试的知识基础对实验结果的影响。为了考察普通高中一年级学生是否能够通过碳氢共价键结构式正误样例的学习，领悟并学会运用正确的碳氢共价键规则，以及样例的数量对样例组合学习效果的影响，我们进行了预实验。预实验采用的实验材料都是碳氢共价键结构式的正确样例。将被试随机分为 4 组，分别学习由 4 个、6 个、8 个和 10 个碳氢共价键结构式的正确样例组成的学习材料，结果发现，8 个和 10 个样例组的学习成绩明显优于 6 个和 4 个样例组的成绩，而且 10 个与 8 个样例组学习成绩之间的差异不显著。所以，在正式实验中各种样例的组合都采用 8 个样例。

实验 1 的目的是考察由正、误样例数量各半的样例组合的学习效果是否明显优于全部由正确样例组成的样例组合的学习效果。实验假设是前者可能会明显优于后者。

为了考察两种样例组合的学习效果，我们设计并编制了测验材料。测验材料由 6 道正误判断题和 6 道填空题共 12 道题组成。两类题目均包含了具有单键、双键、三键以及环形结构的烃类物质结构式，既有与样例学习材料中相似的结构式，也有根据共价键规则变异出的结构式。所有题目的原型都取自人教版《高中化学（必修 2）》。答对 1 道测题计 1 分，答错计 0 分，满分为 12 分。

实验采用单因素（两种类型的样例组合）被试间随机分组实验设计。样例组合类型分为正确样例组合和正误样例组合两种：正确样例组合为 8 个正确的烃类物质共价键结构式，且包含单键、双键、三键以及环形 4 种碳氢共价键结构式；正误样例组合为 4 个正确和 4 个错误的烃类物质共价键结构式。而且，正误样例组合中的错误结构式是将正确样例组合中 8 个结构式中的 4 个结构式按照错误的类型（多键、少键、碳氢混淆）人为改错而构成的。以城市普通高级中学一年级的 60 名学生为被试，将其随机分配到两个实验组，每组 30 人，实验时在 10 分钟内各自学习一种样例组合材料。

实验程序分为前测、样例组合学习和后测 3 个阶段：前测阶段要求被试在 10 分钟时间内尽可能完成 12 道测题。随后进入 10 分钟的样例学习阶段。样例学习结束后，进入 10 分钟的后测阶段。前、后测材料和计分标准相同。两组被试前、后测的平均成绩和标准差见表 3-6。

表 3-6　两组被试前、后测成绩的平均数及标准差

样例组合的类型	n	前测		后测	
		M	SD	M	SD
正确样例组合	30	6.67	0.75	9.53	1.33
正误样例组合	30	6.80	0.84	10.73	1.55

两组被试的前、后测成绩的相关样本 t 检验结果显示，两组被试的后测成绩均显著优于前测成绩，$t(29)=10.14$，$p<0.001$；$t(29)=13.14$，$p<0.001$。这表明两种样例组合学习均可以显著促进规则的正确掌握和运用。

两组被试后测成绩的独立样本 t 检验结果显示，正误样例组合的后测平均成绩明显高于正确样例组合的后测平均成绩，$t(58)=-3.21$，$p<0.01$。这说明正误样例组合的学习效果显著优于正确样例组合的学习效果。

实验 2 的目的是进一步考察正、误样例的组合中正、误样例的数量比例对正误样例组合学习效果的影响。实验仍采用单因素（3 种正、误样例数量比例）被试间随机分组实验设计。与实验 1 不同的是，样例组合学习材料均为正误样例组合材料，而且根据正误样例的数量比例不同分为 3 组：第一组的正、误样例数量比例是 2∶6，即 2 个正确样例和 6 个错误样例；第二组和第三组的正、误样例数量比例分别是 4∶4 和 6∶2。前、后测验材料及实验程序与实验 1 相同，实验结果见表 3-7。

表 3-7　3 组被试前、后测成绩的平均数及标准差

正误样例组合的类型	n	前测		后测	
		M	SD	M	SD
2∶6	30	6.53	0.97	9.07	1.43
4∶4	30	6.70	0.87	10.67	1.56
6∶2	30	6.40	1.00	9.60	1.83

前、后测成绩相关样本 t 检验的结果显示，3 组被试的后测成绩均显著优于前测成绩，$t(29)=8.08$，$p<0.001$；$t(29)=12.40$，$p<0.001$；$t(29)=8.38$， *p*<0.001。

3 组被试后测成绩的单因素方差分析结果显示，3 种不同样例组合的学习成绩之间存在显著差异，F（2，87）=8.33，*p*<0.001。事后分析（Scheffe 检验）结果显示，4∶4 组合的学习成绩显著高于 2∶6 组合和 6∶2 组合的学习成绩（*p*<0.01，*p*<0.05），6∶2 组合的后测成绩与 2∶6 组合的后测成绩的差异不显著（*p*>0.05）。由此可见，正、误样例数量相等的样例组合学习效果明显优于正、误样例数量不等的样例组合学习效果。

实验 3 的目的是进一步考察正、误样例的呈现方式对正误样例组合学习效果的影响。与实验 2 不同的是，正误样例的数量比例均为 4∶4，且因正、误样例的呈现方式不同而分为 3 种：①"正前-误后"分块式呈现（即在正误样例组合材料中，正确样例集中呈现在前）；②"误前-正后"分块式呈现（即在正误样例组合材料中，错误样例集中呈现在前）；③"正-误"对比式呈现（即一个正确样例和一个错误样例配对呈现）。每组被试只学习其中的一种样例组合材料。实验程序和前、后测验材料同实验 2。实验结果见表 3-8。

表 3-8　3 组被试前、后测成绩的平均数及标准差

正误样例的呈现方式	*n*	前测		后测	
		M	*SD*	*M*	*SD*
"正前-误后"分块式呈现	30	7.07	0.94	9.63	1.62
"正-误"对比式呈现	30	7.10	0.88	10.80	1.54
"误前-正后"分块式呈现	30	6.94	1.08	7.73	1.76

前、后测成绩相关样本 *t* 检验结果显示，3 组被试的后测成绩均显著高于前测成绩，*t*（29）=9.99，*p*<0.001；*t*（29）=14.29，*p*<0.001；*t*（29）=2.72，*p*<0.05。

3 组被试后测成绩的单因素方差分析结果显示，3 种呈现方式的学习成绩差异显著，F（2，87）=26.53，*p*<0.001。事后分析（Scheffe 检验）显示，"正-误"对比呈现样例组合的后测成绩既显著高于"正前-误后"分块呈现的样例组合后测成绩（*p*<0.05），也显著高于"误前-正后"分块呈现的组合后测成绩（*p*<0.001）。而且"正前-误后"分块呈现样例组合学习的后测成绩也明显高于"误前-正后"分块呈现样例组合学习的后测成绩（*p*<0.001）。由此可见，正、误样例对比呈现的学习效果最好；正确样例在前呈现、错误样例在后呈现的学习效果次之；而错误样例在前呈现、正确样例在后呈现的学习效果最差（许德志，张奇，2011）。

（二）物体受力分析规则样例学习的实验研究

物体受力分析规则是经典力学的基础性规则，也是学习其他物理学规则的基础。物体受力分析规则把受力物体看成一个质点，并把物体受到的各种外力作用用由质点出发带箭头的直线表示：直线的长短代表物体受力的大小，箭头的方向是物体受力的方向。力的作用点、力的大小和方向是物体受力分析的 3 个基本要素。为了让学生正确理解和运用物体受力分析规则，在物理学中用物体的受力分析图来直观、明了地标识物体的具体受力情况。物体受力分析图既可以反映物体的真实受力情况，又可以反映物体受力分析的正确与否。

简单受力情况下的物体受力分析规则比较容易掌握，例如，一个静止在平面上的物体，只受到重力和平面支撑力的作用：重力垂直向下；支撑力垂直向上，其大小与重力相等。所以，一开始学习简单的物体受力分析时，由于物体的受力情况比较简单，学生很容易理解和掌握，个别学生头脑中甚至还会闪现出轻视的念头。可是，随着物体受力情况复杂程度的增加，诸如物体受到多个外力的作用并保持一定的运动状态时，物体受力分析规则的运用就会相当复杂。不仅多数初学的学生很难准确掌握，甚至做过多种物体受力分析练习的学生也经常会出现错误。

物理教师在教学实践中总结了学生在物体受力分析中经常出现的错误类型：①"漏画力"，就是学生在对物体进行受力分析时，把物体实际受到的多个外力作用中的某个力忽视了、忘记画了，或者根本没有意识到这一外力的作用。例如，在给一个静止在斜面上的物体做受力分析图时，有些学生经常把物体实际受到的静摩擦力漏掉了。②"多画力"，就是把物体实际上没有受到的外力画在受力分析图上。例如，给一个在斜面上的下滑物体做受力分析图时，有些学生经常把物体实际上没有受到的下滑力画上了。③"错画力"，就是把物体所受到的外力作用画错，具体表现为力的作用点画错、受力方向画错或受力大小画错（孙锡萍，2002；周笑春，2013）。

为了避免和纠正学生在画物体受力分析图时出现的各种错误，物理教师动脑筋、想办法，总结并开发出了一些比较有效的教学方法：①逐步分析法。有经验的教师总结出了物体受力分析的一般步骤：第一，要明确受力分析的对象，即确定受力分析的物体是独立的物体还是几个物体的组合；第二，要把受力分析的对象从周围的物体中隔离出来，分析物体本身的受力情况，然后再分析周围是否有对它施力的物体，最后画出物体的受力分析图；第三，画物体受力分析图时，要按照一定的顺序进行。通常先分析物体受到的重力，然后找出物体周围对其施力的物体，依次分析物体受到的支持力（压力）、摩擦力等；第四，画完受力分析图后要进行检查，核对画出的每一个力是否有对应的施力物体，避免出现漏画力、多画力、错画力等现象。②假设法。在画物体受力分析图时，对于物体的受力背景进行反向假设，以此来判断物体的受力情况。譬如，在水平面上的小球，侧面靠在竖直的墙壁上，假设把竖直墙壁撤掉，小球仍然保持静止状态，由此就可以做出"墙壁虽然和小球接触，但是没有弹力作用"的判断。③平衡法。该方法是分析处于平衡或静止状态的物体受力情况时最常用的方法。在对静止的物体做受力分析时，找出对应的平衡力是一种重要技巧。比如，物体静止在水平面上时，受到的支持力和重力就是一对平衡力，使用该方法可以防止漏画力。

尽管上述方法各自取得了一定的教学效果，可是物体受力分析规则是一种既没有代数公式也没有详尽且完整的表述，更没有严格程序的多个子规则"松散地"综合在一起运用的规则组合。加上物体的受力情况多种多样，难以严格地分类和概括，教学中又很难穷尽所有的物体受力分析例题和练习题，所以学生学习和运用起来难免会出现疏忽和错误。因此，这成为物理教学中的难点之一，也是大多数学生学习物理学知识的难点之一。

如何利用样例学习的方法帮助学生正确地理解和准确地运用物体受力分析规则呢？能否利用正误样例组合学习的方法帮助学生认识错误、澄清错误和避免出现错误呢？这就是我们进行物体受力分析图正误样例组合学习实验研究的出发点。

实验 1 的目的是考察物体受力分析图正误样例组合的学习效果是否优于正确样例组合的学习效果。

以某城市一所普通中学初三年级的两个平行班学生为被试选择群体，通过前测筛选被试。前测有 8 道测题。每道测题都给出一个物体和受力背景条件的示意图，要求被试根据物体的受力背景条件画出每个物体的受力分析图。其中，前 4 道测题是初中物理课学过的，后 4 道测题取自高中一年级物理教材（人教版）。前测的计算标准是学生每做对 1 题计 1 分，满分是 8 分。只有前测得分在 4 分或 4 分以下，即可以做对初中测题，但不能做对高中测题的学生才能作为实验的被试。通过前测筛选出 60 名学生作为正式被试，其中男生 27 人，女生 33 人。将正式被试按前测成绩排序，然后再按照排序的奇偶数将被试随机分配到两个实验组：正确样例组合学习组和正误样例组合学习组，每组 30 人。

在样例学习阶段，两组被试分别学习各自的样例组合学习材料 12 分钟。正确样例组合学习组的被试学习由 4 个正确的物体受力分析图组成的正确样例组合材料；正误样例组合学习组的被试学习正误样例组合学习材料。正误样例组合学习材料也由 4 个物体受力分析图组成，其中 2 个是正确的，另外 2 个是错误的，每个错误样例中只有一个受力分析是错误的，正、误样例随机排列呈现。两种组合学习材料中的物体和受力分析背景条件与前测材料中的 4 道高中测题相同。在样例学习后，两组被试进行 12 分钟的后测。后测题是前测材料中的 4 道高中测题。

　　两组被试前、后测成绩的平均分数和标准差见表 3-9。两组被试的前测成绩的单因素方差分析结果显示，两组被试的前测平均成绩之间的差异不显著，$F(1, 59)=0.41$，$p>0.05$。两组被试前、后测成绩的相关样本 t 检验结果显示，正确样例组合学习组的前、后测成绩之间的差异不显著，$t(29)=0.12$，$p>0.05$，正误样例组合学习组的后测成绩显著优于前测成绩，$t(29)=2.08$，$p<0.05$。两组被试后测成绩的单因素方差分析结果显示，正误样例组合学习组的后测成绩明显优于正确样例组合学习组，$F(1, 59)=4.89$，$p<0.05$；$\eta^2=0.08$。实验结果表明，正误样例组合的学习效果明显优于正确样例组合的学习效果。

表 3-9　两组被试前、后测成绩的平均分数及标准差

样例类型	n	前测		后测	
		M	SD	M	SD
正确样例组合	30	1.90	0.96	1.93	1.26
正误样例组合	30	2.07	1.05	2.60	1.07

　　实验 2 的目的是考察在物体受力分析图正误样例组合的学习中，有错误标记正误样例组合学习的效果是否明显优于无标记正误样例组合的学习效果。

　　以一所普通城市中学初三年级的 3 个平行班学生为被试选择群体，通过前测（与实验 1 相同）筛选其中的 100 名学生为正式被试，其中男生 49 人，女生 51 人。将正式被试随机分配到有标记组和无标记组，每组 50 人。样例学习阶段两组被试分别学习有、无标记的样例组合材料 12 分钟。两种样例组合材料都是前测材料中的 8 个高中物体受力分析图，其中，4 个为正确样例，4 个为错误样例，正误样例随机排列呈现。两种学习材料的区别是：有标记的正误样例组合学习材料中，错误样例中的错误受力分析用红色标出；而无标记的正误样例组合学习材料中，错误样例中的错误受力分析没有标记。每个错误样例中只有一个受力分析是错误的。样例学习结束后，对两组被试进行 12 分钟的后测。后测题与计分标准与实验 1 相同。

　　两组被试前、后测成绩的平均分数和标准差见表 3-10。两组被试前测成绩的单因素方差分析结果显示，两组被试的前测平均成绩之间的差异不显著，$F(1, 99)=0.62$，$p>0.05$。两组被试前、后测成绩的相关样本 t 检验结果显示，两组被试的后测成绩均显著好于前测成绩，$t(49)=2.31$，$p<0.05$；$t(49)=4.93$，$p<0.001$。两组被试后测成绩的单因素方差分析结果显示，有标记组的后测成绩明显

优于无标记组的后测成绩，$F_{(1, 99)}=7.23$，$p<0.01$；$\eta^2=0.07$。实验结果表明，有错误标记的正误样例组合学习效果明显优于无错误标记的正误样例组合学习效果。

表 3-10　两组被试前、后测成绩的平均分数及标准差

样例类型	n	前测		后测	
		M	SD	M	SD
无标记正误样例组合	50	1.70	0.81	2.20	1.26
有标记正误样例组合	50	1.84	0.96	2.92	1.41

　　实验 3 的目的是考察在有错误标记的正误样例组合材料的学习中，正误样例配对组合的学习效果是否明显优于非配对组合的学习效果。

　　我们以一所普通城市中学初三年级两个平行班的学生为被试选择群体，通过前测（同实验 1）筛选其中的 52 名学生为正式被试，其中男生 27 人，女生 25 人。将正式被试随机分配到两个实验组：有错误标记的正误样例配对组合组（以下简称为配对组合）和有错误标记的正误样例非配对组合组（以下简称为非配对组合），每组 26 人。样例学习阶段两个实验组分别学习两种不同的样例组合学习材料 12 分钟。样例组合学习材料取自实验 2 错误率高的 4 道物体受力分析题，分别设计为"配对组合"样例学习材料和"非配对组合"样例学习材料。"配对组合"样例学习材料由 4 对物体受力分析的正误样例配对组成。每对正、误样例中的物体和受力分析背景相同，只是在错误样例有一处受力分析是错误的且有错误标记。"非配对组合"样例学习材料也由 4 对物体受力分析的正误样例配对组成。每对正误样例中的物体和受力分析背景不同，错误样例中有一处受力分析是错误的且有错误标记。样例学习结束后，对两组被试进行 12 分钟的后测。后测题是从实验 2 选出的错误率高的 4 道测题。计分标准是每做对一题计 1 分，错误计 0 分，后测满分为 4 分。

　　两组被试前、后测成绩的平均分数和标准差见表 3-11。两组被试前测成绩的单因素方差分析结果显示，两组被试的前测平均成绩之间的差异不显著，$F_{(1, 51)}=0.02$，$p>0.05$。两组被试前、后测成绩的相关样本 t 检验结果显示，两组被试的后测成绩均显著优于前测成绩，$t_{(25)}=3.04$，$p<0.01$，$t_{(25)}=6.33$，$p<0.001$。两组被试后测成绩的单因素方差分析结果显示，配对组合的后测成绩显著优于非配对组合的后测成绩，$F_{(1, 51)}=9.11$，$p<0.01$，$\eta^2=0.15$。实验结果表明，正误样例配对组合的学习效果明显优于正误样例非配对组合（张华，2013；张奇，张华，2014a）。

表 3-11　两组被试前、后测成绩的平均分数及标准差

样例组合类型	n	前测		后测	
		M	SD	M	SD
非配对组合	26	1.77	0.82	2.58	1.03
配对组合	26	1.81	0.98	3.35	0.80

（三）正误样例组合学习的相似性效应和认知加工深度效应

在上述实验中，除正误样例配对呈现的促进作用之外，我们还发现相同物体受力分析图的正、误样例之间的共同特征比不同物体的受力分析图正、误样例之间的共同特征多，即相似程度高。这也可能是导致相同物体受力分析图正误样例组合的学习成绩明显优于不同物体的受力分析图正误样例组合学习成绩的一个重要原因。由此我们联想到，提高正误样例之间的相似性可能会有助于学生对规则的正确理解和掌握。为此，我们在实验中将物体受力分析图的正误样例组合学习材料依据其相似程度的不同设计为三种：①高相似的正误样例组合材料，即每对正、误样例都是相同物体在相同受力条件下的受力分析图，只是错误样例中有一处受力分析是错误的，其他与正确样例完全相同；②低相似的正误样例组合材料，即每对正、误样例也都是相同物体在相同受力条件下的受力分析图，但错误样例图中有两处受力分析是错误的，其他与正确样例完全相同；③不相似的正误样例组合材料，即每对正、误样例都是相同物体在不同受力条件下的受力分析图，正确样例的所有受力分析都是正确的，错误样例的受力分析中有一处是错误的。实验假设是，学习高相似正误样例组合材料的迁移成绩可能优于低相似组合和不相似组合材料的学习迁移成绩。

1. 实验 1

实验 1 的目的是考察物体受力分析图正、误样例的相似程度对学习迁移效果的影响。我们从大连市的一所普通中学选取两个平行班的初三年级学生作为被试选择群体，通过前测（前测材料有 12 道测题。每道测题都给出一个物体和受力条件的示意图，要求被试根据物体的受力条件画出每个物体的受力分析图。其中，前 4 道测题是初中物理课上学过的，后 8 道测题取自高中一年级物理教材。前测成绩的计分标准是每做对一题计 1 分，满分是 12 分。前测用于筛选被试，只有前测成绩得分为 4—6 分，即初中测题全做对，高中测题做对不超过两题的学生才能作为实验的被试）筛选出其中的 90 名学生为正式被试，其中男生 46 人，女生 44 人。将其随机分配到 3 个实验组：高相似组、低相似组和不相似组。所有被试的裸眼视力或矫正视力均在 1.0 以上。

在样例学习阶段，3 组被试分别在不同的教室里通过电脑屏幕学习 3 种不同的样例组合学习材料。电脑屏幕每次呈现一对物体受力分析图的正、误样例，正、误样例在屏幕上呈现的左、右位置随机排列。每对正、误样例的学习时间为 2 分钟，2 分钟后，电脑屏幕自动呈现下一对样例。

高相似的正误样例组合学习材料由 4 对正、误样例组成，每对正误样例都是相同物体在相同受力背景下的受力分析图，两者之间的区别是错误样例中有一处受力分析是错误的。低相似的正误样例组合学习材料由与高相似相同的 4 对正误样例组成，正、误样例都是相同物体在相同受力背景下的受力分析图，两者之间的区别是错误样例中有两处受力分析是错误的。不相似的正误样例组合学习材料也由 4 对正误样例组成，每对正误样例都是相同物体在不同受力背景下的受力分析图，正确样例的所有受力分析都是正确的，错误样例的受力分析中有一处是错误的。

样例学习结束后，全体被试进行迁移测验。迁移测验有 4 道近迁移测题和 4 道远迁移测题。近迁移测题是在高、低相似样例学习材料中错误样例的基础上增加一处错误受力分析形成的，即每道测题中有两处错误的受力分析，其中的一处错误与样例学习材料中错误样例的错误受力分析相同，另一处是根据学生经常犯的错误人为加上去的错误受力分析。远迁移测题的每个测题中有三处受力分析是错误的，其中的一处错误与样例学习材料中错误样例的错误受力分析相同，另两处是根据学生经常犯的错误人为加上去的错误受力分析。测验要求被试标出错误的受力分析并画出正确的受力分析图。计分标准如下：每标对一处错误计 1 分，每更正一处错误计 1 分。近迁移每道测题的满分是 4 分，总分是 16 分；远迁移每道测题的满分是 6 分，总分是 24 分。

3 组被试的前测成绩、近迁移和远迁移成绩的平均分数和标准差见表 3-12。方差分析结果显示，前测成绩在 3 种不同样例组合之间的差异不显著，$F_{(2, 87)}=1.36$，$p>0.05$。近迁移成绩在 3 种不同样例组合之间存在显著差异，$F_{(2, 87)}=12.01$，$p<0.001$，$\eta^2=0.37$。事后分析（Scheffe 检验）结果显示，高相似组与低相似组和不相似组的成绩差异均显著（$p<0.05$）；低相似组与不相似组的成绩差异不显著（$p>0.05$）。远迁移成绩在 3 种样例组合之间存在显著差异，$F_{(2, 87)}=9.05$，$p<0.001$，$\eta^2=0.34$。事后分析（Scheffe 检验）结果显示，高相似组与低相似组和不相似组的成绩差异均显著（$p<0.05$）；低相似组与不相似组的成绩差异显著（$p<0.05$）。实验结果表明，高相似的物体受力分析图正误样例组合学习的远、近迁移效果均明显优于低相似和不相似正误样例组合学习的迁移效果。低相似与不相似正误样例组合学习的远、近迁移效果无显著差别。

表 3-12　3 组被试前测成绩、近迁移和远迁移成绩的平均分数和标准差

相似度	n	前测成绩		近迁移成绩		远迁移成绩	
		M	SD	M	SD	M	SD
高相似	30	4.36	2.32	14.13	2.10	21.07	3.65
低相似	30	4.02	2.28	12.10	2.03	18.03	2.68
不相似	30	3.93	2.13	10.03	2.24	14.89	2.71

2. 实验 2

实验 2 的目的是考察对错误受力分析的 3 种不同深度的认知加工和正误样例的相似程度对学习迁移效果的影响。

我们从某市的一所普通中学中选取 6 个平行班的初三年级学生作为被试选择群体，通过前测（与实验 1 相同）筛选出其中的 180 名学生为正式被试，其中男生 84 人，女生 96 人。将其随机分配到 6 个实验组，即高相似错误辨别组、高相似错误解释组、高相似错误改正组、低相似错误辨别组、低相似错误解释组和低相似错误改正组，每组 30 人。

在样例学习阶段，6 组被试分别在不同的教室内同时进行实验。样例学习材料与实验 1 的高相似和低相似样例组合学习材料相同，但各组的指导语不同。错误辨别组（高/低相似材料）的指导语如下："下面是物体受力分析学习材料，每两道例题成对呈现，一道正确，另一道有一处/两处错误。请你对每两道题进行对比，把错误的地方用'×'标记出来。尽可能从中总结出物体的正确受力分析规则，并记住它。图中的 F_N、G、F、F_f 分别表示物体所受的支持（压）力、重力、推（拉）力和摩擦力。学习和作业时间为 12 分钟。"错误解释组（高/低相似材料）的指导语如下："下面是物体受力分析学习材料，每两道例题成对呈现，一道正确，另一道有一处或两处错误。请你对每两道题进行对比，把错误的地方用'×'标记出来，并在旁边写出错误的原因。尽可能从中总结出物体的正确受力分析规则，并记住它。图中的 F_N、G、F、F_f 分别表示物体所受的支持（压）力、重力、推（拉）力和摩擦力。学习和作业时间为 12 分钟。"错误改正组（高/低相似材料）的指导语如下："下面是物体受力分析学习材料，每两道例题成对呈现，一道正确，另一道有一处/两处错误。请你对每两道题进行对比，把错误的地方用'×'标记出来，并画出正确的受力分析图。尽可能从中总结出物体的正确受力分析规则，并记住它。图中的 F_N、G、F、F_f 分别表示物体所受的支持（压）力、重力、推（拉）力和摩擦力。学习和作业时间为 12 分钟。"样例学习结束后，全体被试进行迁移测验。测验程序和计分标准与实验 1 相同。

6 组被试的前测成绩、近迁移和远迁移成绩的平均分数和标准差见表 3-13。

表 3-13　6 组被试前测成绩、近迁移和远迁移成绩的平均分数和标准差

相似程度	加工水平	*n*	前测成绩		近迁移成绩		远迁移成绩	
			M	*SD*	*M*	*SD*	*M*	*SD*
高相似	辨别	30	3.89	1.53	12.80	1.81	17.97	4.34
	解释	30	4.23	1.41	14.17	2.20	19.27	4.70
	改正	30	3.88	1.90	14.87	1.76	21.40	3.68
低相似	辨别	30	3.47	1.57	11.63	2.95	16.93	4.56
	解释	30	4.46	1.50	12.23	1.91	17.37	3.68
	改正	30	4.45	1.93	12.87	1.55	19.03	2.68

方差分析结果显示：前测成绩在两种样例之间的差异不显著，$F(1, 174)=2.20$，$p>0.05$；在三种加工水平之间的差异不显著，$F(2, 174)=0.20$，$p>0.05$；样例的两种相似程度和三种加工水平与前测成绩无显著的交互作用，$F(2, 174)=1.01$，$p>0.05$。

近迁移成绩在样例相似程度之间的差异显著，$F(1, 174)=30.08$，$p<0.001$，$\eta^2=0.15$；在三种加工水平之间的差异显著，$F(2, 174)=9.56$，$p<0.001$，$\eta^2=0.10$；事后分析（Scheffe 检验）结果显示，改正组和解释组之间的差异不显著（$p>0.05$），改正组和辨别组之间的差异显著（$p<0.05$），解释组和辨别组之间的差异不显著（$p>0.05$）。两种相似程度和三种加工水平与近迁移成绩无显著的交互作用，$F(2, 174)=0.74$，$p>0.05$。

远迁移成绩在两种相似度之间的差异显著，$F(1, 174)=8.78$，$p<0.01$，$\eta^2=0.05$；在三种加工水平之间的差异显著，$F(2, 174)=7.51$，$p<0.01$，$\eta^2=0.08$；事后分析（Scheffe 检验）结果显示，改正组和解释组之间的差异不显著（$p>0.05$），改正组和辨别组之间的差异显著（$p<0.05$），解释组和辨别组之间的差异不显著（$p>0.05$）。两种相似程度和三种加工水平与远迁移成绩无显著交互作用，$F(2, 174)=0.43$，$p>0.05$。

实验结果表明，高相似的物体受力分析图正误样例组合学习的远、近迁移效果均明显优于低相似的正误样例组合学习的迁移效果。对错误受力分析做出改正的远、近迁移效果均明显优于仅辨别错误的远、近迁移效果。对错误受力分析的辨别与解释之间、解释与改正之间的远、近迁移效果均无显著差别（张华，2013；蔡晨等，2016）。

（四）细胞分裂过程动–静态样例学习的实验研究

1. 问题提出

细胞分裂过程具有周期性或阶段性，例如，细胞有丝分裂过程包括 5 个周

期：分裂间期、前期、中期、后期和末期；细胞减数分裂有 10 个周期：分裂间期、减数第Ⅰ次分裂前期、减数第Ⅰ次分裂中期、减数第Ⅰ次分裂后期、减数第Ⅰ次分裂末期、减数第Ⅱ次分裂前期、减数第Ⅱ次分裂中期、减数第Ⅱ次分裂后期、减数第Ⅱ次分裂末期和变形期。细胞分裂过程的周期性就是生命过程的规律性。描述周期性变化规律的规则被称为"周期性规则"。如何学习、掌握和运用这些周期性规则呢？在化学课上，教师一般利用对元素周期表的讲解来帮助学生理解和掌握元素周期律；在数学课上，教师利用三角函数表的讲解来帮助学生理解和掌握三角函数周期律；在地理课上，教师利用教具的演示和讲解帮助学生理解和掌握地球自转和公转的周期律等。可是，细胞分裂过程是肉眼不能直接观察到的变化过程，也没有数据表和教具可用。在没有动画、视频等多媒体教学设备的教学条件下，教师只能利用图片或图形来讲解。动画、视频等多媒体教学设备在教学上的运用为此类规则的教学提供了极大的便利。因此，学生可以在教师的指导和讲解下，通过观看模拟细胞分裂过程的动画或视频来学习和掌握此类规则。

在样例学习研究中，一般把不连续的图片、图形、动画或视频的画面截图和文本材料称为静态样例，而把动画和视频称为动态样例。动、静态两种样例的学习效果孰优孰劣？学者已经做了一些对比实验研究（诸如 Rieber et al.，1990；Ayres et al.，2009），这些研究结果表明动态样例的学习效果优于静态样例。可有些研究结果却表明静态样例的学习效果优于动态样例（Koroghlanian & Klein，2004；Mayer，2005；Scheiter et al.，2006）。还有一些实验结果表明，两种样例的学习效果无显著差异（Narayanan & Hegarty，2002；Mayer et al.，2007；Höffler & Schwartz，2011）。

除了研究结果不一致之外，在以往的对比研究中，动、静态样例学习材料之间还存在学习内容上的差异（Ryoo & Linn，2012；Mayer et al.，2005；Wong et al.，2009）、色彩差异（Yang et al.，2003）、材质差异（Mayer et al.，2005）、画面大小的差异（Ng et al.，2013）、信息量多少的差异（Lewalter，2003）、图形的抽象性与具体性方面的差异（如 Luzón & Letón，2015）、学生对学习材料控制程度的差异（Marcus et al.，2013）和测量指标的差异，例如，有的采用回忆测验（Huk et al.，2010；Ayres et al.，2009），有的采用迁移测验（Mayer & Chandler，2001；Catrambone & Seay，2002）等。这些差异会促进或者妨碍学习效果，导致其实验结果可靠性的降低（Tversky et al.，2002）。因此，对于这些差异，需要在实验研究中加以严格地控制和消除。

动态样例的学习效果明显地受到呈现速度的制约（Tversky et al.，2002）。如果呈现速度过快，会增加学生的认知负荷，甚至超负荷（Ayres & Paas，2007a），使学生难以看清物质变化的细节，难以保持和提取重要的信息（Ayres & Paas，2007a），更难以建构动态信息的心理表征（Lowe & Boucheix，2008；Lowe，1996）。因此，动态样例的呈现速度是影响学习效果的重要因素之一。

动态样例呈现的信息均是"瞬时"的（Sweller et al.，2011），存在瞬时信息效应（transient information effect）。当前信息往往瞬间消失，被随后的信息取代（Berney & Bétrancourt，2016）。这就意味着在动态样例的学习过程中，学生需要在工作记忆中暂时保存先前呈现的信息，并与当前的信息进行比较并建立联系，进而理解当前信息（Ayres & Paas，2007b；Stebner et al.，2017）。由于动态信息的瞬时性效应是累加的（Castro-Alonso et al.，2018），随着越来越多的信息进入学生的工作记忆中，他们需要保存和加工的信息越来越多，一旦某一信息被遗忘，随后的学习也将会受到制约（Sweller，2010）。

在周期性规则的动态样例学习过程中，学生不能随时查看和比较周期性变化的各个阶段特征。一旦发生遗忘，学生需要重新观看动态样例。相反，静态样例中的画面是"持续"呈现的，学生可以随时返回查看并同时比较周期性变化的各个阶段的特征（Wong et al.，2012）。所以，动态样例信息的瞬时性是影响动态样例学习效果的重要因素之一。

动态样例学习往往会导致感知方面的肤浅认知加工（Wagner & Schnotz，2017），甚至会使学生产生对学习效果的误判、高估或幻觉（Schnotz & Rasch，2005）。与之相反，静态样例的学习往往能够激发学生深度的认知加工。因为学生需要根据静态样例图形之间的差异，推测和想象不同的静态图之间发生的变化，这一过程激发了较高层次的认知加工，由此可能产生了更深刻的心理表征（Mayer et al.，2005）。因此，如何采取有效措施促进动态样例信息的深加工也是一个重要的研究课题。

针对上述问题，我们以细胞分裂过程的周期性规则为样例学习内容进行了下列实验研究。

2. 实验 1：细胞分裂过程动、静态样例学习效果的比较

1）实验目的：考察细胞有丝分裂和减数分裂过程动、静态样例学习效果是否存在显著差异。

2）被试的选取：我们从某市一所普通中学初三年级学生中通过前测筛选出有效被试 131 人（男生 66 人，女生 65 人）。将其随机分为 4 组：有丝分裂动态样例学习组 32 人、有丝分裂静态样例学习组 32 人、减数分裂动态样例学习组 34 人、减数分裂静态样例学习组 33 人。

3）实验材料：细胞分裂知识的介绍材料、用于选择被试的前测材料、样例

学习材料和测验材料。

①介绍材料：介绍学习细胞过程中所需的基本概念，分为有丝分裂和减数分裂介绍材料。有丝分裂包括染色质、染色体、姐妹染色单体和纺锤体等概念。减数分裂包括同源染色体、联会等概念。

②前测材料：分为有丝分裂和减数分裂两种。前测材料都包括填空题和简答题，内容均取自介绍材料。

③样例学习材料：用 Flash 7.0 软件制作，分为有丝分裂动、静态样例和减数分裂动、静态样例。有丝分裂动态样例为 1024×768 像素、12 帧/秒的 SWF 文件，细胞分裂过程为 50 秒，每个步骤的时长约为 10 秒；静态样例有 6 张静态图，第一张取自动态样例第一帧的初始状态。随后每张静态图片均对应有丝分裂的一个步骤，均截取自动态样例每一步中的最后一帧。这 6 张图片依次排列在同一屏幕上。细胞减数分裂过程有 10 个步骤，时长为 100 秒，每个步骤的时长约为 10 秒。静态样例包括 11 张图片，第一张截取自减数分裂动态样例的第一帧，表示初始状态。随后每张静态图片对应减数分裂的一个步骤，均截取自动态样例每一步的关键帧，即最后一帧，依次排列在同一屏幕中。为保证学生充分理解样例材料，样例材料均呈现 3 次。

④测验材料：由回忆测题和迁移测题组成。回忆测题为简答题。被试完全正确地描述一个步骤计 1 分；正确地描述出该步骤的一部分但不完整的计 0.5 分，描述错误或没有描述计 0 分，总分为 5 分。由两名不知道实验目的且经过培训的评分者独立评定，不一致处以协商一致的方式确定最终得分。两位评分者评分的皮尔逊积差相关为 $r=0.97$，$p<0.001$。迁移测题为填空题，有丝分裂和减数分裂均为 6 道测题。被试完全正确地答对 1 道测题计 1 分，答错或不答计 0 分，迁移测验总分为 6 分。题目信度（Cronbach's α）系数分别为 0.61 和 0.60。为了便于比较结果，将两项测验得分均转化为百分制。

介绍材料、前测材料、回忆测验和迁移测验材料及指导语分别在 A4 纸上呈现，样例材料在电脑屏幕上呈现。实验按介绍阶段（10 分钟）、前测阶段（8 分钟）、样例学习阶段（150 秒、300 秒）和测验阶段（10 分钟）依次进行。

各组被试的回忆测验和迁移测验成绩及方差分析结果见图 3-7。结果表明，由于观看细胞分裂的动态过程有助于理解和保持细胞分裂的阶段性特征，所以动态样例学习的记忆效果明显优于静态样例学习的记忆效果。

3. 实验 2：呈现速度对动态样例学习效果的影响

实验目的是考察学生在学习细胞有丝分裂规则时，动态样例的呈现速度对学习效果的影响。

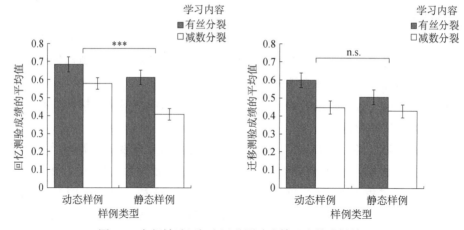

图 3-7　各组被试回忆和迁移测验成绩及方差分析结果

我们从某市一所普通中学初三年级学生中通过前测筛选出有效被试 161 人（男生 81 人，女生 80 人），将其随机分成 3 组，快速呈现组和中速呈现组各为 53 人，慢速呈现组为 55 人。

实验材料中的介绍材料、前测材料和测验材料分别与本节实验 1 中细胞有丝分裂过程的对应材料相同。样例学习材料与实验 1 中的细胞有丝分裂动态样例相同，只是呈现速度不同：中速呈现的速度与实验 1 中的呈现速度相同，时长为 50 秒；快速呈现的时长为 25 秒；慢速呈现的时长为 75 秒。实验程序同实验 1。

各组被试的回忆测验和迁移测验成绩及方差分析结果见图 3-8。结果表明，中速和慢速呈现动态样例有助于被试记忆和理解细胞分裂过程的阶段性特征，所以中速和慢速呈现动态样例学习的记忆和迁移效果明显优于快速呈现动态样例的学习效果。

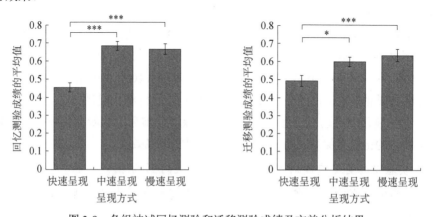

图 3-8　各组被试回忆测验和迁移测验成绩及方差分析结果

4. 实验 3：关键画面的持续呈现对动态样例学习效果的影响

实验目的是考察在学习细胞有丝分裂过程时，关键画面的持续呈现对动态样例学习效果的影响。

我们从某市一所普通中学初三年级学生中通过前测筛选出有效被试 64 人（男生 31 人，女生 33 人）。将其随机分成两组，每组 32 人。

实验中的介绍材料、前测材料和测验材料均与本部分实验 1 的对应材料相同。样例学习材料分为两种：一种是持续呈现关键画面的动态样例；另一种是瞬时呈现关键画面的动态样例。持续呈现的动态样例首先呈现初始状态画面，并将这一画面持续保留在屏幕上。以后每呈现完一个周期变化的动态画面之后，都在屏幕上依次保留该周期最终状态的静态关键画面。瞬时呈现的动态样例也是依次在屏幕上呈现各个周期的动态画面，但不保留各个周期的静态画面。

两组被试的回忆测验和迁移测验成绩及 t 检验结果见图 3-9。结果表明，在动态样例学习中持续呈现其中关键的静态画面，可以明显提高学习效果。虽然两种实验条件下内燃机气缸运动周期性规则的学习都属于动态、静态样例相结合的规则样例学习，但是静态样例持续呈现地与动态样例保持紧密结合的学习效果明显优于静态样例瞬时呈现的学习效果。因此可以将动态、静态样例保持持续稳定结合的规则样例学习称为"动态、静态样例相结合的"规则样例学习，或规则的"动-静态样例学习"。

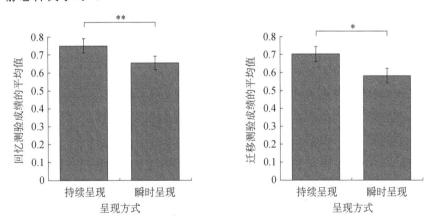

图 3-9　各组被试的回忆和迁移测验成绩及 t 检验结果

5. 研究结论

研究结论如下：①细胞分裂过程周期性规则动态样例学习的记忆效果明显优于静态样例；②慢速和中速呈现动态样例的学习效果明显优于快速呈现；③在动态样例学习过程中，持续呈现静态关键画面能明显提高动态样例的学习效果，即动-静态样例的学习效果明显优于动态、静态样例结合不良的样例学习效果（杜雪娇，2019）。

（五）内燃机工作原理的动态样例学习实验研究

内燃机气缸内活塞运动的周期律不能被直接观察到。因此，在教学中往往需要采用模拟内燃机气缸内活塞运动的静态解剖图形样例或动态解剖图形样例进行教学。动、静态两种样例学习的效果应该进行对比实验研究；在动态样例学习中有、无对学习要点部位的观察提示和学生是否对提示部位做出相应动作可能都会对动态样例学习效果产生影响。为此我们进行了两项实验研究。

1. 实验 1：内燃机工作原理动、静态样例学习效果的比较实验研究

实验目的是考察初三年级学生通过动、静态两种样例，学习单缸和四缸内燃机工作原理的记忆效果和迁移效果是否存在显著差异。实验方法与"细胞分裂过程动、静态样例学习效果比较"实验研究的方法类似，根据 GPower 软件计算出的计划样本量（Effect size f=0.25；α=0.05，1-β=0.80），通过前测从一所城市普通中学初三学生中筛选被试，随机分成单缸动态学习组、单缸静态学习组、四缸动态学习组、四缸静态学习组共 4 组。实验采用单因素被试间随机分组实验设计，自变量是被试组别，因变量是记忆测验成绩和迁移测验成绩。实验材料包括单缸与四缸两种介绍材料，两种前测材料，两种动、静态样例学习材料和两种记忆与迁移测验材料。实验程序分为介绍阶段、前测阶段、样例学习阶段和测验阶段。实验结果表明，无论学习单缸还是四缸内燃机工作原理，都是动态样例学习的记忆成绩明显优于静态样例学习的记忆成绩，但迁移成绩无显著差异。总之，动态样例学习效果优于静态样例学习效果。

2. 实验 2：内燃机工作原理动、静态样例学习效果的比较实验研究

本研究的目的在于考察学生在学习单缸内燃机工作原理时，做出和观看到手势动作对动态样例学习效果的影响。

运用 GPower 软件计算出计划样本量（Effect size f=0.25；α=0.05，1-β=0.80），并从某市一所普通中学的初三学生中通过前测筛选出有效被试 128 人，将其随机分成 4 组，即"无示范动作与不做动作组"（简称"双无组"），"无示范动作但做动作组"（简称"无示范但做动作组"），"有示范动作但不做动作组"（简称"有示范但不做动作"），"有示范动作且做动作组"（简称"双有组"），每组 32 人。

实验材料中的介绍材料、前测材料和测验材料均与本节实验 1 中的单缸内燃机工作原理的介绍材料、前测材料和测验材料相同。但样例学习材料分为 4 种：第一种是双无组被试的样例学习材料，动态样例中没有手势示范动作也不要求学

生做出手势动作，即与实验 1 中的单缸内燃机工作原理的动态样例学习材料相同；第二种是无示范但做动作组被试的动态样例学习材料，即动态样例中没有手势动作示范但要求被试在学习中做出手势动作，即通过指导语要求被试用其食指追踪动态样例中所发生的变化；第三种是有示范动作但不做动作组被试的动态样例学习材料，即在呈现的动态样例中出现一只人手的形象，并用食指追踪动态样例中所发生的主要变化，实验时要求被试观看手指追踪的示范动作，但被试不自己做出该手势动作；第四种是双有组被试的动态样例学习材料，其动态样例学习材料与前一种动态样例学习材料相同，只是在实验时要求被试自己也要做出手指追踪的手势动作，即通过指导语要求被试用其食指追踪动态样例中所发生的变化。

实验采用 2（是否做出手势动作）×2（有无手势示范动作）的两因素被试间随机分组实验设计。其中，是否做出手势动作分为要求被试做出手势动作和不做出手势动作两个水平；有无手势示范动作分为有手势示范动作和无手势示范动作两个水平。因变量为回忆测验成绩和迁移测验成绩。

实验程序的介绍阶段、前测阶段和测验阶段与本节实验 1 相同。在样例学习阶段，各组被试分别在各自的计算机室里同时学习本组的样例学习材料，并按照指导语要求做出或不做出手势动作。

实验结果表明，做出手势动作和有手势示范动作对回忆测验成绩均没有显著的促进作用。这可能是由于回忆测验较为简单，各组被试的回忆测验成绩均较高，所以在回忆测验成绩上 4 组被试无显著差异。

但是在迁移测验成绩上却存在显著差异，即做出手势动作被试的迁移测验成绩明显优于不做手势动作被试的迁移测验成绩；在动态样例学习过程中观看他人做出手势示范动作被试的迁移测验成绩也显著高于无手势示范动作组的被试。其原因有 3 个：第一，以往研究表明，观看其他人做出某一手势动作与自己做出这个手势动作都可以激活相同的神经元，即镜像神经元（Post et al.，2013）。镜像神经元是人类模仿学习的基础，它能帮助人们迅速获取相关知识信息（van Gog et al.，2009）。观察动态样例中手的示范动作时大脑的镜像神经元系统被激活，因此人们可以通过观察和模仿进行有效的学习。第二，与做出手势动作相类似，被试观看追踪手势示范动作的过程，也为其提供了与所学知识相关的额外身体运动表征（de Koning & Tabbers，2013），同时还为其提供了一个有助于组织这些新信息的整体框架。第三，一些学者认为观察手的运动在提高被试的感知和注意等方面均有积极作用（Brockmole et al.，2013）。所以在动态样例中添加可视的手势示范动作并要求被试进行观察的过程，就将学生的注意力集中到关键内容上，优化了认知加工，进而能够帮助学生更有效地保存和提取相关信息。霍斯泰特（Hostetter，2011）的元分析结果也表明，演讲者使用手势能提高人们对言语信息的理解程度。笔者认为，在动态样例教学中加入人的动作提示或动作示范就是示范教学，如果再加上对示范动作或动态样例的解释、提示或说明等口语讲授内容，那么这样的示范加讲授的教学就是范例教学。所以，有示范动作的规则样例学习效果应该介于规则的范例学习（即在规则范例教学条件下的规则学习）与无示范动作的规则样例学习效果之间（杜雪娇，2019）。

三、写作和语法规则样例学习的实验研究

（一）小学生记叙文写作的范文学习实验研究

1. 问题提出

范文就是写作样例，而且是多内容样例。阅读范文可以使学生在学习文章写作的谋篇布局、内容结构、句子结构、修辞方法和词汇运用等诸多方面受益。奥林豪斯（Olinghouse，2008）在总结写作教学方法时指出，斯卡达玛利亚和贝莱特（Scardamalia & Bereiter，1986）采用程序性促进法把写作任务分解成多个步骤，同时为学生提供合适的写作样例，取得了较好的教学效果。朱小斌和张积家（2005）的研究也表明，初学写作者或低水平写作者会在范文学习中产生积极的样例效应。

记叙文写作是小学生初学写作的起点，也是小学语文教学的重点和难点之一。如何提高小学生记叙文写作的教学效果，一直是小学语文教学研究中的一个重要课题。促进学生提高写作能力和作文成绩的一般方法就是鼓励和指导学生阅读范文。可是，学生阅读的都是完整的范文。受样例学习研究中不完整样例学习效果的启示，我们为初学记叙文写作的三年级小学生设计了一篇完整的记叙文范文和 8 种不完整范文，其目的是考察究竟哪种范文对初学记叙文写作的小学生更有促进作用。

借鉴美国西北地区教育实验室（Northwest Regional Educational Laboratory）提出的"6+1 特质"作文评分方法，我们制订了低年级小学生记叙文写作的评分标准，见表 3-14。

表 3-14　低年级小学生记叙文写作的评分标准

评价分项	评价指标	计分标准
文章结构	记叙文的六要素：时间、地点、人物、开头（故事的起因）、经过和结尾（故事的结果）	出现一处计 1 分
文章内容	1）故事经过是否具体、完整 2）故事内容是否符合文章主题 3）叙事顺序是否条理清晰	1—3 等级计分 0—3 等级计分 1—3 等级计分

续表

评价分项	评价指标	计分标准
词与句子	1）修辞手法（比喻、拟人、夸张和排比）的正确运用 2）成语和形容词的正确运用	出现 1 处计 1 分
写作错误	1）标点符号错误 2）错字、别字 3）用词错误 4）病句	出现 1 处计-0.1 分 出现 1 处计-0.25 分 出现 1 处计-0.3 分 出现 1 处计-1 分

2. 实验方法

1）被试的选取。从大连市一所普通小学三年级的 10 个班中，按实验前两次语文考试的平均分（85—90 分）选择被试 300 人，随机分为 10 组，每组 30 人，男女各半。其中，一个组为控制组，其余的 9 个组为实验组。实验组中有一个组为完整范文学习组，其余 8 个组为 8 种不完整范文学习组。

2）实验材料。完整范文选自《小学生优秀作文大全》，作文题目是"记一件有意义的事"。根据"低年级小学生记叙文写作的评分指标"对原文做了适当修改。8 篇不完整范文都是在完整范文的基础上，删除了其中的部分内容。①补充开头式，即范文只有中间和结尾的内容，要求被试在阅读范文时尝试补写开头的内容；②补充中间式，即范文只有开头和结尾的内容，鼓励被试在阅读范文时补写范文中间缺失的内容；③补充结尾式，即范文只有开头和中间的内容，让被试在阅读范文时补写范文结尾的内容；④补充中间和结尾式，即范文只有开头的内容，让被试在阅读范文时补写范文中间和结尾的内容；⑤补充开头和结尾式，即范文只有中间的内容，让被试在阅读范文时补写范文的开头和结尾的内容；⑥补充开头和中间式，即范文只有结尾的内容，让被试在阅读范文时补写范文开头和中间的内容；⑦补充要素式，即范文只是一个记叙文的框架，其中缺少记叙文的六要素（时间、地点、人物、开头、经过和结尾）的具体内容，让被试在阅读时将缺少六要素的范文补充完整；⑧连接内容式，即范文给被试提供了记叙文写作需要的六要素的具体内容，要求被试在阅读时将范文提供的 6 个要素的内容有机地连接起来，写出一篇完整的记叙文。

3）实验程序。10 个组被试分别在 10 个教室内同时进行 3 个阶段的实验。

第一次写作阶段：指导语要求被试在 30 分钟时间内以"记一件有意义的事"为题，独立写出一篇记叙文。30 分钟后收回作文。被试在座位上休息 10 分钟，不得与他人交流。

范文学习阶段：各实验组被试按指导语要求分别阅读各自的完整与不完整范文 10 分钟。8 个不完整范文学习组的被试按各自指导语的要求补写有关内容。控制组被试不阅读任何范文，在教师的安排下完成造句作业 10 分钟。学习结束后，被试在座位上休息 5 分钟。

第二次写作阶段：10 个组的被试按原题目第二次写作 30 分钟。

作文评分阶段：分别由 3 名经过培训并熟练掌握"低年级小学生记叙文写作评分指标"的发展与教育心理学专业硕士研究生对全体被试的前、后两次作文成绩独立评分。3 名评分人给出的各个分项分数的一致性系数为 0.86，$p < 0.001$。对于不一致的评分，3 名评分人通过充分地讨论最后达成一致的分数。

3. 结果分析

各组被试两次作文文章结构得分的平均分和标准差见表 3-15。

表 3-15 前后两次作文文章结构得分的描述统计及 *t* 检验结果

实验组别	*n*	首次作文		二次作文		*t*
		M	*SD*	*M*	*SD*	
控制组	30	4.25	0.63	4.75	0.84	0.54
完整范文组	30	4.05	0.77	5.55	0.40	2.48*
补充开头组	30	3.95	0.83	5.25	0.65	2.47*
补充中间组	30	4.15	0.58	5.05	0.84	2.75**
补充结尾组	30	4.54	0.46	5.50	0.51	1.98*
补充中间和结尾组	30	4.68	0.25	4.40	0.75	−0.54
补充开头和结尾组	30	4.36	0.66	4.52	0.75	1.36
补充开头和中间组	30	4.45	0.91	4.76	0.79	1.76
补充要素组	30	4.43	0.62	4.26	0.76	−1.36
连接内容组	30	4.21	0.57	5.90	0.85	3.98**

单因素方差分析结果显示，各组被试首次作文的文章结构成绩无显著差异，$F_{(9, 299)} = 1.63$，$p > 0.05$；二次作文的结构平均成绩差异显著，$F_{(9, 299)} = 3.29$，$p < 0.05$。事后分析结果显示：连接内容组、完整范文组、补充结尾组、补充开头组和补充中间组的成绩分别显著优于控制组，$ps < 0.05$；补充中间和结尾组、补充开头和结尾组、补充开头和中间组、补充要素组与控制组的成绩均无显著差异，$ps > 0.05$。各组被试两次作文文章结构成绩的相关样本 *t* 检验结果（表 3-15）表明，完整范文组、补充开头组、补充中间组、补充结尾组和连接内容组的二次作文成绩显著优于首次作文成绩。

各组被试两次作文文章内容成绩的平均分和标准差见表 3-16。

表 3-16 前后两次作文内容分项得分的描述统计及 *t* 检验结果

实验组别	*n*	首次作文		二次作文		*t*
		M	*SD*	*M*	*SD*	
控制组	30	2.45	0.59	2.85	0.71	0.52

续表

实验组别	n	首次作文		二次作文		t
		M	SD	M	SD	
完整范文组	30	2.25	0.72	4.45	0.80	5.84**
补充开头组	30	2.95	0.52	3.98	0.78	2.85**
补充中间组	30	2.15	0.72	4.05	0.74	3.25**
补充结尾组	30	2.54	0.83	4.98	0.87	4.52**
补充中间和结尾组	30	2.68	0.68	3.40	0.83	1.96*
补充开头和结尾组	30	3.36	0.28	3.52	0.68	5.37**
补充开头和中间组	30	2.45	0.70	3.76	0.98	1.99*
补充要素组	30	2.65	0.73	3.26	0.61	1.97*
连接内容组	30	2.89	0.54	5.10	0.85	8.93**

单因素方差分析显示，各组被试首次作文文章内容的平均成绩无显著差异，$F_{(9, 299)} = 0.94$，$p > 0.05$；各组被试二次作文文章内容的平均成绩之间的差异显著，$F_{(9, 299)} = 8.96$，$p < 0.01$。事后分析结果显示，9 个实验组的成绩均显著优于控制组（$ps < 0.05$）。各组被试两次作文文章内容成绩的相关样本 t 检验结果（表 3-16）表明，控制组两次写作成绩之间的差异不显著；9 个实验组二次作文的内容成绩均显著优于首次作文成绩。

各组被试两次作文词与句子成绩的平均分和标准差见表 3-17。

表 3-17　前后两次作文词与句子成绩的描述统计及 t 检验结果

实验组别	n	首次作文		二次作文		t
		M	SD	M	SD	
控制组	30	3.45	0.59	2.95	0.71	−1.44
完整范文组	30	3.52	0.72	5.10	0.80	2.54*
补充开头组	30	3.55	0.52	3.68	0.78	0.70
补充中间组	30	3.15	0.72	4.75	0.74	2.57*
补充结尾组	30	3.54	0.83	4.98	0.87	4.68**
补充中间和结尾组	30	3.68	0.68	4.10	0.83	1.28
补充开头和结尾组	30	3.06	0.28	4.52	0.68	1.96*
补充开头和中间组	30	3.45	0.70	4.76	0.98	3.25**
补充要素组	30	3.65	0.73	4.26	0.61	3.52**
连接内容组	30	3.89	0.54	5.02	0.85	5.73**

单因素方差分析结果显示，各组被试首次作文词与句子平均成绩之间均无显著差异，$F_{(9, 299)} = 1.29$，$p > 0.05$；各组被试二次作文词与句子平均成绩之间的差异显著，$F_{(9, 299)} = 5.62$，$p < 0.05$。事后分析结果显示，完整范文组、补

充结尾组、连接内容组、补充开头组、补充中间组、补充开头和结尾组的成绩均显著优于控制组的成绩，$ps<0.05$；补充中间和结尾组、补充开头和中间组、补充要素组与控制组之间的第二次作文成绩之间的差异不显著，$ps>0.05$。各组被试两次作文词与句子平均成绩的相关样本的 t 检验结果（表 3-17）表明，除了控制组、补充开头组、补充中间和结尾组前后两次作文成绩之间的差异不显著之外，其他各实验组二次作文词与句子的平均成绩均显著优于首次作文成绩。

4. 研究结论

初学记叙文写作的三年级小学生通过阅读完整的记叙文范文或 8 种不完整的记叙文范文，均能够不同程度地学会运用记叙文写作规则，并不同程度地提高其记叙文的作文成绩（王瑶，张奇，2012）。

（二）小学生引述句与转述句转换规则样例学习的实验研究

1. 问题提出

引述句是指直接引用他人原话的句子，例如，老师说："我明天要检查你们的作业。"转述句是指转述表达他人原意的句子，例如，老师说她明天要检查我们的作业。引述句与转述句的转换是常见的句式变换。能在两种句子之间正确转换是一种很有实用价值的语言表达技能。

在小学语文教材中，把引述句改写成转述句是六年级第二学期的教学内容，但在四、五年级的课文中就出现过这样的句子。我们在六年级的语文教学中发现，尽管教师在课堂教学中举例详细讲解了转换规则，可是学生在作业练习中仍然不断出现各种各样的错误。如何帮助学生正确掌握和运用转换规则并避免出现转换错误，成为教学中的一个难题。

为此，我们采用引述句与转述句配对组合的样例设计方法设计了 4 种样例学习材料：混合的、分类的、有转换标记的和在幻灯片上呈现的有转换标记的样例学习材料。通过实验分别考察三、四、五年级的小学生 4 种样例学习的远、近迁移效果（刘云涛，2015）。

2. 实验方法

1）被试的选取：通过前测从某市的一所普通农村小学的三、四、五年级学生中选取 360 名学生作为被试，每个年级 120 人，男女各半。将各年级的被试随机分为 4 个组，即对照组、分类组、标记组、幻灯片组，每组 30 人，男女各半。

2）实验材料：将引述句和转述句划分为"他人对我说""他人对他说""他人说" 3 种类型。前测材料由 3 个引述句组成（每个句子代表一种引述句的类型）。样例学习材料（由 9 个引述句和对应的转述句配对组成，每类句子各 3 对）分为 4 种：对照组的 9 对句子按随机顺序排列呈现在白纸上。分类组的学习材料按照三种句子类型分段排列呈现在白纸上。标记组的学习材料与分类组的学习材料内容相同，只是在每对句子中将需要改变的词和标点符号加上红颜色以及相应的转换标记。幻灯片组的学习材料与标记组相同，不同的是，标记组的句子打印在白纸上呈现，幻灯片组的句子按 3 种句型类别分 3 次在大屏幕上呈现。迁移测验材料分为近、远迁移测验材料。近迁移测验材料由 3 种句子类型、每种类型各 3 个引述句（共 9 个句子）组成（句子内容与样例学习材料不同），测验时要求被试将其分别改写成转述句。远迁移测验材料由 3 种句子类型、每种类型 1 个转述句组成，测验时要求被试将其分别改写成引述句。

3）实验设计：采用 3（3 个年级）×4（4 种样例）的二因素被试间随机分组实验设计。自变量是年级和组别，因变量是远、近迁移测验成绩。

4）实验程序：①前测阶段，分年级进行前测，要求学生将这 3 个句子分别改写成对应的转述句。时间为 5 分钟。选取完全不能改写或改写错误的学生作为被试，并将被试按年级随机分为 4 组。②学习阶段，各组被试分别在不同的教室里同时进行各自样例材料的学习，学习时间为 9 分钟。③迁移测验阶段，全体被试同时进行测验，时间为 15 分钟。

5）迁移测验评分标准：每个转换句子完全正确计 1 分，有错误或没有作答计 0 分。近迁移测验满分为 9 分，远迁移测验满分为 3 分。

3. 结果分析

3 个年级 4 组被试近迁移测验成绩的平均分和标准差见表 3-18。二因素方差分析结果显示，近迁移成绩的年级差异显著，$F_{(2, 348)}=60.836$，$p<0.001$；样例类型差异不显著，$F_{(3, 348)}=0.922$，$p>0.05$；年级与样例类型的交互作用不显著，$F_{(6, 348)}=1.081$，$p>0.05$。事后分析（Scheffe 检验）结果显示，3 个年级之间的近迁移测验成绩之间差异均显著，$ps<0.05$。

表 3-18 近迁移测验成绩的平均分和标准差

年级	n	对照组		分类组		标记组		幻灯片组	
		M	SD	M	SD	M	SD	M	SD
三年级	120	1.93	1.80	1.90	1.94	2.00	2.03	1.70	1.82
四年级	120	3.37	2.27	3.63	2.44	3.83	2.12	4.80	1.73
五年级	120	4.63	2.14	4.63	1.79	4.57	1.63	4.83	2.35

3 个年级 4 组被试远迁移测验成绩的平均分和标准差见表 3-19。二因素方差分析结果表明：远迁移成绩的年级差异显著，$F_{(2, 348)}=39.304$，$p<0.001$；样

例类型差异显著，$F(3，348)=3.329$，$p<0.05$；年级与组别的交互作用不显著，$F(6，348)=0.799$，$p>0.05$。年级差异的事后分析结果显示，3 个年级之间的差异均显著，$ps<0.05$。样例类型差异的事后分析结果显示，标记组分别与对照组和分类组的差异显著 $ps<0.05$，其他各组之间的差异不显著。

表 3-19　远迁移测验成绩的平均分和标准差

年级	n	对照组		分类组		标记组		幻灯片组	
		M	SD	M	SD	M	SD	M	SD
三年级	120	0.00	0.00	0.33	0.51	0.60	0.77	0.37	0.85
四年级	120	0.77	1.17	0.70	0.95	1.13	1.07	0.93	0.91
五年级	120	1.50	1.17	1.30	1.09	1.73	1.14	1.20	1.24

4. 研究结论

三至五年级小学生可以通过引述句与转述句配对例句的学习，不同程度地学会两种句子的转换规则，学习成绩随年级的升高而显著提高，而且标记组的样例学习效果最好（刘云涛，2015）。

（三）初中生英语时态语法规则样例学习的实验研究

学生能否通过新旧两种英语时态例句的对比，学会新的时态语法规则呢？针对这个问题，我们分别以规则动词的一般现在时和一般过去时的配对例句、一般现在完成时和一般过去完成时的配对例句为样例学习材料，分别以初中一、二年级的学生为被试进行了两项实验研究（孟洋，2021）。

1. 实验 1：新旧例句配对组合的过去时语法规则样例学习实验研究

（1）实验目的

实验目的是考察已经掌握了一般现在时语法规则和部分例句的初中一年级学生能否通过一般现在时和一般过去时英语例句配对组合的对比学习，学会运用一般过去时语法规则。

（2）实验方法

1）被试的选取：通过前测从大连市一所普通中学一年级学生中选取 120 名学生作为被试，将其随机分为普通样例组、标记样例组、动态样例组和阅读组，每组 30 人。

2）实验材料：①前测材料由 5 个一般现在时的英语句子组成。②样例材料由 10 对一般现在时和一般过去时的英语句子上下排列配对组成，均用幻灯片在大屏幕上呈现，每对句子同时呈现 1 分钟。普通样例均是黑色字体。标记样例中过去时动词原型部分用红色字体，后缀字母用蓝色字体，其他与普通样例相同。

动态样例与标记样例相同，只是两个句子在屏幕上交替呈现，1分钟内每个句子各交替呈现3次，每次呈现10秒。③阅读材料是根据教材编写的介绍过去时语法规则的文字材料。④测验材料的前10个测题要求被试将10个一般现在时的句子改写为一般过去时的句子，测验成绩为成绩1；后10个测题要求被试将10个一般过去时的句子改写为一般现在时的句子，测验成绩为成绩2；总成绩为成绩1与成绩2之和。

3）实验设计：采用单因素被试间随机分组实验设计，组别为自变量，成绩1、成绩2和总成绩为因变量。

4）实验程序：①前测阶段，要求学生将5个一般现在时英语句子翻译成汉语，并将其改写成一般过去时的句子。选择能够将5个句子翻译成汉语，但不能正确改写其中任何一个句子的学生作为被试。②学习阶段，4组被试分别在不同的教室内同时学习本组的样例材料或阅读材料10分钟。③测验阶段，要求被试在20分钟内完成两种句子的时态改写任务。

5）评分标准：被试每正确改写一个句子计1分，写错或没写计0分，成绩1与成绩2的满分各为10分，总成绩分满分为20分。

（3）结果分析

4个组被试的测验成绩见表3-20。单因素方差分析结果显示，4个组被试的成绩1、成绩2和总成绩的差异均显著，$F(3, 119)=22.738$，$p<0.001$；$F(3, 119)=21.238$，$p<0.001$；$F(3, 119)=4.686$，$p<0.01$。事后分析结果显示，阅读组的成绩1、成绩2和总成绩均显著低于3个样例组（$ps<0.05$）；3个样例组的成绩1、成绩2和总成绩之间的差异均不显著（$ps>0.05$）。我们分别对4个组被试的成绩1与成绩2做相关样本t检验，结果显示，4个组被试的成绩1与成绩2之间的差异均不显著，$t=0.494$，$df=29$，$p>0.05$；$t=0.665$，$df=29$，$p>0.05$；$t=1.046$，$df=29$，$p>0.05$；$t=1.182$，$df=31$，$p>0.05$。

表3-20　4组被试三种测验成绩的平均分和标准差

组别	n	成绩1		成绩2		总成绩	
		M	SD	M	SD	M	SD
无标记组	30	6.17	2.52	6.93	3.06	13.10	4.33
标记组	30	5.97	2.91	7.63	2.85	13.60	5.04
动态组	30	5.63	3.20	7.63	2.76	13.27	5.19
阅读组	30	4.10	1.65	5.60	2.53	9.70	3.74

（4）小结

与学习一般过去时语法规则的文字材料相比，初中一年级学生在掌握一般现在时语法规则和部分例句的基础上，通过一般现在时和一般过去时例句的对比学习，可以更好地学会一般过去时语法规则，其学习成绩不受 3 种样例类型的影响。

2. 实验 2：新旧例句配对组合的过去完成时语法规则样例学习实验研究

（1）实验目的

实验目的是考察已经学习过现在完成时语法规则并掌握部分例句的初中二年级学生能否通过现在完成时与过去完成时英语例句的对比学习，学会过去完成时语法规则。

（2）实验方法

1）被试的选取：通过前测从大连市一所普通中学二年级学生中选取 120 名学生作为被试，将其随机分为普通样例组、标记样例组、动态样例组和阅读组，每组 30 人。

2）实验材料：①前测材料由 5 个现在完成时英语句子组成。②样例材料由 10 对现在完成时和过去完成时英语句子上下排列配对组成，均用幻灯片在大屏幕上呈现，每对句子同时呈现 1 分钟。普通样例均采用黑色字体。标记样例句子中的"have/has"与"had"用红色字，后面的过去分词用蓝色字，其他为黑色字。动态样例句子的字体颜色与标记样例相同，1 分钟内每个句子各交替呈现 3 次，每次呈现 10 秒钟。③阅读材料参照初中英语教材编写，均为黑色字，制成幻灯片在大屏幕上呈现 10 分钟。④测验材料的前 10 个测题要求被试将 10 个现在完成时句子改写为过去完成时句子，测验成绩为成绩 1；后 10 个测题要求被试将 10 个过去完成时句子改写为现在完成时句子，测验成绩为成绩 2；总成绩为成绩 1 与成绩 2 之和。

3）实验设计、实验程序和评分标准：同本节实验 1。

（3）结果分析

4 组被试的测验成绩平均分和标准差见表 3-21。单因素方差分析结果显示，4 组被试的成绩 1、成绩 2 和总成绩之间的差异均不显著，$F(3, 119) = 0.859$，$p > 0.05$；$F(3, 119) = 1.565$，$p > 0.05$；$F(3, 119) = 2.062$，$p > 0.05$。然后，分别对 4 组被试的成绩 1 和成绩 2 做相关样本 t 检验，结果显示，4 组被试的成绩 1 与成绩 2 之间的差异均不显著，$t = 0.494$，$df = 29$，$p > 0.05$；$t = 0.665$，$df = 29$，$p > 0.05$；$t = 1.046$，$df = 29$，$p > 0.05$；$t = 0.905$，$df = 29$，$p > 0.05$。

表 3-21　4 组被试测验成绩的平均分和标准差

组别	n	成绩 1		成绩 2		总成绩	
		M	SD	M	SD	M	SD
无标记组	30	9.47	1.91	9.20	1.85	18.67	3.04

续表

组别	n	成绩 1		成绩 2		总成绩	
		M	SD	M	SD	M	SD
标记组	30	9.67	1.32	9.53	1.04	19.20	1.86
动态组	30	9.83	0.75	9.47	1.72	19.30	1.82
阅读组	30	9.20	2.11	8.77	1.36	17.97	2.39

（4）小结

与学习过去完成时语法规则的文字材料相比，初中二年级学生在掌握了现在完成时语法规则和部分例句的基础上，通过现在完成时和过去完成时例句的对比学习，可以更好地学会过去完成时语法规则，其学习成绩不受 3 种样例类型的影响。

3. 讨论

3 个样例组的被试为什么能够比阅读组被试更好地学会英语时态语法规则呢？主要是因为英语时态语法规则主要体现在动词的变化上，而且规则动词的时态变化有一般规律。学生通过新旧时态例句组合的对比学习就会发现其中的一般规律，并在已知时态语法规则的基础上概括出新的时态语法规则。阅读组被试虽然通过阅读文字材料也在学习新的时态语法规则，但是由于阅读材料中的例句较少，尤其缺乏新旧例句之间的充分比较，不易发现规则动词时态变化的一般规律，所以学习效果不如 3 个样例组被试。为什么 3 个样例组被试的测验成绩之间无显著差异呢？因为新旧例句中规则动词的结构特征变化比较明显，无颜色标记也可以被发现。

4. 结论

初中一、二年级学生通过新旧例句配对组合的新时态英语语法规则样例学习，能够学会运用新时态英语语法规则（孟洋，2021）。

第四章　规则及其学习原理

本章首先阐述科学规则与规律、科学原理和技术规则的关系，以及科学规则的定义、内涵与功能等。其次，根据实验研究得出 8 种规则样例学习模式及相关研究结论，并根据研究结论建立规则样例学习理论与教学原则。最后，本章揭示规则学习的一般规律，并将其表述为规则学习的一般原理与一般教学原则。

第一节　关于规则的概述

人们在日常生活、学习和工作中都要遵循各种规则，诸如饮食规则、交通规则和工作规则等。那么，什么是规则？规则是根据什么制订的？人们为何要制订、学习和运用规则？在阐述规则样例学习模式和规则样例学习原理之前必须首先回答这些问题。

一、关于规律的概述

要想理解什么是规则、规则是根据什么制订的，以及人们为什么要制订、学习和运用规则，首先必须从什么是规律以及人与规律和规则与规律的关系谈起。

（一）规律的定义与特征

什么是规律？这是一个既古老又现实的哲学问题，也是科学研究的主题。早在中国古代先民的诗歌中就有"天生烝民，有物有则。民之秉彝，好是懿德"（《诗经·大雅·烝民》）。其含义是：天生不忘祭祖的黎民百姓们都知道，各种事物都有各自的法则，百姓们之所以恪守这些常规或法则，就是为了追求幸福人生的美德。诗句表明，中国古代先民早就认识到了遵守常规或法则的重要性。

1. 关于规律的定义

（1）《老子》关于"道"的定义①

《老子》第二十五章对"道"作了专门的论述，"有物混成，先天地生。寂兮寥兮，独立不改，周行而不殆，可以为天下母。吾不知其名，字之曰道，强为之名曰大。大曰逝，逝曰远，远曰反。故道大，天大，地大，王亦大。域中有四大，而王居其一焉。人法地，地法天，天法道，道法自然"。

第一句"有物混成，先天地生"的难点在于对"有物混成"的理解。河上公对这一句的注释是"谓道无形，混沌而成万物，乃在天地之前"。王弼的注释是"混然不可得而知，而万物由之以成，故曰混成也。不知其谁之子，故先天地生"。笔者认为道并不混沌，也不是不可得而知。这句话的意思是：有那么一类被老子称为"道"的东西，在天地形成之前就分别与各种"物"合为一体了，而且各种物都是按照各自的道生成的。由于道已经与物合为一体，所以称之为"混成"。

第二句"寂兮寥兮，独立不改，周行而不殆，可以为天下母"描述了道的存在形态和作用特征，并进一步说明了它们与天地万物的关系，即被老子称为"道"的这类东西本身都无声、无形地与各种物合为一体。人们看不到、听不到也摸不到它们，但是人们能够认识到它们使各种物具有各自永不改变的本性或属性，它们支配各种物周而复始、永不停歇地运动或变化。正因为它们与天地万物合为一体并按照它们的"设计"生成万物，因此它们是生成天地万物的"始祖"或"母亲"。

第三句"吾不知其名，字之曰道，强为之名曰大"。老子说：我不知究竟应该把它们称作什么，也不知应该给它们下一个什么样的定义，所以只能将它们一律称为"道"，并勉强地把它们都定义为"大"。"大"有各种解释。河上公的解释是"不知其名，强曰大者，高而无上，罗而无外，无不包容，故曰大也"。该解释表达了大的三层含义：一是指道的作用至高无上，不受其他任何指使；二是指道的作用包罗万事万物，即万事万物无不各自依道而形成，并各自依道而运动或变化；三是指无物则无道，有物必有道。笔者认为，老子称为道的东西既不是一个也不是一种，而是各种各样且种类繁多，所以将其称为"一类东西"。

第四句"大曰逝，逝曰远，远曰反"最难解释，所以有各种解释。河上公对"逝"的解释是"其为大，非若天常在上，非若地常在下，乃复逝去，无常处所

---

① 本小节关于《老子》内容及其注释等的内容均引自：（汉）河上公注，（三国）王弼注，（汉）严遵指归.（2013）. *老子*. 刘思禾校点. 上海：上海古籍出版社.

也"；对远的解释是"言远者，穷乎无穷，布气天地，无所不通也"；对反的解释是"言其远不越绝，乃复在人身也"。依笔者的理解，河上公对逝注释的意思是，道的作用可以大到既能生成天地万物也能让它们全部消失，还能大到使它们再生成和再消失的程度；对远注释的意思是，道的作用是无穷无尽、无处不在、无物不有的；对反注释的意思是，即使道的作用再无穷无尽、再无处不在、再无物不有也是有局限的，即它们只能被人类认识和利用。

王弼对逝的解释是"逝，行也。不守一大体而已，周行无所不至，故曰逝也"；对远和反的解释是"远，极也。周无所不穷极，不偏于一逝，故曰远也。不随于所适，其体独立，故曰反也"。王弼对逝的注释的意思是：道的作用不仅体现在大的整体事物上，而且还体现在大大小小各种事物上。对远的注释的意思是：道的作用穷尽万事万物，而且不偏重于任何一种事物。对反的注释的意思是：道的作用是有条件的，在合适的条件下它们才独立地发挥作用，在不适合的条件它们就不能独立地发挥作用。综合上述注释的含义，可以将道的作用大致概述为：①道的作用能够大到既可以重复造物也可以重复灭物的程度。②道的作用无穷无尽、无处不在、无物不有。它们既作用在大的整体事物上也作用在大小不等的任何事物上，而且从不偏重于任何事物。③道的作用要具备一定的条件，条件适合它们就发挥作用，条件不适合它们就不能独立地发挥作用。④道虽然不声不响且无影无形，但是人类却可以重复地认识、表达和利用它们。

第五句"故道大，天大，地大，王亦大。域中有四大，而王居其一焉"。河上公对此句的注释是："道大者，包罗诸天地，无所不容。天大者，无所不盖也。地大者，无所不载也。王大者，无所不制也"，"八极之内有四大，王居其一也"。在河上公的注释中，"诸天地"意指所有有天、有地且有人的地方。"八极"指四面八方的极限，可以理解为整个宇宙时空。明确了这两个词的含义后，可以将河上公的注释理解为：道的作用之所以最大，是因为它们造就并支配了所有的天、地和人。天大的原因是因为它们覆盖了整个宇宙。地大的原因是因为它承载了万事万物。王大的原因是因为国王可以制订王法或国法，并使百姓制造出他（即国王）和他们（即百姓）需要的东西。所以，宇宙之内有四种作用巨大的事物，而国王也是其中之一。王弼对此句的注释为"天地之性人为贵，而王是人之主也。虽不职大亦复为大与二匹，故曰王亦大也"，"四大，道、天、地、王也。凡物有称有名，则非其极也。言道则有所由，有所由然后谓之为道，然则是道称中之大也，不若无称之大也。无称不可得而名，曰域也。道天地王皆在乎无称之内，故曰域中有四大者也"。我们可以将王弼的注释理解为：天地有造就万事万物和诸生灵的各种本性，其中造就的人类是最可贵的。而国王是为民众或百姓做主的人，即使他不过分地行使权力或不屑于行使权力也足以与另三种作用巨大的事物相比。所以国王的作用也巨大。道、天、地和国王都是有名称和有定义的事物。但是它们（他们）的作用却没有无名称且无定义的东西作用大。其中的道之所以被称为道，是因为它们造就了万物，并使万物各行其道，因此它们在既有名称也有定义的事物中的作用是最大的。但是，道的作用也没有无名称且无定义的东西作用大，可以把这个既无名称也无定义的东西称为"域"。道、天、地和国王都在这种既无名称也无定义的域之内，因此老子说在域内有四大。综合对上述两种注释的理解就可以大致明白这句话的意思了。简言之，在既无名称也无定义的域中有道、天、地和国王四种既有名称也有定义且作用巨大的东西，其中的道，因其造就万物并使万物各行其道，所以在"四大"中的作用最大。国王因其能够制订王法或国法，并使国民制造国王和国民需要的东西，所以也是四大之一。

第六句"人法地，地法天，天法道，道法自然"。河上公分别注释如下："人当法地安静柔和也，种之得五谷，掘之得甘泉，劳而无怨也，有功而不置也"；"天湛泊不动，施而不求报，生长万物，无所收取"；"道清净不严，阴行精气，万物自成也"；"道性自然，无所法也"。河上公的注释显然是把地、天和道的一些属性做了拟人化的类比性描述，其用意是让人们效法它们这些人性化的品性，形成高尚的道德品格。对"道法自然"的注释的意思是：道的本性就是自然而然，再不用效法其他任何东西了。

王弼对这句话做了一整段的文字解释："法，谓法则也。人不违地，乃得安全，法地也；地不违天，乃得全载，法天也；天不违道，乃得全覆，法道也；道不违自然，乃得其性。法自然者，在方而法方，在圆而法圆，与自然无所违也。自然者，无称之言，穷极之辞也。用智不及无知，而形魄不及精像，精像不及无形，有仪不及无仪，故转相法也。道顺自然，天故资焉；天法于道，地故则然；地法于天，人故象焉。所以为主，其一之者，主也"。与河上公的注释明显不同的是，王弼的注释着重强调了人法地，地法天，天法道，道法自然的必须性或必然性。他也认为"自然"一词是无称之言、穷极之辞。笔者基本采纳王弼的注释，即人类不得不遵循地球上的各种规律；地球和地球上的任何事物及人类还不得不遵循太阳系和银河系的运行规律；星系或天体等不得不遵循宇宙大道的运行规律。对于"道法自然"的理解笔者采用河上公的注释，即道的本性就是自然而然，它不受其他任何事物的驱使或任何外力的左右。"自然"就是自然而然。"自然而然"就是事物自己使自己成了自己的样子，即道的作用是自然而然的，道也使其物自然而然地形成、运动或变化成自己的样子。我们现在所说的"自然界"就是在各种道的自然而然的作用下自然而然形成的并不断自然而然地运动或变化的大千世界。"自然科学"研究的目的就是探究、发现、认知和表达各种自然而然形成的，自然而然地运动或变化的各种事物中各种道的自然而然的作用，并为人类所利用、遵循或效仿。《老子》第二十五章的这段话不仅描述了道的存在形态，并定义了道的作用，而且还阐述了道与天地万物、道与人和道与域之间的关系。

（2）规律的哲学定义

《老子》虽然描述了道的存在和作用形态，并明确指出了人们识道、遵道、效道和用道的重要作用，但没有明确地说"道"就是自然规律或自然法则，只是描述了道与自然规律的一些共性特征。中国古代和现代的哲学家对老子所说的"道"有各种不同的解释，但比较趋近一致的解释是：《老子》中所说的"道"指的就是自然规律或自然法则。在西方哲学史上，也有哲学家对什么是"规律"发表过各自不同的观点或看法，但直到马克思、恩格斯创立辩证唯物论和历史唯物论之后，才明确地指出了什么是自然规律和社会发展规律。

辩证唯物主义哲学家将规律定义为事物之间本质的、必然的、稳定的联系。其中的"事物"泛指宇宙中的万事万物，小到基本粒子，大到宇宙天体，既包括自然界的所有事物，也包括人世间的所有事物。"事物之间"是指一事物与他事物之间，也指一事物的各个部分、各个成分或各个要素之间，当然也包括各个系统之间和系统内各个子系统之间。事物之间的"联系"就是事物之间的"关系"。事物之间有各种各样的关系，但是只有事物之间的那些固有的或本质的、必然的而非偶然的、固定不变的或稳定的关系才能称为规律。而且，在事物间的各种本质的、必然的和稳定的关系中包括成分关系、结构关系、组合关系、相互作用关系以及由各种关系决定的事物属性、功能、机制和特征等。规律与其事物一同客观地存在着，无论人们是否认识到它的存在及作用，它都一直不声不响、无影无形、自然而然地存在于事物之中，并自然而然、永不改变地发挥其作用。有些事物的规律已经被人类认识并利用，有些事物的规律正在被人类认知当中，还有很多事物的规律没有被人类认识。因此，可以根据事物的规律已经被人类认识与否而将其划分为两大类：一类是已经被人类认识了的规律，可称为"已知规律"；另一类是还没有被人类认识的规律，即"未知规律"。已知规律中的事物关系是已经被人们确定了其性质、作用和作用形式的关系，而未知规律中的事物关系其性质尚未确定、关系形式尚不明确。

2. 自然规律的属性

（1）客观性与可知性

任何事物都是运动或变化的。任何事物的运动或变化都有各自的规律。无论人们是否认识到它们，它们都自然而然地存在并自然而然地发挥作用。简言之，规律与事物一体同为客观存在，不以人类的意志和是否被人类认知而转移，即自然规律具有客观性。

虽然规律本身不能言说自己的存在和作用，但人们却可以在日常生活、生产劳动、社会活动和科学实验等实践活动之中探究它们、发现它们、表达它们和利用它们。也就是说，规律可以被人类认知，即规律具有可知性。

（2）普遍性与多样性

天地万物皆依道而生、依道而行。换言之，人世间的一切事物都是按照各自的规律形成或生成的，也是按照各自的规律生存、发展、运动或变化的。自然界的万事万物中既没有无规律的事物也没有无事物的规律，这就是自然规律存在的普遍性。

大千世界物种繁多，各行其道；芸芸众生千姿百态，各行其是。物种和事物的多样性决定了规律的多样性，诸如物体运动规律、化学反应规律、天体运行规律、生命周期律、元素周期律、人体活动规律和体育运动规律等。事物规律种类繁多，不胜枚举，这就是规律的多样性。

（3）可用性与不变性

人类可以利用自然规律，但不能改变自然规律，诸如人类可以利用太阳能，并将其转变为电能，但人类不能改变太阳不断释放能量的活动规律；人类可以利用各种自然规律发射航天器登上月球和探访其他星球，但人类不能改变月球和其他星球的运行规律；人类可以利用动物的繁殖规律克隆羊甚至克隆人，但人类不能改变生物的繁殖规律；等等。人类可以利用自然规律的属性是自然规律的可利用性，简称为可用性；人类不能改变自然规律的属性是规律的不可改变性，简称为不变性。

人类利用自然规律发明，并制造出不胜枚举的大量人造物。表面上看来，每一种人造物都有各自的属性、特征、功能和用途，也都具有各自运动、运行或变化的规律。但是，无论是手机的运行程序和操作方法，还是智能机器人的各种功能和活动规律，都是人类利用自然规律设计和制造出来的，即都是人类利用自然规律人为地赋予它们的。这些人造物的属性、特征、功能、用途以及运行和活动程序等不能称为自然规律，只能称为人类运用自然规律给它们设计和制订出来的各种活动程序。人类既然能够运用自然规律设计和制订人造物的功能、性能和活动程序，就能够使用人造物并改变它们的功能、性能和活动程序等。总之，人类只能利用自然规律，但不能改变或创造自然规律。

（4）独立性与条件性

《老子》中的"独立不改，周行而不殆"说的就是道或自然规律的独立性和不变性。自然规律无论是否被人类认识或利用，它都独立地发挥作用且永不改变，这就是自然规律的独立性和不变性。但是，自然规律的独立性和不变性是有条件的，诸如水的三态变化需要具备一定的温度和压力条件；植物生长需要光照、二氧化碳、水分和其他营养等条件；动物的繁衍生息需要一定生态环境；等等。离开了必备的生态条件植物就不能生长，自然生态环境恶化就会导致物种灭绝，这就是规律存在和发挥作用的条件性。各地出土的大量恐龙骨骼和恐龙蛋化石可以证明，地球上曾经出现过一个恐龙世界。它们是怎么灭绝的值得进一步深入研究，但可以肯定的是生态环境恶化是使恐龙无法繁衍生息而导致灭绝的根本原因。因此道或自然规律"独立不改，周行而不怠"的独立性和不变性是有前提条件的，按照《老子》中的观点，生态环境具备，相应的生命体就能无中生有；失去生态环境，相应的生命体也会有回归无；所有生命体无不如此。

3. 自然规律之间的相互作用

（1）多种事物规律之间的联动作用与互动作用

世界上的任何事物都不是孤立存在的，而是相互关联的。一个事物按照自身规律发生的运动或变化必然引起相关联的其他事物也按照自身的规律发生运动或变化，诸如野兽在森林中的吼叫引起空气的波动，空气的波动引起其他动物的听觉活动，听觉又引起动物的警觉和跑动等；一块石头落入池塘的水中引起水的波动，水的波动又引起鱼的游动等；阳光照射洋面导致海水表层温度升高，海水温度升高导致水蒸气上升到高空，水蒸气上升到高空参与热气旋运动，热气旋运动形成台风，台风移动导致地面树木摆动和降雨，雨水汇聚导致山洪暴发。这些现象表明不同事物规律之间存在着联动作用。人类利用事物规律之间的联动作用发明了风车和水车，机械传动装置，以及无线电收发报机等。

事物在联动作用过程中必然存在互动作用，诸如物体在空气中高速运动时，空气成为物体运动的阻力，物体与空气的摩擦会导致物体温度的升高；河水在流动时泥沙不仅被水流移动，而且也成为水流的阻力；大风吹动了树枝和树叶等物体，这些物体同时成为风的阻力并减弱了风力等。物体相互作用引起的联动和互动都是按照各自的规律发生的，因此事物之间的联动和互动本质上就是不同事物之间，即不同运动或变化规律之间的联动和互动。所以我们把这种不同事物规律之间的相互作用称为联动作用和互动作用。人类利用不同事物规律的联动和互动作用开发出水力发电技术、风力发电技术、航天器发射和返回技术等。

（2）多重规律对事物的复合作用与不同作用

世界上的事物都具有多重属性并受多重规律的作用，诸如无论是原子核还是原子都要随着地球的公转和自转做绕日运动和自转运动的复合运动；在引力场和磁场构成的复合场中，带电粒子在万有引力和电磁相互作用力（即洛伦兹力）的双重作用下做复合运动；地球上的海水不仅要随地球做绕日运动和自转运动，还要随着月球引力的作用做潮汐运动；等等。事物同时受到多种不同规律的作用，可以称为多重规律的复合作用。

从不同事物规律的作用范围来看，有些规律的作用范围较大，有些规律作用范围较小，诸如万有引力的作用范围较大，而质子和中子之间的强相互作用范围较小；阳光照射对海洋表层海水的温度变化影响较大，但对深层海水温度的变化影响较小；地震对震中及附近周边地区的影响较大，但对较远地区的影响较小等，这种多重规律作用的大小随作用范围（距离）的变化而不同的现象可以称为多重规律对事物的"不同"作用。人类利用这种多重规律的不同作用开发出登月技术、太空活动技术和太空实验技术等。

（3）多种规律对事物的共同决定作用与协同一致作用

世界上的事物都不是孤立存在的，也不受单一规律的支配或作用，而是在多种不同规律的共同作用下生长、发育、运动或变化的，诸如绿色植物必须在光照、适宜的温度、二氧化碳气体、水和其他营养物质的共同作用下才能生长发育；人的生命必须在神经系统、血液循环系统、呼吸系统和消化系统等不同活动规律的共同作用下才能延续；一艘帆船必须在水的浮力和风力的共同作用下才能航行等。

事物同时受到不同规律的共同作用还意味着事物的不同规律作用之间必须相互依存、协同一致。它们之间一旦失去相互配合与协调一致就会导致整体事物的死亡或运动的停止，诸如绿色植物一旦失去水分或其他营养就会枯死；人类个体一旦停止呼吸或心脏跳动就会失去生命体征；帆船一旦离开水面或失去风力作用就不能远航等。这就是事物的不同规律作用之间必须相互依存的协同一致作用。不同规律的协同一致作用警示我们：人类必须共同维护地球气温的相对稳定和生态平衡才能与其他生命体和谐共生；人类必须有节制地开发和利用自然资源才能持续发展；人类个体必须保持营养均衡、人际和谐、心态平和与适当运动才能维持健康的生命；等等。深入且广泛地开展各种规律之间的相互作用研究有利于人类对规律的综合利用。

（二）人类探究、发现与利用规律的历史发展特征

规律无声无息、无影无形地存在于各种事物运动、变化过程的各种现象或状态之中，并自然而然地支配事物的运动或变化。它们不会主动告知人类它们究竟是什么，以及它们究竟是怎样发挥作用的。因此，人类只能主动地感知它们、探究它们、发现它们，表达和交流它们，遵循和利用它们。简言之，人类与规律的关系就是人类不断地、主动地发现规律和利用规律的关系。人类探究、发现和利

用规律的历史相当漫长、曲折和复杂，只有一部完整而详尽的人类规律发现和利用史才能很好地描述它，但这是做不到的事情。科技发展史专家只能根据历史文献记载和考古发现，采撷其中的艳丽奇葩和耀眼星斗生动但简约地描述人类发现和利用规律的大致历史进程。笔者根据学习科技发展史的心得，从人类探究、发现和利用规律的漫长历史中大致概括出 3 个基本的发展特征。

1. 从被动地发现和利用规律到积极主动地发现和利用规律

原始人类最初制造石器完全是为了生存的被迫之举或无奈之举，因为他们不制作石器就不能有效地杀伤野兽、切割兽肉和缝补兽皮等。他们不亲自品尝各种野果、野草等野生动植物就会饿死、病死。他们不冒着可能被灼伤、烧伤的危险取火和用火就不能吃到熟食等。所以原始人类为了生存不得不制造工具或武器，也是在被迫制造工具、武器的活动中才逐渐发现了一些身边常见或常用自然事物的一些表面属性、生活用途、简陋制作方法或可以利用的规律。

远古时代的人类社会已经认识并利用了一些自然规律，诸如人们认识了昼夜变化、季节变化和大海潮汐变化的一般规律后，就利用这些规律睡眠、劳作和捕鱼等；人们认识了有些动物可以饲养、有些植物可以种植、蚕丝和麻丝可以纺织后，就利用这些事物的自然属性或规律发明了饲养技术、种植技术和纺织技术等。所以远古人类社会已经出现了主动探究与利用自然规律和主动发明制造工具的专业化社会实践活动，诸如在人类祖先已经形成的有声语言的基础上，主动创造文字、数字、符号、图形等；在已有原始制作工艺的基础上制作精美的陶器、玉器、饰品、乐器、耕具、人力车、畜力车、水车和风车等；在已经挖掘和利用的市井周围建造房屋，修建道路、桥梁和城墙等。但是主动探究、发现、表达、交流、利用自然规律和主动创造或制作工具、器物的人员较少、能力较低且影响或作用范围较小。因此，虽然主动探究和利用规律的活动与被动发现和利用规律的活动并存，但前者所占比例较小。

在农耕时代，虽然人们主动探究和利用自然规律的能力逐渐增强，诸如冶炼技术的开发与利用、造船和航海技术的开发与利用，以及我国古人发明的指南针技术、黑火药制造技术、造纸技术和活字印刷技术等，但是直到人类有了重大的科学研究发现，尤其是出现了科技开发、第一次技术革命和工业革命之后，人类主动探究、开发和利用自然规律的社会实践活动才变得更加积极和主动。人类经历了三次技术革命和工业革命后，已经把探究、开发和利用规律的社会实践活动看成人类社会头等重要的社会实践活动，并主动预测下一次技术革命到来的时间和社会影响，甚至为下一次技术革命的早日到来提前开展有目的、有计划的科学研究和科技开发工作。

2. 从猜想、假想、思辨和经验性研究方法到科学研究与科技开发紧密结合的研究方法

原始人类的思维能力、操作能力和活动能力还十分低下，他们只能对观察到的事物做出简单的猜想，诸如为什么动物总在这里出现；为什么会刮风和下雨；为什么天上有太阳、月亮和星辰；等等。但是他们得不出一致的答案。因此，为了生存他们不得不亲自尝试接触和体验能够接触到的事物，诸如品尝野果、野菜和兽肉；尝试抛掷石块打击野兽；尝试砸碎石块并选择锋利石片切割兽皮或兽肉；等等。他们通过尝试获得一些成功的方法和体验，并在以后的活动中继续使用或利用。所以他们探究和利用规律的基本方法有两种，一种是观察与猜想，另一种是尝试和体验。他们在生活和活动中不断尝试开发自己的发音功能，并逐渐形成了有声语言。有声语言的形成进一步开发了人类的有声言语功能和有声言语思维，极大地提高了人类的交往能力、思维能力和学习能力。主动的观察和猜想也提高了他们的观察力和想象能力。在尝试和体验活动中他们成功地感受到吃熟肉和熟食的好处，并成功地获得了取火和用火技术。有声语言的形成、言语思维的发展、用火技术的发展和熟食的食用等都极大地提高了人类社会的文明程度。

到了远古时代，人类已经掌握了比较成熟的动物饲养技术、植物种植技术、疗伤和治病技术和陶器烧制技术等，这使人类进入了远古时代文明。他们尝试扩大用火的范围和改进用火的方法，并逐渐发现了金属熔化和凝固的规律，发明了冶炼技术和金属工具的制作技术，极大地提高了社会生产力。他们还尝试开路建屋、掘井汲水、挖渠引水、缫丝纺织等，并成功地获得了各种工具、器物、交通工具、生活用品和服装等的制作技术。尤其重要的是，他们创造了文字和数字、开发出算术和算学、编制出历法、制订行为规范、形成了医学与药学等，进一步创造和繁荣了远古时代的人类社会文明。随着尝试和体验的成功和思维能力的提高，人类对一些问题的思考已经从原始人类的设问和猜想提升到答问和假想，并在思考问题时加入一些个人的愿望和情感，或者将天地事物等与人类或自己做类比，因此编制出一些神话以及拟人化或理想化的假说，诸如中国古人最初假想天像人一样有感情、有意志，因此提出"天有意志""天人感应"等假说。总之，远古人类探究规律和利用规律的方法仍然是尝试-体验和观察-假想两种，但与原始人相比思考能力和尝试能力有了极大的提高。

到了农耕时代，古人尝试发明或利用规律的范围和领域进一步扩大，获得了大量技术发明，诸如造纸和印刷技术、指南针和航海技术、火药制作技术等。古人思考的问题也逐渐增多，并形成了数学、医学、药学、天文学、动植物学（或博物学）、物理学和地理学等多门学科，建立了学堂、学园、书院、图书馆甚至

大学，形成了从事各门学问研究的专业学术群体，并开展了各种形式的学术交流甚至国际学术交流活动等。他们还提出或创立了各种假说，诸如中国古代关于天地结构和形状的"盖天说""浑天说"，古希腊哲学家提出的各种世界本原说或物质本原说等。其中，有些学科中的假说能够与经验验证结合起来，诸如诊疗技术和经验对医学学说的验证、工程技术经验对数学方法的验证、测量经验对测量技术的验证等。不仅如此，在学术研究领域也出现了一些思辨与经验的结合，例如，亚里士多德根据其提出的宇宙本原"四要素说"论证大地是球体时，就列举了一些观测到的经验性证据，诸如帆船出海远航，岸边送行人见到船体逐渐消失，但桅杆还露在海面上；人朝南北方向长距离移动会发现北极星高度的变化；月食时，投在月亮表面的阴影边缘总是圆弧状的；等等。但是他也提出一些没有充分证据的假说，诸如自由落体假说、心脏是心理器官假说等。总之，古人的技术发明全凭经验来验证；数学方法可靠与否全凭生活经验、生产和工程技术的实践经验来验证；医药学理论全凭疗效和诊疗经验来验证等。总之，农耕时代人们对规律的探索、发现和利用主要采用的是用经验验证思辨假说的方法。

古代人类凭借经验验证技术发明或思辨假说的方法度过了漫长的时期，直到伽利略用实验的方法验证了亚里士多德的自由落体假说是错误的之后，一些科学先驱才找到了验证假说的可靠方法。但是在实验方法诞生之前，许多学者已经习惯于运用数学推理的方法提出和验证假设，例如开普勒的行星运动三定律就是根据观测数据的计算和数学公式的推导得出的。牛顿最初也是采用数学推理的方法提出了力学三定律并建立了经典力学理论。后来在用三棱镜做光的折射实验时，他才系统地采用了实验验证的方法。牛顿科学实验研究的成功极大地推动各学科科学研究的诞生。科学家纷纷通过实验验证原有的假设或假说，抛弃错误假说并提出新的假设。

由此看来，假说或假设似乎是孕育科学研究的胚胎，诸如没有亚里士多德的自由落体定律就没有伽利略的自由落体实验研究；没有地心说就没有取代它的日心说；没有盖伦的血流无回路说就没有后来哈维对血液循环系统的解剖学研究和科学发现；等等。但是历史已经证明，没有验证假设的实验方法，科学研究就不能诞生和发展。所以必须将提出假设与验证假设的实验方法紧密结合起来才能促进科学研究的发展。光学、电磁学、天文学和化学等都是在否定或抛弃了前人的错误假设、提出科学假设，并用科学实验验证了科学假设之后才得以创立的。科学实验不仅可以验证假设，还能够在实验中发现新现象，从而提出新假设，进而开发出新的实验技术来验证新假设。巴甫洛夫的条件反射研究就是如此，他在消化腺分泌的实验研究中意外地发现了条件反射现象，然后开发出条件反射研究的实验技术，有了可靠的实验技术才进行了条件反射的系列实验研究，并根据实验研究结果提出了大脑高级神经活动假说等。因此实验技术的开发和有效利用也是促进科学研究发展的动力之一。

准确地说，对研究对象或事实的可靠观测、在可靠观测得到的事实或数据的基础上进行数学推理、在数学推理的基础上提出可靠的科学假设、开发和利用可靠的实验方法验证假设或者用进一步可靠观测得到的事实或数据证明假设，才能促进科学研究的发展。简言之，观测技术、数学推理、科学假设和实验方法是科学研究的四要素，四要素既紧密配合又相互促进，才能促进科学研究的发展。例如，爱因斯坦抛弃了前人提出的以太观，坚信光速不变的真理，经过缜密的逻辑推理和数学公式变换才创立了广义相对论。广义相对论问世后，很多科学家不能接受，因为它缺乏实测证据和实验证据的支持。后来科学家在太阳系中观测到了光线弯曲和水星进动现象，并在实验中发现了引力红移现象。得到了这些观测事实和实验证据后，广义相对论才被科学家接受。可是如果至今没有获得观测到的事实和实验结果，广义相对论就只能是假设而已。

科学研究的发展或四要素的相互作用，使观测技术和实验方法得到迅速的开发与利用。观测技术和实验方法的开发与利用又使科学家观测到许多新现象或新的科研课题。新的科研课题需要新的实验方法和观测技术，由此又促进实验方法和观测技术的进一步开发与利用，从而使科学研究不断地扩展和深入。在科学研究的发展过程中，科学假设的提出也变得越来越有理论依据和事实依据，例如狄拉克发现，在薛定谔方程中，对微观粒子的运动速度采用的是地球表面物体的运动速度，但实际上微观粒子的运动速度接近光速。所以他将描述微观粒子运动的薛定谔方程与描述宇观天体运动的相对论相结合，经过缜密的公式推导得出了狄拉克方程，并预言了反物质的存在。该预言使科学家在实验中格外关注反物质是否真的存在。后来的科学家果真在实验中发现了反电子、反质子和反氘核等反物质。

虽然四要素的紧密结合使科学研究的方法更加完善、科学研究的力量也更加强大，并可能导致科技开发或带来经济效益，但是科学家仍然热衷于科学问题的研究，而不关心它会引起哪些技术革命或产业革命。因此，最初的一些科学研究与技术开发是相互分离的。第一次技术革命使人们开始认识到，科学研究必须与科技开发结合起来才能给人类创造出更多、更好的物质和精神财富。经历了三次技术革命，正在经历第四次技术革命的今天，科学家在选择研究课题时就开始考虑其研究成果的科技开发前景乃至科技开发的技术路线。原来专门从事科技开发研究的科学家也在从事有科技开发前景的基础性科学研究。如此一来，科学研究的方法与科技开发的方法就紧密地结合在一起，成为科学研究与科技开发一体化的研究方法。前文提到的科学研究方法的四要素就会变成科学研究与科技开发方法的"五要素"。

3. 从理论和应用的两条研究路线到科技与产业开发的一体化研究路线

古人探究规律与利用规律从一开始走的就是相互分离的两条路线：一条是为了解决生存、生活或生产之需而不得不探究如何利用规律的技术发明路线；另一条是人们为了满足好奇或认知的需要而思考学术问题的理论研究路线。人类沿着第一条路线走下来，制造出许多工具和用具，发明了许多制作技术和生产技术，逐步满足了人类生存和生产的需要。但是他们没有意识到这是利用了一些事物的属性或规律的结果。他们在发明和使用这些工具或用具时，更多的是关注它们的使用方法和使用效果，却很少思考其背后的原因或原理，或者说他们没有更多的时间和精力思考其原因或原理，再或者说他们也曾思考过，但一直没有得出一致的思考结果。人们沿着第二条路线走下来，思考了许多问题，提出了许多假设或假说，同时也创编了一些神话。随着思考问题的增多，逐渐形成了各个不同研究领域或各门学科，并形成了一些研究群体、交流方式、交流的场合或地点等。这些思考问题或做学问的学者和学生，往往缺乏生产劳动等实践经验，也不关心生产技术和制造技术的发明、更新或改造等技术问题和生产问题。所以两条路线泾渭分明，很少联系。但也不是绝对没有联系或相互影响，有些学术研究与技术发明不仅相互联系，而且联系得还很紧密，例如数学就是学术与技术紧密联系、相互影响且相互促进的一个学科，医学与诊疗技术、药学与制药技术也是如此。

随着学科研究的不断深入和扩展，数学与天文学和物理学之间、物理学与天文学之间、天文学与其观测工具的制作技术之间、物理学与其实验技术的开发与利用之间的联系或相互作用变得越来越紧密。各门学科研究诞生后，学科和实验技术、科学研究的联系已经变得密不可分了。但是科学家往往仅仅把实验技术看作科学研究的方法和工具，他们最关心的仍然是科学研究的问题，很少或较少考虑科学研究的成果将会对社会生产力的发展产生什么样的影响或促进。所以科学研究与技术发明仍然属于探究规律和利用规律的两个不同的研究领域。

经过一次又一次科技革命和产业革命浪潮的冲击，理论研究或基础研究与应用研究或科技开发之间的联系变得越来越紧密，从基础研究的重大理论突破到兴起技术革命与产业革命的周期变得越来越短。今天的高科技企业已经将基础科学研究和科技开发视为产业发展的原动力。科学研究不仅跨越了学科的界限，而且已经与科技开发和产业开发紧密地融为一体。从原始社会开始形成的探究规律与利用规律、学术研究与技术发明、理论研究与应用研究、基础研究与科技开发的两条路线，到今天已经走到了一起。最初形成的两股研究力量，今天已经紧紧地凝合在一起，成为推动新产业兴起和社会经济发展的一股强大合力。

二、规则与规律

（一）科学规则和科学原理与规律之间的关系

1. 人类对规律的三种表达方式

（1）各种语言或文字表达

人们发现规律后，最常用的方法是用语言或文字将其表述出来，这种用语言或文字表述的规律称为"科学原理"。中国人一直沿用《老子》中关于"道"的定义、概念和名称，并习惯将科学原理俗称为科学道理。为了准确地表述规律，人们必须首先将事物的有关属性、特征或结构等定义为科学概念。定义科学概念首先需要给事物的有关属性、特征或结构等命名，即概念的名称（诸如动能、圆周运动、细胞等）；其次用准确且严谨的一句话来表达事物的各种有关属性、特征或结构等，这句话就是概念的定义；再次还需要定义事物之间各种具体关系，即定义有关的"关系"概念，诸如相互作用关系、时间关系、顺序关系、空间关系、等量关系或变化关系等；最后用有关概念（包括关系概念）的名称将规律表达为有关概念之间确定的具体关系。规律只有在具体条件下才能发挥作用，因此表述规律还需要附加一定的限定条件，诸如自由落体运动规律只在重力作用下才能成立；理想气体变化规律是在理想状态下的变化规律；物质的化学反应只有在一定的条件下才能发生；等等。

将规律表述为科学原理虽然有助于人们的学习、记忆和交流，但往往不便于实际运用或直接运用，因此人们往往根据遵循或运用规律的需要，将科学原理用便于人们运用的形式表达出来，诸如将便于记忆的简约版《二十四节气歌》表达为具有各种用途的应用版《二十四节气歌》；将月亮的周期性变化规律编成便于运用的口诀；将地球的运动规律表达为各种历法；等等。人们对规律的应用表达称为"科学规则"。一般来说，人们既可以用各种语言或文字将规律表述为科学原理，也可以将其表达为科学规则。除此之外，人们还能够将一些规律用计算公式表达、图形表达、列表表达等，因此规律就有了下面的各种应用表达形式。

（2）各种应用表达形式

人们对许多事物运动或变化的规律可以做出定量表达或量化表达。量化表达规律的前提条件是，表达规律的有关概念必须是可以进行测量并用数字表达的变量。诸如时间、长度、重量等都可以用量化的数字和测量单位来表达。能够量化表达的规律才能用计算公式、函数式、方程式等数学公式表达，诸如将物体运动的速度用公式表达为"速度=路程÷时间"或$V=S/T$；将水的构成规律或分子结构表达为H_2O；将物质全部转化为能量的规律表达为"能量=质量×光速^2"或$E=mc^2$；等等。规律的公式表达具有便于计算、换算、公式推导或数理逻辑推理和问题解决等优势作用，所以量化表达规律的数学公式也是科学规则的一种表现形式或呈现方式。

有些事物运动、变化的规律可以用图形表达，诸如物体运动的轨迹、波动变化的规律、光的折射和反射规律等都可以用图形表达。利用图形表达规律比较直观，容易被人理解和运用，因此规律的图形表达也是科学规则的一种呈现方式。

有些规律可以列表表达，诸如表达化学元素周期变化规律的化学元素周期表、表达大海潮汐变化规律的潮汐变化时间表或表达地球运动规律的各种历法等。列表表达规律便于人们随时查阅、推算和预期等。

有些规律可以用图表表达，诸如用海洋鱼类分布图表表达鱼类分布规律，用植物分布图表表达植物分布规律，用动物分布图表表达野生动物分布规律等。人们可以通过查阅列表或图表遵循和利用规律，因此表达规律的列表或图表也是一种科学规则的呈现方式。语言、文字、公式、图形、列表或图表都是抽象的符号，因此这些表达方式都属于对规律的抽象形式的应用表达。

对有些规律，人们不仅可以做出抽象形式的应用表达，还可以用手势或动作做出应用表达，诸如用左手定则表达或判断通电导体在磁场中的受力方向；用右手定则表达导体感应电流的方向；用两臂（一条胳臂代表时钟的时针，另一条胳臂代表时钟的分针）的不同位置表示不同的时间；用两臂的运动或位置变化表达时间的变化规律；等等。人们不仅可以用手势和动作表达其他事物的运动、变化规律，也可以直接用自身的动作、姿势和运动表达人的动作、操作和运动规律。这种表达人体动作、操作和运动规律的方法就是动作、操作和运动示范法。如果把人体的动作、操作和运动统称为活动，那么人体的活动规律就是由人体的先天结构（包括骨骼、关节、韧带和肌肉的生理结构）决定的。人体的先天结构决定人类个体不能做反关节动作或运动，诸如手掌不能反向抓握、臂肘和小腿不能反向弯折等。这些例证都说明，人体有一定的活动规律。对人体的活动规律，既可以做出抽象形式的应用表达，也可以直接用人体的动作、操作或运动表达，这种应用方式表达的也是科学规则，而且是运用科学规则的直接呈现方式。

综上所述，人们既可以对规律做出各种抽象形式的应用表达，也可以通过行为动作等做出应用表达，这些对事物运动或变化规律应用表达可以统称为科学规则。所以，科学规则就是人们对规律的各种应用方式的表达。

（3）直观表达或模拟表达

有时为了帮助学生直观地认识事物运动、变化的规律，需要把事物运动或变化的过程和现象给学生展现出来，这就需要教师给学生做实验展示。采用实验展示展现事物运动或变化的过程和现象就是人们对规律的直观表达。与之类似的直观表达方法还有动植物解剖、实物或标本展示以及实地考察等。

有些事物运动或变化的规律不能直接观察或不便于直接观察，诸如血液循环规律、行星运行规律和雨雪形成规律等。为了便于学生认知这些规律，教师往往需要给学生呈现人工模拟的动态影像，这些动态影像就是模拟演示事物运动、变化规律的动态样例。

规律的直观表达和模拟表达虽然不是科学规则，但对学生认知规律、理解和运用科学规则都是十分必要的。因此，教师在进行规则课堂教学时往往需要采用实验展示、实物展示和模拟演示等范例教学方法。

2. 科学规则和科学原理与规律的关系

经过上述分析不难看出，人们有多种表达规律的方式和方法，但是最一般的和最常用的方法就是将规律用语言或文字表述为科学原理。一般来说，人类认识或发现了多少事物运动或变化的规律就可以将其用语言或文字表述为多少科学原理。所以，科学原理是既可以用多种语言述说、用多种文字表达，又可以通过语言或文字传授和学习的科学知识。特别值得注意的是，科学原理不是规律本身，它只是人们对已知规律的语言或文字表达，是帮助人们交流、学习或认识规律的核心科学知识内容之一。科学原理在不同学科知识中的称谓不尽相同，物理学家一般将其称为"定理"、"定律"或"法则"；哲学与社会科学家往往直呼其为"自然法则"或"自然规律"；体育和艺术家常常将其称为"原理"，诸如发声原理、透视原理和运动原理等。

与科学原理一样，科学规则也不是规律本身，它只是人们遵循、利用、应用或运用规律的各种具体活动方式及呈现方式。学习科学规则不仅可以使人们认知规律，而且可以使人们运用规律。因此，学习科学规则有双重任务：一是认知规律，二是遵循和利用规律。

科学原理和科学规则都是人类对已知规律的表达，但它们都不是事物运动、变化规律的本身或真身。人类无论怎样详细地描述或精确地表达规律，所有的已知规律都全部处于被人类再认知或不断深入认知的过程中。因此，科学原理和科学规则只是人类不断反复深入地认知、表达和利用事物规律的产物，它们都处在不断地被修正、补充、整合或概括之中，它们都是在一定条件下帮助人类认知和利用规律的科学知识，但它们都不是绝对正确的真理。如果说世界上有绝对真理的话，那就只能是各种自然规律本身。但是，也不能因为科学知识不是绝对正确的真理就放弃对它们的学习与利用，人类只要不断地认知它们，并在可以利用的条件下正确地利用它们，就可以为人类造福。

3. 科学规则与科学原理的区别与联系

科学原理和科学规则都是人类对规律的表达，只是表达的方式不同。正因为两者的表达方式不同，科学原理只具有表述、交流和认知规律的学习功能；而科学规则既具有表述、交流和认知规律的学习功能，也具有遵循、运用和利用规律的应用功能或实践功能，这是两者的根本区别。

科学原理和科学规则都是人类对已知规律的表达，因此两者有紧密的联系。

1）科学原理包括科学规则。人们可以将所有的已知规律都表述为科学原理，却不能将所有的已知规律都表达为科学规则。因为人类对规律有一个从个别到一般、从片面到全面、从局部到整体、从认知到应用、从定性表达到量化表达的过程，有些规律最初只能被表达为科学原理，后来才能表达为科学规则乃至多种应用形式的科学规则；有些规律最初只是被人类认知，后来才发现其应用价值和应用方法；有些规律目前只能做出定性的表达而不能做出量化的表达等，因此科学原理包含科学规则，并有待于开发出多种应用形式的科学规则。

2）一个原理可以表达出多个规则。例如，电磁感应原理至少可以表达出 3 个运算规则和一个判定规则：第一个运算规则是根据磁通量的变化率和导线线圈的匝数计算感应电动势的公式（普适公式）：$E=n\Delta\Phi/\Delta t$，其中 E 代表感应电动势，n 代表感应线圈的匝数，$\Delta\Phi/\Delta t$ 代表磁通量的变化率和变化方向。第二个运算规则是根据导体在磁场中做切割磁力线的运动速率、方向和导体长度计算产生的感应电动势大小的公式：$E=BLV\sin\alpha$，其中 E 代表感应电动势，B 代表磁场强度，L 代表导体的有效长度，V 代表导体运动的速度，α 代表导体运动速度方向与磁力线方向之间的夹角（$\alpha>0°$）。第三个运算规则是计算自感电动势大小的公式：$E=L\Delta I/\Delta t$，其中 L 代表自感系数（线圈 L 中有铁芯时比无铁芯时要大），$\Delta I/\Delta t$ 代表自感电流的变化率和变化的方向。一个判定规则是判定导线中感应电流方向的"右手定则"。

3）量化科学规则也是科学原理。有些用数学公式呈现的科学规则既表达了事物的有关属性、特征或结构等科学概念或变量，又表达了有关概念或变量之间的数量变化关系，因此它们既是科学规则，也是科学原理。

（二）科学规则与技术规则

1. 科学规则与科技规则

人们既可以将规律表述为科学原理或表达为科学规则，还可以根据科学规则开发出各种实用技术规则，诸如根据电磁感应定律开发出来的交流电工程技术规则；根据半导体材料的导电规律开发制作出来的半导体材料及应用技术规则；根据原子核裂变规律开发出来的核电工程技术规则；等等。从事这类实用技术规则研究与开发的实践活动或工作被称为科学技术研发或科学技术开发。科学技术开发的工作任务是将科学规则转化为在自然物质资源的提取与利用、人工材料的合成与制造、机器（仪器）与设备制造、建筑的设计与施工、商品的设计与生产等工作中可实际应用的科学技术规则，简称为"科技规则"。工程技术人员、技师和工人应用这些科技规则就可以有效地开采、提取和利用自然资源，制造人工合成材料，设计和制造机器、仪器和设备，设计与建造各种建筑，设计和生产各种产品或商品，等等。因此，科学技术开发是将科学原理或规则应用于生产劳动并创造物质和精神财富等实践活动中的重要环节，也是将科学研究的理论成果转化为现实生产力的必经关键环节。没有科技规则的开发，科学规则就不能转化为现实生产力，也就不能带来经济效益、社会效益和为人民带来福利。因此，从获得经济效益、社会效益和为人民带来福利的角度看，科技规则显得比科学规则还重要。因此，世界上许多科学研究的理论成果都可以公开发表，但是科技规则尤其是关键性科技规则往往是保密的或受专利保护的。科学技术开发工作往往是十分艰难或非常棘手的研究工作，不仅需要多学科科学家的参与，还需要多门类工程技术人员、技师、工匠的参与和合作。所以，一些关键技术或综合技术往往是多学科科学家和多门类工程技术人员联合攻关的成果。

科技规则是在科学规则的基础上研究、开发或发明出来的具体实用方法、操作程序或步骤等。但是科学规则与科技规则有明显的区别：①科学规则主要是在理论研究和理论学习上的应用，一般用于推理、证明、计算、理论问题解决、确定科技开发方向和制订科技开发规划等思维活动中，而科技规则主要是在日常生活、生产劳动和科学研究等实践活动上的应用，一般应用于设计产品、工艺流程、生产线以及生产和制作各种材料、工具和生活用品等技术操作活动中。②科学规则往往是在严格控制的实验条件下或排除了实际干扰因素的理想状态下的应用，诸如自由落体定律只是在重力作用条件下的应用；理想气体定律是在气体不泄漏、热量不消耗、容器不变形等理想状态下的应用；能量守恒定律是在能量无损耗且把所有能量都计算在内条件下的应用；等等。科技规则不仅要符合科学规则，还要把实际应用的环境因素、干扰因素和意外因素等都考虑在内。所以，科技规则比科学规则更具体、更复杂，科技规则的运用也比科学规则的运用更具体、更复杂。因此，一项成熟科技规则的制订往往需要多次试验和在多种条件下进行实践检验。

2. 技术发明与技术规则

在历史上乃至现在，有许多技术规则不是按照先有科学规则、然后根据科学规则研发科技规则的顺序开发出来的，而是根据日常生活和生产劳动经验的总结先于科学研究而发明出来的。可以设想，当远古时代的某位妇女发现用黏土做的一个容器经过火烧可以变得更加坚固耐用之后，她不仅会用它来盛水、烧水和煮肉等，还会将这种方法传授给周围的人。在交流和传授的过程中，她往往需要给他人重复做出制作和烧制的操作示范。观看她操作示范的人就会跟着模仿、试验、改进制作的方法或程序。如此传播开来，就在一定的人群或部落中形成了陶器的制作技术。在人类技术发明史上，许多劳动工具和生活用品的制作、生产技术都是先于科学研究发明出来的，诸如石器制作技术、陶器烧制技术、家畜饲养技术、庄稼和蔬菜种植技术、纺织技术、金属冶炼和铸造技术、酿酒技术、造纸技术、中草药采制和治疗技术等。这些古老的、有些至今仍在使用的技术都是在没有科学研究或没有弄清楚其科学原理之前发明出来的，所以为了区别于科技规则的开发过程，一般称其为"技术发明"的过程。

在人类历史长河中，为何技术发明在前，而科学研究在后呢？道理很简单，因为古代人类必须首先解决衣食住行和繁衍生息等生存、生活和生产劳动中的实际问题，诸如解决狩猎、饲养家畜、种植庄稼、制作生活必需品、制造劳动工具等技术问题。为了解决这些技术问题，古人最初只能因陋就简，就地取材地获取和制作食物、选择栖息之地、建造居住之所、制作必要的劳动工具和生活必需品等。古人在生活和生产劳动中经过反复的尝试—发现—思考—改进—试验—检验等经验积累和经验总结过程，才形成了一些用之有效的制作技术和生产技术。这些技术发明或技术规则是在实践经验积累和总结的基础上发明和制订的，与科技规则的开发或科技规则的制订有明显的区别，所以只能称为经验技术或经验技术规则。经验技术与科学技术、经验技术规则与科技规则虽然有明显的区别，但都具有实用性和实效性，所以科技规则和经验技术规则都是实用技术规则或实效技术规则。

3. 科技规则与经验技术规则

既然科技规则是根据科学研究发现的规律或科学规则制订的，那么经验技术规则归根结底是根据什么制订的呢？当然也是根据规律制订的。古人在生活和生产劳动中能够发现许多可利用的自然规律，诸如野兽的出没活动规律、家畜和庄稼的生长规律、黏土烧结规律、陶瓷烧制规律、粮食发酵规律、金属熔化和凝结规律等。正是发现了这些规律，才发明了相应的制作技术和生产技术，并制订了制作技术规则和生产技术规则。古人在生活和生产劳动中发现了一些可利用的一般规律后，首先根据规律发明了制作技术和生产技术。因为只要解决生存、生活和生产中的技术问题，就可以使人类得以生存、延续和发展。所以，古代人类社会都是先有制作和生产技术的发明、改进和革新，然后才有对各种不易发现和利用的事物规律的研究。人类一直到获得了科学研究的成果，才有了科技开发和科技规则。

古人发明的经验技术和制订的经验技术规则，虽然在当时还不明白其科学原理，但在后来的科学研究中，有些技术或技术规则却得到了科学研究的验证及科学规则的解释。所以，一般来说，凡是实用技术或实效技术、实用技术规则或实效技术规则都符合相应的规律或科学规则。随着科学研究的深入开展，那些目前尚未得到科学研究证明的和尚未得到科学规则解释的实用性或实效性经验技术规则，将来也一定会得到科学研究的证明或科学规则的解释。所以，它们既是现实可用的实效技术规则，也是科学研究的对象之一。

4. 狭义科学规则与广义科学规则

科技规则是人们根据科学规则开发和利用的实用或实效技术规则，经验技术规则是人们根据尝试利用事物一般规律的成功经验制订的实用或实效技术规则，即科技规则和经验技术规则都是符合规律并有实用或实效价值的规则，因此它们应该属于科学规则的范畴。人们利用经验技术规则和科技规则制造出各种工具和用具供人们使用或享用，由此产生了人们使用各种工具和用具的使用规则或享用规则。这些规则归根结底都是人们利用规律的产物，所以它们也应该属于科学规则的范畴。有声言语活动是人们利用自身的发音规律形成的，因此符合人类发音规律的字词发音规则、朗读规则、演唱规则或口技规则等也应该属于科学规则的范畴。与有声言语规则或语言规则密切相关的是造字规则、书写规则、语法规则、写作规则或创作规则等，这些规则是从有声言语规则或语言规则发展而来的，既符合人的感知、记忆和思维等心理活动规律，也便于人们使用或享用，因此这些规则也属于科学规则。人类的舞蹈规则、表演规则和体育运动规则等也都是在开发和利用人体活动规律的基础上形成或制订的，因此也属于科学规则的范畴。数学规则是根据人类在日常生活、生产劳动、技术发明、科学研究和科技开发等实践活动中发现的量化规律和空间形式变化规律制订的规则，而且是经过漫长社会实践活动检验和科学实验研究验证的既可靠又有效的实用规则，因此数学规则也属于科学规则的范畴。人类社会还根据自然规律、人体活动规律、心理活动规律、人类社会的生存与发展规律制订了各种社会规则，诸如各种社会道德行为规范、奖励与惩罚规则等，这些规则也应该在科学规则的范畴之内。总之，凡是利用、遵循或符合规律制订的规则都属于科学规则的范畴。如此说来，科学规则可以分为两大类：一类是人们对规律的各种应用形式的表达，可以将其定义为狭义科学规则；另一类是人们根据规律制订的或符合规律的各种规则，可以将其定义为广义科学规则。科学规则的一般定义是：科学规则是人们对规律的各种应用形式的表达和根据规律制订的支配、约束或限定人类心理和行为活动的准则。

（三）科学规则与思辨规则和经验规则的本质区别和联系

在人类历史上并不是所有的规则都是根据规律或科学规则制订的。在科学研究诞生之前，人类制订规则的依据主要有两种：一种是根据个人自主思辨得出的结论或根据个人主观愿望制订的规则，可称为思辨规则或主观规则；另一种是根据经验总结制订的规则，可称为经验规则。

1. 思辨规则

思辨规则就是根据个人的自主思考、分析和辨别等思维活动得出的结论制订的规则。例如，古希腊哲学家亚里士多德提出的三种联想规则、自由落体规则和心脏是心理器官规则等。后来的心理学研究表明，三种联想规则是正确的，但不全面，还应该补充一种更重要的因果联想规则；自由落体规则是错误的；心脏是心理器官也是错误的。由此可见，根据自主思辨的结果制订的规则不一定是正确的或可靠的。完全根据自主思辨的结果或主观愿望制订规则很容易犯主观主义的错误。我国古代也有人根据自己的主观愿望和错误思辨制订的错误行为规则，诸如揠苗助长、掩耳盗铃、削足适履和南辕北辙等。这些成语故事告诫后人，不能完全凭借个人的主观愿望和自主思辨制订行为规则，否则将导致行动的失败或受到规律的惩罚。

2. 经验规则

经验规则是人们根据在日常活动、生产劳动和各项社会实践活动中获得的经验和教训制订的行为规则。个人在日常生活和实践活动中获得的经验是个体经验。个体经验经过人际交流和社会传播就会形成群体经验。例如，第一位吃螃蟹的人获得的是个体经验，如果其他人随后也跟着吃螃蟹，就形成了群体经验。有些经验是成功的经验，人们很容易根据成功的经验制订行动规则；有些经验是失败的教训，人们也会根据失败的教训制订行为的限制性规则。群体经验避免了个人经验和主观思辨的局限，再加上经过了群体活动的检验，所以经验规则的可靠性比思辨规则有了明显的提高。因此，经验规则与思辨规则是两种性质不同的规则。

但是，经验规则也有局限性。如果当前的实际活动与原有经验不符或超出了原有经验的条件或范围时，按照经验规则办事也会导致失败。例如，"不听老人言，吃亏在眼前"这句话就是一条经验规则。如果按照该规则行事，只有在老人的经验与年轻人从事的活动条件相符的情况下才是正确的。如果年轻人从事的活动不符合老人经验的条件或超出了老人经验的范围，这个规则就不一定正确了。再如，根据人的相貌、体型或血型判断人性格的"规则"也属于经验规则，但是该类规则不是根据一般规律制定的，充其量仅仅是概率性规则。因此，盲目地相信这类规则既有应验的概率，也有不应验的概率，所以按照经验规则行事既可能成功也可能失败。如果在实践活动中不顾实际条件的变化或经验规则的局限，一味地凭借经验规则办事，就很容易犯经验主义的错误。

科学规则的制订与经验规则的制订有根本不同。科学规则是根据各种一般规律制订的，并反映事物之间或事物内部各要素之间确定因果关系的规则，经验规则往往是反映"众因一果"或概率性因果关系的规则，而且经验规则的运用往往还会受到诸多不确定或不可预测因素的影响。科学规则的正确运用一定会获得预期的结果或导致活动的成功，而经验规则的运用既可能成功也可能失败。因此，科学规则与经验规则也是两种性质根本不同的规则。

3. 思辨规则、经验规则与科学规则的联系

虽然思辨规则和经验规则各有其局限性和不可靠性，但是不可否认的是，在思辨规则和经验规则中也有正确的规则。如果在自主思辨和经验总结中发现了一般规律，并根据规律制订规则，那么这样的规则就是正确的，所以在思辨规则和经验规则中也不乏正确规则。那么，判定规则正确与否的标准究竟是什么呢？第一个判定标准是看制订规则的依据是否为一般规律或科学规则；第二个判定标准是看规则中是否有运用规则的具体限定条件。那么，怎样才能判定思辨和经验规则是否符合一般规律或科学规则呢？当然是一靠人的科学素养，二靠实践活动的检验。但是，最根本是靠实践活动的检验。可是，如果所有的思辨和经验规则都要通过社会实践活动来检验，那付出的代价可就太大啦！恰好科学实验是缩小了的社会实践活动，它规模小、花费少，即使实验失败了，付出的代价也比社会实践活动失败付出的代价小。又因为科学实验的条件具体、明确，实验过程控制严格，实验得出的因果关系具体、可靠，所以思辨和经验规则只能被称为假设或实验假设。它们是否正确，则有待科学实验的验证。如果经过反复的科学实验证明假设是正确的，就可将其表述为科学原理或表达为科学规则；如果科学实验证明假设是错误的，那么思辨或经验规则就是错误的。规律都是在一定条件下被发现的，所以根据规律制定的科学规则和技术规则都包括具体的限定条件。如果在实践中严格按照限定的条件正确地操作和运用科学规则和技术规则，实践活动就一定成功。当然，如果在实践中没有严格按照限定的条件操作和运用科学规则和技

术规则，实践也会出现误差甚至失败。有些思辨和经验规则虽然没有经过科学实验的验证，却通过了反复的社会实践活动的检验，也是正确的。正是因为科学研究离不开假设或实验假设，而且很多假设或实验假设来自思辨和经验规则，所以科学研究离不开自主思辨和群体经验总结。正因为如此，科学家才经常以思辨规则和经验规则作为实验研究的对象。

4. 规则的一般定义

如果要给所有的规则下一个一般定义的话，那么可将一般规则的概念定义为：规则是有关人员根据规律或科学原理，或者根据其他理由或有关原则制订的支配人们心理和行为活动的准则。可以按照制订规则的依据不同将规则分为两大类：一类是根据各种一般规律或科学原理制订的规则，即广义的科学规则；另一类是根据既非一般规律也非科学原理的其他理由或原则制订的规则，被称为非科学规则。物质的形态和种类是无限多样的，规律的种类和作用形式也是无限多样的，而且在一个或长或短的时间阶段内，人们对规律的认知也是有限的，所以在许多社会规则和个人规则中还存在一些主观规则、思辨规则和经验规则，诸如各种不合理的分配规则、教育规则乃至各种欺诈、弄虚造假和滥竽充数的规则等。

解读规则定义的要点是：①规则既都是人为制订的，也都是给人制订的；②制订规则都是有根据、有理由或有目的的；③制订规则的根据或理由决定了规则的性质、功能和用途；④制订规则的目的是有效地支配人们的心理和行为活动；⑤制订规则都是有限定条件的，所以规则的运用都有边界条件或限定范围；⑥所谓准则，指的是活动的规定程序、动作、操作（包括思维或认知操作等）、限定条件和评价标准；⑦规则既可以用语言、文字、图表、公式、动作等表达，也可用规范的动作、操作和运动等行为示范表达。因此，人们既可以通过聆听他人的讲解和阅读有关书面图文材料等学习规则，也可以通过观察、模仿和练习运用规则的动作、操作和运动等学习规则，还可以通过学习他人运用规则制作或生成的各种物品（工具、零件或成品等）、作品（绘画、书法或文艺作品）、作业（作文、练习本或答题试卷等）或留下来的各种记录（笔记、草稿、设计图、录音或录像等）来学习隐含在其中的规则。这些物品、作品或记录等可以统称为运用规则的样例，学生可以通过学习这些样例，从中习得有关的规则及其运用方法，这种学习就是规则样例学习。

科学研究还在继续，许多规律还有待发现，所以在社会规则中还存在一些经验规则和思辨规则，乃至根据少数人的主观愿望制订的主观规则；在各项社会实践规则中还存在许多经验规则；许多人仍然在按照自己的思辨规则、主观规则或个人经验规则行事。

自然界的物种丰富，千姿百态，变化万千，其中的人类社会，芸芸众生千差万别，社会关系错综复杂。人类为了生存和发展需要解决的问题和需要揭示的奥秘还有很多，需要探究和发现的规律更多。随着科学研究的不断深入和扩大，以及人类思维、实践和创造能力的不断提高，发现的规律将会越来越多，制订出的科学规则也会越来越多，而且越来越细化。现有社会规则和个人规则中残存的思辨规则和经验规则将逐渐地被人们扬弃。人类社会就是在不断地探究和发现规律，不断地制订和修订规则，不断地学习、运用和遵守科学规则的活动中逐渐走向文明的。

由于本书讨论的问题、介绍的实验研究和建立的理论等都在科学规则的范畴之内，所以在前面没有限定词的情况下，书中出现的"规则"一词均指科学规则。

三、规则的属性与功能

（一）规则的属性

根据科学规则的定义，规则具有以下重要属性。

1. 知识属性

人们运用语言、文字、公式、图形和列表等将规律表达为可以交流、学习和应用的科学知识，并根据规律制订出发音规则、书写规则、数学规则、行为规则或技术规则等。规则既是表达规律的科学原理、定律、法则等理论知识，也是可以利用、运用或使用的操作规则、论证依据或解题规则等应用知识。因此，规则融理论知识与应用知识于一身，成为人类社会赖以生存与发展不可或缺的必备知识或主体知识。它既是人人必学、必用的常识性知识，也是各学科研究、交流、学习与教学的专业知识。人们按照规则的类型以及规则之间的逻辑关系划分知识单元、知识领域和学科门类，并按照学科门类、知识领域和知识单元进行规则教学和规则学习。规则来源于人类探究、发现或利用规律的各种社会实践活动，对于发现规律、表达规律和制订规则的人来说，规则是他们获得的直接经验知识；但是对于学习规则、遵循和运用规则的人来说，规则却是间接经验知识。因此，规则将直接经验知识与间接经验知识融为一体，使其既可以交流、学习和运用，又可以传承、发扬和发展。如果把人类探究、发现、利用规律和制订规则的活动过程定义为直接经验的学习，那么，人们学习规则的过程就是间接经验知识的学习，规则教学也都是间接经验知识的教学活动过程。

2. 技能属性

规则的重要价值是其应用价值和实践价值。人们学习规则的目的就是利用、遵循和运用规则。规则的熟练且准确的运用就是技能，诸如生活技能、学习技能、交流技能、阅读技能、推理技能、劳动技能、创作技能、表演技能和运动技能等。技能形成的前提是正确运用规则，反复熟练地运用规则的过程就是形成技能的过程。技能是人们准确、熟练运用规则的必然结果。所以，技能既是人们准确、熟练运用规则的高级形式，也是规则的高级呈现方式。"精湛的技术""出神入化的技艺""完美的艺术"等都是人们对高超技能或达到艺术境界的技能的赞誉。

3. 物化属性

一个人如果没有生活技能，就不能自主地生活；如果没有自主学习技能，就没有自主的学习；如果没有专业技能，就不能自主地从事专业活动；如果没有劳动技能或生产技术技能，就不能从事生产物质和精神产品的劳动或社会实践活动，也就不能生产人类需要的物质或精神财富。正是因为人类拥有各种技能，才能生产或创造人类需要的各种物质或精神产品、用品、商品或消费品。人们运用技能生产或创造人类需要的物质或精神产品的过程就意味着，人们运用技能改变了物质的形态、属性或功能，诸如人们运用陶器烧制技术就能制作出乐器和用具，并改变泥土的性质、作用或功能；人们运用造船技术和指南技术就可以跨海远航；人们运用物理实验技术和生产技能就能改变物质的形态、导电性能或导热性能等属性；人们运用化学实验技术或化学生产技能就能改变物质的化学结构、物质属性或功能；人们运用航天技术就能实现太空旅行、改变生活环境；等等。这些事实都充分表明，规则具有物化属性，即人们运用规则能够改变物质的形态、性质、属性或功能。

4. 行为属性

人们只有自觉地遵守、执行或践行规则，才能自主地做出规范的道德行为、健康活动，表达出适宜的情感或进行积极的认知活动；人们只有遵循和利用规则，才能改善自然或社会生态环境、工作环境或人际环境，才能更好地生活、有效地学习或工作；人们只有应用或运用规则，才能做出可行的行动方案、行动计划或实际行动，并通过执行或践行规则才能将计划变成实现，才能取得行动的成功。倘若有人知道了很多道理或科学原理，但是不遵循、运用、执行或践行规则，那他知道得再多也是无用。人们只有将学规则与用规则统一起来，实现知行统一或知行合一，才能表现出正确的行为和积极的精神状态，并做出成功的实践活动，这就是规则的行为属性。符合规则的行为既是规律的行为表达方式，也是规则的行为呈现方式。遵循、利用或践行规则的行为就是人们应该效仿或学习的榜样行为。因此规则作为人类最重要的可以利用或运用的理论知识有多种呈现方式：语言、文字或图表等的抽象呈现方式，行为、动作、运动或技能的应用表达方式，人造物品的间接呈现方式等。

5. 社会文明或文化属性

人们遵循、利用或践行规则的行为就是人类社会的文明行为。人类社会中的科学规则越多且社会中自觉遵循、利用或践行规则的人越多，社会的文明程度就越高。在人类社会发展的不同历史时期或阶段，出现过新、旧石器时代的文明，远古时代的文明，农耕时代的文明，工业时代的文明和现在科技时代的文明等。因此，人类社会的文明程度或社会的文明化程度是由人们制订和利用科学规则的多少和社会成员自觉遵循、利用或践行科学规则的程度决定的，即科学规则被人类社会成员自觉遵循、利用或践行的数量、广度、水平或程度决定了社会的文明化程度，这就是规则的社会文明或社会文化属性。

（二）规则的功能

正是因为规则具有上述的多重属性，才使得规则具有多种功能。

1. 规则的认知与学习功能

规则的认知功能不是指规则本身具有认知功能，而是指人们学习和运用规则具有认知规律或理解科学原理的功能。规则是根据规律制订的，其中包含对规律的表达，所以人们可以通过学习规则来认知规律或科学原理。假如人人都像科学家那样从探究和发现具体的一般规律开始学习具体的规则，其学习效率可想而知。正是有了规律的各种应用表达形式和运用规则的样例，才为人们间接地认知规律提供了各种有效的学习材料，也为人们间接地认知规律提供了各种便捷的途径和学习方法。

2. 规则的应用与实践功能

规则的应用与实践功能既是由其可操作、可应用的属性决定的，也是由学习规则的目的决定的。人们学习规则的目的不仅是认知规律，更重要的是运用规则从事实践活动。在实践活动之前，人们运用规则制订活动方案、活动计划和具体方法，使实践活动符合规律并达到预期效果。在实践活动中，人们通过运用规则掌控事物运动、变化的条件变量和已知变量，从而实现对因变量的有效测量、控制和调整。因此，规则既是人类实践活动的操作指南，更是解决具体实际问题的实用工具和方法。

更重要的是，规则能够促进科学技术的开发和利用。科学技术能够有效解决生产过程中的各种实践问题，将科学规则转化为现实生产力，从而生产出人们需要的各种物质财富和精神财富。如果说学生学习规则一是为了认知规律或理解科学原理，二是为了正确地实施实践活动以及解决具体问题的话，那么从实践的角度来看，后者比前者更重要，因为学习规则的目的重在正确运用。因此，当学生学习了某个规则，就要运用它做各种问题解决的练习。在测量和评定学生学习科学规则的成绩时，也要着重考查学生正确选择和运用规则解决具体问题的能力和水平。所以，在规则的学习过程中，学生运用它解决不同类型问题所用的时间和付出的努力往往要比学习和记忆它所用的时间和付出的努力多得多。这表明学习规则的主要目的是正确地运用规则，即发挥其实践功能。

3. 规则的转变功能

正是由于规则既有认知功能又有实践功能，它才具有第三个重要功能——认识与实践、精神与物质的相互转变功能。

"物质变精神"不仅指人们消费了所需要的物质财富后，会更加精力充沛地从事创造精神财富的各种实践活动，还指人们在科学研究等社会实践活动中把支配事物运动、变化的规律揭示出来转变为可利用的精神财富，其中主要的精神财富正是规则。

"精神变物质"是指人们运用规则把认识到的规律运用于生产劳动等实践活动，并创造出人类生活需要的各种物质财富的过程。正是因为人类按照规则从事了生产劳动等社会实践活动，才实现了从精神到物质的转变。也正是因为规则具有双重内涵，即将规律的表达和规律的应用方法融为一体，才使得人们在学习和运用规则的活动中能动地实现了这种转变。因此，这个转变过程离不开规则作用和贡献。

总之，无论是物质变精神还是精神变物质都离不开规则。因为规则既是物质变精神的主要精神财富，又是精神变物质的主要方法，所以没有规则就不能实现物质与精神的相互转变。

规则的转变功能不仅解决了精神变物质和物质变精神的实践问题，而且更好地诠释了物质变精神和精神变物质的重要哲学命题。现在可以用规则的转变功能很好地说明和诠释这种转变机制：①人们消费了物质财富后转变为能动的精神力量，从而精力充沛地探索和发现新规律、制订新的规则和开发新的技术规则，进而实现了从物质到精神的转变。②人们学习和运用规则可以实现从认知规律到运用规律指导物质财富生产实践活动的转变，从而实现从精神到物质的转变。这两个转变都是通过人们的实践活动实现的。③人们能够从事有效实现两个转变实践活动的依据和方法恰恰都是科学规则。没有规则，人们就不可能从事正确的实践活动，也就不能实现这两个转变。所以，规则是实现两个转变的必备条件。如果把人们的各种实践活动比作物质变精神和精神变物质的"转变机"，那么规则就是转变机的运行程序。只有转变机按照规则有效地运行，才能不断地实现两个转变。

自然界的能量转换是守恒的。那么，在物质变精神和精神变物质的过程中，心理能或精神能与物质能的转换是否也符合能量守恒定律呢？对此还不能做出肯定的回答。从表面上看，科学技术给人类带来了巨大的物质财富，所以精神能与物质能的转换好像是不守恒的。但是，从实质上看，科学技术只改变了物质的形态和功能，并没有改变物质能的总量，所以总能量还是守恒的。

在此着重强调两点：①不能因为规则具有三大功能，就过分重视应用科学研究、科技开发和产业开发，而忽视或轻视探索一般规律的基础科学研究。因为没有基础科学研究，应用科学研究、科技开发和产业开发等就成了无源之水和无本之木。应用科学研究、科技开发和产业开发等可以满足社会一时之需，但不能满足人类社会长久协调发展的根本之求，所以人类社会必须大力加强基础科学研究和发扬"寂兮寥兮"的科学研究精神。②基础科学研究应该是无限制的，因为规律的发现是无限的。但是，应用科学研究和科技开发必须是有限制的，因为科技是一把双刃剑，既可以造福人类也可以毁灭人类，所以应用科学研究和科技开发必须坚持为人类造福的正确方向。

四、规则与概念、原理、问题解决、图式、策略和技能的关系

（一）规则与概念

规则与概念有明显的区别：①两者的认知对象不同。概念是人们对同类事物共有关键特征的认识，规则是人们对事物之间或事物内部要素之间关系的认识。②两者包含的认知成分或要素不同。概念只包含同类事物的共有关键特征，而规则不仅包含两个或两个以上的有关概念，还包括概念之间的关系，即规则比概念多了一种或几种关系概念。③两者的功能不同。科学概念的功能在于识别事物的关键特征和区分不同的事物，从而实现人类对不同事物认知的类型化、概念化和抽象化，而规则的功能不仅在于帮助人们认知规律或科学概念之间的关系，还具有利用规律支配人心理和行为活动的功能。规则的内容及其表达的关系越复杂，规则支配的活动具体过程、步骤和方法等就越复杂，所以科学规则比科学概念更复杂，学习科学规则也比学习科学概念更复杂。

我们经过深入分析不难发现，规则与概念之间有着更加复杂的联系和区别。

1）规则中肯定包括有关的概念。加涅认为规则学习要以定义概念的学习为

基础，较高级的规则学习要以有关较低级规则的学习为基础。所以，一般来说，规则学习要以有关的概念学习为基础，即先学科学概念，再学科学规则。但是，在有些情况下却是先学习规则，后学习概念，例如个体在儿童早期往往就是先学习饮食规则、操作规则和游戏规则等，而后才学习有关概念。

2）定义概念的表述需要结构规则或组织规则。凡是包括两个或两个以上关键特征的概念都包含概念的组织规则、构成规则或结构规则，诸如"红色铅笔""非红色铅笔""既非红色也非蓝色的铅笔"等概念。其中，包含两个或两个以上的关键特征的概念需要按照一定的组织规则或结构规则将其组织起来定义或表述，这种规则就被称为概念的结构规则或组织规则，诸如"红色铅笔"概念的组织规则或表述规则是"红色"和"铅笔"两个关键特征的并列组合规则；"非红色铅笔"概念的组织规则是排除性规则；"既非红色也非蓝色的铅笔"概念的组织规则可被称为双排除规则等。正因为如此，在概念学习中就出现了概念的特征学习和规则学习两种不同性质的学习过程。如果学生已知概念的关键特征，学习如何将这些关键特征组合成不同表述形式的概念，其学习过程就是规则学习；如果学生在已知概念组织规则的前提下认知概念是由哪些关键特征组成的，其学习过程就是概念的关键特征学习。

3）概念也是规则。例如，"速度"的概念中不仅包括时间和距离两个概念，还包括速度、时间和距离三者之间的数量关系，所以速度概念可以用数学公式$v=s/t$表达。是否所有的概念都是规则呢？可以认为所有的概念都是规则。因为最简单的规则是事物的分类规则，而概念就是事物的分类规则。因此，一个概念至少是一事物与他事物的分类规则。例如，"鸟"既是一类动物的概念，也是动物的分类规则之一。所以，概念也有规则的功能，至少具有分类功能。

4）规则也具有概念的指代功能和分类功能。因为规则都有其各自的名称，诸如勾股定理、洛伦兹力、分解反应、光合作用、背越式跳高、飞花令和微信接龙等都可以当作概念使用。所以，规则的名称同样具有概念的指代功能和分类功能。

如此说来，概念与规则就没有区别了？其实不然。虽然规则的名称都可以被当作概念来使用，但是当将它作为概念来使用时，用到的是它的指代功能和分类功能，即用它来区分或指定不同的规则。例如，当谈到三角函数的一些数学定理时，我们会列举出正弦和余弦函数、正切和余切函数、正割和余割函数，以及半角、倍角三角函数和各种反三角函数等。但此时使用"正弦函数"概念或名称的目的只是用它来区别其他三角函数，并非用它来解决"已知直角三角形的斜边和对边，求它们的夹角是多少"的数学问题。也就是说，当我们把规则当作概念使用时，主要是使用它的指代功能和分类功能，而不是规则的运算功能、推理功能或解题功能等。可是，当我们学习规则表达的规律和运用它的运算功能、推理功能、解题功能或操作功能时，其学习过程就是规则学习过程。当我们学习规则具有的指代功能和分类功能时，其学习过程就是概念学习过程。例如，当我们学习牛顿第二定律时，主要是学习物体的受力（F）、物体的质量（m）和物体运动的加速度（a）三者之间的关系及其具体运用，这种学习显然是规则学习和问题解决的学习。当我们学习了 3 个牛顿运动定律，用它来区别第一和第三定律时，则是利用它的指代功能和分类功能。所以，概念学习与规则学习有本质的区别，绝不能用概念学习代替或取代规则学习。

（二）规则与原理

1. 规则与原理的关系

本节第二部分只在狭义科学规则的范围内讨论了规则与原理的区别与联系，其中规则与原理的区别是十分明确的，即原理不能被人们直接应用或不便于直接应用，但规则却可以直接应用且便于应用。这里在广义科学规则的范畴内讨论规则与原理的区别与联系，因此需要补充原理与规则的另一个重要区别，即原理不是现实生产力，人们只有运用通过科技开发获得的技术规则才能将原理转化为现实生产力。因此原理与规则的区别已经明确。下面讨论规则与原理之间的联系或关系，其中有些联系或关系与"狭义科学规则与原理的联系"重复，但是为了将两者的关系表达完整，有些讨论过的关系仍然需要重复讨论。

1）规则与原理的先后顺序关系。古人发明的制作技术或生产技术都是先有制作技术规则或生产技术规则，后来才被科学研究揭示其原理或用原理解释其规则。科学研究诞生后，尤其是科技开发兴起之后，有些原理得到开发，诸如根据电磁感应原理开发出的有线通信技术和无线通信技术；根据半导体导电原理开发出的半导体材料制作技术和集成电路制作技术；根据光电效应原理开发出来的太阳能发电技术；等等。因此，就规则运用与原理诞生的先后顺序而言，有些规则应用于原理诞生之前，有些规则开发于原理诞生之后。

2）规则与原理的数量关系。有些原理可以表达出多个规则或开发出多个规则，诸如电磁感应原理可以表达出 3 个计算规则和 1 个判定规则；根据杠杆原理可以开发出多种工具使用规则或机械运行规则；根据欧姆定律可以开发出多种电器使用规则；等等。但是，有些原理目前还没有开发出任何可以应用的规则，例如，人们已经大致知晓了台风形成的原理，但是目前还没有开发出控制台风形成的有效应用规则。

3）规则与原理的兼容关系。有些原理与规则是一体化的，即规则就是原理、原理即是规则，许多数学规则与原理就是如此，诸如勾股定理既是几何原理也是计算规则；三角函数既是原理也是计算规则；几何定理既是几何原理也是判定规则；等等。有些物理学定律也是如此。但是有些规则只是原理的一部分，诸如右手定则只是电磁感应原理的一部分，而不是其全部内容；"无括号"运算规则只是四则混合运算原理的一个子规则，但不是完整的四则混合运算规则；物体受拉力作用的受力分析规则只是物体受力分析中的一个子规则，但不是物体受力分析规则的全部内容；等等。因此，有些规则也是原理，有些规则只是原理的一部分；有些规则能够表达原理，但有些规则却不能完整地表达原理。所以，原理能够解释或包容其所有的规则，但是有些规则却不能包括其完整的原理。

2. 规则和原理的异步学习与同步学习

从人类发展史来考察，都是经验规则和经验技术规则的制订和应用在前，其科学原理的探究在后。所以，人类都是先学习经验规则和经验技术规则，然后再探究其科学原理。从儿童早期的学习来考察，婴儿出生后必须首先学习饮食和简单操作规则，然后才学习发音规则、礼貌规则和其他复杂的操作规则。至于这些规则背后的原理，却要等到他们长大后才能学到。因此，无论从人类发展史来考察，还是从个体成长的过程来观察，规则学习都先于原理学习。这就是规则学习和原理学习的异步性或规则和原理的异步学习。不仅古人和当今的儿童如此，当今学生和成人的学习也往往如此。诸如即使是熟练的乐器演奏家也不一定清楚乐器音色的物理学原理；高级厨师也不一定都知晓烹饪的营养学原理；活了一百多岁的老人也说不清楚自己长寿的真正原因究竟是什么；等等。由此可见，规则与原理的异步学习是普遍存在的，而且还要继续存在下去。这不仅因为人们必须首先应对现实的或眼前的实际操作，然后才能思考其原因或原理，还因为规则背后有原理，原理背后还有原理。许多规律还没有被发现，很多奥秘还没有被揭示，科学研究仍在继续，所以规则与原理异步学习的状况将永久普遍存在下去。

难道就没有规则和原理同步学习的情况吗？肯定是有的。在学生的知识学习中就有规则和原理同步学习的情况，诸如学习了三角形内角和原理就等于学习了计算规则；学习杠杆计算规则的同时，也会思考杠杆原理；学习了化学反应方程式配平运算规则的同时，也会思考化学反应原理；等等。这些就是所谓的规则与原理的同步学习。

在一些操作、运动和技术规则的"做中学"过程中，往往会有较多的规则与原理同步学习。例如，长拳套路中有一个小缠丝弹腿连贯动作。如果一个人单独学习这个动作，往往不晓得为什么要做抓腕和翻掌的动作，如果将其改为两个人做攻防动作的配对组合学习，学生马上就会理解该动作的原理，同时掌握动作要领。如此，学生既学会了动作的操作规则，也理解了动作的原理。所以，规则与原理的同步教学既能提高教学效率，又能帮助学生理解操作原理并掌握动作要领，从而提高学习效率和效果。更重要的是，规则与原理的同步学习还能实现两种学习的相互促进，增强规则与原理的紧密联系，即认知与实践的统一。

不过，在婴幼儿的学习和对其的教学中，一般是先学规则，后学原理，例如，先学礼貌规则，后学礼貌原理。随着学生抽象逻辑思维的发展，才由"先学规则，后学原理"逐渐过渡到"先学原理，后学规则"。当学生的抽象逻辑思维到了成熟阶段，一般都是先学原理，后学规则。值得注意的是，并不是所有的规则和原理都可以同步学习和同步教学，有的只能先学规则，后学原理；有的必须先学原理，后学规则。规则与原理的异步学习是普遍的，而同步学习却是个别的或有条件的。

（三）规则与问题解决

1. 问题与问题类型的划分

罗伯逊（Robertson，2001）将问题描述为：当人们不能用现有的或已知的途径或方法从初始状态达到目标状态时，便遇到了问题。他按照以下 6 个维度将问题的类型划分为 12 种：①知识丰富型问题（即需要用专业知识解决的问题）与知识贫乏型问题（即用生活常识就能解决的问题）；②目标明确的问题（即问题的目标状态是已知的或明确的）与目标不明确的问题（即问题的目标状态是未知的或不明确的）；③定义明确的问题（即问题的初始状态、目标状态、已知条件和限制条件等信息完整的问题）与定义不明确的问题（即信息不完整的问题）；④语义丰富的问题（可以用多种知识或方法解决的问题，即"一题多解"的问题）与语义贫乏的问题（即只能用一种知识或方法解决的问题）；⑤结构相同的问题（即结构特征相同的问题）与表面相似的问题（即表面特征相似的问题）；⑥多步骤问题（即解题步骤很多的问题，诸如多层"汉诺塔问题"和"传教士与野人过河问题"等）与顿悟问题（即解题步骤虽然不多却很难发现其解法的难题）。当然，问题的种类繁多，不论怎样划分都很难包括问题的所有类型。

2. 问题解决与解题规则之间的关系

问题解决是解决具体问题的思维活动过程，也是想出、组成或生成一定的规则或方法，使问题从初始状态达到目标状态的认知加工过程、思维活动过程或逻辑推理过程。认知心理学的研究将问题解决过程划分为问题表征、选择算子、应用算子、评价问题的当前状态 4 个阶段。一个"算子"是解决问题过程中采用的一种具体算法或一个具体操作步骤。例如，算术问题解决过程中的加、减、乘、除等每一步运算都是一个算子。解决比较简单的问题（例如，解决两个 10 以内整数的不进位加法问题或乘法问题），只需要运用一个算子或一步运算。但解决比较复杂的问题时，则需要一系列算子的正确组合。问题解决的算子组合被称为问题的"解法"，简称问题的"解"。

解决任何问题都需要找到并运用正确的解题规则或解法。因此，问题与解题规则之间存在内在的一一对应的关系。只有正确地分析或表征问题，并找到与之对应匹配的解题规则或解法，才能使问题得到解决。所以，正确地表征问题和找到正确的解题规则是问题解决的关键环节。为了找到正确的解题规则或解法，心理学家和人工智能科学家开发出了许多启发式策略，诸如目标-手段分析策略（Newell & Simon，1972）、逆向思维策略和化简策略等（王甦，汪安圣，1987）。这些策略不是问题的解法，运用这些策略只是为了帮助解题者更快地找到解题规则或问题的解法，可是有时即使运用了这些策略也不意味着一定能够找到问题的正确解法。这就是解题规则或解法与启发式策略之间的根本区别和联系。

在学校的课堂教学中，一般都是学生在聆听了教师对某个知识领域的一般原理或规则的讲授教学和运用一般规则解决具体例题的样例教学之后，才进行有关的解题练习。也就是说，一般原理或解题规则的学习在前，具体运用一般规则解决问题的学习或练习在后。加涅也认为，规则学习是问题解决学习的前提或基础，问题解决学习是规则学习基础上的高层级学习。问题解决样例学习的实验程序与上述过程基本相同，但规则样例学习的实验程序却与此不同。它是在学生还没有学习一般原理或规则的前提条件下，学习解题样例、学会解题规则并理解其一般原理的过程（详见第三章第一节）。

（四）规则与图式

图式被描述为个体知识、经验或信息的内在表征和表征系统。问题解决图式系统是人类个体图式系统中用来表征和解决各种问题的图式子系统（详见第二章第一节）。问题解决图式系统内储存着大量的问题解决图式，每一个解题图式既包括解题规则，也包括问题的结构特征、表面特征甚至细节描述等。解题规则只是问题解决图式中不可或缺的内容之一。所以可以肯定地说，每个问题解决图式中都至少包括一个解题规则，但解题规则不是问题解决图式的全部内容。

正如第二章第一节对"问题解决图式理论"的介绍那样，问题解决图式的内容模糊不清。在问题解决图式形成的不同阶段，图式的内容也不尽相同。而且，究竟有哪些内容存在于最初的图式内，又有哪些内容保留在最终的图式内，不同的问题解决图式究竟是怎样被储存的，这些问题都没有说清楚。尤其是当解题者表征具体问题时，图式是怎样发挥作用的；在解决问题时，解题规则是怎样从问题解决图式系统中被提取出来的，就更不清楚了。笔者认为，图式理论带有一定的神秘和模糊色彩或不清楚的特征。所谓神秘，指图式的功能很神奇，它似乎无所不能，而且都是自主、自动地进行或完成的。所谓模糊，就是图式的具体内容模糊不清，不同内容的界限不清。所谓不清楚，是指许多我们希望说清楚的地方都没有说清楚，诸如问题解决图式的形成过程、概括过程、组织过程、储存和提取过程等都没有说清楚。或许，西方心理学家把说不清楚的认知自动加工过程都放到了图式理论中，所以用问题解决图式理论很难说清楚问题表征和问题解决的具体过程，也很难根据它做出问题表征和问题解决的具体认知操作。也就是说，它既不是解决各种具体问题的解题规则或可操作解题程序，也不是能够解释问题解决过程和具体方法的一般科学原理。

（五）规则与策略

在古汉语中，策略有谋略、计谋、计策或诡计的意思。现代汉语中的策略，泛指制订行动方案、作战计划和斗争方略时采用的方针、方法或艺术。美国心理学家对认知策略（cognitive strategy）和学习策略（learning strategy）的研究大约是从布鲁纳（Bruner）等（1956）在概念形成实验研究中定义保守型聚焦策略和博弈型聚焦策略开始的。后来，研究者在学习策略的研究中将学习策略概括为认知策略、元认知策略和学习资源管理策略。最初，有些心理学家以为策略是内隐的和不可言传的个人专利，后来才普遍地认识到策略既可言传和交流，也可模仿和学习，还可以生成和改进。所以，策略既有认知加工或思维活动方式的内隐特征，也有支配行为活动的外显特征。因此，策略就是规则。策略之所以被称为策略，主要是因为它具有可应用性和实效性。凡是有实效的认知和元认知方法、学习方法、操作方式和程序等都可以称为策略。因此，策略背后一定有原理。这个原理不是别的，就是一般规律。诸如及时复习策略之所以有效，是因为它符合遗忘规律；曹冲称象的方法之所以有效，是因为它符合浮力定律；醒面的方法之所以有效，是因为它符合物质扩散规律；等等。所以，策略可以被称为科学规则。说策略是科学规则，是因为策略既是用之有效的操作规则，又有可以解释其操作的科学原理。

如同一些经验技术规则一样，对于有些策略，虽然当时不知道它背后的规律或科学原理，但是策略背后的规律或科学原理一定会被后来的科学研究揭示出来。例如，现在虽然还不是十分清楚长寿的具体规律，但的确有一些维护身体健康和延长寿命的方法或策略。随着科学研究的深入，这些方法或策略背后的奥秘一定会被科学研究发现的一般规律解释。

既然策略是科学规则，那么策略就是可以用语言文字表述的可学、可用的程序性知识。当学生（泛指所有人）学习了这些程序性知识，尤其是理解了运用策略的基本原理之后，经过反复而正确地运用策略就可以形成运用该策略的技能。运用策略也是有条件的，如果在不具备运用策略的条件下运用策略，或者在违背了运用策略的具体条件下运用策略，将会成为贻笑大方的千古笑谈。诸葛亮之所以能用空城计骗过司马懿，是因为诸葛亮看准了司马懿做事多疑和过于谨慎的弱点。如果换一个敢于大胆冒险的曹军统帅，诸葛亮也绝不敢冒用此计。在选择和采用策略的时候，一定要注意辨别策略的真伪。对于那些符合一般规律或科学规则的策略来说，只要认识和掌握了它们的科学规则，就不难识别和选择。可是对于那些伪策略，尤其是当它们戴着科学规则和技术规则的面具出现时，识别和选择策略就是对人类个体科学素养的考验。有科学素养的人不会相信"以水代油"的神话，也不会轻信某某"神功""神法"带来的神奇效果。

（六）规则与技能

规则往往是一套完整活动的规定程序和方法，诸如一套完整的行动方案、完整的操作程序或完整的解题步骤等。人们正确运用规则是遵循规律或利用规律的具体体现。但规则本身不是技能，只有当人类个体能够正确而熟练地运用规则并在活动中取得成效时，我们才说其具备了运用该规则的技能。加涅把定义概念、规则和高级规则统称为智慧技能，显然是混淆了知识与技能的区别（详见第一章第二节）。定义概念、规则和高级规则都是可供人们学习和运用的知识，人们知道了这些知识，但还没有运用这些知识时，还不能说他们有了运用这些知识的技能。只有当他们知道了并能够熟练地正确运用这些知识，取得预期结果或成效时，才能说他们具备了运用这些知识的技能。所以，知识和技能是两个不同的概念，不能混为一谈。知识是人类在生活和各种社会实践活动中对各种规律的认知成果，它既可以用语言进行交流，也可以用文字表述出来供人们学习。定义概念、科学规则、技术规则乃至所有的规则都是可学、可用的程序性知识。这类知识不仅可以用语言进行交流或传授，通过阅读文本来学习，可以通过观察、模仿和练习他人运用规则的动作、操作和运动来学习，可以通过学习他人运用规则解决具体问题的作业样例来学习解题规则，还可以通过观摩他人运用规则设计或制作的产品、成品或作业样例来学习设计规则和制作规则。尽管学习规则的材料、途径和方法有多种，但是从学规则到用规则是一个将知识转变为个体技能的过程。在该过程中，一定是学规则在前，用规则在其后。即使是对一个简单的物体分类规则的学习和运用，也必须首先知道物体分类依据的知识，即分类的规则，然后才能做出物体分类的具体操作。所以，学习规则是运用规则的前提条件，也是运用规则形成技能的首要环节。任何技能都是人们在掌握有关规则的基础上，通过反复地运用、练习、纠正和改进而逐步形成的。诸如学生只有在知道并反复正确运用汉字书写规则的基础上，才能形成汉字书写技能；在通晓并反复正确运用运算规则的基础上才能形成运算技能；在学习和反复运用实验规则的基础上才能形成实验技能；等等。所以，定义概念、规则和高级规则都属于知识范畴，技能则属于人们熟练的操作（认知操作）或活动（心理活动）能力范畴。规则都符合人体活动规律，所以人们一般都有学习和运用规则的能力。技能既是人类操作或活动能力的高级表现形式，也是反复熟练正确运用规则的必然结果。

人的技能的形成过程是一个学习和运用规则，并通过反复地运用或练习不断矫正和改进操作或动作，使其达到熟练地正确运用的过程，心理学家将该过程称为实现规则运用自动化的过程或形成规则自动化的过程。当人的规则运用达到熟练化或自动化的程度，不仅运用规则的步骤或程序更加连贯，方法、动作、操作和判断更加迅速、敏捷而准确，而且运用规则完成作业的时间缩短，运用规则的效率和效果显著提高。所以，技能是人们正确而有效运用规则的连贯而娴熟的操作或活动特征，反复而不断正确运用规则是技能形成之母。当然，规则与技能都有简单和复杂之分。学习运用简单的规则，其技能形成的过程也比较简单、比较快，例如儿童学习用羹匙吃饭。学习运用复杂的规则，其技能形成的过程就比较复杂、比较慢，例如，儿童学习用筷子吃饭。人们运用规则的熟练程度或自动化程度不同，其技能水平也不同，所以人类个体技能水平的高低是衡量其练习程度的一个重要指标。技能形成的练习过程，尤其是形成复杂技能的练习过程往往要经历以下阶段：①学习掌握局部动作；②学习掌握整体动作；③形成连贯动作；④改进或完善动作；⑤形成熟练动作。甚至会反复经历其中的几个阶段，例如，改进或完善动作阶段等。

规则有多种，技能也有多种，所以对于技能种类有多种划分维度：①把技能划分为简单技能和复杂技能两种。因为复杂技能包括简单技能，而且学习和运用简单技能可以促进对复杂技能的学习与运用，产生迁移效果。②可以按照学生学习的规则类型划分技能类型，诸如可以将小学生应该学习和掌握的技能类型划分为生活技能、劳动技能、言语技能、阅读技能、朗读技能、写作技能、运算技能、解题技能、绘画技能、表演技能、运动技能和实验技能等。③还可以根据人们的职业类型将技能划分为各种专业技能等。总之，对学生技能类型的划分应该与他们所学规则的类型结合起来，形成从简单到复杂的规则学习与从简单技能训练到复杂技能训练相结合的技能类型和技能类型序列。例如，学习了汉字的发音规则和书写规则后，就应该及时练习汉字的正确发音和书写，形成汉字发音和书写技能，并为汉语阅读、朗读、造句和写作等技能的形成奠定基础。

五、规则的共性特征与个性特征

人类对科学规则的长期积累和类型划分构成了庞大的科学知识体系。规则既有共性特征也有个性特征。掌握其知识属性、技能属性、共性特征与个性特征有利于对规则的学习与运用。

（一）规则的共性特征

1. 规则的应用性特征

规则是人们对事物运动、变化规律的一种可操作和可应用的表达形式。规则的可操作性是指规则将规律表达为可具体运用的操作程序、步骤和方法，人们可以按照其规定的程序、步骤和方法做出符合规律的有效操作。规则的可应用性特征是指只要满足规则适用的条件，按照规则规定的程序、步骤和方法操作就能取得预期结果。将两者综合起来，规则的应用性特征包括三层含义：①规则是指导人们"如何做"和"怎样做"的程序性知识；②运用规则要符合一定的限定条件；③正确运用规则才能取得预期结果。

2. 规则的认知性特征

规则表达了事物运动、变化的一般规律或科学原理，人们通过学习和运用规则可以认知一般规律或理解科学原理，所以规则具有认知性特征。规则的认知性特征有三层含义：①学习规则可以间接地认知一般规律并理解原理；②通过运用规则的样例学习可以认知一般规律或理解原理；③在运用规则的过程中，可以进一步加深对规律的认知和对原理的理解。

3. 规则的条件性特征

制订规则和运用规则都是有条件的，如果脱离、超出或违背规则限定的具体条件，规则就变成了谬误、歪理或邪说。所以，科学规则中都包括具体的限定条件或边界条件，诸如理想气体定律、部分电路欧姆定律、欧氏几何定理等。不仅科学和数学规则如此，其他规则也是如此。

（二）规则的个性特征

科学规则除具有上述共性特征之外，不同种类的规则、不同学科的规则和不同性质的规则还有其各自不同的个性特征。了解这些个性特征有利于学习和运用不同类型、不同学科和不同性质的规则。

1. 数学规则的个性特征

数学规则是根据数量变化规律、数量之间的关系、空间形式及其变化规律制订的支配人们进行观测、测量、计算、推理、证明、转换、变型、组合和问题解决等抽象认知活动的心理和行为活动准则。数学规则除具有规则的共性特征之外，还具有如下鲜明的个性特征：①数学规则的多样性特征。事物的数量会发生多种变化、事物之间存在着多种数量关系和空间形式，所以就有多种数学规则，诸如多种运算规则、多种函数关系、多种几何定理、多种方程和方程组等。②数学规则的表达形式和应用形式的多样性特征。数学规则表达多个（两个或两个以上）变量之间的关系，所以规则内的变量越多，表达和应用规则的形式就越多，诸如勾股定理有 3 种表达形式、梯形面积公式有 4 种表达形式、任意四边形面积公式有 5 种表达形式等。③数学规则之间的相互转换特征。数学规则之间存在多种转换关系，所以数学规则之间有多种相互转换特征，诸如数与数之间的转换、函数式之间的转换、函数式与几何图形之间的转换等。④数学规则之间的相互组合特征。数学运算规则之间、函数式之间、方程式之间、几何规则之间都可以组合运用，所以数学规则之间有多种组合形式。

2. 狭义科学规则的个性特征

科学规则除具有规则的 3 个共性特征之外，还具有如下个性特征。

1）量化科学规则具有数学规则的各种特征，诸如规则表达形式和应用形式的多样性特征、规则之间相互转换的特征和规则之间相互组合的特征等。

2）科学规则跨知识领域混合应用的特征。学生学习了某知识领域的多个规则之后，除了可以分别运用这些规则解决与之对应的具体问题之外，还可以将其组合或混合起来解决组合或混合应用问题，诸如用几个物体受力分析规则对物体同时受到几个力作用的受力分析；用牛顿第二定律和热力学定律解决的混合应用问题；用洛伦兹力和万有引力定律解决的混合应用问题；等等。

3）科学规则的跨学科综合应用的特征。不仅相同知识领域的不同规则可以组合运用解决混合应用问题，不同学科的规则也可以组合起来解决跨学科的综合应用问题，诸如用代数规则和物理规则解决的综合应用问题；用物理规则和化学规则解决的综合应用问题；等等。

4）科学规则学习的实验性特征。很多自然规律都是通过对实验现象的观察、测量和数据分析发现的。学生不观察具体的实验过程和现象就不理解其规律是如何被发现的以及科学规则是如何得出或制订出来的，所以对实验性科学规则的学习离不开对实验过程和现象的观察、测量和数据分析，这就是科学规则学习的实验性特征。例如，学生不观察加热硝化棉后的实验现象，就不理解棉花是制作发射火药重要原材料的化学原理；学生不亲自将两个铅块紧密地叠放在一起，就不理解物质的固体扩散原理；学生没看到教师的实验展示，就不相信铁块可以漂浮在液体上的事实；等等。因此，实验性科学规则的教学一般都需要给学生展示实验过程和现象，指导学生观察实验现象、测量和分析实验数据，并启发和引导学生归纳出科学规则。

5）科学规则的模拟性特征。有些事物运动、变化的过程和现象是不能通过实验展示的，却可以采用一定的技术和手段模拟演示这些事物运动、变化的过程和现象，诸如用教具演示人体血液循环的过程；用动画演示台风的形成过程；用计算机模拟的动静态图形演示细胞分裂过程；等等。学生通过观察模拟事物运动、变化的过程和现象可以从中发现事物运动、变化的规律，并将其归纳为科学规则或科学原理。

6）数学规则与科学规则之间、科学规则之间关系结构的相互类比特征。有些数学规则与物理学规则之间或有些物理学规则之间具有相同的关系结构，诸如线性函数关系（$y=ax+b$）与理想气体的等容变化定律（$p=at+b$）中变量之间的函数关系相同；反比例函数（$y=k/x$）与理想气体等温变化定律（$p=k/v$）中变量之间的函数关系相同；速度、时间、路程三者之间的数量关系结构（$V=S/t$）与部分电路欧姆定律中电流、电压、电阻三者之间的数量关系结构（$I=U/R$）相同；等等。在有相同数量关系结构或函数关系结构的数学规则与物理规则之间，以及相同关系结构的物理规则之间可以对相同的关系结构做出类比归纳推理，并通过类比归纳推理概括新规则。这就是量化科学规则之间和量化科学规则与数学规则之间关系结构类比的规则样例学习原理。采用这种关系类比的规则样例教学方法，有助于学生利用已知规则学习具有相同关系结构的新规则。

3. 动作、操作和运动规则的个性特征

动作、操作和运动等行为规则除了具有广义科学规则的共性特征之外，还具有如下鲜明的个性特征。

1）示范性特征。动作、操作和运动等行为规则体现在规范的动作、操作和运动等行为活动中，而且教师、榜样和同伴等示范者可以做出规范的动作、操作和运动等行为示范，所以行为规则具有示范性特征。正因为行为规则具有示范性特征，所以学生行为规则的学习一般都是在教师行为范例教学下的规则范例学习。

2）动态与静态特征。动作、操作和运动等行为活动既可以做出连续的动态示范，也可以做出其中某个动作的静态示范，因此在行为规则中既有连续动作的规则，也有静态动作的规则，即行为规则既有动态特征也有静态特征。在行为规则的示范教学中，一般都是将动态示范与静态示范有机地结合在一起进行。所以，学生的行为规则学习一般都是在动-静态范例教学下的动、静态范例相结合的规则样例学习。

3）直观性特征和观察学习特征。正因为按照行为规则可以做出规范动作、操作和运动的动静态示范，行为规则具有可观察的直观性特征和可模仿、可练习等观察学习的特征。而且，后面的实验研究表明，动-静态范例相结合的规则样例学习效果既明显优于单纯的动态范例学习效果，也明显优于单纯的静态范例学习效果。

4）组合性特征和整体性特征。行为规则既可以做出连续的动态示范，也可以做出静态示范，所以可以将连续动作分解为各个具体的动作，分动作、分节或分段学习。然后，组合在一起学习完整连贯的动作。因此，行为规则具有组合性特征和整体性特征。

5）认知规律或理解其原理的特征。示范者或教师等能够按照规则做出规范的行为动作，这说明规范的动作、操作和运动等一定要符合人体结构的动作、操作和运动规律，即符合人体结构的动作、操作和运动原理。学生不仅可以通过观察、模仿示范动作，并归纳其行为规则，还可以在学习过程中发现人体结构的动作、操作和运动规律，并理解其原理。因此，学生行为规则范例学习的过程就具有认知规律或理解其原理的特征。

4. 策略性规则的个性特征

1）内隐特征。不仅认知策略、问题解决策略和学习策略等具有一定的内隐性特征，许多操作、运动等行为策略也有内隐性特征。因为操作、运动等行为规则的背后都各有其规律或原理，这些规律或原理是内隐的，所以策略性规则都具有内隐性特征。策略的内隐性特征决定了学生的策略学习不仅仅是学习和练习外显的动作、操作和运动，更重要的是理解其规律或原理，并用规律或原理指导动作、操作和运动等规则的学习和练习。教师在进行策略教学时也不能仅仅做出操作或动作的示范，还要给学生讲解操作或动作背后的规律或原理。

2）外显特征。不仅动作、操作和运动等行为策略具有外显特征、可观察和可模仿的特征，认知策略、问题解决策略和学习策略等也具有一定的外显特征，诸如选择有效学习的时间和地点、选择适合于自己学习的教材和参考资料、制订和执行可行的学习计划等。有些认知策略的外显特征不甚明显或不够完整，往往是瞬间的、零散的或片段的，但通过长期和完整的系统观察就会发现其零散行为的内在一致性、统一性或整体性。所以，学生学习"认知策略"等要耐心、细致、周到和全面。

3）教学特征。策略性规则的教学有其一般规律，一般可分为3个阶段：第一阶段是示范和讲解阶段，该阶段的教学任务是给学生示范策略的具体运用，并讲解其原理；第二阶段是指导和纠正阶段，该阶段的教学任务是鼓励和指导学生在学习中正确运用学习策略，并及时纠正其错误；第三阶段是总结、评价和提高阶段，该阶段的主要任务是总结正确地运用策略的要领，并评价运用策略的效果，还要鼓励学生根据自己的学习经验尝试开发新策略。

4）学习特征。学生学习和运用策略也有其一般规律，首先，需要观察和模仿策略的具体运用过程，并理解和掌握运用策略的基本原理；其次，在自己的学习中运用相应的策略，并评估运用策略的准确性和效果；再次，纠正策略运用中出现的错误，归纳正确运用策略的要领，反复运用策略；最后，在反复运用策略的基础上改进或提高应用策略的效率和效果，或者尝试开发出新的学习策略。

5. 语法规则和写作规则的个性特征

1）结构性特征。句子的语法规则、修辞规则和文章的写作规则有明显的结构特征，诸如一般汉语和英语语法规则中都包括对主语、谓语、宾语 3 个要素结构特征的表达；汉语修辞规则中也包括对排比句结构特征、比喻句结构特征和夸张句结构特征的表达；汉语格律诗写作规则中包括对句子字数结构特征和平仄结构特征的表达；实验研究报告写作规则中包括对其内容结构特征的表达；等等。正因为语法规则和写作规则表达的结构特征与例句和范文中表现出来的结构特征相对应，才可以通过例句或范文中的结构特征与学生自己造句或作文中的结构特征进行对比、归纳、推理，概括出语法规则或写作规则，并在自己的造句或作文中运用语法规则或写作规则。

2）可对比性特征。语法规则中表达的句子结构特征不仅体现在例句的结构上，而且表现在语法规则的具体表达上。例如，在英语一般现在时语法规则的表达上，句子中的谓语动词用动词原型（主语第三人称单数除外）；而在一般过去时语法规则的表达上，句子中的谓语动词用动词的过去式，所以两个语法规则之间在谓语动词的结构特征上可进行对比。因此，相近且不同的语法规则之间具有可对比性特征。写作规则既体现在范文的结构特征上，也体现在学生自己作文的结构特征上。所以，学生可以通过将范文的结构特征与自己作文中相应的结构特征进行对比、归纳、推理，学习和运用写作规则。因此，范文的写作规则与学生自己作文的写作规则之间具有可对比性特征。

3）可转变性特征。语法规则和写作规则不仅具有可以直接对比的明显结构特征，而且不同语法规则和不同写作规则之间不同结构特征的变化也有一般规律。例如，在不同时态的英语语法规则中，规范动词结构特征的变化具有一般规律，掌握动词结构特征变化的一般规律就等于掌握了不同时态语法规则之间的转变规则。不同体裁文章的写作规则之间的结构特征的变化也有一般规律，诸如记叙文顺序与倒叙规则之间的转变规律；格律诗与词写作规则之间的转变规律；不同类型合同书写作规则之间的转变规律；等等。因此，不同语法规则或文章写作规则之间的转变规律不仅体现在句子结构和文章结构上，还体现在规则的表达结构上。所以，可用两种不同语法规则的例句对比发现一般转变规律，并将其概括表达为两种语法规则的转变规则。

6. 阶段性规则和周期性规则的个性特征

1）阶段性和周期性特征。很多事物的运动、变化过程具有阶段性和周期性，诸如胚胎发育、动植物生长和社会发展等。根据对事物运动、变化过程阶段性和周期性特征的观察、分析、对比和归纳，可以发现其中的阶段性和周期性规律，并根据规律制订阶段性规则和周期性规则。因此，阶段性规则和周期性规则必然具有阶段性和周期性特征。

2）可观察和可模拟性特征。有些事物运动、变化过程的阶段性和周期性特征是可以直接观测到的，所以这些事物运动、变化过程的阶段性和周期性特征具有可观察的特征。有些事物运动、变化过程的阶段性和周期性特征是不能直接观测到的，还有些事物运动、变化过程的阶段性和周期性特征不便于在有限的时间内进行直接观察。但是，对这些不能直接观察的过程和现象可以按照其阶段性和周期性运动、变化的特征模拟出可以直接观察的动静态影像，使学生通过对模拟影像的观察、分析、对比和归纳，发现其运动、变化过程的阶段性规律和周期性规律，并归纳出阶段性和周期性规则。因此，事物运动、变化过程的阶段性和周期性规则具有可模拟性特征。

3）动态与静态特征。虽然事物的阶段性和周期性运动、变化是动态的和连续的，但是可以采用图形或影像呈现其静态特征。因此，阶段性规则和周期性规则既概括了事物运动、变化的动态特征，也概括了其静态特征。例如，内燃机活塞运动的 4 个冲程，即活塞运动的周期性规则就具有静态和动态的特征。

第二节 规则样例学习模式

第三章分类介绍了其他学者所做的定义不明确的规则样例学习实验研究，并详细地介绍了我们自己所做的、定义明确的规则样例学习实验研究。根据这些实验研究，本节对不同形式的规则样例学习条件、过程、归纳推理和影响因素做了具体分析，归纳出实验条件下规则样例学习的 8 种基本模式。

一、正确样例组合的规则样例学习模式

在数学规则样例学习实验研究中，我们均采用了正确样例组合的规则样习模式。下面分别以其中的典型实验研究为例，分析正确样例组合规则样例学习的条件、过程、归纳推理类型和影响因素。最后，概括出正确样例类比的规则学习模式。

（一）四则混合运算规则样例组合学习的条件、过程与归纳推理

1. 四则混合运算规则样例学习的条件

在四则混合运算规则样例学习的实验研究中，被试已知的是整数加、减、乘、除四则运算规则，未知的是四则混合运算规则。实验采用的运算样例分别展现了3种四则混合算式（无括号算式、小括号算式和中括号算式）的运算顺序。为了提示被试注意运算顺序，我们在有标记的运算样例中添加了展现具体运算步骤与运算结果之间因果联系的运算标记。因此，四则混合运算规则样例学习的两个前提条件是：①被试具备了学习未知规则必备的已知规则；②两种运算样例都展现了具体运算步骤之间的先后顺序。运算标记成为促进四则混合运算规则样例学习的辅助条件。

2. 四则混合运算规则样例学习的过程

按照实验顺序，被试首先学习"无括号"运算样例。有、无标记的运算样例举例如下：

无标记样例：$5+4\times3$　　　有标记样例：$5+4\times3$
　　　　　　$=5+12$　　　　　　　　　　$=5+12$
　　　　　　$=17$　　　　　　　　　　　　$=17$

无标记组被试见到加法和乘法的混合运算样例后会关注样例中加法和乘法的运算顺序。当他们根据已知的乘法运算规则得出"$4\times3=12$"时，就会在有加法和乘法的算式中先做乘法运算，后做加法运算。其中的一些被试会形成"在有加法和乘法的算式中应该先做乘法运算、后做加法运算"的假设性规则。所以，他们做对了随后的练习题后就会进行后测。在4道后测题中还有除法与加法、除法与减法、减法与乘法的混合运算题。这些测题超出了假设性规则的适用范围，即不能用假设性规则完成这些测题的正确运算，因此这些被试在后测中失败，成为学习了一个样例而没有通过后测的被试。

另一些学习了两个运算样例的被试发现，第二个运算样例是乘法与减法的混合算式，其运算顺序是先做乘法运算，后做减法运算。因此，其中一些被试

会归纳出"无论是加法与乘法还是减法与乘法的混合算式，都是先做乘法运算、后做加法或减法运算"的假设性规则。运用该假设性规则仍然不能正确地解决全部测题，因此他们也没有通过后测，成为学习了两个样例而没有通过后测的被试。

还有一些学习了 3 个样例的被试发现，不仅有乘法与加法或减法的混合运算，还有除法与减法的混合运算。这时可能会出现两种被试：第一种是归纳出正确的无括号四则混合运算规则的被试；第二种是没有正确归纳出无括号四则混合运算规则的被试。第一种被试在对无括号运算规则做归纳推理时，一定是联想到了 3 个运算样例之外可能还会有加法与除法的混合运算样例。因此，他们能够归纳出正确的无括号四则混合运算规则并通过后测，成为学习了 3 个样例并通过后测的被试。在 24 名被试中，这种被试只有 3 名，占该组被试的 12.5%。第二种被试是通过 3 个运算样例的学习后，通过不完全归纳推理得出错误运算规则的被试和仅仅记住了 3 个样例具体运算规则的被试，或既没有记住 3 个样例的运算规则也没有归纳出正确运算规则的被试。因此，这些被试也没有通过后测，成为学习了 3 个样例而没有通过后测的被试。

学习了 4 个样例的被试可以分为 3 种：①记住了 4 个样例具体运算规则的被试；②归纳出正确运算规则的被试；③既没有记住 4 个样例的运算规则，也没能归纳出正确运算规则的被试。前两种被试都能够通过后测，成为学习了 4 个样例并通过后测的被试。这种被试仅有 2 名，占比为 8.3%，而后一种被试却未能通过后测。由此看来，在无括号运算样例学习过程中，被试理解或掌握每个样例中的具体运算，有标记样例学习组被试的后测成绩有了明显的改观。有 3 名被试只学习了 1 个样例就通过了后测，占比为 12.5%。这些被试之所以能够通过后测，只能认为他们在学懂了第一个运算样例后，至少联想出另外 3 种类型的无括号四则混合运算样例，并根据这些联想出来的运算样例类型，通过完全归纳推理概括出了正确的运算规则。

学习了两个运算样例并通过后测的被试只有 1 名。学习了 3 个样例并通过后测的被试有 10 名，占该组被试人数的 45.8%。这 11 名被试所以能够通过后测，也只能有一种解释：他们在学懂了 2 个或 3 个样例后，至少分别自主联想出另外 2 种或 1 种无括号四则混合运算样例的类型，并根据这些运算样例的类型归纳出正确的运算规则。那些不能联想出其他有关运算样例类型的被试，或者不能对运算规则做出完全归纳推理的被试则不能通过后测，这样的被试有 10 名。

被试通过样例学习掌握运算顺序并不难，难的是被试能否根据所学的运算样例类型和由此联想出来的有关运算样例类型做出完全的归纳推理，得出一般运算规则。凡是能够根据 4 种样例类型做出完全归纳推理并得出一般运算规则的被试就能够通过后测，而不能做出完全归纳推理的被试就不能通过后测。所以，被试能否根据所学的样例类型和联想出来的样例类型对一般运算规则做出完全的归纳推理就成为四则混合运算规则样例学习的关键认知环节。

下面再以小括号运算规则的样例学习为例，分析有、无标记两种样例的学习过程。无标记的 4 个运算样例如下：

$(8+1) \times 2$	$(10-4) \div 3$	$2 \times (7-3)$	$8 \div (3+1)$
$=9 \times 2$	$=6 \div 3$	$=2 \times 4$	$=8 \div 4$
$=18$	$=2$	$=8$	$=2$

无标记样例学习组的被试见到了有小括号的运算样例后，也会关注样例的运算顺序。学习了第一个运算样例后，绝大多数被试会发现其运算顺序是先做括号内算式的加法运算，后做括号外算式的乘法运算。但是，不同的被试可能会对运算顺序形成不同的假设，因此会出现两种被试：一种是通过对其他小括号运算样例类型的联想或想象，并对它们的运算规则做出完全归纳推理而得出一般运算规则的被试，他们成为只学习了一个样例并通过后测的被试，该种被试有 17 人，占比为 70.8%；另一种是因为没有归纳出一般运算规则而在后测中失败的被试。

被试学习了第一个样例之后，虽然也概括出了假设性运算规则，但不敢肯定自己的假设正确，如果想通过第二个样例的学习来验证自己的假设正确，他们就会学习第二个运算样例。如果第二个样例的类型在他们的假设范围之内，或者通过第二个运算样例的学习证明他们的假设规则是正确的，而且他们概括出的假设性规则也确实是正确的，他们就会通过后测，成为通过两个样例的学习而学会小括号运算规则的被试。这种被试有 6 名，占比为 25.0%。如果学习了第二个样例后，虽然证明他们的假设是正确的，但他们的假设性规则中没有包括另外两种或一种样例类型，即没有根据 4 种样例类型做出运算规则完全的归纳推理，这样的被试也不能通过后测。这种被试就是学习了第二个样例后没有通过后测的被试。

上述分析进一步表明，被试能否根据所学的样例类型和联想出来的样例类型对一般性运算规则做出完全的归纳推理，也是运算规则样例学习的关键认知环节。

对于有标记样例学习组的被试来说，由于在运算步骤上加了带箭头的标记，他们比无标记组被试更加关注括号内外算式的运算顺序。与无标记样例学习组被试的情况大致相同，该组被试对小括号运算规则也有上述 4 种不同的假设或归纳推理。其中，凡是归纳推理错误的被试均在后测中失败。只有那些通过前一两个样例的学习，并联想出另外 3 种或 2 种样例类型的被试才能对一般运算规则做出完全归纳推理，最后通过了后测。学习了一个样例就通过后测的被试人数占75.0%，学习了两个样例通过后测的被试人数占16.7%，共计91.7%。由此可以看出，绝大多数二年级小学生已经具备了较强的小括号运算样例类型的联想能力和一般运算规则的完全归纳推理能力。

中括号运算规则的样例学习虽然比小括号运算规则的样例学习多了一个运算步骤，而且运算规则也比小括号运算规则复杂，但被试学习和掌握中括号算式的运算顺序也不成问题。关键环节仍然是被试能否在样例学习过程中联想出有关的样例类型，并对一般运算规则做出完全的归纳推理。

3. 四则混合运算规则样例学习中的归纳推理

上述分析结果表明，四则混合运算规则样例学习的关键认知环节是，被试能否根据所学样例和由此联想出来的有关样例类型对一般运算规则做出完全的归纳推理。

归纳推理是人们根据对具体事例的判断而归纳出一般性结论的推理。归纳推理是人类最基本、最常用也是最重要的推理。罗伯逊（Robertson，2001）认为，大部分动物天生就能把事件 A 和事件 B 联系起来归纳出一般结论。在斯金纳的实验中，老鼠通过一次按压杠杆后所得到的食物强化，就能形成持续按压杠杆的操作性条件反射。正是因为动物具有归纳推理能力，它们能够归纳出哪些东西能吃，哪些东西不能吃。罗伯逊（Robertson，2001）还认为，人类个体往往倾向根据一个具体事例的判断做出一般结论的归纳推理，例如有人吃了有毒的蘑菇后就会拒绝吃任何蘑菇。他将这种归纳推理称为自由归纳推理。

二年级小学生在四则混合运算规则样例学习过程中明显地表现出了这种自由归纳推理的倾向。具体表现为：在学习小括号和中括号运算样例时，倾向学习了一个样例后就归纳出一般性结论（表4-1）。可是，这种自由归纳推理得出的结论往往是片面的和错误的，因为这种归纳推理是"不完全"归纳推理，不完全归纳推理很容易犯以偏概全的错误，例如，见到一只或几只白天鹅就认为天鹅都是白色的。因此，那些学习了一个样例后就急于下结论的被试往往在后测中失败。

可是，为什么有些被试在学会了一两个或 3 个运算样例后却能归纳出正确的一般性规则呢？唯一的解释就是，他们在学会了一两个或 3 个运算样例后能够联想出一般运算规则适用的其他不同类型的运算样例。被试联想出来的运算样例类型至少应该包括后测题目中的所有测题类型，只有如此才能归纳出正确的一般运算规则并通过后测。可是，其中的一些被试可能受自由归纳推理倾向的驱使，对运算规则做了不完全归纳推理，得出了错误的一般运算规则而在后测中失败。因此，在交替式样例学习过程中，保守的方法是学完所有的样例再做一般运算规则的完全归纳推理，这种归纳推理可以被称为保守型完全归纳推理；或者在学习部分样例后联想出一般运算规则适用的其他所有类型的运算样例，再做出一般运算规则的完全归纳推理，这种归纳推理可以被称为联想型完全归纳推理。所以，完全归纳推理包括保守型和联想型两种。总之，通过一组或几个运算样例的学习，归纳出一般运算规则的关键认知环节是，根据所学和所想到的具体样例类型对其一般运算规则做出完全归纳推理的过程。因此，举一反三的联想能力和完全归纳推理能力是运算规则样例学习需要的重要思维能力。

（二）代数运算规则样例组合学习的条件、过程与归纳推理

下面以第三章第三节的"小学生代数运算规则样例学习的实验研究"及"解释法、解释–标记法样例设计和分步呈现对代数运算规则样例学习的促进作用"两项实验研究为例，分析代数运算规则样例学习的具体条件、过程、归纳推理类型和影响因素。

1. 六年级小学生代数运算规则样例组合学习的条件

在代数运算规则样例学习的两项实验研究中，六年级小学生被试已知的运算规则是算术运算规则，未知的是代数运算规则。两种运算规则之间既有内在的逻辑联系，又有明显的不同。内在的逻辑联系是两者的运算原理相同，不同是：①代数运算是字母运算，算术运算是数字或数值运算；②代数运算得出的结果仍然是代数式，而算术运算的结果却是数字或数值；③代数运算符号与算术运算符号不尽相同，除了加减法的运算符号相同之外，代数运算中没有乘法运算符号，也没有算术中的除法运算符号，除法运算用分式运算表示；④代数乘法运算要严格遵循交换律和分配律，而算术运算则不必如此。正是由于代数运算与算术运算之间的不同给六年级小学生被试的代数运算规则样例学习带来了一些疑惑、困惑和阻碍，所以第一次代数运算规则样例学习实验的学习效果不如四则混合运算规则样例学习的效果好。

2. 六年级小学生平方差代数运算规则样例学习的过程分析

下面以平方差的完整运算样例学习为例，分析被试在学习过程中可能产生的疑惑和困惑。平方差的完整运算样例如下：

$$a^2-b^2$$
$$=a^2+ab-ab-b^2$$
$$=a(a+b)-b(a+b)$$
$$=(a+b)(a-b)$$

被试都是通过前测筛选出来的。前测有 3 个测题：$6^2=$；$a^2-b^2=$；$(a+b)^2=$。选择被试的标准是能够正确计算出第一道测题，但不能正确计算后两道测题的学生，所以被试在学习代数运算样例之前就知道 $6^2=6×6=36$。可是，当他看到运算样例中的"a^2"时就会产生疑惑：难道 a^2 就是 $a×a$ 吗？可是 $a×a$ 等于什么呢？当他们看到"b^2"时，也会产生同样的疑惑。当他们看到样例中的第一步运算"$a^2-b^2=a^2+ab-ab-b^2$"时，更会产生困惑：为什么要加上一个 ab，又减去一个 ab 呢？ab 是什么呢？产生困惑的原因有两个：一是他们不知道 ab 就是 a 与 b 相乘，即他们不知道代数乘法运算没有运算符号；二是他们不理解在代数等式的一端同时加、减一个 ab 的目的或用意。当他们看到第二步运算"$a(a+b)-b(a+b)$"时，就更加困惑了：a^2 和 a^2 哪里去了？$(a+b)$ 从何而来？产生困惑的原因是他们在算术乘法运算中不用考虑分配率，所以不敢肯定"$a(a+b)=a^2+ab$"，也不敢肯定"$-b(a+b)=-ba-b^2$"。当他们看到最后一步运算和运算结果"$a(a+b)-b(a+b)=(a+b)(a-b)$"时，可能更会大惑不解，因为他们不知道代数运算中提取公因子的道理。正是由于被试在样例学习过程中产生的一个个疑惑或困惑不能得到及时的解决，大多数被试样例学习的后测通过率很低。

在第二次代数运算规则的样例学习实验中，我们利用算术和代数两种运算规则的内在逻辑联系，开发并运用了解释法样例设计，用被试已知的算术乘法运算符号解释代数乘法和乘方的运算，用算术乘法运算规则解释了代数乘法运算规则。用解释法设计的平方差运算样例如下：

$$a^2-b^2$$
$$=a×a-b×b$$
$$=a×a+a×b-a×b-b×b$$
$$=a×a+a×b-b×a-b×b$$
$$=a×(a+b)-b×(a+b)$$
$$=(a+b)×(a-b)$$
$$=(a+b)(a-b)$$

当被试看到第一步运算"$a^2-b^2=a×a-b×b$"时，对 a^2 是否等于 $a×a$，b^2 是否等于 $b×b$ 的疑惑可能会消除，因为他们熟知算术乘法运算符号"×"，所以可以理解 $a^2=a×a$ 和 $b^2=b×b$。

当他们看到第二步运算"$a×a-b×b=a×a+a×b-a×b-b×b$"时，可能会产生两种想法：一种仍然是不理解为什么要加上一个 $a×b$，又减去一个 $a×b$，这种想法会阻碍被试的样例学习。另一种想法是在等式的一端加上一个 $a×b$，又减去一个

$a \times b$，等式还是相等的。有这种想法的被试可以解除疑惑，进入下一个运算步骤的学习。

当他们看到第三步运算"$a \times a + a \times b - a \times b - b \times b = a \times a + a \times b - b \times a - b \times b$"时，细心的被试会发现两步运算只有一项不同，即第二步运算中的"$-a \times b$"，在第三步运算中变成了"$-b \times a$"，其他均无变化。如果被试能够联想到乘法运算中的交换律，即"$a \times b = b \times a$"，就可以理解此步运算。

当他们看到第四步运算"$a \times a + a \times b - b \times a - b \times b = a \times (a+b) - b \times (a+b)$"（这步运算是提取公因子，算术运算中没学过）时，又可能会出现两种被试：一种被试不理解此步运算，因此学习又遇到了困惑；另一种被试可能注意到第三步运算中的"$a \times a + a \times b$"与第四步运算中的"$a \times (a+b)$"是相等的，而且"$-b \times a - b \times b$"与"$-b \times (a+b)$"也是相等的，这种被试就能理解该步运算，并进入下一个运算步骤的学习。

第五步运算是将公共因子"$(a+b)$"提取出来，并将剩下的算式写成"$(a-b)$"。看到这步运算，多数被试都会感到困惑，因为在算术运算中都是先算括号内的算式，然后再算括号外的算式（即四则混合运算中的小括号运算规则）。因此，他们会对此大惑不解，甚至因此而导致整个样例学习的失败。如果被试能够像理解第四步运算那样理解此步运算，他们就能理解代数乘法运算的分配律，并进入最后一步运算的学习。

最后一步运算对于那些能够在第一步运算中理解代数乘法没有运算符号，而是将两个字母直接写在一起的被试来说是很容易理解的了。有些被试还会进一步理解到，在第二步运算中加上一个"ab"、减去一个"ab"的真正用意就是要得出"$a^2 - b^2 = (a+b)(a-b)$"的结果。

那些能够理解 6 个运算步骤的被试，再通过另一个平方差运算样例"$s^2 - t^2 = (s+t)(s-t)$"的学习，就能归纳出平方差代数运算的一般运算规则 $a^2 - b^2 = (a+b)(a-b)$。所以，解释样例组被试的迁移测验成绩显著优于普通样例组。那些不理解其中某步运算的被试，尤其是不理解第二步运算"$a \times a - b \times b = a \times a + a \times b - a \times b - b \times b$"和第四步运算"$a \times a + a \times b - b \times a - b \times b = a \times (a+b) - b \times (a+b)$"的被试，如果在学习第二个运算样例时仍不能解除困惑，就不能归纳出平方差代数式的一般运算规则。因此，解释样例组远、近迁移测验的平均成绩虽然均显著优于普通样例组，但也不是所有的被试都学会了平方差的一般运算规则。

更有促进作用的样例设计方法是在解释法样例设计的基础上加上运算标记，该方法就是解释-标记法。用解释-标记法设计的平方差运算样例（局部）如图 4-1 所示。

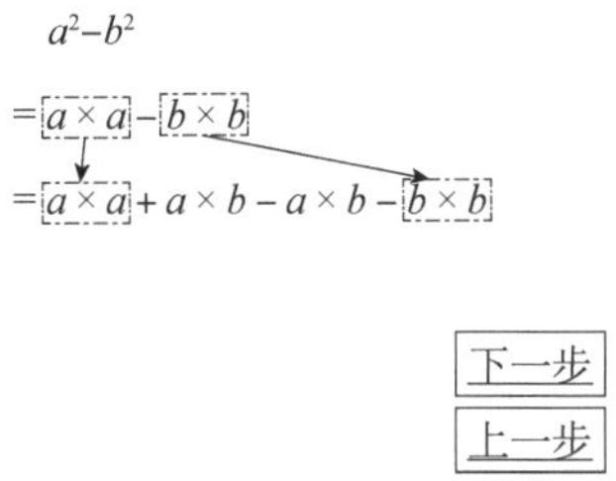

$$a^2-b^2$$
$$=\boxed{a \times a}-\boxed{b \times b}$$
$$=\boxed{a \times a}+a \times b-a \times b-\boxed{b \times b}$$

下一步

上一步

图 4-1 分步呈现的解释-标记平方差运算样例（局部）

通过这种解释-标记运算样例的学习，一些被试在标记的帮助下，解除了疑惑，成功地归纳出平方差运算规则，使其近迁移测验成绩显著提高，可是远迁移测验成绩仍然没有得到显著的提高（图 3-2）。

在实验 3 的"分步呈现"解释-标记样例的学习中，被试可以通过电脑鼠标的按键操作自主控制运算步骤的呈现（图 4-1），使更多的被试解除了疑惑，并正确地归纳出平方差运算规则，不仅显著提高了远迁移测验成绩，而且近迁移测验成绩也得到显著的提高（图 3-3）。

3. 代数运算规则样例组合学习的归纳推理

上述代数运算样例学习过程的分析表明，被试学习代数运算样例的精力似乎主要用在了理解每个运算步骤上。这是因为每步运算都有被试未知的代数运算规则或运算原理。用解释法和解释-标记法设计的样例以及分步呈现运算步骤的学习方式似乎也都是在帮助被试理解和掌握每个运算步骤的运算规则。其实不然，被试理解每步运算规则和原理固然是重要的，因为不理解这些运算规则或原理就不能准确地归纳出完整的运算规则，可是被试根据两个样例的具体运算规则归纳出一般运算规则仍然十分重要。因为平方差与完全平方和的一般运算规则都是在学习了两个运算样例的基础上经过归纳推理得出的。下面仍然以平方差运算规则的归纳推理为例说明其重要性。

在这里，我们将被试在实验中学习的两个平方差运算样例简写成 $a^2-b^2=(a+b)(a-b)$ 和 $s^2-t^2=(s+t)(s-t)$。如果被试在这两个运算样例的学习过程中没有将它们的具体运算规则归纳成一个一般的运算规则，他们就不能在迁移测验中解决"字母不同"的测题，例如，m^2-n^2。如果被试在两个样例的学习过程中对它们做出对比，就会发现它们的运算规则相同，只是代数式中的字母不同。有了这个发现后，被试就会归纳出两个样例的运算规则相同的结论，进而将两个样例中的运算规则归纳为一个一般性运算规则。这种将两个运算样例进行对比，从中发现相同的运算规则，并将其归纳为一个一般性运算规则的过程，就是相同运算规则的类比归纳推理。能够对两个字母不同算式的运算规则做出一般运算规则类比归纳推理的被试就能够解决字母不同的迁移测题，并提高近迁移测验成绩。然而，没能从两个字母不同的算式中归纳出一般性运算规则的被试则不能解决字母不同的迁移测题，导致迁移测验成绩较低。所以，对不同运算样例中的相同运算规则做出类比归纳推理，并得出一个一般运算规则是运算规则样例学习的关键认知环节。也就是说，运算规则的类比归纳推理是正确样例组合规则样例学习的关键认知环节。

一般来说，人们通过对几个不同事物的对比发现其中具有相同的特征，并根据相同的特征归纳出一般结论的过程就是类比归纳推理过程。如果在几个事物的对比过程中没有发现共同特征，那么就只能将该认知过程称为"对比"。如果把这种对比过程也称为归纳推理，那么只能将这种推理称为"对比归纳推理"。对比归纳推理只能得出"这几个事物没有共同特征，它们不是不同事物"的结论。

在代数运算规则样例学习的实验中，两个样例是以"组块式"呈现（即一起呈现）给被试的，即被试学习完两个样例之后才进行迁移测验。在四则混合运算规则样例学习的实验中，样例是交替式呈现（即被试先学习第一个样例，做完解题练习后才决定是否学习下一个样例）给被试的。这是正确样例组合学习的两种基本方式。如果在组块式呈现的样例组合中呈现的样例类型完备，就能使被试在学习完所有样例之后才对其一般运算规则做出完全归纳推理。交替式样例呈现方式容易使被试在没有学完所有样例之前就对运算规则做出归纳推理。如果被试在对运算规则做归纳推理时没能联想出还没有学习的样例类型或者联想错误，就不能对运算规则做出不完全归纳推理，从而得出错误的一般性运算规则。因此，以组块式呈现的样例组合学习方式更有利于被试对一般运算规则做出完全归纳推理，而以交替式呈现的样例组合学习方式往往不利于被试对一般运算规则做出完全归纳推理。所以，在正确样例组合的规则样例学习中，一般应该采用组块式样例组合的呈现方式。只有在考察被试是否具有联想型完全归纳推理能力时才采用交替式样例呈现方式。

（三）指数与对数转换规则样例组合学习的条件、过程与归纳推理

下面以指数与对数转换规则样例学习的实验研究（详见第三章第三节）为例，阐述数学转换规则样例学习的条件、过程和归纳推理类型。

1. 指数与对数转换规则样例学习的条件

在指数与对数转换规则样例学习实验研究中，被试已知的运算规则是指数运算规则，未知规则是指数与对数的转换规则。指数与对数之间存在对应的转换关系，因此，被试具备了指数运算规则的知识后，就具备了进行指数与对数转换规

则样例学习的必备条件，使规则样例学习具有一定的可行性。因此，被试即使学习无转换标记的"指-对数转换"样例，也能不同程度地学会转换规则（详见表3-1中无标记组的成绩）。

为了促进转换规则的样例学习，我们给转换样例附加了"转换标记"。所谓转换标记就是将指数式中的各个字母分别与对数式中相同的字母用有箭头的虚线连接起来，使被试更容易清楚而准确地观察到指数与对数转换的对应关系。显然，转化标记是指数与对数转换规则样例学习的辅助条件。

2. 指数与对数转换规则样例学习过程分析与归纳推理

主试在实验中分别给两组被试呈现了3个和6个转换样例。在无标记的转换样例学习中，如果被试能够对指数式中的3个数字与转换为对数式中的3个相应的数字做出准确的识别和判断，那么经过3个转换样例的学习就可以归纳出指数与对数的一般转换规则。实验结果显示，学习3个样例与学习6个样例的两组被试的远、近迁移测验成绩之间无显著差异（详见表3-1和方差分析结果）。这是因为3个样例涵盖了6个样例中的三种指数与对数转换类型。6个转换样例中每种转换类型各有两个转换样例。归纳推理分为"完全归纳"推理和不完全归纳推理。完全归纳推理的前提是考察了某类事物的全部对象，不完全归纳推理的前提是仅仅考察了某类事物的部分对象。因此，与完全归纳推理得出的结论相比，不完全归纳推理往往容易得出以偏概全的错误结论。为了避免这种以偏概全的错误推理，保证被试做出完全的归纳推理，在规则样例学习中学习的规则类型应该是完备的。可是，指数与对数转换样例的数量不可胜数，在转换规则的样例学习中学习所有的转换样例显然是没有必要的。因为这些不可胜数的指数与对数转换样例可以归纳为三种类型：①若 $a^x=b$（$a>0$，$a\neq1$），则 $x=\log_ab$；②若 $a^1=b$（$a>0$，$a\neq1$），则 $1=\log_aa$；③若 $a^0=b$（$a>0$，$a\neq1$），则 $0=\log_a1$。其中，类型②和类型③是类型①的两个特例。所以，只要掌握了这三种类型的指数与对数转换规则，就可以归纳出指数与对数转换的一般规则，即若 $a^x=b$（$a>0$，$a\neq1$），则 $x=\log_ab$。3个样例和6个样例都包括了这三种转换类型，都可以对指数与对数转换的一般规则做出完全归纳推理，所以3个样例学习组与6个样例学习组的迁移测验成绩之间的差异不显著。因此，在正确规则的样例组合学习中，只要学习的样例类型全面，学生就可以通过完全归纳推理得出一般运算规则，增加同类样例的数量反而会增加学习负担，延长学习时间，降低归纳推理的效率。

由于标记组被试学习的样例加上了转换标记，转换标记更加清楚地标示出了指数与对数转换前后3个数字的对应关系，更便于被试清楚而准确地识别和判定3个数字在转换前后的对应关系，从而促进了被试对一般转换规则的正确归纳推理，因此，其后测成绩明显优于无标记组。由此可见，指数与对数转换规则正确样例组合的学习过程也是对一般转换规则做出完全归纳推理的过程。

（四）椭圆图形判定规则样例组合学习的条件、过程与归纳推理

下面再以椭圆图形判定规则样例学习的实验研究（详见第三章第三节）为例，分析解析几何规则样例学习的具体条件、过程和归纳推理类型。

1. 椭圆图形判定规则样例学习的条件

在椭圆图形判定规则样例学习的实验研究中，被试已知的知识是能够识别直角坐标系中圆、水平椭圆、垂直椭圆、"胖"椭圆和"瘦"椭圆，未知规则是根据椭圆方程的系数判断椭圆图形是垂直还是水平、椭圆图形是胖还是瘦的判定规则。新、旧知识之间的内在逻辑关系是直角坐标系中椭圆图形的形状（垂直或水平、胖或瘦）与椭圆代数方程中系数数值大小之间的对应关系。被试具备了这两个必备条件，因此，初中二年级学生可以通过椭圆代数方程和与之对应的椭圆图形样例来学习椭圆形状的判定规则。促进规则样例学习的辅助条件是分别用解释法和解释–标记法设计的两组样例中的椭圆方程和图形。

2. 椭圆图形判定规则样例学习的过程与归纳推理

学习水平或垂直椭圆图形判定规则的样例有四对，每对样例中各有一个水平椭圆和垂直椭圆的判定样例，其中普通样例组的一对样例如图 4-2 所示。

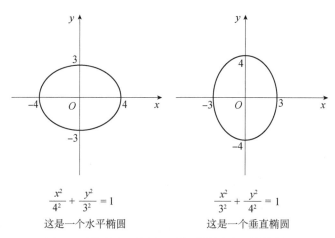

$$\frac{x^2}{4^2} + \frac{y^2}{3^2} = 1$$
这是一个水平椭圆

$$\frac{x^2}{3^2} + \frac{y^2}{4^2} = 1$$
这是一个垂直椭圆

图 4-2　椭圆图形判定规则普通样例学习材料举例

在普通样例的学习中，每个样例的学习过程可以分为 5 个步骤：①观察直角坐标系中椭圆图形与 x 轴和 y 轴的交点坐标值；②观察方程中的系数是否与图形中坐标值的绝对值分别对应相同；③比较椭圆方程中两个系数绝对值的大小；

④如果椭圆代数方程中 a 的数值大于 b 的数值，就可以判定该椭圆图形是一个水平椭圆，如果椭圆代数方程中 b 的数值大于 a 的数值，就可以判定该椭圆图形是一个垂直椭圆；⑤如果被试通过 4 对样例的学习，发现并验证了 4 个水平椭圆方程中的 a 值均大于 b 值，就能根据 a 值与 b 值的比较，归纳出判断椭圆图形是水平还是垂直的判定规则。

在采用解释法设计的样例中，在椭圆方程下面附加了判定规则的解释内容，如图 4-3 所示。

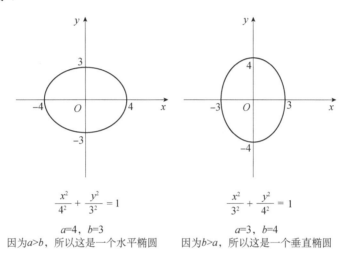

$$\frac{x^2}{4^2} + \frac{y^2}{3^2} = 1 \qquad\qquad \frac{x^2}{3^2} + \frac{y^2}{4^2} = 1$$

$a=4$，$b=3$ $\qquad\qquad\qquad$ $a=3$，$b=4$

因为 $a>b$，所以这是一个水平椭圆 $\qquad$ 因为 $b>a$，所以这是一个垂直椭圆

图 4-3 椭圆图形判定规则解释样例学习材料举例

在解释样例中，添加的"解释内容"（因为 $a>b$，所以这是一个水平椭圆；因为 $b>a$，所以这是一个垂直椭圆）提示被试关注椭圆代数方程中的 a 值和 b 值，并给出了判定依据"$a>b$"或"$b>a$"。这无疑有助于被试关注学习要点和对判定规则的正确归纳推理。因为判定规则就是根据 a 与 b 绝对值的大小比较判定椭圆图形是水平的还是垂直的。因此，解释样例学习组的学习迁移成绩显著优于普通样例学习组。

在采用解释-标记法设计的样例中，不仅附加了解释样例中的解释内容，而且增加了椭圆图形坐标值与方程系数之间的带箭头的直线标记，如图 4-4 所示。

该标记有助于被试直接关注方程系数与图形坐标之间的对应关系，更有利于被试理解具体判定规则和对一般判定规则的归纳推理。因此，解释-标记样例组被试的迁移测验成绩也显著优于普通样例学习组，但与解释样例组无显著差异（图 3-4）。但是，在实验 2 椭圆图形胖与瘦判定规则的样例学习迁移测验成绩中，解释-标记样例组被试的远、近迁移测验成绩既显著优于普通样例学习组，也显著优于解释样例组（图 3-4）。由此可见，在样例中增加的辅助条件（解释内

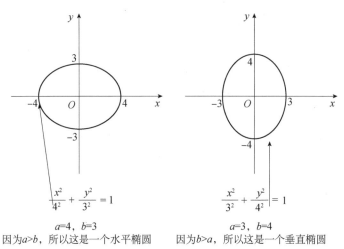

$$\frac{x^2}{4^2} + \frac{y^2}{3^2} = 1$$

$a=4$，$b=3$

因为$a>b$，所以这是一个水平椭圆

$$\frac{x^2}{3^2} + \frac{y^2}{4^2} = 1$$

$a=3$，$b=4$

因为$b>a$，所以这是一个垂直椭圆

图 4-4 椭圆图形判定规则解释-标记样例学习材料举例

容和标记）不仅促进了被试对具体判定规则的学习，也促进了被试对一般判定规则的归纳推理。因此，在解析几何图形判定规则的样例学习中，也是将 4 个样例的具体判定规则归纳为一般判定规则的完全归纳推理过程。

（五）正确样例类比的规则样例学习一般模式

上述 4 种数学规则都是通过正确样例组合学习而习得的，所以根据对数学规则正确样例组合学习条件、一般过程和归纳推理类型及影响因素的具体分析，可以归纳出正确样例类比规则学习的一般模式。

1. 正确样例组合规则样例学习的条件

就数学规则正确样例组合学习的实验条件而言，前提条件是被试必须掌握与样例中的未知规则有紧密数学逻辑关系的已知规则。被试是否掌握已知规则可以根据学生学习过的课程内容和前测成绩来确定；被试是否知晓未知规则也可以通过学生尚未学习的课程内容和前测成绩来确定。所以，为了确保数学规则样例学习实验结果的真实性和可靠性，必须首先确定待选被试群体，并严谨而周到地设计出前测题目和评分标准，最后根据前测成绩严格筛选被试，所有规则样例学习实验研究中的被试筛选均应如此。

数学规则之间的内在逻辑关系有多种，诸如数学运算规则之间的内在逻辑关系、函数之间的内在逻辑关系、函数式与函数曲线之间的对应关系等。正是由于数学规则之间存在各种内在的逻辑关系，才能够采用解释法设计样例中的新算符和新规则，使学生能够利用已知的算符和规则理解新算符和新规则，进而使含有新算符和新规则的样例学习具有可行性和普适性。因此，数学规则之间的内在逻辑关系又可以被称为数学规则样例学习的可行性条件和普适性条件。量化的物理学、化学等科学规则之间也存在多种内在逻辑关系，诸如部分电路与全电路欧姆定律之间的内在逻辑关系，化学反应方程式之间的内在逻辑关系等。因此，笔者称其为量化规则样例学习的可行性原理或普适原理。

数学规则样例学习的辅助条件是为了促进学生的规则样例学习开发和运用的样例设计方法（解释法、标记法、转换标记法和解释-标记法等）和学习程序（样例的类型和数量、样例的呈现方式、运算或解题步骤的呈现方式等）。该辅助条件也适用于其他规则样例学习。

2. 正确样例组合规则样例学习的一般过程与归纳推理模式

数学规则的正确样例组合学习可以分为如下 3 个阶段。

1）具体规则的样例学习阶段。该阶段是学生通过一个个具体样例的学习，利用已知算符和已知规则理解样例中的未知算符和未知规则，从而归纳出一个新的完整规则的过程。在该阶段，学生可以借助样例中附加的"解释"和"标记"等，促进对样例中未知算符和未知规则的理解，从而促进对新规则的完整归纳推理。

2）一般规则的完全归纳推理阶段。该阶段是学生通过对几个或一组样例的学习，或者根据一个或几个样例学习以及联想出来的其他样例一起归纳出一般规则的推理过程。该阶段的归纳推理分为两种：一种是完全归纳推理，其中包括保守型完全归纳推理和联想型完全归纳推理；另一种是不完全归纳推理。完全归纳推理可以归纳出正确的一般性规则，而不完全归纳推理不能归纳出正确的一般性规则。所以，正确样例组合中的样例类型数量不得少于一般性规则适用的解题类型的数量。对于联想能力较强的学生来说，可以采用交替式呈现的样例组合学习模式学习少数几种样例类型，启发或激发他们联想出其他类型的样例，并做出联想型完全归纳推理。对于联想能力和联想型完全归纳推理能力较差的学生来说，应该采用组块式呈现的样例组合学习模式，使其对一般性规则做出保守型完全归纳推理。

3）一般性规则的具体运用阶段。该阶段是学生运用在样例组合学习过程中归纳出的一般规则解决具体问题的过程。如果解决的问题类型与样例组合中的样例类型相同，就是一般性规则的类比推理运用过程，或者说一般性规则的演绎推理过程，也是所谓的"同构"问题解决的类比推理过程。同构类比推理是一种比较简单的归纳推理，当学生通过正确样例组合学习，并能够归纳出一般性规则，一般都能够解决同构问题。

其他规则的正确样例组合学习也可以分为上述 3 个阶段。因此，可以将正确样例组合规则学习的条件、一般过程和归纳推理模式概括地表述为正确样例类比规则学习一般模式。"正确样例组合规则学习模式"与"正确样例类比规则学习模式"是同一种规则样例学习模式，只是称谓不同而已。前者突出了样例学习材料的特征，后者突出了正确样例组合规则学习的归纳推理模式。

3. 影响正确样例类比规则样例学习的因素

（1）规则的性质

规则的性质包括规则的复杂程度和一般性规则中包含的子规则数量。所谓规则的复杂程度是指一个一般性规则中所含变量（或物理量）的多少、变量之间关系的复杂性，以及运用该规则时操作步骤或运算步骤的多少，诸如分数运算规则比整数运算规则复杂，闭合电路的欧姆定律$[I=E/(R+r)]$比部分电路的欧姆定律（$I=V/R$）复杂，乙烯的分子式（C_2H_4）比甲烷的分子式（CH_4）复杂等。规则越复杂，对规则的归纳推理就越复杂，样例学习和应用过程也越复杂。有些一般性规则包括多个子规则，例如，正整数加法运算规则只有进位加法和不进位加法两个子规则，而四则混合运算规则却包括小括号、中括号、大括号和无括号 4 个子规则。在一个一般规则的正确样例组合学习中，包含的子规则越多，所要学习的样例类型就越多，完全归纳推理依据的样例类型也越多，运用一般规则的解题或运算步骤也越多；反之，则越少。

（2）样例的设计与呈现方式

样例的设计与呈现方式包括对样例中与规则有关结构特征的设计方法、样例的数量、样例组合的呈现方式和学习程序等。

在一个样例中，既有与规则有关的样例特征，也有与规则无关的样例特征。我们可以将与规则有关的样例特征称为"结构特征"，而将与规则无关的样例特征称为"表面特征"。例如，在公式 $a^2-b^2=(a+b)(a-b)$ 中，字母 a 和 b 是与运算规则无关的表面特征，而 a^2-b^2 与 $(a+b)(a-b)$ 的等量转换关系则是与运算规则有关的结构特征。在正确样例组合学习中，让学生学习表面特征不同但结构特征相同的两个样例，例如，学习 $a^2-b^2=(a+b)(a-b)$ 和 $s^2-t^2=(s+t)(s-t)$ 两个转换样例，就可以突出与一般规则有关的样例特征，使学生从中归纳出相同的一般规则。

就正确样例组合的规则学习而言，所学样例的数量取决于一般性规则适用的样例结构特征类型的数量。如果一个样例只是一种结构特征的类型，那么为了保证学生对一般性规则做出完全归纳推理，正确样例组合中的样例类型数量不得少于结构特征类型的数量。例如，在指数与对数转换规则样例学习中，样例类型的数量就不得少于结构特征类型的数量。但是，在正确样例组合的规则样例学习中，也不是具有相同结构特征的样例数量越多越好。因为在样例组合中同一种结构特征的样例数量越多，虽然不影响对一般规则做出完全归纳推理，但是会延长样例学习时间、降低学习效率，并违背"罕譬而喻"的教学原则。

正确样例组合的样例学习程序有两种基本类型：一种是交替式学习程序，即样例学习与做练习题交替进行；另一种是组块式学习程序，即集中学习样例组合，然后再做解题练习。两者相比，后者能够满足学生做出保守型完全归纳推理的需要，前者却不能；前者有利于学生做出联想型完全归纳推理，如果联想失败或联想错误，就会导致归纳推理的错误。

（3）学生的归纳推理能力因素

在正确样例组合的规则样例学习中，至少需要学生具备对一个个具体完整规则的归纳推理能力、一般规则的完全归纳推理（保守型和联想型）能力和同构问题解决的类比推理能力。学生一般都具有同构问题解决的类比推理能力、一般规则的保守型完全归纳推理能力和对一个个具体完整规则的归纳推理能力，但是并不是所有学生都具备联想型完全归纳推理能力。因此，在正确样例组合的规则样例学习中，教师要尽可能地给学生提供对一般规则做出保守型完全归纳推理的条件，或者提供培养学生形成联想型完全归纳推理能力的条件，但是要提醒学生避免产生自由归纳推理或不完全归纳推理的错误倾向。

二、正误样例组合的规则样例学习模式

下面以第三章第三节介绍的碳氢共价键规则正误样例组合学习实验研究为例，分析碳氢共价键规则正误样例组合学习的具体条件、过程、归纳推理类型和影响因素，最后归纳出正误样例对比规则学习的一般条件、过程、归纳推理类型和影响因素。

（一）碳氢共价键规则正误样例组合学习的条件、过程与归纳推理

1. 碳氢共价键规则正误样例组合学习的条件

碳氢共价键规则可以用碳氢化合物分子结构式直观地表示出来，见图4-5。

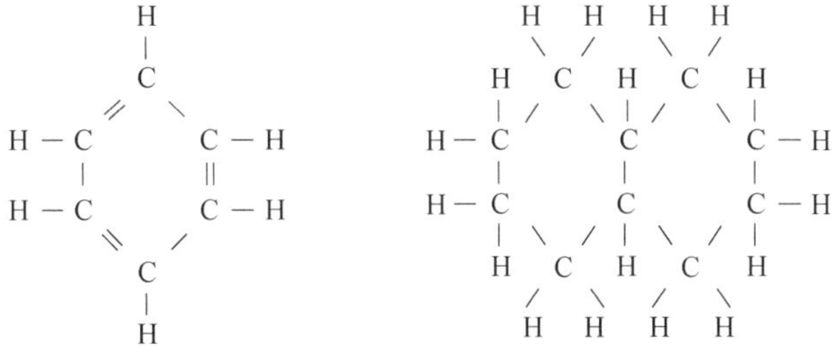

图4-5 碳氢化合物共价键分子结构式举例

在分子结构式中，C 代表一个碳原子；H 代表一个氢原子；"－"代表碳原子与氢原子之间或者两个碳原子之间的一个共价键；"＝"代表两个共价键；"≡"代表 3 个共价键。这些知识是被试（即高中一年级学生）学过的已知规则。被试未知的规则是氢原子和碳原子的共价键规则，简称为"碳氢共价键规则"，即在碳氢化合物分子结构式中，每个氢原子必须且仅能有一个共价键、每个碳原子必须且仅能有 4 个共价键的规则，否则就是错误的。被试已经学习了共价键的概念，所以他们具备了学习碳氢共价键规则的前提条件。

2. 碳氢共价键规则正误样例组合学习中的归纳推理模式

实验 1 的目的是考察被试能否通过一组 8 个不同的碳氢化合物分子结构式的样例学习归纳出碳氢共价键规则，同时考察正确样例组合（即 8 个正确的分子结构式）的学习效果与正误样例组合（8 个分子结构式中有 4 个正确的、4 个错误的）的学习效果孰优孰劣，即两种样例组合学习的后测成绩之间的差异是否显著。

前测题是 6 个碳氢化合物分子结构式的正误判断题（其中正确与错误的结构式各 3 个）和 6 个碳氢化合物分子结构式的填空题，后测题与前测题相同。被试在前、后两次测验中答对 1 题计 1 分，前测、后测的满分都是 12 分。前测后，随机将被试分为正确样例组合学习组和正误样例组合学习组，各自学习一种样例组合材料，然后进行后测。实验 1 两组被试的前测、后测成绩及差异检验结果表明，正误样例组合学习组的后测成绩显著优于正确样例组合学习组的后测成绩（表 3-6）。如何解释该实验结果呢？

为了回答该问题，笔者把碳氢共价键"数量"称为"数量结构"，并简称为"结构"。在正确样例组合中，所有碳原子的共价键结构相同，所有氢原子的共价键结构也相同，所以被试在正确样例组合的学习过程中就只有对相同原子共价键的相同结构做类比归纳推理，这种归纳推理可称为"同构类比归纳推理"。在正误样例组合中有 4 个样例是错误的，即其中既有正确的碳氢共价键结构，又有错误的结构。正确的结构是相同的，称为"同构"，错误的结构是不同的，称为"异构"。因此，在正误样例组合学习过程中既有对碳氢共价键数量的同构类比推理，又有对正误样例中碳氢共价键数量的"异构对比推理"。所谓异构对比推理，就是根据正误样例中碳、氢共价键的不同结构归纳出判定正确共价键结构的规则和判定错误共价键结构的规则。错误样例中的错误结构又有不同的类型（例如，在错误样例中的碳原子分别有 3 个或 5 个共价键，氢原子有 4 个共价键），还需要根据不同的错误结构类型将其归纳为错误结构的判定规则，可将这种归纳推理称为"异构对比归纳推理"。因此，在正误样例组合学习中，既能够通过同构类比推理归纳出正确的碳氢共价键规则，又能够通过异构对比推理归纳出碳、氢共价键错误结构的判定规则。与之相比，由于在正确样例组合学习中既没有正误样例的异构对比推理，也没有不同错误结构类型的异构对比归纳推理，他们既没有归纳出区分正误碳氢共价键结构的判定规则，也没有归纳出碳氢共价键错误结构的判定规则。所以，在回答后测的正误判断题和填空题时，正误样例组合学习组被试答对题目的数量就比正确样例组合学习组的被试多。因此，正误样例组合学习组的平均后测成绩显著优于正确样例组合学习组的平均后测成绩。

如此说来，正误样例组合学习组的被试应该答对所有的后测题，使该组的后测平均成绩接近满分，可为什么其后测成绩没有接近满分，而只是显著地高于正确样例组合学习组呢？这是因为正误样例组合学习组被试接触到的错误共价键结构类型是不全面的（碳原子的错误共价键结构只有两种，氢原子的错误共价键结构只有一种）。因此，其对错误共价键结构所做的对比归纳推理可能是不完全归纳推理，从而使他们对不同类型的正误判断题和填空题不能做出完全正确的回答，所以他们的平均后测成绩不能达到或接近满分。

实验 2 的目的是考察正误样例的数量比例对学习效果的影响。为此，我们设计了"六正两误""四正四误""两正六误"三种正误样例组合学习材料。实验结果表明，"六正两误""两正六误"样例组合学习的后测成绩均明显低于"四正四误"样例组合学习的后测成绩（表 3-7）。为什么正误样例的数量比例也会影响正误样例组合学习的效果呢？因为在"六正两误"样例组合中只有两个错误样例，都是其中的一个碳原子共价键结构错误的样例，而没有氢原子共价键结构错误的样例，所以在这种正误样例组合学习中，既没有对氢原子共价键正误结构的对比进行归纳推理，也没有进行异构对比归纳推理。因此，该种正误样例组合学习中被试的后测成绩明显低于"四正四误"样例组合学习中被试的后测成绩。

"两正六误"组错误结构的类型比"四正四误"组错误结构的类型多，加大了错误结构异构对比归纳推理的难度，从而使被试难以对多种错误结构做出正确的异构对比归纳推理，即难以归纳出碳氢共价键错误结构的判定规则，导致后测成绩下降，所以"两正六误"组被试的后测成绩也显著低于"四正四误"组被试的后测成绩。

实验 3 的目的是考察正误样例配对组合的学习效果是否明显优于正误样例分块组合的学习效果。所谓正误样例配对组合就是一个正确样例与一个错误样例对比呈现给被试。该种组合学习材料共有四对正误样例。所谓正误样例分块组合就是将 4 个正确样例与 4 个错误样例分为两部分呈现给被试。因此，正误样例分块组合有两种类型：一种是"正前-误后"，即 4 个正确样例呈现在前，4 个错误样例呈现在后；另一种是"误前-正后"，即 4 个错误样例呈现在前，4 个正确样例呈现在后。实验结果表明，"正误对比"组的平均后测成绩显著优于"正前-误后"组和"误前-正后"组（表 3-8）。这是为什么呢？

正误对比组被试的一般推理顺序是：首先倾向依次对每对正误样例中的正、误结构做对比归纳推理，概括出正误结构的区分规则或判定规则；其次，对正确结构做出同构类比归纳推理，分别概括出正确的碳氢共价键规则；最后，对错误结构做出异构对比归纳推理，分别概括出碳氢共价键错误结构的判定规则。"正前-误后"组被试的一般推理顺序是：被试首先倾向对正确样例中的正确结构做出同构类比归纳推理；其次，对错误样例中的错误结构做出异构对比归纳推理；最后，对正误结构做出异构对比归纳推理。两种归纳推理顺序至少有两点不同：一是正误结构对比归纳推理的便捷程度和难易程度不同，"正误对比"组的正误结构对比归纳推理比"正前-误后"组的正误结构对比归纳推理更便捷、效率更高；二是两组的归纳推理顺序不同。正是由于这两点不同，"正误对比"组的归纳推理正确率显著高于"正前-误后"组归纳推理的正确率。所以，正误对比呈现组的后测成绩显著优于"正前-误后"组的后测成绩（表 3-8）。

"误前-正后"组被试的推理顺序是：首先，倾向对错误样例中的错误结构做异构对比归纳推理；其次，对正确样例中的正确结构做同构类比归纳推理；最后，对正误结构做异构对比归纳推理。"正前-误后"组"误前-正后"组的归纳推理顺序不同。在"误前-正后"组的推理中，对错误结构做异构对比归纳推理在前，对正确结构做同构类比归纳推理在后。在"正前-误后"组的推理中，对正确结构做同构类比归纳推理在前，对错误结构做异构对比归纳推理在后。对错误结构做异构对比归纳推理难于对正确结构的同构类比归纳推理，所以"正前-误后"组的推理顺序是"先易后难"，而"误前-正后"组的推理顺序是"先难后易"。先易后难的推理顺序可以增强学生的自信心，并为后续学习开创出一个积极的心态；先难后易的推理顺序容易使学生产生烦躁、焦虑的情绪，并对后续学习造成不良影响。可能是由于这个原因，"正前-误后"组的归纳推理正确率显著高于"误前-正后"组，导致两组被试的后测成绩差异显著（表 3-8）。

"误前-正后"组的归纳推理与正误对比组的归纳推理相比，不仅推理顺序不同，而且后者的正误结构对比归纳推理比前者更便捷、效率更高。再加上前者比后者更容易使被试产生烦躁和焦虑的情绪，并对后续学习产生不良影响，因此前者比后者的归纳推理正确率低，前者的后测成绩显著低于后者（表 3-8）。

（二）正误对比规则样例学习一般模式

从上述实验研究中不难看出，正误样例组合的规则学习效果显著优于正确样例组合的规则学习效果（实验1）；正误样例数量相等样例组合的规则学习效果显著优于数量不等的规则学习效果（实验2）；正误样例配对组合的规则学习效果显著优于正误样例分块组合的规则学习效果（实验3）。因此，与前两种正误样例组合的规则学习模式相比，正误样例配对组合的规则学习模式效果最佳。所以，下面只需概括正误对比规则样例学习的一般模式。

1. 正误对比规则样例学习的条件

1）前提条件是学生必须具备与学习未知规则有关的基础知识和已知规则，同时具备同构类比归纳推理能力和异构对比归纳推理能力。

2）样例设计与呈现条件是正误样例的数量相等且配对呈现。在每对正误样例中，正确样例应包含正确规则或规则的正确运用，与之对应的错误样例应包含错误的规则或规则的错误运用，其他均相同。正误样例对的数量应不少于正确运用一般规则的样例类型数量和错误运用一般性规则的样例类型数量。

2. 正误对比规则样例学习的一般过程与归纳推理模式

（1）正误样例对比学习阶段

正确样例中包含正确规则的有关结构特征或与规则正确运用有关的结构特征，错误样例中包含错误规则的有关结构特征或与规则错误运用有关的结构特征，所以本阶段的学习任务是逐对比较每对正误样例中与正、误规则或与规则正、误运用有关的结构特征，并从中发现正确规则的相同结构特征和错误规则的不同结构特征，或者规则正确运用的相同结构特征和错误运用的不同结构特征。所以，学生在该阶段的学习任务是将样例中的有关结构特征与无关特征分辨开来，并将有关结构特征从样例中抽取出来。

（2）正误规则的归纳推理或规则正误运用的归纳推理阶段

学生在本阶段的学习任务是对正确规则或规则正确运用的共同结构特征做出同构类比归纳推理，概括出正确的一般规则或一般规则的正确运用，也需要对错误规则或规则的错误运用的不同结构特征做出异构类比归纳推理，归纳出错误规则或规则错误运用的判定规则，还需要对正误规则或规则正误运用的不同结构特征做出对比归纳推理，概括出正误规则的"区分规则"或规则正误运用的"判定规则"。所以，在正误样例对比的规则学习过程中，既有概括出正确的一般规则或一般规则正确运用的同构类比归纳推理，也有概括出错误规则或规则错误运用的异构对比归纳推理，还有分别概括出正、误规则的区分规则或规则正、误运用的判定规则的对比归纳推理。三种归纳推理的一般顺序是：首先，对正确规则或规则正确运用的共同结构特征做出同构类比归纳推理；其次，对错误规则或规则错误运用的不同结构特征做出异构对比归纳推理；最后，对正误规则的区分规则或规则正误运用的判定规则做出对比归纳推理。归纳推理的三种类型和一般顺序共同决定了正误样例对比规则学习的推理模式。

（3）规则的具体运用阶段

学生在本阶段的学习任务包括运用正确的一般规则或正确运用一般规则解决具体问题，运用正、误规则运用的判定规则判断规则的运用正确与否，运用正、误规则的区分规则判定规则正确与否共三项任务。这是因为问题的正确解决包括两层含义：解题规则正确、解题规则运用正确。所以，一般来说具体问题解决的过程是，首先针对问题的结构特征找到正确的解题规则，然后正确运用规则解决具体问题。只有解题规则正确，解题规则的运用也正确，才能称得上问题的正确解决。

同理，解题错误也可以分为两种：解题规则错误，解题规则的运用错误。这是两种不同的错误类型，所以运用正误规则的"区分规则"判断解题规则的正误与否，一般用于判断是否用错规则的作业。规则正误运用的"判定规则"一般用于判断规则运用是否错误的作业。在对错误作业的错误类型做出判断时，两种规则都会用到。

总之，可以将正误样例对比的规则学习模式概括为：如果学生已经具备了有关的已知规则，而且在表面特征相似的正误样例中隐含着正误规则或规则的正误运用，就可以采用正误样例配对组合的学习方式，通过3个阶段归纳出正确的一般规则，正误规则的区分规则，规则正误运用的判断规则，实现一般规则的正确运用，并对规则的正误做出区分，对规则的正误运用做出判断。

"正误样例组合的规则学习模式"等同于"正误样例配对组合的规则学习模式"和"正误对比规则样例学习模式"，只是说法不同而已。前两者突出了样例学习材料的内容和样例组合方式，后者突出了学习过程中对比归纳推理的重要性。

3. 正误对比规则样例学习的影响因素

（1）规则的性质和结构特征的数量

规则的性质主要是指规则的复杂性或规则元素交互作用水平的高低。规则越复杂、元素交互作用水平越高，正误样例对比学习的过程就越复杂，学习效果越差；反之则越好。比如，物体受力分析规则就比碳氢共价键规则复杂。因为物体受力分析图中画出的每一条矢量线都隐含一个具体受力分析的两个结构特征——物体受力的大小和物体受力的方向，而碳氢共价键规则的结构特征只有一个，即共价键的数量。所以，根据碳氢共价键的结构特征归纳碳氢共价键规则就比根据物体受力分析图的结构特征归纳物体受力分析规则容易一些。因为规则越复杂，其归纳推理过程也越复杂；归纳推理越复杂，就越容易得出错误的一般结论，也越容易在应用中出现错误。

规则的有关特征是指与规则的归纳推理有关的样例特征，即结构特征；与规则的归纳推理无关的样例特征是无关特征，即表面特征。例如，在碳氢化合物分子结构式样例中，有关特征是两种原子共价键的数量，而分子结构式的形状和原子的数量与碳氢共价键规则的归纳推理无关，所以它们就是无关特征或表面特征。再如，在物体受力分析图样例中，每一条矢量线的长度和方向是物体受力分析规则的有关特征或结构特征，而物体的形状和大小则是无关特征或表面特征。问题中既包括结构特征也包括表面特征，但它们不会主动告诉学生结构特征是什么、表面特征是什么。如果学生在样例学习中关注的是表面特征，就不会根据结构特征归纳出正确的一般规则；如果在样例问题中突显结构特征，就能吸引学生关注结构特征而忽视表面特征，从而使学生发现结构特征，并对结构特征做出归纳推理，概括出一般规则。

结构特征的数量是指一个样例中包含的正误结构特征的数量。一个样例中包含正误结构特征的数量越多，要对比的内容和归纳推理的内容就越多。比如，在碳氢化合物分子结构式中，只有碳、氢两种原子的共价键结构特征，而在比较复杂的物体受力分析图中，往往包括三条或三条以上的受力分析矢量线。在同样的学习时间和样例数量下，每个样例包含的正误结构特征数量越多，对比的内容就越多，对比归纳推理的难度就越大。

（2）样例的设计与呈现方式

样例的设计与呈现方式包括样例中结构特征的表达方式、正误样例的组合排列方式和正误样例的数量。

前面已经谈到，样例中的结构特征越突出，越能引起学生的注意、观察、对比与思考，越有利于学生发现结构特征和归纳推理。因此，在样例设计上，要尽量突出样例中的结构特征，例如给结构特征加上醒目的颜色标记等。

正误样例的组合排列方式是指正误样例怎样排列、组合在一起呈现给学生，例如，在碳氢共价键分子结构式正误样例组合材料中采用的是正误样例随机排列呈现方式、"正前-误后"和"误前-正后"呈现方式以及正误样例配对呈现方式三种。实验结果表明，正误样例排列、组合与呈现方式会影响学习效果。

正误样例的数量是指在一套正误样例组合学习材料中正误样例的数量。在一套正误样例组合学习材料中究竟需要包括几对正误样例呢？这要视一般规则适用的问题类型数量和错误类型的数量而定。一般来说，一般规则适用的问题类型数量和错误类型数量是多少，就应该设计几对正误样例。这是因为如果学生学习的正误样例数量少于一般规则适用的问题类型和错误类型的数量，就可能会使学生对一般规则做出不完全归纳推理，从而导致一般规则的错误。如果学生所学正误样例的数量多于一般规则适用的问题类型和错误类型的数量，就会增加学习负担，降低学习效率。

（3）学生的归纳推理能力

与正确样例组合规则学习模式相比，正误样例配对组合规则学习模式不仅包括同构类比归纳推理，还包括异构对比归纳推理。所以，在前一种规则学习模式中，学生只需要具备同构类比归纳推理能力即可，可是在后一种规则学习模式中学生必须同时具备两种归纳推理能力，而且异构对比归纳推理比同构类比归纳推理复杂、推理的难度大。如果学生不能做出异构对比归纳推理，就不能归纳出正、误规则的区分规则和规则正、误运用的判定规则。没有区分规则和判定规则，就不能对规则的正确与否和规则运用得正确与否做出有效的判断，因此也就不能判断作业的正确与否和错误作业的错误类型。所以，正误样例配对组合的规则学习要求学生必须具备同构类比归纳推理和异构对比归纳推理两种归纳推理能力。前文已谈到，不完全归纳推理往往会导致一般规则的概括错误，而且人人都有做出不完全归纳推理的倾向，所以学生在学习过程中必须自觉地抑制或克服不完全归纳推理倾向，养成做出完全归纳推理的良好习惯。

三、新旧样例配对组合规则样例学习模式

下面以英语时态语法规则新旧例句配对组合学习的实验研究（详见第三章第三节）为例，分析和概括新旧样例对比规则学习的条件、过程、归纳推理模式和影响因素。

（一）新旧样例配对组合英语时态语法规则样例学习模式

1. 英语时态语法规则新旧例句配对组合学习的概念和条件

新、旧规则指的是学生的未知规则和已知规则。实验中所说的新规则是指被试未知的英语过去时语法规则和过去完成时语法规则；旧规则是被试已经学习过并熟练掌握的英语一般现在时和现在完成时语法规则。实验中的样例就是例句。所谓"新旧例句配对组合"，就是将被试已知语法规则的例句与未知语法规则的例句一对一对地排列在一起，组合成一系列样例学习材料供被试学习。所谓"英语时态语法规则新旧例句配对组合学习"，就是被试通过新旧例句配对组合的学习，学会新语法规则的过程。

英语句子时态语法规则主要是通过句子中动词的变化来表达。在一般现在时

的句子中（主语为第三人称除外），动词用原型；在一般过去时的句子中，动词用过去时态；在现在完成时的句子中，用"have+动词的过去分词"；在过去完成时的句子中，用"had+动词的过去分词"。英语规范动词的时态变化遵循一般规律。如果将一般现在时的例句与过去时的例句配对组合在一起，学生就可以通过新旧例句的对比学习，发现新旧例句中规范动词变化的一般规律，从而归纳出过去时的一般语法规则。所以，新旧样例配对组合学习的条件是：①学生已知旧例句中的语法规则；②旧例句的语法规则与新例句的语法规则之间存在稳定的变化规律；③将新旧例句配对组合在一些构成新旧例句的组合学习材料。

在实验 1 的学习材料中，将学生学习过的一般现在时的句子与其过去时的句子配对组合成 10 对 3 种样例学习材料（无标记样例、标记样例、动态样例），对照组学习介绍过去时规则的文字阅读材料。无标记样例如下。

I walk to school.

I walked to school yesterday.

We help each other with English.

We helped each other with English before.

He cleans the room carefully.

He cleaned the room carefully yesterday.

实验以学习过一般现在时语法规则但尚未学习一般过去时语法规则的初一学生为被试，以每分钟学习 1 对样例的速率学习样例组合材料。10 分钟后进行后测，后测题是 10 个一般现在时的句子和 10 个一般过去时的句子。指导语要求被试将一般现在时的句子改写成一般过去时的句子；将一般过去时的句子改写成一般现在时的句子。后测结果表明，被试能够根据规范动词的时态变化规律归纳出规范动词的时态语法规则（表 3-21）。

实验 2 采用同样的实验方法考察了初二学生学习过去完成时语法规则的样例学习效果，得到了与实验 1 类似的结果（表 3-22）。

2. 新旧样例对比英语时态语法规则学习的过程与归纳推理模式

英语时态语法规则配对样例组合学习的过程可分为以下 3 个阶段。

1）新旧例句的逐对学习阶段。本阶段是被试逐对学习新旧例句的过程。旧例句都是被试以前学习过的，新例句中除动词发生了变化或个别句子中增加了时间状语之外，其他句子成分与旧例句完全相同，因此，一般被试在规定的时间之内都能读懂新例句。

2）新旧语法规则的归纳推理阶段。经过 10 对例句的学习之后，被试均能发现一般过去时句子中规范动词的一般结构特征，并将其归纳为"动词原型+ed"的过去时规范动词语法规则。该过程就是对新例句中规范动词的结构特征做出类比归纳推理的过程。在学习过程中，被试不仅能归纳出新的时态语法规则，还重新归纳了旧的时态语法规则。所以，其中既包括新旧规则之间的异构对比归纳推理，也包括新、旧规则各自的同构类比归纳推理。一般推理顺序是：先做出每对例句新旧时态语法规则的对比归纳推理，再分别做出新旧规则的类比归纳推理。

3）新旧语法规则的具体运用阶段。归纳出新旧时态语法规则之后，就要在阅读、聆听、口头和书面表达中正确地运用规则。被试在实验中学习的样例都是书面样例，这有助于英语时态语法规则在阅读理解和书面作业中的正确运用，但在聆听和口头表达中的正确运用有赖于学生的英语听力和口头表达能力。所以，学生要反复聆听不同时态句子口语表达的讲话、对话及录音等，辨别不同时态英语句子口头表达的发音特征，准确区分句子的时态。因此，反复运用英语时态语法规则的过程就是形成熟练英语交流技能的过程。

3. 英语时态语法规则新旧样例配对组合学习的影响因素

（1）规则的性质、结构特征及数量

规则的性质主要是指规则的复杂性，规则越复杂，学习的难度越大。例如，与一般的时态语法规则相比，虚拟语气的语法规则要复杂得多。因为它不仅分为与现实相反、与过去事实相反和与将来事实相反三种具体情况下的语法规则，而且主句和从句的谓语动词都要发生相应的变化。所以，在采用新旧样例对比的方法学习虚拟语气的语法规则时，其学习过程、归纳推理和具体运用都要比学习一般时态语法规则复杂。

就新例句中与新规则有关的结构特征而言，结构特征越复杂，归纳和运用新规则也越复杂，例如，虚拟语气句子中的谓语动词结构特征就比一般时态句子中的谓语动词结构特征复杂，所以学习和运用虚拟语气的语法规则就比学习一般时态语法规则复杂得多。

从规则的数量来看，某一种时态语法规则只有一个谓语动词语法规则，而虚拟语气句的谓语动词语法规则有两个：条件从句的谓语动词语法规则、主句的谓语动词语法规则。因此，语法规则的性质、结构特征和规则的数量都是影响新旧例句对比规则学习效果的重要因素。

（2）样例的设计与呈现方式

样例的设计与呈现方式包括新旧例句的排列组合方式、例句中结构特征的表达方式和新旧例句配对组合的数量。

在新旧例句配对组合中，一般都是旧例句排列在上，新例句排列在下，新旧例句成对地组合在一起。这样设计的目的是便于进行新旧例句的对比，并发现新旧例句中有关结构特征的一般变化规律。

为了吸引或提示学生关注新旧例句中与新旧规则有关的结构特征，我们在有标记的样例学习材料中用醒目的颜色标记了动词的结构特征，目的是引起学生的关注，并提醒学生发现规范动词结构特征变化的一般规律，从而归纳出新、旧语法规则。在实验结果中，有标记、无标记和动态样例这 3 种样例学习的后测成绩无显著差异，这是因为新旧例句中规范动词结构特征的变化比较明显，很容易被被试发现，所以标记所起的作用不明显。但在结构特征变化不明显的例句组合学习中，标记可能会起到明显的促进作用。

在新旧例句配对组合的学习材料中，新旧例句的数量相等。在一套新旧例句配对组合的学习材料中，究竟要设计多少对新旧例句组合供学生学习，要视新规则适用范围的大小或例句结构特征类型的多少，以及学生能否通过这些例句的学习对新规则做出完全归纳推理而定。如果一套新旧样例配对组合的学习材料中缺少新规则适用的一种样例类型或结构特征类型，学生就可能做出不完全归纳推理，导致一般性规则概括错误或应用范围的缩小。如果在一套新旧样例配对组合的学习材料中，同一种结构特征类型的样例重复出现或新旧样例的数量过多，虽然不会影响完全归纳推理，但会增加学习负担，降低学习效率。

（3）学生的归纳推理能力

新旧样例配对组合规则学习中的归纳推理类型与正误样例配对组合规则学习中的归纳推理类型比较相似，即除了分别概括新、旧规则的同构类比归纳推理之外，还有新旧规则之间的异构对比归纳推理。与前两种规则样例学习模式中的归纳推理过程一样，为了保证对新规则做出完全归纳推理，学生必须学习全部样例材料，并自觉抑制自由归纳推理的不良倾向。

（二）新旧样例对比的规则样例学习一般模式

根据上述实验研究，可以归纳出新旧样例对比规则学习的一般模式。

1. 新旧样例对比规则样例学习的条件

1）新旧样例的结构特征之间应具有可比性，或者新旧规则之间存在一般的转换规律。

2）新旧样例之间与新旧规则有关的结构特征对比明显，便于对新旧样例中的结构特征做出对比归纳推理。

3）学生应该熟练掌握旧规则并熟悉旧样例。新旧样例之间除结构特征不同之外，其他表面特征最好相同或相似。

2. 新旧样例对比规则样例学习的过程

1）新旧样例的对比学习阶段。该阶段的主要学习任务是通过一对一地进行新旧样例对比学习，从新样例中发现共同的结构特征，并发现新旧样例中不同结构特征之间的一般变化规律或转变规律。

2）类比归纳推理和对比归纳推理阶段。学生在新样例中发现共同的结构特征之后，就会将其归纳为一般性新规则。该过程就是同构类比归纳推理过程。学生在新旧样例对比的学习过程中，除归纳出新规则外，还会回顾旧样例中的已知规则，这种回顾过程相当于对已知规则的重新归纳推理过程。更重要的是，在新旧规则之间做出对比归纳推理，即学生在归纳出新规则和回顾旧规则的基础上，还需要通过新旧规则的对比，归纳出新旧规则之间的区分标准或区分规则。一般推理顺序是：①概括新规则的同构类比归纳推理；②回顾旧规则的重复类比归纳推理；③样例学习过程中新旧规则之间的异构对比归纳推理。

3）新旧规则的具体运用阶段。学生归纳出新规则、重新归纳出旧规则，并归纳出新旧规则之间的区分规则和转变规则之后，需要在不同的情境中反复多次地运用这些规则，这样才能实现对这些规则的正确运用，并逐渐形成相应的技能。

经过上述分析，可以将新旧样例对比的规则学习模式概括如下：如果表面特征相似的一对一对新旧样例中分别包含着新旧规则的结构特征，而且新旧结构特征之间存在一定的转换规律，就可以采用新旧样例配对组合的学习方式，通过3个阶段归纳出新的一般规则，重新归纳旧规则，并归纳出新旧规则之间的区分规则或转变规则，实现新旧规则有区别地正确运用。"新旧样例对比的规则学习模式"与"新旧样例配对组合的规则学习模式"的含义相同，只是说法不同，前者突出了学习过程中对比归纳推理的重要作用，后者突出了样例材料的组合学习方式。

3. 影响新旧样例对比规则样例学习的因素

（1）规则的性质、子规则的数量和样例结构特征的复杂程度

规则的性质主要是指规则的复杂性或规则元素交互作用水平的高低。仅从新规则中子规则的数量来看，子规则的数量越多，类比归纳推理过程就越复杂。如果新规则和旧规则中包含的子规则数量都较多，则新旧规则之间的对比归纳推理就会更复杂。仅就新样例中与新规则有关的结构特征而言，结构特征越复杂，对其做出的归纳推理就越复杂。如果新样例和旧样例中的结构特征都复杂，那么新

旧规则之间的对比归纳推理也就更复杂。

（2）样例的设计与呈现方式

在新旧样例配对组合中，一般都是旧样例排列在上或左，新样例排列在下或右。新旧例句一对一对地组合在一起。这样设计的目的是便于进行新旧样例的对比，并从中发现新旧样例中有关结构特征的一般变化规律。

为了吸引或提示学生关注新旧样例中与新旧规则有关的结构特征，教师可以给结构特征加上颜色标记等。其目的是引起学生的关注，并提醒学生发现新旧样例中结构特征变化的一般规律，从而归纳出新、旧规则。

在新旧样例配对组合的学习材料中，新旧样例的数量相等。在一套新旧样例配对组合的学习材料中究竟要设计多少对儿新旧样例组合，要视新规则适用范围的大小或样例结构特征类型的多少，以及学生能否通过这些样例学习对新规则做出完全归纳推理而定。

（3）学生的归纳推理能力

新旧样例配对组合规则学习中，除分别概括新、旧规则的同构类比归纳推理之外，还有新旧规则之间的异构对比归纳推理。为了保证对新规则做出完全归纳推理，学生必须学习全部样例材料，并自觉抑制自由归纳推理的不良倾向。

四、关系类比的规则样例学习模式

下面以函数关系类比的理想气体规则样例学习的实验研究为例，阐述关系类比规则样例学习的条件、过程与推理类型，最后归纳出关系类比的规则样例学习的一般模式。

（一）函数关系类比的理想气体规则样例学习模式

1. 函数关系类比理想气体规则样例学习的条件及其实验研究

有些物理规则之间虽然物理量不同，但有着相同的关系结构，例如，速度、时间和路程三者之间的关系结构（$V=S/t$）与电流、电阻和电压三者之间的关系结构（$I=U/R$）以及与压强、面积和压力三者之间的关系结构（$P=F/S$）均相同。而且，有些物理规则与数学规则的关系结构也是相同的，例如，一定质量的理想气体在体积不变的情况下，压强与温度的关系（$p=at+b$）与线性函数关系（$y=ax+b$）相同；在温度不变的情况下，压强与体积的关系（$p=k/v$）与反比例函数关系（$y=k/x$）相同。利用物理规则与函数规则的相同关系结构，可以在两种规则之间做出相同关系的类比归纳推理，并根据已知的函数规则归纳出相应的物理规则，这就是关系类比的规则样例学习的前提条件。

根据上述设想，我们在函数关系与理想气体规则类比推理的样例学习实验研究中，以初中一年级学生为被试进行了两项实验研究。实验 1 将被试随机分为 4 组：第一组是线性函数样例学习组；第二组是反比例函数样例学习组；第三组和第四组为对照组。在样例学习阶段，第一组被试学习根据手机价格随型号的变化而发生线性变化的数据分析，从而归纳出一次函数式的样例；第二组被试学习根据手机价格随型号的变化而发生反比例变化的数据分析，从而归纳出反比例函数式的样例；第三组被试学习手机价格随型号的变化而发生线性变化的数据，并尝试从中选择一款自己想买的手机；第四组被试学习手机价格随型号的变化而发生反比例变化的数据，并尝试从中选择一款自己想买的手机。在后测阶段，给第一组和第三组被试呈现手机价格随型号的变化而发生线性变化的另一组数据，要求被试尝试通过数据分析，归纳出该组数据的线性函数式；给第二组和第四组的被试呈现手机价格随型号的变化而发生反比例变化的另一组数据，要求被试通过数据分析，归纳出该组数据的反比例函数式。实验结果表明：第一组被试的后测平均成绩明显优于第三组；第二组被试的后测平均成绩明显优于第四组。

实验 2 从实验 1 中选取后测成绩满分和 0 分的被试各 60 名，其中，学会线性函数、反比例函数的被试各 30 名；没有学会线性函数、反比例函数的被试各 30 名。在样例学习阶段，学会和没学会线性函数的各 30 名被试，学习根据一定质量的气体在体积不变的情况下、压强随温度的变化而变化的数据归纳出等容变化定律的样例；学会和没学会反比例函数的各 30 名被试，学习一定质量的气体在温度不变的情况下、压强随体积的变化而成反比例变化的数据归纳出等温变化定律的样例。在后测阶段，给学习理想气体等容变化定律样例的被试呈现气体压强随温度的变化而变化的数据，并要求被试根据数据归纳出理想气体的等容变化公式；给学习理想气体等温变化定律样例的被试呈现气体压强随体积的变化而呈反比例变化的数据，并要求被试根据数据归纳出理想气体等温变化的公式。实验结果表明：①在实验 1 中学会正确归纳出线性函数式的被试，其实验 2 的后测成绩明显高于没能在实验 1 学会归纳出线性函数式的被试；②在实验 1 中能够归纳出反比例函数关系式的被试，其实验 2 的后测成绩显著地高于没能归纳出反比例函数关系式的被试（梁潇，2017）。实验结果表明，如果学生学会或掌握了某种函数关系就会促进其对相同函数关系的物理学定律的样例学习，这种促进作用表明，在函数关系式与物理学规则的样例学习之间存在关系类比归纳推理。

2. 关系类比规则样例学习过程与归纳推理模式

在上述实验研究中，被试经过了两次样例学习。而在现实的规则样例学习中，往往是在学习新规则时联想或回忆出以前学习过的函数关系式，并将已知的函数关系与新规则中的函数关系做出类比归纳推理，从而概括新规则和学习运用新规则。所以，根据这两种情况，将关系类比的规则样例学习过程概括为紧密相连的 3 个阶段。

1）函数关系的样例学习阶段。本阶段是根据具体数据的分析归纳出函数关系式的样例学习阶段。如果学生已经学习过该函数关系式，并已经掌握了根据具体数据的分析归纳出函数关系式的方法，那么对于这样的学生来说，本阶段就属于函数关系的复习阶段；如果学生虽然在以前学习过，但现在已经淡忘了或者以前没有真正掌握数据分析和归纳函数式的方法，那么本阶段的学习任务就是重新学习阶段。本阶段的学习任务就是要真正掌握根据数据的分析归纳出函数式的方法，从而保证在下一阶段的学习中能够用到函数式及其归纳方法。

2）物理规则的样例学习阶段。本阶段是根据实验数据的分析，归纳出所学规则的样例学习阶段。如果学生掌握了前一阶段学习的函数关系式及其归纳推理方法，就会发现新规则中变量之间的关系结构与函数式的关系结构相同。因此，其就会用已知的函数关系结构与当前所学规则中的关系结构做出相同关系的类比归纳推理，并运用归纳函数关系式的方法归纳出新规则的数学公式。所以，本阶段是将已知函数的关系结构与当前所学规则的关系结构做出同构类比归纳推理，并概括出新规则的过程。

3）物理规则的运用阶段。归纳出规则后就要运用规则。运用规则有各种形式，除运用规则解决具体问题之外，还可以在学习关系结构相同的新规则时，将其与新规则关系结构做出同构类比归纳推理，从而促进学生对新规则的学习与运用。

3. 影响关系类比规则样例学习的因素

1）新旧规则的性质和结构特征。新旧规则之间的性质、结构特征和意义越相近，新旧规则之间关系结构的类比归纳推理就越容易；反之，则越困难。

2）新旧样例或新旧规则的呈现方式。如果能够将新旧规则或运用新旧规则的样例对比呈现出来，并对其关系结构做出一一对比，从中发现相同的关系结构，进而用已知的关系结构理解新规则，就能促进学生对新规则的理解和运用。

3）类比归纳推理能力。学生一般都能对新旧规则的相同关系结构做出类比归纳推理。如果新旧规则的关系结构相同，但新旧规则的表现形式不同，则可以将新旧规则转换成两者相同的表现形式，并对其关系结构做出类比归纳推理。

（二）关系类比的规则样例学习一般模式

1. 关系类比规则样例学习的一般条件

新旧规则之间的关系结构相同，就可以通过新旧规则之间关系结构的类比推理，利用已知的旧规则学习新规则。

2. 关系类比规则样例学习的一般过程与归纳推理模式

关系类比的规则样例学习一般过程可分为紧密相连的 3 个阶段。

1）回忆或复习旧规则阶段。该阶段的主要学习任务是回忆或复习与新规则有相同关系结构的有关旧规则，尤其是旧规则中的关系结构。

2）相同关系结构的类比归纳推理阶段。该阶段的主要学习任务是在新旧规则的相同关系结构之间做出类比归纳推理。用旧规则的已知关系结构理解新规则的关系结构，同时对新旧规则的性质和意义做出明确的区分。

3）新规则的应用阶段。运用新规则解决各种具体问题，并经过新规则的反复运用形成熟练运用新规则的技能。

总之，可以将关系类比的规则样例学习模式概括如下：如果新旧规则之间有相同的关系结构，就可以在新规则的样例学习过程中回忆、联想或复习旧规则的关系结构，并通过新旧规则之间相同关系结构的类比归纳推理，概括出新规则，实现学生对新规则的学习和运用。

3. 关系类比规则样例学习的影响因素

与前文的"影响关系类比规则样例学习的因素"相同。

五、同构对比的规则样例学习模式

不仅在数学规则之间、数学与物理学规则之间、不同物理学规则之间存在相同关系结构的类比归纳推理，在阅读范文与文章写作中也存在文章体裁、题材、内容结构、内容要素、句法、词法和写作风格之间的同构对比归纳推理。下面以小学生记叙文写作规则样例学习的实验研究（详见第三章第三节）为例，分析和概括范文与作文结构对比的记叙文写作规则样例学习的条件、过程与推理模式及其影响因素。

（一）范文结构对比的记叙文写作规则样例学习模式

1. 范文结构对比的记叙文写作规则样例学习的条件

在小学生记叙文写作规则样例学习的实验研究中，给被试提供的范文题目和题材与他们在实验中所写的作文题目和题材相同，都是"记一件有意义的事"；

范文与作文的体裁相同，都是采用"顺叙"法写叙事短文。范文作者也是一名小学生，所以范文作者与被试的语文知识和生活经验也大致相同。如果把范文中的叙事类型、内容结构、内容要素、句子类型（修辞方法）和用词方法等都视为不同类型的"结构特征"，那么对于没有学习过记叙文写作规则的三年级小学生被试来说，他们阅读范文后，在相同题目、题材和体裁的记叙文写作中就可能模仿、参考或借鉴范文中的某些结构特征，使作文中的某些结构特征与范文中的相应结构特征相同或类似。这种学习过程可以被称为范文结构特征与作文结构特征的"同构对比归纳推理"过程。通过这种同构对比归纳推理，学生就可能从中领悟、概括和运用记叙文写作的某些规则。这就是范文与作文之间同构对比规则样例学习的基本原理。

被试虽然还不了解记叙文的写作规则，但他们都具备了阅读范文的能力、造句的能力，并有了一些与范文题材类似的生活经历，而且能够回忆和叙述他们经历过的一些有意义的事件。这些都是他们阅读范文并参照范文学习记叙文写作规则的前提或必备条件。

2. 同构对比记叙文写作规则样例学习过程与推理模式

实验的程序分为 3 个阶段：初次记叙文写作阶段；阅读范文阶段；第二次记叙文写作阶段。按照实验程序，也可以把被试的学习过程划分为相应的阶段。

1）初次记叙文写作阶段。被试在未学习记叙文写作规则和没有阅读范文的情况下，只凭借自己的经验和叙事习惯尝试写作所谓的记叙文。其写出的记叙文必然有不符合记叙文写作规则的缺陷或错误，甚至可能写不出完整的记叙文。

2）阅读范文阶段。范文是多内容样例，其中包含文章的题目、题材、体裁、叙事类型、文章结构、内容要素、句子类型或修辞方法和词汇运用等诸多方面的结构特征。在有限的时间内，他们不可能关注到范文中的所有结构特征，往往只能关注其中与自己初写作文有关的部分结构特征。其中，阅读"完整范文"的被试在规定的时间内只能是从头至尾地阅读全文，边阅读边与自己的初次作文相比较，从中发现自己作文中的不足。这种边阅读边比较的过程就是同构对比归纳推理的过程。推理得出的结果一般是，自己的初次作文中缺少某个结构、某个结构特征不完整或没有范文的结构特征好等。如果有剩余时间，被试还会对自己感兴趣或偏爱的内容或结构特征进行复读，从中参考或借鉴某种结构特征，该过程也属于同构对比归纳推理的过程。阅读"不完整范文"的被试还要在阅读范文的过程中着重思考，并尝试补写范文中缺失的部分内容。由于不完整范文有 8 种不同的类型，各组被试在学习过程中做出同构对比归纳推理的结构特征类型和数量都各不相同。

3）第二次记叙文写作阶段。阅读范文之后，也就是对范文中的某些结构或结构特征与自己初次记叙文中相应的结构或结构特征做出了同构对比归纳推理之后，如果被试发现了自己初次记叙文中的不足，就会在第二次写作中做出相应的弥补；如果被试发现了范文中某些自己喜欢和欣赏的结构特征，也会在此次记叙文中借鉴或采纳；如果被试发现了范文中的某些结构特征比自己初次记叙文中相应的结构特征更好，就会在此次记叙文写作中参考并做出相应的修改或改进；等等。不仅如此，被试在第二次记叙文写作过程中还会回忆或联想出范文中的有关结构或结构特征，并通过同构对比归纳推理将其模仿、参照或借鉴到自己的第二次记叙文写作中。因此，第二次记叙文写作过程中仍然包括同构对比归纳推理。也就是说，阅读范文过程与自己的第二次写作过程都包含着同构对比归纳推理。所以，范文的某些结构或结构特征与自己两次记叙文写作中相应的结构或结构特征之间的同构对比归纳推理贯穿于阅读范文和第二次写作两个阶段。

3. 同构对比记叙文写作规则样例学习的影响因素

影响同构对比记叙文写作规则样例学习的因素主要有两个方面。

1）范文的类型。我们在实验中设计了8种不完整范文，学生在学习不同类型的不完整范文时需要补写的内容不同，这使得他们在阅读范文和第二次写作中做出同构对比归纳推理的结构特征类型和数量也不同，但是他们对补写内容会有较深刻的印象。

2）学生的自身因素。阅读完整范文的被试有条件了解到范文中的各种结构特征。与不完整范文学习组的被试相比，他们做出多种结构特征类比归纳推理的可能性更大，但要看被试在阅读范文和第二次记叙文写作过程中关注到或感兴趣的结构特征类型和数量。

（二）同构对比规则样例学习一般模式

1. 同构对比规则样例学习的条件

现实的规则学习中，有许多规则的学习过程属于同构对比规则样例学习。除文章写作规则之外，还包括临帖学习书法规则、临画学习绘画规则、对照录音学习演唱规则、参照服装学习服装设计规则、拆卸仪器（机器或工具）学习组装规则、参照范本或图纸学习设计规则等。如果把这些可供学习的范文、例句、字帖、画作、录音、作品、产品（商品）和设计图纸等统称为样例，就可以通过同构对比的规则样例学习方式学习很多不同类型的规则。所以，同构对比的规则样例学习模式具有广泛的学习和应用价值。但是，现实中的同构对比规则样例学习与实验条件下的同构对比规则样例学习有一些不同，主要表现在以下两个方面。

1）样例的类型和数量不同。现实学习中的样例包括完整样例、不完整样例（局部样例）和多个样例，而且不同样例中包含的结构特征类型和数量或规则的类型和数量不同。所以，同构对比规则样例学习既适用于多种结构特征或多个规则的样例学习，也适用于单一结构特征或单一规则的样例学习。

2）规则样例学习的顺序和次数不同。现实中同构对比规则样例学习的顺序和次数与实验研究相同，现实中的同构对比规则样例学习顺序可能包括先学后做、先做后学、学后再改、边学边做和边做边改等多种形式。但无论现实中学习的规则类型、数量、学习顺序和学习次数有何不同，只要有与样例中的某个结构特征或规则的类比推理，就符合结构对比规则样例学习条件。

2. 结构对比规则样例学习的过程和归纳推理模式

同构对比规则样例学习有多种不同的学习顺序，所以它有多种学习过程或学习程序。可是，无论它的学习顺序和程序有何不同，都离不开学、做、改或重做3个基本阶段，也离不开对样例中的结构特征与自己作业中相应的结构特征做出对比归纳推理。在"学—做—改"的学习程序中，同构对比归纳推理贯穿于整个学习过程。在"做—学—做"或"做—学—改"两种学习程序中，同构对比归纳推理贯穿于后两个阶段。

结构对比规则样例学习模式中所说的结构与其他规则样例学习模式中所说的结构有所不同。诸如正误样例对比的碳氢共价键规则学习模式中所说的结构指的是碳氢共价键的数量结构；关系类比规则样例学习模式中所说的结构是关系结构；英语时态语法规则样例学习中所说的结构指的是动词结构和句子结构；等等。同构对比规则样例学习模式中的结构却有多种类型，诸如记叙文范文中的结构类型包括内容结构、要素结构、叙事结构、句子结构和组词结构等；字帖中的结构包括笔画结构、笔势结构、字形结构（或间架结构）和章法结构等；服装设计中的结构包括衣领结构、袖口结构、口袋结构和款式结构等。所以，同构类比规则样例学习模式中的结构泛指各种类型的结构，而且每一种结构的结构特征也有多种类型。例如，服装口袋的结构特征有明兜、暗兜、直兜、斜兜、大兜、小兜等；书法中的每一种笔画都有多种结构特征，例如，"点"笔画的结构特征包括竖点、斜点、左点、右点、连点等。因此，同构类比规则样例学习模式中的结构特征类型更多。

本模式中所说的"同构"与本书中谈到的"同构类比归纳推理"和"同构问题"中的"同构"有所不同。同构类比归纳推理指的是对样例中相同结构特征的归纳推理，其中的"同构"是指结构特征完全相同的结构；同构问题指的是问题结构特征相同的问题，其中的"同构"是指两个或几个问题的结构特征完全相同。本模式中所说的"同构"是指相同类型的结构和相同类型的结构特征，例如，范文与作文叙事类型都是顺叙，对比两者的叙事结构就称为同构对比归纳推理；当学生看到范文中有排比和夸张的句子修辞，在自己作文的句子中也采用了排比和夸张的修辞方法，这也被称为同构对比归纳推理；学生在范文中看到了叙述事件发生的时间和地点，并在修改作文或重写作文中补充了事件发生的时间和地点，这也称为同构对比归纳推理。再如，在临帖时，当学生看到字帖"中"字的竖是悬针竖，并在自己写"中"字时也用悬针竖，这就是同构对比归纳推理；如果学生觉得自己写出的悬针竖没有字帖里的好，从而反复练习写悬针竖，并与字帖里的悬针竖进行反复对比，最后总结出了写悬针竖的正确笔法，这就是相同结构特征的同构对比归纳推理。由此说来，同构对比规则样例学习中的"同构"只是结构类型相同，并不是结构特征完全相同。而且，其中对相同结构特征的同构类比归纳推理也只是对相同结构特征类型的对比归纳推理，并不是指样例中的结构特征与自己作业中的结构特征完全相同。正因为如此，只能称其为同构"对比"规则样例学习模式，而不称其为同构"类比"规则样例学习模式。

综上所述，可将同构对比规则样例学习模式概括为：通过样例学习，将样例中的某些结构或结构特征与自己作业中的同类结构或同类结构特征做出对比归纳推理，从而学习和运用样例中有关规则的过程就是同构对比规则样例学习过程。该过程的学习程序不尽相同，但都包括样例学习或反复的样例学习、同构对比归纳推理的作业、同构对比归纳推理的重新作业或作业修改 3 个必不可少的阶段。

3. 影响结构对比规则样例学习的因素

（1）规则的性质和数量

采用同构对比规则样例学习模式可以学习文章的写作规则、句子修辞规则、用词规则、产品或商品的设计规则、书法规则和绘画规则等多种类型的规则。其中，规则越复杂、越隐蔽（诸如笔法规则和绘画规则都具有隐蔽性），规则样例学习过程就越复杂，难度也越大；反之，则越简单、越容易。

按照样例中包含的规则数量，可以将样例分为单规则样例和多规则样例。样例中规则的数量越多，样例学习的时间就越长，反复学习的次数就越多；反之，则学习时间越短，反复学习的次数越少。

（2）样例的设计与呈现方式

为了保证规则样例学习的质量或效果，同时为了减轻学生的学习压力或负担，最好给初学者设计和呈现单规则样例。在通过样例学习复杂规则和隐蔽性规则时更应如此。当然还要考虑学生的个体差异，为不同类型的学生设计规则数量不等的样例，增强学生的自信和兴趣，提高全体学生的学习效果。

在样例的设计和呈现方式上，最好凸显样例中与规则学习有关的结构和结构特征，这样更能引起学生的注意，使其与自己作业中的同类结构和结构特征做出同构对比归纳推理，提高学习的效率和增强学习效果。

有些多规则样例的学习需要反复多次进行，因此样例学习往往需要与自己的作业和作业修改紧密结合在一起，并需要有足够的学习时间。

（3）学生自身的因素

同构对比规则样例学习需要学生具备同构对比归纳推理能力，而且一般学生都具备这种推理能力，学习的关键是学生能否在多规则样例的学习中获益更多。为了从中学到更多的规则，学生除了需要反复进行样例学习之外，还要反复参照样例修改自己的作业。尤其是学习那些复杂和隐蔽的规则时，样例学习和与自己作业有关结构和结构特征的同构对比归纳推理可能需要重复多次，所以同构对比规则样例学习需要有足够的时间和耐心。

六、规则动-静态样例学习模式

（一）规则动-静态样例学习的概念

学生在学习实验性科学规则时，如果没有对其事物运动或变化过程的直观性观察、测量和测量数据的分析，很难认识其一般规律，也很难归纳出科学规则。所以，学生学习实验性科学规则时需要观察实验过程和现象、测量和分析数据等，因此需要教师做出实验展示。实验过程和现象的直观展示就相当于动态样例，关于实验过程和现象的照片就是静态样例。

有些事物的运动或变化具有阶段律或周期律。其中，有些事物运动或变化的周期律是不能直接观测到的，诸如细胞分裂过程的阶段律、内燃机内活塞运动的周期律和人体血液循环的周期律等。为了使学生认识这些阶段律和周期律，并掌握和运用相应的阶段性规则和周期性规则，教师需要在教学中给学生呈现模拟这些事物运动、变化阶段律和周期律的动、静态样例。因此，动、静态样例教学已成为实验性科学规则学习、不可直接观察的阶段性规则和周期性规则学习的必备条件。

采用静态样例也可以学习阶段性或周期性规则，但是动态、静态样例学习效果的对比实验研究结果表明，只要动态样例呈现的速率适合学生的观察学习，动态样例的学习效果就明显优于静态样例的学习效果（杜雪娇，2019）。因此，规则的动态样例学习就成为一种更有效的规则样例学习模式。

如果在给学生呈现动态样例的同时，加上进一步引导、提示或指引学生观察学习的附加动作或示范动作，那么动态样例学习的效果就更好（详见第三章第三节内燃机工作原理动、静态样例学习研究中的实验2）。加上示范动作的规则动态样例教学条件下的规则样例学习，就是动态样例示范教学条件下的规则示范动态样例学习，诸如学生观看教师的书写示范、实验操作示范、体育运动示范和表演示范等条件下的规则示范动态样例学习。如果再加上教师对示范动作和动态样例的讲解，那就是范例教学了，学生在范例教学条件下的规则学习就属于规则范例学习。另外，实验结果表明，动态、静态样例良好结合的规则学习效果，明显优于单纯动态样例的规则学习效果（详见第三章第三节有关细胞分裂过程和内燃机工作原理的动态、静态样例学习的实验结果）。因此，将动、静态样例结合良好的样例定义为动-静态样例，诸如展示事物运动或变化的动态视频与其中的有关照片结合呈现的样例，连贯动作动态示范与有关静止动作示范结合呈现的样例，以及事物或动作的动态、静态画面结合呈现的样例等。

动态样例学习有利于学生观察事物的动态变化、连续变化、阶段性变化和周期性变化等，有助于学生形成事物运动或变化的动态心理表象；其缺点或局限性在于不利于较长时间观察事物运动或变化的静态特征，记忆与保持事物运动或变化的关键特征。所以，对于展示复杂动作的视频，往往需要重复观看、放慢播放速度观看或暂停播放以便静止观看。静态样例则弥补了动态样例学习的这个缺点，既可以让学生对样例进行较长时间的仔细观看，有助于形成清晰的静态表象，又有利于学生记忆和保持静态表象或关键特征；它的缺点或局限在于不利于学生形成事物运动或变化的动态心理表象。由此可见，动态、静态样例可以有机结合，既可以弥补各自的不足，又可以发挥各自的优势。所以，教师在教学中经常采用动态画面与静态画面相结合、连贯动作示范与局部动作或分解动作静态示范相结合的教学方法。因此，规则动-静态样例的学习效果不仅得到了实验的证明，而且具有理论依据，并与成功的教学经验相符。

我们既做了规则动态样例学习的实验研究，也做了动态、静态样例结合良好的规则动-静态样例学习实验研究，因此有条件分别建立规则动态样例学习模式和规则动-静态样例学习模式。但是，规则动-静态样例学习模式中已经包含规则动态样例学习模式，诸如适用于动态样例学习的规则类型、学习条件（呈现速度和遍数等）、一般过程、影响因素和促进方法等。因此，我们只需要归纳出规则动-静态样例学习模式。就实施规则动-静态样例学习的设备和技术条件而言，我们既然有条件和技术给学生呈现动态样例，就同样有条件和技术给学生呈现静态样例，并实现动态、静态样例的良好结合。因此，我们只需要建立规则动-静态样例学习模式，就可以满足学生的学习需要和教师的教学需要。第三章第三节介绍的规则动-静态样例学习实验研究已经明确了规则动-静态样例学习的前提条件，所以下面主要概括其一般过程、影响因素和促进方法。

（二）规则动-静态样例学习的一般过程

根据细胞有丝分裂阶段性规则和内燃机活塞运动周期性规则动-静态样例学习的实验研究，可将动-静态样例相结合的规则学习的一般过程划分为以下 3 个阶段。

1. 动-静态样例的观察和学习阶段

动-静态样例相结合的规则学习，是指在持续呈现动态样例连续画面的同时，依次呈现并持续保持有关的静态画面，使学生能够在观看动态连续画面的同时，依次和反复观察有关静态画面，并将动态画面的有关特征与静态画面特征进行对比、分析和判断。如此，既可以使学生形成事物运动、变化的动态表象，又可以使其在动、静态画面有关特征的对比、分析和判断过程中把握事物运动、变化不同阶段的有关特征。而且，还可以通过重复观看动-静态样例，形成更清晰的动态表象和印象更加深刻的阶段性特征、周期性特征。所以，本阶段的主要学习任务就是形成事物运动、变化的动态表象，并掌握其运动、变化过程中的阶段性特征、周期性特征。

2. 类比归纳推理和对比归纳推理阶段

本阶段的主要学习任务是根据动态表象和有关特征，发现事物运动、变化的一般规律、阶段性规律或周期性规律，并根据规律归纳出一般性规则、阶段性规则或周期性规则。有的心理学家将本阶段的学习过程称为形成心理模型的过程。一般来说，根据事物运动、变化的动态表象和及其运动、变化过程中的有关特征，就可以使学生发现事物运动、变化的一般规律、阶段性规律或周期性规律，或者使学生建构出事物运动、变化的心理模型。

根据规律或心理模型归纳出一般性规则、阶段性规则或周期性规则，需要通过两种归纳推理进行：①对同一阶段内事物运动、变化共有特征的类比归纳推理。例如，内燃机气缸内的爆发冲程都是活塞在燃油产生的压力作用下向下运动的过程。活塞在压力作用下向下运动是该阶段活塞运动的共有特征。学生需要将该阶段活塞连续运动的共同特征归纳为一个冲程，即爆发冲程。②对事物运动、变化不同阶段的有关特征做出的对比归纳推理。例如，对一个运动周期内活塞运动 4 个冲程的运动特征做出对比归纳推理。对比归纳推理就是根据活塞在一个周期内运动、变化的 4 个不同特征，归纳或概括出活塞运动的 4 种不同的冲程。

3. 规则的运用阶段

本阶段的主要任务就是运用规则解决问题。问题的形式有多种，诸如应用题、填空题和判断题等，所以运用规则的解题类型也有应用题解决、填空题解决和判断题解决等。就阶段性规则和周期性规则的运用而言，问题类型一般是填空题和判断题。例如，学生可以运用阶段性规则和周期性规则判断活塞运动处于哪个阶段，活塞运动的趋势、顺序，以及活塞运动的周期等。阶段性和周期性规则的反复熟练运用可以使学生形成判断技能。

（三）影响规则动-静态样例学习的因素和促进方法

1. 动态样例呈现的速度

事物的运动、变化都有其"实际"速度或"真实"速度。有些事物的实际变化速度很快，诸如闪电、爆炸和核裂变等。如果动态样例以实际速度呈现，学生既不能进行有效的观察，也不能形成动态表象，更不能实现对事物运动、变化的阶段性特征进行对比。因此，实际速度过快的事物运动、变化过程在模拟动态样例中必须慢速呈现。与之相反，对于那些运动、变化速度过于缓慢的过程，也不能按照它的实际速度呈现给学生。因为观察时间过长也不利于学生在有限的时间内发现事物运动、变化的一般规律以及对其做出类比或对比归纳推理。放慢动态样例的呈现速度虽然有利于学生仔细观察事物变化的细微特征，并有充足的时间建构心理模型，如果动态样例呈现过慢，不仅延长了学习时间，降低了学生的学习兴趣和学习效率，还容易导致观察倦怠、疲劳和疏忽等不良后果。因此，模拟动态样例应该以有利于学生的有效观察、有关特征的记忆和前后对比、动态表象的形成和心理模型建构的适宜速度呈现，而不应该以事物运动、变化的实际速度呈现。动态样例呈现的适宜速度应视学生的实际观察和学习效果而定。

2. 对事物运动、变化各阶段有关特征的观察和记忆效果

划分事物运动、变化的阶段或周期需要比较各阶段运动、变化的有关特征。如果在动态样例学习过程中不能有效地保持各阶段变化的有关特征，就不能对各阶段的有关特征做出对比；不能对不同阶段的有关特征做出正确的对比，也就不能建构出事物运动、变化的阶段模型或周期性模型。动-静态样例相结合的学习方法恰好弥补了这一不足。在呈现动态样例的屏幕上持续呈现各阶段有关特征的静态画面，既能使学生形成动态表象，又能帮助学生有效保持和回忆各阶段的有关特征，并实现不同阶段有关特征的对比，从而实现对阶段性或周期性规则的正确对比归纳推理。因此，动、静态样例相结合的规则学习模式是比单一的动态样例学习或单一的静态样例学习更有效的学习模式。

3. 动-静态样例学习的认知加工深度

为了实现对事物运动、变化各个阶段内有关特征的类比归纳推理，学生必须

仔细地观察，并发现各个阶段内事物运动、变化的共有特征，只有这样才能做出正确的类比归纳推理。为此，如果在动-静态画面上采用标记或提示的方法提醒学生关注该阶段事物运动、变化的有关特征，就可以引导学生对画面中的有关特征做出深刻的认知加工，从而对每个阶段的共有特征进行正确的类比归纳推理。为了实现对不同阶段有关特征的对比归纳推理，学生必须准确回忆出各个阶段的有关特征。在重复观察动-静态样例的过程中，如果学生能够经常回想出前一个阶段的有关特征和想象出下一个阶段的有关特征，即对事物运动、变化各个阶段的有关特征做出深刻的认知加工，就可以有效地保持和回忆各个阶段的有关特征，从而实现对各个阶段有关特征的对比归纳推理。只有完成了对各个阶段有关特征的对比归纳推理，才能实现对事物运动、变化过程的阶段划分，从而发现事物运动、变化的阶段律和周期律，才能建构出相应的心理模型或归纳出阶段性规则和周期性规则。因此，对动-静态画面的有关特征做出深刻的认知加工有利于完成两种归纳推理。

七、解题规则样例学习模式

（一）解题规则样例学习的概念

规则的主要用途之一是解决问题。在应用题解决的样例中包含解题规则，学生可以在应用题解题样例的学习中习得解题规则，因此通过应用题解题样例学习习得解题规则的过程就是应用题解题规则的样例学习，简称为"解题规则样例学习"。我们先后做了 5 项解题规则样例学习的系列实验研究（详见第五章第一节），为建立解题规则样例学习模式提供了比较充分和可靠的实验证据。解题规则样例学习也是一种规则样例学习。正如规则样例学习与问题解决的样例学习之间的本质区别那样（详见第三章第一节），解题规则样例学习与问题解决的样例学习也有本质的区别，两者的本质区别在于学生是否在问题解决的样例学习中习得了新的解题规则。习得了新的解题规则的样例学习是解题规则样例学习，而已知解题规则的问题解决样例学习则是问题解决的样例学习。例如，小学生在一个已知小汽车的行驶速度和时间、求行驶路程的应用题解题样例学习中习得了"路程=速度×时间"的解题规则，这种样例学习就是解题规则样例学习。如果小学生在已知"路程=速度×时间"解题规则的前提条件下，学习一个已知卡车的行驶速度和时间、求卡车行驶路程的应用题解题样例，这种样例学习就属于问题解决的样例学习。因为两个问题的解题规则相同，小学生在后一个解题样例的学习中并没有习得新的解题规则，所以后者就不是解题规则样例学习，而是问题解决的样例学习。解题规则样例学习与问题解决样例学习的相同之处在于两者学习的材料都是解题样例。

需要特别指出的是，数学运算规则与数学应用题解题规则之间也有本质区别。以第三章中谈到的四则混合运算规则和分数运算规则为例，两种规则都是运算规则，而不是四则混合运算应用题和分数运算应用题的解题规则。四则混合运算规则的样例学习学习的是四则混合运算规则，而不是四则混合运算应用题的解题规则。分数运算规则的样例学习学习的是分数运算规则，而不是分数运算应用题的解题规则。所以，四则混合运算规则的样例学习不能代替四则混合运算应用题解题规则的样例学习；分数运算规则的样例学习也不能代替分数运算应用题解题规则的样例学习。运算规则与应用题解题规则之间的联系是：在运用具体的解题规则解决应用题时，需要用到相应的运算规则。

还需要特别指出的是，一个原理可以表达为几个可应用的解题规则，诸如勾股定理可以表达为 $c^2=a^2+b^2$、$a^2=c^2-b^2$ 和 $b^2=c^2-a^2$ 这 3 种可应用的解题规则；部分电路的欧姆定律可以表达为 $I=U/R$、$U=IR$ 和 $R=U/I$ 这 3 种可应用的解题规则；正弦三角函数式也可以表达为 $\sin\alpha=a/c$、$a=c\sin\alpha$ 和 $c=a/\sin\alpha$ 这 3 种应用形式的解题规则，而且每一个解题规则都可以通过一个应用题解题样例的学习而习得，所以它们是不同应用题解题规则的样例学习。

（二）解题规则样例学习的条件

解题规则样例学习的第一个基本条件是要以应用题及其解题样例为学习材料，第二个基本条件是学生要具备阅读理解应用题、学习解题规则的有关基础知识和能力。为了帮助被试通过应用题解题样例学习习得解题规则，在解题样例的设计上，"过程导向"的样例设计方法和"启发式样例"设计方法等已经被开发出来。这些样例设计方法可视为解题规则样例学习的辅助条件或促进学习的方法。

（三）解题规则样例学习的一般模式

解题规则样例学习的过程可以划分为 3 个阶段。

1. 析取问题中的已知量、未知量和限定条件并概括表述问题结构特征阶段

数学、物理和化学等学科的应用题一般都是用文字和图形表述的，所以解题规则样例学习中必须首先阅读和理解问题的表述（即问题的表面特征）。然后，从问题的表述中分析和提取问题的已知量、未知量和限定条件。已知量就是在问题表述中给出具体数值（包括方向等）的变量（即变量的概念或定义）；未知量是需要通过问题解决求出的变量（即变量的概念或定义）；限定条件是问题解决

的具体要求或解题规则适用的具体条件。例如，一艘轮船以 40 千米/小时的速度在河中逆流行驶了 3 小时，水流的速度是 10 千米/小时，问轮船的陆地行驶距离是多少千米？在这道应用题中，已知量是轮船行驶的速度，即速度 1 为 40 千米/小时和时间为 3 小时，以及水流的速度，即速度 2 为 10 千米/小时；未知量是轮船相对于陆地的行驶距离；限定条件是轮船"逆流行驶"。学生析取已知量、未知量和限定条件后，应该将问题的结构特征表述为：这是一道"已知水流的速度、轮船逆流行驶的速度和时间，求轮船行驶的陆地距离"的问题。

2. 概括解题规则并与问题结构特征建立匹配关系阶段

首先，学生根据解题样例中列出的算式、运算步骤和结果可以将解题规则概括为：距离=（速度 1-速度 2）×时间。然后，将问题中的已知量、未知量和限定条件与解题规则中的变量和限定条件建立一一对应的匹配关系，即问题中轮船的速度与解题规则中的变量速度 1 对应；问题中的水流速度与解题规则中的变量速度 2 对应；轮船行驶的时间与解题规则中的变量时间对应；问题中轮船相对于河岸行驶的距离与解题规则中的变量距离对应。建立对应联系后，学生需要根据问题的结构特征与解题规则的对应关系，理解解题原理：因为轮船是逆流行驶，所以轮船相对于岸边的行驶速度等于轮船行驶速度减去水流的速度；轮船相对于岸边的行驶速度乘行驶时间等于轮船相对于岸边的行驶距离。

3. 运用规则解决同构问题阶段

许多实验研究表明，在解题规则样例学习之后，可以解决与样例问题结构特征相同的问题，即同构问题。同构问题解决有 3 个基本环节：①在阅读理解问题表述的基础上，析取问题的已知量、未知量和限定条件，并将其表述为问题的结构特征。②将其与样例问题的结构特征一一进行对比，如果两个问题的结构特征完全相同，即可判定两个问题为同构问题。该环节也可视为两个问题结构特征的类比推理环节。所以，解题规则样例学习的推理模式是两个问题结构特征的类比归纳推理。③运用样例问题的解题规则解决同构问题。关于如何用习得的解题规则解决异构问题或变型问题，请参见第五章的内容。

（四）影响解题规则样例学习效果的因素

1) 样例问题及其同构问题的表述。问题的表述越容易被学生理解并越容易从中分析和提取出问题的已知量、未知量和限定条件，就越容易概括出样例问题的结构特征；反之，则越困难。当然，除了问题表述这个外部影响因素，学生对问题的阅读理解能力，析取已知量、未知量和限定条件的能力以及对问题结构特征的概括表述能力，也是影响解题规则样例学习的重要因素。

2）在学习过程中对解题规则的完整概括，并与问题的结构特征建立对应联系。有些样例问题的解决是分步骤完成的，或者没有列出完整的解题规则。在这种情况下，需要学生根据解题步骤之间的逻辑关系和问题解决的中间结果与最终结果之间的因果关系概括出完整的解题规则，并将其与样例问题的结构特征建立一一对应的联系，同时还要理解其解题原理。这是解题规则样例学习过程中很难正确完成的一个重要环节。因此，在样例设计上采用"过程导向"或"启发式样例"设计方法等，都是为了帮助学生正确完成此环节的学习任务。

3）样例问题与同构问题结构特征的类比归纳推理环节。如果学生能够在此环节对两个问题的结构特征做出正确的类比推理，就能够运用样例问题的解题规则解决同构问题。

八、规则范例学习模式

本书第二章第三节已经简要介绍了规则范例学习的实验研究。为了考察规则范例学习的效果，我们专门进行了"三种自主学习方法的学习效果及选择倾向"的实验研究（班宇威，2018）。该研究以自编的低、中、高3种交互作用水平的代数运算规则为学习材料，以大学生为被试，并将其分为有、无先前知识两种，考察其规则样例学习、范例学习和文本阅读学习3种学习方法的学习效果（这里不报告学习方法选择倾向的实验结果）。实验结果表明：在学习低交互作用水平的代数运算规则时，3种学习方法的学习效果均较好且无显著差异；有、无先前知识对学习效果没有显著影响。在学习中等交互水平的代数运算规则时，有先前知识的样例学习和范例学习的效果均明显优于文本阅读学习；无先前知识的样例学习的效果明显优于文本阅读学习，样例学习与范例学习的效果无显著差异。在学习高交互水平的代数运算规则时，有先前知识的范例学习的效果明显优于样例学习和文本阅读学习；无先前知识的样例学习和范例学习的效果均明显优于文本阅读学习，样例学习与范例学习的效果无显著差异。该实验结果证明，无论学习何种交互作用水平的规则，范例学习的效果都不亚于样例学习和文本阅读学习的效果，而且在学习交互作用水平较高或难度较大的规则时，范例学习的效果具有明显的优势。根据已有的实验研究可以概括表述规则范例学习的一般模式。

（一）规则范例学习的条件

一般来说，教师或教师代理人给学生"示范+讲解"地传授规则的教学活动就是规则范例教学。规则范例学习就是学生在教师范例教学条件下的规则学习过程。因此，教师的规则范例教学就是学生规则范例学习的必备外部条件。教师必须根据学生的生活检验、知识水平和学习能力进行规则范例教学，因此，学生的有关生活检验、已有知识水平和学习能力就是规则范例学习的内在必备条件。

（二）规则范例学习的一般过程

学生的规则范例学习是在聆听-理解、观察-模仿、思考和记忆教师范例教学的过程中进行的。学生在教师的有序示范和讲解下理解有关概念、进行逻辑推理、掌握有关方法或步骤，并在具体事例与一般规律之间、一般规律与各种规则之间、规则与其各种具体运用方法之间等逐步建立起各种稳定的联系。然后还要在教师的范例教学下，学习运用规则、恢复并巩固刚刚建立起来的各种联系。因此学生规则范例学习的过程是随着教师规则范例教学的过程而亦步亦趋地进行的，即学生规则范例学习过程往往取决于教师规则范例教学的过程。

（三）影响规则范例学习的因素

影响学生规则范例学习效果的外部因素显然是教师、范例教学的质量和水平等因素，所以许多范例学习研究都是围绕教师因素展开的，诸如教师的性别、年龄、音色和体貌特征等等。但是比之更重要的影响因素往往是范例教学的质量和水平等因素，这些因素的影响将在规则学习一般原理中做出详细的阐述。影响规则范例学习效果的内部因素是学生的有关经验、知识水平和学习能力等，这些因素的影响也将在规则学习一般原理中做出详细的阐述。

第三节　规则样例学习原理和规则学习一般原理

本节在概括表述实验研究结论的基础上，总结规则样例学习原理与教学原则，并进一步提出规则学习的一般原理与规则教学原则。

一、规则样例学习实验研究的一般结论

定义明确的规则样例学习实验研究得出 8 个一般结论。

1）学生在掌握有关基础规则的前提条件下，能够通过学习他人运用规则的样例或人为设计的样例，并利用已知的基础规则及其与未知规则的逻辑联系等，可以归纳出样例中隐含的一般规则并学会其运用，即规则样例学习具有一定的条件性或基础性、逻辑性和可行性。

2）根据实验研究归纳出的 8 种规则样例学习模式表明，规则种类繁多，但

是规则的种类及其呈现方式和应用方法更多，所以用来学习规则的样例类型、样例组合类型和人为设计的样例类型就更多。样例与样例组合类型的多样性决定了学生习得一般规则的归纳推理类型或模式的多样性，因此规则样例学习模式具有多样性。

3）规则样例学习实验研究中的学习过程可以划分为 3 个阶段，也可以划分为学规则和用规则的两个阶段，即规则样例学习过程具有阶段性。

4）规则样例学习具有一定难度和挑战性。但是规则样例学习材料中既有学生已经掌握的基础规则，又有建立在基础规则之上或与其有逻辑联系的新规则或未知规则。这种学习条件或学习情境能够激发学生努力进行规则样例学习的学习动机，即规则样例学习具有激发学生学习动机或使学生自发产生规则样例学习动机的作用或功能。

5）规则样例学习是学生自主进行或自主完成的，因此规则样例学习具有自主学习的特征，即规则样例学习具有规则学习的自主性。

6）所有规则样例学习实验研究的结果均表明，学生规则样例学习后的学习测验成绩或迁移测验成绩普遍存在个体差异。对比观察和测验结果进一步发现，不同学生个体之间既存在着归纳推理能力上的类型差异，也存在着学习态度、挑战精神、动机水平或努力程度等方面的水平差异，即学生的规则样例学习普遍存在个体差异性。

7）学生在规则样例学习过程中可利用的信息资源有限，学习的难度较大、效率较低且效果较差，即规则样例学习具有学习难度大、效率低和效果差的局限性。

8）与其他规则样例学习模式相比，在规则范例教学条件下，学生的规则范例学习是学习难度最低且效果最佳的规则学习模式。

二、规则样例学习原理与教学原则

根据上述实验研究结论，可以建立规则样例学习原理与教学原则。

（一）基础性、逻辑性和可行性原理与教学原则

根据第一项研究结论，学生只有利用已知基础规则或利用已知基础规则与新规则的逻辑关系才能通过规则样例学习习得有关新规则。因此可以建构规则样例学习的基础性原理和逻辑性原理。又因为样例是他人运用规则的遗迹或产物，其中隐含着他人运用的规则。因此学生（泛指所有学习规则的人。下同）可以通过样例学习习得隐含在样例中的新规则或未知规则。所以可以建构规则样例学习的可行性原理。

1. 基础性原理与注重基础规则教学的原则

我们所做的规则样例学习实验研究都是考察被试利用已知的基础规则，并通过样例学习习得新规则和运用新规则的学习效果。为此我们通过前测选择被试，并保证被试已经掌握有关基础规则。所有的样例学习材料中都既包括学生已知的基础规则的运用，也包括他们未知规则或新规则的运用。因此，规则样例学习都具有必备的前提条件，即规则样例学习是学生在利用已知基础规则的基础上习得未知规则或新规则的过程，诸如在四则混合运算规则的样例学习实验中被试已经掌握了四则运算规则，并在此基础上通过样例学习习得四则混合运算规则；在英语时态语法规则的样例学习实验中被试已经掌握了一般现在时或现在完成时语法规则，并在此基础上学习过去时语法规则、现在或过去完成时语法规则；在记叙文范文学习中被试已经掌握了有关常用词汇的运用和造句语法规则，并在此基础上学习记叙文写作规则等。

为什么规则样例学习必须以有关已知规则为基础或前提条件才能通过样例学习习得新规则呢？这是因为人类运用的复杂规则或高级规则都是在其已经掌握和运用的简单规则或基础规则的基础上形成或制订的，诸如婴儿必须能够翻身才能学习爬行；必须先能够站立才能学习行走或跑步；必须先听懂语言才能表达语言等。学生的规则学习也是如此，即复杂规则或高级规则的学习必须以简单规则或基础规则为前提或基础，诸如小学生必须先学习字词的发音规则和书写规则，然后才能学习朗读规则和默写规则；必须先学会组词和造句规则，然后才能学习写作规则或创作规则；必须先学会整数运算规则，然后才能学习小数或分数运算规则等。加涅的规则学习层级说已经明确指出，高级规则的学习必须以其基础规则的学习为前提。各门学科的规则学习也都是如此，即学生必须先学习基础规则或简单规则，然后才能学习建立在简单规则或基础规则之上的复杂规则或高级规则。这是规则学习的一般规律，规则样例学习也必须遵循这个一般规律，因此可以将其称为规则样例学习的"条件性"原理或"基础性"原理。

根据该原理，我国教师普遍遵循"双基"教学原则，即教师在教学中要注重"基础知识"的教学和"基本技能"的训练。根据本章第一节关于规则的知识属性和规则与技能关系的论述，规则是各门学科知识的主体内容，而且规则的熟练运用就可以形成相应的技能。所以"基础知识"就是各门学科知识中的基本规则或基础规则；"基本技能"就是基础规则熟练化或自动化运用所形成的技能。因此，双基教学原则可被称为注重基础规则教学的原则或简称为"基础规则"教学原则。其具体含义是：教师在各学科知识和技能的教学中都要注重学生对基础规则的正确理解、掌握和熟练运用，并促进其基本技能的形成。贯彻该原则的要点在于：既要注重学生正确理解和掌握基础规则的课堂教学，更要注重学生熟练运用基础规则，并形成基本技能的训练。如果把对学生基础规则的课堂教学与对学生基本技能的训练结合起来，将其视为一个连续的或有机结合的完整教学过程，那么在基础规则的课堂教学之后，紧接着的就应该是持续注重或加强对学生熟练运用规则和形成基本技能的训练，并直至其形成基本技能。按照技能训练的一般过程或技能形成的一般规律，学生从掌握基础规则的正确运用到熟练运用、再到基本技能的形成往往需要较长的时间。因此，在每个基础规则的课堂教学之后，教师都要为学生熟练运用基础规则或基本技能的形成训练提供充分的、至少是必要的条件，其中包括给学生提供练习和训练的时间、场合与机会，以及及时纠正其错误、提供指导、督导和测评等。

2. 逻辑性原理与逻辑性教学原则

数学规则之间、数学规则与物理规则和化学规则之间、物理规则与化学规则之间、量化科学规则之间以及狭义科学规则与技术规则之间普遍存在着各种内在的逻辑关系。我们可以利用规则之间的逻辑关系设计有关样例，从而使学生通过样例学习，并利用已知规则与未知规则之间的逻辑关系理解或领悟未知规则，进而达到学习新规则的目的。所以我们开发出利用学生已知的算符和规则"解释"未知算符和未知规则的算式解释法，并用该方法设计小学生未知的代数运算符号及其表达的代数运算规则，从而使六年级小学生通过代数运算样例的学习习得了代数运算规则。我们又利用指数与对数的相互转换关系，用指数式解释其对数式的运算样例，使学生通过样例学习习得了对数运算规则。我们还利用物理规则与有关函数式之间的相同函数关系设计函数运算样例和有关物理规则的运算样例，使中学生通过样例学习，并采用函数关系类比推理的方法学会了未知的物理规则。其实，不仅数学规则和量化科学规则之间存在逻辑关系，其他一些广义科学规则之间也存在着各种相互转换关系、同构关系或类比关系等。因此我们设计了多种类型的记叙文范文，使三年级小学生通过阅读范文不同程度地学会了记叙文写作规则，并明显提高了其记叙文写作成绩。我们还利用英语时态语法规则之间的相互转换关系设计新旧时态例句对比的样例学习材料，使中学生通过样例学习和新旧规则之间的对比推理学会了新时态语法规则。总之，相同知识领域和同学科的规则之间、不同知识领域和不同学科的规则之间普遍存在着各种逻辑关系，我们可以利用这些逻辑关系设计有关的样例，使学生通过样例学习，并利用已知规则与未知规则之间的逻辑推理习得未知规则或新规则。这是规则样例学习可以利用或遵循的规律之一，所以可以将其称为"逻辑性"原理。根据该原理可以提出逻辑性规则样例设计原则和教学原则，即教师可以利用学生已知规则与未知规则或新旧规则之间的逻辑关系设计有关的样例或样例组合，使学生通过样例学习，并利用新旧规则之间的逻辑推理习得新规则。

3. 可行性原理与可行性教学原则

规则样例学习为什么可行？主要因为样例是他人运用规则的产物或遗迹，其中包含着或隐含着规则及其具体运用，诸如解题样例中包含着解题规则及其运用，运算样例中隐含着运算规则及其运用，范文中隐含着写作规则及其运用等。因此，学生在具备学习新规则的有关基础规则或基本技能的前提条件下，能够通过样例学习解读、领悟或归纳出其中的规则，并学会其运用。从更广泛的范围来看，所有的人造物和人类的活动轨迹及其记录都是样例，其中都隐含着规则及其他人对规则的运用。正因如此，工程技术人员才能够通过拆卸和组装引进的仪器和设备，从中学习其组装技术或组装技术规则；正因如此，考古人员才能够考证出土文物的材质和制作工艺规则；也正因如此，艺术家、体育教练和能工巧匠等才能够从作品、表演或产品中看出作者采用的技术规则、创作规则、表演规则和运动规则等。因此，在具备有关基础规则或基本技能的前提条件下，规则样例学习普遍可行，可将其称为规则样例学习的"可行性"原理。

根据规则样例学习的可行性原理，教师在有关基础规则的教学之后，给学生布置新规则的样例学习作业或在课堂教学中开展新规则的样例学习活动是可行的，这就是规则样例学习的可行性教学原则。但是根据下面即将谈到的规则样例学习个体差异原理和局限性原理，给学生布置规则样例学习的作业或在课堂教学中开展规则样例学习活动时还要遵循个体化教学原则和有限利用教学原则。

（二）多样性原理与教学原则

我们从定义明确的规则样例学习的实验研究中归纳出 8 种规则样例学习模式。其实，规则样例学习模式、规则样例教学模式和学生的自主学习模式远不止这 8 种。现在就可以预言出的规则样例学习模式还有启发式规则样例学习模式、自我解释的规则样例学习模式和指导性解释的规则样例学习模式等。为什么有如此之多的规则样例学习模式、教学模式和自主学习模式呢？其根本原因在于世界上的事物种类多，事物运动或变化的规律多，规律的应用形式多，规则的呈现方式和应用方式更多。规则的应用方式越多，运用规则的样例类型就越多。样例类型越多，规则样例学习中的归纳推理模式就越多。所以规则样例学习模式、教学模式和自主学习模式也就随之增多，即规则样例学习模式的多样性是由规则应用类型和样例类型的多样性决定的。这是规则样例学习和规则样例教学可以充分利用的一般规律，因此既可以分别将其称为规则样例学习的多样性原理和规则样例教学的多样性原理，也可以将其称为规则样例学习的多样性规则或多样性学习策略和规则样例教学的多样性规则或多样性教学原则。

根据规则样例学习的多样性原理能够预测出新的规则样例学习模式，因此我们归纳出来的 8 种规则样例学习模式是很有限的，也是远远不能满足多种规则样例学习需要的。可以预期，随着规则样例学习研究的深入和扩展，更多的规则样例学习模式会不断涌现出来。多样性学习策略为学生的规则样例学习提供了多种方法，即同一个规则的样例学习既可以通过单个样例来学习，也可以通过其样例组合来学习；既可以通过解释性样例来学习，也可以用标记性样例来学习等。遵循多样性教学原则，教师既可以根据学生的一般思维水平和学习能力水平设计出适合多数学生学习的样例类型或样例组合类型进行集体化课堂教学，也可以针对不同学习能力和思维水平的学生设计出适合其个体学习的样例类型或样例组合类型以满足个体化教学的需要。因此，教师需要掌握样例设计的多种方法，并在教学中有选择地运用。同时，教师还要根据教学的实际需要尝试开发出新的样例设计方法，并设计出新的样例类型或样例组合类型，从而进一步提高其教学效率和效果。

（三）阶段性原理与教学原则

根据研究结论 3，无论何种规则样例学习模式都可以对规则样例学习过程做出阶段划分。我们既可以将规则样例学习过程划分为 3 个阶段，也可以将其划分为"学规则"和"用规则"的两个大阶段，还可以把用规则阶段具体划分为 3 个、4 个或更多个小阶段等。规则样例学习过程的阶段划分虽然是人为的，但是阶段划分必须要有依据。对规则样例学习过程进行阶段划分的依据主要有以下 3 个。

1）每个阶段的具体学习任务不同。学规则阶段的具体学习任务是：首先，要学懂一个样例中用到的各个子规则，并归纳成一个完整的规则。如果学习的是若干正确样例的组合，则需要分别归纳出每个样例中的完整规则。如果学习的是正误样例组合，则既需要归纳出一个或若干个正确规则，还需要归纳出一个或若干个错误类型等。其次，要将不同样例中的完整规则做出对比分析，并归纳出一个或若干个一般规则及应用类型，或者既归纳出一个或若干个一般规则及应用类型，还要归纳出一个或若干个错误类型等。最后，要设想或猜想每个一般规则所依据的规律究竟是什么。用规则阶段的具体学习任务是：弄清楚每个一般规则的应用对象或问题类型及其具体条件的子阶段；正确运用一般规则解决具体问题的子阶段；熟练运用规则并逐步形成技能的子阶段。

2）每个阶段的思维过程或学习过程不同。学规则阶段需要学生通过内在的自主思维活动和与之协调一致的观察、阅读或模仿等外显学习活动一起，首先在每个样例中的各个子规则之间或具体方法之间、步骤之间、具体步骤与其阶段性结果之间以及完整规则与其最终应用结果之间逐步地建立起"一一对应的多重联系"；其次要在各个完整规则之间建立起相同或不相同的多重意义联系，并在相同的完整规则之间建立起一致性意义联系、在不相同的规则之间建立区别联系等；最后还要试图在每个一般规则与其依据的一般规律和科学原理之间建立起一一对应的意义联系等。学生在用规则阶段也需通过与思维活动协调一致的外显学习活动，首先在每个一般规则与其具体应用对象或问题类型之间建立起一一对应的多重意义联系；其次要在运用每个一般规则的过程恢复建立或重复建立起各个子规则之间或各个步骤之间的先后顺序等一一对应的多重联系；最后要在正确建立起的多重联系的基础上，经过反复的练习或训练增强已有多重联系的牢固性、紧密性和协调性等，并逐步形成相应的技能。

3）每个阶段的学习目的或目标不同。学规则阶段的总目标是理解和掌握一般规则的科学原理及应用价值，第一个子目标是掌握每个样例中的完整规则；第二个子目标是归纳出一般规则；第三个子目标是领悟一般规则与其表达的一般规律之间的意义联系。用规则阶段的第一个子目标是掌握一般规则的具体正确运用；第二个子目标是掌握不同一般规则的区别运用；第三个子目标是熟练运用每个一般规则，并逐步形成相应的技能。用规则阶段的最终目标是准确而熟练地运用一般规则，并形成相应的应用技能。

总之，可以根据具体学习任务、过程和目的的不同将规则样例学习过程划分为学规则和用规则的两个阶段，并可以分别将其再划分为若干个子阶段。因此，可以将其称为规则样例学习过程的"阶段性"原理。根据该原理可以分别提出学规则阶段的教学原则、用规则阶段的教学原则以及各个子阶段的教学原则。这些教学原则可以分别根据每个阶段的具体学习任务或教学任务，以及帮助学生在各个阶段应该分别建立起的多重联系类型和应该实现的各个子目标来具体地制订，并在教学过程中贯彻落实。

（四）学习动机的自我激发原理与教学原则

我们的规则样例学习实验研究结果表明，在每项实验中都有在规则样例学习的学习测验成绩或迁移测验成绩中取得满分的被试。这一方面说明被试具备了规则样例学习的能力；另一方面说明取得满分成绩的被试一定受到一种强有力的学习动机的驱使，否则就不太可能取得满分的成绩。我们所选择的被试都是自愿参加的大、中、小学生，他们自愿参加实验且没有任何报酬和奖励。而且他们的测验成绩只有研究人员知晓，未向他人公布或透露，也不计入他们的平时学习成绩和学习评定之中。换言之，被试在规则样例学习过程中的学习态度、学习动机和付出的心理努力程度完全不受任何外力的作用或影响，而是完全由自己自主决定的。如果没有一种自主的规则样例学习动机的驱动，他们一般不会自始至终认真学习全部样例，不会全部做出完全正确的归纳推理、归纳出正确的一般规则，并完全准确无误地解答出全部测题。

这些学生为什么能够在实验过程中产生规则样例学习的动机呢？他们认真的学习态度和积极付出的心理努力究竟受到哪种学习动机的驱使呢？我们不得不找出其中的原因并回答上述问题。当然不能排除这些学生原来一贯具有的正确学习动机、一贯认真的学习态度、一贯努力进取的学习精神等优秀学习品质和良好个性特征等对他们取得满分测验成绩的积极作用，同样不能排除规则样例学习自身具有的一些属性或特性对学生进行规则样例学习所起的积极作用。仅就能够激发出或能够使学生在规则样例学习过程中产生学习动机的特性而言，规则样例学习的以下 3 个特性应该是激发学生规则样例学习动机或使学生产生规则样例学习动机的原因。

1）规则样例学习材料或学习方式对于初学者来说具有一定的新颖性和可以学习性。初次参加规则样例学习实验的学生一般都会对独特的样例学习材料和学习方式产生新奇感或好奇心，因为他们以前在教材或参考书中只学习过一些问题类型各异的例题，但从未学习过有组织、有顺序的系列样例学习材料或样例组合学习材料，也从未采用过这种学习方式来学习未知规则或新规则。当他们理解了实验指导语，新奇感或好奇心就转化为学习兴趣，并成为最初的学习动机，推动他们阅读样例学习材料并开启样例学习过程。在学习过程中他们发现样例中既有学过的已知规则也有首次遇到的未知规则，还发现利用自己掌握的已知规则能够理解新规则并掌握其运用，因此获得了最初的成功体验。成功体验无疑能够增强他们的学习兴趣和学习能力自信，而且学习兴趣和学习能力自信又无疑能够增强其原有的学习动机水平，增强了的学习动机又不断地推动他们继续学习新的样例。当他们学习了全部样例，并从中发现了一般规律、领悟了新规则或者归纳出新规则，无疑会产生比较强烈的欣喜感、成就感或自豪感。这些积极情感汇聚在一起能够进一步增强其学习动机水平。因此，他们在较高动机水平的推动下完成学习测验或迁移测验并能够取得自己感到满意的测验成绩。这就是那些取得满分测验成绩的学生在规则样例学习过程中自我产生或自我激发学习动机，并在学习过程中使其不断得到增强的过程。

对于那些在学习测验或迁移测验中失败或测验成绩较低的学生来说，他们最初也对独特的样例学习材料和学习方式产生过新奇感或好奇心，而且好奇心也转化为学习兴趣，进而形成了最初的学习动机，并开始了他们的样例学习。他们在样例学习过程中也会发现以前学习过的已知规则和当前遇到的新规则。如果他们不能够运用已知规则正确地理解新规则就相当于在规则样例学习过程中没有跨过第一道坎，因此往往会产生不同程度的失败感或挫折感，也会降低学习动机水平，并对后续学习产生一定的消极影响。如果他们能够运用已知规则正确理解新规则就会获得成功体验，并增强其学习动机水平，从而推动他们继续进行样例学习。当他们学习了全部样例，如果没有归纳出一般规则或者归纳出错误的一般规则，那就相当于在规则样例学习过程中没有跨过第二道坎，因此他们会产生一定程度的失败感或挫折感，也会降低原有的学习动机水平，并对随后的学习测验或迁移测验产生消极影响。当他们面对测验题目感到茫然无措或缺乏正确解答这些测验题的自信心时，就相当于在规则样例学习过程中没有跨过第三道坎。一般来说，如果被试在规则样例学习过程中没有跨过第一道坎就不可能跨过第二道和第三道坎，所以他们在学习测验或迁移测验之后动机水平可能降到低点。如果被试能够跨过第一道坎但没有跨过第二道坎，那么他们也同样不能跨过第三道坎，所以他们在学习测验或迁移测验结束后也会产生一定的失败感或挫折感。但是他们往往还会思考自己归纳出的一般性规则是否正确等问题。这说明他们在自认为自己已经成功地跨越了第一道坎时产生过较强的学习动机或达到过较高的学习动机水平。那些确信自己已经成功地跨越了前两道坎，而只是在学习测验或迁移测验时过于轻率的被试，往往会在学习测验结束后后悔自己不应该在答题时过于急躁或草率等。这同样说明他们在跨过前两道坎时产生过较高水平的学习动机。

2）与课堂教学条件下和学生自主阅读课程教材条件下的规则样例学习相比，实验条件下的规则样例学习难度较大，对被试来说具有一定的挑战性。但是这种难度也不是高不可攀的，而是具备学习能力的学生努力地跳一跳就能够跨越的。具体来说，能够鼓足勇气成功地跨越三道坎的学生就是规则样例学习的成功者。然而不是所有的学生都能鼓足勇气并成功地跨越这三道坎。那些学习能力较强、动机水平较高且自信满满的学生自然能够顺利地跨越三道坎成为规则样例学习的成功者。而那些虽然已经具备了足够的学习能力，但却在面对困难时缺乏勇气或望而却步的学生往往会在三次跨越中败下阵来。那些学习能力水平虽然不是很高，但具有较强挑战精神的学生，在面对困难时能够鼓足勇气、踔厉奋发，因此往往也能够成功地跨越三道坎并最终成为规则样例学习的成功者，因为在具有挑战精神学生的学习动机中增加了一种由挑战精神转化而来的动力成分。所以，规则样例学习动机中不仅存在动机水平上的个体差异，而且在动力成分或动力来源方面也存在个体差异。

3）学生在规则样例学习过程中具有能够普遍产生一定水平学习动机的基本条件。根据规则样例学习的可行性原理，只要学生具备规则样例学习的前提条件就可以进行规则样例学习。尽管有些学生对隐含在样例中的一般性规则不能做出完全正确的归纳推理，即跨不过规则样例学习的第二道坎，他们也能学懂一两个样例；即使他们学不懂一个完整的样例，也能学懂样例中的一两个子规则、步骤或方法等。因此，只要学生在规则样例学习过程中有所收获或有所习得，他们就能获得一定的成功体验。而且只要他们获得了成功的体验，就会增强规则样例学习的学习动机水平。所以，只要学生进行了规则样例学习就能激发出一定水平的学习动机，即规则样例学习普遍具有使学生自我激发学习动机的作用或功能，因此可以将其称为学生规则样例学习动机的自我激发原理。学生能够自我激发学习动机是其自主学习不可或缺的前提条件或重要特征。所以，教师可以在规则教学中适当开展规则样例学习活动或者布置规则样例学习的作业，以此激发学生的自主学习动机，促进规则学习并培养学生的自主学习能力。这就是根据规则样例学习动机的自我激发原理所提出的激发和利用学生自主学习动机的教学原则。

（五）自主性原理与教学原则

在我们的规则样例学习实验研究条件下，学生学习规则样例的过程都是自己独立进行或完成的。因此，学生的规则样例学习是其在自我激发学习动机的驱动下自我独立思考的带有明显自主学习特征的学习过程。该过程具有激发学生的自主学习动机，培养其独立思考能力、自我分析与发现能力、自主归纳推理能力、自主判断与决策能力和自我分析与解决问题能力的作用或功能。总之，规则样例学习是学生的自主学习过程，具有自主学习的性质或特性。这就是规则样例学习的自主性原理。根据该原理，学生可以在规则学习过程中适当进行规则样例学习，并逐步提高其学习难度，用以考察、培养和提高自己的自主学习能力水平。这就是培养和提高自主学习能力的规则学习策略之一。教师也可以在规则教学中适当开展规则样例学习活动或者布置规则样例学习的作业，用以培养和提高学生的自主学习能力或自主思维水平。可以将其称为培养学生自主学习能力的自主性教学原则。

（六）个体差异原理与教学原则

所有规则样例学习实验研究的结果均表明，学生在学习测验成绩或迁移测验成绩、归纳推理能力、分析问题与解决问题的能力或自主学习能力等诸多方面既普遍存在着各种能力的类型差异也普遍存在着思维水平、动机水平或挑战精神等方面的水平差异。所有教师的教学经验总结都表明,学生在学习能力、动机水平、学习效率、学习效果以及个性特征与家庭文化等诸多方面普遍存在着多种类型差异和水平差异。总之,规则学习个体差异存在的普遍性和多样性是不争的事实。进一步来讲,世界上的万事万物都普遍存在着各种类型差异和水平差异。为什么会这样呢?

科学家从宇宙或物质起源、生命起源和人类起源的考古发现、科学研究和社会考察等各个方面探究了个体差异的成因,并用宇宙大爆炸学说解释宇宙起源;用化学元素周期律解释物质成分、物质构成与分解;用进化论解释物种进化和人类起源;用基因测序与编码解释生命体的遗传与变异等。按照《老子》中的观点,天地万物皆按其自身规律自然而然地形成,并自然而然地运动或变化;按照物质起源、生命起源和人类起源的先后顺序,可以认为各种物体和生命体都是在一定的自然条件下各自按照其自身规律自然而然形成的。科学研究还表明,任何事物都不是按照单一的规律形成、运动或变化的,而是按照多种规律形成,并在多种规律的多重作用或协调作用下运动或变化的。对个体差异的成因至少可以从哲学角度做出两种可能的解释:一是同类事物自然形成的各种自然规律虽然相同,但是规律之间的相互作用各有不同,因而形成了同类事物中不同个体之间的种种差异。同理,同类事物虽然都在相同的规律作用下运动或变化,但是在不同个体身上各种规律之间的相互作用各不相同,因此造成同类事物的不同个体之间运动或变化的过程和结果不同。二是同类事物自然形成的各种自然规律虽然相同,但是每个事物形成的具体时空条件却各不相同,因此造成同类事物中不同个体之间的各种差异。同理,同类事物虽然都在相同的规律作用下运动或变化,但是这些规律作用在不同个体上的时空条件却各不相同,因此造成同类事物不同个体之间的各种差异。当然还可以将两者合并为一种解释。但是无论个体差异的成因究竟如何,规则样例学习的过程、学习效率和效果等受学生个体差异的影响是人们普遍认同的事实。而且它无疑是规则样例学习无法摆脱其作用的一个普遍规律,因此可以将其称为规则样例学习的个体差异原理。按照规则样例学习的个体差异原理可以提出集体化课堂教学兼顾学生个体差异的教学原则,即在集体化课堂教学中只能按照绝大多数学生的一般知识水平、能力水平和动机水平等开展规则样例教学。但是在课堂教学之余必须对个别学生补以个体化的教学或辅导,用以兼顾或满足不同学生的个体学习需要。

(七)局限性原因与教学原则

规则样例学习虽然可以在一定条件下使学生习得新规则,并能够培养学生的自主学习能力,但是也存在着明显的局限性,诸如规则样例学习的难度较大、学习效率较低、效果较差。自主学习能力水平较低或挑战精神不足的学生往往容易产生为难情绪甚至望而却步。如果想提高其学习效果，往往需要增加样例数量或在样例中增加解释性、提示性或指导性信息，这样会增加样例学习时间、降低学习效率、学习难度和学习的自主性要求等。为什么规则样例学习存在诸多局限性呢？原因在于：其一，科学规则要么是规律的各种应用表达形式，要么是依据规律制订的心理和行为活动准则，因此规则学习既需要在规则与规律之间建立意义联系，也需要在规律的各种应用表达形式之间或规则的各种呈现方式之间建立起意义联系和转换运用联系，还需要在规则的各种呈现方式与其具体运用的运动、操作或动作之间建立意义与动作的联系或表象与动作的联系等。由于样例呈现的信息十分有限，学生在规则样例学习过程中往往需要独自猜测、领悟或设想出规则所表达或依据的规律，因此增加了学习难度，并降低了学习效率和效果。其二，学生即使通过规则样例学习学会了归纳和运用规则，也不知晓其表达或依据的规律究竟是什么、叫什么。因此规则样例学习不是完整的规则学习过程，还需要其他学习环节的进一步补充。其三，每种类型的样例都只能表达规则的某一种形式的运用，学生不能通过规则样例学习习得规则的其他运用形式，也不能与其他运用形式建立相互转换的意义联系和运用联系，因此规则样例学习不是完善的规则学习过程。要想习得规则的各种运用方法或它们之间的相互转换必须增加其他学习内容。总之，样例呈现的信息具有局限性，并使规则样例学习也具有局限性。这种局限性不仅增加了学习的难度、降低了学习的效率和效果，而且不利于学生对规律的认知，也不利于对规则的多重意义、多种功能、用途或方法的全面理解、掌握和运用。这就是规则样例学习存在局限性原因。

根据规则样例学习存在局限性的原因，规则样例学习仅仅只是学生自主规则学习可以适当利用的途径或方法之一，但不是规则学习的全过程和完整内容。因此在规则学习与规则教学中，规则样例学习方法的实际运用要尽量扬其有利于培养学生自主学习能力之所长、避其学习效率较低和效果较差之所短，在规则学习与教学中适当利用或运用规则样例学习的方式或方法。这就是适当利用规则样例学习的教学原则。

我们从事规则样例学习实验研究的目的既不是彻底否定或改变原有的规则教学方法，也不是提倡在教学中广泛开展规则样例学习活动或全面采用规则样例学习方法，而在于证明规则样例学习是学生规则学习可以利用的途径或方法之一。规则样例学习既有一定的优势作用又存在明显的局限性，所以规则样例学习原理及教学原则也有局限性且不能满足学生规则学习和教师规则教学的需要。因此必须建立规则学习的一般原理及教学原则，并将规则样例学习原理及教学原则纳入其中，作为规则学习一般原理与教学原则中的一部分，扬其所长，避其所短，在学生规则学习的适当时机发挥其积极的优势作用。

（八）规则范例学习原理与规则范例教学基本原则

大量学习和生活经验充分表明，规则范例学习的效率和效果明显优于其他规则学习模式的效率和效果，诸如学生自主阅读教材的规则学习效率和效果不如聆听教师讲授教学的规则学习效率和效果，聆听教师讲授教学的规则学习效率和效果不如在教师范例教学条件下的规则学习效率和效果；人们阅读文字说明书学习家用电器使用规则的效率和效果不如阅读图解说明书的学习效率和效果，阅读图解说明书的学习效率和效果不如观看无声操作视频的学习效率和效果，观看无声操作视频的学习效率和效果不如观看和聆听销售人员亲自示范和讲解的规则学习效率和效果。大量规则范例学习的实验研究结果证明，在教师进行规则范例教学的条件下，规则范例学习是学习难度最低且学习效果最佳的规则学习模式。这是因为教师的规则范例教学为学生的规则范例学习提供了诸多方便条件，并大大降低了规则学习的难度，从而提高了学习效率和效果。在规则样例学习过程中，隐含在样例中的一般规律是由学生自主发现的，一般规则是学生通过自己归纳推理得出来的，运用规则的方法也是学生自主学会的等等。而在规则范例学习过程中，一般规律是由教师揭示出来的，一般规则是由教师的归纳推理得出的，运用规则的方法也是在教师的示范和讲解下学会的等等。不仅如此，在规则范例学习中学生产生的各种疑难问题都可以得到教师的解答，但在规则样例学习中却没有如此便捷的学习条件。所以与其他规则样例学习模式乃至其他规则学习模式相比，在其他因素（诸如所学规则的类型和其复杂程度、学生的学习能力和其学习动机水平等）等同的条件下，规则范例学习是学习难度最低、学习效果最好的规则学习模式，我们可以将其原理称为"规则范例学习原理"。根据该原理，对于年幼儿童、小学生和学习能力较低学生的规则教学，一般需要采用规则范例教学，在一些学习难度较高的、关键的、精细的或高级规则（诸如手术、精细加工、复杂推理或运算规则等）的教学中也需要采用规则范例教学，而且往往需要高质量和高水平的规则范例教学，这就是"规则范例教学"基本原则。

三、规则学习一般原理与规则教学一般原则

规则除以各种范例和样例的形式呈现之外，还以图文呈现、口语呈现和公式呈现等多种方式呈现，即除各种规则样例学习和范例学习模式之外，还有学生的各种自主阅读学习模式、在聆听教师讲授教学条件下的规则学习模式和学生自主练习的规则学习模式等。因此，规则样例学习和范例学习原理还不足以解释或说

明各种规则学习过程、模式、方式或方法，即规则样例学习和范例学习原理还不是规则学习的一般原理。所以必须在规则样例学习和范例学习原理的基础上，结合各种规则学习模式，揭示规则学习的诸多一般规律，建立规则学习的一般原理，并提出一般教学原则，如此才能指导各种学习条件下的规则学习与教学。

（一）多重联系、能量转换和动机驱动原理与教学原则

根据狭义和广义科学规则的定义，每个科学规则的前端都连接着事物运动、变化的具体事例和一般规律，中间连接着有关概念、规则的各种呈现方式，后端连接着运用规则的方法、步骤以及具体的动作、操作或运动等。因此，规则学习过程就是学生逐步建立起意义和动作等多重联系的过程。规则学习过程是后人接受前人创造的精神财富，并运用规则创造出新的物质财富和精神财富的过程，即精神能量与物质能量的相互转换过程。这种能量转换必须由学生通过学规则和用规则的具体活动来实现。因此，在规则学习过程中，学生必须主动地将自身能量转化为学规则和用规则的心理能量和身体活动能量，而且实现能量转化必须具备转化的动力，即学生必须具有规则学习的动机。由规则学习动机驱动的多重联系和能量转换是规则学习的基本活动过程，即规则学习必须遵循的一般规律或科学原理，也是规则教学必须遵循的一般规律或科学原理，应根据该原理提出规则教学的一般原则。

1. 多重联系原理与多重联系教学原则

前人在工具和器具制作、劳动和生产技术发明以及科学研究和科技开发等探索性实践活动中已经将发现的规律表达为科学原理、各种应用形式的科学规则或者根据已知规律制订出广义的科学规则，即前人已经在事物运动或变化的具体事例与一般规律之间，规律与其各种应用表达形式之间，规则的各种呈现方式与其具体运用的方法、步骤或程序之间，运用规则的方法、步骤或程序与其具体的动作、操作或运动之间，具体动作、操作或运动与其活动结果之间建立了各种心理意义上的和身体动作上的一一对应的联系。这些联系不仅是各种单一的或一重的联系，而且是多重的联系，即每个规则的学习都需要在事物运动、变化的各种具体事例之间，事例与一般规律之间，一般规律与科学原理之间，科学原理与科学规则之间，规则与其各种呈现方式之间，规则呈现方式与其运用方法之间，运用方法与其具体动作、操作或运动之间以及前后动作之间、动作与结果之间建立起事例与事例、事例与规律、规律与规则、规则与方法、方法与动作、动作与动作、动作与结果等多重联系。因此，学习规则或规则学习的过程是学生在一定的条件下自主地逐步建立起这些多重联系的过程，诸如儿童在学习用筷子规则的过

程中，必须逐步地建立起筷子的实物与其名称之间的事例-意义联系、拿筷子的语义与执筷子的姿势动作之间的意义-动作联系、执筷子的姿势与用筷子操作之间的动作-动作联系、用筷子的操作与夹住食物之间的动作-意义联系等多重联系；小学生在学习每个汉字的过程中都必须在汉字的发音规则与发音动作之间、书写规则与书写动作之间、发音与书写之间以及在汉字的发音、聆听、书写和阅读与其代表的具体事物或动作等字义之间逐步建立起多重联系；中学生在学习部分电路欧姆定律的过程中必须在实验材料与实验数据、实验数据与其变化规律、变化规律与其口语表达、口语表达与文字语言表达、文字表达与其公式表达、公式表达与其具体运用之间逐步建立起多重联系等。

在规则学习中至少包括 9 种单一联系的类型：①事例-事例联系，即教材或教师列举的事例与学生生活中接触到的事例或头脑中保持的事例之间的联系；当前的事例与学生以前经历过的事例之间的联系以及不同事例之间的联系等。②事例-意义联系或意义-事例联系，即事物运动、变化的具体过程或现象与其一般规律的语义表达之间的事例-意义联系；概念的名称或定义与事物的具体结构、属性、特征、状态或功能之间的意义-事例联系和规则的呈现方式与其具体运用样例之间的意义-事例联系等。③事例-表象联系或表象-事例联系，即具体事物或现象与其知觉表象的联系、记忆表象与其经历过的具体场景的联系、想象表象与具体事物形象的联系等。④意义-意义联系，即概念名称与其定义之间、概念与规则之间、规则名称与其各种呈现方式之间的意义-意义联系；概念和规则的文字语言表述与口头语言表达之间的语义联系；母语表达与外语或第二语言表达之间的语义联系等。⑤意义-表象联系或表象-意义联系，即函数式与函数曲线之间、图形与其文字说明之间和动态影像与其口语解释之间的意义-表象联系等。⑥表象-表象联系，即知觉表象与记忆表象的联系、记忆表象与想象表象之间的联系、创造表象与再造表象的联系等。⑦动作-表象联系或表象-动作联系，即动作与其图形表达之间、连续动作的影像与其模仿动作之间、图形或影像与其表达的动作之间的联系等。⑧动作-动作联系，即在连续的或连贯的操作或运动中先、后动作之间的动作与动作的联系、分解动作或局部动作与整体动作的动作-动作联系以及动作与动作的相互衔接之间、相互配合之间、相互协调之间的动作-动作联系等。⑨动作-意义联系或意义-动作联系，即动作、操作或运动与其名称和动作要领的口语表达之间的动作-意义联系；动作、操作或运动与其结果之间的动作-意义联系；口头提示或口头命令与具体动作之间的意义-动作联系；符号或标志与具体操作之间的意义-动作联系等。其中，"事例"泛指自然和社会中存在的各种具体事物、人造物、样例以及各种事物运动或变化的具体过程和现象等；"心理意义"或"意义"泛指人们可以理解或领会的字义、词义、语义、定义以及符号、名称、语言、信息等所代表的具体事物或表达的事物属性、特征和状态等；"表象"包括事物的各种感知觉表象、记忆表象和想象表象；"动作"泛指学生在规则学习过程中做出的各种动作、操作和运动等，也包括表情动作和言语活动等。

既然规则学习过程是学生逐步建立各种多重联系的过程，那么学生是通过哪些具体活动逐步建立起多重联系的呢？前人对已知规律做出了各种应用方式的表达，即规则有多种呈现方式或表达方式，诸如口头语言表达、文字语言呈现、代数公式表达、图形与曲线呈现、表格与图表呈现、动作或动态表达以及各种样例呈现方式等。除此之外，规则还有多种组合呈现方式，诸如图-文组合呈现、口头讲解与图形或动作的组合呈现、口头讲解与操作示范或运动示范的组合呈现等。因此，学生拥有多种规则学习的途径和方法，诸如阅读-理解教材、书籍和图文材料中表述的规则，聆听-理解教师口语讲解的规则，观看-理解视频和录像展示的规则，模仿-理解榜样的行为规则或观察-理解样例中内隐含的规则等。从这些具体学习活动中不难看出，阅读、聆听、观察和模仿等外显学习活动都是为了达到或实现"理解"这个内在的学习目的。什么是理解呢？这里所说的"理解"就是指学生通过有目的、有方向的自主思维活动，在事例与事例之间、事例与规律之间、规律与规则之间、规则的各种呈现方式之间、规则与运用规则的方法之间、方法与动作之间、先后动作之间以及动作与结果之间逐步建立起一一对应的多重联系的过程。其中，每建立起一个联系或每建立一重联系都是学生自主思维活动的结果，即是被学生"理解了"的联系或学生"理解了"的联系；如果学生建立了错误的联系，那就是他们获得了错误的理解或理解错误；如果学生不能建立正确的联系，那就是他们在理解上有困难，或者说他们遇到了思维上或理解上的障碍。所以，学生对事例、概念、原理、规则、公式、图表、方法、步骤、动作、动作结果或动作意义等的理解，就是学生在它们之间建立起一一对应的正确联系。因此，规则学习过程就是学生通过以自主思维活动为主导的内在认知活动和与之协调一致的外在学习活动或具体学习动作（诸如聆听、阅读、观察、模仿以及反复进行的动作练习、动作矫正、动作改进活动等）紧密配合逐步建立起多重联系的身心活动过程。诸如在运算规则的样例学习过程中，学生通过阅读-理解和归纳推理等思维活动，将不同运算样例中的相同运算方法和步骤归纳为一般运算规则，并学会其运用，即通过思维活动在运算步骤之间、运算步骤与一般运算规则之间、一般运算规则与其具体运用之间逐步建立多重联系；在模仿学习榜样行为的过程中，表面上学生是通过观察和动作模仿等活动学习榜样的行为规则，但在学生的内心或头脑中却思考着动作的意义或功能、局部动作与整体动作之间的关系、行为动作遵循了什么规律或原理、行为动作的对象是什么以及如何才能做出准确而连贯行为动作等一系列问题，即在学生的头脑中通过感知动作思维、形象思维和逻辑思维活动逐步建立起动作-意义联系、动作-表象联系、意义-动作联系等多重联系；在聆听教师讲解规则的过程中，学生首先需要通过内部言语思维活动将教师列举和口语描述的具体事例与自己经验中的同类事例建立事例-意义联系，其次需要在教师揭示的一般规律与讲解的规则之间建立意义-意义联系，再其次需要在教师归纳出来的规则运用方法和步骤与自己将来运用规则时的具体操作之间建立意义-动作联系，最后在自己实际运用规则的过程中逐步建立意义-动作联系、动作-动作联系和动作与结果的动作-意义联系等。学生在阅读-理解教材或书面呈现的规则时，同样需要通过内部言语思维和具体形象思维抽象逻辑思维在具体事例与规则之间建立事例-意义联系；在规则的文字表述与自己的内部口语表述之间建立意义-意义联系；在文字表述与图形表达之间建立意义-表象联系；在规则的呈现方式与规则运用过程中的具体动作、操作或运动之间建立意义-动作联系；在运用规则的过程中建立动作-动作联系，并在动作、操作或运动与其结果之间建立动作-意义联系等多重联系。总之，规则学习中的各种多重联系都是在学生的自主思维活动支配下，通过与思维活动协调一致的其他认知活动、心理活动和随意动作逐步建立起来的，即使是动作-动作的联系也是在思维活动的支配下先后随意动作之间的相互衔接、相互转换和不断完善其联系的结果。在学生的自主思维活动的主导或支配下，通过内在认知活动与外在学习活动协调一致的相互配合，逐步建立起多重联系的身心活动过程，是各种规则学习都必须经历和遵循的一般规律，因此可以将其称为规则学习的"多重联系"原理。

根据规则学习的多重联系原理，教师的规则教学任务就是帮助、辅导或指导学生建立起多重联系，即启发和引导学生的自主思维活动，从而帮助或促进他们建立起多重联系，因此该原则称为"多重联系"的教学原则。这里提出的教学原则都是根据学习原理制订的教学规则或教学准则，因此称为教学原则。换言之，教学原则既是学习或教学的原理也是可以具体运用的教学规则（下同）。遵循或贯彻该教学原则要贯穿于规则教学的全过程，按照规则学习或教学过程的先后顺序，分步骤、分阶段地采用各种有效的方法或措施帮助学生逐步建立起多重联系，诸如为了帮助学生在具体现象或事实与其一般规律之间建立事例-意义联系，教师需要列举学生在生活中接触到的具体事例，当学生缺少这些具体事例时，教师需要通过实验展示、实物展示、呈现实物照片、动态影像或模拟演示等方法呈现具体事例，并揭示其一般规律；当学生在自主阅读学习规则的过程中遇到不熟悉或不理解的概念、名称或词汇时，教师就要利用学生熟悉的生活经验、当地对该事物的称呼或同义词等加以通俗易懂的解释，必要时还要列举或呈现概念或名称所代表的具体事物的属性或特征、呈现实物或实物的照片等，从而帮助学生建立起事例-意义联系和意义-意义联系；当学生掌握了规则的正确运用方法，教师还需要帮助学生制订熟练运用规则的练习或训练计划，并督促和检查学生练习或训练的进展和效果，辅导学生熟练建立表象-动作联系、动作-动作联系和动作-意义联系等，并形成相应的技能。总之，教师在规则教学过程中所做的一切都是为了帮助、辅助、指导或促进学生更快、更好地建立起各种正确的多重联系，从而使学生理解、掌握、熟练运用规则，并形成相应的技能。如果把规则称为"理论"，那么在学规则阶段要与学生实际生活中的具体经验和具体事例紧密地联系在一起；在用规则阶段要与运用规则的实际条件、对象、动作或操作以及实际结果紧密地联系在一起。因此，多重联系教学原则又可以称为"理论联系实际"的教学原则。该原则在教育学的许多著述和教材中都早已出现，并在教师的教学实践中得以贯彻和执行，这里只不过为其提供了规则学习的理论依据和贯彻执行的具体方法而已。

2. 能量转换原理与维护学生身心健康的教学原则

本章第一节论述了规则的转换功能，即学生学规则和用规则的过程就是精神能量与物质能量相互转换的过程。学生在学规则过程中接受前人创造出来的宝贵精神财富——规则，并在用规则的过程中将其转换成新的物质财富或精神财富，即在规则学习过程中实现了精神能量与物质能量的相互转换。简言之，规则的转换功能是学生在学习规则的过程中实现的。学生（即所有学习规则的人）就是实现物质与精神能量相互转换的转换者；拥有大脑高级神经中枢和受其调节、支配的中枢及周围神经系统、消化系统、呼吸系统、循环系统、内分泌系统、外分泌系统、运动系统和生殖系统的人类有机生命体就是实现精神与物质能量相互转换的转换系统。该系统可以从生态环境系统中摄取阳光、氧气、水和食物等物质能量，并在规则学习过程中将其转换成认知规律、建立多重联系和运用规则生产人类物质和精神财富的精神能量和物质能量。因此，在规则学习过程中要利用、转化或"消耗"学生的自身能量，即消耗学生的精力和体力。按照能量守恒原理，在规则学习过程中学生的精力和体力不是消失了或耗费了，而是转化为他们创造或生产的物质或精神产品中蕴含的物质能量或精神能量。无论怎么说，学生在规则学习过程中都会促进体内物质与精神能量的相互转化，并导致自身心理能量和体能的下降。因此在较长时间的规则学习过程中会出现注意力涣散、学习动机水平下降、思维迟钝和学习效率下降等心理疲劳现象以及体力不支、力量不足和动作迟缓等身体疲劳现象。因此，在规则学习过程中，学生需要及时调节心理紧张程度、适当休息或适当补充能量。总之，规则学习过程是实现规则转换功能的过程，即实现人类精神财富与物质财富相互转换的过程，也是学生自身物质与精神能量的相互转化过程、体内物质或精神能量向体外的物质或精神产品中输出能量或转化能量的过程，这是规则学习过程的一般规律，因此将其命名为规则学习的"能量转换"原理。

根据规则学习的能量转换原理，学生在持续的规则学习过程中或较长时间的技能训练中必然会产生心理疲劳和身体疲劳，如果不能得到及时的调整和适当的缓解，则不利于他们的身心健康甚至损害其身心健康。教师向学生传授规则和指导其运用规则的目的是把学生培养成为熟练运用规则创造物质或精神财富的劳动者、创造者和享用者，因此必须根据规则学习的能量转换原理提出维护学生身心健康的教学原则。该原则的宗旨是：教师既要在规则教学过程中向学生传授规则、指导其熟练运用规则，并形成相应的技能，同时也要维护或保护学生的身心健康。在课堂教学中贯彻落实该原则，教师要将持续较长时间的规则教学过程分解为几个阶段分步骤、有间歇地进行，以保证学生在持续紧张的学习过程中有适当的心理调整和心理放松时间。在持续的消耗体能的技能训练、体力劳动或体育运动教学过程中，教师要视劳动强度、技能训练或体育训练的强度和学生体能的消耗程度适当安排休息时间或恢复体力的时间。同时要充分做好学生的劳动安全保护、技能训练保护或体育运动保护，提前采取有效防护措施，积极预防学生可能发生的劳动创伤或运动创伤等。体育课、音乐课和心理健康课等课程的上课时间应该安排在前、后两节消耗学生学习精力较大的课程之间，使其起到调节学生心理紧张或缓解学习压力的积极作用。课间操、眼保健操、体育课、音乐课、美术课、劳动技能课和心理健康课都是神圣不可侵占、须臾不可忽视的课程，而且越是临近考试阶段越不可以随意侵占和草率对待。因为在学生规则学习的高强度时期和面临考试的紧张阶段，它们起着调节学生的心理压力、缓解紧张情绪、恢复学习精力和体力不可或缺的重要积极作用。在学生的复习和考试阶段，学校领导和全体教师不要设置考试时间的"倒计时"、不要张贴或悬挂制造紧张氛围的标语、不要关闭体育运动、音乐欣赏或美术展览等场馆，更不要收回学生日常体育运动所借用的器具等，反而要督促学生按时休息、保证充足的睡眠，并鼓励学生适时开展娱乐活动和体育运动。

3. 学习动机原理与及时激发学生学习动机的教学原则

根据规则学习的多重联系原理，学生在规则学习过程中需要逐步建立起多重联系。而且多重联系是学生通过自主的思维活动和与之协调一致的外显学习活动（诸如聆听、阅读、观察或模仿等）逐步建立的。简言之，规则学习是由学生的内生动力或学习动机驱动的有目的、有意义的积极活动过程。学生规则学习的内生动力来自哪里呢？根据规则学习的能量转换原理，学生规则学习的内生动力是从学生自身储备的物质能量转化来的。其转化过程如何呢？首先，学生通过体内外感知活动能够意识到自己物质和精神需求的缺失状态。其次，学生意识到的物质、精神需求和满足这些需求的途径和方法一旦与规则学习活动的目的建立了联系，就会启动学生自身的物质能量向规则学习需要的精神和物质能量的转化。该过程就是学生规则学习动机形成的过程，即学生通过自身能量的转换不断地给规则学习活动提供能量或动力的过程。最后，学生通过规则学习活动逐步建立起多重联系，并利用多重联系获得物质和精神需求的满足。

学生的物质和精神需求是怎么产生的呢？物质需求来自于学生自身有机体的各种本能的、生理的、生命的或生存与繁衍的需求，诸如对饮食、空气、生命安全和繁衍生息的需求等。学生的精神需求来自于生态环境中各种社会因素的影响以及由此而产生的认识、审美、情感、价值、理想和信念等。物质需求与精神需求之间的关系在不同个体身上的表现各不相同。在一般情况下，人们只有在物质需求得到基本满足之后才能产生或追求精神需求，即物质需求是第一位的基本需求，而精神需求则是第二位的高级需求。但是在一些具有崇高理想和信念人士的思想中精神需求往往高于物质需求，甚至为了精神需求宁肯舍弃物质需求乃至生命。所以在学生的各种规则学习动机中，既有为满足一时需求而学习的短暂学习动机，也有为追求和实现远大理想而学习的长远学习动机；既有为认知规律或真理而学习的直接动机，也有为追求权力、地位、名誉或利益而学习的间接学习动机；既有与社会需求相一致的正确学习动机，也有与社会需求相背离的错误学习动机等。总之，无论是由何种需求转化来的学习动机还是哪种类型的学习动机，学生的规则学习都需要学习动机的驱动，这既是规则学习的必备条件，也是规则学习的一般规律，因此可以将其称为规则学习的"学习动机"原理。

根据规则学习的学习动机原理，教师在规则教学前、教学中乃至教学后都需要将学生的各种规则学习需要及时地转化为规则学习动机，或者及时地激发或激活学生已有的但处于低迷或低落状态的学习动机，以满足学生建立多重联系之需。这就是及时激发学生规则学习动机的教学原则。广大教师在教学实践中已经积累了培养学生的学习需要和激发学生学习动机的丰富经验和方法，因此这里只需提示一点，即运用该原则贵在"及时"。一般来说，教师在规则教学之前都会采用各种行之有效的方法激发学生的规则学习动机。因此学生一般是在规则学习动机的驱动下进入规则学习过程的。但是规则学习过程是消耗学生的物质能量与心理能量的过程，而且规则学习需要逐步建立多重联系，即规则学习的持续时间较长。学生在规则学习过程中难免会出现注意力或认知兴趣下降、心理努力程度降低或动作迟缓等心理疲劳和身体疲劳现象。因此，为了保证学生更快、更好地建立多重联系中的每一个联系，教师需要在教学中及时激发学生的"即时"学习动机。在规则的课堂教学结束时也要及时地向学生强调课后练习运用规则和形成技能的重要意义和注意事项等，为学生课后正确练习运用规则激活其学习动机和提供练习指导。

（二）顺序性、持续性、阶段性和"用中学"原理与教学原则

根据规则学习的多重联系原理，学生在规则学习过程中需要逐步建立起多重联系。而且逐步建立多重联系必然要有顺序性、持续性、阶段性和应用规则时的再学习过程。所以，每个规则的学习过程需要遵循顺序性、持续性、阶段性和"用中学"规律；教师的规则教学也要遵循根据这些规律制订的教学原则。

1. 有序性原理与有序性教学原则

规则学习的顺序性就是指规则学习应该从哪儿开始，然后按照什么顺序进行。具体来说就是最初应该建立多重联系中的哪一重联系，随后又该依次建立哪些联系等。

如果按照前人发现规律、表达规律、制订规则、呈现规则和运用规则的顺序，规则学习的一般顺序首先应该在同类的各种事例之间建立事例-事例联系，其次在事例与一般规律之间建立事例-意义联系，然后依次在规律与概念、规律与规则和规则的各种呈现方式之间建立各种意义-意义联系，最后在规则的应用方式与应用方法之间、应用方法与具体动作或操作之间、动作与动作之间、动作与动作表象之间、动作与结果之间依次建立起各种联系，并最终形成多重联系。该顺序不仅是学生规则学习的一般顺序，也是教材编写和课堂教学普遍遵循的一般顺序。然而，现实生活和实际工作中的一些规则学习顺序往往并非如此，诸如儿童往往是先学习吃饭、洗手和漱口等卫生规则的具体运用，然后才逐步学习或理解运用卫生规则的意义和原因等；一些师傅往往首先从教徒弟掌握具体操作规则和形成操作技能开始，然后再解释运用规则的道理或原理等；教练训练运动员往往首先从训练运动员的技术动作开始，然后才逐步传授技术动作的原理等。当然，规则学习还可以从学生已知的原理或规则开始，通过公式推导或逻辑证明得出新规则，从而建立新旧规则之间的意义-意义联系，然后再逐步建立其他联系；还可以从具体的样例学习开始，首先建立不同解题样例之间的事例-事例联

系，其次建立事例与一般解题规则之间的事例-意义联系，最后再建立解题规则
与解题方法之间的联系、解题步骤之间和与其解题结果之间的联系等。如此看
来，规则学习过程既有一般顺序，也有各自不同的特殊顺序。但无论从何处开
始，规则学习都必须有序进行，即规则学习过程具有顺序性是其基本规律之一，
我们可以将其称为规则学习的"有序性"原理。

一般来说，学规则是用规则的前提，即规则学习过程应该按照先学规则、然
后用规则的先后顺序进行。但是有些人的规则学习过程或者有些规则的学习过程
却可以从用规则开始。这是因为从用规则开始学习规则可以帮助人们解决应急之
需和实用之需，诸如为了预防传染病及其大范围传播必须在全社会迅速普及运用
其预防规则；为了维护交通安全必须在全民普及运用交通安全规则；为了使儿童
尽快地适应社会环境需要及早地教他们学会运用人际交往的礼貌规则等。总之，
人类社会中有些规则需要急用先学，有些规则需要实用先学。因此，有些规则的
学习需要从使用或运用规则的学习开始，而且规则学习具有从用规则开始的可行
性，诸如原始人类即使不知道营养学和食物消化原理也要先学会吃饭和喝水规
则；远古人类即使不知道发声原理也要教孩子学会听话和说话规则；农民即使不
懂得光合作用原理也要学会种植、田间管理、收割和储藏等生产劳动规则；工人
即使不懂得机器和仪表的工作原理也要首先学会其使用规则等。因此，根据规则
学习的有序性原理可以提出规则教学的有序性原则，即规则教学要从社会和学生
的实际需要出发，从切实可行的规则学习起点开始，帮助学生逐步而有序地建立
起各种联系，最终形成多重联系和技能。

2. 持续性原理与持续性教学原则

根据规则学习的多重联系原理和有序性原理，学生在规则学习过程中建立的
各种联系是逐步有序建立起来的，其中有些联系是在一段连续的时间内建立的，
而有些联系却是在间隔了一段时间后甚至间隔了很长的一段时间后才建立的，诸
如儿童学会运用的卫生规则、安全规则和礼貌规则等往往是在几年后的课堂上或
教材里才能学习到或理解其背后的科学原理；学生在学校里学习的许多规则往往
是在毕业后的实际工作中才能用到；农民听了农业科技讲座后才明白自己多年使
用的种植方法的科学原理；儿时背诵的诗歌到了晚年还在琢磨诗人用词的巧妙
等。简言之，规则学习过程中有些联系的建立具有一定的时间连续性，而有些联
系却没有时间上的连续性。但是每个规则内的各种联系之间却始终是一一对应的
或不可割裂的，即使相隔了几年或几十年才建立起其中的某个联系或某些联系，
但是这些联系都是必然的或持续不断的，即规则学习的过程虽然在时间上不一定
是连续的，但一定是持续不断的。因为人们以前学习过的规则不知何时何地将被

用到，而且每次运用规则时往往都有新的体会，即每次运用规则时都会重新建立以前建立过的联系和新建立的联系。因此规则学习虽然可以保持一段时间内的连续性，但都必然具有较长时间的持续不断性或持续性，这也是规则学习必然遵循的规律之一，可以将其称为规则学习的"持续性"原理。该原理还意味着，规则学习往往不是一蹴而就的，而是持续不断的，有些还是终身的，诸如健康饮食规则、文艺创作规则和科技开发规则等。因此，有些规则的学习是终身学习过程。

根据规则学习过程的持续性原理可以提出规则教学的持续性原则，即教师可以在一段连续的时间内（例如一节课或连续的几节课）帮助学生建立起一些必要的联系，使学生初步理解、掌握，并学会运用某个规则，但是学生以后运用规则的时间还很长、次数还很多、运用规则的条件和对象还有很多、运用规则的熟练程度还有待提高、运用规则的方法还有待进一步改进或完善等，因此教师对每个规则的教学都不能"一教了之""一教永逸""一次课完成"，而需要对学生后续的规则运用、深入理解和技能形成等提供指导、建议、期待、展望或预期等。这些指导、建议、期待、展望或预期等既可能使学生在后续的作业、练习、考试和研究中受益，也可能使学生终身受益。

3. 阶段性原理与学规则阶段的教学原则

规则样例学习的阶段性原理阐述了规则样例学习过程阶段划分的依据。在这里我们根据规则学习的持续性原理阐述规则学习的阶段性原理。根据规则学习的持续性原理，学生在整个规则学习过程中每建立一个或一重联系都可以将其划分为一个阶段。但是这样划分出来的阶段数量很多，而且随着规则学习的不断深入和运用规则的不断扩展建立起来的联系还会不断增多，阶段的数量也将随之增多。为了从总体过程上掌控规则学习的阶段性特征，应该根据"学规则"过程与"用规则"过程之间的区别与联系将规则学习过程划分为学规则和用规则两个阶段。按照规则学习的一般顺序，学规则阶段主要任务是从事物运动或变化的具体事例中认知其一般规律，即理解规则背后的规律或原理。其主要目的是解决或回答诸如规则是根据什么制订的、规则表达的规律是什么、为什么要如此表达规律、如此表达规律的目的是什么等一系列理论问题。其学习过程主要是在同类事例之间建立事例-事例联系；在事例与一般规律之间建立事例-意义联系；在规律与规则之间建立意义-意义联系；在概念之间或规则的各种呈现方式之间建立意义-意义联系和表象-意义联系等。而用规则阶段的主要任务是学会规则的具体运用。其主要目的是解决或回答诸如规则应用的对象是什么、规则能够解决哪些问题、怎样运用规则才能解决问题、怎样运用规则才能形成技能等一系列应用问题。其学习过程主要是在规则的各种呈现方式与具体运用之间建立意义-动作联系或表象-动作联系；在运用规则的具体动作之间建立动作-动作联系；在动作与其结果之间建立动作-意义联系等。因此，学规则阶段与用规则阶段的任务、目的和过程存在根本的区别，这也是将规则学习过程划分为学规则和用规则两个阶段的依据。总之，规则学习过程可以至少划分为学规则和用规则的两个阶段，因此可以将规则学习的阶段性称为"阶段性"原理。

根据规则学习的阶段性原理可以分别提出"学规则"教学原则和"用规则"教学原则。用规则教学原则在论述规则的"用中学"原理之后阐述，这里只简要阐述学规则阶段的教学原则。根据学规则阶段的多重联系原理，学规则阶段的教学原则就是通过列举事物运动或变化的具体事例（包括实验展示、模拟演示或呈现影像等）或根据对基本原理的公式推导或逻辑证明向学生揭示出事物运动或变化的一般规律，并对规律做出陈述性表达和各种应用形式的表达，同时回答和解决学生提出的各种疑问。总之，贯彻学规则阶段的教学原则其主要教学任务是采用各种容易被学生接受或理解的方法帮助学生逐步建立事例与规律、规律与规则、概念与规则以及规则的各种应用方式之间的各种与"意义"有关的多重联系。

4. 规则的用中学原理与用中学教学原则

根据规则学习的有序性原理，儿童早期学习的规则乃至成人日常使用的操作、运动或行为规则等往往都是从学习使用或运用规则开始的。这些实际情况不仅进一步表明学规则与用规则两个阶段的划分具有充分的合理性、实用性和可行性，而且表明用规则阶段是规则学习过程中极为重要的阶段。规则学习的主要目的是运用规则生产或创造出人们需要的各种物质和精神产品，从而满足人们日益增长的物质和精神需求。所以即使那些从事物质或精神产品生产的生产者或工作者不知道他们所运用的规则或技能是遵循了哪个一般规律或科学原理，但是只要他们能够准确而熟练地运用规则或技能生产出合格的或优质的产品，他们就是合格的或优秀的生产者或工作者。根据规则学习的能量转换原理，用规则阶段是实现精神与物质能量相互转换的关键环节。如果学生学习了许多规则或技能但不实际运用，生产或创造物质和精神财富、实现精神与物质能量的相互转换就是空谈。根据规则学习的持续性和阶段性原理，学规则阶段一般可以在较短的时间内连续地完成，但是用规则阶段却往往需要持续较长的时间，而且有些规则的运用将会贯穿整个职业生涯甚至人的一生。因此往往需要将用规则阶段划分为几个具体的子阶段或小阶段，例如纠正错误阶段、准确运用阶段、熟练运用阶段、形成技能阶段乃至开发新规则或形成新技能阶段等。

　　学生运用规则时难免出现各种错误。最初出现的错误是在具体运用规则的过程中出现的，即第一种错误，诸如运用方法错误、操作程序错误、动作错误或动作不准确等，因此这种错误可被称为"规则运用"错误。纠正这种错误时，学生需要分析错误的原因、明确规则运用的正确方法或程序、克服错误的做法，并逐步掌握正确的方法、程序或动作等。所以在此期间学生往往需要重新温习规则的运用程序，反复练习使用正确的方法以及克服不良习惯动作等。这就是纠正第一种错误的规则再学习过程或规则的用中学过程。当学生掌握了较多的规则或技能往往会犯第二种错误，即"误用规则"错误。误用规则就是把规则用错了对象，诸如在解决问题时误用了解题规则、劳动时误用了工具或匆忙时混淆了礼节等。在纠正这种错误时，学生往往需要重新审视，并进一步区分不同规则的具体运用对象和条件等，即改变原来建立的规则与其对象和条件的错误联系，并重新建立正确的联系等，这就是纠正第二种错误时的规则再学习过程或规则的用中学过程。

　　学生能够正确地运用规则之后，还需要在实际工作中通过不断地练习或训练，熟练地运用规则并形成相应的技能。从反复正确地运用规则到熟练地运用规则再到技能的形成往往是一个漫长的过程。该过程一般要遵循技能形成的一般规律，即遇到并突破一个个技能训练的"高原期"。而且每个高原期的突破都需要学生不断完善或甚至改变原来建立的意义-动作联系、表象-动作联系、动作-动作联系和动作-意义联系等，并重新建立更加完善、效率更高或效果更好的有关多重联系，所以技能的形成过程也是规则的用中学过程。

　　学生形成了有关的技能后，如果还能在后续的实际工作中发现规则运用的新方法、新工具或新材料，并改进规则的原有运用方法、工具或材料，这就相当于发明了新方法、制作了新工具或研制出新材料等科技开发的创新活动过程，而且该过程也属于规则的用中学过程。

　　总之，学生运用规则的过程往往是一个长期的过程。人们在长期运用规则的过程中，不仅生产出物质或精神产品，逐步形成了相应的技能，而且也进行了规则的再学习或用中学。这也是规则学习过程的基本规律之一，可以将其命名为规则学习的"用中学"原理。

　　根据规则学习的用中学原理可以给刚刚步入实际工作岗位的广大毕业生或就业者和在实践工作岗位上工作多年的广大实践工作者各提供拜师学习策略或人才成长策略。

　　给广大毕业生、实践工作岗位上的就业者或理论工作者提供的拜师学习策略是：端正态度，放下架子，虚心拜实践工作者为师，从零开始新的规则学习历程。规则学习的基本原理是理论联系实际，刚毕业、就业的学生或理论工作者的短板就是缺乏实践经验。来到实践工作岗位恰恰是弥补不足的良机，须借此良机向实践工作者学习。俗话说"高手在民间"，许多宝贵的实践经验往往是实践工作者经过一生不懈探索获得的实践"真经"，是书本上根本见不到的知识，也往往是不遇贤能或良才绝不轻传的独家"秘籍"。它们同样是人类的宝贵精神财富，其中蕴含着理论工作者意想不到的奥秘或神来之笔的妙用等。因此不虚心、不真诚、不甘当"小学生"就学不到真经、得不到真传。历史经验证明，拜实践工作者为师、甘当人民群众的"小学生"是知识分子进步的必由之路和成才之路。

给广大实践工作者提供的拜师学习策略是：必须清楚地认识到未来的实践工作者都将是知识分子、思想家乃至发明家，那种仅凭体力或独门绝技谋生的时代已经过去。实践工作者必须克服重重困难，不断补充或充实先进科学文化知识或理论上的短板，向书本、教材和各种知识媒体索求先进的理论知识，拜专家和学者为师，索求理论和思想指导，这样才能从谋生者发展成为承担者、领跑者、开拓者或创新者。当代大国工匠的成功之路都证明了此理。

根据规则的用中学原理提出的用中学教学原则或用中学指导原则内涵比较丰富，发挥作用的时间较长且作用范围较广，既涉及在学校里、课堂上、家庭作业和考试前后为学生提供正确运用规则的教学和指导、对学生规则运用错误和误用规则进行及时纠正以及对学生技能形成过程进行指导、监督、辅导和考核等教学任务的具体落实，也涉及对学生走出学校后实际运用规则产生深远影响。因此，用中学教学原则包括"校内教学原则"和"校外指导原则"的两种作用或功能：一是对学生在校学习期间用规则阶段提供具体教学和指导；二是对学生走出校门后运用规则或改进规则运用时产生深远影响。为了充分发挥校内教学原则的作用，教师需要为学生正确运用规则提供要点提示、注意事项和动作要领等，诸如为学生熟记规则的运用方法而编制口诀；为帮助学生掌握运用规则的步骤或程序而绘制程序图；为避免可能发生的错误提前做出警示等。教师还需要帮助学生找到发生各种错误的原因和纠正错误的正确方法；帮助或指导学生制订促进技能形成的练习或训练计划以及帮助学生突破训练过程中遇到的高原期等。为了尽量发挥校外指导原则的长期作用和深远影响，教师需要向学生介绍在实际工作中具体运用规则的实践经验、规则的应用前景、科技开发的新动态以及对学生将来实际运用规则时可能遇到的各种特殊情况提前做出提示等。

最后谈一谈"用中学"与"做中学"的区别与联系。做中学是教育家提倡并被学生和教师采用的学习与教学方法，但其容易与用中学原则相混淆。这里需要进一步厘清各种做中学的区别以及与用中学的区别与联系。因为"做中学"的含义十分宽泛，既包括直接经验的做中学，也包括间接经验的做中学；既涵盖了在各种社会实践活动中的做中学，也涵盖了校内各项学习中的做中学；既指动作、操作或运动等规则学习和技能训练中的做中学，也指阅读、运算或写作等规则学习和技能训练中的做中学，甚至既指技能训练中的做中学也包括了运用手指追踪-阅读策略、笔记策略或阅读划线策略中的做中学等。所以当人们一提到"做中学"或"做中学"教学原则时，教师们或将其理解为让学生在各种社会实践活动中自主学习规则和技能，或理解为加强对学生实际运用规则的技能训练，或理解为在实际活动中进行规则教学等。为了避免混淆和误解，有必要对"做中学"与"用中学"的概念做出明确的区分或界定应用范围，即凡是在各种真实的社会实践活动中、在各种实际的工作岗位上或在各种真实的比赛情境中运用规则，并获得直接经验的都属于做中学的范畴；而凡是在列入学习计划、教学计划或训练计划的规则学习、技能训练或在模拟情境中做出的各种动作、操作或运动以及采用的各种学习策略、教学策略或训练策略等都属于用中学的范畴。按照这种划分或范围界定，在采用各种方法或策略的各种情境中运用、练习或训练书写、朗读、翻译、运算、解题、证明、推理、辩论、写作、制作、操作、创作、表演或比赛等都是规则的用中学过程。而只有在实际工作中运用其规则或技能才是做中学，诸如学生在工作中采用各种方法反复练习烹饪技术属于烹饪规则的用中学过程，而只有实际给客人独自烹饪菜肴才是做中学过程；学生在各种情境中反复练习演讲都属于用中学，只有直接面对观众、听众、麦克风或摄像机镜头做实际演讲时才是做中学；学生在学校里反复运用实验规则，并熟练掌握实验技能的过程都是用中学，只有自己独立地实际做实验时才是做中学。

　　各种规则的学习或运用都是用中学在前、做中学在其后。所有用中学的目的都是实现做中学或更好地做中学。通过做中学能够学到什么呢？一是使规则的运用愈加熟练，并逐渐形成自己的风格甚至达到炉火纯青的艺术境界；二是获得了各种真实的情感体验、心得体会乃至独门秘籍；三是对新规律有所发现、对原有规则或技能有所改进、对新方法或新材料有所发明或有所创造。这些直接经验都是在用中学阶段所得不到的，却是在用中学的基础上逐渐形成或取得的。所以用中学与做中学既有区别又有联系，两者紧密相连且密切相关。

（三）基础性、逻辑性、关联性和组合运用原理与教学原则

　　事物的不同规律之间存在着各种相互作用，即规则之间存在着各种相互作用关系，诸如高级规则与基础规则之间的关系、规则之间的内在逻辑关系、不同学科领域规则之间的关系和规则组合运用中的关系等。这些规则之间的关系为规则学习提供了基础、依据、参照、联想与配合，成为规则学习可以遵循的一般规律或原理，也为规则教学提供了可以遵循的一般原则。

1. 基础性原理与规则教学的基础性原则

本书第一章第二节和第三章第一节介绍了加涅的学习层级说和规则层级说。加涅注意到的是高级规则的学习要以有关基础规则的学习为基础；基础规则的学习要以有关的概念学习为基础。根据规则样例学习的条件性原理，新规则的学习要以有关的旧规则为基础，即未知规则的学习要以有关的已知规则为基础，诸如学习四则混合运算规则要以四则运算规则为基础；学习分数运算规则要以整数运算规则为基础；学习代数运算规则要以算术运算规则为基础等。其实不仅狭义的科学规则和数学规则的学习如此，其他广义科学规则的学习也是如此，诸如学习朗读规则要以掌握字、词、句的发音规则为基础；学习汉字书写规则要以掌握执笔规则和笔顺规则为基础；学习连贯的运动规则、操作规则、演奏规则和表演规则等都要以掌握分解动作规则为基础等。许多专业化技能、复杂技能或高级技能也是在掌握日常生活技能、简单技能或基本技能的基础上经过专业化的训练形成的，诸如高级厨师的烹饪技能是在日常生活中的做饭和烧菜技能的基础上经过不断发展和提高而形成的；剪纸技能是在熟练掌握使用剪刀技能、折纸技能和想象技能的基础上逐步形成的；播音员的播音技能也是在准确掌握朗读技能的基础上经过专业训练形成的等。总之，未知规则的学习以已知规则为基础、新规则的学习以旧规则为基础、复杂规则的学习以简单规则为基础、连贯运动规则的学习以掌握分解动作为基础、熟练技能的形成以准确地运用技能为基础、高级技能的形成以准确而熟练运用的技能为基础等，这些是规则学习和技能训练遵循的一般规律，因此可被称为规则学习和技能训练的"基础性"原理。

根据规则学习和技能训练的基础性原理可以提出规则教学的基础性原则。遵循该原则有 3 个要领或准则需要教师在教学过程中认真贯彻执行：①要在讲授新规则之前提示学生复习或温习有关的旧规则或以前学习过的已知规则，或者带领学生一起温习有关的已知规则，以便促进或提高学生学习新规则的效率和效果；②要及时纠正学生在理解、掌握和运用已知规则过程中出现的各种错误和不良习惯，使学生能够正确、清晰且稳固地理解、掌握和运用已知规则，为学生学习新规则奠定良好基础；③在指导学生运用新规则和训练学生形成新技能的过程中不能因追求进度而忽视质量，必须在学生能够正确运用规则的基础上进行熟练化或自动化的训练，必须在学生能够准确掌握和运用每个局部动作的基础上进行连贯性的整体技能训练，因为运用规则的每个动作、方法、步骤或环节的准确性或质量都关乎到技能的整体质量和水平。总之，使学生正确理解和准确运用基础性规则，并形成准确而熟练的基本技能，是"双基"教学的准确含义和双重教学目标。因此，教师在进行课堂规则教学之后必须关注学生有关基本技能的培养和训练，诸如语文课教学必须注重学生的书写技能、阅读-理解能力、聆听-理解能力、口语表达能力、人际交往技能和写作能力的课余培养、训练和不断提高；音乐课教学不仅需要对学生的识谱技能、独唱与合唱技能、指挥技能、基本表演技能和音乐欣赏能力等进行持续的培养、训练和逐步提高，还要在学生的课余文艺活动中指导学生演奏技能、表演技能、基本谱曲技能乃至音乐创作技能的训练与提高；体育课教学除了讲授有关的体育运动发展史、运动医学、运动生理学和运动力学等基本原理以及场地规则、训练规则、比赛规则和裁判规则，主要注重对学生体质、体能和运动技能的持续训练与不断提高，使学生能够正确运用体育训练规则、逐步形成体育运动技能和坚持课余体育运动锻炼的良好习惯，此外还要在学生的课余体育活动中指导学生运动技能、裁判技能和赛事组织协调技能等的训练与提高。

2. 逻辑性原理与逻辑性教学原则

本章第一节论述了数学规则和量化科学规则的多样性特征和规则之间的相互转换、替代、解释或证明等特征。代数运算规则样例学习实验研究表明，代数运算符号可以用算术运算规则加以解释，学生能够利用已知算符和已知运算规则理解有关的新算符和新规则。关系类比的规则样例学习实验研究表明，量化科学规则与数学规则之间存在着一致的数量变化关系、函数关系和等量关系等。因此，学生可以利用已知数学规则的类比推理理解与之具有相同函数关系的量化科学规则。总之，数学规则之间、量化科学规则之间和数学规则与量化科学规则之间普遍存在内在的逻辑关系。因此，在规则学习中，学生可以利用不同规则之间的逻辑关系，通过公式转换、公式推导、公式替换、定理证明或逻辑推理等方法，根据已知规则推导出新规则，从而在新旧规则之间、新旧算符之间以及同一规则的不同呈现方式或应用方式之间建立起意义-意义联系、表象-意义联系和事例-意义联系等。简言之，学生可以利用已知规则学习或理解与其有逻辑关系的新规则。不仅数学规则和量化科学规则如此，其他广义科学规则之间也都普遍存在各自不同的逻辑关系，诸如汉字的造字规则之间、英文单词的拼写规则之间、语法规则之间、写作规则之间、操作规则之间、运动规则之间、表演规则之间和技术规则之间都普遍存在着各自不同的逻辑关系。正因如此，学生才能够通过新旧语法例句之间的对比推理利用已知语法规则学习新语法规则；才能通过范文学习写作规则；才能通过临摹、模仿和对比等方法学习书法、绘画、表演、操作和运动规则等。总之，学生可以根据规则之间的逻辑关系，并利用已知规则学习、理解或运用新规则。这也是规则学习的一般规律，因此可以将其称为规则学习的逻辑性原理。同理，教师可以根据新旧规则之间的逻辑关系，并利用学生的已知规则，通过公式推导、逻辑推理或类比推理等方法，帮助或促进学生建立新旧规则之间的联系与区别，理解并学会运用新规则。这就是规则教学的逻辑性原则。

教师在贯彻逻辑性教学原则时对公式变换、公式推导、定理证明、问题分析和解题步骤之间逻辑关系的讲解、不同作品之间的对比分析与对比归纳推理、不同历史事件之间的对比分析与对比归纳推理、自然规则与社会规则之间的类比归纳推理、不同文艺创作规则之间的对比、类比或借鉴推理等都是常用的规则教学方法或教学策略。除此之外，教师在规则教学中还必须遵循循序渐进和不凌不躐的教学原则。循序渐进的教学原则就是按照规则之间的内在逻辑关系由简到繁、由具体到抽象、由浅入深、逐步而有序地讲清每个规则适用的具体条件和规则之间的内在逻辑联系，使学生在这些规则之间建立清晰的逻辑联系、形成准确的逻辑关系推理和逻辑关系联想，从而系统、全面地掌握有关规则，形成一系列"规则链"，并学会这些规则的区别运用。关于不凌不躐教学原则，本书的第一章第一节已有论述和解释，这里专门指在规则教学中教师万万不能越过或跳过规则链中的某个规则不讲，而不厌其烦地反复讲解学生已经理解了的某个规则。贯彻规则教学的逻辑性原则还必须注重对学生的公式变换、公式推导、定理证明、关系类比、同构对比和各种推理等逻辑思维能力或高级认知技能的培养、训练与提高。

根据规则学习的逻辑性原理和逻辑性教学原则可以提出相应的逻辑性规则学习策略，诸如循序渐进策略、不凌不躐策略、分析对比策略、归纳总结策略、概念图策略、关系图策略、规则图策略、公式推导策略和逻辑证明策略等。其中，前两个策略是我国古代学者提出并普遍采用过的，至今仍然有效，因为它们符合规则学习的逻辑性原理。概念图策略是西方学者提出的学习策略之一，但不够全面。比其更完善的规则学习策略应该是包括概念在内的"规则关系图"策略或"规则图"策略，诸如实验流程图、工艺流程图（表）、操作程序图（表）、三角函数关系图、有机化学反应方程式的关系图等。学生学习过一系列有逻辑关系的规则（包括有关概念在内）之后，经常回忆、思考或联想规则之间的逻辑关系，经常练习公式变换、公式推导、定理证明等，并根据其逻辑关系在不同规则之间画出规则关系图或规则图等，不仅可以有效培养和提高自己的逻辑思维能力、逻辑想象能力、逻辑推理能力、逻辑记忆能力、逻辑联想能力和逻辑表达能力等，还能逐步形成逻辑思维技能、逻辑记忆技能、逻辑推理技能和逻辑表达技能等。所以，各种逻辑性规则学习策略不仅是规则学习的理解策略，也是规则推理策略、规则记忆策略或规则巩固策略、规则表达和应用策略，更是逻辑思维技能、逻辑记忆技能、逻辑推理技能、逻辑表达和应用技能的形成策略。

3. 关联性原理与关联性教学原则

世界上的事物都不是孤立存在的，而是相互关联的；事物的不同规律之间也存在着各种相互作用。因此，不同领域、不同学科的规则之间也存在着各种关联，诸如化学规则与物理规则的关联、生命规则与化学规则的关联、诗歌创作规则与谱曲规则的关联、书法规则与中国画规则之间的关联、社会规则与自然规则的关联等。甚至表面上看似不相关的规则之间也存在某种意义上的关联，诸如烧制陶器规则与吹奏乐器制作规则之间的关联、舞剑动作与草书规则之间的关联、植物的某些药性与防病和治病之间的关联等。规则之间的关联性为规则学习过程中学生对不同学科相似规则之间的对比、不同领域规则之间的相互借鉴和对规则应用范围和应用方法的广泛联想与想象等思维活动提供了广阔的空间，也为技术发明、文艺创作和科技开发等创新活动提供了宝贵的思路、线索或启发，诸如模仿动物的动作和运动对创作拳术动作的启发、动物器官的某些结构与功能对设计与制作某些仪器设备的启发、草刺儿割破手指对发明伐木工具的启发等。规则之间的关联不仅能够引起学生在思维与想象等认知活动上的关联，也能引起学生情感、动机、理想、信念和行为上的震动、激动、同感、共情与激励等，诸如巧妙的实验设计简洁的公式推导或独特的理论构想等能够激发学生的理智感；独特的实验现象、简洁的公式表达、朗朗上口的操作口诀和精妙的艺术作品等能够唤起学生的美感；规范的学术道德行为、严谨的学术风格、忘我的工作作风、崇高的思想境界和高贵的精神品质等能够增强学生的道德感等。不同事物规律之间的相互作用和相互关联是普遍的；不同规则之间的相互作用与关联也是普遍的；规则学习过程中学生对不同规则之间的关联性思考、联想或想象等认知活动与相应的情感活动、动机激发和意志行动等也是相互关联的，即规则学习过程中学生的认知活动与有关情感活动和意志行动之间存在相互联系。这是规则学习过程的又一个普遍规律，可以将其表述为规则学习的"关联性"原理。

根据规则学习的关联性原理，可以提出规则学习的广泛联想策略和规则教学的关联性原则。广泛联想学习策略中的"广泛联想"不局限于亚里士多德描述回忆过程的三种联想、英国联想主义心理学讨论的联想规律（张奇，1998）和心理学教材中列举的联想类型，而是指比这些联想范围广阔得多、深入得多的不同规律之间或不同规则之间的联想、不同概念之间的联想、不同字词之间的联想、不同事件之间的联想、不同动作之间的联想、不同技术之间的联想、表面问题与本质问题之间的联想、自然法则与社会规则和人生规则之间的联想等。试想两名学生在同一堂课上听到了同一位教师讲过的同一个单词后，学生甲认真地完成了默写单词、朗读单词和用单词造句等所有作业；学生乙不仅完成了上述作业，而且还将以前学习过的与该单词有关的同义词、近义词、反义词和容易混淆的词等都联想一遍，并各自有区别地运用一遍。请问，甲乙两位同学谁的收益更大呢？笔者认为原因在于他们在广泛联想上存在差异。有些学生总是热衷于在新潮的表面问题上搞研究、做文章，而忽视对其有关的历史问题、深层问题或本质问题的联想，从而使其研究或文章流行于一时，却终无大用。联想是思维和想象的基础，没有联想的深度和广度就没有思维与想象的深度和广度，没有思维和想象的深度和广度就没有思维和想象的突破与创新。显然，规则学习的广泛联想策略不仅仅是规则学习策略之一，而是学生学习的个人增益策略、思维开发策略或研究创新策略。

规则学习的关联性原理已经表达了对学生的情感教育、心理健康教育、审美教育、"三观"教育、道德品质教育和思想政治教育等能够寓于规则教学之中的可行性。因此，可以分别将关联性教学原则称为将学生的德育、美育、情感教育、心理健康教育和思想政治教育等寓于各类规则的课堂教学之中的教学原则。但是运用这些教学原则对学生的影响或教育效果往往取决于教师科学文化知识、经验、阅历和技能的广博程度、深入程度、相互联想程度、融会贯通程度和将其有机结合于规则教学之中的教学艺术水平。如果在实际教学中，规则之间的关联不当、联想得不顺理成章或者情感表达和言语表达方法不切合学生的实际情况，就往往得不到预期的教育效果甚至还会在学生中产生负面效应。因此，运用这些教学原则必须备课内容充分、规则之间的关联得当、联系得顺理成章、表达得情真意切，这样才能收到良好的教育效果。

这里还需要明确指出的是，不同学科或不同知识领域的规则之间普遍存在不同程度的关联，但是在教材编写和规则教学中，不能因为规则之间普遍存在关联而将不同学科或不同知识领域的规则混编在一起或进行规则的混合教学。因为同学科或同领域的规则之间存在内在的逻辑关系。规则之间的内在逻辑关系决定了规则学习与教学的先后顺序，即学生必须先学习基础规则，然后再利用基础规则学习高级规则。而不同学科或领域的规则之间却没有这种内在的、必然的逻辑联系，也不存在规则学习先后顺序的必然联系。如果将不同学科或不同知识领域的规则混编在一起进行混合教学，势必隔断基础规则与高级规则之间的内在逻辑关系，并混淆不同学科或不同领域规则应用的范围、界限或条件，从而使学生混淆对规律的正确理解和对规则的正确运用。因此，各个学科都必须按照本学科以及本领域内规则之间的内在逻辑关系编写教材，并按照规则之间的内在逻辑关系进行有序的规则教学。待学生正确理解和熟练掌握了各个学科的规则之后，他们自然就会通过思维或联想形成不同学科或不同领域规则之间的联系与区别。这就如同汉字学习与汉字教学一样，外形相近的汉字（例如"己"字与"已"字和"巳"字）、音同义不同的汉字（例如"是""十""式"等）或重音汉字等必须将其分开（例如将其呈现在不同的课文中学习，而且课文之间最好保持一定篇数的间隔，以便学生充分掌握学过的汉字之后再学习与之容易发生混淆的汉字），并分别进行教学与学习，待学生分别熟练掌握和准确运用之后，学生自己就能形成它们之间的区别与联系。但是，如果同时让学生学习它们（例如，同时学习"己""已""巳"3个汉字），势必造成识别与运用上的混淆，并使错别字在学生的作业或作文中屡次出现且很难纠正。以前曾经有人做过类似的汉字教学实验，例如在老师教会学生"雨"字之后，接着教学生学习雪、雷、霜等汉字。这种汉字教学表面上看来似乎提高了汉字教学的效率，但是在听写测验中却发现，学生常常将字音与字形相互混淆，诸如当学生听到老师念"雪"字的读音时，学生却错写为"雷"字；当学生听到"雷"字的发音时却写成立了"霜"字；当他们听到"霜"字的读音时却写成了"雾"字等。

4. 规则的组合运用原理与规则组合运用教学原则

本章第一节论述了不同规律之间的相互作用，诸如不同规律之间的联动与互动作用、不同规律对同一事物的多重作用、共同作用和不同作用等。正是因为事物往往受到各种不同规律的共同作用，所以必然存在着不同规则的组合运用。日常生活中多种规则的组合运用是相当普遍的现象，诸如食品制作、家务劳动、各项体育运动或娱乐活动以及服装制作、工具制作或商品生产等都是不同动作规则、操作规则、运动规则或技术规则组合运用的劳动或生产活动过程。数学规则、物理规则的组合运用十分普遍，其中既有同一规则的不同应用形式之间的组合运用，诸如利用"速度、时间和路程公式"的不同应用形式之间的各种组合运用解决同向而行、相向而行、逆水行舟或顺水行舟等算术应用题；利用三角函数基本规则的各种应用形式的组合运用解决的各种同角三角函数问题、半角三角函数问题或反三角函数问题等；利用部分电路欧姆定律的不同应用形式之间的组合运用解决串联电路、并联电路或串、并联混合电路的电流、电压和电阻值的计算问题等，也有不同规则之间的组合运用或混合运用，诸如整数与小数和分数运算规则的混合运用、各种平面几何定理的组合运用或各种拉力、压力或摩擦力等的物体受力分析规则的混合运用等，还有不同知识领域或不同学科规则之间的组合运用或综合运用，诸如绘图规则与几何规则的综合运用、数学规则与物理规则的综合运用、物理规则与化学规则的综合运用以及数理化、天地生、文史哲、艺体卫等规则的综合运用等。各项高新技术的研发过程更是多学科、多领域、多技术和多工种等不同规则综合运用的过程。总之，规则学习一般是分着学而组合运用、混合运用或综合运用的过程。这也是规则学习的一般规律，因此将其称为规则学习的"组合运用"原理。

学生学习规则的组合运用、混合运用或综合运用比分别学习每个规则和单独运用每个规则的难度大一些或大很多，因此有必要根据规则学习的一般原理提出有关的学习策略。规则的组合运用要以准确掌握和运用各项子规则或分规则为基础。根据规则学习的基础性原理，学生必须分别学好和用准每个子规则或分规则，并充分掌握每个子规则的各种变化应用形式以及运用该种形式的具体问题类型或结构特征和已知条件，例如"速度=路程÷时间"算术规则的另两种基本的变化形式或应用形式是"时间=路程÷速度"和"路程=速度×时间"；这两种规则应用形式对应的问题分别是"已知物体运动的路程和速度，求时间的问题"和"已知物体运动的速度和时间，求路程的问题"。根据规则学习的逻辑性原理，学生必须准确并熟练掌握同一个规则的各种应用形式之间的相互转换及其各自应用的问题类型或结构特征和已知条件。在分析组合应用题时需要弄清问题类型或结构特征和已知条件，从而明确需要用到规则的哪几种应用形式。还需要根据"子问题"或"分问题"与"总问题"或"终问题"之间的逻辑关系和已知条件，先后运用不同应用形式的规则分步解决子问题，并最后解决总问题。在分析混合应用题时也需要弄清问题的类型或结构特征和已知条件，从而明确需要运用哪两个或哪几个规则的组合，最后根据子问题与总问题的关系和已知条件分别运用子规则或组合运用有关子规则解决问题。在分析综合应用题时更要弄清解决该问题需要用到哪些学科的哪几个具体规则，并根据问题的结构特征和已知条件进一步明确不同规则中有关变量之间的等量关系、不同规则的具体组合方式等，最后分步解决子问题并最终解决总问题。

规则的组合运用、混合运用和综合运用是学生在用规则阶段学习的重点和难点，也是教师规则教学的重点和难点。因此，教师需要根据规则组合运用的一般原理，分别探讨规则组合运用的各种问题类型和解题方法、规则混合运用的各种问题类型和解题方法以及规则综合运用的各种问题类型和解题方法等，然后根据问题类型与解题方法之间的必然联系，做出问题类型或结构特征的类别划分，并归纳出针对不同类别问题的一般解题策略或方法。最后，分别通过各种类别问题结构特征的具体分析和解题示范，将一般方法或策略传授给学生。这就是规则组合运用教学原则的基本内涵。为贯彻落实该原则，教师必须首先做出许多具体问题类型的划分与解题方法或策略的分类研究工作，最后才能将自己的或教师集体的研究成果传授给学生。

（四）理解性原理与讲授教学原则

本章第一节阐述了人类对已知规律的多种应用表达方式，诸如口语表达、文字语言表达、公式（算式、方程和函数式等）表达、图形（平面图形、立体图形、流程图、结构图等）表达、图表（数据表、周期表、时间表等）表达、动作（操作和运动）表达等。这些对规律的各种应用表达方式就是规则的各种呈现方式。规则的呈现方式不同，其学习方式也不同，诸如用书面文字呈现的规则需要采用阅读-理解的方式来学习；用口语讲解的规则需要通过聆听-理解的方式来学习；用动作、操作或运动呈现的规则需要用观察-理解、模仿-理解或操作-理解的方式进行学习等。总之，无论采用哪种规则学习方式，都需要经过"理解"规则的过程。根据规则学习的多重联系原理，理解规则的过程就是在具体事例与规律之间、规律与规则之间、规则的各种呈现方式之间、规则的呈现方式与具体运用方式之间建立多重联系的过程。在各种多重联系中都需要建立事例-意义联系、表象-意义联系、意义-意义联系和意义-动作联系，即在规则学习过程中建立各种意义联系是不可缺少的或不可或缺的。其中，"意义"的含义在规则学习多重联系原理的论述中已经有所解释，这里再作具体说明：意义，泛指人们用口头语言、文字语言、公式、图表、姿势或动作等表达规律、讲解规则、学习规则和运用规则时所指定的各种符号的含义、字义、词义、语义（句子意义）、定义（即概念名称的具体含义）、段意（或一段文字表达的大意）、章意（或文章的中心思想）、式意（即公式表达的意义）、图意（即图形表达的意义）、表意（即数据表、图形表或符号表等表达的意义）、动意（即用手势、姿势、动作、操作或运动等表达的意义）等。所以，意义或各种意义联系是人们在意识上、思想上或心理上建立起来的符号与其代表或表达的具体事例、表象或动作等的稳定联系；名词与其代表或表达的具体事物及事物表象的稳定联系；一句话或概念的定义与其名称和指定事物的某种属性、结构、特征、公式、表象、动作、测量单位或测量方法等的稳定联系；几句话、一段文字表述、一个或一组公式、一张或几张图表、一个动作或一组连贯的动作等与其代表的、表达的或指定的具体事物运动或变化的规律、表达规律的规则或表述规律的原理之间的稳定联系等。根据规则学习的多重联系原理，规则学习过程中的各种意义联系是通过学生的思维活动建立的。按照正常人类个体思维发展的一般规律，儿童思维方式发生和发展的顺序一般是感知-运动思维（或简称为"动作思维"）、具体形象思维（或简称为"形象思维"，即表象思维、意象思维或想象思维）、口头言语思维（或简称为"口语思维"）和抽象逻辑思维等，即儿童从婴儿期开始就具有了动作思维、形象思维和口语思维。所以儿童一般从婴儿期开始就具有动作、操作、运动或行为规则的观察-模仿学习能力。儿童从出生后就开始接受成人口语的影响，并从婴儿开始发生和发展口语表达能力。到了幼儿期和学前期，他们对口语的聆听-理解能力和口语表达能力已经有了较大的发展与提高，足以在成人口语的指导下学习多种游戏规则、卫生规则和礼貌规则等，即儿童在上小学前就已经具有了聆听-理解的规则学习能力。儿童的口语能力与其口语思维得到迅速的发展和提高后，口语思维就成为他们思维活动的主要方式。即使儿童上学后开始学习母语的文字语言、第二语言的文字语言等，并逐步形成语言文字的阅读-理解能力和阅读-理解的规则学习能力，但是与他们口语的聆听-理解能力和表达能力相比还相差很多。小学生的规则学习主要是在教师口语讲解和口头指导下进行的，即学生主要是通过口语思维活动逐步建立起规则学习过程中的各种多重联系。随着小学生阅读-理解能力的持续发展与提高，中学生已经具有一定水平的阅读-理解能力和自主阅读-理解的规则学习能力，但是他们的口语理解和表达能力水平仍然普遍高于阅读-理解能力和文字表达能力。到了大学阶段甚至成年期，仍然是聆听-理解教师讲授教学的规则学习效率和效果优于自主阅读-理解的规则学习效率和效果。

　　为什么聆听-理解的规则学习效率和效果优于阅读-理解的规则学习效率和效果？为什么教师的课堂讲授教学经久不衰？为什么学术期刊、著作和教材的种类和版本众多且畅通于互联网等多种媒体，但是学生、教师和学者们还要听课、讲课、开会做报告和当面交流呢？主要原因有 3 个：①正常儿童出生后就生活在口语环境中，使其口语能力和口语思维能力都及时地得到发生、发展与提高。口语思维一经形成就成为人们一生中最常用的思维形式、运用得最熟练的思维方式，也是运用效率最高和效果最好的思维方式。因为与其他思维方式相比，口语思维的受限条件最少、消耗的能量最低，而且运用得最便捷。②任何规则都可以用口语表达和口语交流，规则的任何呈现方式和运用方式都能够转换成口语表达和口语交流，即无论是书面文字表述的规则还是用代数公式、图表、动作或样例等表达的规则都可以转换成用口语表达的规则。规则不仅可以用多种口语表达、最熟练的口语表达或母语的口语表达，还可以用各种通俗易懂或容易被学生理解的方式做出口语表达，而且还可以通过控制语速、音量、节奏、重音、停顿和情感等增强学生对规则的理解。③用学生熟悉的口语，并以学生容易理解的方式表达、呈现或讲授规则，很容易被学生理解并转化为自己的口语表达。因此在聆听-理解教师讲授教学条件下的规则学习效率和效果优于阅读-理解的规则学习效率和效果，这就是讲授教学经久不衰的根本原因。除此之外，学生在自主阅读-理解教材的过程中难免会遇到不熟悉的事例、不理解的字词或概念等，还会产生一些疑难问题，这些问题都需要通过聆听教师的讲授教学和当面请教教师才能得到解决。即使学生通过阅读教材获得了自己对规则的理解，但是自己的理解是否正确仍然需要通过聆听教师的讲授教学或当面请教教师才能得到核实或验证。总之，用学生熟悉的口语和容易接受的讲授方式表达或呈现规则，很容易使学生通过自己的口语思维建立起多重意义联系，从而又快又好地理解和掌握规则。这就是规则学习，尤其是学生理解规则的一般规律，也是规则学习的"理解性"原理。

传统的课堂讲授教学是简便易行且教学效率较高的常用教学方法，如果运用得当会收到较好的教学效果。即使在使用 PPT 等多媒体教学技术的课堂教学中也离不开讲授教学，所以它是规则教学不可或缺的教学方法。为了提高课堂讲授教学的效果和采用 PPT 进行课堂讲授教学的效果，兹分别阐述课堂教授教学的有机组合原则、PPT 教学原则和启发式教学原则。

（1）课堂讲授教学的有机组合原则

课堂讲授教学涉及讲授内容的有机组织和有序编排；讲授内容与讲授方式和情感表达的有机结合；对讲授进度和节奏的有效控制、对学生听课状态的及时监控、对教学效果的及时反馈和对教学方法的及时调整以及板书与简笔画的有效运用等诸多教学要素的有机结合。其中，既要遵循规则学习的若干一般原理或贯彻规则教学的若干原则又要适当变换或采用多种讲授方法。因此，课堂讲授教学是科学性、原则性、艺术性和创造性有机结合的综合性教学方法。下面分别简要阐述传统课堂讲授教学需要遵的 4 个有机组合原则。

1）讲授内容的有机组织和有序编排原则。教师课堂讲授的内容包括知识内容和附加内容两大类：知识内容是指课程标准和教材中规定的具体知识内容，其中包括实验展示、模拟演示、具体事例、有关概念、原理与规则、例题（例句、范文或学生作业等）、练习题和作业题等；附加内容是指教师用于激发学生的学习动机、帮助学生正确认知规律和建立多重联系等，事先准备好的并与知识内容有机结合在一起的具有引导性、启发性、激励性、提示性、解释性、对比性、总结性、评价性和指导性的讲授内容。附加内容有三种来源：一是从教材、参考书或互联网上选来的；二是从其他教师那里学来的；三是教师自己编写出来的。其中，教师自己编写出来的附加内容最能体现教师对其讲授的知识内容理解的准确程度、深刻程度以及运用规则的熟练程度和广度等，也最能反映教师的教学态度、教学理念、综合素养和创新精神等。一堂课或每个规则的讲授教学，首先需要将讲授的知识内容按照逻辑上的先后顺序编排起来，其次需要将各种附加内容与相应的知识内容有机地衔接或组合起来，最后还要将讲授内容分别与其适宜的讲授方式、情感表达方式、手势和动作等有机组合起来，形成一个有机组合、紧密联系、有序衔接、自然而生动的整体内容呈现给学生。

2）讲授内容与讲授方式和情感表达方式的有机结合原则。首先要做到讲授方式与讲授内容的统一或有机结合，诸如教师往往需要对有关书面文字表述做出逐字逐句的注解式的讲解；对有关的事例做出详细具体或生动形象的描述；对学生难以理解的概念和原理做出通俗易懂的解释等。其次要在讲授过程中结合讲授的内容和方式配之以准确而适度的情感表达。所谓"准确的"情感表达是指教师向学生表达的情感类型要准确，能够被学生准确地识别，尤其不能相互混淆，以免学生产生误解。所谓"适度的"情感表达是指教师要真情实感地向学生自然地表达情感，不宜过度地夸张，更不能勉强或做作。最后在讲授内容和表达情感的同时要配合适宜的表情、语气、手势或动作。课堂讲授教学既不同于相声和评书表演，也不同于做大会报告。相声和评书表演的目的是取悦于观众或听众；做会议报告的目的是向同行汇报自己的工作和体会；课堂讲授教学的目的则是向学生传递科学文化知识、培养学生的能力与技能，并使学生树立正确的观念和理想。

3）讲授进度和节奏的掌控与对学生学习状态的监控、教学效果的及时反馈和教学方法的及时调整有机结合的原则。根据规则学习的多重联系原理、能量转换原理和持续性原理，教师应该根据讲授内容的重点、难点和顺序适当控制语速、音量、重音、进度和节奏，既要不凌不遢地使学生更快、更好地有序建立起多重联系中的每个联系，又要尽可能地使学生有张有弛、积极主动、轻松愉快或不疲不倦地理解、掌握和运用规则。为了及时监控学生的学习状态，教师需要随时与学生保持目光交流，尤其是与个别学生一对一的目光交流。因为目光交流既有助于沟通师生之间的思想和情感，又能及时监控学生的学习状态，还能通过学生的表情变化及时反馈教学效果，以便及时调整教学进度和教学方法。教师与学生的目光交流要机动灵活，既要兼顾与多数学生的整体交流也要时常变化与学生的个体交流，以便达到有效监控、及时反馈与调整的目的。

4）板书和简笔画的有效运用原则。在传统的课堂讲授教学中，教师除了用口语讲授规则之外，还可以利用板书和简笔画给学生呈现必要的视知觉信息，以便帮助学生实现口头语言与书面语言、母语与外语、图形与口语的相互转换，并帮助学生建立意义-意义联系和表象-意义联系。板书的内容不宜过多，不能讲什么就写什么，而要提纲挈领、重点突出，起到画龙点睛的作用。在公式推导、定理证明、解题示范或画图讲解时，教师需要一边写板书或画图，一边转过身来面对学生讲解，两者既要有机结合又要及时转换。

（2）采用 PPT 的课堂讲授教学原则

采用 PPT 等多媒体教学设备可以在大屏幕上给学生呈现品质优良的图文信息、动态影像、实况录像或视频等。但是它们只改善了学生的视知觉效果，没有改变规则学习的性质和课堂讲授教学的性质。因此，规则学习的一般原理、规则教学的一般原则和课堂讲授教学原则仍然适用于 PPT 等大屏幕呈现图文信息条件下的规则讲授教学。如果用大屏幕呈现的图文信息设计不当或呈现不当还会降低教学效率和效果，需要根据有关研究提出采用 PPT 的课堂讲授教学原则。

1）避免"冗余效应"的教学原则。PPT 的本意是在幻灯片或大屏幕上呈现重点内容或要点内容，而不是全部知识内容的图文信息，更不能呈现讲授教学的附加内容。如果屏幕上呈现的图文信息能够使学生通过阅读而理解，那么教师对这些内容的讲解就是冗余的；如果学生通过聆听教师的讲授就可以理解，那么屏幕呈现的有关内容就是冗余的；如果学生阅读并理解了屏幕上呈现的图文信息后再聆听教师的讲解，显然会降低聆听的注意力、学习兴趣、学习动机和课堂教学效率。因此，教师在 PPT 的内容设计时必须避免冗余效应的发生。

2）避免"分散注意效应"的教学原则。采用 PPT 的教学需要一帧一帧地在屏幕上呈现图文信息，如果将紧密相关的图文信息（例如平面几何题的证明过程或证明样例）分别在两帧屏幕上呈现，势必会分散学生的注意力，即使学生产生分散注意效应。如果在一帧屏幕上既呈现重点知识内容也呈现无关的图文信息或吸引学生无意注意的诱惑性信息，势必也会分散学生对重点知识内容的关注与理解，从而降低学习效率和效果。因此，在 PPT 的内容设计上，必须做到图文信息的整合，并排除无关信息和诱惑性信息，避免学生出现分散注意效应。

3）避免"PPT 劣势效应"的教学原则。教师在给学生做公式推导、几何题证明或解题示范时需要一边写出推导、证明或解题的步骤，一边做口头讲解，即讲到哪里就要写到哪里或者写到哪里就讲到哪里。这种教学方式可以称为视-听信息的同步呈现。但是采用 PPT 教学一般做不到视-听信息的同步呈现，而往往是将推导、证明或解题过程的全部图文信息整体呈现或分步呈现在屏幕上之后再做讲解，这种教学方式可以称为视-听信息的异步呈现。异步呈现的教学效率和效果显然不如同步呈现好。因此，即使在有 PPT 可用的条件下，教师为了帮助学生更快、更好或更容易地建立多重联系，会不得不舍弃 PPT 教学，而采用传统的"黑板+粉笔"的教学方法。语文课教学中有一门功课叫作"经典原著的阅读与赏析"。学生完成短篇经典原著的阅读与赏析是比较可行的，但是完成像四大古典长篇小说等经典原著的阅读与赏析却谈何容易，有些教师就采用让学生观看相应电视连续剧的教学方法。这种短平快的教学方法显然违背了"阅读与赏析"的性质、目的和要求。因此，有些教学内容不适合采用 PPT 教学，教师必须在教学中有所舍取。除此之外，长期采用PPT教学还不利于年轻教师（新教师或教龄较短的教师）课堂讲授教学基本功的训练和讲授教学技能的形成、发展与提高。因为一门课程的PPT一旦准备就绪就可以重复使用，教师不必花费更多的时间和精力备课，而且教师还可以借助PPT的提示，在即使没有备课或一时忘词的情况下也能保证教学的进行。久而久之，教师逐渐放弃了板书、简笔画和讲授技能的训练与提高，最后导致其离开了PPT就不能讲课这样的严重后果。

4）板书和简笔画的辅助教学原则。有了PPT等先进的教学设备是否就可以抛弃黑板和粉笔或白板和黑笔了呢？回答是：万万不可以。因为在讲授教学中教师难免会说出学生不熟悉或不理解的字词、概念、地名或事物名称等，也会出现只有通过画图讲解才能使学生理解的事例、概念或原理等。一旦出现这种情况，板书和简笔画就可以派上用场并发挥积极作用。另外，一旦停电或电子教学设备发生故障，教师还可以利用板书和简笔画继续进行讲授教学，而不至于停课等待或浪费宝贵的教学时间。因此，板书、简笔画和讲授教学技能是教师永远不能丢弃和停止训练与提高的三大教学法宝。

（3）启发式教学原则

本书第一章第一节讨论了孔子"不愤不启，不悱不发"（《论语·述而》）的传统启发式教学思想。美国教育心理学家奥苏伯尔论证了只要学生能够进行有意义的接受学习，讲授教学就不是填鸭式教学的观点。按照规则学习的基本原理，只要学生能够在规则学习过程中逐步建立起多重联系，讲授教学就不是填鸭式教学。填鸭式教学有两个基本特征：其一，教师不管或不顾学生是否能够接受或理解而一味地进行讲授教学；其二，教师明知道学生接受不了或不愿意接受却仍然进行讲授教学。从学生规则学习的角度来讲就是教师不管或不顾学生能否建立起正确的多重联系，其讲授教学都在继续进行。换言之，即使学生不能接受或不理解、不愿意接受或不想理解，教师都依旧进行讲授教学。因此，如果教师讲授教学的方法运用不当，其讲授教学确实很容易导致填鸭式教学。但是，如果教师在讲授教学过程中能够及时监控学生的学习状态、及时了解讲授教学的效果，并及时改变或采取有效的方法使学生从不能接受或不能理解变为能够接受或能够理解，从不愿意接受或不想理解变成很愿意接受或很想理解，就不至于使讲授教学落入填鸭式教学的窠臼。那么究竟应该怎样进行讲授教学才能避免填鸭式教学呢？答案只有一个，即采用启发式讲授教学。

前面刚刚谈过讲授教学原则，难道要全盘否定它们，并另起启发式教学的炉灶吗？当然不是。启发式讲授教学需要教师正确掌握并熟练运用的3个要领：①启发式讲授内容的有机组合，即在讲授内容的有机组织和有序编排原则的基础上，将附加内容转换成向学生提问、设问、追问、引起学生好奇心和认知兴趣、激发学生学习动机、启发学生思考或表达的一个个具体问题，并将其与知识内容有机组合在一起，形成"师激学愤""学悱师发""师启学思""师问学答""学疑师解""学难师助""学问师答""师言学行"等一系列前后紧密衔接、融会贯通的有序讲授内容。这里所说的"有机组合"也可以称为"有机结合"，指的是知识内容与附加内容的有机组合要像人的运动系统与呼吸系统、血液循环系统和能量转化系统之间的有机协调与配合那样衔接、配合或组合起来。当然，真正做到两种内容的有机组合是一个需要不断追求的理想状态。因为人类生命体各种生理结构和机能的有机结合是自然而然形成的，而两种讲授内容的组合却是教师人为的组合，两者之间的差异只能通过教师的精心设计与巧妙构思才能逐步缩小。

②启发式讲授，即将讲授教学原则中的第2和第4原则有机组合起来进行讲授教学。具体来说，就是讲授内容与适宜的口语表达方式、适宜的情感及其表达方式、适宜的表情、手势和动作等有机组合起来逐步呈现给或作用于学生的学习活动过程。当然，"适宜的表达"和"有机组合"是需要教师不懈努力和不断追求的理想状态。也正因为存在通过人为的努力可以无限趋近的理想状态，所以才能使启发式教学成为教师不断追求的理想化讲授教学方法或讲授教学的艺术境界。

③启发式教学监控与调整，即准确而熟练地运用讲授教学第③原则。其中，对学生学习状态的监控仍然主要是采用目光监控，尤其是对学生在聆听和思考过程中产生疑难时表情变化的及时监控。对讲授教学效果的及时了解或反馈，除了及时观察学生表情和动作的变化，还需要增加对学生的及时提问。教师给学生提出的问题当然是与刚刚讲过的内容有关的问题，诸如"请你用自己的语言表述我刚才讲过的概念并举例说明""请你用自己的话说出该规则的依据是什么""请你用最简洁的语言表述该类问题的解题步骤"等。教师通过及时提问，根据学生对问题的回答及时了解学生学习中存在的问题或不足，并及时加以解释、说明、补充或纠正等。这就是对讲授教学效果的及时了解、反馈和对教学内容、进度或方法的及时调整。启发式教学需要师生共同营造一种师生关系平等和谐、讨论问题畅所欲言、思想观点百家争鸣等全过程民主的课堂教学氛围。在课堂上任何学生都可以随时提出任何问题。教师提问时学生可以自愿回答、拒绝回答、随意回答、补充回答或纠正回答等。教师对学生的回答或肯定、补充，或修正、纠正，或提出个人见解和改进意见等都应被学生理解为谆谆的教诲、善意的批评或真诚的期望，而不会因教师对自己回答的补充、纠正或评价等感到懊恼、气愤、不平或担心等。

提倡启发式讲授教学的理论根据不是别的什么深奥的道理，而是前文阐述的规则学习一般原理或根据这些学习原理提出的一个个教学原则，诸如教师用"难道你们不想知道醒面的道理吗？"这类的设问引起学生学习物质扩散原理的认知兴趣或激发学生学习物质扩散原理的即时学习动机；用"你们怎么解释摩擦生热这种现象呢？"的提问启发学生思考分子热运动原理；用"请大家想一想用我们以前学习过的哪个解题规则可以解决这类问题呢？"的提问引导学生在问题类型或结构特征与解题规则之间建立一一对应的意义联系等。教师起初采用启发式教学最担心的问题有两个：一是启而不发、启而错发或启而乱发；二是因为不断地提问和答问而延长教学时间，不能按时完成教学计划。启而不发是因为教师提出的问题过难、过偏或过于敏感；启而错发是因为教师提出的问题具有引起学生误解或引导学生做出错误思考的倾向；启而乱发是因为提出的问题缺乏限定的具体条件或范围。总之，启发不当的原因都在于教师提出的问题不当。因此，教师在备课时需要精心选择或创设出各种可能在教学中提出的问题或预存充分的问题备份。担心启发式教学会延长教学时间没有充分的理论和实践依据。因为所有的讲授内容都有附加内容；所有的课堂教学都有提问和答问环节；而且口头表达提问、设问或追问等附加内容比讲解学习规则的意义或作用等附加内容简洁得多、省时得多。

（4）规则讲授教学的局限性

课堂讲授教学，尤其是启发式讲授教学有助于学生理解抽象的科学概念和科学原理，即能促进学生在规律与概念、规律与规则、概念与规则之间建立多重意义联系。但是讲授教学不能完全满足各种规则教学的需要，因为至少在用规则阶段的教学中，教师需要给学生做出运用规则的具体操作示范，诸如给学生示范字母发音、汉字书写、算式运算、公式推导、问题解决、表演与演奏、体育运动与实验技术操作等。总之，教师单纯的讲授教学不能胜任规则教学任务，因此在规则教学中，教师需要给学生做出揭示规律、制订规则及理由和运用规则的各种操作或动作示范与口头讲解有机结合起来进行的规则教学，即规则范例教学。

（五）范例学习一般原理与一般教学原则

1. 规则范例一般学习原理

前文（详见本节第二部分中的"规则范例学习原理"）虽然已经在与其他规则样例学习模式乃至其他规则学习模式相比较的基础上简单阐释了规则范例学习原理，但仍需要进一步揭示规则范例学习难度低且效果好的深层次原因，进而建立规则范例学习的一般原理。

根据规则样例学习的局限性原理，规则样例学习不如阅读-理解的规则学习效率高、效果好；阅读-理解的规则学习不如聆听-理解教师讲授的规则学习效率高、效果好；学生聆听-理解教师讲授规则不如观看和聆听教师范例教学的规则学习效率高、效果好。规则学习的理解性原理已经阐释了学生聆听-理解的规则学习优于阅读-理解和规则样例学习的效率和效果的原因。因此，这里需要进一步阐释在范例教学条件下，学生的规则范例学习优于其他条件下规则学习效率和效果的原因。

　　范戈和鲁梅尔（van Gog & Rummel，2010）认为范例学习之所以有效，可以用观察学习的一般认知过程来解释，即学生通过观察榜样的行为示范建立起相应的认知表征。他们按照班杜拉观察学习的 4 个阶段来解释学生认知表征的建立：学生首先注意的是榜样示范行为的特征。接下来需要将观察到的信息保留在记忆中，即对这些信息进行编码。斯威勒等（Sweller & Sweller，2006）指出这种编码并不是一一对应的映射，而是一个建构性的过程。在该过程中，信息被重新组织起来，并与学生已有知识相结合。学生能否习得观察到的行为，取决于他们认知表征的质量，以及他们掌握这些榜样示范的程度。最后，学生能否再现出榜样示范的行为还会受到动机的影响。范戈和鲁梅尔以及斯威勒等对范例学习过程的上述解释，显然是按照班杜拉观察学习过程的 4 个阶段做出的解释。但笔者认为上述解释十分牵强且显得苍白无力。虽然范例学习与范例教学研究受到了班杜拉学习理论的较大影响，但是班杜拉的学习理论不是在范例学习与范例教学实验研究的基础上建立的，而是在儿童、青少年观察和模仿榜样社会性行为的实验研究基础上建立的。不仅如此，榜样的社会性行为与教师范例教学中的示范行为也有本质区别：其一，榜样的社会性行为是在其生活中自然表现出学习来的行为，而不是故意做出来供他人学习的示范性行为；教师在范例教学中做出的示范行为则是专门供学生观察和学习的规范行为。其二，榜样在表现其社会性行为时并没有要求他人观察或模仿，而教师在范例教学中做出的示范行为则是要求学生学习的行为、动作或操作。其三，榜样表现出的社会性行为中既有积极的行为（例如道德行为）也有消极行为（不道德行为），而教师在范例教学中做出示范行为却都是遵循规律、符合科学原理的积极行为。因此，不能将班杜拉观察学习理论中的"榜样"与范例教学中的"教师"或"教师代理人"同等看待或将其混为一谈；也不能将"榜样"表现出来的社会性行为称为"示范行为"，因为它是"榜样"随意表现出来的，而不是特意表现出来供他人学习的。学生对"榜样"行为的观察学习或模仿学习与其在教师范例教学条件下的规则范例学习也有本质区别：其一，学生对"榜样"行为的观察学习或模仿学习是在生活中随机进行的任意学习过程，而在教师范例教学条件下的规则范例学习则是有准备、有计划、有目的的有意学习过程。其二，学生在观察或模仿榜样行为的过程中只能习得其个别行为特征或行为片段，而在教师范例教学条件下的规则范例学习却要学会完整的行为动作或运用规则的完整准确的行为动作。其三，学生在观察或模仿榜样行为的过程中只能习得其行为的表面特征，却很难习得其行为特征背后的原因或原理，因为榜样没有对其行为做出解释、说明或讲解；而在教师范例教学条件下却既可以习得外显行为，又可以习得示范行为背后的行为原理或科学原理，因为教师在做出行为示范的同时还给学生讲解了行为背后的行为原理或科学道理。因此绝不能将学生对榜样行为的观察或模仿学习与规则范例学习混为一谈。

总之，学生对榜样行为的观察学习或模仿学习既不是规则范例学习，也不是规则动态样例学习和规则动-静态样例学习，而只能是用班杜拉学习理论解释或说明的榜样行为的观察学习或模仿学习。如果将其视为行为规则的样例学习模式之一，那它只能是现实生活中时常发生的行为规则学习的一种不完善的动态样例学习。该种类型的学习可以解释人们在日常生活中（诸如逛街、购物、聊天、旅游、参观，以及观看电视、电影、视频、表演、比赛、演出和展览等）和人际交往过程中（诸如在学习或工作中留意观察或有意模仿同学的学习行为习惯或同事的工作行为习惯等）对外显行为或社会行为的观察学习或模仿学习，也可以用其解释社会流行、时尚、从众或明星广告效应等社会心理现象的产生与传播等。既然学生对榜样行为的观察学习或模仿学习不是规则范例学习，那么班杜拉的社会学习理论就不是规则范例学习理论，也不能将其作为规则范例学习模式的基础理论或理论基础。

规则范例学习难度低、效率高且效果好的深层原因有三个。其一，规则有多种组合呈现方式，诸如教材是规则的图文组合呈现方式，其中既没有口语解释也没有动作示范；规则讲授教学是规则的图文与口语的组合呈现方式，但没有动作示范；动-静态样例是影像的动、静态组合呈现方式或运用规则的动、静态操作示范的组合呈现方式，但没有口语解释或说明等。与之相比，规则的范例呈现方式中既有对一般规律的动、静态展示，又有对抽象概念、规则的口头表述和通俗解释，还有运用规则的具体操作示范等。规则的范例呈现方式是最全面的组合呈现方式，也是最利于和最易于学生学习的规则组合呈现方式，所以规则范例学习的难度最低、效率最高且效果最好。其二，学生学习任何规则都包括"用规则"学习阶段，根据规则学习的多重联系原理，学习运用规则必然需要学生逐步建立起意义-动作、表象-动作、事例-动作和动作-动作等多重联系。范例教学包括运用规则的动作示范和口语解释，既有助于学生建立起与动作有关的多重联系，也有助于学生建立起其他多重联系。相比之下，学生自主阅读教材、进行规则样例学习和聆听教师的规则讲授教学等却不能帮助学生建立与动作有关的多重联系。因此范例教学条件下的规则范例学习优于其他条件下的规则学习效率和效果。其三，根据个体思维发展的一般规律，学生的动作思维、形象思维和口语思维比其形式思维、阅读思维或抽象思维等发生得早、利用得多，而且运用得更熟练、更习惯。根据个体学习能力发展的一般规律，学生的动作学习、模仿学习、聆听学习和口语学习比文字符号的学习、阅读学习和抽象概念学习等发生得早、利用得多且运用得熟练、习惯。规则范例教学采用动作示范加上口头讲解的方法进行规则教学，比其他规则学习条件更适合学生的思维习惯和学习能力，即更有利于学生建立起各种多重联系，所以与其他条件下的规则学习相比，学生的规则范例学习难度最低、效率最高且效果最好。这也是规则学习的普遍规律之一，即"规则范例学习一般原理"。学生如果不能在优质的范例教学条件下习得某规则，只能说明他还不具备学习该规则的能力，只能等他的学习能力提高之后再学习。孔子之所以用"举一隅不以三隅反，则不复也"（《论语·述而》）的态度对待个别学习能力低下的学生，其原因恐怕也是如此吧。

2. 规则范例教学的概念与类型和规则范例学习的概念与类型

正因为规则范例学习效率高、效果好，所以各种范例学习与教学研究得以广泛开展，各种范例教学形式也应运而生。虽然本书的第二章第四节已经介绍了范例的概念，但由于范例教学是一种应用广泛且类型很多的规则教学模式，而且很容易与各种示范教学或展示教学相混淆，规则范例学习也很容易与观察学习、模仿学习、动态样例学习或动-静态规则样例学习等相混淆，因此有必要厘清它们之间的区别与联系，最好的方法就是准确定义规则范例教学和规则范例学习的概念并与其他教学类型和学习类型做出明确的划分。

（1）规则范例教学与规则范例学习的概念

可以将"规则范例教学"定义为：教师给学生示范并讲解规则的由来、转换和具体运用的教学就是规则范例教学。该定义包括5个要素：教师，学生，规则的由来、转换和具体运用，示范和讲解。"教师"泛指进行规则范例教学的人，包括各种教师代理人。"学生"泛指进行规则范例学习的人。"规则的由来、转换和具体运用"包括3个内容：一是制订规则的依据，即规律或科学原理；二是规则的各种呈现方式及其相互转换；三是运用规则的各种具体方法。"示范"泛指教师向学生传授规则时做出的各种示范动作，包括字母发音、汉字书写、实验操作、公式推导、例题解决、工具或仪器使用等具体动作等。"讲解"指的是教师在动作示范过程中或示范前后给学生做出的对自己示范动作的讲解、说明或解释等。可以将上述5个要素称为规则范例教学的"五要素"判定标准。规则范例学习的定义为：学生在规则范例教学条件下的规则学习就是规则范例学习。其要素有两个：一是在规则范例教学条件下，二是进行规则学习，即规则范例学习的"两要素"判定标准。

根据五要素和两要素判定标准，下列活动均不属于规则范例教学：医生做手术、演员表演、运动员热身和比赛、工匠技术表演、画家作画、教师批改学生作业等。因为这些人在工作中没有向观众或他人对自己的工作做出任何解释或说明，即他们只是在工作，而不是在进行规则范例教学。由于这些活动不是规则范例教学，所以观看这些活动的观众或学生即使从中看懂了个别技术要领或学会了某个方法也不属于规则范例学习，而只能称为观察学习、观摩学习或模仿学习。再如，教师在课堂上举了很多例子来帮助学生理解抽象的概念或原理，但是由于他没有示范和讲解规则的由来、转换或运用，因此其教学也不属于规则范例教学，而只能称为概念或原理的讲授教学。同理，教师在课堂上讲故事、事件、个人经历或重要通知等也不属于规则范例教学，因为教学内容中没有需要教给学生的新规则，所以听课学生进行的也不是规则范例学习，充其量只能称为有意义的接受学习。总之，五要素同时具备的教学才是规则范例教学，学生在规则范例教学条件下学习规则才是规则范例学习。

（2）规则范例教学的类型和规则范例学习的类型

规则范例教学的类型有 3 种：一是教师现场范例教学或教师课堂范例教学，二是教师课堂范例教学的实况电视转播或实况音像的在线播放，三是人为编制的教师代理人规则范例教学。学生的规则范例学习分为 4 种：一是个人的现场规则范例学习，二是群体（二人及以上）的现场规则范例学习，三是个人音像规则范例学习，四是群体音像规则范例学习。其中，后两种规则范例学习是在第一、第二种规则范例教学下的规则范例学习。

按照上述类型划分，部分慕课（指规则范例教学的慕课）教学和部分翻转课堂式教学（指学生观看教师现场规则范例教学的实况录像或教学视频）属于第二种规则范例教学。无论在哪种规则范例教学下，学生的规则范例学习都属于奥苏伯尔定义下的有意义接受学习，因此其既不是布鲁纳定义下的发现学习，也不是学生的自主学习或自我调节的学习。如果说在观看规则范例教学视频或录像的条件下，学生的规则范例学习有些自主性或自我调节性，那只是学生想看哪段视频或录像或想看几遍视频或录像的自主性或自我调节性。

3. 规则学习一般原理与一般教学原则在规则范例教学中的综合运用举例

根据规则范例学习的定义，规则范例学习是在教师规则范例教学条件下，学生的规则学习（即学生的规则范例学习）与教师的规则范例教学相伴而行，不可分离。离开了教师的规则范例教学，学生就不能进行规则范例学习；同样，离开了学生的规则范例学习，教师的规则范例教学就毫无意义。因此规则范例学习原理必须与规则范例教学原则同时介绍。也因为规则范例学习是在教师规则范例教学条件下学生的规则学习，既然是规则学习，就要遵循规则学习的一般原理；既然是规则教学，就要在规则范例教学中贯彻规则教学的一般原则。因此，本节建构的规则学习一般原理都是学生在规则范例学习过程中应该遵循或运用的原理、规则或学习策略，根据每个规则学习一般原理提出的规则教学一般原则也都是教师在规则范例教学过程中应该遵循或贯彻的教学原则。规则学习一般原理和规则教学一般原则较多，兹以中学物理课中"杠杆原理"的规则范例教学过程（也是规则范例学习过程）为例，择其要者作简要说明。

根据规则学习的学习动机原理和激发学生规则学习动机的教学原则，教学的第一个环节需要激发学生学习杠杆原理的学习动机。激发学生学习动机的方法有很多，根据启发式教学原则可以采用提问法和设问法，即教师指着在大屏幕上呈现的剪刀、扳手、螺丝刀（或改锥）等工具的照片（根据规则学习的逻辑关系原理和联系学生实际经验的教学原则，呈现的工具应该是学生使用过的工具，而且必须是运用杠杆原理制作的工具），问学生：大家用过这些工具吗？学生当然会回答：用过。教师接着问：你们知道这些工具是根据什么原理制作的吗？多数学生可能回答不知道，但也会有学生回答知道。教师请知道的学生说出原理的名称。按照规则学习的有序性原理，教师应该接着给学生展示杠杆原理的实验，即杠杆原理的实验操作示范，在实验示范时指出杠杆原理的 5 个要素（动力、动力臂、支点、阻力臂、阻力）并讲解这 5 个概念。接着教师对杠杆原理作定量分析，分别示范对动力臂和阻力臂的长度测量，提示学生注意长度测量的技术要领和长度单位的一致性，接着测量动力和阻力的大小，同时提示学生注意力的测量要领和单位一致性。请学生把测量数据记录下来，然后做动力×动力臂和阻力臂×阻力的数字计算，并请学生回答计算结果。然后变化动力臂和阻力臂的长度、动力和阻力的大小，请学生再计算。根据几次变化和计算结果的比较，请学生概括表述计算结果。初中生已经熟练掌握乘法运算技能（即符合规则学习的基础性原理），经过两三次计算结果的对比就会发现"动力×动力臂=阻力臂×阻力"的等量关系（规则学习的逻辑性原理）。所以当教师问大家发现了什么规律时，学生会异口同声地回答出杠杆原理的等量关系公式（此时学生已经根据实验结果，发现了一般规律，并将其量化表达为可应用的计算公式或计算规则）。教师可以同时请几位学生在黑板上分别写出文字计算公式和代数计算公式，并请几名学生用自己最简练的语言表述杠杆原理（即及时检验或反馈教学效果），同时矫正个别学生不准确的表述（即运用"不悱不发"的启发式教学原则）。接着教师还可让学生在杠杆原理的示意图上准确写出 5 个要素的名称等。根据规则学习的多重联系原理，学生已经在实验事例与一般规律之间、一般规律与其口语表述之间、一般规律与其量化表达的计算规则或公式表达之间、概念与规则之间等建立了多重联系。根据规则学习的能量转换原理和维护学生身心健康的教学原则，此时应该让学生的紧张思绪放松一下啦。教师可以给学生提一个问题：如果给你一根足够长的硬棒，再给你在太空中提供一个支点，你能撬动地球吗？学生一听到这个问题就会相互热烈地议论起来。这就是对学生心理和思维上的放松或调节。按照规则学习的阶段性原理，学生的学规则阶段已经告一段落，下一阶段应该进入用规则阶段了。杠杆原理的计算运用不是难点，难点在于学生能否准确找出常用工具的5个要素，并说明有效使用工具的原因和要领。因此教师可以提出一些学生在生活中经常遇到的一些问题，诸如用螺丝刀拧螺丝，其支点在哪里？用螺丝刀拧不动螺丝的原因是什么？运用杠杆原理制造的工具和机械还有哪些？等等。下课前教师给学生留下这些思考题，并准备下次课上回答。下课铃声响起，一名女生急忙走过来问老师：是不是因为螺丝刀的动力臂太短，所以拧不动螺丝呀？按照规则学习的个体差异原理，教师在结束课堂集体教学之后就进入个体化教学或问答式教学阶段。所以面对学生的提问，教师必须做出回答："你能积极动脑思考，这很好！祝贺你成功地找到了其中的一个原因，还有两个可能的原因请你根据公式再作全面的思考。相信你在下次课就能答出另外两个可能的原因。"

4. 规则范例教学的特征、功能运用与一般教学原则

（1）规则范例教学的基本特征

规则范例教学的基本特征是"示范+讲解"的规则教学，因此教师进行规则范例教学的前提条件是必须具备讲授教学和示范教学两项基本功。教师示范教学水平有3个评定标准：准确规范、动作熟练、大方美观。动作准确规范是示范教学的基本标准，教师的示范动作达不到基本标准就不适合进行示范教学或规则范例教学，诸如教师示范单词发音时经常出错、示范汉字书写时常违反笔顺规则、教学生弹琴时常弹错等，这样的教师就不符合示范教学或规则范例教学的基本要求。动作熟练是教师示范教学或规则范例教学能力水平的评价标准，可以分为准确连贯、运用熟练和动作娴熟3个等级。大方美观是评价教师示范教学或规则范例教学的艺术标准或境界标准。学生接受高水平的示范教学或规则范例教学不仅是学习规则的过程，也是艺术欣赏的过程。教师只具备示范教学和讲授教学的基本功还不够，要想进行效率高、效果好且受学生欢迎的规则范例教学，教师必须做到示范与讲解的有机结合。示范与讲解有4种结合方式：①示范与讲解同步进行，诸如教师一边讲解解题规则的运用一边写出解题步骤，一边做出示范动作一边讲解动作要领，一边讲解发音规则一边做出准确的发音等。②先讲解后示范，即教师先给学生讲解动作要领或操作规则，然后做出动作或操作示范。③先示范后讲解，即教师先给学生做出动作或操作示范，然后讲解动作的原理或操作规则。④他人示范教师讲解，即他人（其他教师或学生等）做出示范动作，教师对示范动作做出讲解、说明或评价等。第一种结合方式适用于发音规则、书写规

则、朗读规则、运算规则、解题规则和学习策略等规则的范例教学；第二种结合方式适用于行为规则、操作规则和活动规则等规则的范例教学；第三种结合方式适用于体育运动规则、表演规则、手术规则、驾驶规则或技术规则等规则的范例教学。第四种结合方式适用于教师不能做出动作示范的规则范例教学，诸如请高水平运动员、演员、技师或同学等做动作示范或表演，教师对示范和表演规则及原理作讲解或说明。示范与讲解的关系是方法与原理的关系，示范与讲解有两个功能：第一个是"达理"的功能，即教师通过实验现象、实物或标本的展示、教具、模拟影像或模拟音像的演示，帮助学生认识一般规律或理解科学原理；第二个是"遵理"和"用则"的功能，即教师通过规范的动作、操作或运动示范，使人们对规律的认知或利用变成实际行动。在规则范例教学中，讲解的功能有多种，诸如描述（事物运动或变化的现象、过程或事例）、达理（诸如表述或表达规律、讲解原理或解释规则）、讲述（运用规则的程序和方法）、提示（运用规则的要领）、纠正（学生对原理的错误理解或运用规则的错误）和评价（学生的学习效果或水平）等。简言之，规则范例教学过程就是对学生进行"言传身教"的过程。学生的规则范例学习过程就是接受教师的言传身教，实现"明理"（即认知规律或理解原理）、"习行"（即习得动作、操作、运动等心理和行为活动规则）、"笃行"或"遵规"（即遵循规律或原理并执行规则）、"用则"（正确运用规则）和"习技"（熟练运用规则形成相应技能）的过程。用规则学习的多重联系原理揭示或解释规则范例学习的过程就是：学生在熟悉的事例、理解了的语义、鲜明的表象和具体动作之间逐步建立多重联系的过程。

（2）规则范例教学的运用

教师运用规则范例教学方法既可以实现规则与其原理的同步教学，也可以实现规则与原理的分步教学。在科学规则或数学规则的教学中往往采用分步教学，例如在实验性科学规则的教学中一般采用实验现象展示、规律表述与表达、规则的转换与运用、纠正学生运用规则中出现的错误、训练学生熟练运用规则，并形成相应技能等分阶段或分步骤的规则范例教学。在数学或量化科学规则的教学中一般采用数量关系展示、量化规则的表述与表达、运算或变换的推理示范、运算或解题示范、指导学生正确运用规则进行运算或解题、纠正学生运用规则过程中出现的错误、指导学生熟练运用规则，并形成相应技能等分阶段或分步骤的规则范例教学。但是在字词发音规则、书写规则、推理规则、解题规则、艺术表演或创作规则、体育运动规则或技术规则等基础规则、操作规则或运动规则的教学中则往往采用规则与其原理的同步教学，诸如在字母发音教学中，教师一边讲解发音规则，一边做出发音示范；在讲解例题时，一边讲解解题规则及其运用方法，一边写出解题步骤；在表演教学中，一边示范表演动作，一边讲解动作原理；等等。总之，规则的性质或类型不同，规则范例教学的形式也不同，学生的规则范例学习过程也不同。

在教师进行规则与原理的同步范例教学中，学生的规则范例学习需要做到视、听、思、动四者协调一致、相互转换或相互配合，即听到、看到、想到（或"心到"）、做到（或"手到""口到"等）。学生如果不能如此，则必然影响规则学习的效率和效果。因为规则学习需要在意义、表象、实际动作和具体事例之间建立一一对应的稳定联系。对于学生来说，需要建立的这些联系都是新的联系，在实际学习过程中往往做不到立即建立起这些新的联系。因此经常出现学生规则范例学习的行进步伐跟不上教师规则范例教学行进步伐的各种情况，诸如有些学生听懂了、看清了、心里也明白了（或理解了），但一时还做不到位或不会做；有些同学听清了，也看清了，但是还没想通；有的学生甚至既没听懂也没看懂；等等。出现这些情况不足为奇，因为教师是规则的熟练掌握者，早已在心理和行动上建立了稳定的多重联系。可是学生刚刚接触到新规则，一时很难建立起新联系或同时在事例、表象、动作和心理意义上建立起一一对应的多重联系。简言之，规则学习往往不是一蹴而就的，而是需要一定时间或很长时间的学习过程。因此教师的规则范例教学需要根据学生学习的实际情况有步骤、分阶段、逐步有序地进行。学生的规则范例学习也需要按步骤、分阶段、逐步有序地进行。

根据规则学习过程的阶段性原理与教学原则，学生的规则学习过程需要分为"学规则"与"用规则"两个阶段，与之相应，教师的规则范例教学也要分为两个阶段进行。在第一阶段主要帮助学生理解规则与其原理及有关概念的关系或联系、新旧规则之间的联系与区别、规则的各种呈现方式与相互转换的关系等。在复杂规则的教学中，学生难免遇到学习上的重点、要点、难点或疑点等，教师必须采取有效的教学方法逐步帮助学生化解难点、消除疑点。因此在第一阶段的教学中，教师也需要根据学生规则学习中遇到的要点、难点或疑点等划分为若干教学步骤，每个步骤之间留出一定的时间间隔供学生建立新联系或巩固新联系，并进行适当的心理放松、休息或缓解心理疲劳和身体疲劳。总之，规则教学不能像《学记》中批评的那样"急于数进"，那样做学生会听不懂、学不会、跟不上甚至产生学习焦虑。学生在学规则阶段要充分利用教师现场教学的有利条件，不懂就问、不会就学，还要及时与同学交换自己的想法、见解或求得同学的帮助等。总之，学规则是正确运用规则的基础或前提，没有学懂规则就不能正确地运用规则。所以必须在学规则阶段解决疑难问题，为正确运用规则打好基础。在"用规则"教学阶段，规则范例教学的主要任务是纠正学生在运用规则中出现的错误，扩大规则的应用范围，帮助学生制订和落实熟练运用规则、形成技能的练习或训练计划，使学生通过规则的"用中学"过程，形成对规律的深刻认识和对原理的深入理解，并形成规则的准确运用和熟练运用。总之，规则范例教学能够胜任从帮助学生认知规律到理解原理和规则，再从正确运用规则到形成熟练技能的全过程教学任务，即规则范例教学具备实现学生各种规则学习的全过程教学功能。

（3）不断提高与逐步完善规则范例教学的一般教学原则

正因为规则范例教学具有实现学生各种规则学习的全过程教学功能，而且具备不断提高其教学效率和教学效果，即不断提高学生规则学习的效率和效果的潜质，因此规则范例教学是各种规则及其全过程教学唯一完整的教学模式或方法。规则范例教学虽然具有完整的规则教学功能和不断提高其教学效率和效果的内在潜质，但是其功能的发挥、效率和效果的提高有赖于教师教学基本功的不断提高和在教学过程中对规则学习一般原理的有意遵循、对一般规则教学原则及时、合理地综合运用。除此之外，当然还有教师的性别、年龄、教态、着装、音色和行为习惯动作等对规则范例教学效率和效果的影响。除了前文阐述的范例教学基本原则（详见本节第二部分"规则范例学习原理与规则范例教学基本原则"），还可以提出不断提高与逐步完善规则范例教学的 4 个一般教学原则：①不断加强示范教学和讲授教学的基本功训练，促进示范与讲解有机结合的规则范例教学原则；②有意遵循规则学习一般原理和综合运用规则一般教学原则的规则范例教学原则；③坚持全过程规则教学的规则范例教学原则；④不断加强和完善教师自身修养的规则范例教学原则。

贯彻教学原则的作用如下：①基本功训练原则。贯彻落实该原则，教师需要具有爱岗敬业的思想观念，不断增强教一行、爱一行、练一行、胜任一行的教学责任感，在教学之余和教学过程中练就一身扎实的教学基本功。②教学效率和效果的提升原则。教师必须在备课和上课的过程中不断地增强自觉遵循规则学习一般原理的思想意识，并不断地改善综合运用规则一般教学原则的方法，这样才能不断提升规则范例教学的效率和效果。在规则范例教学中，教师并不是持续不断地进行"示范+讲解"的教学，其间往往由讲授教学来衔接，因此教师在教学过程中必须贯彻讲授教学原则和启发式教学原则。③教学的责任和义务原则。教师必须承担起知识教学与学生技能训练的双重教学责任和义务，指导学生熟练运用规则并形成技能。④完善教学原则。教师必须充分地认识到自身教学特征对学生规则学习的积极影响或不良影响，在教学过程中保持积极向上的精神状态、既严肃认真又谦虚和蔼的教学态度和端庄得体的发型和着装，用准确的情感表达、亲切的目光交流、大方的手势动作和肢体语言辅助、促进和完善规则范例教学，并为慕课的建设与完善提供优质的规则范例教学资源。

（六）规则样例学习的适时与适当利用原则

规则范例教学的效率虽高、效果虽好，但有其局限性：其一，学生长期接受规则范例教学会对其产生"习惯化"、冗余感、被动感甚至心生反感；其二，教师长期采用规则范例教学会使学生形成较强的学习依赖或心理依赖，甚至把自己的学习进度和学习成绩等全部寄托在或推卸到教师的范例教学上，从而降低了学习的主动性、自主性或责任感等；其三，规则范例教学以适应学生现有学习能力和思维水平的方式进行教学，降低了规则学习的难度，所以才提高了学生规则学习的效率和效果。但是这种以迁就学生学习能力和思维水平的教学不能促进学生抽象思维、辩证思维、批判思维和创新思维等高级思维能力的发展和提高，也不利于学生阅读-理解能力、样例学习能力和自主学习能力等高水平学习能力的培养与提高。规则教学的目的和任务不仅仅是使学生理解和运用规则，而且还要促进学生思维水平的不断发展和学习能力的不断提高。因此，规则教学不能停留在学生现有的学习能力和思维水平上，而要适当高于学生现有的学习能力和思维水平，才能促进其学习能力和思维水平的发展与提高。根据规则样例学习的条件性原理，只要学生具备有关的先前知识或已知规则就可以通过样例学习习得新规则，而规则样例学习的模式较多，适用于各种广义科学规则的学习。更重要的是，规则样例学习能够激发学生的自主学习动机和挑战精神，培养学生的自主学习能力，并能促进其思维水平的发展与提高。因此在规则讲授教学和规则范例教学过程中可以适时插入适当的规则样例学习，作为规则教学的方法之一，可将其命名为"规则样例教学"。如此可以将规则样例学习原理视为规则学习一般原理的重要组成部分，并将规则样例教学原则视为"学规则"阶段一般教学原则中的重要组成部分。问题解决样例学习难于例题范例教学下的解题规则范例学习，而且能够激发学生的自主学习动机和挑战精神，培养学生的自主学习能力，并能促进其思维水平的发展与提高。因此也可以将其作为例题教学方法之一。如此，均可以将根据问题解决样例学习实验研究得出的样例学习效应和由此提出的样例教学设计原则和样例学习指导原则等视为"用规则"阶段的样例教学原则，并将其视为规则一般教学原则中的重要组成内容。

贯彻规则样例教学原则贵在"适时"与"适当"。

所谓"适时"，就是在教学过程的适当时机安排学生开展规则样例学习。例如，每当通过讲授教学或范例教学使学生掌握了基础规则，或者在建立在基础规则之上的新规则的教学之前，教师都可以给学生安排或布置规则样例学习作业，使学生通过规则样例学习既能巩固和扩展基础规则的运用又能通过自己的独立思考习得新规则。即使学生在规则样例学习中尚不知晓新规则的名称或者没有完全学懂新规则，也会对新规则产生浓厚的学习兴趣和较高的学习动机水平，从而且会带着疑问和思考进入新规则的课堂聆听-理解学习或规则范例学习。这样不仅会促进课堂教学条件下的规则学习，而且还会提高学习的效率和效果。更重要的是，通过规则样例学习培养了学生的自主学习能力和提高了自主思维水平，并将基础规则的复习或运用与新规则的预习有机结合起来，起到了一举兼得的作用和效果。有些规则样例学习也可以安排在课堂教学中进行，诸如在课堂上给学生呈现一些英语新旧时态的配对例句，让学生尝试归纳出新时态语法规则；给学生提供可以阅读和参照的范文，并要求学生写出自己的作文；给学生呈现解题样例，并鼓励他们自主归纳出解题规则等。当学生在作业或考试中出现不同类型的错误时，教师可以将这些错误样例配之以正确的样例呈现给学生，首先要求他们参照正确样例自己分析错误的原因并纠正错误，然后教师再做补充分析和纠正等。

所谓"适当"，就是给学生呈现的样例类型或样例学习的难度适当、样例学习的数量适当等，例如，教师可以根据学生的已有学习能力水平，最初设计并呈现学习难度水平略高于学生现有学习能力水平的样例类型，使学生通过一定的努力就能学懂、学会并增强其学习自信。然后再逐步呈现学习难度较高的样例。这样的样例组合系列学习既可以激发学生的样例学习动机、促进学生自主学习能力的提高和自主思维的发展，又可以帮助教师了解学生的样例学习能力水平，为进一步提高学生样例学习的效率和效果提供样例类型设计的依据。样例学习的数量也要视学生可利用的实际学习时间而定，在课堂教学过程中安排的样例学习数量不宜过多，最好是一两个短平快式的样例学习。在家庭作业中安排的样例学习数量虽然可以适当增加，但不宜过多，尤其不能占用学生完成其他课程的作业和正常生活、娱乐、健身、休息与睡眠的时间。教师不能把增加学生的作业量作为"关爱"学生或保证教学效果的手段。因为过多的作业或简单重复的作业不但不能提高学习效果或保证学习质量，反而会降低学习质量，甚至使学生产生厌倦、反感或逆反等消极心理并采用消极的应对方法。最好的家庭作业方式是数量少、形式新且品位高，有助于学生充分利用课外学习资源、有利于增强学生的学习兴趣、启发其独立思考，并与后续新规则的学习紧密结合起来。适当的样例学习作业就是其中可以利用的作业方式之一。

（七）个体差异原理、自主学习原理和适宜性原理与具体化的因材施教教学原则

1. 个体差异原理与具体化的因材施教原则

教学经验和实验研究均表明，学生规则学习的个体差异是普遍存在的事实。

规则样例学习的个体差异原理阐释了个体差异普遍存在的原因。这里需要进一步阐释个体差异不能根本消除的原因。从物理学的角度来分析，如果事物之间没有个体差异，那就没有势能、动能和能量转换；从生命科学的角度来看，如果生命体之间没有个体差异，就没有食物链、生老病死和新陈代谢；从人类社会发展的角度来思考，如果人类没有个体差异，就没有社会意识、社会文明和社会发展的动力。总之，世界上的万事万物如果没有个体差异就没有事物运动、发展或变化的各种一般规律。自然原本就是千差万别、气象万千的自然；社会也是千差万别、错综复杂的社会；学生更是千差万别、既各有所长又各有所短的群体。这就是存在于自然、社会和个体中不可更改的普遍规律，即物种多样性规律。毫不例外，规则学习也必须遵循这个普遍规律，即人人都能学习规则并形成一定的技能，但是在学习能力、学习动力、学习方法、学习时间、学习效率、学习效果或学习质量等方面不可避免地普遍存在着个体差异，这就是规则学习的个体差异原理。

既然个体差异不能根本消除，那就只能利用、兼顾或适当缩小某些方面的个体差异。所以孔子采取了"有教无类"和"因材施教"的教育和教学原则，即所有的教育和教学都要从学生能力、性格、理想或志向等实际情况出发，对不同理解水平的学生分别从不同的角度讲解相同的概念或道理，对不同性格的学生提出不同的要求，并采用不同的教育方法，在不同的场合发挥学生各自不同的特长等，从而使每个学生都能够明理、达德、学艺和习技，并成长为各有所长的贤人或人才。千百年来，因材施教一直被各级各类教师世代传承为普遍遵循的教育和教学原则。我们应该从当代教育和教学的实际情况出发，将因材施教原则具体化地贯彻落实到各种教育、教学的实际情境和具体过程中，这样才能使其不断地发扬光大，并取得实际效果。

如何将因材施教原则具体化地运用在规则教学的实际情境中呢？兹提出以下具体化因材施教的教学原则。

1）充分利用、开发和培养学生的能力、潜力或特长的教学原则。我们的教育要普遍提高每位学生或公民的道德品质素养、社会文化素养、科学技术素养以及生活能力、学习能力、工作能力或创新能力等，即教育要促进学生身心的全面发展，并将其培养成为德、智、体、美、劳全面发展的社会劳动者、接班人和各级各类的专业人才或专门人才。所以促进学生的全面发展与其专长能力的培养与发挥是统一的、一致的。我们每个人都如同大海里的一朵朵浪花，海面水位的上升象征着全民综合文化素养的普遍提高，而每一朵浪花的波峰则象征着每个人的特长或专长。俗话说得好，物有所短必有所长。教师在规则教学中既要促进全体学生普遍建立起多重联系，又要充分利用和发挥每位学生在不同规则学习中的特长或优势潜能，使其成为某些规则学习的领先者、带领者、感召者或榜样，激励、促进或带动其他同学的规则学习，从而提高全体学生规则学习的效率和效果。教师在各种规则的教学中都要善于发现和培养学有专长、学有潜力和具有各种能力特长的学生，既利用和发挥他们在规则教学和技能训练中的积极作用，又使其专长、特长或潜能得到及时地利用、发挥、开发、发展与提高。

2）集体化课堂教学与个体化教学辅导相结合的教学原则。集体化课堂教学能够明显提高教学效率，特别是优质化慕课教学资源的充分利用能够节省教师资源、缩小教学差距、促进教育公平，并在较大范围内普遍提高学生规则学习的效率和效果，其经济效益、社会效益、教学效益或学习效益都十分明显。除此之外，集体化课堂教学能够产生学生之间的小组合作学习，并能形成比、学、赶、帮、超的积极学习氛围，从而能够激发学生的学习动机，促进全体学生的积极进取，并能够普遍提高学生的学习效率和效果。所以即使在古代皇家对皇子的教学中也需要有皇亲国戚子弟的陪读。但是集体化课堂教学只能按照同龄学生的一般知识水平和能力水平进行内容、方法和进度一致的课堂教学，不能兼顾学生的个体差异。但又不能因此而取消集体化课堂教学。唯一的弥补方法就是贯彻集体化课堂教学与个体化教学辅导相结合的教学原则，将集体化课堂教学与课余时间的个体化教学辅导紧密结合起来。因此教师在对个别学生的答疑、解惑、帮助或辅导等个体化教学是不可或缺的。我们必须将教师在课余时间进行的个体化教学视为其完整教学过程的一部分或与课堂教学同等重要的教学环节或阶段。个体化教学通用的教学方法是师生一对一的"问答式"教学。这是人类最原始的教学方式，也是教师必备的教学基本功之一。《学记》中将教师回答学生的提问比喻为"善待问者如撞钟，叩之以小者则小鸣，叩之以大者则大鸣，待其从容，然后尽其声"（高时良，2016）。根据高时良先生的诠释，"善待问"与"善答"中的"善"字有两个含义，其一是和善或友善地对待每位学生提出的每个问题；其二是善意并巧妙地回答每个问题。我们可以将对个别学生的问答式教学或个体化教学辅导简称为"个补"。

3）增加或补充个别学生实际学习时间的个体化教学原则。在集体化课堂教学的同一教学进度下，教师最担心的就是"学得慢"的学生；学得慢的学生最大的苦恼就是当前的规则还没有完全学懂，教师又开始了新规则的教学。如此日积月累，使这些学生的学习负担日益加重、日积月累甚至积重难返。这就是导致他们产生学习焦虑、厌学乃至弃学的主要原因之一。为了弥补学业上的亏欠和实际学习时间的不足，有些学生不得不牺牲周末和节假日"拼命地"补课。按照规则学习的多重联系原理和持续性原理，学生的规则学习，尤其复杂规则的学习需要持续一定的时间。按照布鲁姆（Bloom）的掌握学习理论，学生的"学习程度"或对所学知识的"掌握程度"与其学习所用的"实际学习时间"成正比。只要有足够的实际学习时间，在其他条件具备的情况下，95%以上的学生都可以对所学的知识达到掌握的程度（Bloom，1956）。他还根据研究结果明确指出：学生需要对所学知识达到80%至90%的掌握程度才能学习下一个单元的新知识。因此解决这类学生实际学习时间不足或没有达到掌握程度等问题的途径或方法有两个：一是群体化教学或集体化课堂教学的进度要根据学生对所学知识的掌握程度来确定；二是增加或补充这些学生的实际学习时间。表面上看来，第一条途径似乎走不通。其实也绝不尽然，因为国内绝大多数中学和高中都用两年半的时间讲完原本计划需要三年时间才能讲完的课程，留出半年或一个学期的时间专门用于"中考"或"高考"前的综合复习和模拟考试。这显然是极端违背规则学习原理、掌握学习理论并违反规则教学原则的错误做法。产生这种错误做法的根源在于社会、学校和教师对"升学率"的盲目攀比和追求以及为此而肆意增加了考试试题的难度和区分度。有些考试题几乎不是用于考察学生对知识的理解水平或掌握程度，而是近乎于达到了"为难"考生甚至"刁难"考生的地步。这类考试题在实际生活中遇不到，在未来的学习和工作中也用不到。设计这种类型的试题纯粹是用于降低一些学生的考试成绩，并将其排挤出优质教学资源之外的拙劣伎俩。这种近乎卑鄙的做法却堂而皇之地用在中考、高考的试题设计或命题上。这种极端错误的做法如果不能被尽早终止或杜绝，教育公平就永远不能实现。在保证教学时间神圣不可侵占和禁止采用卑鄙命题方法的前提下，学得慢的学生的学习压力会得到适当的缓解，所学知识的掌握程度也会有所提高。但是对于极个别的学生仍然需要通过补充实际学习时间来达到掌握学习的程度。因此国家、学校和教师仍然需要为这些学生的未来发展提供必要的条件和机会。我们可以把补充个别学生实际学习时间的个体化教学方法简称为"时补"。最后还要提醒那些需要时补的学生，对补充或增加的实际学习时间必须倍加珍惜和有效利用，但决不能挤占正常休息、睡眠和运动健身的时间，那种"头悬梁、锥刺股"等自残式做法绝不能采用。

4）鼓励并指导学生勤学、勤用和勤练的个体化教学原则。有些学生的规则学习不仅学得慢，而且"用得慢"、技能形成得慢。对这类学生除了需要时补之外还需要勤学、勤用和勤练或简称为"勤补"。古人说得好："人一能之己百之，人十能之己千之"（《中庸·第二十章》），"骐骥一跃，不能十步；驽马十驾，功在不舍。锲而舍之，朽木不折；锲而不舍，金石可镂"（《荀子·劝学》）。就规则学习来说，重复运用规则、熟练运用规则和技能形成的过程就是复习规则、温习规则、加深理解规则和巩固规则熟练运用的过程。勤补也要讲究练习方法和训练策略，教师要给予方法和策略上的指导。中学生和高中生等如果都能像小学生反复练习写字、朗读课文或做算术练习题那样反复聆听英语录音、复述句子、默写句子、朗读课文、练习对话、练习写自命题作文、推导代数公式、配平化学反应方程式、练习打球动作或练习解决混合与综合应用题等，就不用死记硬背外语单词、数学公式或解题步骤了。专心致志、学而时习、熟读精思、学思结合、博约结合、温故知新、循序渐进、学以致用、勤学苦练和知行统一等都是我国古代学者留给我们的有效学习方法。

2. 规则的自主学习原理与培养学生自主学习能力的教学原则

规则样例学习的实验研究和问题解决样例学习的实验研究结果均表明，学生在具备有关先前知识和有关样例的条件下可以进行规则的自主学习与运用。通俗地讲，自主学习就是学生自己想方设法地利用一切可以利用的条件和方法自己独立学规则和用规则的过程。严格地说，自主学习是指学习动机由学生自我激发、学习内容自我选择、学习目标自我确定、学习计划自我制订、学习方法自我选择、学习过程自我监控、学习效率和效果自我评估、学习进度或方法自我调整和学习结果自我评定的学习过程。

规则究竟是教师教会学生的，还是学生自己学会的呢？对此教师往往有不同的体会或见解，对教学能力充满自信的教师往往认为学生是教师教出来的；对学生的自主学习能力充满自信的教师则认为学生是自己学出来的。那么规则究竟是教师教会的还是学生自己学会的呢？其实都不是。天下没有学生自己完全能够学会的规则，也没有完全是教师教会的规则，而只有在教师帮助或指导的条件下通过学生的自主学习才能真正学会的规则。学生自学规则孰能无惑？有惑孰不求教？而且道之不尽，学之不已；学之不已，惑之不绝；惑之不绝必求之以解，求之以解必有答疑、解惑之师。"师者，所以传道授业解惑也"（《师说》），教师既是一种社会职业又是每个人的社会角色之一。"道之所存，师之所存也"（《师说》），"三人行，必有我师焉"（《论语·述而第七》），即每个人都兼有"教师"和"学生"的双重角色并伴随终生。学生的规则学习虽然离不开教师，但是归根结底还得靠自己。因为无论是通过聆听-理解或阅读-理解学习规则还是通过观察-理解或模仿-理解学习规则，最后学生都必须获得对规则的自我理解；无论是事例-意义联系或意义-表象联系还是表象-动作联系或动作-意义联系等多重联系，归根结底都需要通过学生的自主思维活动或自主学习活动才能逐步建立。因此，规则学习既离不开呈现规则的各种媒体和答疑解惑的教师等外部条件，更离不开学生规则学习的自主思维活动或自主学习活动。总之，规则是在外部条件的作用下通过学生的自主学习活动才被习得和运用的。没有学生的自主学习活动，规则就不会被理解和运用。这是规则学习的又一个普遍规律，即规则的"自主学习"原理。

自主学习能力虽然不是与生俱来的，但是正常儿童都具有逐步形成自主学习的潜质或潜能。只要通过及时有效的培养或训练，学生都能成长为具有一定自主学习能力的自主学习者。低年级小学生的字母发音规则、字词书写规则、朗读规则和运算规则等虽然主要是在教师的课堂教学和个别指导下习得的，但是随着儿童（学生）思维水平、聆听-理解能力、自我意识水平、元认知水平、阅读-理解能力、操作能力、运动能力或规则学习能力的持续发展与不断提高，在教师的积极影响、鼓励和指导下，小学生的自主学习活动可以逐渐增多，其自主学习能力也会随之得到持续的发展和提高。如果培养及时且方法适当，中学生的自主学习活动可以普遍增多，其自主学习能力也将得到迅速地发展与提高。高中生普遍具有一定水平的自主学习能力，并能够有效进行多门课程的自主学习。大学生应该具有比较完善的或较高水平的自主学习能力，上大学后就开始了以自主学习为主、教师教学为辅的大学学习生活。学生能够进行有效自主学习是其学会学习的重要标志。学生或人类个体只有具备了自主学习能力才能及时学习自己需要的知识、规则或技能，才能不断适应发展、变化的社会环境，才能及时满足工作发展或变化的需要，才能自主选择发展方向并主宰自己的命运，才能为国家、社会或人类文明的进步与发展做出较大贡献，并实现自己的人生价值或理想。因此教师在规则教学过程中必须尽可能及时地培养学生的自主学习能力，使其更快、更好地成长为自主学习者。这就是教师在规则教学过程中培养学生自主学习能力的教学原则。

在规则教学中贯彻培养学生自主学习能力的教学原则，首先，教师要结合学生的思维水平、元认知水平和规则学习的能力水平，在其掌握有关已知规则和已有技能的基础上适当增加类似于实验条件下的规则样例学习。诸如在二年级小学生掌握了整数四则运算后就可以进行四则混合运算规则的样例学习；在三年级小学生学习记叙文写作之前进行阅读范文后的记叙文写作练习；高年级小学生还可以进行分数运算、比例运算乃至代数运算规则的样例学习等。中学生已经具有比较宽泛的自主阅读-理解能力，因此可以给他们布置提前自主预习新课程的家庭作业，上课时教师重点系统地回答学生在预习中遇到的疑难问题和他们忽略的内容。这样既可以培养学生的自主学习能力又能将学生课堂学习的主要精力集中在疑难和重点内容的学习上，从而既提高课堂教学效率又提高学生的学习效果。高中生已经具有了一定水平的自主学习能力，因此除了安排课前预习作业之外，还可以给他们提供多种类型和有一定难度的混合应用题和综合应用题解题样例和有关的练习题，使他们通过解题样例的自主学习提高其分析问题和解决问题的能力。到了考试前的综合复习阶段，教师应该要求并指导学生各自根据自身学习的实际情况自主制订复习计划，自主安排复习时间，自己掌控复习进度，并自主评估复习效率和效果，遇到自己实在解决不了的疑、难、愁、盼问题时才请求教师的帮助或指导等。其次，教师在各门课程的规则教学中都可以找出或划分出一部分让学生通过自主学习就可能学会的课程内容，鼓励他们通过自主阅读教材和有关参考材料或通过样例学习以及同学之间的相互研讨等自主学习新的课程内容或新规则。然后教师再通过答疑、辅导、纠正、重点内容讲授等方法补充或完善学生自主学习在内容或要点等方面的缺陷或不足，以此保证其学习质量。最后，教师还要兼顾学生自主的学习个体差异，诸如在安排规则样例学习任务时可以给不同学习能力水平的学生分别设计学习难度水平不同的启发式样例、解释性样例或标记样例等；在布置问题解决的样例学习任务时可以针对不同能力水平的学生适当增减样例组合中的样例数量或样例类型等；在学习范文、文献资料或艺术作品等多内容样例时可以给不同能力水平的学生指定不同的具体学习内容等。

3. 适宜性原理与适切性教学原则

如同生命体都有自己喜欢并适宜生长的生态环境一样，学生的规则学习也有自己喜欢的学科、教师、学习环境和学习方法等，诸如场独立型认知风格的学生偏爱学习自然科学规则、善于独立思考，并采用自主学习的方法；而场依存型认知风格的学生却比较偏爱学习社会规则、乐于参加集体讨论或采用合作学习的方法；抽象逻辑思维水平较高的学生善于记忆代数公式、公式推导和逻辑论证；抽象思维水平较高的学生善于自主阅读-理解的规则学习；辩证思维水平较高的学生乐于思考哲学问题和参与辩论活动；操作能力水平较高的学生善于学习操作规则或技术规则，并能较快形成操作技能；运动能力水平较高的学生乐于学习体育运动规则，并能较快形成体育运动技能等。学生规则学习的偏好不仅与认知风格、思维水平和能力水平有关，还与学生的性格特征、个性意识倾向性或价值取向等密切相关，诸如经济型性格特征或价值取向的学生比较愿意学习实用性规则；领导型性格特征或价值取向的学生更愿意学习社会规则；审美型性格或艺术价值取向的学生偏爱学习艺术规则等。除此之外，学生偏爱学习的规则和偏好采用的学习方法还与其性别、年龄、民族和社会历史文化背景等因素有一定的关系。总之，学生既有自己偏爱学习的规则也有自己偏好的学习形式或方法，这是由学生的个体差异决定的，也是规则学习的普遍规律之一，可以称为规则学习的"适宜性"原理。

　　根据规则学习的适宜性原理提出的适切性教学原则也是因材施教原则中的子原则之一。在规则的集体化课堂教学中，教师需要尽量采取满足多数学生的一般学习需求，并兼顾个体差异的教学形式和方法进行教学，其中包括列举学生普遍熟悉的事例、采用学生普遍能够接受的讲授方式和情感表达方式等。学生普遍喜欢教学态度和蔼可亲、对待学生平易近人、待人处世性格开朗、自身多才多艺、见多识广和教学风格民主的教师。在规则的讲授教学中，大多数学生比较喜欢那些思维敏捷、逻辑清晰，音量和语速适宜，并能够对知识内容做出清晰、准确、流畅且有条理的口语表达的教师。当教师指出学生的不足或纠正其错误时，学生普遍比较喜欢那些运用幽默、诙谐的语言对学生做出既能维护其自尊心又能鼓励其积极进取的教师。更重要的是教师需要根据多数学生的年龄特征、思维水平和知识基础等，并结合具体的教学内容选择或创造出适合大多数学生学习需要的教学方式和方法。在满足多数学生一般学习需求的同时，教师还要尽可能地结合教学内容和个别学生的学习需求及时有效地变换教学方式或教学方法，采用形式多样的教学形式或适宜变化的教学方法适当满足个别学生的学习需要。

　　在规则的个体化教学中，教师首先要根据每个学生提出的具体疑难问题或求教的具体内容分析，并判断其个体差异的类型和差异水平。其次要采用与学生的差异类型和差异水平适切的表达方式回答其提出的疑难问题和求教内容。如果学生还没有真正理解或掌握，教师需要变换列举的事例，并采用学生能够理解和掌握的表达方式或教学方法帮助学生达到真正理解和掌握的程度或水平。最后，教师还要在尊重学生个人隐私的前提条件下适当了解学生差异形成的个体原因和背景原因，并在研判出主要原因和为其制订出适切的弥补计划及措施之后，在适当的时机将弥补计划和措施亲自传授给学生，或者与学生及家长共同制订弥补计划与措施等。教师当然还要持续关注学生弥补计划的实施和效果，以便提供进一步的帮助或辅导。

（八）建立在大脑高级神经意识活动假说基础上的规则学习原理

　　人类的学习活动至少是外显行为活动与内在心理活动和大脑高级神经活动相互联系、协调一致或相互作用的多重活动过程。所以在心理学的历史上最早的两个学习理论，即桑代克的学习联结说和巴甫洛夫的经典条件反射学说都分别创立了"联结"的神经机制假说和条件反射的"大脑高级神经活动"假说。神经科学研究，尤其是认知神经科学研究已经取得了丰硕的研究成果，并为创立规则学习的高级神经意识活动假说提供了一些可以利用的实验证据。遗憾的是，笔者既缺乏这方面的研究工作，也缺乏对有关研究成果的详细梳理。因此冒昧地做出规则学习的大脑高级神经活动假说是十分危险的，但又不得不冒这个风险。

　　第一个假设是：大脑高级神经系统的活动（以下简称为"高级神经活动"）既是物质活动（即有生命的大脑高级神经物质生理的、物理的、生物物理的或生物化学的活动等）也是意识活动，更是物质与意识或物质与精神的能量转换活动。大脑神经系统处于不同营养状态、生命状态或休息状态下的不同物质活动状态会使其意识活动也处于不同的状态。清晰的意识状态就是大脑健康的人在觉醒时正常生活、学习或工作时的心理活动和行为活动状态，即内外刺激或信息能够被人自我感知、心理活动和行为活动能够被自我认知或"自我意识"、自主调节或自主控制的状态。大脑高级神经系统失去生命体征、大脑死亡或高级神经活动停止是无意识状态。深度睡眠时的意识状态类似于或接近于无意识状态。介于清晰意识状态与无意识状态之间存在着各种不同清晰程度或水平的自我意识状态，诸如梦魇状态、模糊状态、受暗示状态、潜意识状态或下意识状态等。

　　第二个假设是：在清晰意识状态下的自主思维活动和行动反应既能够分别激活或驱动也能够一起协同激活或驱动高级神经活动，并使大脑高级神经系统在已有连接（即神经元之间的突触联系或神经活动联系）的基础上建立新的"联结"（即在神经元或中枢连接的基础上建立或形成稳定的或通畅的联系）、适当保存已建立的联结或"已有联结"、重新恢复和利用已有联结、增强已有联结（即使已有联结的倾向性或"联结势能"增强）、改变已有联结或建立新联结。高级神经活动能够被大脑高级神经系统自身的生命活动或物质活动激活、恢复或重现已有联结，但不能独自建立联结、增强已有联结、改变已有联结或"原有联结"。其他意识状态（诸如睡眠状态、休息状态、药效状态或病态）下的高级神经活动可以不同程度地独自形成各种联结，但这些联结一般不符合人类个体在清晰意识状态下的真实社会生态环境及其真实活动，因而一般不能在清晰意识状态下被个体利用，而只能逐渐减弱其联结强度甚至消失殆尽。

　　第三个假设是：大脑高级神经系统的各个神经元之间或各个中枢之间既有专向的或特殊的连接，也有广泛的或普遍的连接，从而使个体能够在清晰意识状态下通过自主思维活动或行为反应动作各自分别或两者协同配合驱使高级神经活动既在神经元之间或中枢之间建立专向的或特殊的联结，也能够建立广泛的、普遍的联结。

　　在上述三个假设或高级神经意识活动假说的基础上，规则学习就是学生在清晰意识状态和外部条件（教学条件、实验条件或其他自主学习条件）的影响或作用下，通过自主认知活动，尤其是自主思维活动和与其协同配合的外显学习行动的分别作用下或协同作用下，在心理上和行动上逐步在事例与规律之间、规律与规则之间、规则与规则之间、规则与规则的具体运用之间、规则的运用与其结果之间逐步建立各种多重联系，并在大脑高级神经系统内建立各种联结的多重活动过程或物质活动过程。在规则学习过程中，认知活动或自主思维活动与外显学习行动之间的配合有两种情况。第一种情况是，盲目的偶然动作或不经意的习惯动作发生在前，并产生了意想不到的结果，即形成了动作-结果的偶然联系，同时在大脑高级神经系统中形成了相应的最初联结，才启动有意识的自主思维活动，并在心理上获得突然的醒悟、领悟或顿悟等认知和快感，进而增强了偶然动作-意义联系和最初形成的神经联结，然后使后续动作在有意识的自主思维活动支配下重复、逐步改进最初的偶然动作或习惯动作，并增强或改进其已有联结。第二种情况是，有意识的认知、自主活动或思维活动发生在前，并在思想上预料其结果，即在心理上形成联系，同时导致大脑高级神经系统中形成了相应的最初联结，才启动有目的、有意识的行动，并增强最初形成的联结和联系。总之，规则学习就是在心理上和行动上逐步建立新的多重联系、巩固或改进已有联系，并在大脑高级神经系统内建立相应的神经联结，增强或改变已有联结的活动过程。这就是建立在大脑高级神经意识活动假说上的规则学习一般原理。

在规则学习过程中，学生每建立一个新的"联系"就意味着在意识中、认知上或心理上中获得了一种新的"理解"，并同时在大脑高级神经系统内建立了一个新的"联结"；学生在心理上或行动上每重复一个已有联系就意味着在记忆中温习或巩固了该联系，并增强了大脑高级神经系统内已有联结的强度、稳定程度或通畅程度；学生每改变一种认识或原有的思想观念就意味着在行动上改变了原有的态度、有关的动作或动作之间的联系，同时也意味着在大脑高级神经系统内改变了原有的联结。这就是建立在大脑高级神经意识活动假说基础上的规则学习一般原理对规则学习过程做出的概括解释。

上述规则学习一般原理有若干个，或由一系列一般原理组成。之所以将其称为"规则学习一般原理"，是因为每个一般原理都是对规则学习条件和规则学习过程中每个一般规律的文字表述、解释或说明，并适用于一般规则的学习和规则学习的一般过程。字面上看，这些规则学习一般原理似乎超出了本书书名的范围，其实不然。一是因为规则样例学习和规则范例学习是基本的或主要的规则学习途径、过程、方式与方法；二是因为没有规则样例学习和范例学习的实验研究，以及建立在实验研究基础上的规则样例学习原理与范例学习原理，就不可能提出规则学习的一般原理。总之，规则样例学习理论是以规则样例学习和规则范例学习为主的一般规则学习理论。根据每个规则学习一般原理提出的规则教学原则都是规则教学应该普遍遵循的一般教学原则，其中有许多原则与教育家提出的、教师们熟悉及运用的教学原则重复，甚至含义相同、名称也相同。然而这恰恰说明这些根据规则学习一般规律或规则学习一般原理提出的一般教学原则具有教育理论基础和教学实践基础。

第五章 规则学习推理迁移理论

本章首先介绍笔者及团队成员开展的促进迁移问题解决的 5 项解题规则样例学习的实验研究；随后，在后 3 项实验研究的基础上建立规则样例学习迁移理论和样例学习迁移理论；最后，在与经典学习迁移理论进行对比分析的基础上建立规则学习推理迁移理论。

第一节 促进迁移问题解决的规则样例学习实验研究

为了探求促进迁移问题解决，尤其是探求促进远迁移问题解决的规则样例学习方法，我们进行了以下 5 项系列实验研究。

一、促进迁移问题解决的二重变异样例学习实验研究

（一）问题提出、操作定义与研究假设

1. 问题提出

有关研究表明，在数学和物理学等专业知识领域，一般解题规则或公式等抽象的知识通常难以被初学者直接利用（Pirolli & Anderson，1985）。在问题解决的过程中，学生往往依赖解题样例来学习解题规则及其运用方法（Ross，1987）。解题样例学习易化了解题技能的习得，并减轻了新手的认知负荷（Kalyuga et al.，2001b）。有学者认为，可将数学等学科的问题解决学习视为学习迁移的一种形式。因为它需要解题者将已经获得的解题规则运用到新问题的解决中（Fuchs et al.，2004）。但是，当学生遇到与样例问题的结构特征不同的问题时，却常常出现解题困难，原因在于他们不恰当地把样例问题的解题规则匹配到当前问题的解决上（Catrambone，1998）。

学者普遍认为在学习复杂的解题规则或解决复杂的问题时，学生很难从一个解题样例中抽取出问题的关键特征和解题规则。只有通过两个或多个解题样例的学习，才能归纳出高质量的问题解决图式，从而促进远迁移问题的解决（Paas &

van Merrienboer，1994；Spiro et al.，1989a，1989b；Catrambone & Holyoak，1989；Sweller & Cooper，1985）。那么，如何设计、呈现和学习多重样例才能促进远迁移问题的解决呢？对此，一些学者主张应该保持样例问题之间有相同的结构特征和相似的表面特征。简言之，多重样例问题的结构特征和表面特征应该有尽量少的变异。因为学生在解决数学应用题时，常常受到问题中关键词汇或语义关系等表面特征的影响（Martin & Bassok，2005）。罗斯（Ross，1989）认为，只要对样例问题之间的某个关键表面特征进行变异，就足以引起学生对该特征的重视，并对问题的类型做出类比，从而找到解决问题的恰当方法。因为学生在这种多重样例学习中将逐渐变得自信和有能力。他们对问题表面特征相似性的依赖将逐渐退化，直到根据问题的结构特征对问题做出类比。可是，金特纳却认为，学生通过相同解题规则的二重样例学习，概括出的问题解决图式包括更多的问题结构特征而不是表面特征。正是相同结构特征问题解题样例之间的比较促进了问题解决的迁移（Gentner，2003）。那么，如何对样例问题的表面特征做出变异呢？布莱斯和罗斯（Bless & Ross，1996）曾将样例问题的表面特征分解为"表面概貌"与问题要素的"相互对应"两个方面。莫雷和唐雪峰最初将表面概貌分离为"事件属性""事件类型"（莫雷，唐雪峰，2001），后来又将表面概貌划分为"具体属性""问题形式"，并将问题的表面概貌划分为具体属性和问题形式两个方面进行实验研究。实验结果表明，样例问题表面特征的不同方面会影响迁移问题解决的不同子过程（唐雪峰，莫雷，2004）。奎利奇和梅耶尔给学生设计了两组解题样例，一组是强调问题表面特征的解题样例，另一组是强调问题结构特征的解题样例（Quilici & Mayer，1996）。实验结果表明，强调结构特征组比强调表面特征组的后测成绩更好。他们认为，学习强调问题结构特征的解题样例之所以更有效，是因为它能使学生认识到只注意问题的表面特征是没有用的，问题的表面特征不是解决问题的关键特征。还有研究结果表明，问题结构特征变异的多重解题样例学习的迁移效果更好。例如，里德和博尔斯塔德以大学生为被试所做的实验表明，第六组被试，即学习了简单和复杂两个解题样例的被试获得了最好的迁移测验成绩（Reed & Bolstad，1991）。因此，究竟哪一种特征变异的解题样例学习更能促进迁移问题的解决，目前尚无定论。

我国学者也对多重样例的变异性和编码对迁移问题解决的影响进行了实验研究，并取得预期实验结果（邢强，莫雷，2005）。我们认为，多重解题样例学习的目的不仅在于使学生学会解决与样例问题表面特征相似的问题，更在于使学生学会解决与样例问题结构特征不同的问题。也就是说，学生通过多重解题样例学习，不仅能够促进近迁移问题的解决，还能促进远迁移问题的解决。所以，我们的研究目的是考察两种问题特征变异的解题样例学习，即两个问题表面特征不同的解题样例学习（即"表面特征变异的二重样例学习"）与两个问题结构特征不同的解题样例学习（即"结构特征变异的二重样例学习"），哪一种特征变异的二重解题样例学习的远、近迁移效果更好。

2. 操作定义

为了考察两种特征变异二重样例学习的远、近迁移效果，我们将有关操作定义表述如下：①将二年级小学生还不能解决"根据车辆行驶的速度和时间，求路程"的算术应用题称为"原问题"，将其解题样例称为"原样例"，将一个原样例的学习称为"原样例学习"；②将"根据车辆行驶的路程和时间，求速度"的算术应用题称为"规则变异问题"，将其解题样例称为"规则变异样例"，并将一个原样例和一个规则变异样例的二重样例学习简称为"规则变异样例学习"；③将"根据车辆按某一速度行驶一段时间后又按另一速度行驶一段时间，求车辆行驶的总路程"的算术应用题称为"规则平行组合问题"，将其解题样例称为"平行组合样例"，并将一个原样例和一个规则平行组合样例的二重样例学习简称为"平行组合样例学习"；④将"根据车辆按一定速度逆风或顺风行驶（风速为已知条件）一段时间，求路程"的算术应用题称为"规则镶嵌组合问题"，将其解题样例称为"规则镶嵌组合样例"，并将一个原样例和一个规则镶嵌组合样例的二重样例学习称为"镶嵌组合样例学习"。这样就有了 3 种"结构特征变异问题""结构特征变异样例"，以及 3 种"结构特征变异样例学习"。

此外，我们还定义了 3 种"表面特征变异样例"和 3 种"表面特征变异样例学习"，具体表述如下：①"数-名变异"样例，即变异问题与原问题只是事物名称和数值不同，其他都相同的解题样例，并将一个原样例和一个数-名变异样例的二重样例学习称为"数-名变异样例学习"；②"情节变异"样例，即变异问题与原问题只是故事情节不同，其他都相同的解题样例，并将一个原样例和一个情节变异样例的二重样例学习称为"情节变异样例学习"；③"表述变异"样例，即变异问题与原问题只是问题的表述顺序不同，其他都相同的解题样例，并将一个原样例和一个表述变异样例的二重样例学习称为"情节变异样例学习"。

最后，将与原问题结构特征相同的算术应用题定义为"与原问题结构特征相同的近迁移问题"，将与原问题结构特征不同的算术应用题定义为"与原问题结构特征不同的远迁移问题"。

3. 研究假设

根据以往的样例学习研究结果，提出如下研究假设：①二年级小学生学习了一个原样例之后，就可以明显促进与原问题结构特征相同的近迁移问题的解决，即产生近迁移效果；一般不能促进与原问题结构特征不同的远迁移问题的解决，即不能产生显著的远迁移效果。②二年级小学生通过表面特征变异样例的学习，只能促进与原问题结构特征相同的近迁移问题的解决，即产生近迁移效果；一般不能促进与原样例问题结构特征不同的远迁移问题的解决，即不能产生显著的远迁移效果。③二年级小学生通过一种结构特征变异样例的学习，只能促进与原样例问题结构特征相同的近迁移问题和与变异样例问题结构特征相同的近迁移问题的解决，即产生近迁移效果；一般不能促进与结构特征变异样例问题结构特征不同的远迁移问题解决，即不能产生远迁移效果。

（二）实验研究

1. 实验目的

考察二年级小学生通过表面特征变异样例学习或结构特征变异样例学习，对远、近迁移问题解决的促进作用是否有明显的不同。

2. 实验方法

1）被试的选取。通过前测从某城市两所普通小学的二年级学生中选取 210 人为被试，其中男生 107 人、女生 103 人。将 210 名被试编码并随机分配到 6 个实验组和 1 个控制组中，每组 30 人。6 个实验组分别称为数-名变异组、情节变异组、表述变异组、规则变异组、平行组合组和镶嵌组合组。

2）实验设计。采用单因素被试间随机分组实验设计。自变量是变异样例学习类型，即被试组别，分为 7 个水平：控制组、数-名变异组、情节变异组、表述变异组、规则变异组、平行组合组、镶嵌组合组。因变量是远、近迁移测验成绩。

3）实验材料：包括"前测材料""样例学习材料""迁移测验材料"。前测材料是一道原问题。样例学习材料由一个原样例与一个特征变异样例组成。7 种样例学习材料中的原样例均相同，只有特征变异样例不同，分别是三种表面特征变异样例（即数-名变异样例、情节变异样例、表述变异样例）学习材料、三种结构特征变异样例（即规则变异样例、平行组合样例、镶嵌组合样例）学习材料和只有原样例但没有特征变异样例的控制组样例学习材料。迁移测验材料由 15 道算术应用题组成。其中，第 1、2、3 题分别是数-名变异、情节变异和表述变异的表面特征变异测题，称为第 1 类迁移测验；第 4、5、6 题分别是规则变异、平行组合和镶嵌组合三种结构特征变异测题，称为第 2 类迁移测验；第 7、8、9 题分别是一种表面特征变异与规则变异相结合的综合变异测题，称为第 3 类迁移测验；第 10、11、12 题分别是一种表面特征变异与平行组合相结合的综合变异问题，称为第 4 类迁移测验；第 13、14、15 题分别是一种表面特征变异与镶嵌组合相结合的综合变异测题，称为第 5 类迁移测验。

4）实验条件：实验在安静的教室内分组进行，每两名被试之间空一个座位，实验时被试之间不得交流。

5）实验程序：①前测阶段，对两所小学的二年级小学生进行前测。指导语是："请同学们自己独立尝试解答这道算术应用题，要列出算式和计算结果。时间为 5 分钟。"根据测验成绩选择不能正确写出算式和结果的学生为被试，将其编码并随机分为 7 组进入下面的实验。②原样例学习阶段，7 组被试分别学习原样例材料。指导语是："请同学们仔细阅读这道应用题和它的详细解题步骤，并尽力读懂、学会它。学习时间为 5 分钟。"5 分钟之后，进入变异样例学习阶段。③变异样例学习阶段，实验分组进行，控制组被试不学习变异样例，由一名教师带领做一项数学游戏。6 个实验组的被试分别学习各组的变异样例。指导语是："请同学们仔细阅读这道应用题和它的详细解题步骤，并尽力读懂、学会它。"④迁移测验阶段，7 组被试分别在各自的教室内同时进行迁移测验。指导语是："请同学们各自独立解答测验中的每道应用题，要求列出算式和计算结果。"迁移测验分两次进行，第一次测验完成前三类迁移测验，第二次测验完成后两类迁移测验。两次迁移测验之间，被试在座位上休息 5 分钟。

6）评分标准：被试每正确解答（算式、解题步骤和计算结果都正确）一道测题计 1 分，否则记 0 分。五类测验满分均为 3 分。

3. 结果分析

（1）各实验组与控制组之间迁移测验成绩的差异分析

各组被试 5 类测验成绩的平均分和标准差见表 5-1。

表 5-1 迁移测验成绩的平均分和标准差

类别		第 1 类	第 2 类	第 3 类	第 4 类	第 5 类
数-名变异组	M	2.867	0.700	1.833	0.667	0.633
	SD	0.434	0.702	0.874	0.802	0.669
情节变异组	M	2.867	0.800	1.700	0.667	0.700
	SD	0.571	0.805	0.952	0.922	0.794
表述变异组	M	2.900	0.667	1.833	0.567	0.667
	SD	0.305	0.758	0.874	0.935	0.711
规则变异组	M	2.633	1.200	2.367	0.767	0.600
	SD	0.556	0.805	0.850	1.073	0.563
平行组合组	M	2.767	1.567	1.967	1.800	0.667
	SD	0.430	0.774	1.098	1.215	0.802

类别		第1类	第2类	第3类	第4类	第5类
镶嵌组合组	M	2.733	0.900	1.633	0.667	0.733
	SD	0.583	0.607	0.928	0.959	0.828
控制组	M	2.733	0.633	1.467	0.333	0.567
	SD	0.583	0.850	1.008	0.844	0.679

分别以各组被试各类测验的平均成绩为因变量，以组别为自变量做一元方差分析，结果显示，7组被试第2、3、4类测验成绩之间的差异显著 $F_{(6, 203)}$ =6.094，$p<0.001$；$F_{(6, 203)}$=2.772，$p<0.05$；$F_{(6, 203)}$=6.993，$p<0.05$；7组被试第1、5类测验成绩之间的差异不显著 $F_{(6, 203)}$=1.084，$p>0.05$；$F_{(6, 203)}$=0.187，$p>0.05$。事后分析结果显示：①规则变异组和平行组合组第2类测验的成绩分别显著优于控制组（$p<0.05$）。3个表面特征变异组和镶嵌组合组与控制组的第2类测验成绩均无显著差异（$p>0.05$）。②规则变异组和平行组合组分别与控制组的第3类测验成绩差异显著（$p<0.05$）；其他实验组与控制组的第3类测验的成绩均无显著差异（$p>0.05$）。③平行组合组与控制组第4类测验成绩的差异显著（$p<0.05$）；其他实验组分别与控制组第4类测验成绩无显著差异（$p>0.05$）。

（2）各组不同类别测验成绩之间的差异分析

分别对控制组和6个实验组在5类测验上的成绩做相关样本配对 t 检验，检验结果显示：①除了规则变异组的第1类与第3类测验成绩差异不显著之外，其他各组被试的第1类测验成绩分别显著优于其他4类测验成绩。②3个表面特征变异组的迁移测验成绩与控制组一样，都是第3类测验成绩分别显著优于第2、4、5类测验成绩。③在规则变异组的5类测验成绩之间，除了第1类与第3类测验成绩之间的差异不显著、第4类与第5类测验成绩之间的差异不显著，其他各类测验成绩之间的差异均显著。④平行组合组的第2、3、4类测验成绩分别显著优于第5类测验成绩。⑤镶嵌组合组的第3类测验成绩分别显著优于第2、4、5类测验成绩。

（三）研究结论

该研究得出以下结论：①二年级小学生（即控制组的被试）只通过原样例学习就能够促进近迁移问题的解决，即产生明显的近迁移效果，但一般不能促进远迁移问题的解决，或者对个别远迁移问题解决的促进作用远不如近迁移效果明显。②3个表面特征变异样例学习组的被试通过表面特征变异的二重样例学习，其远、近迁移效果与控制组的远、近迁移效果基本相同，且都没有明显促进远迁移问题的解决。③3 个结构特征变异样例学习组的被试通过各自的结构特征变异样例学习，明显促进了与原问题结构特征相同的近迁移问题的解决，即产生了显著的近迁移效果，并与控制组的近迁移效果基本相同；同时也促进了与变异样例问题结构特征相同的近迁移问题的解决，即产生了显著的近迁移效果，但没有明显促进与变异样例问题结构特征不同的远迁移问题的解决，即没有产生显著的远迁移效果。

二、个体与小组合作规则样例学习影响远、近迁移问题解决的实验研究

（一）小组合作学习研究概述

1. 合作学习的概念与特征

合作学习兴起于 20 世纪 70 年代初。合作学习是学生在小组内从事的学习活动（Slavin，1983），并使共同的学习活动最大限度地促进组内各成员的学习（Johnson et al.，1981）。小组合作学习的一般特征是：学生有目的地组成学习小组，明确小组及成员的学习任务与责任，形成组内成员的相互交流与依赖，促进社交技能的发展，并发挥指导者在其中的支撑作用（Cuseo，1992）。约翰森等指出了小组合作学习的 5 个特征：①组内成员相互依赖，共同合作完成学习任务并实现学习目标；②组内成员面对面相互交流，并相互促进彼此的学习；③每个成员都对小组学习任务负有责任；④促进组员组织、交流、协调和相互尊重态度等社交技能的发展；⑤组员通过自我检查和提供反馈对合作学习的情况进行评价、总结和改进（Johnson et al.，1981）。

2. 合作学习的效果与功能

与个体学习相比，进行小组合作学习的学生能获得更高的成绩，并有更积极的同伴关系（Roseth et al.，2008）。大量研究表明，合作学习能够促进幼儿园儿童到各个学科大学生的学习和社会化（Johnson D W & Johnson R T，2002；Serrano & Pons，2007；Sharan，2010；Slavin，1996）。具体来说，小组合作学习能促进学生的读写能力的发展（Stevens & Slavin，1995a）；提高落后学生的学习成绩（Stevens & Slavin，1995b）；增进学生对科学概念的理解（Howe，2014）；促进学生数学问题解决能力的提高（Pons et al.，2008；Slavin，2013；Slavin & Lake，2008）和思维的发展（Gillies，2011）。小组合作学习还增强了成员之间的适应和有效完成任务的意愿，也增进了不同文化种族背景成员之间的关系（Johnson D W & Johnson R T，2000；Slavin & Cooper，1999），还能够帮助学生处理矛盾（Pulido et al.，2013）、学习人际交往技巧（Cowie，2004），并能帮助教师将合作学习嵌入教学实践中（Pons et al.，2013）；合作学习也有助于解决与儿童、少年和青年人有关的社会问题（Johnson D W & Johnson R T，2003a，2003b）

3. 影响合作学习效果的因素

（1）学习任务的性质

当学习任务是公开的和无反馈的发现学习任务时，小组成员在共享信息和共同完成学习任务上表现出高度的合作（Cohen，1994a；1994b）。在讨论有争议的问题时，可以帮助学生得出更细致的和更具创见性的答案；在寻找逻辑联系的学习任务过程中，会获得新的认知或理解（de Lisi & Golbeck 1999；Gillies et al.，2012）。

（2）组容的大小

组容（group size）是指小组成员的数量。有研究表明，拼图作业的组容一般以4—6人为宜（Slavin，1981）；两人组的合作学习效果并不显著优于个体学习的效果（Russell et al.，1981；Light et al.，1987）；而且两人组自我解释的样例学习效果反而更差（Renkl，1997b）；为了保证合作学习的效果，小组成员应不超过4人（Damon，1984）。所以，莎伦（Sharan，2010）创设了小组调查法（group investigation，GI），约翰森兄弟（Johnson D W & Johnson R T，2004）开发出4—5人异质小组"共学式"合作学习方法等。

（3）小组的同质与异质结构

小组结构（group structure）是指学习能力和学习成绩不同的小组成员在组内的各种不同组合。"同质结构"就是小组成员的学习能力和成绩接近或处于相同的水平。"异质结构"就是小组成员的学习能力和成绩处于不同的水平。韦布（Webb，1991）认为，异质结构对不同水平的成员都有利。金（King，1994）发现，同质组的总分低于异质组的总分。贝内特（Bennett，1991）发现：①"高水平"同质组比"中等水平"和"低水平"同质组在学习任务的表现上都更持续、更好；②在3人异质组中，两名高水平学生和1名低水平学生组合与1名高水平学生和两名低水平学生组合的学习效果也不同；③无论小组成员怎样，高水平学生的表现都很优秀。约翰森兄弟（Johnson D W & Johnson R T，2004）认为，应该组成学习能力上的异质小组，因为在能力差别大的小组里，能促进成员对问题做出更深入的思考，并能做出和接受更多的解释，讨论时能发表更深远的见解。他们还认为，由教师安排或指定小组成员比学生自己选择合作伙伴的效果更好，因为学生通常找的是与自己在某些方面相似（诸如学习成绩、种族和性别等）的同伴。

（4）小组合作形式

小组合作形式（group cooperation form）是小组成员的合作学习形式。研究中采用较多的有"拼图式"、相互提问式、脚本化合作式和同伴辅导式 4 种形式。

第一代"拼图式"合作学习的具体做法是将学习任务分解给组内每一名成员，学习后的每个成员都成为各自作业的"专家"，然后在小组内进行相互教学。第二代"拼图式"合作学习增加了"专家小组"，分别由各组中学习相同材料的学生组成。具体步骤如下：专家组成员一起讨论学习材料的意义并计划教学的过程；接下来，回到各自的小组，向组员讲解；最后，教师用覆盖所有学习内容的测验评估学习效果，并将专家成员的得分作为小组的成绩。这种拼图式教学并没有产生积极的影响（Slavin，1994）。

相互提问式是指 2 人或 3 人为一组，相互提问教师讲授的内容或自学的内容。具体做法如下：教师在课后给学生提供"提示卡片"，以便学生相互提问并交流答案。

脚本化合作式是一种两人合作的学习形式。具体过程是两个学生阅读同一段文字后，一个学生进行口头总结，另一个学生对此做出评论，指出疏漏和错误的地方；然后两个人再一起精读这段文字；接下来继续学习另外一段材料，两人互换角色。

同伴辅导式是组内的一名成员扮演"小先生"的角色，辅导组内其他成员学习的合作学习形式。如果"小先生"是同年级的同学就是同伴辅导。研究发现，辅者导及受辅导者都能从中获益（Mathes et al.，2001；Thurston et al.，2012；van Keer，2004）；"小先生"与其他组员相比，有更强的合作学习动机和责任感；受辅导的组员对测验的认知更积极，付出的努力更多（Benware & Deci，1984）。一些研究发现，同伴辅导的效果比教师辅导的效果更好（Schunk & Hanson，1985；Ryalls，2000），与组员的学习能力接近的同伴的辅导比学习能力明显高于组员的同伴的辅导效果更好（Braaksma et al.，2002）。

4. 小组合作的样例学习研究

雷特诺瓦蒂等（Retnowati et al.，2010）考察了初中生采用"样例学习"和"问题解决"两种学习方法的小组合作学习与个体学习对解决多步骤几何证明题效果的影响。结果表明，无论是个体学习还是小组合作学习，样例学习的远、近迁移成绩都明显好于问题解决，且个体与小组合作样例学习的远、近迁移成绩均无显著差异，但小组合作样例学习远迁移测验中的推理成绩明显高于个体样例学习。

在雷特诺瓦蒂等（Retnowati et al.，2017）的研究中，实验1比较了六年级学生解决高、低两种复杂程度线性方程的个体与小组合作学习的迁移效果。结果表明，合作学习没有促进样例学习。实验2比较了四年级学生解决复杂程度高、低两种代数问题时，个体与小组合作样例学习与问题解决学习的效果。实验结果表明，当学习材料的复杂程度较高时，个体样例学习的效果优于合作样例学习；当学习材料的复杂程度较低时，小组合作问题解决学习的效果优于个体问题解决学习。

基施纳等（Kirschner et al.，2009）发现，个体样例学习的近迁移测验成绩明显好于小组合作学习，而小组合作样例学习的远迁移测验成绩则明显好于个体学习。在一项后续研究中，基施纳等（Kirschner et al.，2011）设置4个实验组：个体样例学习组、个体问题解决组、小组合作样例学习组、小组合作问题解决组。实验程序与基施纳等（Kirschner et al.，2009）的一致。结果发现，问题解决小组合作学习的效果明显比样例学习效果好；个体样例学习的效果明显好于个体问题解决。研究得出的结论是较复杂任务的小组合作学习上比个体学习更有效。

（二）问题提出与实验研究设计

1. 问题提出

上述研究表明，虽然已经开展了小组合作与个体样例学习效果的比较研究，但是研究结果不尽一致，小组合作样例学习的促进作用并不明显。目前，还没有小组合作与个体规则样例学习影响远、近迁移问题解决的实验研究。小组合作学习的组容、结构与合作形式等因素究竟是如何影响规则样例学习的迁移效果的，还需要做系列实验研究。

2. 实验设计

1）解题规则有简单和复杂之分。规则的复杂程度不同，个体学习与小组合作学习的效果可能也不同，小组组容、结构与合作形式对简单和复杂规则样例学习迁移效果的影响也不同。因此，应该同时考察个体与小组合作简单与复杂两种规则样例学习的远、近迁移效果。为此，我们在实验研究中设计了简单和复杂两种"追及"问题的解题样例，从而考察个体与小组合作学习简单和复杂两种规则样例学习的远、近迁移效果。

2）以往的个体学习与小组合作学习研究多数以小学生为被试。四年级小学生已经具备了运用"速度=路程÷时间"的一般规则解决简单"行程"问题的知识和能力，但还没有学习简单和复杂"追及问题"的解题规则。因此，我们在实验研究中选择能够正确解决简单的行程问题，但不能解决简单和复杂的追及问题的四年级小学生为被试。

3）追及问题有多种类型或变型。规则样例学习的目的是不仅要使学生理解、概括、掌握和运用一般规则解决同类问题，即近迁移问题，还期望他们能够运用一般规则的变型规则解决各种变型问题，即远迁移问题。因此，在实验中应该用被试解决远、近两种迁移问题的成绩作为测量指标。

4）在以往考察组容对学习效果影响的研究中，多数学者认为2—4人为宜。因此，在考察组容对小组合作规则样例学习迁移效果影响的实验研究中，主要考察2人组、3人组和4人组3种组容对小组合作规则样例学习迁移效果的影响。

5）在以往的研究中，研究者没有专门考察小组同质结构与异质结构对学习效果的影响，也没有详细考察小组异质结构对学习效果的影响。因此，我们在实验研究中设计了同质结构组和3种异质结构组，详细考察同、异质结构对规则样例学习迁移效果的影响，并具体分析各种异质结构对低水平被试规则样例学习迁移效果的影响。

6）小组合作学习有自由讨论式、问题清单式和小先生辅导式等多种形式，但在以往的研究中，合作形式的对比不够全面，或者对无关变量的控制不够严格，导致研究结论不一致。因此，在实验研究中，我们严格控制无关变量，对3种合作形式进行严格的对比实验研究，期望获得比较可靠的实验结果。

（三）实验研究

1. 实验1：个体与小组合作简单与复杂两种规则样例学习的迁移效果

（1）问题提出与实验假设

小组合作样例学习对迁移问题解决的促进作用得出了不一致的实验结果（Retnowati et al.，2010；Kirschner et al.，2011；Retnowati et al.，2017），而且都属于"问题解决的样例学习"研究，因此我们研究的问题是，对于简单和复杂两种解题规则的样例学习，个体学习与小组合作学习两种学习方式的迁移效果究竟孰优孰劣？

小组合作形式是影响小学生规则样例学习迁移效果的一个重要变量，因此在实验1的设计上，我们确定小组的合作学习形式为"自由讨论式"，即首先让小组成员各自进行5分钟的个体规则样例学习，然后进行10分钟的小组自由讨论，最后进行迁移测验。

实验材料中的简单和复杂规则是根据四年级小学生数学学习的实际能力确定的。简单规则是"追及时间=路程差÷速度差"；复杂规则是"路程差=速度之和×时间"与"追及时间=路程差÷速度差"两个计算公式的组合。学习效果用样例学习后的近、远迁移测验成绩来测量。近迁移测题是与样例问题表面特征不同但结构特征相同的问题，即都是根据已知条件可以求出"路程差"或"速度差"，最后求出"追及时间"的问题。远迁移测题是与样例问题结构特征不同的两个类型的问题，即根据已知条件可以求出路程差和追及时间，最后求出速度差的问题，或者根据已知条件可以求出速度差和追及时间，最后求出路程差的问题。

具体实验假设是：个体简单规则样例学习的近迁移测验成绩可能优于复杂规则样例学习的近迁移测验成绩；小组合作复杂规则样例学习的近迁移测验成绩可能优于简单规则样例学习的近迁移测验成绩；小组合作复杂规则样例学习的远迁移测验成绩也可能优于个体学习。

（2）被试的选取

通过前测，从城市普通小学四年级学生中选取已经能够解决一般行程问题，但不会解决追及问题的120名学生为被试，随机分配，简单规则个体学习组30人（女15人）；复杂规则个体学习组30人（女16人）；简单规则合作学习组30人（女14人），具体分为10个小组，每小组3人；复杂规则合作学习组30人（女14人），具体分为10个小组，每小组3人。

（3）实验材料

实验材料包括前测材料、样例学习材料和迁移测验材料。

1）前测材料：共5个测题，前3个测题是"一般行程"问题，分别是已知速度和时间求路程、已知路程和速度求时间、已知路程和时间求速度的应用题，后2个测题是"追及"问题，分别是运用"追及时间=路程差÷速度差""路程差=速度和×时间""追及时间=路程差÷速度差"3个公式中的两个求出答案的应用题。

2）样例学习材料：分为简单规则解题样例学习材料和复杂规则解题样例学习材料。简单规则解题样例学习材料是由运用简单规则"追及时间=路程差÷速度差"计算，并求出答案的一道追及问题和它的解题样例（已知、求、解、分析、计算公式和计算步骤）组成。复杂规则解题样例学习材料是由运用复杂规则"追及时间=路程差÷速度差""路程差=速度和×时间"求出答案的一道追及问题和它的解题样例（已知、求、解、分析、计算公式和解题步骤）组成。它与简单规则解题样例不同的是，简单规则解题样例中的路程差直接给出，而复杂规则解题样例中的路程差必须用公式"路程差=速度和×时间"求出。

3）迁移测验材料：包括简单规则问题迁移测验材料和复杂规则迁移测验材料。简单规则问题迁移测验材料共4道题，前2道是近迁移测验题，后2道是远迁移测验题。近迁移测题是与样例问题表面特征不同但结构特征相同的问题；远迁移测题是与样例问题结构特征不同的问题。评分标准是被试每运用一个子规则（路程差、速度差和追及时间），并计算出正确结果的计1分；或者运用综合运算规则，并计算出正确结果的计 3 分。每题满分为 3 分，远、近迁移测验满分均为 6 分。复杂规则迁移测验材料共 4 道题，前 2 道是近迁移测验题，后 2 道是远迁移测验题。近迁移测题是与样例问题表面特征不同但结构特征相同的问题；远迁移测题是与样例问题结构特征不同的问题。评分标准是被试每运用一个子规则（路程差、速度差和追及时间），并计算出正确结果的计 1 分；或者运用综合运算规则，并计算出正确结果的计 3 分。每题满分为 3 分，远、近迁移测验满分均为 6 分。

（4）实验设计

采用 2（学习方式：个体学习、合作学习）×2（规则类型：简单、复杂）的两因素被试间随机分组实验设计。学习方式、规则类型为被试间变量，因变量为远、近迁移测验成绩。

（5）实验程序

1）前测阶段：前测在安静的教室内进行，被试按指导语要求进行测验，10 分钟后收回前测试卷，选择能够正确计算出前 3 道题但不会做或做错后 2 道题的被试，将其随机分组，进入正式实验。

2）样例学习阶段：各组被试分别在不同的教室里，按照要求，同时学习各自的样例学习材料，个体学习组的被试自始至终都是独自学习样例材料 15 分钟。合作学习组被试都是先进行个体样例学习 5 分钟，之后在小组内进行自由讨论 10 分钟。15 分钟后，主试收回样例学习材料。

3）迁移测验阶段：各组被试接受迁移测验，简单规则学习组被试各自解决简单规则迁移测题，复杂规则学习组被试各自解决复杂规则的迁移测题。测验时间为 15 分钟。

（6）结果分析

各组被试的近、远迁移测验成绩及差异检验结果见图 5-1 和图 5-2。

（7）小结

实验结果表明，与个体学习相比，小组合作复杂规则样例学习明显促进了近迁移问题的解决，也促进了远迁移问题的解决，但促进作用较小。

2. 实验 2：三种组容简单与复杂两种规则样例学习的远、近迁移效果

（1）问题提出与实验目的、假设

简单规则和复杂规则样例学习的迁移测验成绩是否受组容大小的影响？对此，我们将组容划分为 2 人、3 人和 4 人共 3 个水平。

实验目的是考察 3 种组容对简单和复杂规则样例学习远、近迁移测验成绩的影响。

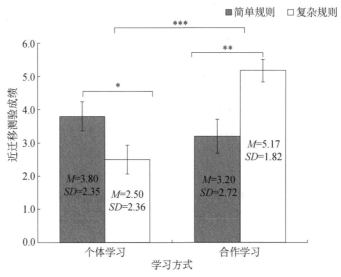

图 5-1　各组被试近迁移测验成绩及方差分析结果

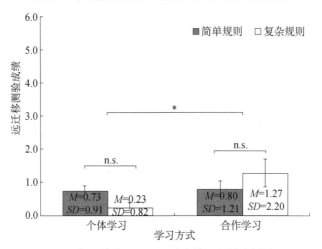

图 5-2　各组被试远迁移测验成绩及方差分析结果

实验假设是 3 人组复杂规则样例学习的近迁移测验成绩可能优于另外两组；3 种组容的远迁移测验成绩可能无显著差异。

（2）被试的选取

通过前测，从城市普通小学四年级学生中选取已经掌握了一般行程问题的解决，但不会解决追及问题的 188 名学生为被试，随机分到简单规则 2 人合作组 32 人（女 16 人），共 16 个小组；复杂规则 2 人合作组 32 人（女 16 人），共 16 个小组；简单规则 3 人合作组 30 人（女 14 人），共 10 个小组；复杂规则 3 人合作组 30 人（女 14 人），共 10 个小组；简单规则 4 人合作组 32 人（女 19 人），共 8 个小组；复杂规则 4 人合作组 32 人（女 15 人）。共 8 个小组。

（3）实验材料

实验材料与本部分实验1相同。

（4）实验设计

采用3（小组组容：2人、3人、4人）×2（规则类型：简单、复杂）的两因素被试间随机分组实验设计。小组组容、规则类型均为被试间变量。因变量为近、远迁移测验成绩。

（5）实验程序

实验程序同本部分实验1。

（6）结果分析

各组被试的近、远迁移测验成绩及方差分析结果见图5-3和5-4。

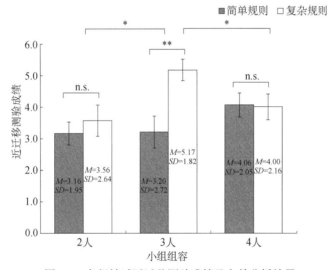

图5-3　各组被试近迁移测验成绩及方差分析结果

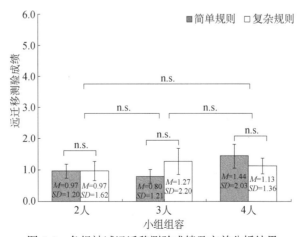

图5-4　各组被试远迁移测验成绩及方差分析结果

（7）小结

组容只影响规则样例学习的近迁移问题解决，但对远迁移问题的解决无显著促进作用。

3. 其他实验结果

实验3、4、5、6分别考察小组的同-异质结构、三种异质结构和合作学习方式对简单和复杂两种规则样例学习近、远迁移问题解决的影响

实验3在控制组容（3人）和小组合作形式（自由讨论式）的条件下，考察小组的同质结构与异质结构，以及三种异质结构对小学生简单和复杂规则样例学习远、近迁移效果的影响。实验结果表明，小组结构只明显影响简单和复杂规则样例学习近迁移问题的解决，但对远迁移问题解决的影响不明显。

实验4在控制组容（3人）和小组合作形式（自由讨论式）的条件下，考察三种小组异质结构的合作学习对小学生简单和复杂规则样例学习迁移效果的影响，并对低水平被试在3种异质结构的小组合作学习中，简单和复杂规则样例学习的迁移效果进行了比较。实验结果表明，小组异质结构只明显影响简单和复杂规则样例学习近迁移问题的解决，但对远迁移问题解决的影响不明显。

实验5在控制组容（3人）与小组结构（优、中、差三人异质结构）的条件下，考察问题清单式和自由讨论式两种小组合作形式对小学生简单和复杂规则样例学习迁移效果的影响。实验结果表明，两种小组合作学习形式只明显影响简单和复杂规则样例学习近迁移问题的解决，但对远迁移问题解决的影响不明显。

实验6在控制组容（3人）与小组结构（优、中、差3人异质结构）的条件下，考察同年级和高年级小先生辅导形式小组合作学习对简单和复杂规则样例学习迁移效果的影响，并对低水平被试在3种异质结构的小组合作学习中简单和复杂规则样例学习的迁移效果进行了比较。实验结果均表明，同年级和高年级小先生辅导形式只明显影响简单和复杂规则样例学习近迁移问题的解决，但对远迁移问题解决的影响不明显。

（四）研究结论

①无论是个体学习还是小组合作学习，四年级小学生都可以通过规则样例学习学会简单的和复杂的解题规则。②小组合作的简单和复杂规则样例学习只能促进近迁移问题的解决，但对远迁移问题解决的促进作用很小。③小组合作学习的组容、结构和合作学习方式都只影响近迁移问题的解决，但对远迁移问题解决的影响不明显。

三、规则变型推理对远迁移问题解决促进作用的实验研究

上述两项影响迁移问题解决的规则样例学习实验研究结果表明,表面特征变异的二重样例学习产生了近迁移效果,即促进了同构问题的解决,但一般不能促进异构问题的解决,即一般不能产生远迁移效果。结构特征变异的二重样例学习既能够解决近迁移问题,也能够促进远迁移问题的解决。该实验结果证明了认知负荷理论解释的样例学习变异性效应,即要想解决异构问题,必须学习一系列问题结构特征变异的解题样例。小组合作规则样例学习能够明显促进近迁移问题的解决,但一般不能更好地促进远迁移问题的解决。

(一)问题提出与实验假设

规则样例学习如何促进远迁移问题的解决或提高远迁移效果呢?按照斯威勒的观点,要想促进远迁移问题的解决,需要学习一系列结构特征变异问题的解题样例(Sweller,2010)。但在实际教学中,给学生设计并提供一系列结构特征变异的解题样例是不现实的。伦克尔认为,要想解决远迁移问题,必须做深思熟虑的推理(Renkl,2017)。但是,他没有指出具体的推理方法。学生们的实际做法往往是在学习了一个解题样例之后,寻找并尝试解决各种类型的变型问题。因此,学生往往陷入“题海”并耗费大量的时间和精力。因此采用何种有效方法促进远迁移问题的解决成为一个亟待解决的关键科学问题。

我们在研究中发现,一个解题原理有几个变量就可以写出几个解题规则,例如速度、时间和路程3者的关系原理有3个变量,该原理就可以写出“速度=路程÷时间”、“路程=速度×时间”和“时间=路程÷速度”3个解题规则。如果学生学习该解题原理时最初习得的解题规则是“速度=路程÷时间”,就可以将其称为原型规则,而将另两个解题规则称为变型规则。解题规则的类型与问题类型或问题结构特征的类型是一一对应的,诸如“已知物体运动的速度和时间、求路程的问题”只能用“路程=速度×时间”的解题规则来解决;“已知物体位移的距离和时间、求物体运动速度的问题”只能用“速度=路程÷时间”的解题规则来解决等。因此,可以将原型规则解决的问题称为原型问题,而将变型规则解决的问题称为变型问题。原型规则与变型规则可以相互转换,即原型规则的解题公式可以通过等式变换得出变型规则的解题公式。当学生学习了一个原型规则之后遇到变型问题时,如果他能够根据变型问题的结构特征将原型规则的解题公式转变为变型问题的解题公式,就可称其对原型规则做出了变型推理或规则变型推理。如此说来,如果学生能够进行规则变型推理,就可以在原型规则的解题样例学习之后,避开一系列结构特征变异问题的解题样例学习和通常所采用的题海战术,通过规

则变型推理解决变型问题，产生远迁移效果。

根据上述设想，我们定义了如下概念：①原型规则是指被试通过规则样例学习习得解题原理的首个解题规则。②原样例是用于习得原型规则的应用题解题样例。③原型问题就是原样例问题。④变型规则是原型规则的各种等式变换形式。⑤变型问题是用变型规则解决的问题。⑥规则变型推理或变型推理是根据变型问题的结构特征和等式变换原理，将原型规则的解题公式转变为变型规则解题公式的推理过程。⑦原样例学习是被试对原型问题解题样例的学习。⑧多重变异样例学习是指被试在原样例学习之后，再学习一系列结构特征变异的解题样例。⑨近迁移问题是原型问题的同构问题。⑩远迁移问题是原型问题的各种变型问题。

（二）实验研究

为了验证上述假设，我们进行了如下系列实验研究。

1. 实验 1：原样例学习后 3 种学习方法迁移成绩的比较

（1）实验目的

考察在原样例学习之后，3 种学习方法的远、近迁移测验成绩是否存在显著差异。

（2）实验方法

1）被试的选取：用 G-Power 软件计算出计划样本量为 159 人（Effect size $f=0.25$；$\alpha=0.05$，$1-\beta=0.80$）。为使各组男女被试数量相等，通过前测选取某城市普通小学四年级男、女生各 81 人（共 162 人）。分别对选出的男、女被试按照实验组别的数量进行 1、2、3 序号的重复编码。最后分别将序号相同的男、女被试分入多重变异样例学习组（简称"多重组"）、规则变型推理组（简称"推理组"）和同构问题解题练习组（简称"练习组"），每组 54 人，男女各半。

2）实验材料：由前测材料、3 种学习材料和迁移测验材料组成。①前测材料：共 5 道测题，前 3 道测题是被试已经学习过的单一交通工具行驶速度、时间和路程 3 者之间关系的算术应用题，后两道测题是被试没有学习过的两个交通工具的"相向行驶"和"同向行驶"的算术应用题。②学习材料：分为多重组、推理组和练习组 3 种学习材料。3 种学习材料中均有相同的两个原样例，分别是相向行驶问题和同向行驶问题的解题样例。多重组学习材料是在两个原样例学习之后给他们呈现的 4 道变型问题（相向行驶和同向行驶的变型问题各两道）的解题样例和指导语。推理组学习材料是在两个原样例学习之后，鼓励他们对两个原型规则分别做出各种变型推理的指导语。练习组学习材料是在两个原样例学习之后给他们呈现的 4 道原型问题的同构问题（相向行驶和同向行驶的同构问题各两道）和指导语。③迁移测验材料：共 6 道算术应用题，其中 2 道近迁移测题和 4 道远迁移测题。2 道近迁移测题分别是两个原样例问题的各一个同构算术应用题。4 道远迁移测题分别是两个原样例问题的各两道变型算术应用题。

3）实验设计：采用单因素被试间随机分组设计，自变量为学习方法（多重变异样例学习、规则变型推理和同构问题解题练习），因变量为近、远迁移测验成绩。

4）实验程序：分为前测阶段、学习阶段和迁移测验阶段。①前测阶段：先于后两个阶段提前进行前测。首先给被试发放纸质前测材料。指导语要求备选学生在 5 分钟之内解答 5 道前测题。5 分钟后主试收回答卷并评定成绩。选择能够正确解答前 3 道测题，但不能正确解答后两道测题的学生作为实验的被试，并按照其编码将其分配到多重组、推理组和练习组。各组被试人选确定后，进入下面的实验程序。②学习阶段：3 组被试在不同的教室里同时进行学习阶段和迁移测验阶段的实验程序。学习阶段的前 10 分钟 3 组被试都学习相同的两个原样例。10 分钟之后，主试回收样例学习材料。多重组被试接着学习 4 个变型问题的解题样例，推理组被试对原型规则做出各种变型推理并分别写出变型规则的解题公式，练习组解答 4 道同构问题。时间均为 10 分钟。③迁移测验阶段：学习阶段结束后，全体被试接着在指导语的要求下同时进行 20 分钟的迁移测验。

5）计分标准：学习阶段的计分标准为推理组被试正确写出一个变型规则的计算公式计 1 分，错误计 0 分，满分为 4 分。练习组的被试正确解答出一个练习题计 1 分，答错或没答计 0 分，满分为 4 分。迁移测验阶段的计分标准为被试每答对 1 题计 1 分，答错或没答的计 0 分。近迁移测验满分为 2 分，远迁移测验满分为 4 分。

（3）结果与分析

3 组被试的近、远迁移测验成绩的描述统计和方差分析结果见图 5-5。

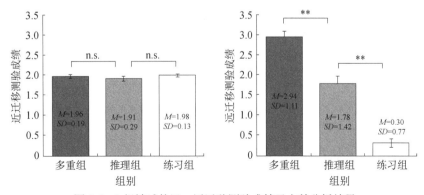

图 5-5　3 组被试的远、近迁移测验成绩及方差分析结果

单因素方差分析结果显示：3 种学习方法的近迁移测验成绩差异不显著，F（2，159）=1.71，$p>0.05$；远迁移测验成绩差异显著，F（2，159）=74.35，$p<0.001$，$\eta^2=0.48$，事后分析（Thamhane）结果显示，多重组得分显著高于推理组（$p<0.001$，95% CI=[0.57，1.76]）和练习组（$p<0.001$，95% CI=[2.20，3.09]）；推理组得分显著高于练习组，$p<0.001$，95% CI=[0.95，2.02]。

（4）讨论

实验 1 的结果表明，在原样例学习之后，多重变异样例学习的远迁移效果最好，规则变型推理的远迁移效果居中，同构问题解题练习的远迁移效果最差。

多重组被试学习了原样例之后，又学习了 4 个变型问题的解题样例，使他们既学习了变型问题的结构特征又学习了与之对应的解题规则，促进了较多被试的规则变型推理。所以该组被试的远迁移测验成绩最好。推理组的被试在原样例学习之后，在既无变型问题也无解题规则参照的条件下尝试对原型规则进行各种变型推理，这比多重组被试从变异样例中学习规则变型推理的难度大很多。因此与多重组相比，该组有较多的被试不能完成规则变型推理，也不能正确解决远迁移问题。所以该组的远迁移测验成绩明显不如多重组好。练习组被试在原样例学习之后专注于同构问题的解题练习，既没有思考如何做出规则变型推理，也没有思考如何解决变型问题，所以他们的远迁移测验成绩最差。

推理组的远迁移成绩虽然不如多重组好，但这并不意味着规则变型推理这种学习方法的远迁移效果比多重组差。而是因为在既无变型问题也无解题规则参照的条件下尝试对原型规则进行各种变型推理的难度较大。如果寻找到培养和提高学生规则变型推理能力的有效方法就能够提高他们的规则变型推理成绩和远迁移测验成绩。另外，推理组远迁移测验成绩的个体差异较大，有些被试的远迁移测验成绩较高，而有些被试的远迁移测验成绩很低。远迁移测验成绩的高低反映了被试变型推理能力的高低。由此推论得出，被试间规则变型推理的能力差异很可能表现为他们在数学考试成绩等级之间的差异。因此，实验 2 将考察规则变型推理成绩和远迁移测验成绩在被试数学考试成绩等级之间的差异，以及规则变型推理成绩与远迁移测验成绩之间的关系。

2. 实验 2：变型推理成绩和远迁移测验成绩在被试数学成绩等级之间的差异

（1）问题提出与实验假设

实验 1 的结果表明，推理组被试的远迁移测验成绩个体差异较大，因此我们假设小学生变型推理能力有较大个体差异，而且可能也是他们数学成绩的等级差异的主要原因。

（2）实验目的

考察被试规则变型推理成绩和远迁移测验成绩在其数学成绩等级之间是否存在显著的差异。

（3）实验方法

1）被试的选取：用 G-Power 软件计算出的计划样本量是 159 人（Effect size f=0.25，α=0.05，1−β=0.80）。按前两次数学考试成绩的平均分将城市普通小学四年级学生分为高（90 分以上）、中（75—85 分）、低（60—70 分）3 个数学成绩等级。为使各组男女被试数量相等，通过前测分别从高、中、低 3 个数学成绩等级的学生中各选取 54 名被试（男女各 27 人），分为高分组、中分组和低分组。

2）实验材料：与本部分实验 1 中推理组的实验材料相同。

3）实验设计：为单因素被试间分组实验设计，自变量为数学成绩等级（高分组、中分组和低分组），因变量为近、远迁移测验成绩。

4）实验程序：与本部分实验 1 推理组的实验程序相同。

5）计分标准：与本部分实验 1 推理组的计分标准相同。

（4）结果分析

1）规则变型推理成绩的差异分析。三组被试的规则变型推理成绩的描述统计及方差分析结果见图 5-6。

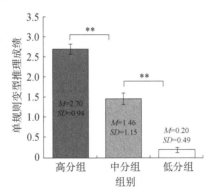

图 5-6 三组被试的规则变型推理成绩及方差分析结果

单因素方差分析结果显示，三组被试的变型推理成绩差异显著，F（2，161）=103.64，p<0.001，η^2=0.56；事后分析（Thamhane）结果显示，高分组的推理成绩显著高于中分组（p≤0.001，95% CI=[0.75，1.73]）和低分组（p<0.001，95% CI=[2.15，2.85]）；中分组的推理成绩显著高于低分组，p<0.001，95% CI=[0.84，1.67]。

2）近、远迁移测验成绩的差异分析。三组被试近、远迁移测验成绩的描述统计及方差分析结果见图5-7。

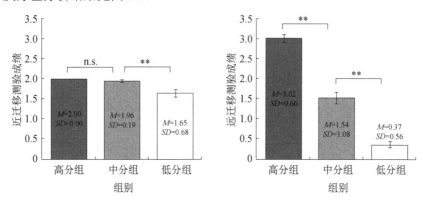

图5-7　3组被试近、远迁移成绩及方差分析结果

单因素方差分析结果显示，3组被试的近迁移测验成绩差异显著，F（2。161）=12.23，$p<0.001$，$\eta^2=0.13$；事后分析（Thamhane）结果显示，高分组的近迁移成绩显著高于低分组，$p<0.01$，95% CI =[0.12，0.58]；中分组的近迁移成绩也显著高于低分组，$p<0.01$，95% CI=[0.08，0.55]；高分组与中分组之间的近迁移成绩差异不显著。

3组被试的远迁移测验成绩差异显著，F（2，161）=149.74，$p<0.001$，$\eta^2=0.65$；事后分析（Thamhane）结果显示，高分组的远迁移成绩显著高于中分组（$p<0.001$，95% CI=[1.06，1.90]）和低分组（$p<0.001$，95% CI=[2.36，2.93]）；中分组的远迁移成绩显著高于低分组，$p<0.001$，95% CI=[0.76，1.57]。

3）变型推理成绩与远迁移测验成绩之间的回归分析。回归分析结果显示，全体被试的变型推理成绩与其远迁移测验成绩的回归方程和解释率为：$y=0.39+0.86x$，$R^2=0.756$。其中y代表各组的远迁移测验成绩，x代表其变型推理成绩。

（5）讨论

实验2结果表明，高分组的变型推理成绩和远迁移测验成绩均显著优于中分组和低分组，中分组的两个成绩均显著优于低分组。回归分析结果表明，被试的规则变型推理成绩与远迁移测验成绩存在显著的线性因果关系，被试的规则变型推理成绩可以预测其远迁移测验成绩，即规则变型推理成绩是因、远迁移测验成绩是果的因果关系。由此可以推论得出规则变型推理能力与数学考试成绩等级之间的因果关系。数学试题不论其题型和内容如何，均可视为由远、近迁移试题构成。解决近迁移试题需要同构类比的推理能力。之前的实验研究结果（张奇，赵弘，2008；董成文，2018）以及实验1和实验2的结果均表明，小学生具有同构类比的推理能力，一般可以解决近迁移试题，只是数学考试成绩低等级被试的同构类比的推理能力较低，所以近迁移成绩较差（详见实验 2 的结果分析）。假如考生在数学考试中的近迁移测验成绩无显著差异的话，那么数学考试成绩的显著差异主要就是由远迁移测验成绩决定的。由于远迁移试题的解决需要学生的规则变型推理，所以数学成绩的高低主要是由考生规则变型推理能力的高低决定的。由此看来，考生同构类比的推理能力（即近迁移试题的解决能力）和规则变型推理能力（即远迁移试题的解决能力）的高低就是其数学考试成绩高低的决定因素，而不是数学考试成绩等级的高低决定考生规则变型推理能力的高低。所以，培养和提高学生的规则变型推理能力就成为提高其远迁移问题解决能力和数学考试成绩的主要途径之一。

实验 2 的结果表明，高分组的规则变型推理成绩显著优于中分组和低分组，因此有必要培养和提高中分组和低分组被试的规则变型推理能力并提高其变型推理成绩，进而促进其远迁移问题的解决并提高远迁移测验成绩。所以实验 3 将给中、低分组被试提供三种问题情境，考察哪一种问题情境能够更有效地促进他们的规则变型推理，从而提高其变型推理成绩和远迁移测验成绩。

3. 实验 3：三种问题情境下规则变型推理对远迁移问题解决的促进作用

（1）问题提出与实验假设

实验 2 的结果表明，数学成绩中、低等级被试的单规则变型推理成绩和远迁移测验成绩较低。如何帮助这些被试更好地做出单规则变型推理呢？我们提出 3种辅助方法：①在原样例学习之后，鼓励他们根据原型单规则问题自编变型单规则问题，再对自编的变型单规则问题做出单规则变型推理。②在原样例学习之后，给他们呈现变型单规则问题，鼓励他们针对变型单规则问题做出单规则变型推理。③在原样例学习之后，给他们呈现几种变型单规则问题，鼓励他们对变型单规则问题做出类型划分，然后再针对变型单规则问题的类型做出单规则变型推理。我们预期，第三种辅助方法能够促进被试做出单规则变型推理，并提高其远迁移测验成绩。

（2）实验目的

比较自编单规则变型问题、直接呈现单规则变型问题和对呈现的单规则变型问题进行类型划分 3 种问题情境对单规则变型推理和迁移问题解决的不同促进作用。

（3）实验方法

1）被试的选取：按实验 2 的方法选取中分组、低分组被试，再将中分组、低分组被试分别随机分到"自编变型问题组"、"呈现变型问题组"和"变型问题分类组"，实验共 6 组被试。用 G-Power 计算出的计划样本量为 158 人（Effect size f=0.25，α=0.05，1−β=0.80）。为使各组男女被试人数相等，通过前测选取某城市普通小学四年级学生 180 人（男女各 90 人），每组被试 30 人。

2）实验材料：包括前测材料、原样例学习材料、问题情境材料和迁移测验材料。前测材料和原样例学习材料均与本部分实验 1 相同。问题情境材料分为 3 种：①自编变型问题组的被试在原样例学习之后，要求他们根据原型问题自编出各种变型问题，因此该组的问题情景材料就是要求被试自编变型问题的指导语。②呈现变型问题组的问题情景材料是给被试呈现的 4 种类型的变型问题，相向行驶和同向行驶的变型问题各两道及指导语。③变型问题分类组的问题情景材料是给被试呈现 4 种类型（相向行驶和同向行驶的变型问题各两种类型）、每种类型各 2 道的共 8 道变型问题及问题分类作业的指导语。每 2 道同类型问题的结构特征相同，只是表面特征不同。8 道变型问题分左、右两列呈现给被试，每列各有 4 道不同类型的变型问题从上到下随机排列。指导语要求被试给左、右两列的同类型问题画线连接起来，共需要画出 4 条连线。所以该组只比呈现变型问题组多做了问题类型划分的作业，但变型推理的作业数量和类型都相同。迁移测验材料与本部分实验 1 相同。

3）实验设计：采用 2×3 两因素被试间分组设计，自变量 1 为数学成绩等级，分为中分组和低分组两个水平；自变量 2 为问题情境类型，分为自编应用题、呈现问题和呈现问题并分类 3 种情境；因变量是近、远迁移测验成绩。

4）实验程序：分为前测阶段、原样例学习阶段、规则变型推理阶段和迁移测验阶段。前测阶段、原样例学习阶段和迁移测验阶段均与本部分实验 2 相同。规则变型推理阶段是被试在学习完原样例之后，分别在 3 种不同的问题情境下进行规则变型推理。①自编变型问题组的被试针对自己编出的变型问题进行规则变型推理。②呈现问题组的被试针对呈现的变型问题进行规则变型推理。③呈现变型问题并分类组的被试在原样例学习之后，首先对呈现的 8 个变型问题做出 4 种类型的划分，然后再针对 4 种变型问题进行规则变型推理。3 组被试按照规定的时间，结束规则变型推理作业后进入迁移测验。

5）计分标准：规则变型推理成绩和迁移测验成绩的计分标准均与本部分实验 2 相同。

（4）结果分析

1）规则变型推理成绩的差异检验。在 3 种问题情境下，中分组、低分组被试规则变型推理成绩的描述统计及方差分析结果见图 5-8。

二因素方差分析结果显示：规则变型推理成绩在 3 种问题情境之间差异显著，F（2，179）=7.87，p<0.01，η_p^2=0.083；在数学成绩等级之间差异显著，

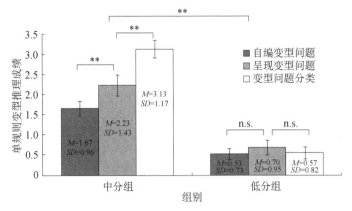

图 5-8 三种问题情境下规则变型推理成绩及方差分析结果

$F_{(1, 179)}=127.67$，$p=0.001$，$\eta_p^2=0.423$；问题情境与数学成绩等级对规则变型推理成绩的交互作用显著，$F_{(2, 179)}=7.65$，$p<0.01$，$\eta_p^2=0.081$。简单效应分析结果显示：中等级被试在对呈现的变型问题做出分类的条件下，规则变型推理成绩显著优于仅呈现变型问题和自编变型问题的规则变型推理成绩，$F_{(2, 179)}=15.30$，$p<0.01$，$\eta_p^2=0.15$；低等级被试三种问题情境下的规则变型推理成绩差异不显著，$F_{(2, 179)}=0.22$，$p>0.05$。

2）近、远迁移测验成绩的描述统计及方差分析

3 种问题情境下中分组被试和低分组被试的近迁移测验成绩和远迁移测验成绩的描述统计及方差分析的结果见图 5-9 和图 5-10。

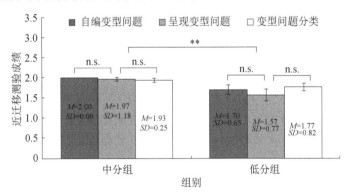

图 5-9 近迁移测验成绩及方差分析结果

二因素方差分析结果显示：近迁移测验成绩在 3 种问题情境之间的差异不显著，$F_{(2, 179)}=0.606$，$p>0.05$；在数学成绩等级之间差异显著，$F_{(1, 179)}=16.39$，$p<0.001$，$\eta_p^2=0.086$；问题情境与数学成绩等级对近迁移测验成绩的交互作用不显著，$F_{(2, 179)}=0.89$，$p>0.05$。

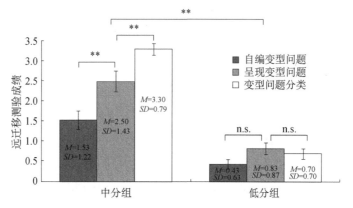

图 5-10　远迁移测验成绩及方差分析结果

远迁移测验成绩在 3 种问题情境之间的差异显著，$F（2，179）=16.58$，$p<0.001$，$\eta_p^2=0.16$；在数学成绩等级之间差异显著，$F（1，179）=148.18$，$p<0.001$，$\eta_p^2=0.46$；问题情境与数学考试成绩等级对远迁移测验成绩的交互作用显著，$F（2，170）=8.86$，$p<0.001$，$\eta_p^2=0.092$。简单效应分析结果显示：中等级被试在对呈现的变型问题做出分类的条件下，远迁移测验成绩显著优于仅呈现变型问题和自编变型问题的远迁移测验成绩，$F（2，179）=24.16$，$p<0.001$，$\eta_p^2=0.22$；低等级被试三种问题情境下的远迁移测验成绩差异不显著，$F（2，179）=1.28$，$p>0.05$。

（5）讨论

实验 3 结果表明，中分-变型问题分类组被试的规则变型推理成绩和远迁移测验成绩显著高于另两组；中分-呈现变型问题组被试的规则变型推理成绩和远迁移测验成绩显著高于中分-自编应用题组。这是因为四年级学生在原样例学习之后，自编变型应用题还比较困难或者用时较多，因此，在有限的时间内，这种方法不利于培养和提高他们的规则变型推理能力。只呈现变型问题而不做问题类型划分也不利于被试针对变型问题的类型做出规则变型推理。因此对于中分组被试来说，给他们呈现具体变型问题并要求他们对其做出类型划分，然后分别针对不同类型的变型问题做出规则变型推理是培养和提高他们规则变型推理能力的一种有效方法。

实验 3 的结果还表明，不论在哪种问题情境下，中分组被试的规则变型推理成绩和迁移测验成绩均显著高于低分组被试。此结果再次证明学生的数学成绩等级是由其规则变型推理能力的高低决定的。低分组被试的规则变型推理成绩和迁移测验成绩在 3 种不同问题情境之间均无显著差异。这说明只提供问题情境不足以培养和提高数学成绩低等级学生的规则变型推理能力。在教学实践中，培养数学成绩低等级学生的规则变型推理能力可以采用教师指导、同伴辅导和推理提示等方法。由于实验中的规则变型推理有时间限制并需要被试独立完成推理作业，所以采用了后一种方法，即给他们提供促进其规则变型推理的提示条件。实验 4 将以低分组学生为被试，在原样例学习后给他们呈现变型问题并要求他们划分问题类型，然后针对各种变型问题给他们提供不完整的解题规则，使他们在不完整解题规则的提示下做出规则变型推理，以此促进他们对远迁移问题的解决。所以实验 4 的目的就是考察不完整解题规则的提示能否促进低分组被试的规则变型推理，进而提高远迁移测验成绩。

4. 实验 4：问题情境下有提示的规则变型推理对远迁移问题解决的促进作用

（1）实验方法

1）被试的选取：按实验 2 的方法选取数学考试成绩低等级的被试，再将其随机分为"问题分类组"和"提示推理组"。用 G-Power 计算出计划样本量为 78 人（Effect size $d=0.65$；$\alpha=0.05$，$1-\beta=0.80$）。为使各组男女被试数量相等，通过前测选取某城市普通小学四年级学生 80 人（男女各 40 人）；每组被试 40 人。

2）实验材料：分为前测材料、原样例学习材料、问题情境材料、推理提示材料和迁移测验材料。前测材料、原样例学习材料、问题情境材料和迁移测验材料均与实验 3 的变型问题分类组的问题情景材料相同。两组被试在变型推理阶段的材料不同：①问题分类组（即"无提示推理组"）在完成问题类型划分之后即可对 4 种变型问题做出规则变型推理。②提示推理组在完成问题类型划分后，主试给每种变型问题提供一个不完整的解题规则，要求被试参照不完整解题规则做出规则变型推理，即将不完整的解题规则补充完整。

3）实验设计：为单因素被试间随机分组设计，自变量是学习方法（问题分类与提示推理），因变量是近迁移测验成绩和远迁移测验成绩。

4）实验程序：分为前测阶段、学习阶段和迁移测验阶段。前测阶段和迁移测验阶段均与实验 1 相同。学习阶段将两组被试安排在不同的教室里同时学习。前 10 分钟两组被试都学习相同的原型问题解题样例。10 分钟之后，主试回收样例学习材料。给两组被试呈现 8 道变型问题，并要求被试对这 8 道题做出 4 种类型的划分。分类作业完成后，问题分类组被试做 4 种变型问题的规则变型推理；主试给提示推理组的被试提供 4 种变型问题的不完整解题规则，并要求被试在不完整解题规则的提示下做 4 种规则变型推理。两组被试学习阶段的时间均为 25 分钟。

5）计分标准：问题分类成绩的计分标准为，被试每正确完成一种问题的分类计 1 分，分类错误或没有分类计 0 分。问题分类作业成绩满分为 4 分。推理成绩的计分标准为被试每正确推理得出（或补全）一个变型规则的计算公式计 1 分，推理错误（或没有补全）计 0 分，推理成绩满分为 4 分。迁移测验成绩的计分标准与实验 3 相同。

（2）结果分析

两组被试问题分类作业成绩见图 5-11。单因素方差分析结果显示，两组的问题分类成绩差异不显著，$F(1, 79)=0.70$，$p>0.05$。

两组被试规则变型推理成绩见图 5-12。单因素方差分析结果显示，提示推理组的规则变型推理成绩显著优于问题分类组，$F(1, 79)=151.95$，$p<0.001$，$\eta^2=0.66$。

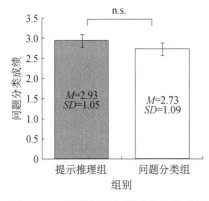

图 5-11　两组被试的问题分类作业成绩　　图 5-12　两组被试的规则变型推理成绩

两组被试近、远迁移测验成绩见图 5-13。单因素方差分析结果显示，两组的近迁移测验成绩差异不显著，$F(1, 79)=0.06$，$p>0.05$；两组的远迁移测验成绩差异显著，$F(1, 79)=180.78$，$p<0.001$，$\eta_p^2=0.70$，提示推理组的远迁移成绩显著优于问题分类组。

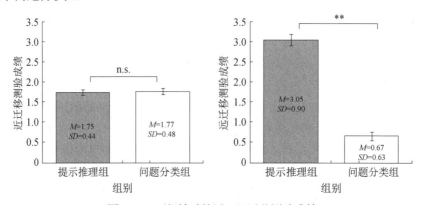

图 5-13　两组被试的近、远迁移测验成绩

（3）讨论

实验 4 结果表明，与没有推理提示的问题分类组相比，推理提示组的规则变型推理成绩和远迁移测验成绩都有了显著提高。这说明"推理提示法"有效地提高了低分组被试的规则变型推理能力，从而提高了其远迁移问题的解决能力。因为"推理提示"给他们呈现了解决变型问题的不完整解题规则，不完整的解题规则能够提示和辅助他们做出规则变型推理，从而提高了他们的远迁移测验成绩。

（三）综合讨论

1. 规则样例学习的"近迁移效应"

上述 4 项实验结果均表明，四年级小学生学习一个原样例之后就能明显促进近迁移问题的解决，使解题规则的样例学习产生近迁移效果。这是因为近迁移问题的结构特征与他们所学的原型问题的结构特征相同。问题的结构特征相同，解题规则也相同。学生只要认识到这一点，就可以用原样例中的原型规则解决近迁移问题。以往的规则样例学习研究也证明了这一点（张奇和赵弘，2008；董成文，2018）。20 世纪的样例学习研究就发现了"样例效应"。该效应是指：当学习过一般解题原理或解题样例的学生最初运用原理解决具体问题时，学习解题样例的学生比没有学习解题样例而直接解决问题学生的学习效果更好（Cooper & Sweller，1987）。后来的样例学习研究均表明，学习解题样例均能促进近迁移问题的解决、产生近迁移效果（Sweller，2010）。为了有别于样例学习的样例效应，笔者把规则样例学习的近迁移效果称为"近迁移效应"。

2. 培养学生的规则变型推理能力

实验 1 结果表明，在原型样例学习之后，鼓励学生尽可能地对原型规则做出各种变型推理，可以促进其变型问题的解决，产生远迁移效果。实验 2 的结果表明，数学成绩等级越高的学生其变型推理成绩越高，远迁移测验成绩也越高。实验 3 的结果表明，在原样例学习之后，给数学成绩中等级的学生呈现各种变型问题，要求他们对变型问题做出类型划分能够有效提高它们的变型推理成绩和远迁移测验成绩。实验 4 的结果表明，给数学成绩低等级的学生呈现各种变型问题并要求他们对这些问题进行类型划分，然后针对不同类型的变型问题给他们提供不完整的解题规则，使他们在不完整解题规则的提示下做出规则变型推理。该方法也能明显促进他们的规则变型推理，进而产生远迁移效果。4 项实验结果均表明，被试的规则变型推理成绩越高，远迁移测验成绩就越高。实验 3 和实验 4 的结果进一步证明，培养和提高学生的规则变型推理能力是提高其远迁移问题解决能力的有效途径之一。

3. 教学启示

教师在教学实践中，给小学生编制和呈现一系列变型问题的解题样例，供他们进行多重变异样例学习是不现实的。与之相比，鼓励、辅助和提示学生对学习过的原型规则做出各种变型推理就是提高他们远迁移问题解决能力的一种实际可行的有效方法。其实，无论是多重变异样例学习还是规则变型推理，最后都是用变型规则解决变型问题。只是通过多重变异样例学习更容易使学生做出规则变型推理。但是这需要教师编制大量解题样例，所以这种方法既不现实也不利于学生变型推理能力的培养，更不利于学生学习主观能动性的发挥。而鼓励、辅助和提示学生做出规则变型推理的教学方法既能发挥学生学习的主观能动性，又有利于学生变型推理能力的培养和提高。因此教师们采用各种有效的方法（指导或辅助学生做出规则变型推理的方法很多，有待教师在实践中开发和利用），鼓励、辅助和提示学生对原型规则做出各种变型推理就是提高其解决远迁移问题解决能力的一种实际可行的途径和有效方法。而多重变异样例学习可以作为帮助变型推理能力低下的学生学习规则变型推理的必要补充方法。

4. 研究的局限与展望

如果按照解题规则数量的多少划分问题的类型，可将问题划分为"单规则"问题（即用一个规则解决的问题）和"组合规则"问题（即用两个或两个以上的规则组合起来解决的问题）。在组合规则问题中既有同一知识领域的规则组合问题，也有不同知识领域的规则组合问题，还有跨学科的规则组合问题等。上述研究只考察了单规则变型推理对单规则变型问题解决的促进作用。后续研究可以考察各种组合规则的变型推理对其变型组合问题解决的促进作用。本研究结果表明，被试对原型规则做出变型推理可以有效促进变型单规则问题的解决，使规则样例学习产生远迁移效果。如果后续研究得出各种组合规则的变型推理能有效促进其变型组合问题的解决并产生远迁移效果，则可得出规则变型推理是促进其变型问题解决并产生远迁移效果的有效方法的一般性结论，并用于培养和提高学生的问题解决能力的教学实践，此为该项研究深远意义之所在。

（四）研究结论

研究结论如下：①四年级小学生在原样例学习之后，针对各种变型问题做出原型规则的各种变型推理，可以有效促进与之对应的远迁移问题的解决。②四年级小学生的规则变型推理成绩和远迁移测验成绩存在显著的数学考试成绩等级差异。数学考试成绩等级越高的学生，规则变型推理的成绩和远迁移测验成绩越高。③对于数学考试成绩中等级的学生，在原样例学习之后，给他们呈现各种变型问题，并要求他们划分问题类型，可以有效地促进他们的规则变型推理，并显著地提高其远迁移测验成绩。④对于数学考试成绩低等级的学生，在原样例学习之后，给他们呈现各种变型问题并要求他们划分问题类型，再给他们提供不完整解题规则作为推理提示，就可以有效地促进他们的规则变型推理，并显著地提高其远迁移测验成绩（张奇等，2023）。

四、组合规则变型推理对其远迁移问题解决促进作用的实验研究

（一）问题提出与实验假设

有些问题是重复使用同一个解题规则解决的，例如"已知一辆汽车以'速度 1'行驶了'时间 1'，又以'速度 2'行使了'时间 2'，求汽车一共行驶了多长路程？"这类问题需要使用"总路程=路程 1+路程 2=速度 1×时间 1+速度 2×时间 2"这样的解题规则来解决，即同一个解题规则"路程=速度×时间"的两次运用或其"组合规则"来解决。这类问题可以称为"组合问题"。如果学生学习了组合问题的一个解题样例后，能否通过对组合规则的变型推理得出"多重组合规则"，进而解决"多重组合问题"呢？这是需要通过实验考察的第一个问题。需要通过实验考察的第二个问题是，学生学习了上述组合问题的解题样例之后，能否通过组合规则的变型推理得出"变型组合规则"来解决"变型组合问题"（即已知路程 1 和速度 1、路程 2 和速度 2，求总时间的问题）呢？

简言之，既然四年级小学生学习了原样例之后能够对单规则做出变型推理并解决其变型问题，那么他们能否在学习了组合问题的解题样例之后，对组合规则做出变型推理并解决多重组合问题和变型组合问题呢？我们设想，四年级小学生在学习了组合问题的解题样例之后，也能够不同程度地对组合规则做出变型推理，并促进多重组合问题和变型组合问题（即另两种远迁移问题）的解决。为此，我们提出如下操作定义和实验假设。

1. 操作定义

将"原型组合问题"定义为用同一个规则的两次组合解决的问题，并将其解题规则定义为"原型组合规则"，将运用原型组合规则解决原型组合问题的解题样例定义为"原样例"，将原样例的学习定义为"原样例学习"。

将"多重组合问题"定义为用同一个规则的多次（3 次及 3 次以上）组合解决的问题，将解决多重组合问题的解题规则定义为"多重组合规则"，将原型组

合规则转变为"多重组合规则"的推理定义为"多重组合推理"。

将"变型组合问题"定义为用原型规则的两个变型规则组合解决的问题，将变型组合问题的解题规则定义为"变型组合规则"，将原样例中的原型组合规则转变为变型组合规则的推理称为"变型组合推理"。

将原型组合问题的同构问题定义为"近迁移问题"，将多重组合问题和变型组合问题定义为"远迁移问题"。

2. 实验假设

根据上述定义，总实验假设是：①学生在原样例学习之后，一般都能解决原型组合问题的同构问题，使原样例学习产生近迁移效果；②如果学生能够对原型组合规则做出变型组合推理和多重组合推理，或者对呈现的各种变型组合问题和多重组合问题做出正确的问题类型划分，并针对不同的问题类型分别做出有提示的变型组合推理或多重组合推理，就能够解决与之对应的变型组合问题或多重组合问题，使原样例学习产生远迁移效果。

（二）实验研究

1. 实验 1：组合问题原样例学习后 3 种学习方法迁移成绩的比较

实验目的是考察四年级小学生在组合问题解决的原样例学习后，分别采用多重变异样例学习、变型组合与多重组合推理和同构问题解题练习 3 种学习方法的迁移成绩是否存在显著差异。

实验采用单因素被试间随机分组设计，自变量是 3 种学习方法或实验组别，分为多重变异样例学习组（简称"多重组"）、变型组合推理与多重组合推理组（简称"推理组"）和同构问题解题练习组（简称"练习组"）3 个组。因变量是远、近迁移测验成绩。

实验材料包括前测材料、学习材料和迁移测验材料。前测材料有 6 道算术应用题，前 3 道测题分别是关于路程、速度和时间三者关系的算术应用题，后 3 道测题是 1 道原型组合的算术应用题和 2 道变型组合的算术应用题。学习材料分为 3 种，由相同的原样例和不同附加材料组成。推理组的附加材料是鼓励被试对原型组合规则做出各种变型组合推理和多重组合推理的指导语；多重组的附加材料是 3 个变型组合问题的解题样例和指导语；练习组的附加材料是 3 道原型组合问题的同构问题和指导语。迁移测验材料由 3 道近迁移测题和 6 道远迁移测题组成。近迁移测题是 3 道原型组合问题的同构问题，6 道远迁移测题分别是 3 道多重组合问题和 3 道变型组合问题。被试每答对 1 题计 1 分，答错或没答计 0 分，近迁移测验满分为 3 分，多重组合测题和变型组合测题的远迁移测验成绩满分各为 3 分。

实验程序如下：①前测阶段，对某市一所普通小学的四年级学生进行前测，根据计划样本量和前测成绩选择能够正确解答前 3 道测题，但不能正确解答后 3 道测题的 162 名学生作为被试，随机分为 3 组，每组 54 人（男女各半），进入下面的实验程序。②学习阶段 3 组被试分别在不同的教室里同时学习原样例 5 分钟。之后，"多重组"接着学习 3 个变型组合问题的解题样例；"推理组"做变型组合推理和多重组合推理；练习组解答 3 道练习题，各组学习时间均为 20 分钟。③迁移测验阶段，全体被试同时进行 30 分钟的迁移测验。

实验结果表明，3 组被试的近迁移测验成绩无显著差异，远迁移测验成绩差异显著，即多重组的远迁移测验成绩最高、推理组居中，练习组最差。

2. 实验 2：推理成绩和远迁移测验成绩在被试数学成绩等级之间的差异

实验目的是考察四年级小学生多重组合推理和变型组合推理成绩和迁移测验成绩在 3 种数学成绩等级学生之间的差异。

实验采用单因素被试间分组设计，自变量是被试组别，按前两次数学考试成绩的平均分将某城市普通小学四年级学生分为高分（90 分以上）组、中分（75—85 分）组和低分（60—70 分）组 3 组。根据计划样本量并通过前测分别从高分组、中分组和低分组各选出被试 54 人（男女各半）。因变量是迁移测验成绩。

实验材料、实验程序和评分标准均与本部分实验 1 的推理组相同。

实验结果表明，变型推理成绩、多重组合问题和变型组合问题的远迁移测验成绩在 3 组被试之间差异显著，即高分组明显优于中分组和低分组，中分组明显优于低分组。

3. 实验 3：问题情境下有提示的变型推理与多重组合推理对远迁移问题解决的促进作用

实验目的是考察被试在原样例学习和对各种变型组合、多重组合问题做出分类后，推理提示法对中、低分组被试变型推理和多重组合推理及远迁移问题解决的促进作用。

实验采用单因素被试间分组设计，自变量是被试组别，首先，按照实验 2 的方法选取中分组和低分组学生；再根据计划样本量和前测成绩，从中分组、低分组学生中各选取 64 名学生作为被试；再将两组被试各随机分为推理组和练习组，即中分-推理组、中分-练习组、低分-推理组和低分-练习组，每组各 32 人（男女各半）。

实验材料中的前测材料、原样例学习材料和迁移测验材料均同实验 2。①问题情境材料：由 8 道算术应用题组成，其中原型组合问题的同构问题、多重组合问题和两种变型组合问题各 2 道。将 4 种类型的应用题分为左、右两列，每列各有 4 种类型问题并按随机顺序排列。指导语要求被试将使用同一种类型的问题用直线连接起来，时间为 10 分钟。②推理提示材料：给两个推理组被试呈现 1 道多重组合问题和两种变型组合问题各 1 道，并在每题下面分别附加解决该问题的不完整解题规则（即不完整的解题公式）作为推理提示材料。③解题练习材料：给两个练习组的被试呈现与推理组相同的 3 道题，即 1 道多重组合问题和两种变型组合问题各 1 道，但均无推理提示材料。指导语要求被试解决这 3 道题。推理和解题时间均为 10 分钟。

实验程序如下：前测阶段和原样例学习阶段同实验 1。问题分类阶段，4 组被试分别在不同的教室里同时对 8 道应用题做出类型划分。推理或练习阶段，两个推理组被试分别对 3 道题做出有提示的多重组合推理和两种变型组合推理；两个练习组的被试分别解决 3 道题。迁移测验阶段，全体被试同时进行 20 分钟的迁移测验。

实验结果表明，中分组的多重组合推理和变型组合推理成绩、近迁移和远迁移测验成绩均明显优于低分组；中分-推理组的远迁移测验明显高于中分-练习组；低分-推理组的远迁移测验明显高于低分-练习组。

（三）研究结论

研究结论如下：①在一个原型组合问题解题样例学习之后，被试均能够较好地解决原型组合问题的同构问题，产生近迁移效果；②一个原型组合问题解题样例学习后，如果被试能够做出多重组合推理和变型组合推理，就能够明显地促进多重组合问题与变型组合问题的解决，产生远迁移效果；③被试的多重组合推理与变型组合推理能力存在显著的数学成绩等级差异；④在一个原型组合问题的解题样例学习之后，中分组、低分组被试针对变型组合问题和多重组合问题的类型分别做出有提示的变型组合推理和多重组合推理，是促进他们解决变型组合问题和多重组合问题的有效方法（高超，2021）。

五、镶嵌组合规则变型推理对其远迁移问题解决促进作用的实验研究

（一）问题提出与实验假设

除了前一项实验研究中的原型组合问题、变型组合问题和多重组合问题之外，还有另一类组合问题，即首先需要用一个单规则求出问题中的某个未知量，然后将其代入另一个规则才能解决的问题；或者首先用一个单规则求出问题中的

一个未知量,然后将其代入另一个规则求出另一个未知量,最后将其代入第三个规则才能解决的问题;等等。这类问题在数学和物理学等学科中是很常见的问题,我们将这类问题称为"镶嵌组合问题"。如何在学习了一个镶嵌组合问题的解题样例之后,促进学生解决其他类型的镶嵌组合问题,使规则样例学习产生远迁移效果,也是一个需要解决的实际问题。为此,我们采用前一项实验研究的促进方法,开展本项系列实验研究。首先,将有关概念定义如下。

1. 有关概念的操作定义

在下面的实验研究中,我们将首先用一个单规则求出问题中的某个未知量,然后将其代入另一个规则才能解决问题的解题样例定义为"原样例";将原样例问题定义为"原型镶嵌组合问题";将与原型镶嵌组合问题表面特征不同、但结构特征相同的问题定义为"同构问题";将原样例中的解题规则定义为"原型镶嵌组合规则";并将其他类型的镶嵌组合问题定义为"变型镶嵌组合问题";将若干个不同变型镶嵌组合问题的解题样例组合定义为"多重变异样例"。同时,将解决变型镶嵌组合问题的解题规则定义为"变型镶嵌组合规则";原样例学习之后,将原型镶嵌组合规则转变为变型镶嵌组合规则的推理定义为"镶嵌组合规则的变型推理";将同构问题定义为"近迁移测题";将3个或3个以上单规则的镶嵌组合运用解决的问题定义为"远迁移测题"。

2. 实验假设

按照上述操作定义,并根据前一项实验结果,提出如下实验假设:被试学习了一个原型镶嵌组合问题的解题样例之后,就可以解决原型镶嵌组合问题的同构问题,使原样例学习产生近迁移效果。进一步地,如果被试能够对原型镶嵌组合规则做出各种变型推理,并得出其他变型镶嵌组合规则,就能够解决与之对应的变型镶嵌组合问题,使原样例学习产生远迁移效果。

(二)实验研究

1. 实验1:镶嵌组合问题原样例学习后三种学习方法下迁移成绩的比较

实验目的是考察被试在原型镶嵌组合问题解决的原样例学习之后,多重变异样例学习、镶嵌组合规则变型推理和变型镶嵌组合问题的解题练习3种学习方法的迁移测验成绩。

实验采用单因素被试间随机分组设计,自变量是3种学习方法或实验组别,分为多重变异样例学习组(简称"多重组")、镶嵌组合规则变型推理组(简称"推理组")和变型镶嵌组合问题解题练习组(简称"练习组")。因变量是远、近迁移测验成绩。

实验材料如下：前测材料由 5 道算术应用题组成，前 3 道测题分别是路程、速度和时间 3 者关系的算术应用题；第 4 道测题是原型镶嵌组合问题的同构问题；第 5 道测题是变型镶嵌组合问题。学习材料分为 3 种：①推理组学习材料是在原样例学习之后，给被试呈现 3 道变型镶嵌组合问题，要求被试针对每道题分别做出原型镶嵌组合规则的变型推理。②多重组的学习材料是在原样例学习之后，继续学习 3 个变型镶嵌组合问题的解题样例。③练习组的学习材料是在原样例学习之后，给被试呈现 3 道变型镶嵌组合问题，要求被试练习解决这 3 道题。3 组被试学习的原样例相同，给他们呈现的 3 道变形镶嵌组合问题和样例题均相同。④迁移测验材料由 3 道近迁移测题和 3 道远迁移测题组成。被试每答对 1 题计 1 分，答错或没答计 0 分。远、近迁移测验满分均为 3 分。

实验程序如下：①前测阶段，根据计划样本量，从某市一所普通小学四年级学生选取能够正确解答前 3 道前测题，不能正确解答后 2 道前测题的 162 名学生作为被试，将其随机分配到多重组、推理组和练习组，每组 54 人（男女各半）。②学习阶段，3 组被试分别在不同的教室里同时学习原样例 5 分钟。然后，多重组学习 3 个变型镶嵌组合问题的解题样例；推理组分别对 3 个变型镶嵌组合问题做变型推理；练习组解答 3 道变型镶嵌组合应用题。各组被试的学习时间均为 20 分钟。③迁移测验阶段，全体被试同时进行 20 分钟的迁移测验。

实验结果表明，3 组被试均能较好地解决近迁移问题且无明显差异，远迁移测验成绩存在明显差异，即多重组成绩最高、推理组居中、练习组最差。

2. 实验 2：变型推理成绩和远迁移测验成绩在被试数学成绩等级之间的差异

实验目的是考察被试原型镶嵌组合规则的变型推理成绩和远迁移测验成绩在三种数学成绩等级之间的差异。

实验采用单因素被试间分组设计，自变量是被试组别，按前两次数学考试成绩的平均分将某城市普通小学四年级学生分为高分（90 分以上）组、中分（75—85 分）组和低分（60—70 分）组。根据计划样本量并通过前测分别从高分组、中分组和低分组各选出被试 54 人（男女各半）。因变量是迁移测验成绩。

实验材料、实验程序和评分标准均与实验 1 的推理组相同。

实验结果表明，镶嵌组合规则变型推理成绩和远迁移测验成绩在 3 组被试之间或 3 种数学成绩等级之间存在明显差异。

3. 实验 3：问题情境下有提示的镶嵌组合规则变型推理对远迁移问题解决的促进作用

实验目的是考察被试在原样例学习后，针对变型镶嵌组合问题的类型做出有提示的变型推理对远迁移问题解决的促进作用。

实验采用两因素被试间分组设计，自变量是被试的数学成绩和是否有推理提示，分为 4 个水平：首先按照实验 2 的方法选取中分组和低分组学生；再根据计划样本量和前测成绩，从中分组、低分组学生中各选取 64 名学生作为被试；再将两组被试各随机分为"有提示推理组"和"无提示推理组"共 4 组，即中分-提示推理组、中分-无提示组、低分-有提示推理组和低分-无提示组，每组各 32人。因变量是远、近迁移测验成绩。

实验材料：前测材料、样例学习材料和迁移测验材料均同实验 1。问题情境及推理提示材料分为两种：①给两个有提示推理组被试呈现 3 道变型镶嵌组合问题，并在每题下面分别附加了解决该问题的不完整组合解题规则作为推理提示材料。②给两个无提示组的被试呈现与推理组相同的 3 道变型镶嵌组合问题，但均无推理提示材料。

实验的前测阶段、原样例学习阶段和迁移测验阶段同实验 1 的推理组。在推理与练习阶段，两个推理组被试在推理提示材料的提示下，对 3 道变型镶嵌组合问题分别做原型镶嵌组合规则的变型推理。两个练习组做 3 道变型镶嵌组合问题的解题练习。学习时间均为 10 分钟。

实验结果表明，中分组的镶嵌组合规则变型推理成绩和远、近迁移测验成绩均明显优于低分组。中分组和低分组内推理组与练习组的近迁移测验成绩均无显著差异。中分组内推理组的远迁移测验成绩明显优于练习组，低分组内推理组与练习组的远迁移测验成绩无显著差异。这说明推理提示只能促进中分组被试的镶嵌组合规则变型推理和远迁移问题的解决，但是对低分组被试的推理提示无明显效果，需要采用其他方法帮助低分组学生提高镶嵌组合规则变型推理能力和远迁移问题解决能力。

（三）研究结论

研究结论如下：①四年级学生学习一个原型镶嵌组合问题的解题样例后，均能较好地解决近迁移问题，产生近迁移效果。②学习一个原型镶嵌组合问题的解题样例后，如果能够对原型镶嵌组合规则做出各种变型推理，就能够明显地促进变型镶嵌组合问题的解决，产生远迁移效果。③四年级学生的镶嵌组合规则变型推理能力存在显著的数学成绩等级差异。④在学习一个原型镶嵌组合问题的解题样例之后，采用不完整的解题规则提示数学成绩中等的学生针对各种变型镶嵌组合问题分别做出正确的镶嵌组合规则变型推理，是促进其变型镶嵌组合问题解决的有效方法。对于低分组学生，采用这种推理提示方法还不够，必须采取其他更有效的推理提示方法（高超，2021）。

第二节 规则样例学习迁移理论

本节根据上述实验研究论述规则样例学习迁移理论。先将规则样例学习近迁移理论与远迁移理论分而论之，然后再做整体表述。

一、规则样例学习近迁移理论

（一）解题规则样例学习产生近迁移效应的前提条件

本章第一节的 5 项实验研究结果均表明，多数被试通过原型问题（原型单规则问题、原型组合问题和原型镶嵌组合问题）的解题样例学习，即原样例学习，就可以分别解决其各种同构问题或近迁移问题，产生近迁移效应。但是，上述实验研究结果同时表明，并不是所有的被试通过一个原样例的学习都能够正确地解决近迁移问题（张奇，赵弘，2007；董成，张奇，2018；高超 2021）。除计算错误之外，可能的原因如下：①没有正确理解和掌握原型问题的结构特征、原型规则及其运用以及两者之间的对应联系；②当遇到问题时，不能将问题的结构特征与原型问题的结构特征做出对比推理，并判断其是否为原型问题的同构问题或近迁移问题；③没有理解或掌握问题结构特征与解题规则的对应匹配关系，即不能运用原型规则解决同构问题或近迁移问题。

由此可见，原样例学习产生近迁移效应必须同时具备以下 3 个前提条件：①能够概括出原型问题的结构特征和原型规则，并建立两者的对应匹配关系；②当遇到新问题时，能够将新问题的结构特征与原型问题的结构特征做出对比推理，并判断其为原型问题的同构问题或近迁移问题；③能够理解问题结构特征与解题规则的对应匹配关系，并运用原型解题规则解决同构问题或近迁移问题。不同时具备上述 3 个前提条件的学生就不能正确解决近迁移问题，也不能使原样例学习产生近迁移效果。

由于原型问题、同构问题或近迁移问题都既有结构特征也有表面特征，原样例中有时没有完整的解题规则，而只有问题解决的具体方法和步骤，所以，满足第一个前提条件的具体条件是：①学生能否从问题的表面特征中析取出问题的结构特征，并对其做出正确的概括表述；②能否从解题方法和步骤中概括出原型解题规则并掌握如何正确运用；③能否在原型问题的结构特征与原型解题规则之间建立对应的联系。只有做到这些，学生才具备了第一个前提条件。学生一般都具有对比推理能力，所以满足第二个前提条件的关键在于：①学生能否正确地概括近迁移问题的结构特征并对其做出概括表述；②能否将近迁移问题的结构特征与原型问题的结构特征做出对比推理，并判断其为原型问题的同构问题或近迁移问题。确能如此的学生才具备第二个前提条件。第三个前提条件可表述为问题结构特征与解题规则的匹配关系原理：若两个问题的结构特征相同，其解题规则也相同。简言之，同构问题的解题规则均相同。学生明确此理才具备了第三个前提条件。为了满足上述条件，学生必须理解和掌握问题结构特征与表面特征的关系原理、问题结构特征与解题规则的对应匹配关系原理。

（二）问题结构特征与表面特征的关系原理

1. 关于问题结构特征与表面特征的已有观点和定义

关于问题结构特征与表面特征的研究已经有很长时间了，但观点不同。一些研究者认为，问题结构特征与表面特征存在一定的联系，而且问题的表面特征会影响问题的解决，但没有明确定义它们的概念。例如，布莱辛等（Blessing et al.，1996）指出，在样例问题与同构问题中，既有问题的表面特征，也有问题的结构特征，两者之间确实存在一定的关系。罗斯（Ross，1996）认为，每种应用题类型都具有一个典型的表面特征，即深层结构相同的问题通常具有相似的表面特征。

大量实验研究表明，问题的表面特征确实会影响人们对问题的解决（Martin & Bassok，2005；Gigerenzer & Todd，1999；Robertson，2002；Chen et al.，1995；Bernardo，1994；Catrambone & Holyoak，1989）。还有一些研究表明，新手往往过于关注问题的表面特征，而忽视了问题的结构特征（Chi，1981；Ross，1984，1989a，1989b；Bassok，1990；Reeves & Weisberg，1994；Novick，1988）。

一些学者对问题表面特征和结构特征的概念进行了分析，但定义不同且相悖。诸如奇（Chi，1981）和霍利约克等（Holyoak et al.，1985）认为，样例问题的表面特征是指对选择问题解决的方法没有影响、与最终结果的获得没有关系的特征，是样例代表的物体或内容方面的特征；结构特征是与选择的解题方法有因果关系，并导致产生不同结果的特征。罗伯逊（Robertson，2002）认为，样例中的一些方面会影响问题的解决，而另一些方面不会影响问题的解决，前者是结构特征，后者是表面特征。罗斯（Ross，1996）明确地指出，问题的表面特征包括问题的背景、事件和问题中提到的物体等，而结构特征是问题解决的原理和方程；等等。

仔细分析上述定义，不难发现其中存在的悖论：第一，如果说问题的表面特征不影响问题解决或问题解决方法的选择（Chi，1981；Holyoak，1985），那么这与问题表面特征影响问题解决方法选择和问题解决结果的实验结论（Martin & Bassok，2005；Gigerenzer & Todd，1999；Robertson，2002；Chen，1995；Bernardo，1994；Catrambone & Holyoak，1989）相悖；第二，如果说问题的结构特征影响问题解决或问题解决方法的选择，就等于说问题的结构特征不是问题的解决方法，即不是问题解决的原理和方程，这与罗斯（Ross，1996）提出的"问题结构特征是问题解决的原理和方程"的定义相悖；第三，"结构特征是问题解决的原理和方程"的定义不成立。因为，问题中不可能有解决问题的原理或方程，如果问题中有了解题原理或方程，那它就不是问题了。

总之，上述定义或与实验结果不符，或与实验结果相互矛盾，或定义概念错误，所以必须重新定义问题结构特征和表面特征的概念，还要明确阐述问题结构特征与表面特征的关系原理。

2. 问题结构特征的定义

一般来说，需要或要求学生解决的问题都是他们运用已知规则能够解决的具体问题，即与学生已知规则中的某个规则及其运用相对应的具体问题。因此每个具体问题都有具体的解决条件，即已知量、未知量和限定已知量与未知量两者之间关系的限定条件。笔者将问题的结构特征定义如下：具体问题中已知量与未知量之间的某种限定关系结构。该定义的依据主要有两个：第一个是现实依据，即在所有的中小学教材、参考资料和课堂教学样例中，所有的例题或解题样例中都明确地写着"已知"和"求"的内容。其中，"已知"表达的具体内容就是问题中已知量的概念和具体数值；"求"的内容就是问题中未知量的概念。这足以表明，例题中"解"的内容是由具体问题中已知量与未知量的限定关系结构决定的。第二个依据是逻辑依据，即具体问题中已知量与未知量之间的某种"限定关系"其实就是与之对应的解题规则表达的已知量与未知量之间的"确切关系"或"具体关系"。换言之，具体问题中已知量与未知量之间的限定关系与其解题规则中的已知量与未知量之间的具体关系都是一一对应的。

为什么不能将具体问题中已知量与未知量之间的限定关系结构称为解题规则、一般原理、方程或公式呢？这是因为问题中不能有解题规则，有了解题规则的"问题"就不能称为问题了。问题只能用各种表述形式（即问题的各种表面特征）表达具体条件下已知量与未知量之间的某种限定关系结构，而且不能将已知量与未知量之间的具体关系，即解题规则告知解题者或学生。因为问题解决的过程就是需要学生通过对问题表面特征的阅读、理解、分析、综合和推理，概括出已知量与未知量的某种限定关系结构，从而回忆或寻求与之对应的解题规则并解决该问题的过程。因此，问题的结构特征既不是解题规则，也不是解题公式或方程，只能是具体问题中已知量与未知量之间的某种限定关系结构。

在具体问题中，已知量与未知量的某种限定关系结构有 3 个构成要素，简称为问题的"三要素"或"问题三要素"：已知量、未知量和限定条件。"已知量"就是问题中给出确切数值（包括方向或具体属性等）的变量；"未知量"就是问题中没有给出具体数值、方向或属性的变量，或需要解题者求出具体数值的变量；"限定条件"就是限定已知量与未知量具体关系的具体条件。例如，学生通过阅读问题得出：已知一辆汽车行驶的速度和时间各是多少，求它行驶的路程（或距离）是多少？该问题的已知量是汽车行驶的"速度"和"时间"；未知量是汽车行驶的"路程"或"距离"；限定条件是汽车"匀速行使"。再如，已知一个电器的电功率和电压值，求通过它的电流强度是多少？该问题的已知量是电器的"电功率"和"电压"值，未知量是"电流强度"，限定条件是"部分电路"。又如，在一个三盘汉诺塔问题中，已知量是构成汉诺塔的圆盘数量；未知量是将三盘汉诺塔从 A 柱移动到 C 柱的移动顺序和次数；限定条件是每次只能移动一个圆盘，而且较小的圆盘只能放在较大的圆盘上面。

从问题的表面特征中析取出问题三要素之后，还需要学生将三者之间的关系结构概括地表述出来。问题三要素之间的关系结构有其一般的概括表述形式：已知变量 1、变量 2……和限定条件，求未知量。例如，一道算术应用题的表面特征是：一辆汽车以每小时 50 千米的速度行驶了 1 个小时，问汽车行驶了多长的路程？从中析取出的已知量是"速度"和"时间"；限定条件是"平均速度"或匀速；未知量是"路程"。这个问题的结构特征可概括地表述为：已知汽车行驶的平均速度是每小时 50 千米，行驶时间是 1 小时，求汽车行驶的路程是多少。如果事先已经说明问题中的"速度"指的是"平均速度"，则可以更简洁地将其概括地表述为：已知速度和时间，求路程。

"同构问题"就是结构特征相同的问题，例如，两个问题的结构特征都是"已知物体运动的速度和时间，求距离"。"异构问题"就是结构特征不同的问题，例如，一个问题的结构特征是"已知物体运动的速度和时间，求距离"，另一个问题的结构特征是"已知物体运动的速度和距离，求时间"。同构问题意味着两个问题中已知量、未知量和限定条件的概念分别对应相同，但数值不一定相同。"概念相同"指的是同构问题中已知量的定义、未知量定义和限定条件的定义分别对应相同，但概念的名称可以不同，例如，在两个同构问题中运动的物体一个是汽车，另一个是电动车，但它们都是运动的物体或交通工具，即两者的概念相同。再如，在两个同构问题中，一个是求汽车行驶的路程，另一个是求电动车行驶的距离，"路程"和"距离"两者的名称虽然不同但是相同的概念。

如果两个问题的三要素概念分别对应相同，那么，它们的结构特征就一定相同。因此，判断两个问题是否为同构问题，只需分别比较两个问题中三要素的概念或定义是否对应相同。如果两题的三要素概念都分别对应相同就可以概括出相同的结构特征。需要特别指出的是，如果两题的三要素之间有一个要素概念不对应相同，就不能概括出相同的结构特征，两题也不是同构问题，例如，"3个盘"与"4个盘"的汉诺塔问题只因盘数不同，问题的结构特征就不同，因此它们是异构问题。所以，两个问题的三要素概念分别对应相同是判定两者为同构问题的充分必要条件，3个要素概念缺一不可。

3. 问题表面特征的定义

定义了问题的结构特征之后，就很容易定义问题的表面特征了。问题的表面特征是指除问题三要素概念之外的其他特征，诸如问题中事物的名称、已知量的数值、问题的表述方式、表述顺序和具体问题的具体情境等。因此，可以将问题的表面特征定义为问题结构特征的各种不同表述方式，或者说问题的表面特征是其结构特征的各种不同表述方式。在我国一些教师的教学俗语中，常常将问题的表面特征称为"题面"。

4. 问题表面特征与结构特征的关系原理

如果有足够丰富的知识和语言并可以花费足够的时间，可以把任何一种结构特征的问题表述为无数个表面特征的问题。因此，问题结构特征与表面特征关系原理的第一种表述为：同一种结构特征的问题可以表述为无数个表面特征不同的问题。

既然问题的结构特征有多种不同的表达方式，那么两个同构问题的表面特征既可能有较大的不同，也可能有较大的相似。例如，一个问题表述为："一辆汽车以每小时50千米的速度行驶了1个小时，问汽车行驶了多长的路程？"另一个同构问题表述为："一辆由一位25岁女驾驶员驾驶的黄色校车，每天早晨6点30分载着5名女生和2倍于女生的男生从花园小区出发，按照市区内限定的汽车行驶速度，以每小时50千米的速度行驶，顺利通过3个十字路口，花了足足1个小时的时间到达阳光小学校门口，请你计算出从花园小区到阳光小学校门口的距离是多少千米。"显然，这两个同构问题的表面特征有较大的不同。如果将第二个问题的表述改为"一辆校车以每小时50千米的速度行驶了1个小时，问汽车行驶了多长的路程？"那么，这种表述不但没有改变其结构特征，而且与第一个问题的表面特征很相似。

　　对于问题表面特征与结构特征之间的关系，可否做出更确切的表述呢？当然可以。如果用"接近程度"的概念描述问题表面特征与结构特征之间的差异程度或相似程度，那么问题表面特征与结构特征的接近程度越高，两者就越接近；反之则越远。所以，可将两者之间的关系表述为：问题的表面特征越接近于结构特征，或者越能简洁地表达出结构特征，两者之间的差异就越小，相似程度越高；反之，则差异越大，相似程度越低。这可称为问题表面特征与结构特征之间关系原理的第二种表述。

　　虽然问题的表面特征不同于结构特征，但问题的任何一种表面特征都不能与其结构特征相悖。如果问题的表面特征背离、歪曲或改变了它的结构特征，就不能称其为该问题的表面特征。因此，尽管问题的表面特征可以有多种，但是任何一个问题的表面特征都必须准确地表达其结构特征。"万变不离其宗"这句俗语话也可以用来描述问题表面特征与结构特征之间的关系。其中的"万变"应该理解为问题的表面特征可以千变万化，但无论它怎么变化都不能背离问题的结构特征，即不能背离问题结构特征这个"宗"。这可称为问题表面特征与结构特征之间关系原理的第三种表述。

　　问题的表面特征是否会影响问题的解决呢？回答当然是肯定的。问题的表面特征虽然不是问题的结构特征，但是如果问题的表面特征过于冗余、繁杂或过于引人注意，也会影响或干扰问题的解决。因为问题表面特征中与结构特征无关的冗余信息越多、问题表述越繁杂，学生从中析取问题三要素概念和概括其结构特征就越困难，花费的时间就越长，耗费的心理资源也越多。如果在问题的表面特征中吸引学生注意力或使学生感兴趣的特征越多，就会使学生过度地关注这些表面特征，从而干扰或忽略了对问题三要素概念的析取，进而妨碍或干扰了他们对问题结构特征的正确表述及问题解决。

　　如果用问题表面特征与结构特征之间关系的第二种表述来解释，就是问题表面特征与结构特征两者之间的接近程度越大，越容易使学生关注问题三要素概念和问题的结构特征，也越容易对同构问题进行类比推理。如果两者之间的接近程度越小或差异越大，析取问题三要素概念和概述问题结构特征的难度就越大，对同构问题的类比推理也越困难。所以，学生阅读题面或问题表面特征、析取问题三要素概念和概述问题结构特征的过程也可以视为提高两者接近程度的过程。如果问题的表面特征与结构特征趋近，那么析取问题三要素和概述问题结构特征就更容易。例如，一个问题的表面特征为：已知汽车的行驶速度是每小时 50 千米，行驶时间为 1 小时，求行驶的路程是多少？该问题的结构特征是：已知汽车行驶的速度和时间，求路程。两者相比较，接近程度较高，所以学生析取问题三要素概念和概述该问题的结构特征就比较容易。

同理，两个同构问题的表面特征越相似，类比推理和问题解决就越容易。例如，例题的表面特征为：已知一班的男女生人数分别是 17 人和 18 人，求一班人数之和。迁移题的表面特征是：已知二班的男女生人数分别是 18 人和 16 人，求二班人数之和。两题的结构特征都可概括表述为：已知两个数值，求两数之和。两题的表面特征与结构特征都比较接近，所以两题结构特征的类比推理比较容易，迁移题也更容易被解决。由此可以推断出，若两个同构问题的表面特征越接近于其结构特征，则它们的表面特征就越相似，类比推理和迁移问题解决也就越容易。

特别值得注意的是，有些异构问题的表面特征也很相似，很容易使学生做出"同构问题"的误判，从而导致解题错误。

（三）问题结构特征与解题规则的匹配关系原理

前面已经谈到了问题结构特征与解题规则之间的区别，这里只阐述两者之间的对应匹配关系原理。

问题的结构特征与解题规则之间的对应匹配关系类似于锁簧的结构与钥匙结构之间的对应匹配关系。如果将一把锁的外形或外部特征比喻为问题的表面特征，就可以将锁簧的内部结构比喻为问题的结构特征，将开锁的钥匙比喻为解题规则。所以，问题的结构特征与解题规则之间是一一对应并相互吻合的匹配关系，这种关系可被称为问题的结构特征与解题规则的"匹配关系"原理。

问题结构特征与解题规则的匹配关系原理可以具体表述为：①一种可解问题的结构特征至少与一种解题规则相匹配。②如果一种问题的结构特征与多个解题规则相匹配，那么该问题就是"一题多解"的问题。③面对一种问题的结构特征，如果解题者的记忆中有与之匹配的解题规则，它就可能被提取出来解决该问题；如果没有与之匹配的解题规则，解题者就要寻求与之匹配的解题规则才能解决该问题。④同构问题的结构特征相同，所以解题规则也相同。也就是说，一个原型问题的解题规则可以解决所有同构问题。⑤解决一个问题必须通过对其表面特征的阅读-理解或观察-分析，提取问题的三要素并概括表述问题的结构特征，才能寻求与之匹配的解题规则。⑥解决一个与样例问题结构特征相同的迁移问题，必须首先对两个问题的结构特征进行类比推理，判定两者为同构问题后，才能用相同的规则解决迁移问题。⑦如果经过两个问题结构特征的对比，发现迁移问题与原型问题不是同构问题，则不能用原样例中的解题规则解决迁移问题，而只能寻求与之匹配的解题规则来解决。

（四）规则样例学习的近迁移理论及其应用

在明确了上述两个关系原理的前提下，可以将规则样例学习的近迁移理论表述为：如果学生在原型问题的解题样例学习中能够概括出原型问题的结构特征和完整的解题规则，并在两者之间建立稳定的联系，而且能够将新问题的结构特征与原型问题的结构特征做出对比推理，并将两者判断为同构问题，就可以运用原型规则解决新问题，使规则样例学习产生近迁移效应。

为了帮助学生和教师正确运用规则样例学习的近迁移理论，可以把解题规则样例学习与近迁移问题解决的过程划分为原样例学习、问题结构特征的对比推理和问题解决 3 个阶段。

1. 解题规则样例学习阶段

解题规则样例学习阶段是学生通过原样例学习，概括出问题的结构特征和解题规则并建立两者的对应匹配关系阶段。该阶段包括以下两个重要环节。

第一环节，析取原型问题三要素并概括表述其结构特征，可以分为以下 3 个具体步骤：①通过阅读原型问题的题面，析取已知量和未知量。析取已知量和未知量的要点是明确已知量和未知量的概念或定义，诸如物体或交通工具运动的速度、时间和路程；电路两端的电压、电阻和电流；直角三角形的斜边、直角边和夹角；等等。②析取问题的限定条件，诸如物体运动的速度是否为"平均速度"；问题给出的电路是"部分电路"还是"全电路"；三角形是否为"直角三角形"等。值得注意的是，有些问题没有给出明确的限定条件，例如，在小学生的算术应用题中，物体的运动都是指匀速运动，"速度"均指"平均速度"。再如，在物理学问题中，如果问题给出的是电路两端的电压值，而不是电动势的数值，就可以判定该问题是部分电路问题，而不是全电路问题。③问题结构特征的概括表述。如前文所述，析取出问题的三要素之后，还需要将问题的结构特征概括地表述出来，这也是规则样例学习的要点之一。

第二环节，归纳出完整的解题规则并与问题结构特征建立对应的匹配关系。①归纳出完整的解题规则。有些原样例中没有给出完整的解题规则，只给出了解题步骤和结果，学生需要根据解题步骤与其结果之间的逻辑关系将其概括为完整的解题规则或公式。②掌握规则的正确运用方法。通过规则样例学习掌握解题的具体方法和步骤。③建立问题结构特征与解题规则的对应匹配关系。为了促进解题规则的正确运用，除了掌握规则运用的具体方法和步骤之外，更重要的是要在问题结构特征与解题规则之间建立稳定的对应匹配联系，即问题的三要素分别与解题规则中的三要素建立一一对应的匹配关系。

2. 问题的对比推理阶段

第一环节，析取迁移问题的三要素和对比两个问题中的三要素。当学生遇到迁移问题时，首先需要从迁移问题的表面特征中析取问题三要素，该过程与对原型问题三要素的析取过程相同。接下来，就要将其与原问题的结构特征一一进行对比。首先，需要对两个问题的三要素一一做出对比。特别需要指出的是，两个问题三要素之间的对比是要素"概念"之间的对比，而不是要素"名称"的对比。因为，一个概念可以有多个名称，例如，在速度、时间和路程的应用题中，有的问题将"路程"称为"距离"或"位移"，三者虽然名称不同，却是同一个概念。有些问题中的要素名称虽然接近或相似，却是不同的概念。诸如质量与重量、静摩擦力与滑动摩擦力、流速与流量等。所以，在要素对比时，关键要看三要素的"概念"是否相同，而不是"名称"是否相同。还有些问题没有明确给出某个要素的名称，却隐含着要素的概念。例如，在一道算术应用题的题面中没有出现"速度"一词，而是用"一辆汽车两小时行驶了150千米"来隐晦地表达汽车行驶的速度。遇到这样的问题表述，学生就需要根据速度的定义和运算规则求出速度值，并确认问题中的汽车行驶"速度"是一个已知量。

第二环节，对比两个问题的结构特征及其概括表述。一般来说，如果两个问题的三要素概念分别相同，其问题结构特征的表述也相同。但是，为了确保两个问题的结构特征完全一致，尤其是为了确保与解题规则的正确匹配，不妨比较两个问题结构特征的概括表述是否相同。

第三环节，判断迁移问题的结构特征的类型。如果对比结果是两个问题的结构特征及其表述完全相同，得出该判断的过程就是类比归纳推理过程，得出的结论就是两个问题为同构问题。如果两个问题的结构特征及其表述不完全相同，那么该对比过程就是对比归纳推理过程，得出的结论就是两个问题不是同构问题，而是异构问题。

3. 迁移问题解决阶段

通过两个问题结构特征及其概括表述的对比推理后，会遇到以下两种情况：第一种情况是迁移问题是原问题的同构问题。遇到该情况，可以根据问题结构特征与解题规则的匹配关系原理，用原问题的解题规则解决迁移问题，这就是规则样例学习的近迁移问题解决过程。第二种情况是迁移问题不是原问题的同构问题，而是异构问题。遇到这种情况，不能用原规则解决迁移问题，而应该进一步分析和判断问题的结构特征或问题的类型，并寻求与之匹配的解题规则才能解决该问题。对于这种情况下的问题解决，将在下面的规则样例学习远迁移理论中做出具体阐述。

二、规则样例学习的远迁移理论

（一）解题规则样例学习产生远迁移效应的前提条件

根据前面的实验研究，学生学习一个原型问题（原型单规则问题、原型组合问题和原型镶嵌组合问题）的解题样例之后，要想解决各种变型问题（变型单规则问题、变型组合问题、多重组合问题和变型镶嵌组合问题），有3条学习途径：一是学习各种变型问题的解题样例，即学习问题结构特征变异的多重样例或简称为"多重变异样例学习"；二是对原型规则（原型单规则、原型组合规则和原型镶嵌组合规则）做出各种变型推理；三是教师、教材给学生呈现各种变型问题或者学生自己寻找各种变型问题，并能辨别变型问题的结构特征，或对于不同的变型问题，按其结构特征进行类型划分，然后再针对变型问题的结构特征进行相应的变型推理，或者在有提示的条件下进行相应原型规则的变型推理。第一条学习途径在实验条件下可行，但在现实条件下不可行。因为现实的教材（参考书和学习辅导材料）中不可能列举出所有变型问题的解题样例；在现实的课堂教学中，教师也不可能给学生讲解所有变型问题的解题样例。第三条途径就是所谓的"题海战术"，即教师为学生提供各种变型问题，或者学生自己寻找各种变型问题并尝试解决。可是变型问题层出不穷、不可胜数，要想找到并解决所有的变型问题也是不可能的。所以，第二条途径就显得尤为重要。但实验结果和现实情况都表明，并不是所有的学生在学习了一个原型问题的解题样例之后都能够对原型规则进行各种变型推理，或者想象出各种变型问题并对其解题规则进行各种变型推理。要想使学生能够对原型规则进行各种变型推理，必须使学生理解并掌握原型规则变型推理的基本原理和技能。

（二）原型规则变型推理的基本原理和技能

1. 等式变换原理与技能

用函数式、方程式等数学等式表达的量化解题规则都可以进行等式变换，将原型规则转变成各种变型规则，这就是等式变换原理。等式变换原理是事物数量变化等量关系转变规律的反映，也是事物数量变化的数量守恒规律的反映。正确而熟练地运用该原理将原型规则转变为各种变型规则，就是等式变换技能。

2. 原型单规则的变型推理原理

原型单规则变型推理能得出变型单规则数量是原型单规则中变量的数量减

1，即 $n-1$。n 代表原型单规则中变量的数量。

3. 原型组合规则的多重组合推理原理

原型单规则的两次组合运用形成的解题规则就是原型组合规则或二重组合规则，原型单规则的三次组合运用形成的解题规则就是三重组合规则……，以此类推，可以推理得出 N 重组合规则，并用来解决 N 重组合问题。

4. 原型组合规则的变型组合推理原理

原型组合规则中的原型单规则有几种变型单规则，就有几种变型单规则的 N 重组合运用和 N 重变型组合规则，并用来解决 N 重变型组合问题。

5. 原型镶嵌组合规则的变型推理原理

一个原型单规则与其一个变型单规则或者两个不同的变型单规则的组合得出原型镶嵌组合规则或二重镶嵌组合规则，一个原型单规则与其两个变型单规则或者 3 个不同的变型单规则的组合得出三重镶嵌组合规则……以此类推，可以推理得出 N 重镶嵌组合规则，并用来解决 N 重变型镶嵌组合问题。

6. 变型问题结构特征与变型解题规则的匹配关系原理

学生仅能够对原型规则做出各种变型推理还不够，要想解决各种变型问题，还必须能够辨别出各种变型问题的结构特征，并与相应的变型解题规则建立对应的匹配关系。这就是变型问题结构特征与变型解题规则的匹配关系原理。

学生只有在理解并掌握了上述原理，并形成了公式等式变换或原型规则的各种变型推理技能的前提条件下，才能够解决各种变型问题，使一个原型问题的解题样例学习产生相应的远迁移效应。

（三）规则样例学习远迁移理论及其优势

现在可将规则样例学习远迁移理论概括地表述如下：如果学生在学习了一个原型问题（原型单规则问题、原型组合问题、原型镶嵌组合问题）的解题样例之后，能够对原型规则做出各种正确的变型推理，并将变型推理得出的变型规则与对应变型问题的结构特征建立对应的匹配关系，就可以用变型规则解决相应的变型问题，使规则样例学习产生远迁移效果。

根据规则样例学习远迁移理论，学生在学习了一个原型问题的解题样例之后，即学生在学习一个原样例之后，对原型规则做出各种变型推理、得出各种变型规则、联想出与之对应的各种变型问题的结构特征，并在变型问题的结构特征与变型规则之间建立对应的匹配关系，这才是促进各种变型问题解决，使一个原样例学习产生相应的远迁移效应的根本途径。之所以称其为根本途径，原因如下：①多重变异样例学习也是在变型问题的解题样例学习过程中实现原型规则的变型推理，并将变型问题的结构特征分别与其变型规则建立对应的匹配联系。所以，多重变异样例学习的关键环节也在于学会原型规则的各种变型推理，只不过会使原型规则的变型推理学习变得更加容易。②采用题海战术也是为了找到并解决各种变型问题，而解决变型问题仍然需要针对变型问题的结构特征，对原型规则做出相应的变型推理，这样才能解决变型问题。也就是说，无论采用哪种学习途径，都要回到原型规则变型推理这个关键环节上。既然如此，与其他学习途径相比，规则样例学习迁移理论指出的学习途径就更有主动性、预见性、准备性、效率性和可行性。因为学生在学习了一个原样例后就会尝试对原型规则做出各种变型推理，显然比多重变异样例学习和采用题海战术更主动；学生做出了规则变型推理，就会联想与之对应的变型问题及其结构特征，因此更有预见性；学生预见到各种变型问题的结构特征，就会将其与相应的变型规则建立匹配联系，并做好解决变型问题的思想准备；如此进行下去，就比其他学习途径的学习效率更高、远迁移效果更好，而且更加现实、可行。所以，按照规则样例学习的远迁移理论去做，对于远迁移问题的解决更有优势。

三、规则样例学习迁移理论及其运用

（一）规则样例学习迁移理论的完整表述

我们可以将规则样例学习的近、远迁移理论完整表述如下：如果学生在原型问题（原型单规则问题、原型组合问题、原型镶嵌组合问题等）的解题样例学习中能够概括出原型问题的结构特征和完整的解题规则，并在两者之间建立对应的匹配联系，而且能够将新问题的结构特征与原型问题的结构特征做出对比推理，并将两者判断为同构问题，就可以运用原型规则解决新问题，使规则样例学习产生近迁移效应；如果学生还能够对原型规则做出各种正确的变型推理，并将变型推理得出的变型规则与对应的变型问题建立稳定的联系，就可以用变型规则解决相应的变型问题，使规则样例学习产生远迁移效果。

虽然学生最初可能没有规则样例学习迁移理论的知识和技能，但如果教师能够在原样例的教学中讲解其中的基本原理（诸如问题结构特征与表面特征的关系原理、问题结构特征与解题规则的对应匹配关系原理和各种原型规则的变型推理原理等），并有目的、有计划地培养学生运用规则样例学习迁移理论的技能（诸如析取问题三要素的技能、概括表述问题结构特征的技能和各种原型规则的变型推理技能等），就可以使学生学会规则样例学习迁移理论的具体运用。

（二）促进迁移问题解决的规则样例教学

为了便于教师运用规则样例学习迁移理论做好解题样例教学设计，在教学中有目的、有计划地帮助学生理解和掌握规则样例学习迁移理论中包含的有关基本原理，并培养学生掌握相关的基本技能，特列举 4 个教学设计样例。

1. 教学设计样例 1：解题规则样例教学与同构问题解决的教学过程及要点

当教师通过一个原型问题的解题样例给学生讲解"速度=路程÷时间"的原型规则时，可以列举一个例题：一辆汽车用了 2 小时的时间在公路上行驶了 200 千米，问汽车行驶的平均速度是多少？

第一个教学环节是引导学生阅读问题，并从中析取已知量、未知量和限定条件。在学生通读问题的基础上，教师指出：问题的第一个已知量是汽车行驶的时间，为 2 小时；第二个已知量是行驶的路程，为 200 千米；未知量是汽车行驶的速度。虽然速度是未知的，但问题已经指出汽车行驶的速度是平均速度，也就是说汽车行驶的速度一直保持不变，这就是解决问题的限定条件。接着，教师示范写出"已知"和"求"的具体内容

第二个教学环节是概括表述已知量、未知量和限定条件三者之间的关系，即概括表述问题的结构特征。在学生明确了问题的已知量、未知量和限定条件的基础上，教师将问题的结构特征概括地表述如下：这是一道根据已知量"时间"和"路程"，求"速度"的问题。

第三个教学环节是讲解解题规则和如何运用规则解决问题。在学生能够正确表达问题结构特征的基础上，教师要给学生讲解时间、路程和平均速度三者之间的确切关系：在给定的时间内，汽车行驶的路程越长，汽车行驶的速度越快，反之，行驶的速度越慢；在行驶一定路程的条件下，汽车行驶所用的时间越短，汽车行驶的速度越快，反之，行驶的速度越慢。所以，速度与时间和路程三者之间的确切关系是：速度=路程÷时间，即已知路程和时间、求速度的计算公式。其中，在没有特殊说明的条件下，公式中的"速度"，指的就是平均速度。所以，以后凡是遇到时间、路程和速度三者之间的关系问题，其中的速度指的都是平均速度。问题中的两个已知量（时间、路程）、一个未知量（速度或平均速度）和限定条件（平均速度）与"速度=路程÷时间"中的概念均相同，所以可以用这个公式求出汽车行驶的平均速度，解决这个问题。接着，教师示范写出"解"和"答"的具体内容。第三个教学环节完成后，要给学生一段时间，用于充分理解（或"消化"）和整合上述概念、问题结构特征与解题规则之间对应匹配关系的原理。待学生充分理解和整合之后，可以引领学生进入下一环节的学习。

第四个教学环节，教师可以给学生列举出一两道同构问题，让学生练习析取问题三要素、概括表述问题结构特征、选择和运用规则解决问题。教师通过观察每个学生的练习过程，对出现错误的学生进行纠正和辅导。

第五个教学环节是教师通过提问，启发和引导学生分别自己概括表达问题的三要素、结构特征和解题规则。在启发学生自己总结出上述问题三要素的概念均相同，问题结构特征均相同、解题规则也相同的基础上，教师要强调指出以下几个方面：①虽然两个或几个问题的表述（或表面特征）不同，但它们的三要素相同（问题结构特征的三要素原理）。②如果两个或几个问题的三要素相同，它们的结构特征就相同，它们就是同构问题（同构问题原理）。③同构问题可以用相同的规则来解决（问题结构特征与解题规则的匹配关系原理）。因此，解决同构问题的关键环节是：①从问题的表述或表面特征中准确地析取问题的三要素；②概括表达问题的结构特征；③再与例题的结构特征一一进行对比；④如果对比结果是两者完全相同，即两者是同构问题，就用例题中的解题规则解决该问题。教师要求学生在课后作业中要反复练习并熟练掌握上述四个关键环节，并加深对上述4个基本原理的理解、掌握和运用。

2. 教学设计样例2：原型单规则变型推理与变型问题解决的规则样例教学

这一教学的目的是帮助学生学会原型单规则的各种变型推理方法，理解单规则变型推理的基本原理，并运用该原理解决各种单规则变型问题。教学过程一般可分为以下三个阶段。

（1）单规则变型推理的范例教学阶段

在给学生讲解原型单规则的各种单规则变型推理方法时，教师最好做出单规则变型推理方法的范例教学。例如，当学生理解了正弦三角函数式 $\sin\alpha=a/c$，教师要给学生做出如何将 $\sin\alpha=a/c$ 转变为 $a=c\sin\alpha$、$c=a/\sin\alpha$ 的单规则变型推理示范。然后，再讲解余弦三角函数式 $\cos\alpha=b/c$。当学生理解了余弦三角函数式 $\cos\alpha=b/c$，教师可以让学生自己尝试做出 $\cos\alpha=b/c$ 的各种单规则变型推理。如此依次进行其他4种三角函数式的教学。

学生通过5种三角函数式的单规则变型推理后，教师要给学生明确指出，如果把 $\sin\alpha=a/c$ 称为正弦函数的原型规则，就可以把 $a=c\sin\alpha$ 和 $c=a/\sin\alpha$ 称为正弦函数的变型规则；如果把 $\cos\alpha=b/c$ 称为余弦函数的原型规则，就可以把 $b=c\cos\alpha$ 和 $c=b/\cos\alpha$ 称为余弦函数的变型规则；等等。然后，教师可以给学生提出思考题：①是否所有的原型规则都有其变型规则呢？②一个原型单规则究竟有几个变型单规则呢？③变型单规则的数量与什么有关呢？

（2）单规则变型推理原理的教学阶段

教师可以分别提问不同的学生，对上述 3 个思考题做出回答。根据学生回答出来的正确答案，教师可以启发学生对原型单规则的单规则变型推理原理做出概括的表述。然后，教师可以鼓励学生列举出他们学过的数学和物理学原型单规则，并针对这些规则的变型单规则数量做出回答。当学生掌握了已知原型单规则的变型推理原理，教师可以给学生列举一些未知规则的原型单规则（最好是后续课程要讲授的原型单规则），要求学生对其做出各种单规则变型推理，并思考变型单规则的数量。最后，教师启发学生准确地概括出单规则变型推理原理。

（3）运用变型单规则解决变型单规则问题的教学阶段

当学生掌握了原型单规则的变型推理原理，教师可以给学生呈现各种变型单规则问题或作业题，鼓励学生尝试解决。教师通过评阅学生的作业了解学生的学习情况，并对作业中出现的错误做出纠正和个别辅导。

3. 教学设计样例 3：原型组合问题解决的样例教学与变型组合推理和变型组合问题解决的教学

这一教学的目的是帮助学生掌握原型组合规则的变型组合推理，并运用变型组合规则解决与之匹配的变型组合问题。教学过程可以分为以下 3 个阶段。

（1）原型组合问题解决的样例教学阶段

一般来说，教师应该在学生掌握了原型规则变型推理原理的基础上给学生讲解一个原型组合问题的解题样例，然后呈现几个原型组合问题或作业题，让学生练习解决。在学生的解题或做作业过程中，要求学生概括表示原型组合问题的结构特征并与其解题规则建立一一对应的匹配关系。

（2）原型组合规则的变型组合推理阶段

在学生掌握了原型组合问题的同构问题解决方法的基础上，鼓励学生通过变型组合推理将原型组合规则转变成各种变型组合规则。当多数学生不能做出变型组合推理时，教师应该给学生呈现各种变型组合问题，要求学生对其做出类型划分，然后鼓励学生针对不同类型的变型组合问题做出相应的变型组合推理。对于个别还不能做出正确变型组合推理的学生，给予必要的推理提示，并辅导其做出正确的变型组合推理。

（3）各种变型组合问题解决的练习阶段

在学生普遍掌握了变型组合推理的基础上，给学生呈现各种变型组合问题或作业题，并鼓励学生解决这些问题。教师通过评阅学生的作业了解学生的学习情况，并对作业中出现的错误做出纠正和给予个别辅导。

4. 教学样例 4：原型镶嵌组合问题解决的样例教学与变型镶嵌组合推理和变型镶嵌组合问题解决的教学

这一教学的目的是帮助学生掌握原型镶嵌组合规则的变型镶嵌组合推理，并运用变型镶嵌组合规则解决与之匹配的变型镶嵌组合问题。教学过程可以分为以下 3 个阶段。

（1）原型镶嵌组合问题解决的样例教学阶段

一般来说，教师应该在学生掌握了原型组合规则变型组合推理的基础上，给学生讲解一个原型镶嵌组合问题的解题样例。然后呈现几个原型镶嵌组合问题或作业题，让学生练习解决。在学生的解题或做作业过程中，要求学生概括表示原型镶嵌组合问题的结构特征，并与其解题规则建立一一对应的匹配关系。

（2）原型镶嵌组合规则的变型组合推理阶段

在学生掌握了原型镶嵌组合问题的同构问题解决方法的基础上，鼓励学生通过变型组合推理将原型镶嵌组合规则转变成各种变型镶嵌组合规则。当多数学生不能做出变型镶嵌组合推理时，教师应该给学生呈现各种变型镶嵌组合问题，要求学生对其做出类型划分，然后鼓励学生针对不同类型的变型镶嵌组合问题做出相应的变型镶嵌组合推理。对于个别还不能做出正确变型镶嵌组合推理的学生，给予必要的推理提示，并辅导其做出正确的变型镶嵌组合推理。

（3）各种变型镶嵌组合问题解决的练习阶段

在学生普遍掌握了变型镶嵌组合推理的基础上，给学生呈现各种变型镶嵌组合问题或作业题，并鼓励学生解决这些问题。教师通过评阅学生的作业了解学生的学习情况，并针对作业中出现的错误做出纠正和给予个别辅导。

通过上述 4 个教学样例不难看出：①规则样例学习迁移理论中的概念，诸如问题的三要素、问题的表面特征和结构特征，以及原型问题、同构问题、变型问题、原型组合问题、变型组合问题、原型镶嵌组合问题和变型镶嵌组合问题等概念，都可以在教师的教学中结合具体问题的解题规则样例教学传授给学生。②原型单规则、原型组合规则和原型镶嵌组合规则的各种变型推理、多重组合推理方法，需要教师在原型问题、原型组合问题和原型镶嵌组合问题的解题规则样例教学中做出具体的示范。然后鼓励学生自己进行变型推理、变型组合推理和变型镶嵌组合推理的练习，或者给学生呈现各种变型问题、变型组合问题或变型镶嵌组合问题，鼓励学生根据问题的结构特征划分问题的类型，并针对各种变型问题分别做出相应的变型推理等。对于不能正确做出原型规则各种变型推理的学生，分别给予一定的提示和个别辅导，帮助其做出相应的各种变型推理。③该迁移理论中的基本原理既可以通过教师的解题规则样例教学传授给学生，也可以启发学生在变型推理和变型问题解决的练习中自己领悟、理解并概括表述出来。

总之，规则样例学习迁移理论既是可以解释同构问题、变型问题、变型组合问题和变型镶嵌组合问题等远、近迁移问题解决的原理，也是教师可教、学生可学，学会可用、用后可扩展其应用范围的促进迁移问题解决的具体方法或科学规则。它既有理论价值，又有应用价值。运用该迁移理论解决远迁移问题最关键的环节，是在学生完成了原型问题（原型单规则问题、原型组合问题、原型镶嵌组合问题、原型混合问题和原型综合问题等）的解题规则样例学习并能够解决其同构问题之后，教师要及时鼓励、辅助和提示学生自己对原型规则（原型单规则、原型组合规则、原型镶嵌组合规则、原型混合规则和原型综合规则等）分别做出各种变型推理和多重组合推理，为后面各种远迁移问题的解决事先做好准备。俗话说得好，预则立，不预则废。规则样例学习迁移理论的核心思想是，在解决具体迁移问题之前，提前掌握迁移问题解决的一般原理和各种变型规则并熟练掌握关键解题技能，如此学生就能提前预见远迁移问题的类型。当遇到具体迁移问题时，学生就能够将其与记忆系统中早已思考、想象或预见到各种变型问题的结构特征一一做出对比推理，并迅速判断迁移问题结构特征的类型，及时唤起记忆系统中早已推理得出的与之匹配的解题规则解决远迁移问题，使规则样例学习产生高效率的显著迁移效果。

第三节　样例学习迁移理论

正如本书第二章所述，样例学习的研究促进了问题解决图式理论和问题解决技能习得模型的研究，而且促进了以认知负荷理论为代表的样例学习理论的诞生。但是，没有哪一个理论自称为样例学习的迁移理论。因为建构这些理论的主要目的不仅仅是解释样例学习的迁移效果，而是各有其更重要、更广泛的理论构想。诸如问题解决图式理论的主要目的在于描述问题解决图式是怎样形成、完善、储存的，在以后的问题解决过程中是如何发挥作用的。安德森问题解决技能习得模型的主要目的在于说明问题解决技能的形成和发展过程；斯威勒认知负荷理论的主要目的在于说明如何更好地分配有限的工作记忆资源，用以提高样例学习的效果；等等。虽然这些理论或模型都从不同的角度不同程度地解释了样例学习的近迁移效果，但仍需了解它们是如何解释样例学习近迁移效果的。然后，再用规则样例学习迁移理论分别解释样例学习的近迁移效果和远迁移效果。最后，将规则样例学习迁移理论扩展为样例学习迁移理论。

一、样例学习的近迁移理论

问题解决的图式理论、认知负荷理论和问题解决技能习得的阶段模型等都能够对样例学习的近迁移效果做出不同程度的解释。

（一）问题解决图式理论对样例学习近迁移效果的解释

正如本书第二章对问题解决图式理论所做的概要介绍那样，按照罗斯（Ross，1987）的观点，问题解决图式理论可以分为"原理-提示"观的问题解决内隐图式理论和"样例-类比"观的问题解决图式理论。下面按照罗伯逊（Robertson，2001）的表述，将原理-提示观的内隐图式理论对同类问题解决的过程描述如下：

> 一个解题样例是被用来激活一个内隐的已知原理或图式的，即解题样例中包含一个内隐的图式（S）……该图式被激活后可以用来解决一个新的同类问题。解题样例的作用就是提供这个图式。当遇到一个新的同类问题时，源问题（即样例问题）的表面结构帮助解题者激活这个图式，而且这个图式的信息有助于用解题样例说明问题的其他内容（Blessing & Ross，1996）。解决新问题的过程模式是：当前问题的特征（C）允许解题者激活一个密切相关的源问题（A）；源问题（A）引出解题者心中的解题图式（S）；接着，这个图式（S）能够生成一个当前的问题的解题方案（D）。解题者解决同类问题的经验丰富以后，解题图式就将发展成为一个完善的图式（Robertson，2001）。

按照对上述内容的理解，学习了一个解题样例后就会形成一个内隐图式，这个内隐图式就是源问题的解题原理。当遇到新的同类问题时，解题者会联想或回忆出一个与之密切相关的源问题。如果这个源问题就是学习过或解决过的样例问题，它就会使解题者回想起或回忆出源问题的解题图式。这个图式会使解题者产生一个解题方案，从而解决这个新问题。随着解题者解决的同类问题逐渐增多、经验越来越丰富，图式能够解决的同类问题也越来越多。

从表面上来看，上述解释似乎没什么问题，可是解题者究竟应该怎样根据已有的图式或原理生成一个新的同类问题的解题方案呢？它与样例问题的解题方案相同还是不同呢？这显然是没有说清楚的地方。另一个没有说清楚的地方是，"当前的问题"或"一个新的同类问题"究竟指的是与源问题表面特征相似的问题，还是与源问题的结构特征相同的问题呢？如果是源问题的同构问题，那么根据笔者在规则样例学习迁移理论中对远、近迁移问题的定义，新问题或当前问题就是近迁移问题。如果是远迁移问题的话，那么根据已有图式生成新问题的解题方案就更说不清楚了。所以，无论解题者解决的同类问题有多少，也无论解题经验如何丰富，他能解决的问题只是同类问题、同构问题或近迁移问题，而不能解决不同类型的问题、异构问题或远迁移问题。

下面再看看按照样例-类比观的问题解决图式理论对同类问题解决的解释。

"在问题解决学习的最初阶段，学生可能会用还没有充分理解的样例解题方法去解决更没有充分理解的问题。而且，尝试运用样例问题（即源问题）的解题程序去解决当前问题（即同类问题）的过程本身还涉及对样例问题解题程序的模仿。在此过程中，由于解题成功或失败的结果反馈，可能形成一个不完整的问题解决图式。当学生再次面对一个同类问题时，他或许能够回忆出以前的解题样例以及经过样例学习生成的不完整图式来解决该问题。随着解题经验的丰富，这个图式逐渐脱离了原来的具体问题情境。最后，当学生再次遇到同类问题时，或者直接进入图式，或者直接进入已经模式化了的能够举例说明图式运用的解题样例"（Robertson，2001）。

显而易见的是，与原理-提示观的内隐图式理论相比，样例-类比观的问题解决图式理论将图式的形成看成是一个渐进的过程。而且，在这个渐进过程中的不同阶段解决同类问题时，所用图式的完整程度或完善程度不同，图式中包含的信息也不同。最后，这个逐渐脱离了原来具体问题情境的图式是否就不包含问题的具体内容了呢？不是的。因为，罗伯逊、巴索克和霍利约克都明确指出：如果图式中包含了问题的一些具体内容，就更容易具体化。抽象水平不高的图式可以在源问题和靶问题之间进行快速的映射。也就是说，它会使两个相似问题中起着相同作用的某物体变得更清晰（Robertson，2001；Bassok，1990；Bassok & Holyoak，1989）。另外，根据马歇尔（Marshall，1995）列出的问题解决图式的具体内容，其中不仅包括"识别性"知识（该类知识由几个问题的外部共有结构特征构成。它是用于对问题解决图式做出模式识别所需的知识），而且包括"细节性"知识（即描述问题主要特征的陈述性知识，它不仅包括具体实例，而且包括更多主要的抽象概念）。除此之外，问题解决图式中还包括"规划性"知识和"执行性"知识。在马歇尔（Marshall，1995）列出的算术应用题 5 个基本问题解决图式中，既有问题的表述，也有解题所用的算子（详见第二章第二节的有关内容）。所以，即使到了最后，图式中仍然包含一些问题的具体细节内容或多种内容，而且各种内容的划分界线模糊不清，尤其是没有说清楚什么是问题的表面特征、什么是问题的结构特征。

除此之外，它与原理-提示观的内隐图式理论一样，没有清楚地解释当遇到新的同类问题时和"直接进入图式"后，解题者如何根据图式生成新的同类问题的解题方案；也同样没有说清楚"直接进入已经模式化了的能够举例说明图式运用的解题样例"后，用什么样的解题方案解决新的同类问题。另一个相同点是，两个图式理论都只是模糊不清地解释或说明了同类问题的解决，即近迁移问题的解决，但没有解释或说明如何解决异构问题，即远迁移问题。

总之，两个问题解决图式理论只是模糊不清地描述了同类问题的解决过程。其中，问题解决图式的内容模糊不清；同类问题的结构特征和表面特征模糊不清；远、近迁移问题的界限更是模糊不清；而且对于解题者是如何运用图式生成解题方案的，也没有说明。

（二）认知负荷理论对样例学习近迁移效果的解释

实验研究结果表明，样例学习可以促进同构问题的解决。斯威勒（Sweller，2010）用认知负荷理论对这种称为"样例效应"的近迁移效果做出了解释："与问题解决组的被试相比，样例学习组的被试在学习解题样例时，只需要考虑每个解题步骤中问题所处的当前状态是如何变成下一个状态的。这种对问题状态变化和变化原因的思考，减少了相互作用元素的数量，从而也降低了外在认知负荷。在进行样例学习时，虽然与每个问题状态和状态变化相关联的相互作用元素仍然存在，但是它们构成了内在认知负荷，没有使其成为外在元素添加到样例学习中，也没有导致注意分散效应和冗余效应的产生。如果工作记忆资源只用于考虑每个问题状态的变化和与状态变化相关联的元素，而且变化的范围不大，那么与问题解决组被试把认知资源用于搜索可能却不相关的许多相互作用的元素相比，样例学习组被试的外在认知负荷降低，而使相关认知负荷相应地增加。相关认知负荷的增加提高了样例学习效果。"

上述解释仅仅通过比较两种问题解决过程中相关认知负荷的大小来解释问题解决效率上的差异，但没有解释样例学习组成功解决同构问题的根本原因在于采用了样例问题的解题方法或解题规则，问题解决组没有解决同构问题的根本原因在于没有找到可用的解题规则。在样例学习过程中降低外在认知负荷、增加相关认知负荷只是有利于问题解决的认知因素之一，但不是决定同构问题能否被解决的关键因素。同构问题能否被解决的关键是能否找到它的解题规则或解题方法。因此，认知负荷理论没能解释同构问题被解决的根本原因究竟是什么。

（三）问题解决技能习得模型对样例学习近迁移效果的解释

本书第二章谈到，问题解决技能习得的阶段模型有多个。其中，安德森在 ACT-R 框架下提出的四阶段模型和伦克尔（Renkl，2011，2014）提出的问题解决技能习得阶段模型属于样例学习研究的代表性理论成果。下面分别讨论这两个模型对样例学习近迁移效果的解释。

1. ACT-R 四阶段模型对样例学习近迁移效果的解释

按照安德森的观点，当学生遇到一个新的有待解决的问题时，会努力地回忆以前解决过的相似问题，并努力应用解决相似问题的方法来解决当前的新问题。这个过程涉及对问题解决方案的解释。这意味着解题方案应该建立在问题情节的陈述性解释的基础之上。这个问题可能就是教材中的例题或老师曾经讲过的例题等。安德森还认为，即使学生手头没有一个具体的解题样例可用，也会用想象出来的解题样例来解释当前的问题，并且试图用解题样例的方法来解决当前的靶问题，这就是问题信息被编辑的结果。在 ACT-R 中，只有一种方法能生成一个新的产生式规则，即必须通过问题编辑的类比过程。

简言之，安德森认为，一个新的产生式规则是通过靶问题与源问题（即样例问题）的类比生成的。而且，所有问题的解决技能都是通过类比的问题解决生成的。也就是说，所有的问题都必须通过与有关样例问题的类比才能得到解决。

类比的问题解决过程有 4 个步骤：第一步，根据靶问题（即当前面对的新问题）回忆出与之相似的源问题（即样例问题）；第二步，将源问题的结构映射到靶问题上；第三步，回忆出源问题的解题方案；第四步，根据第二步的映射将解决源问题的解题方案应用于当前问题的解决。如果靶问题是近迁移问题，源问题是样例问题，那么按照类比解决问题的 4 个步骤，近迁移问题就能够得到顺利的解决。

与前两个理论对近迁移问题解决的解释相比，安德森四阶段模型的解释算是比较清楚的。可是，它仍然存在不明确之处：其一，根据安德森的观点，要解决一个新问题就必须生成一个新的产生式规则。而且，这个产生式规则必须经过新问题与样例问题的类比才能生成或习得。这种源问题与靶问题的类比究竟是对两个问题的结构特征进行类比，还是包括问题表面特征的类比？尚不明确。其二，类比问题解决过程的第二步是"将源问题的结构映射到靶问题上"，但"映射"的具体认知操作过程不明确。其三，新的产生式规则生成或习得过程过于复杂。因为既然是"将解决源问题的解题方案应用于当前靶问题的解决"，那么作为新的产生式的解题方案就没有必要再重新生成一遍了。因此，笔者认为这是一种过于烦琐的且不同于人类问题解决实际过程的解释。

2. 伦克尔的四阶段模型对近迁移问题解决的解释

伦克尔（Renkl，2014）于 2011 年就已经概括出了问题解决技能习得的四阶段模型。2014 年，他又对该模型做了进一步概括，认为通过样例习得解题技能的过程包括 4 个阶段：①原理编码阶段。在此阶段，学生能获得基本的陈述性知识，尤其是能获得可以直接用于指导随后的问题解决的有关原理。但是，处在此阶段的学生还不知道怎样运用这个原理。②问题类比阶段。在此阶段，学生学习相关的样例，并对样例进行编码。如果遇到了需要解决的新问题，学生会首先根据学过的样例进行类比来解决这些问题。但这并不意味着学生在这一过程中忽略了此前案例学习过的一般原理，而是先进行类比，在类比的过程中回忆有关的一般原理，进而促进了图式的建构。③形成陈述性规则阶段。学生获得了关于如何解决某一问题并可用自己的语言表述的解题规则，并知道了规则的使用条件。他们能够关注到问题的结构特征并形成更广泛的图式。④自动化和灵活化阶段。在此阶段，学生将所学的内容组块化，以便在随后的问题解决过程中可以自动化地检索出这些知识，而且他们能灵活地解决不同情景下和具有不同结构特征的问题。

显然，伦克尔（Renkl，2014）的四阶段模型既采用了安德森的术语（陈述性知识），又采纳了安德森模型的核心思想——通过与解题样例做出类比来解决新问题，还包括图式的概念。所以，该模型具有兼容并蓄和归纳整合的特征。然而，该模型仍然存在 3 个需要做出进一步解释或说明的地方：其一，在问题类比阶段，没有说明新问题与样例问题的类比究竟是问题结构特征的类比还是表面特征的类比，或者是两种特征的类比。因此，对此需要做出明确的说明。其二，在第四阶段"将所学的内容组块化"。如何将所学内容组块化仍需要做出具体的解释和说明。其三，如何才能"灵活地解决不同情景下和具有不同结构特征的问题"呢？这也需要做出进一步的解释和说明。

总之，上述 3 个理论或模型对样例学习近迁移效果的解释或者不够清楚，或者不够准确，或者不够充分。

（四）规则样例学习迁移理论对样例学习近迁移问题解决的解释

与上述 3 个理论相比，规则样例学习迁移理论对近迁移和远迁移问题解决过程的解释和说明都更加清楚、准确且可操作。根据规则样例学习迁移理论，学生遇到迁移问题后，首先从迁移问题的表面特征析取问题三要素并概述其结构特征，并将其与样例问题的结构特征进行对比。对比结果有以下三种情况：①如果两者是同构问题，则可以用样例问题的解题规则解决迁移问题；②如果两者不是同构问题，则需要与其他样例问题的结构特征进行对比；③如果进一步对比的结果表明迁移问题是某种变型问题或远迁移问题，则可以通过对某个原规则的某种变型推理得出与之相匹配的解题规则解决迁移问题。由此可见，规则样例学习迁移理论不仅可以清楚地、明确地解释或说明远、近迁移问题是如何被解决的，而且可以指导学生解决迁移问题的具体认知操作过程，促进迁移问题的解决。所以，规则样例学习迁移理论不仅是解释其远、近迁移问题解决的科学原理，更是支配其远、近迁移问题解决具体认知操作的科学规则。

规则样例学习迁移理论为什么能够解释样例学习的迁移问题解决呢？道理很简单，这是因为规则样例学习与问题解决样例学习的迁移问题解决过程相同。虽然两种样例学习的前提条件和学习过程不同，即问题解决的样例学习是在学生已知一般解题原理或规则的前提条件下学习问题解决的样例，而规则样例学习是在学生未知一般解题原理或规则的前提条件下学习问题解决的样例（详见本书第三章对两种样例学习本质区别的论述），但是两种样例学习的结果是等同的，即都是学会了样例问题的解题规则及其运用。所以，两种样例学习之后，面对迁移问题解决的前提条件是等同的。不仅如此，问题解决样例学习还可以视为规则样例学习的一种特例。因为规则样例学习过程包括了问题解决样例学习的过程比。相反，规则样例学习却不能被视为问题解决样例学习的一个特例，因为它比问题解决样例学习过程多了归纳解题规则或领悟其原理的学习过程。所以，规则样例学习的近迁移理论也是问题解决样例学习的近迁移理论，即两种样例学习的近迁移理论。已有的样例学习理论，诸如问题解决图式理论、认知负荷理论和问题解决技能习得模型不能够清楚、准确和完整地解释样例学习的近迁移效果，而规则样例学习迁移理论却能够清楚、准确和完整地解释样例学习的近迁移效果。所以，规则样例学习的近迁移理论是比问题解决图式理论、认知负荷理论和问题解决技能习得模型更加清楚、准确、完整且可实际运用的样例学习近迁移理论。

二、样例学习的远迁移理论

如果说问题解决图式理论、认知负荷理论和问题解决技能习得的阶段模型还可以解释样例学习的近迁移问题解决的话，那么当它们面对样例学习的远迁移问题解决时就显得无能为力了，甚至它们根本就不能解释和促进样例学习的远迁移问题的解决。

（一）问题解决图式理论在解释远迁移问题解决上的局限

正如本节第一部分所述，无论是原理-提示观的内隐图式理论还是样例-类比观的问题解决图式理论，都仅是模糊不清地描述、说明或解释了同类问题的解决，即近迁移问题的解决，但没有解释或说明如何解决异构问题或远迁移问题。按照样例-类比观的问题解决图式理论，图式的形成不仅需要对源问题解题样例进行学习，而且还需要多次解决同类问题之后才能逐步形成。所以，要想用问题解决图式理论说明或解释非同类问题或远迁移问题的解决，除非再学习一个非同构问题或远迁移问题的解题样例。因此，问题解决图式理论只能勉强而模糊地解释同构问题或近迁移问题的解决，而不能解释远迁移问题的解决。

（二）认知负荷理论在解释远迁移问题解决上的局限

按照认知负荷理论，学生学习了一个解题样例后，可以促进对同构问题或近迁移问题的解决，即与问题解决的练习相比产生了样例效应。那么，怎样才能使异构问题或远迁移问题得到解决呢？按照认知负荷理论解释的"变异性效应"（详见第二章第三节），要想提高样例学习的远迁移效果，就要学习一组结构特征变异的解题样例，而且学习一组结构特征变异的解题样例比学习一组表面特征变异的解题样例的远迁移效果更好。因为"学生不仅要学习如何解决某一种类型的问题，还要思考如何用相似的解题方案解决其他类型的问题。在低变异学习条件下，学生简单地学习怎样解决某一种类型的问题；在高变异条件下，学生不仅要学习如何解决某一种类型的问题，还要学习如何运用合适的解题方案去解决一些不同类型的问题"（Sweller，2010）。按照笔者的理解，所谓"在低变异学习条件下"，就是指学习一组表面特征变异问题或同构问题的解题样例；所谓"在高变异条件下"，就是指学习一组结构特征变异的解题样例。由此看来，要想促进或提高样例学习的远迁移效果，只有学习一系列结构特征变异的解题样例。也就是说，只有学习了结构特征变异的解题样例，才能够解决异构问题或远迁移问题。那么，究竟需要学习多少种结构特征变异的解题样例才能解决更多的远迁移问题呢？当然是有多少种类型的远迁移问题，就应该学习多少种远迁移问题的解题样例。如此说来，正如我们在双重变异样例学习迁移效果实验研究中得出的结论（详见本章第一节）那样，样例学习的效果只能明显促进同构问题或近迁移问题的解决，而不能明显促进异构问题或远迁移问题的解决。因此，认知负荷理论只能解释样例学习的近迁移效果，而不能有效率地促进样例学习的远迁移问题解决。

（三）问题解决技能习得模型在解释远迁移问题解决上的局限

按照安德森 ACT-R 问题解决技能习得模型，当学生遇到一个新问题，会努力地回忆以前解决过的相似问题，并用由此而生成的产生式规则来解决当前的问题。如果学生的记忆中没有一个具体的解题样例可用，就会用想象出来的解题样例来解释当前的问题，并用由此而生成的产生式规则来解决当前的问题。显然，当遇到的新问题与以前解决过的样例问题是同构问题，学生一般可以回忆出这个解题样例，并用由此而生成的产生式规则来解决当前的同构问题。可是，当遇到的新问题与以前解决过的问题不是同构问题时，学生的记忆中没有这种新问题的解题样例可用，那就只能凭借想象出来的解题样例来解释当前的问题，并试图用由此而生成的产生式规则来解决当前的问题。可问题是，面对一个新的异构问题，怎样想象出一个与之类似的问题和它的解题样例呢？安德森的问题解决技能习得模型没有对此做出具体的阐述和说明。因此，该理论模型也不能解释远迁移问题的解决。

（四）规则样例学习远迁移理论对样例学习远迁移问题解决的解释

正如前文所述，如果没有规则样例学习的近迁移理论，用问题解决图式理论、认知负荷理论或问题解决技能习得模型也还可以勉强模糊地解释样例学习的近迁移效果。可是，如果没有规则样例学习的远迁移理论，就根本不能解释样例学习的远迁移效果。

按照规则样例学习的迁移理论，学生通过原样例学习或规则样例学习并建立原型问题的结构特征与原型规则的匹配关系之后，如果遇到的迁移问题是同构问题，就可以用规则样例学习近迁移理论阐述的原理和方法解决这个近迁移问题；如果遇到的迁移问题是其变型问题，就可以用规则样例学习远迁移理论阐述的原理和方法解决这些远迁移问题。因此，规则样例学习迁移理论既可以解释规则样例学习远、近迁移问题的解决，也可以解释问题解决样例学习或一般样例学习远、近迁移问题的解决。所以，规则样例学习的远迁移理论也是样例学习的远迁移理论。该理论填补了样例学习研究中一直没有远迁移理论的空白。

第四节　规则推理迁移理论

本节首先把规则样例学习迁移理论扩展并命名为"规则推理迁移理论"，然后分别将其与传统的规则学习迁移理论一一进行对比分析，阐述该理论的原创性学术价值、扩展性研究价值与应用价值。

一、规则推理迁移理论与规则学习迁移理论的比较

（一）规则推理迁移理论的提出

规则样例学习迁移理论不仅是样例学习的迁移理论，也是所有规则学习的迁移理论。因为就规则的习得而言，有多种途径或方法。但就规则的运用而言无非是解决远、近迁移问题。规则样例学习迁移理论就其规则的习得而言，是通过他人运用规则的样例习得的，但就它的运用而言，与其他途径习得规则的运用都是一样的，即都是运用规则解决具体的远近迁移问题。规则样例学习迁移理论既能够解释运用已知规则对近迁移问题的解决，也能解释对远迁移问题的解决。所以，只要是规则学习中迁移问题的解决都可以运用规则样例学习迁移理论。简言之，无论规则是如何习得得的，只有在规则的运用过程中才可能发生迁移。因此，规则学习迁移理论不应该分为规则样例学习的迁移理论和样例学习迁移理论，而应该统称为"规则学习迁移理论"。因此，规则样例学习迁移理论就是规则学习迁移理论。所以，可以将规则样例学习迁移理论表达为规则学习迁移理论。无论规则是如何习得的，学生掌握了原型规则后，只要他通晓问题表面特征与结构特征的关系原理和问题结构特征与解题规则的对应匹配关系原理，并具有概括表述问题结构特征和将两个问题的结构特征进行对比推理或类比推理的能力或技能，就能够在规则的运用过程中解决同构问题，使规则的运用产生近迁移效应。如果学生还能够对原型规则做出各种变型推理、变型组合推理、多重组合推理和变型镶嵌组合推理，他就能够运用该规则的各种变型规则、变型组合规则、多重组合规则和变型镶嵌组合规则解决各种单规则变型问题、变型组合问题、多重变型组合问题和变型镶嵌组合问题，使该规则的运用产生远迁移效应。

无论是运用原型规则解决近迁移问题，还是运用变型规则或组合规则解决远迁移问题，都涉及迁移问题与原型问题结构特征之间的类比推理或对比推理，以及对原型规则做出的各种变型推理，所以可以将规则学习迁移理论称为"规则学习的推理迁移理论"，简称为"规则推理迁移理论"。

（二）规则推理迁移理论与传统规则学习迁移理论的比较

传统的迁移理论中（详见本书第一章第三节）有若干个规则学习迁移理论，诸如贾德的原理概括说、苛勒的关系转换说、学习定势说、产生式迁移理论和类比推理迁移理论等。那么，规则推理迁移理论与它们究竟有何区别？这需要分别加以厘清和说明。

1. 与原理概括说的根本不同

贾德的原理概括说揭示和解释的是：在一种情境下的问题解决过程中（例如，投掷标枪击浅水池中的水下靶子）学习了一个一般原理（光的折射原理）之后，可以促进另一种情境下的问题（投掷标枪击深水池中的水下靶子）解决。产生学习迁移的原因是两种情境的问题解决运用了共同的原理，即光的折射原理。学会并掌握该原理的具体运用之后，就可以促进各种不同水深情境下击靶问题的解决。

根据同构问题的定义，不难看出，无论水的深浅如何变化，光的折射率都没有变化，即问题的结构特征没有变化。根据问题结构特征与解题规则的对应匹配关系原理（详见本章第二节），只是问题中已知量的数值，即水的深浅发生了变化，所以投掷标枪击浅水靶与投掷标枪击深水靶是同构问题。因此，原理概括说只解释了同构问题的解决，即近迁移问题的解决，但没有解释远迁移问题的解决。所以，贾德的原理概括说只是关于原理或规则学习的近迁移理论，而不是远迁移理论。规则推理迁移理论不仅能够解释近迁移问题的解决，还能够解释各种变型问题的解决。因为在光的折射原理或光的折射规则中包括"折射率"这个变量，光的折射规则的变型推理也包括折射率的变化，所以运用光的折射规则中的折射率变型规则还可以解决不同折射率透明液体中的击靶问题，以及不同深度和不同折射率透明液体下击靶等远迁移问题。因此，规则推理迁移理论既是规则学习的近迁移理论也是远迁移理论。这就是规则推理迁移理论与贾德的原理概括说的根本区别。

2. 与关系转换说的根本不同

苛勒的关系转换说解释的是，如果在一种问题情境下（即在一张白纸和一张浅灰色纸的问题情境下，学习从浅灰色纸上获得食物）顿悟了一种关系（即两张纸的灰度变化是一白一浅灰，食物总出现在浅灰色纸上），那么当问题情境发生变化（即在一张浅灰色纸和一张深灰色纸的情境下，判断哪张纸下有食物），就可以根据已经顿悟了的问题结构特征（即无论纸的灰度如何变化，食物总是在深色纸的下面）在深灰色纸上做出觅食反应。

根据问题结构特征的定义，即问题的结构特征就是具体问题中已知量与未知量的限定关系结构，不难看出在苛勒设置的两种问题情境中，尽管一张纸的灰度发生了变化，但问题中的已知量、未知量和限定条件的关系结构没有变。也就是说，两个问题的结构特征相同，即它们是同构问题或近迁移问题。因此，苛勒的关系转换说解释的也是同构问题的解决或近迁移问题的解决，而不是远迁移问题的解决。所以，苛勒的关系转换说也只是规则学习的近迁移理论，而不是远迁移理论。规则推理迁移理论既是近迁移理论也是远迁移理论，因为根据规则推理迁移理论，两张纸的灰度关系规则经过变型推理可以转变为两块布的灰度关系规则和两张、三张……N张红纸的饱和度关系规则等。规则推理迁移理论不仅能够解释两张不同灰度纸情境下的各种近迁移问题，还能够解释两张、三张……N张不同颜色饱和度色纸或色布等情境下的各种远迁移问题的解决。因此，规则推理迁移理论与苛勒关系转换说有根本区别。

3. 与学习定势说的根本不同

学习定势说所说的学习实际上就是对"二择一"问题解决的学习，即面对两个刺激物（两个不同的几何体）做出觅食反应（食物总是在一个刺激物下面，但却是随机的）。这种学习学会运用的就是"非此即彼"的简单操作规则。经过多次学习或练习，做出的操作动作越来越熟练、越来越快。所以，从本质上来说，学习定势说只是一个操作规则运用的熟练化或自动化过程，或者说是运用二择一规则形成熟练技能的过程。如果勉强地称之为学习迁移理论，也仅仅是一个近迁移理论，因为它只能解释各种二择一问题，即近迁移问题的解决，而不能解释三择一……N择一、三择二和N择（N-1）等各种远迁移问题的解决。按照规则推理迁移理论，如学生在学会了二择一问题解决之后，不仅能够解决各种二择一的同构问题，还可以通过对二择一规则的变型推理和组合推理，得出三择一……N择一、三择二和N择（N-1，N-2，……，N-m，其中N>m）等各种变型规则，并解决此类问题的各种变型问题，从而产生问题解决的远迁移效应。所以，规则推理迁移理论与学习定势说也是根本不同的。

4. 与产生式迁移理论的根本不同

安德森（Anderson，1981）在ACT-R的基础上提出了产生式迁移理论。所谓产生式，就是一个已知条件刺激"C"与一种操作或反应"A"相结合的操作规则，简称为"C-A"规则。一个产生式规则可以用语言简洁地表述为：只要符合某种条件就可以做出与之对应的某种操作反应。运用一个产生式规则可以解决近迁移问题，但不能解决远迁移问题。例如，可以将苛勒的关系转换说表达为一个产生式规则：如果是一深一浅两张纸，那么就可以对深色纸做出觅食反应。运用该产生式规则可以解决各种深度不同的一深一浅两张纸情景下的觅食反应问题，即运用该产生式规则可以解决近迁移问题。但是，运用该规则却不能解决各种深度不同变化的三张纸或N张纸情景下的觅食反应问题，即远迁移问题。所以，产生式迁移理论只解释了近迁移问题的解决，但没有解释远迁移问题的解决。规则推理迁移理论既能解释两张深度不同色纸情境下的各种近迁移问题的解决，也能解释各种深度不同变化的三张纸和N张纸情景下的远迁移问题的解决，所以规则推理迁移理论与产生式迁移理论有根本的不同。

5. 与类比推理迁移理论的根本不同

金特纳（Gentner，1983）提出的类比问题解决的结构映射理论是类比推理迁移理论的代表。该理论认为，解决类比问题，实际上是通过把靶问题中的事物与源问题中的事物一一对应，从而保持源问题的关系结构来实现的。类比迁移理论认为，迁移最有可能发生在"靶问题"与"源问题"具有许多共同特征的情况下，问题越相似，迁移的可能性就越大。问题都有其表面特征和结构特征，所以源问题与靶问题的相似性就有以下 4 种情况：第一，表面特征和结构特征都相似；第二，结构特征相似而表面特征不相似；第三，表面特征相似而结构特征不相似；第四，表面特征和结构特征都不相似。显然，在第一种情况下，两个问题的共同特征最多，学习源问题的解题样例对解决靶问题的迁移量最大。在第四种情况下，两个问题共有的特征最少，迁移量也最小。第二种和第三种情况怎样呢？围绕此问题，涌现出了大量研究，至今未取得一致结论。

笔者认为，类比迁移理论的局限性主要有 3 个方面：①既没有关于问题结构特征与表面特征的准确定义，也没有对两种特征的区别与联系做出具体或明确的说明，从而混淆了两种特征在问题解决过程中的不同作用。②既没有界定同一知识领域内近迁移问题与远迁移问题的本质区别，也没有澄清不同知识领域乃至不同学科问题之间的本质区别。例如，在类比问题解决研究中，既有同一知识领域内相似问题（其中，既有近迁移问题，也有远迁移问题）之间的类比（Roberston，2001），也有如何攻克"堡垒问题"与如何治疗肿瘤"射线问题"两个不同学科问题之间的类比（Gick & Holyoak，1980；Duncker，1945）。③没有对两个问题如何进行类比做出可学习和可操作的具体描述。例如，靶问题与源问题之间的类比需要经过思维的跳跃，"就像火苗跳跃式地跨过一道缝隙，使最初看似两个没有关系的事物通过一系列类比就在它们之间建立了新的联系"（Holyoak & Thagard，1995）。这种描述只能使人意会，却不能使人学习和操作。再如，映射的含义给人一种神秘莫测的感觉。因为它没有一个可操作的定义，就不能指导学生如何在两个问题的解题方案之间做出可操作的映射。

虽然类比推理迁移理论存在不足，但是它的"雄心"很大，不仅要解释远、近迁移问题的解决，还要解释跨知识领域和跨学科等"超远"迁移问题的解决，也就是说，类比推理的范围广。可是，由于它没有提供具体可操作的类比推理方法，所以也只能与问题结构特征和表面特征都相似的问题进行类比推理，无法与异构问题进行具体而有效的类比推理。因此，它只能解释同构问题的解决，不能解释异构问题的解决。

与之相比，推理迁移理论明确定义了问题结构特征与表面特征的概念，明确阐述了两者的关系原理，还阐述了问题结构特征与解题规则的对应匹配关系原理和各种规则变型推理的基本原理，使其不仅能够解释远、近迁移问题的解决，而且能够促进远、近迁移问题的解决。所以，规则推理迁移理论既是解释远、近迁移问题解决的一般原理，又是促进远、近迁移问题解决的可应用规则。

二、规则推理迁移理论的局限与扩展

（一）规则推理迁移理论的局限

虽然规则推理迁移理论填补了规则学习远迁移理论的空白，但规则推理迁移理论也有如下局限。

1. 问题类型的局限

就解决的问题类型而言，规则推理迁移理论局限于知识丰富性问题解决的范畴，而不能扩展到知识贫乏性问题、定义不明确问题或顿悟问题等其他问题解决的范畴。所以，规则推理迁移理论属于知识丰富性定义明确问题解决的规则学习迁移理论，而不是其他类型问题解决的迁移理论或所有问题解决的迁移理论。

2. 规则单一性的局限

就解题规则的类型而言，规则推理迁移理论目前还暂时局限于一个原型规则的变型推理、多重组合推理、变型组合推理和变型镶嵌组合推理，没有涉及两个或两个以上不同规则的变型推理、多重组合推理或变型组合推理等。所以，目前它还不能解释和促进混合变型问题和综合变型问题的解决。

3. 学科的局限

就问题解决的学科范围而言，规则推理迁移理论目前能够解释和促进数学和物理学方面量化迁移问题的解决。但是，如果解题规则不能进行变型推理、多重组合推理或变型组合推理等，它就不能解释和促进其远迁移问题的解决。就目前而言，规则推理迁移理论尚属于数理学科范围内的规则学习迁移理论。

（二）规则推理迁移理论的扩展性研究

1. 规则推理迁移理论扩展性实验研究的初步设想

我们还没有做混合规则的变型推理对变型混合问题解决促进作用的实验研究和综合规则的变型推理对变型综合问题解决促进作用的实验研究。但是，笔者大胆地提出预期性假设，如果学生能够学会一两个混合问题或综合问题的解题样例，并对混合解题规则或综合解题规则做出各种变型推理，就能够促进变型混合问题或变型综合问题的解决，产生远迁移效果。其中，混合问题是指两个或两个以上不同知识领域规则的混合运用解决的混合应用题，诸如代数运算规则与几何规则混合应用的问题，重力规则与电磁规则混合运用的复合场条件下的混合应用问题和力学规则与热力学规则混合运用解决的力热混合应用问题等。"综合问题"是指两个或两个以上不同学科规则的综合运用解决的综合应用题，诸如数学规则与物理学规则综合运用解决的数理综合应用题、物理规则与化学规则综合运用解决的理化综合应用题和生物规则与化学规则综合运用解决的生化综合应用题等。

开展混合问题或综合问题解决的迁移实验研究，不必采用规则样例学习研究的实验范式，采用问题解决样例学习研究的实验范式即可。因为，混合问题或综合问题的解题规则比较复杂，如果采用规则样例学习研究的实验范式会增加学习难度并影响迁移效果。

规则推理迁移理论是一个符合规则学习一般迁移规律的开放性理论，我们完全可以开展混合规则的变型推理对变型混合问题解决促进作用的实验研究和综合规则的变型推理对变型综合问题解决促进作用的实验研究，用实验结果证明扩展规则推理迁移理论的应用范围，最终突破变型混合问题和变型综合问题解决的局限，将其扩展为能够解释和促进多领域混合应用题和多学科综合应用题解决的规则推理迁移理论。

2. 规则推理迁移理论扩展性应用研究的学科范围

规则推理迁移理论还能扩展运用到哪些学科规则学习的迁移问题解决，要看可否对其原型规则做出各种变型推理。能够做出变型推理的规则都有远迁移作用。汉语诗歌体裁规则是可以做出多种变型推理的规则，所以才有三言至七言律诗、不同词牌的词、戏剧唱词和曲艺文学作品等。小说体裁创作规则也是可以做出变型推理的规则，因此才有长篇、中篇、短篇和现在流行的小小说或微型小说等。一些体育运动规则也可以做出一定范围内的变型推理或组合变型推理，诸如足球比赛双方阵型规则的变型推理；自由体操与花样游泳和花样滑冰等运动规则的各种变型组合推理等。许多操作规则和技术规则也可以做出各种变型推理，因此才有各种技术改进、技术革新和技术开发等。社会人际交往的礼貌规则也能做出多种变型推理，诸如鞠躬、敬礼、拥抱、握手和碰肘等。规则与人的活动如影随形，所以规则推理迁移理论还有很大的扩展研究范围和应用空间。学生和教师学习规则推理迁移理论，不要仅仅局限于运用它的具体方法解决数学应用题和物理应用题等，更重要的是形成规则变型推理的理念，掌握其思想方法，将其广泛运用于学习方法与教学方法的改进、学习策略与教学策略的开发、创造性思维的培养和创造力发挥等诸多方面。

reference 参考文献

阿伯特·班杜拉.（1988）. *社会学习心理学*. 郭占基，周国韬，等译. 长春：吉林教育出版社.

爱德华·桑代克.（2015）. *教育心理学简编*. 张奇译校. 北京：中国人民大学出版社.

班宇威.（2018）. *三种自主学习方法的学习效果及选择倾向*. 辽宁师范大学硕士学位论文.

蔡晨，曲可佳，张华，张奇.（2016）. 正误样例组合学习的相似性效应和认知加工深度效应. *心理发展与教育，32*（3），310-316.

董成文.（2018）. *小学生小组合作规则样例学习的迁移效果*. 辽宁师范大学博士学位论文.

杜雪娇.（2019）. *动态样例的学习效果、影响因素及促进方法*. 辽宁师范大学博士学位论文.

杜雪娇，张奇.（2016）. 样例设计及呈现方式对学习代数运算规则的促进. *心理学报，48*（11），1445-1454.

付华.（2016）. *小学生乘方、开方和解一元二次方程运算规则的样例学习研究*. 辽宁师范大学硕士学位论文.

高超.（2021）. *规则变型推理对规则样例学习远迁移问题解决的促进作用*. 辽宁师范大学博士学位论文.

高时良.（2016）. *学记*. 北京：人民教育出版社.

格莱德勒.（2007）. *学习与教学——从理论到实践*. 张奇，等译. 北京：中国轻工业出版社.

龚少英，上官晨雨，翟奎虎，郭雅薇.（2017）. 情绪设计对多媒体学习的影响. *心理学报，49*（6），771-782.

何毅.（2019）. *样例学习专长逆转效应的影响因素*. 辽宁师范大学博士学位论文.

加涅.（1999）. *学习的条件和教学论*. 皮连生，王映学，郑葳，等译. 上海：华东师范大学出版社.

加涅，韦杰，戈勒斯，凯勒.（2018）. *教学设计原理*. 王小明，庞维国，陈保华，等译. 皮连生审校. 上海：华东师范大学出版社.

匡子翌，成美霞，李文静，王福兴，胡祥恩.（2022）. 视频教学中教师的眼神注视能否促进学习？*心理科学进展，30*（10），2291-2302.

李文静，童钰，王福兴，康素杰，刘华山.（2016）. 动画教学代理对多媒体学习的影响：学习者经验与偏好的调节作用. *心理发展与教育，32*（4），453-462.

梁潇.（2017）. *函数关系与气体状态变化规律类比推理的样例学习效果*. 辽宁师范大学硕士学位论文.

林洪新.（2009）. *初一学生数学运算样例中关键步骤的学习的研究*. 辽宁师范大学博士学位论文.

林洪新，张奇.（2007）. 小学生代数运算规则的样例学习. *心理学报, 39*（2），257-266.

刘云涛.（2015）. *引述句与转述句转换规则的样例学习研究*. 辽宁师范大学硕士学位论文.

罗伯逊.（2004）. *问题解决心理学*. 张奇，等译. 北京：中国轻工业出版社.

马安然，王燕青，王福兴，周治金.（2021）. 教学微视频的播放速度对学习效果的影响. *心理发展与教育, 37*（3），391-399.

莫雷，唐雪峰.（2001）. 事件类型的相似性对原理运用影响的实验研究. *心理科学, 24*（1）：5-8.

孟洋.（2021）. *初中生过去时和过去完成时语法规则的样例学习*. 辽宁师范大学硕士学位论文.

潘菽.（1980）. *教育心理学*. 北京：人民教育出版社.

皮连生.（2004）. *教育心理学*. 上海：上海教育出版社.

曲可佳，张奇.（2014）. 双内容样例学习的研究及重要启示. *心理科学, 37*（2），373-376.

邵瑞珍等.（1983）. *教育心理学——学与教的原理*. 上海：上海教育出版社.

孙锡萍.（2002）. 物体受力分析中常见的错误及其纠正的方法. *淮南职业技术学院学报, 2*（1），92-93.

唐雪峰，莫雷.（2004）. 表面内容不同方面相似性对样例迁移的影响. *心理科学, 26*（4），631-633.

王甦，汪安圣.（1987）. *认知心理学*. 北京：北京大学出版社.

王瑶，张奇.（2012）. 阅读范文对小学生作文成绩的影响. *心理发展与教育, 28*（5），495-501.

邢强，莫雷.（2003）. 样例的子目标编码对新问题解决中原理运用的作用研究. *心理发展与教育, 4*，55-59.

邢强，莫雷.（2005）. 多重样例的变异性和编码对迁移影响的实验研究. *心理科学, 28*，1382-1387.

许德志，张奇.（2011）. 碳氢共价键结构式正误样例组合的学习效果. *心理科学,*（2），386-392.

尤瑞.（2016）. *椭圆形状判定规则样例学习的实验研究*. 辽宁师范大学硕士学位论文.

张华.（2013）. *中学生物体受力分析正误样例组合学习及促进方法的研究*. 辽宁师范大学博士学位论文.

张华，曲可佳，张奇.（2013）. 含有新算符的代数运算规则学习的有效样例设计. *心理学报, 45*（10），1104-1110.

张奇.（1998）. *学习理论*. 武汉：湖北教育出版社.

张奇.（2016）. 样例学习理论述评与规则样例学习认知理论的建立. *辽宁师范大学学报（社会科学版）, 39*（5），53-64.

张奇.（2018）. 规则样例学习的基本模式. *辽宁师范大学学报（社会科学版）, 41*（1），84-90.

张奇，蔡晨.（2015）. 规则样例学习的实验研究和理论探索. *心理与行为研究, 13*（5），614-

620.

张奇，杜雪娇.（2016）. 数学运算规则样例学习的研究与教学实践//周新林. *教育神经科学视野中的数学教育创新*. 北京：教育科学出版社，513-534.

张奇，郭菲菲.（2008）. 小学生"去括号"运算规则的样例学习. *心理科学, 31*（1），70-74.

张奇，林洪新.（2005）. 四则混合运算规则的样例学习. *心理学报, 37*（6），784-790.

张奇，张华.（2014）. 物体受力分析正误样例组合的学习效果. *心理科学*，（1），117-123.

张奇，张笑笑.（2015）. 数学运算规则的样例学习：实验研究与理论探索. *苏州大学学报（教育科学版）, 3*（1），83-95.

张奇，赵弘.（2008）. 算术应用题二重变异样例学习的迁移效果. *心理学报, 40*（4），409-417.

张奇，董成文，张庆翔.（2018）. 样例学习效应与教学设计原则. *苏州大学学报（教育科学版）, 6*（1），31-46.

张奇，万莹，林洪新，曲可佳.（2012）. 数学运算规则样例学习的理论探索. *辽宁师范大学学报（社会科学版）, 35*（1），47-53.

张奇，郑伟，万莹.（2014）. "解释法"样例对小学生学习新运算规则的促进. *心理发展与教育, 30*（2），153-159.

张奇，张庆翔，张笑笑，高超.（2023）. 规则变型推理对远迁移问题解决的促进. *心理学报, 55*（1），117-128.

张学俊.（2014）. *样例类型与呈现速度对操作技能习得的影响*. 辽宁师范大学硕士学位论文.

郑伟.（2013）. *小学生分数运算和比例运算规则样例学习的迁移效果*. 辽宁师范大学硕士学位论文.

周笑春.（2013）. 物体受力分析要注意的问题. *中学生数理化（教与学）, 1*，87.

朱熹.（1987）. *四书章句集注*. 北京：人民教育出版社.

朱小斌，张积家.（2005）. 自由目标效应与样例效应对学生写作成绩的影响. *心理科学, 28*（5），1139-1143.

G. H. 鲍尔，E. R. 希尔加德.（1987）. *学习论——学习活动的规律探索*. 邵瑞珍，皮连生，吴庆麟，等译. 上海：上海教育出版社.

Johnson D W, Johnson R T.（2004）. *合作学习*. 伍新春，郑秋，张洁译. 北京：北京师范大学出版社.

Adams, D. M., McLaren, B. M., Durkin, K., Mayer, R. E., Rittle-Johnson, B., Isotani, S., & van Velsen, M. (2014). Using erroneous examples to improve mathematics learning with a web-based tutoring system. *Computers in Human Behavior, 36*(2), 401-411.

Adesope, O. O., & Nesbit, J. C. (2012). Verbal redundancy in multimedia learning environments: A meta-analysis. *Journal of Educational Psychology*, *104*(1), 250-263.

Alhassan, R. A. (2017). The effect of employing self-explanation strategy with worked examples on acquiring computer programing skills. *Journal of Education and Practice, 8*(6), 186-196.

Anderson, J. R. (1981). Interference: The relationship between response latency and response accuracy.

Journal of Experimental Psychology: Human Learning and Memory, 7(5), 326-343.

Anderson, J. R. (1990). *The Adaptive Character of Thought*. Hillsdale: Lawrence Erlbaum Associates Inc.

Anderson, J. R. (1993). *Rules of the Mind.* Hillsdale: Lawrence Erlbaum Associates Inc.

Anderson, J. R., & Fincham, J. M. (1994). Acquisition of procedural skills from examples. *Journal of Experimental Psychology: Learning, Memory and Cognition, 20*(6), 1322-1340.

Anderson, J. R., Fincham, J. M., & Douglass, S. (1997). The role of examples and rules in the acquisition of a cognitive skill. *Journal of Experimental Psychology: Learning, Memory, and Cognition, 23*(4), 932-945.

Antonenko, P., Paas, F., Grabner, R., & van Gog, T. (2010). Using electroencephalography to measure cognitive load. *Educational Psychology Review, 22*(4), 425-438.

Arslan-Ari, I. (2018). Learning from instructional animations: How does prior knowledge mediate the effect of visual cues? *Journal of Computer Assisted Learning, 34*(2), 140-149.

Atkinson, R. K. (2002). Optimizing learning from examples using animated pedagogical agents. *Journal of Educational Psychology, 94*(2), 416-427.

Atkinson, R. K., & Derry, S. J. (2000). Computer-based examples designed to encourage optimal example processing: A study examining the impact of sequentially presented, subgoal-oriented worked examples. In B. Fishman & S. F. O'Connor Divelbiss(Eds.), *Proceedings of the Fourth International Conference of Learning Sciences* (pp. 132-133). Hillsdale: Erlbaum.

Atkinson, R. K., & Renkl, A. (2007). Interactive example-based learning environments using interactive elements to encourage effective processing of worked examples. *Educational Psychology Review, 19*(3), 375-386.

Atkinson, R. K., Renkl, A., & Merrill, M. M. (2003a). Transitioning from studying examples to solving problems: Effects of self-explanation prompts and fading worked-out steps. *Journal of Educational Psychology, 95*(4), 774-783.

Atkinson, R. K., Catrambone, R., & Merrill, M. M. (2003b). Aiding transfer in statistics: Examining the use of conceptually oriented equations and elaborations during subgoal learning. *Journal of Educational Psychology, 95*(4), 762-773.

Ausubel, D. P. (1978). In defense of advance organizers: A reply to the critics. *Review of Educational Research, 48,* 251-257.

Ayres, P., & Paas, F. (2007a). Can the cognitive load approach make instructional animations more effective? *Applied Cognitive Psychology, 21*(6), 811-820.

Ayres, P., & Paas, F. (2007b). Making instructional animations more effective: A cognitive load approach. *Applied Cognitive Psychology, 21*(6), 695-700.

Ayres, P., & Paas, F. (2012). Cognitive load theory: New directions and challenges. *Applied Cognitive Psychology, 26*(6), 827-832.

Ayres, P., Marcus, N., Chan, C., & Qian, N. (2009). Learning hand manipulative tasks: When

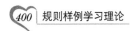
instructional animations are superior to equivalent static representations. *Computers in Human Behavior, 25*(2), 348-353.

Baars, M., Visser, S., van Gog, T., Bruin, A. D., & Paas, F. (2013). Completion of partially worked-out examples as a generation strategy for improving monitoring accuracy. *Contemporary Educational Psychology, 38*(4), 395-406.

Baddeley, A. D. (1986). *Working Memory.* Oxford: Clarendon Press.

Baldwin, T. T. (1992). Effects of alternative modeling strategies on outcomes of interpersonal-skills training. *The Journal of Applied Psychology, 77*(2), 147-154.

Bandura, A. (1986). *Social Foundations of Thought and Action: A Social Cognitive Theory.* Englewood Cliffs: Prentice-Hall, Inc.

Bandura, A. (1997). Behavior theory and the models of man (1974). In J. M. Notterman(Ed.), *The Evolution of Psychology: Fifty Years of the American Psychologist* (pp. 154-172). Washington: American Psychological Association.

Bartlett, F. C. (1932). *Remembering: A Study in Experimental and Social Psychology.* Cambridge: Cambridge University Press.

Bassok, M. (1990). Transfer of domain-specific problem solving procedures. *Journal of Experimental Psychology: Learning, Memory, and Cognition, 16*(3), 522-533.

Bassok, M. (1997). Two types of reliance on correlations between content and structure in reasoning about word problems. In L. D. English(Ed.), *Mathematical Reasoning: Analogies, Metaphors, and Images. Studies in Mathematical Thinking and Learning* (pp. 221-246). Mahwah: Lawrence Erlbaum Associates, Inc.

Bassok, M., & Holyoak, K. J. (1989). Interdomain transfer between isomorphic topics in algebra and physics. *Journal of Experimental Psychology: Learning Memory and Cognition, 15*(1), 153-166.

Bennett, N. (1991). The emanuel miller memorial lecture 1990. Cooperative learning in classrooms: Processes and outcomes. *Journal of Child Psychology & Psychiatry & Allied Disciplines, 32*(4), 581-594.

Benware, C. A., & Deci, E. L. (1984). Quality of learning with an active versus passive motivational set. *American Educational Research Journal, 21*(4), 755-765.

Bereiter, C. (1985). Toward a solution of the learning paradox. *Review of Educational Research, 55*(2), 201-226.

Bereiter, C., & Scardamalia, M. (1989). Intentional learning as a goal of instruction. In M. T. H. Chi, M. Bassok, M. W. Lewis, P. Reimann, R. Glaser (Eds.), *Knowing, Learning, and Instruction: Essays in Honor of Robert Glaser* (pp. 361-392). Hillsdale: Lawrence Erlbaum Associates, Inc.

Bernardo, A. B. I. (1994). Problem specific information and the development of problem-type schemata. *Journal of Experimental Psychology: Learning, Memory, and Cognition, 20*(2), 379-395.

Berney, S., & Bétrancourt, M. (2016). Does animation enhance learning? A meta-analysis. *Computers & Education, 101*, 150-167.

Berthold, K., & Renkl, A. (2009). Instructional aids to support a conceptual understanding of multiple representations. *Journal of Educational Psychology, 101*(1), 70-87.

Bielaczyc, K., Pirolli, P. L., & Brown, A. L. (1995). Training in self-explanation and self-regulation strategies: Investigating the effects of knowledge acquisition activities on problem solving. *Cognition and Instruction, 13*(2), 221-252.

Bisra, K., Liu, Q., Nesbit, J. C., Salimi, F., & Winne, P. H. (2018). Inducing self-explanation: A meta-analysis. *Educational Psychology Review, 30*(3), 703-725.

Blessing, S. B., & Ross, B. H. (1996). Content effects in problem categorization and problem solving. *Journal of Experimental Psychology: Learning, Memory, and Cognition, 22*(3), 792-810.

Bokosmaty, S., Sweller, J., & Kalyuga, S. (2015). Learning geometry problem solving by studying worked examples: Effects of learner guidance and expertise. *American Educational Research Journal, 52*(2), 307-333.

Booth, J. L., Lange, K. E., Koedinger, K. R., & Newton, K. J. (2013). Using example problems to improve student learning in algebra: Differentiating between correct and incorrect examples. *Learning and Instruction, 25*(3), 24-34.

Borgida, A., Greenspan, S., & Mylopoulos, J. (1985). Knowledge representation as the basis for requirements specifications. *Computer, 18*(4), 82-91.

Boucheix, J. M., & Forestier, C. (2017). Reducing the transience effect of animations does not(always) lead to better performance in children learning a complex hand procedure. *Computers in Human Behavior, 100*(69), 358-370.

Boucheix, J. M., Lowe, R. K., & Bugaiska, A. (2015). Age differences in learning from instructional animations. *Applied Cognitive Psychology, 29*(4), 524-535.

Bourne, L. E., & Restle, F. (1959). Mathematical theory of concept identification. *Psychological Review, 66*(5), 278-296.

Bourne, L. E., Goldstein, S., & Link, W. E. (1964). Concept learning as a function of availability of presented learned information. *Journal of Experimental Psychology, 67*(5), 439-448.

Bower, G. H., & Trabasso, T. (1964). Concept identification. In R. C. Atkinson(Ed.), *Studies in Mathematical Psychology* (pp. 32-94). Stanford: Stanford University Press.

Braaksma, M. A. H., Rijlaarsdam, G., & van den Bergh, H. (2002). Observational learning and the effects of model-observer similarity. *Journal of Educational Psychology, 94*(2), 405-415.

Braaksma, M. A. H., Rijlaarsdam, G., van den Bergh, H., & van Hout-Wolters, B. H. A. M. (2004). Observational learning and its effects on the orchestration of writing processes. *Cognition and Instruction, 22*, 1-36.

Bransford, J. D., & Schwartz, D. L. (1999). *Rethinking Transfer: A Simple Proposal with Multiple Implications* (Vol. 24). Washington: American Educational Research Association.

Brewer, W. F., & Treyens, J. C. (1981). Role of schemata in memory for places. *Cognitive Psychology, 13*(2), 207-230.

Brockmole, J. R., Davoli, C. C., Abrams, R. A., & Witt, J. K. (2013). The world within reach: Effects of hand posture and tool use on visual cognition. *Current Directions in Psychological Science*, *22*(1), 38-44.

Brooks, L. R. (1978). Nonanalytic concept formation and memory for instances. In E. Rosch & B. Lloyd(Eds.), *Cognition and Categorization* (pp. 169-211). Hillsdale: Lawrence Erlbaum Associates.

Brown, A. L., & Kane, M. J. (1988). Preschool children can learn to transfer: Learning to learn and learning from example. *Cognitive Psychology*, *20*(4), 493-523.

Brown, D. E., & Clement, J. (1987). Overcoming misconceptions in mechanics: A comparison of two example-based teaching strategies. *Cognitive Processes*, *4*(1), 1-35.

Bruner, J. S., Goodnow, J., & Austin, G. (1956). *A Study of Thinking.* New York: Wiley.

Carroll, J. S., Galegher, J., & Wiener, R. (1982). Dimensional and categorical attributions in expert parole decisions. *Basic and Applied Social Psychology*, *3*(3), 187-201.

Castro-Alonso, J. C., Ayres, P., Wong, M., & Paas, F. (2018). Learning symbols from permanent and transient visual presentations: Don't overplay the hand. *Computers & Education*, *116*(1), 1-13.

Catrambone, R. (1994a). The effects of labels in examples on problem solving transfer. In A. Ram & K. Eiselt(Eds.), *Proceedings of the Sixteenth Annual Conference of the Cognitive Science Society* (pp. 159-164). Hillsdale: Erlbaum.

Catrambone, R. (1994b). Improving examples to improve transfer to novel problems. *Memory & Cognition*, *22*(5), 606-615.

Catrambone, R. (1995a). Aiding subgoal learning: Effects on transfer. *Journal of Educational Psychology*, *87*(1), 5-17.

Catrambone, R. (1995b). Effects of background on subgoal learning. In J. D. Moore & J. F. Lehman(Eds.), *Proceedings of the Seventeenth Annual Conference of the Cognitive Science Society* (pp. 259-264). Hillsdale: Erlbaum.

Catrambone, R. (1996). Generalizing solution procedures learned from examples. *Journal of Experimental Psychology*: *Learning, Memory, and Cognition*, *22*(4), 1020-1031.

Catrambone, R. (1998). The subgoal learning model: Creating better examples so that students can solve novel problems. *Journal of Experimental Psychology*: *General*, *127*(4), 355-376.

Catrambone, R., & Holyoak, K. J. (1989). Overcoming contextual limitations on problem-solving transfer. *Journal of Experimental Psychology*: *Learning, Memory, and Cognition*, *15*(6), 1147-1156.

Catrambone, R., & Holyoak, K. J. (1990). Learning subgoals and methods for solving probability problems. *Memory and Cognition*, *18*(6), 593-603.

Catrambone, R., & Seay, A. F. (2002). Using animation to help students learn computer algorithms. *Human Factor*: *The Journal of the Human Factors and Ergonomics Society*, *44*(3), 495-511.

van Gog, T., Paas, F., & Merriënboer, J. J. G. V. (2003). Process-oriented worked examples: Improving transfer performance through enhanced understanding. *Instructional Science*, *32*(1), 83-98.

Cattaneo, A. A. P., & Boldrini, E. (2016). You learn by your mistakes. Effective training strategies based on the analysis of video-recorded worked-out examples. *Vocations and Learning, 10*(1), 1-26.

Chanlin, L. (2001). Formats and prior knowledge on learning in a computer-based lesson. *Journal of Computer Assisted Learning, 17*(4), 409-419.

Chase, W. G., & Simon, H. A. (1973). Perception in chess. *Cognitive Psychology, 4*(1), 55-81.

Chen, Z., Yanowitz, K. L., & Daehler, M. W. (1995). Constrains on accessing abstract source information: Instantiation of principles facilitates children's analogical transfer. *Journal of Educational Psychology, 87*(3), 445-454.

Chi, M. T. H. (1981). Knowledge development and memory performance. In M. P. Friedman, J. P. Das & N. O'Connor(Eds.), *Intelligence and Learning* (pp. 221-229). New York: Plenum.

Chi, M. T. H., & Bassok, M. (1989). Learning from examples via self-explanations. *Knowing, Learning, and Instruction: Essays in Honor of Robert Glaser, 13*(7), 251-282.

Chi, M. T. H., & Ohlsson, S. (2005). Complex declarative learning. In K. J. Holyoak & R. G. Morrison(Eds.), *The Cambridge Handbook of Thinking and Reasoning* (pp. 371-399). New York: Cambridge University Press.

Chi, M. T. H, Bassok, M., Lewis, M. W., Reimann, P., & Glaser, R. (1989). Self-explanations: How students study and use examples in learning to solve problems. *Cognitive Science, 13*(2), 145-182.

Chi, M. T. H, Dde Leeuw, N., Chiu, M. H., & LaVvancher, C. (1994). Eliciting self-explanations improves understanding. *Cognitive Science, 18*(3), 439-477.

Chi, M. T. H, Feltovich, P. J., & Glaser, R. (1981). Categorization and representation of physics problems by experts and novices. *Cognitive Science, 5*(2), 121-152.

Chi, M. T. H., Glaser, R., & Rees, E. (1982). *Expertise in Problem Solving: Advances in the Psychology of Human Intelligence.* Hillsdale: Erlbaum.

Chi, M. T. H, Roy, M., & Hausmann, R. G. M. (2008). Observing tutorial dialogues collaboratively: Insights about human tutoring effectiveness from vicarious learning. *Cognitive Science, 32*(2), 301-341.

Cho, Y. H., & Lee, S. E. (2013). The role of co-explanation and self-explanation in learning from design examples of PowerPoint presentation slides. *Computers & Education, 69*(10), 400-407.

Clarke, T., Ayres, P., & Sweller, J. (2005). The impact of sequencing and prior knowledge on learning mathematics through spreadsheet applications. *Educational Technology Research & Development, 53*(3), 15-24.

Cohen, E. G. (1994a). *Designing Groupwork: Strategies for the Heterogeneous Classroom* (2nd ed.). New York: Teachers College Press.

Cohen, E. G. (1994b). Restructuring the classroom: Conditions for productive small groups. *Review of Educational Research, 64*(1), 1-35.

Cooper, G., & Sweller, J. (1987). Effects of schema acquisition and rule automation on mathematical problem-solving transfer. *Journal of Educational Psychology, 79*(4), 347-362.

Cooper, G., Tindall-Ford, S., Chandler, P., & Sweller, J. (2001). Learning by imagining. *Journal of*

Experimental Psychology: Applied, 7(1), 68-82.

Cormier, S. M., & Hagman, J. D., (1987). *Transfer of learning: Contemporary Research and Applications.* San Diego: Academic Press.

Corriss, D., & Kose, G. (1998). Action and imagination in the formation of images. *Perceptual and Motor Skills, 87*(3), 979-983.

Cowie, H. (2004). Peer influences. In C. Sanders & G. Phye(Eds.), *Bullying: Implications for the Classroom* (pp. 137-157). London: Elsevier.

Craig, S. D., Chi, M. T., & VanLehn, K. (2009). Improving classroom learning by collaboratively observing human tutoring videos while problem solving. *Journal of Educational Psychology, 101*(4), 779-789.

Cuseo, J. (1992). Cooperative learning vs small group discussions and group projects: The critical differences. *Cooperative Learning & College Teaching, 2*(3), 5-10.

Damon, W. (1984). Peer education: The untapped potential. *Journal of Applied Developmental Psychology, 5*(4), 331-343.

Darabi, A. A., Nelson, D. W., & Palanki, S. (2007). Acquisition of troubleshooting skills in a computer simulation: Worked example vs. conventional problem solving instructional strategies. *Computers in Human Behavior, 23*(4), 1809-1819.

de Groot, A. D. (1965). *Thought and Choice in Chess.* Amsterdam: Noord-Hollandsche Uitgevers Maatschappij.

de Koning, B. B., & Tabbers, H. K. (2013). Gestures in instructional animations: A helping hand to understanding non-human movements. *Applied Cognitive Psychology, 27*, 683-689.

de Koning, B. B., Tabbers, H. K., Rikers, R. M. J. P., & Paas, F. (2007). Attention cueing as a means to enhance learning from an animation. *Applied Cognitive Psychology, 21*(6), 731-746.

de Koning, B. B., Tabbers, H. K., Rikers, R. M. J. P., & Paas, F. (2010). Attention guidance in learning from a complex animation: Seeing is understanding? *Learning & Instruction, 20*(2), 111-122.

de Koning, B. B., Tabbers, H. K., Rikers, R. M. J. P., & Paas, F. (2011). Attention cueing in an instructional animation: The role of presentation speed. *Computers in Human Behavior, 27*(1), 41-45.

de Koning, B. B., van Hooijdonk, C. M., & Lagerwerf, L. (2017). Verbal redundancy in a procedural animation: On-screen labels improve retention but not behavioral performance. *Computers & Education, 107*(4), 45-53.

de Lisi, R., & Golbeck, S. (1999). Implications of Piagetian Theory for peer learning. In A. M. O'Donnell & A. King(Eds.), *Cognitive Perspectives on Peer Learning* (pp. 3-37). Mahwah: Erlbaum.

Decker, P. J. (1982). The enhancement of behavior modeling training of supervisory skills by the inclusion of retention processes. *Personnel Psychology, 32*(2), 323-332.

DeJong, G., & Mooney, R. (1986). Explanation-based learning: An alternative view. *Machine Learning, 1*(2), 145-176.

Dietterich, T. G., London, B., Clarkson, K. L., & Dromey, G. (1982). Learning and inductive inference.

In P. R. Cohen & E. A. Feigenbaum(Eds.), *The Handbook of Artificial Intelligence.* Los Altos: Morgan Kaufmann.

Du, X. J., & Zhang, Q. (2019). Tracing worked examples: Effects on learning in geometry. *Education Psychology*, *39*(2), 169-187.

Duncker, K. (1945). On problem solving. *Psychological Monographs, 58*(5), 1-113.

Ericsson, K. A., & Simon, H. A. (1993). *Protocol Analysis*: *Verbal Reports as Data.* Cambridge: MIT Press.

Fiorella, L., & Mayer, R. E. (2016). Effects of observing the instructor draw diagrams on learning from multimedia messages. *Journal of Educational Psychology*, *108*(4), 528-546.

Fiorella, L., van Gog, T., Hoogerheide, V., & Mayer, R. E. (2017). It's all a matter of perspective: Viewing first-person video modeling examples promotes learning of an assembly task. *Journal of Educational Psychology*, *109*(5), 653-665.

Flavell, J. H. (1979). Metacognition and cognitive monitoring: A new area of cognitive-developmental inquiry. *American Psychologist, 34*(10), 906-911.

Fong, G. T., & Nisbett, R. E. (1991). Immediate and delayed transfer of training effects in statistical reasoning. *Journal of Experimental Psychology*: *General*, *120*(1), 34-45.

Fuchs, L. S., Fuchs, D., Prentice, K., Hamlett, C. L., Finelli, R., Courey, S & Prentice, K. J. (2004). Enhancing mathematical problem solving among third-grade students with schema-based instruction. *Journal of Educational Psychology*, *96*(4), 635-647.

Gagné, R. M. (1965). *The Conditions of Learning.* New York: Holt, Rinehart & Winston.

Geary, D. C. (2008). An evolutionarily informed education science. *Educational Psychologist*, *43*(4), 179-195.

Gegenfurtner, A., Lehtinen, E., Jarodzka, H., & Säljö, R. (2017). Effects of eye movement modeling examples on adaptive expertise in medical image diagnosis. *Computers & Education*, *113*(1), 212-225.

Gentner, D. (1983). Structure-mapping: A theoretical framework for analogy. *Cognitive Science*, *7*(2), 155-170.

Gentner, D. (2003). Why we're so smart. In D. Gentner & S. Goldin-Meadow(Eds.), *Language in Mind*: *Advances in the Study of Language and Thought* (pp. 195-236). Cambridge: MIT Press.

Gerjets, P., Scheiter, K., & Catrambone, R. (2004). Designing instructional examples to reduce intrinsic cognitive load: Molar versus modular presentation of solution procedures. *Instructional Science*, *32*(1), 33-58.

Gerjets, P., Scheiter, K., & Catrambone, R. (2006). Can learning from molar and modular worked examples be enhanced by providing instructional explanations and prompting self-explanations? *Learning & Instruction*, *16*(2), 104-121.

Gerjets, P., Scheiter, K., & Schuh, J. (2008). Information comparisons in example-based hypermedia environments: Supporting learners with processing prompts and an interactive comparison tool.

Educational Technology Research and Development, 56(1), 73-92.

Gholson, B., & Craig, S. D. (2006). Promoting constructive activities that support vicarious learning during computer-based instruction. *Educational Psychology Review, 18*(2), 119-139.

Gholson, B., Witherspoon, A., Morgan, B., Brittingham, J. K., Coles, R., Graesser, A. C., et al. (2009). Exploring the deep-level reasoning questions effect during vicarious learning among eighth to eleventh graders in the domains of computer literacy and Newtonian physics. *Instructional Science, 37*(5), 487-493.

Gick, M. L., & Holyoak, K. J. (1980). Analogical problem solving. *Cognitive Psychology, 12*(3), 306-355.

Gick, M. L., & Holyoak, K. J. (1983). Schema induction and analogical transfer. *Cognitive Psychology, 15*(1), 1-38.

Gigerenzer, G., & Todd, P. M. (1999). *Simple Heuristics that Make US Smart.* Oxford: Oxford University Press.

Gillies, R. M. (2011). Promoting thinking, problem-solving, and reasoning during small group discussions. *Teachers and Teaching: Theory and Practice, 17*(1), 73-89.

Gillies, R. M., Nichols, K., Burgh, G., & Haynes, M. (2012). The effects of two strategic and two meta-cognitive questioning approaches on children's explanatory behaviour, problem-solving, and learning during cooperative, inquiry-based science. *International Journal of Educational Research, 53*(1), 93-106.

Ginns, P., Chandler, P., & Sweller, J. (2003). When imagining information is effective. *Contemporary Educational Psychology, 28*(2), 229-251.

Große, C. S., & Renkl, A. (2006). Effects of multiple solution methods in mathematics learning. *Learning and Instruction, 16*(2), 122-138.

Große, C. S., & Renkl, A. (2007). Finding and fixing errors in worked examples: Can this foster learning outcomes? *Learning and Instruction, 17*(6), 612-634.

Harlow, H. F. (1949). The formation of learning sets. *Psychological Review, 56*(1), 51-65.

Hasler, B. S., Kersten, B., & Sweller, J. (2007). Learner control, cognitive load and instructional animation. *Applied Cognitive Psychology, 21*(6), 713-729.

Hiebert, J. (1986). *Conceptual and Procedural Knowledge: The Case of Mathematics.* Hillsdale: Erlbaum.

Hilbert, T. S., & Renkl, A. (2009). Learning how to use a computer-based concept mapping tool: Self-explaining examples helps. *Computers in Human Behavior, 25*(2), 267-274.

Hilbert, T. S., Renkl, A., Kessler, S., & Reiss, K. (2008). Learning to prove in geometry: Learning from heuristic examples and how it can be supported. *Learning & Instruction, 18*(1), 54-65.

Hinsley, D. A., Hayes, J. R., & Simon, H. A. (1977). From words to equations: Meaning and representation in algebra word problems. In M. A. Just & P. S. Carpenter(Eds), *Cognitive Processes in Comprehension* (pp. 89-106). Hillsdale: Lawrence Erlbaum Associates, Inc.

Höffler, T. N., & Schwartz, R. N. (2011). Effects of pacing and cognitive style across dynamic and non-dynamic representations. *Computers & Education*, *57*(2), 1716-1726.

Hohn, R. L., & Moraes, I. (1998). Use of rule-based elaboration of worked examples to promote the acquisition of programming plans. *Journal of Computer Information Systems, 38*(2), 35-40.

Holland, J. H., Holyoak, K. J., Nisbett, R. E., & Thagard, P. R. (1986). *Induction: Processes of Inference, Learning and Discovery*. Cambridge: MIT Press.

Holyoak, K. J. (1985). The pragmatics of analogical transfer. *The Psychology of Learning and Motivation*, *19*(1985), 59-87.

Holyoak, K. J. (2012). Analogy and relational reasoning. *The Oxford Handbook of Thinking and Reasoning*, 234-259.

Holyoak, K. J., & Koh, K. (1987). Surface and structural similarity in analogical transfer. *Memory & Cognition*, *15*(4), 332-340.

Holyoak, K. J., & Morrison, R. G. (2005). *The Cambridge Handbook of Thinking and Reasoning*. New York: Cambridge University Press.

Holyoak, K. J., & Thagard, P. (1995). *Mental Leaps: Analogy in Creative Thought*. Cambridge: MIT Press.

Hoogerheide, V., Loyens, S. M. M., & van Gog, T. (2014). Comparing the effects of worked examples and modeling examples on learning. *Computers in Human Behavior*, *41*(C), 80-91.

Hoogerheide, V., Loyens, S. M. M., & van Gog, T. (2016a). Learning from video modeling examples: Does gender matter? *Instructional Science*, *44*(1), 69-86.

Hoogerheide, V., van Wermeskerken, M., Loyens, S. M., & van Gog, T. (2016b). Learning from video modeling examples: Content kept equal, adults are more effective models than peers. *Learning and Instruction*, *44*(1), 22-30.

Hoogerheide, V., van Wermeskerken, M., van Nassau, H., & van Gog, T. (2018). Model-observer similarity and task-appropriateness in learning from video modeling examples: Do model and student gender affect test performance, self-efficacy, and perceived competence? *Computers in Human Behavior*, *89*, 457-464.

Hoogveld, A. W., Paas, F., & Jochems, W. M. (2005). Training higher education teachers for instructional design of competency-based education: Product-oriented versus process-oriented worked examples. *Teaching and Teacher Education*, *21*(3), 287-297.

Hostetter, A. B. (2011). When do gestures communicate? A meta-analysis. *Psychological Bulletin*, *137*, 297-315.

Howe, C. (2014). Optimizing small group discourse in classrooms: Effective practices and theoretical constraints. *International Journal of Educational Research, 63*(1), 107-115.

Hu, F. T., Ginns, P., & Bobis, J. (2014). Does tracing worked examples enhance geometry learning? *Australian Journal of Educational & Developmental Psychology*, *14*(14), 45-49.

Hu, F. T., Ginns, P., & Bobis, J. (2015). Getting the point: Tracing worked examples enhances learning.

Learning and Instruction, 35(1), 85-93.

Huk, T., Steinke, M., & Floto, C. (2010). The educational value of visual cues and 3d-representational format in a computer animation under restricted and realistic conditions. *Instructional Science, 38*(5), 455-469.

Jarodzka, H., Balslev, T., Holmqvist, K., Nyström, M., Scheiter, K., Gerjets, P., & Eika, B. (2012). Conveying clinical reasoning based on visual observation via eye-movement modelling examples. *Instructional Science, 40*(5), 813-827.

Jelsma, O., & van Merriënboer, J. J. G. (1990). The ADAPT design model: Towards instructional control of transfer. *Instructional Science, 19*(12), 89-120.

Jeung, H. J., Chandler, P., & Sweller, J. (1997). The role of visual indicators in dual sensory mode instruction. *Educational Psychology, 17*(3), 329-345.

Johnson, A. M., Ozogul, G., & Reisslein, M. (2015). Supporting multimedia learning with visual signalling and animated pedagogical agent: Moderating effects of prior knowledge. *Journal of Computer Assisted Learning, 31*(2), 97-115.

Johnson, D. W., & Johnson, R. T. (2000). Cooperative learning, values, and culturally plural classrooms. In. M. Leicester, C. Modgil & S. Modgil(Eds.), *Classroom Issues: Practice, Pedagogy and Curriculum* (pp. 15-28). London: Palmer Press.

Johnson, D. W., & Johnson, R. T. (2002). Learning together and alone: Overview and meta-analysis. *Asia Pacific Journal of Education, 22*, 95-105.

Johnson, D. W., & Johnson R. T. (2003a). Field testing integrative negotiations, peace and conflict. *Journal of Peace Psychology, 9*(1), 39-68.

Johnson, D. W., & Johnson, R. T. (2003b). Social interdependence theory. In R. Gillies & A. Ashman(Eds.), *Cooperative Learning: The Social and Intellectual Outcomes of Learning in Groups* (pp. 136-176). London: Routledge Falmer.

Johnson, D. W., & Johnson R. T. (2004). Implementing the "Teaching Students to Be Peacemakers Program". *Theory into Practice, 43*(1), 68-79.

Johnson, D. W., Maruyama, G., Johnson, R., Nelson, D., & Skon, L. (1981). Effects of cooperative, competitive, and individualistic goal structures on achievement: A meta-analysis. *Psychological Bulletin, 89*(1), 47-62.

Kalyuga, S. (2008). Relative effectiveness of animated and static diagrams: An effect of learner prior knowledge. *Computers in Human Behavior, 24*(3), 852-861.

Kalyuga, S., Chandler, P., & Sweller, J. (2001a). Learner experience and efficiency of instructional guidance. *Educational Psychology, 21*(1), 5-23.

Kalyuga, S., Chandler, P., & Tuovinen, J. (2001b). When problem solving is superior to studying worked examples. *Journal of Educational Psychology, 93*(3), 579-588.

Kedar-Cabelli, S. T. (1985). Purpose-directed analogy. *Proceedings of the Seventh Annual Conference* of the Cognitive Science Society (pp. 150-159). Irvine: Morgan Kaufmann.

King, A. (1994). Guiding knowledge construction in the classroom: Effects of teaching children how to question and how to explain. *American Educational Research Journal*, *31*(2), 338-368.

Kirschner, F., Paas, F., & Kirschner, P. A. (2009). Individual and group-based learning from complex cognitive tasks: Effects on retention and transfer efficiency. *Computers in Human Behavior*, *25*(2), 306-314.

Kirschner, F., Paas, F., Kirschner, P. A., & Janssen, J. (2011). Differential effects of problem-solving demands on individual and collaborative learning outcomes. *Learning and Instruction, 21*(4), 587-599.

Kissane, M., Kalyuga, S., Chandler, P., & Sweller, J. (2008). The consequences of fading instructional guidance on delayed performance: The case of financial services training. *Educational Psychology*, *28*(7), 809-822.

Kitsantas, A., Zimmerman, B. J., & Cleary, T. (2000). The role of observation and emulation in the development of athletic self-regulation. *Journal of Educational & Psychology, 92*, 811-817.

Kizilcec, R. F., Bailenson, J. N., & Gomez, C. J. (2015). The instructor's face in video instruction: Evidence from two large-scale field studies. *Journal of Educational Psychology*, *107*(3), 724-739.

Koedinger, K. R., & Aleven, V. (2007). Exploring the assistance dilemma in experiments with cognitive tutors. *Educational Psychology Review*, *19*(3), 239-264.

Koedinger, K. R., & Corbett, A. T. (2006). Cognitive tutors: Technology bringing learning sciences to the classroom. In R. K. Sawyer(Ed.), *The Cambridge Handbook of the Learning Sciences*. New York: Cambridge University Press.

Koedinger, K. R., Anderson, J. R., Hadley, W. H., & Mark, M. A. (1997). Intelligent tutoring goes to school in the big city. *International Journal of Artificial Intelligence in Education*, *8*, 30-43.

Kollar, I., Ufer, S., Reichersdorfer, E., Vogel, F., Fischer, F., & Reiss, K. (2014). Effects of collaboration scripts and heuristic worked examples on the acquisition of mathematical argumentation skills of teacher students with different levels of prior achievement. *Learning and Instruction, 32*(1), 22-36.

Koroghlanian, C., & Klein, J. D. (2004). The effect of audio and animation in multimedia instruction. *Journal of Educational Multimedia and Hypermedia*, *13*(1), 23-46.

Kühl, T., Scheiter, K., Gerjets, P., & Gemballa, S. (2011). Can differences in learning strategies explain the benefits of learning from static and dynamic visualizations? *Computers & Education*, *56*(1), 176-187.

Kyun, S. A., & Lee, H. (2009). The effects of worked examples in computer-based instruction: Focus on the presentation format of worked examples and prior knowledge of learners. *Asia Pacific Education Review*, *10*(4), 495-503.

Larkin, J. H., McDermott, J., Simon, D. P., & Simon, H. A. (1980a). Models of competence in solving physics problems. *Cognitive Science*, *4*(4), 317-345.

Larkin, J. H., McDermott, J., Simon, D. P., & Simon, H. A. (1980b). Expert and novice performance in solving physics problems. *Science, 208*(4450), 1335-1342.

Leahy, W., & Sweller, J. (2004). Cognitive load and the imagination effect. *Applied Cognitive Psychology: The Official Journal of the Society for Applied Research in Memory and Cognition, 18*(7), 857-875.

Leahy, W., & Sweller, J. (2005). Interactions among the imagination, expertise reversal, and element interactivity effects. *Journal of Experimental Psychology: Applied, 11*(4), 266-276.

Lebowitz, M. (1985). Story-telling as planning and learning. *Poetics, 14*(6), 483-502.

Lee, C. Y., & Chen, M. J. (2015). Effects of worked examples using manipulatives on fifth graders' learning performance and attitude toward mathematics. *Journal of Educational Technology & Society, 18*(1), 264-275.

Leppink, J., Paas, F., van der Vleuten, C. P. M., van Gog, T., & van Merriënboer, J. J. G. (2013). Development of an instrument for measuring different types of cognitive load. *Behavior Research Methods, 45*(4), 1058-1072.

Leppink, J., Paas, F., van Gog, T., van der Vleuten, C. P. M., & van Merriënboer, J. J. G. (2014). Effects of pairs of problems and examples on task performance and different types of cognitive load. *Learning & Instruction, 30*(30), 32-42.

Levine, M. (1966). Hypothesis behavior by humans during discrimination learning. *Journal of Experimental Psychology, 71*(71), 331-338.

Levine, M. (1975). *A Cognitive Theory of Learning.* Hillsdale: Lawrence Erlbaum Associates.

Lewalter, D. (2003). Cognitive strategies for learning from static and dynamic visuals. *Learning & Instruction, 13*(2), 177-189.

Lewis, C. (1988). Why and how to learn why: Analysis-based generalization of procedures. *Cognitive Science, 12*(2), 211-256.

Lieberman, H. (1986). An example based environment for beginning programmers. *Instructional Science, 14*(3-4), 277-292.

Light, P., Gorsuch, C., & Newman, J. (1987). Why do you ask? Context and communication in the conservation task. *European Journal of Psychology of Education, 2*(1), 73-82.

Lin, H. F., & Dwyer, F. M. (2010). The effect of static and animated visualization: A perspective of instructional effectiveness and efficiency. *Educational Technology Research & Development, 58*(2), 155-174.

Lin, L., & Atkinson, R. K. (2011). Using animations and visual cueing to support learning of scientific concepts and processes. *Computers & Education, 56*(3), 650-658.

Litchfield, D., Ball, L. J., Donovan, T., Manning, D. J., & Crawford, T. (2010). Viewing another person' eye movements improves identification of pulmonary nodules in chest X-ray inspection. *Journal of Experimental Psychology: Applied, 16*(3), 251-262.

Loftus, E. F. (1975). Leading questions and the eyewitness report. *Cognitive Psychology, 7*(4), 560-572.

Loftus, E. F., Miller, D. G., & Burns, H. J. (1978). Semantic integration of verbal information into a visual memory. *Journal of Experimental Psychology: Human Learning and Memory, 4*(1), 19-31.

Lovett, M. C. (1992). Learning by problem solving versus by examples: The benefits of generating and receiving information. In *Proceedings of the Fourteenth Annual Conference of the Cognitive Science Society 1992* (pp. 956-961). Hillsdale: Erlbaum.

Lowe, R. (1996). Interactive animated diagrams: What information is extracted? *The First International Conference on Using Complex Information Systems.* Poitiers: France.

Lowe, R. K., & Boucheix, J. M. (2008). Learning from animated diagrams: How are mental models built? In G. Stapleton, H. Howse & J. Lee(Eds.), *Diagrammatic Representation and Inference* (pp. 266-281). Berlin: Springer.

Lowe, R. K., & Boucheix, J. M. (2011). Cueing complex animations: Does direction of attention foster learning processes? *Learning & Instruction, 21*(5), 650-663.

Lusk, M. M., & Atkinson, R. K. (2007). Animated pedagogical agents: Does their degree of embodiment impact learning from static or animated worked examples? *Applied Cognitive Psychology, 21*(6), 747-764.

Luzón, J. M., & Letón, E. (2015). Use of animated text to improve the learning of basic mathematics. *Computers & Education, 88*(1), 119-128.

Mahadevan, K. (1985). *Infant and Childhood Mortality in India: Bio-social Determinations.* New Delhi: Mittal Publications.

Makransky, G., Terkildsen, T. S., & Mayer, R. E. (2019a). Role of subjective and objective measures of cognitive processing during learning in explaining the spatial contiguity effect. *Learning and Instruction, 61*(1), 23-34.

Marcus, N., Cleary, B., Wong, A., & Ayres, P. (2013). Should hand actions be observed when learning hand motor skills from instructional animations? *Computers in Human Behavior, 29*(6), 2172-2178.

Marcus, N., Cooper, M., & Sweller, J. (1996). Understanding instructions. *Journal of Educational Psychology, 88*(1), 49-63.

Marshall, S. P. (1995). *Schemas in Problem Solving.* Cambridge: Cambridge University Press.

Martin, S., & Bassok, M. (2005). Effects of semantic cues on mathematical modeling: Evidence from word-problem solving and equation construction tasks. *Memory & Cognition, 33*(3), 471-486.

Mason, L., Pluchino, P., & Tornatora, M. C. (2015). Eye-movement modeling of integrative reading of an illustrated text: Effects on processing and learning. *Contemporary Educational Psychology, 41*, 172-187.

Mathes, P. G., Torgeson, J. K., & Allor, J. H. (2001). The effects of peer-assisted literacy strategies for first-grade readers with and without additional computer-assisted instruction in phonological awareness. *American Educational Research Journal, 38*(2), 371-410.

Mayer, R. E. (1997). Multimedia learning: Are we asking the right questions? *Educational Psychologist, 32*(1), 1-19.

Mayer, R. E. (2001). *Multimedia Learning.* Cambridge: Cambridge University Press.

Mayer, R. E. (2006). Ten research-based principles of multimedia learning. In H. F. O'Neil, & R. S. Perez(Eds.), *Web-based Learning: Theory, Research, and Practice* (pp. 371-389). Mahwah: Lawrence Erlbaum Association.

Mayer, R. E. (2009). *Multimedia Learning*. Cambridge: Cambridge University Press.

Mayer, R. E. (2014). Cognitive theory of multimedia learning. In R. E. Mayer(Ed.), *The Cambridge Handbook of Multimedia Learning* (2nd ed., pp. 43-71). New York: Cambridge University Press.

Mayer, R. E., & Anderson, R. B. (1991). Animations need narrations: An experimental test of a dual-coding hypothesis. *Journal of Educational Psychology, 83*(4), 484-490.

Mayer, R. E., & Chandler, P. (2001). When learning is just a click away: Does simple user interaction foster deeper understanding of multimedia messages? *Journal of Educational Psychology, 93*(2), 390-397.

Mayer, R. E., Deleeuw, K. E., & Ayres, P. (2007). Creating retroactive and proactive interference in multimedia learning. *Applied Cognitive Psychology, 21*(6), 795-809.

Mayer, R. E., Hegarty, M., Mayer, S., & Campbell, J. (2005). When static media promote active learning: Annotated illustrations versus narrated animations in multimedia instruction. *Journal of Experimental Psychology: Applied, 11*(4), 256-265.

Mayer, R. E., Mathias, A., & Wetzell, K. (2002). Fostering understanding of multimedia messages through pre-training: Evidence for a two-stage theory of mental model construction. *Journal of Experimental Psychology: Applied, 8*(3), 147-154.

Mayer, R. E., Moreno, R., Boire, M., & Vagge, S. (1999). Maximizing constructivist learning from multimedia communications by minimizing cognitive load. *Journal of Educational Psychology, 91*(4), 638-643.

McLaren, B. M., Lim, S., & Koedinger, K. R. (2008). When and how often should worked examples be given to students? New results and a summary of the current state of research. In B. C. Love, K. McRae, & V. M. Sloutsky(Eds.), *Proceedings of the 30th Annual Conference of the Cognitive Science Society*. Austin: Cognitive Science Society.

Mclaren, B. M., van Gog, T., Ganoe, C., Karabinos, M., & Yaron, D. (2016). The efficiency of worked examples compared to erroneous examples, tutored problem solving, and problem solving in computer-based learning environments. *Computers in Human Behavior, 55*, 87-99.

McLaren, B. M., van Gog, T., Ganoe, C., Yaron, D., & Karabinos, M. (2015b). Worked examples are more efficient for learning than high-assistance instructional software. In *International Conference on Artificial Intelligence in Education* (pp. 710-713). Cham: Springer.

McLaren, C. D., Eys, M. A., & Murray, R. A. (2015a). A coach-initiated motivational climate intervention and athletes' perceptions of group cohesion in youth sport. *Sport, Exercise, and Performance Psychology, 4*(2), 113-126.

Medin, D. L., & Schaffer, M. M. (1978). Context theory of classification learning. *Psychological Review, 85*(3), 207-238.

Michalski, R. S. (1983). A theory and methodology of inductive learning. *Computer Compacts*, *1*(1), 83-134.

Mihalca, L., Mengelkamp, C., Schnotz, W., & Paas, F. (2015). Completion problems can reduce the illusions of understanding in a computer-based learning environment on genetics. *Contemporary Educational Psychology*, *41*, 157-171.

Miller, G. A. (1956). The magical number seven, plus or minus two: Some limits on our capacity for processing information. *Psychological Review*, *63*(2), 81-97.

Minton, N. P. (1984). Improved plasmid vectors for the isolation of translational lac gene fusions. *Gene*, *31*(1-3), 269-273.

Mitchell, G. M., Morrison, W. A., Papadopoulos, A., & O'Brien, B. M. (1985). A study of the extent and pathology of experimental avulsion injury in rabbit arteries and veins. *British Journal of Plastic Surgery*, *38*(2), 278-287.

Mitchell, J. C. (1983). Case and situation analysis. *The Sociological Review*, *31*(2), 187-211.

Mitchell, T. M. (1982). Generalization as search. *Artificial Intelligence*, *18*(2), 203-226.

Mitchell, T. M., Keller, R. M., & Kedar-Cabelli, S. T. (1986). Explanation-based generalization: A unifying view. *Machine Learning*, *1*(1), 47-80.

Moreno, R., Mayer, R. E., Spires, H. A., & Lester, J. C. (2001). The case for social agency in computer-based teaching: Do students learn more deeply when they interact with animated pedagogical agents? *Cognition and Instruction*, *19*(2), 177-213.

Moreno, R., Reisslein, M., & Ozogul, G. (2009). Optimizing worked-example instruction in electrical engineering: The role of fading and feedback during problem-solving practice. *Journal of Engineering Education*, *98*(1), 83-92.

Mousavi, S. Y., Low, R., & Sweller, J. (1995). Reducing cognitive load by mixing auditory and visual presentation modes. *Journal of Educational Psychology*, *87*(2), 319-334.

Mulder, Y. G., Lazonder, A. W., & de Jong, T. (2014). Using heuristic worked examples to promote inquiry-based learning. *Learning and Instruction*, *29*, 56-64.

Murphy, G. L., & Medin, D. L. (1985). The role of theories in conceptual coherence. *Psychological Review*, *92*(3), 289-316.

Myers, J. L., Hansen, R. S., Robson, R. C., & McCann, J. (1983). The role of explanation in learning elementary probability. *Journal of Educational Psychology*, *75*(3), 374-381.

Narayanan, N. H., & Hegarty, M. (2002). Multimedia design for communication of dynamic information. *International Journal of Human-Computer Studies*, *57*(4), 279-315.

Neber, H. (1995). Explanations in problem-oriented, cooperative learning. In R. Olechowski & G. Khan-Svik(Eds.), *Experimental Research on Teaching and Learning* (pp. 158-166). Frankfurt/M: Lang.

Neuman, Y., & Schwarz, B. (1998). Is self-explanation while solving problems helpful? The case of analogical problem-solving. *British Journal of Educational Psychology*, *68*(1), 15-24.

Newell, A., & Simon, H. A. (1972). *Human Problem Solving*. Englewood Cliffs: Prentice Hall.

Ng, H. K., Kalyuga, S., & Sweller, J. (2013). Reducing transience during animation: A cognitive load perspective. *Educational Psychology*, *33*(7), 755-772.

Ngu, B. H., Mit, E., Shahbodin, F., & Tuovinen, J. (2009). Chemistry problem solving instruction: A comparison of three computer-based formats for learning from hierarchical network problem representations. *Instructional Science*, *37*(1), 21-42.

Novick, L. R. (1988). Analogical transfer, problem similarity, and expertise. *Journal of Experimental Psychology*: *Learning, Memory, and Cognition*, *14*(3), 510-520.

Olinghouse, N. G. (2008). Student-and instruction-level predictors of narrative writing in third-grade students. *Reading and Writing*, *21*(1-2), 3-26.

Ouwehand, K., van Gog, T., & Paas, F. (2015). Designing effective video-based modeling examples using gaze and gesture cues. *Educational Technology & Society*, *18*(4), 78-88.

Paas, F. G. W. C. (1992). Training strategies for attaining transfer of problem-solving skill in statistics: A cognitive-load approach. *Journal of Educational Psychology*, *84*(4), 429-434.

Paas, F. G. W. C., & van Merriënboer, J. J. G. (1994). Variability of worked examples and transfer of geometrical problem-solving skills: A cognitive-load approach. *Journal of Educational Psychology*, *86*(1), 122-133.

Paivio, A. (1986). *Mental Representations*: *A Dual Coding Approach*. New York: Oxford University Press.

Payne, S. J., Squibb, H. R., & Howes, A. (1990). The nature of device models: The yoked state space hypothesis and some experiments with text editors. *Human-Computer Interaction*, *5*(4), 415-444.

Perkins, D. N., & Salomon, G. (1989). Are cognitive skills context bound? *Educational Researcher*, *18*(1), 16-25.

Pirolli, P. L., & Anderson, J. R. (1985). The role of learning from examples in the acquisition of recursive programming skills. *Canadian Journal of Experimental Psychology/Revue Canadienne de Psychologie*, *39*(2), 240-272.

Pirolli, P., & Recker, M. (1994). Learning strategies and transfer in the domain of programming. *Cognition & Instruction*, *12*(3), 235-275.

Ploetzner, R., & Fillisch, B. (2017). Not the silver bullet: Learner-generated drawings make it difficult to understand broader spatiotemporal structures in complex animations. *Learning and Instruction*, *47*(1), 13-24.

Pollock, E., Chandler, P., & Sweller, J. (2002). Assimilating complex information. *Learning and Instruction*, *12*(1), 61-86.

Pons, R. M., González-Herrero, M., & Serrano, J. (2008). Aprendizaje cooperativo en matemáticas: Un studio intracontenido [Cooperative learning in mathematics: A intracontents study]. *Anales de Psicología*, *24*(2), 253-261.

Pons, R. M., Sharan, Y., Serrano, J. M., Lomeli, C., & Buchs, C. (2013). Training of non-university level teachers in cooperative learning methods. *Psychology*, *4*(3A), 291-301.

Posner, M. I., & Keele, S. W. (1968). On the genesis of abstract ideas. *Journal of Experimental Psychology, 77*(3p1), 353-363.

Post, L. S., van Gog, T., Paas, F., & Zwaan, R. A. (2013). Effects of simultaneously observing and making gestures while studying grammar animations on cognitive load and learning. *Computers in Human Behavior, 29*, 1450-1455.

Pulido, R., Martin-Seoane, G., & Lucas-Molina, B. (2013). Orígenes de los Programas de Mediación Escolar: Distintos enfoques que influyen en esta práctica restaurativa [Origins of the School Mediation Programs: Different approaches that influence this Restorative Practice]. *Anales de Psicología, 29*(2), 385-392.

Quilici, J. L., & Mayer, R. E. (1996). Role of examples in how students learn to categorize statistics word problems. *Journal of Educational Psychology, 88*(1), 144-161.

Ranzijn, F. J. (1991). The number of video examples and the dispersion of examples as instructional design variables in teaching concepts. *The Journal of Experimental Education, 59*(4), 320-330.

Reed, S. K. (1972). Pattern recognition and categorization. *Cognitive Psychology, 3*(3), 382-407.

Reed, S. K., & Bolstad, C. A. (1991). Use of examples and procedures in problem solving. *Journal of Experimental Psychology: Learning, Memory, and Cognition, 17*(4), 753-766.

Reed, S. K., Corbett, A., Hoffman, B., Wagner, A., & MacLaren, B. (2013). Effect of worked examples and cognitive tutor training on constructing equations. *Instructional Science, 41*(1), 1-24.

Reeves, L. M., & Weisberg, R. W. (1993). On the concrete nature of human thinking: Content and context in analogical transfer. *Educational Psychology, 13*(3-4), 245-258.

Reeves, L. M., & Weisberg, R. W. (1994). The role of content and abstract information in analogical transfer. *Psychological Bulletin, 115*(3), 381-400.

Reimann, T., & Chi, M. (1989). Human expertise. In K. J. Gilhooly(Ed.), *Human and Machine Problem Solving* (pp. 161-191). New York: Plenum Press.

Reiss, K. M., Heinze, A., Renkl, A., & Groß, C. (2008). Reasoning and proof in geometry: Effects of a learning environment based on heuristic worked-out examples. *Zdm, 40*(3), 455-467.

Reisslein, J., Atkinson, R. K., Seeling, P., & Reisslein, M. (2006). Encountering the expertise reversal effect with a computer-based environment on electrical circuit analysis. *Learning and Instruction, 16*(1), 92-103.

Renkl, A. (1995). Learning for later teaching: An exploration of mediational links between teaching expectancy and learning results. *Learning and Instruction, 5*(1), 21-36.

Renkl, A. (1996). Learning by explaining, or better, by listening? *Zeitschrift fur Entwicklungspsychologie und Pddagogische Psychologie, 28*(1), 148-168.

Renkl, A. (1997a). Learning by explaining, or better, by listening? *Paper presented at the Annual Meeting of the American Educational Research Association*, Chicago.

Renkl, A. (1997b). Learning from worked-out examples: A study on individual differences. *Cognitive Science, 21*(1), 1-29.

Renkl, A. (1997c). Learning by explaining: What if questions were asked? *Zeitschrift für Pädagogische Psychologie, 11*(1), 41-51.

Renkl, A. (1997d). *Lernen durch Lehren. Zentrale Wirkmechanismen beim kooperativen Lernen* [*Learning by Teaching. Central Mechanisms of Cooperative Learning*]. Wiesbaden: DUV.

Renkl, A. (2002). Worked-out examples: Instructional explanations support learning by self-explanations. *Learning & Instruction, 12*(5), 529-556.

Renkl, A. (2011). Instruction based on examples. In R. E. Mayer & P. A. Alexander(Eds.), *Handbook of Research on Learning and Instruction* (pp. 272-295). New York: Routledge.

Renkl, A. (2014). Toward an instructionally oriented theory of example-based learning. *Cognitive Science, 38*(1), 1-37.

Renkl, A. (2017). Learning from worked-examples in mathematics: Students relate procedures to principles. *ZDM Mathematics Education, 49*(4), 571-584.

Renkl, A., & Atkinson, R. K. (2003). Structuring the transition from example study to problem solving in cognitive skill acquisition: A cognitive load perspective. *Educational Psychologist, 38*(1), 15-22.

Renkl, A., & Atkinson, R. K. (2010). Learning from worked-out examples and problem solving. In J. Plass, R. Moreno & R. Brunken(Eds.), *Cognitive Load Theory* (pp. 91-108). Cambridge: Cambridge University Press.

Renkl, A., & Helmke, A. (1992). Discriminant effects of performance-oriented and structure-oriented mathematics tasks on achievement growth. *Contemporary Educational Psychology, 17*(1), 47-55.

Renkl, A., Atkinson, R. K., & Große, C. S. (2004). How fading worked solution steps works—a cognitive load perspective. *Instructional Science, 32*(1-2), 59-82.

Renkl, A., Atkinson, R. K., & Maier, U. H. (2000). From studying examples to solving problems: Fading worked-out solution steps helps learning. In L. Gleitman & A. K. Joshi(Eds.), *Proceeding of the 22nd Annual Conference of the Cognitive Science Society* (pp. 393-398). Mahwah: Erlbaum.

Renkl, A., Atkinson, R. K., & Maier, U. H (2002). From example study to problem solving: Smooth transitions help learning. *Journal of Experimental Education, 70*(4), 293-315.

Renkl, A., Atkinson, R. K., Maier, U. H., & Staley, R. (2002). From example study to problem solving: Smooth transitions help learning. *Journal of Experimental Education, 70*(4), 293-315.

Renkl, A., Hilbert, T., & Schworm, S. (2009). Example-based learning in heuristic domains: A cognitive load theory account. *Educational Psychology Review, 21*(1), 67-78.

Renkl, A., Mandl, H., & Gruber, H. (1996). Inert knowledge: Analyses and remedies. *Educational Psychologist, 31*(2), 115-121.

Renkl, A., Stark, R., Gruber, H., & Mandl, H. (1998). Learning from worked-out examples: The effects of example variability and elicited self-explanations. *Contemporary Educational Psychology, 23*(1), 90-108.

Retnowati, E., Ayres, P., & Sweller, J. (2010). Worked example effects in individual and group work settings. *Educational Psychology, 30*(3), 349-367.

Retnowati, E., Ayres, P., & Sweller, J. (2017). Can collaborative learning improve the effectiveness of worked examples in learning mathematics? *Journal of Educational Psychology*, *109*(5), 666-679.

Richey, J. E., & Nokes-Malach, T. J. (2013). How much is too much? learning and motivation effects of adding instructional explanations to worked examples. *Learning & Instruction*, *25*(3), 104-124.

Rieber, L. P., Boyce, M. J., & Assad, C. (1990). The effects of computer animation on adult learning and retrieval tasks. *Journal of Computer Based Instruction*, *17*(2), 46-52.

Robertson, S. I. (2001). *Problem Solving*. London: Psychology Press.

Roelle, J., Hiller, S., Berthold, K., & Rumann, S. (2017). Example-based learning: The benefits of prompting organization before providing examples. *Learning and Instruction*, *100*(49), 1-12.

Rosch, E. (1975). Cognitive representations of semantic categories. *Journal of Experimental Psychology*: *General*, *104*(3), 192-233.

Rosch, E., & Mervis, C. B. (1975). Family resemblances: Studies in the internal structure of categories. *Cognitive Psychology*, *7*(4), 573-605.

Rosch, E., Simpson, C., & Miller, R. S. (1976). Structural bases of typicality effects. *Journal of Experimental Psychology*: *Human Perception and Performance*, *2*(4), 491-502.

Roseth, C. J., Johnson, D. W., & Johnson, R. T. (2008). Promoting early adolescents' achievement and peer relationships: The effects of cooperative, competitive, and individualistic goal structures. *Psychological Bulletin*, *134*(2), 223-246.

Ross, B. H. (1984). Remindings and their effects in learning a cognitive skill. *Cognitive Psychology*, *16*(3), 371-416.

Ross, B. H. (1987). This is like that: The use of earlier problems and the separation of similarity effects. *Journal of Experimental Psychology*: *Learning, Memory, and Cognition*, *13*(4), 629-639.

Ross, B. H. (1989a). Distinguishing types of superficial similarities: Different effects on the access and use of earlier problems. *Journal of Experimental Psychology*: *Learning, Memory, and Cognition*, *15*(3), 456-468.

Ross, B. H. (1989b). Remindings in learning and instruction. In S. Vosniadou & A. Ortony(Eds.), *Similarity and Analogical Reasoning* (pp. 438-469). London: Cambridge University Press.

Ross, B. H. (1996). Category learning as problem solving. In D. L. Medin(Ed.), *The Psychology of Learning and Motivation* (Vol. 35, pp. 165-192). San Diego: Academic Press.

Ross, B. H., & Kennedy, P. T. (1990). Generalizing from the use of earlier examples in problem solving. *Journal of Experimental Psychology*: *Learning, Memory, and Cognition*, *16*(1), 42-55.

Ross, B. H., & Kilbane, M. C. (1997). Effects of principle explanation and superficial similarity on analogical mapping in problem solving. *Journal of Experimental Psychology*: *Learning, Memory, and Cognition*, *23*(2), 427-440.

Rumelhart, D. E. (1975). Notes on a schema for stories. In D. Bobrow & A. Collins(Eds.), *Representation and Understanding*: *Studies in Cognitive Science* (pp. 211-236). San Diego: Academic Press.

Rumelhart, D. E., & Norman, D. A. (1978). Accretion, tuning, and restructuring: Three modes of learning. In J. W. Cotton & R. L. Klatzky(Eds.), *Semantic Factors in Cognition* (pp. 37-53). Hillsdale: Lawrence Erlbaum Associates.

Rumelhart, D. E., & Ortony, A. (1977). The representation of knowledge in memory. In R. C. Anderson, R. J. Spiro, & W. E. Montague(Eds.), *Schooling and the Acquisition of Knowledge* (pp. 99-135). Mahwah: Lawrence Erlbaum Associates.

Rummel, N., Spada, H., & Hauser, S. (2009). Learning to collaborate while being scripted or by observing a model. *International Journal of Computer-Supported Collaborative Learning*, *4*(1), 69-92.

Russell, J. A., Ward, L. M., & Pratt, G. (1981). Affective quality attributed to environments: A factor analytic study. *Environment & Behavior*, *13*(3), 259-288.

Ryalls, B. O., Gul, R. E., & Ryalls, K. R. (2000). Infant imitation of peer and adult models: Evidence for a peer model advantage. *Merrill-Palmer Quarterly*, *46*(1), 188-202.

Ryoo, K., & Linn, M. C. (2012). Can dynamic visualizations improve middle school students' understanding of energy in photosynthesis? *Journal of Research in Science Teaching*, *49*(2), 218-243.

Salden, R. J. C. M., Aleven, V., Schwonke, R., & Renkl, A. (2010). The expertise reversal effect and worked examples in tutored problem solving. *Instructional Science*, *38*(3), 289-307.

Salzberg, S., & Atkinson, D. J. (1984). Learning by building causal explanations. *Proceedings of the Sixth European Conference on Artificial Intelligence* (pp. 497-500). Pisa, Italy.

Scardamalia, M., & Bereiter, C. (1986). Written composition. In M. Wittrock(Ed.), *Handbook of Research on Teaching* (3rd ed., pp. 778-803). New York: MacMillan.

Schmidt, W., Hänze, M., & Wodzinski, R. (2009). Complex problem solving and worked examples: The role of prompting strategic behavior and fading-in solution steps. *Zeitschrift für Pädagogische Psychologie*, *23*(2), 129-138.

Schank, R. C. (1982). *Dynamic Memory: A Theory of Reminding and Learning in Computers and People* (Vol. 240). Cambridge: Cambridge University Press.

Schank, R. C., & Abelson, R. P. (1977). *Scripts, Plans, Goals and Understanding: An Inquiry into Human Knowledge Structures*. Hillsdale: Lawrence Erlbaum Associates.

Scheiter, K., & Gerjets, P. (2005). When less is sometimes more: Optimal learning conditions are required for schema acquisition from multiple examples. In B. G. Bara, L. Barsalou & M. Bucciarelli(Eds.), *Proceedings of the 27th Annual Conference of the Cognitive Science Society* (pp. 1943-1948). Mahwah: Erlbaum.

Scheiter, K., Gerjets, P., & Catrambone, R. (2006). Making the abstract concrete: Visualizing mathematical solution procedures. *Computers in Human Behavior*, *22*(1), 9-25.

Schnotz, W., & Rasch, T. (2005). Enabling, facilitating, and inhibiting effects of animations in multimedia learning: Why reduction of cognitive load can have negative results on learning. *Educational Technology Research & Development*, *53*(3), 47-58.

Schunk, D. H. (1981). Modeling and attributional effects on children's achievement: A self-efficacy analysis. *Journal of Educational Psychology*, *73*(1), 93-105.

Schunk, D. H. (1987). Peer models and children's behavioral change. *Review of Educational Research*, *57*(2), 149-174.

Schunk, D. H., & Hanson, A. R. (1985). Peer models: Influence on children's self-efficacy and achievement. *Journal of Educational Psychology*, *77*(3), 313-322.

Schunk, D. H., & Zimmerman, B. J. (1997). Social origins of self-regulatory competence. *Educational Psychologist*, *32*(4), 195-208.

Schunk, D. H., & Zimmerman, B. J. (2007). Influencing children's self-efficacy and self-regulation of reading and writing through modeling. *Reading & Writing Quarterly*, *23*(1), 7-25.

Schunk, D. H., Hanson, A. R., & Cox, P. D. (1987). Peer-model attributes and children's achievement behaviors. *Journal of Educational Psychology*, *79*(1), 54-61.

Schwonke, R., Renkl, A., Krieg, C., Wittwer, J., Aleven, V., & Salden, R. (2009). The worked-example effect: Not an artefact of lousy control conditions. *Computers in Human Behavior*, *25*(2), 258-266.

Schworm, S., & Renkl, A. (2006). Computer-supported example-based learning: When instructional explanations reduce self-explanations. *Computers & Education*, *46*(4), 426-445.

Schworm, S., & Renkl, A. (2007). Learning argumentation skills through the use of prompts for self-explaining examples. *Journal of Educational Psychology*, *99*(2), 285-296.

Serrano, J. M., & Pons, R. M. (2007). Cooperative learning: We can also do it without task structure. *Intercultural Education, 18*(3), 215-230.

Sharan, Y. (2010). Cooperative learning for academic and social gains: Valued pedagogy, problematic practice. *European Journal of Education, 45*(2), 300-313.

Siegler, R. S., (2002). Microgenetic studies of self-explanation. In N. Granott & J. Parziale(Eds.), *Transition Processes in Development and Learning*. New York: Cambridge University Press.

Silver, B. (1983). Learning equation solving methods from examples. *In Poceedings of the Eighth International Joint Conference on Artificial Intelligence* (pp. 429-431). San Fransisco: Morgan Kaufmann.

Silver, E. A. (1979). A simple inventory replenishment decision rule for a linear trend in demand. *Journal of the Operational Research Society*, *30*(1), 71-75.

Silver, E. A., & Marshall, S. P. (1990). Mathematical and scientific problem solving: Findings, issues and instructional implications. In B. F. Jones & L. Idol(Eds.), *Dimensions of Thinking and Cognitive Instruction* (pp. 265-290). Hillsdale: Erlbaum.

Simon, D. P., & Simon, H. A. (1978). Individual differences in solving physics problems. In R. S. Siegler(Ed), *Children's Thinking: What Develops?* (pp. 325-348). Hillsdale: Lawrence Erlbaum Associates.

Simon, S. J., & Werner, J. M. (1996). Computer training through behavior modeling, self-paced, and instructional approaches: A field experiment. *The Journal of Applied Psychology, 81*, 648-659.

Skuballa, I. T., Dammert, A., & Renkl, A. (2018). Two kinds of meaningful multimedia learning: Is cognitive activity alone as good as combined behavioral and cognitive activity? *Learning & Instruction, 54,* 35-46.

Slavin, R. E. (1981). Synthesis of research on cooperative learning. *Educational Leadership, 38*(8), 655-660.

Slavin, R. E. (1983). When does cooperative learning increase student achievement? *Psychological Bulletin, 94*(3), 429-445.

Slavin, R. E. (1994). Quality, appropriateness, incentive, and time: A model of instructional effectiveness. *International Journal of Educational Research, 21*(2), 141-157.

Slavin, R. E. (1996). Research on cooperative learning and achievement: What we know, what we need to know. *Contemporary Educational Psychology, 21*(1), 43-69.

Slavin, R. E. (2013). Effective programmes in reading and mathematics: Lessons from the best evidence encyclopaedia. *School Effectiveness and School Improvement, 24*(4), 383-391.

Slavin, R. E., & Cooper, R. (1999). Improving intergroup relations: Lessons learned from cooperative learning programs. *Journal of Social Issues, 55*(4), 647-663.

Slavin, R. E., & Lake, C. (2008). Effective programs in elementary mathematics: A best evidence synthesis. *Review of Educational Research, 78*(3), 427-515.

Smith, E. E., & Medin, D. L. (1981). *Categories and Concepts* (*Vol. 9*). Cambridge: Harvard University Press.

Spencer, R. M., & Weisberg, R.W. (1986). Context dependent effects on analogical transfer. *Memory and Cognition, 14*(5), 442-449.

Spiro, R. J., Feltovich, P. J., Jacobson, M. J., & Coulson, R. L. (1989a). Cognitive flexibility, constructivism and hypertext: Random access instruction for advanced knowledge acquisition in ill-structured domains. *Educational Technology, 31*(5), 24-33.

Spiro, R. J., Feltovich, P. J., Coulson, R. L., & Anderson, D. K. (1989b). Multiple analogies for complex concepts: Antidotes for analogy-induced misconception in advanced knowledge acquisition. In S. Vosniadou & A. Ortony(Eds.), *Similarity and Analogical Reasoning* (pp. 498-531). New York: Cambridge University Press.

Stark, R. (1999). *Learning by Worked-out Examples: The Impact of Incomplete Solution Steps on Example Elaboration, Motivation, and Learning Outcomes.* Bern: Huber.

Stark, R., Kopp, V., & Fischer, M. R. (2011). Case-based learning with worked examples in complex domains: Two experimental studies in undergraduate medical education. *Learning and Instruction, 21*(1), 22-33.

Stebner, F., Kühl, T., Höffler, T. N., Wirth, J., & Ayres, P. (2017). The role of process information in narrations while learning with animations and static pictures. *Computers & Education, 104*(1), 34-48.

Steiner, G. F., & Stoecklin, M. (1997). Fraction calculation—A didactic approach to constructing mathematical networks. *Learning and Instruction, 7*(3), 211-233.

Stevens, R. J., & Slavin, R. E. (1995a). Effects of a cooperative learning approach in reading and writing on academically handicapped and nonhandicapped students. *The Elementary School Journal, 95*(3), 241-262.

Stevens, R. J., & Slavin, R. E. (1995b). The cooperative elementary school: Effects on students' achievement, attitudes, and social relations. *American Educational Research Journal, 32*(2), 321-351.

Sweller, J. (1988). Cognitive load during problem solving: Effects on learning. *Cognitive Science, 12*(2), 257-285.

Sweller, J. (1989). Cognitive technology: Some procedures for facilitating learning and problem solving in mathematics and science. *Journal of Educational Psychology, 81*(4), 457-466.

Sweller, J. (1999). *Instructional Design in Technical Areas.* Camberwell: ACER Press.

Sweller, J. (2003). Evolution of human cognitive architecture. In B. Ross(Ed.), *The Psychology of Learning and Motivation* (Vol. 43, pp. 215-266). San Diego: Academic Press.

Sweller, J. (2004). Instructional design consequences of an analogy between evolution by natural selection and human cognitive architecture. *Instructional Science, 32*(1), 9-31.

Sweller, J. (2010). Element interactivity and intrinsic, extraneous, and germane cognitive load. *Educational Psychology Review, 22*(2), 123-138.

Sweller, J., & Cooper, G. A. (1985). The use of worked examples as a substitute for problem solving in learning algebra. *Cognition & Instruction, 2*(1), 59-89.

Sweller, J., & Sweller, S. (2006). Natural information processing systems. *Evolutionary Psychology, 4*, 434-458.

Sweller, J., Ayres, P., & Kalyuga, S. (2011). *Cognitive Load Theory.* New York: Springer.

Sweller, J., Jeroen J. G., van Merrienboer, J. J. G., & Paas, F. G. W. C. (1998). Cognitive architecture and instructional design. *Educational Psychology Review, 10*(3), 251-296.

Sweller, J., Mawer, R. F., & Ward, M. R. (1983). Development of expertise in mathematical problem solving. *Journal of Experimental Psychology: General, 112*(4), 639-661.

Tang, M., Ginns, P., & Jacobson, M. J. (2019). Tracing enhances recall and transfer of knowledge of the water cycle. *Educational Psychology Review, 31*(2), 439-455.

Tarmizi, R. A., & Sweller, J. (1988). Guidance during mathematical problem solving. *Journal of Educational Psychology, 80*(4), 424-436.

Tennyson, R. D., & Cocchiarella, M. J. (1986). An empirically based instructional design theory for teaching concepts. *Review of Educational Research, 56*(1), 40-71.

Thurston, A., Tymms, P., Merrell, C., & Conlin, N. (2012). Improving achievement across a whole district with peer tutoring. *Better: Evidence-based Education, 4*(2), 18-19.

Tindall-Ford, S., Chandler, P., & Sweller, J. (1997). When two sensory modes are better than one. *Journal of Experimental Psychology: Applied, 3*(4), 257-287.

Tolman, E. C., Ritchie, B. F., & Kalish, D. (1946). Studies in spatial learning. I. Orientation and the short-cut. *Journal of Experimental Psychology, 36*(1), 13-24.

Tolman, E. C., Ritchie, B. F., & Kalish, D. (1947). Studies in spatial learning. IV. The transfer of place learning to other starting paths. *Journal of Experimental Psychology*, *37*(1), 39-47.

Tuovinen, J. E., & Sweller, J. (1999). A comparison of cognitive load associated with discovery learning and worked examples. *Journal of Educational Psychology*, *91*(2), 334-341.

Tversky, B., Morrison, J. B., & Betrancourt, M. (2002). Animation: Can it facilitate? *International Journal of Human Computer Studies*, *57*(4), 247-262.

van Dijk, T. A., & Kintsch, W. (1983). *Strategies of Discourse Comprehension*. New York: Academic Press.

van Gerven, P. W. M., Paas, F. G. W. C., van Merriënboer, J. J. G., & Schmidt, H. G. (2002). Cognitive load theory and aging: Effects of worked examples on training efficiency. *Learning & Instruction*, *12*(1), 87-105.

van Gog, T., & Rummel, N. (2010). Example-based learning: Integrating cognitive and social-cognitive research perspectives. *Educational Psychology Review*, *22*(2), 155-174.

van Gog, T., Jarodzka, H., Scheiter, K., Gerjets, P., & Paas, F. (2009). Attention guidance during example study via the model's eye movements. *Computers in Human Behavior, 25*(3), 785-791.

van Gog, T., Kester, L., Dirkx, K., Hoogerheide, V., Boerboom, J., & Verkoeijen, P. P. (2015). Testing after worked example study does not enhance delayed problem-solving performance compared to restudy. *Educational Psychology Review*, *27*(2), 265-289.

van Gog, T., Paas, F., & Sweller, J. (2010). Cognitive load theory: Advances in research on worked examples, animations, and cognitive load measurement. *Educational Psychology Review*, *22*(22), 375-378.

van Gog, T., Paas, F., & van Merriënboer, J. J. G. (2004). Process-oriented worked examples: Improving transfer performance through enhanced understanding. *Instructional Science*, *32*(1-2), 83-98.

van Gog, T., Paas, F., & van Merriënboer, J. J. G. (2006). Effects of process-oriented worked examples on troubleshooting transfer performance. *Learning and Instruction, 16*(2), 154-164.

van Gog, T., Paas, F., & van Merriënboer, J. J. G. V. (2008). Effects of studying sequences of process-oriented and product-oriented worked examples on troubleshooting transfer efficiency. *Learning & Instruction*, *18*(3), 211-222.

van Gog, T., Paas, F., Marcus, N., Ayres, P., & Sweller, J. (2009). The mirror neuron system and observational learning: Implications for the effectiveness of dynamic visualizations. *Educational Psychology Review*, *21*(1), 21-30.

van Gog, T., Verveer, I., & Verveer, L. (2014). Learning from video modeling examples: Effects of seeing the human model's face. *Computers & Education*, *72*(1), 323-327.

van Keer, H. (2004). Fostering reading comprehension in fifth grade by explicit instruction in reading strategies and peer tutoring. *British Journal of Educational Psychology*, *74*(1), 37-70.

van Merriënboer, J. J. G. (1997). *Training Complex Cognitive Skills*: *A Four-component Instructional Design Model for Technical Training*. Englewood Cliffs: Educational Technology Publications.

Veltman, K. H. (2002). Towards a semantic web for culture. *Journal of Digital Information, 4*(4), 1-10.

Wagner, I., & Schnotz, W. (2017). Learning from static and dynamic visualizations: What kind of questions should we ask? In R. Lowe & R. Ploetzner(Eds.), *Learning from Dynamic Visualization: Innovations in Research and Application* (pp. 69-91). Cham: Springer.

Wang, J., & Antonenko, P. D. (2017). Instructor presence in instructional video: Effects on visual attention, recall, and perceived learning. *Computers in Human Behavior, 71*(6), 79-89.

Wang, P. Y., Vaughn, B. K., & Liu, M. (2011). The impact of animation interactivity on novices' learning of introductory statistics. *Computers & Education, 56*(1), 300-311.

Ward, M., & Sweller, J. (1990). Structuring effective worked examples. *Cognition and Instruction, 7*(1), 1-39.

Webb, M. R. (1992). A continuous spectrophotometric assay for inorganic phosphate and for measuring phosphate release kinetics in biological systems. *Proceedings of the National Academy of Sciences of the United States of America, 89*(11), 4884-4887.

Webb, N. M. (1991). Task-related verbal interaction and mathematics learning in small groups. *Journal for Research in Mathematics Education, 22*(5), 366-389

Winston, P. H., Binford, T. O., Katz, B., & Lowry, M. (1983). Learning physical descriptions from functional definitions, examples, and precedents. *National Conference on Artificial Intelligence* (pp. 433-439). Washington: Morgan Kaufmann.

Wittwer, J., & Renkl, A. (2010). How effective are instructional explanations in example-based learning? A meta-analytic review. *Educational Psychology Review, 22*(4), 393-409.

Wong, A., Leahy, W., Marcus, N., & Sweller, J. (2012). Cognitive load theory, the transient information effect and e-learning. *Learning & Instruction, 22*(6), 449-457.

Wong, A., Marcus, N., Ayres, P., Smith, L., Cooper, G. A., & Paas, F., et al. (2009). Instructional animations can be superior to statics when learning human motor skills. *Computers in Human Behavior, 25*(2), 339-347.

Wong, M., Castro-Alonso, J. C., Ayres, P., & Paas, F. (2018). Investigating gender and spatial measurements in instructional animation research. *Computers in Human Behavior, 89*, 446-456.

Wright, D. L., Li, Y., & Coady, W. (1997). Cognitive processes related to contextual interference and observational learning: A replication of Blandin, Proteau and Alain (1994). *Research Quarterly for Exercise and Sport, 68*, 106-109.

Yang, C., Jen, C. H., Chang, C. Y., & Yeh, T. K. (2018). Comparison of animation and static-picture based instruction: Effects on performance and cognitive load for learning genetics. *Journal of Educational Technology & Society, 21*(4), 1-11.

Yang, E. M., Andre, T., Greenbowe, T. J., & Tibell, L. (2003). Spatial ability and the impact of visualization/animation on learning electrochemistry. *International Journal of Science Education, 25*(3), 329-349.

Yarden, H., & Yarden, A. (2010). Learning using dynamic and static visualizations: Students'

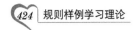

comprehension, prior knowledge and conceptual status of a biotechnological method. *Research in Science Education, 40*(3), 375-402.

Zhu, X. M., & Simon, H. A. (1987). Learning mathematics from examples and by doing. *Cognition and Instruction, 4*(3), 137-166.

Zimmerman, B. J., & Kitsantas, A. (2002). Acquiring writing revision and self-regulatory skill through observation and emulation. *Journal of Educational Psychology, 94*(4), 660-668.

postscript 后 记

2019 年 10 月，在孙文影博士的鼓励下，在林崇德、李其维两位恩师和沈模卫教授的推荐下，我以本书初稿申请了国家科学技术学术著作出版基金，并于 2020 年 10 月获批资助。本书的出版先后得到了辽宁省人民政府"双一流"学科建设基金和国家科学技术学术著作出版基金的资助。在此，特向林崇德、李其维两位恩师和沈模卫教授表示衷心感谢！向辽宁师范大学心理学院和国家科学技术学术著作出版基金的有关评审专家表示衷心感谢！向孙文影博士表示衷心感谢！

本书先后得到了辽宁省教育厅 3 个重点科研项目、国家自然科学基金面上项目（30970888）和教育部普通高等院校博士点学科研究（博导类）项目（20112136110001）的资助。在此，特向上述项目的有关心理学评审专家表示衷心的感谢！规则样例学习实验研究凝聚了全体研究成员的智慧和心血。其中，赵弘、林洪新、郭瑄宜、曲可佳、张华、董成文、杜雪娇、何毅、高超、张笑笑、许德志、王瑶、郑伟、尤瑞、付华、梁潇和班宇威等许多成员都做出了重要贡献。在此，向全体成员以及支持和参与实验研究的各位中小学领导、老师和学生表示衷心感谢！在书稿撰写过程中，杜雪娇博士帮助查阅并汇总了大量有关文献，景晶艳博士为我订购了多册参考书，高超博士帮助翻译英文人名、补充文献并汇总了有关范例学习研究的文献，在此一并致以深深的感谢！

在拙作即将付梓之际，向我的心理学启蒙恩师王宪清，授业恩师张宁生和苏刚教授，硕士导师韩进之教授，博士导师林崇德教授和授业恩师李其维教授等表示衷心感谢！感谢指导和支持我硕士学位论文研究的李伯黍、朱曼殊和张述祖教授！感谢培养和支持我在辽宁师范大学教育系学习和工作的系主任何宗传教授和在科研处工作的校长何杰教授！感谢皮连生教授"规-例学习""例-规学习"思想和方法给我们的重要启示！感谢黄希庭、吴庆麟、李红、罗劲和周新林教授等对规则样例学习研究的关注与支持！感谢严父和慈母对我的养育和教诲！遗憾的是他们没能看到拙作的出版就相继离世，谨以此书告慰父母的在天之灵！还要感谢我的妻子和女儿对我工作的关心和支持！值得庆幸的是，我们赶上了改革开放、鼓励创业、创新和中华民族伟大复兴的好时代，愿拙作能够成为学习理论研究道路上的一颗铺路石子或前车之鉴。

张 奇

癸卯年正月初一于大连亿达春田